U0554450

張頷 審訂
高智 主編

侯馬盟書研究論文集

張頷題

山西出版傳媒集團
三晉出版社

前　言

1965 年 12 月，在山西侯馬晉國遺址範圍内出土了大量書寫在玉、石片上的盟誓辭文，被稱爲“侯馬盟書”。

“侯馬盟書”是 1949 年以來中國考古十大發現之一，在考古學、歷史學、古文字學、書法史等方面意義重大。發現五十年來，國内外學術界從各個方面對其進行了深入地研究，取得了豐碩成果。可是，自 1976 年《侯馬盟書》出版以來，僅于 2006 年由山西古籍出版社對其增訂再版，此外别無侯馬盟書研究的綜合性論著問世。

今適逢侯馬盟書發現五十周年，我們將自發現以來國内外學術界對侯馬盟書研究的代表性論文結集刊行。一方面，回顧總結五十年來學術界對侯馬盟書研究所取得的成果；另一方面，希望通過對學術成果的梳理，爲進一步推動盟書之研究提供必要的資料支持。由於編輯時間所限，未能將所有研究文章盡收其中，在此深表歉意，敬請海内外學界同仁諒解，並祈對其中之錯誤不吝指正。

編　者

二〇一五年十月

目　録

侯馬東周遺址發現晉國朱書文字

張　頷

山西省文物管理工作委員會侯馬工作站，於1965年12月中旬，在距侯馬東周古城組（牛村、臺神、平望古城）東南2.5公里處，發現了二百多個東周時期的祭祀坑。坑口距地表60—70釐米，坑内大都是牛、馬或羊的骨架，牲首方向多爲北偏東5—10度。同時在一些坑内發現了大量的石簡、玉塊、玉片。石簡長約20釐米，寬3—5釐米。玉塊、玉片大小不同，形狀各異，最大者不過一拳掌。每件上均有朱書（圖版壹：1、2），其文字風格與銅器《欒書缶》《晉公盦》有相仿佛處，其筆法與戰國楚之帛書、信陽簡書亦有相似之處，但略渾厚。伴隨玉塊玉片同時出土的有玉圭、璋、璧、璜等祭器。現已把大批石簡連土取回，因文字容易脱落，尚未敢剔動。其他散見的玉塊、玉片有60件，均集中地出現於坑16（出土地點編號爲65H14祭坑16，器物號1—60）。文字大多漫漶不清，比較清楚者僅有12件，但字跡亦多脱落，不能見其全豹。

經過識字、聯句、篇章綴合的過程，發現每塊玉石上均各書一篇完整文字，最多者93字，一般爲92字。内容基本相同，衹是篇首祭祀人的名字不同。其中衹有第3號内容不同，但同樣是記載祭祀之事。書法有的纖巧，有的灑脱，不是一個人的筆法。有的字跡小到0.4釐米。筆鋒非常清晰，可知其皆用毛筆書寫無疑。

正因爲每篇文字内容相同，這樣對復原其章句就有很大的方便。根據59篇殘斷文字，經過綴合臨摹，基本上恢復了原來的面貌。（因字跡模糊，辨認困難，有個别字可能還臨摹得不夠準確）其全篇文字内容爲（圖一）：

圖一　朱書文字復原圖

"章敢不閛其腹心以事其室，天（不）敢不盡從嘉之明，定宫平跱之命，天（不）敢不□□改□及衰卑不守上宫者天（不）敢有忘腹。趙□及其子孫、□莊之子孫、□□之子孫、通□之子孫、尃□其子孫于晉邦之□者，□群虖明者，盧君其明極。□之麻夷非是"。

章（23號）爲祭祀之人名，人名字跡較清晰者有22號之"[illegible]"、25號之"[illegible]"，16號之"[illegible]"，9號之"[illegible]"，5號之"[illegible]"，33號之"[illegible]"。"閛"字其中之"[illegible]"爲幣文"半"字。有的玉片則僅書作"[illegible]"字。"[illegible]"字即"腹"字，有的書作"[illegible]"，有的作"[illegible]"。"閛其腹心"，視其意蓋爲剖明心腹之義。"室"有的書作"[illegible]"或"[illegible]"或"[illegible]""[illegible]"，與《仲殷父簋》銘文"室"字作"[illegible]"相近。"以事其室"即指祭祀其宗廟世室而言。"[illegible]"字皆象"天"字，且與"敢不閛其腹心""不盡從嘉之明"的"不"字有别，但從句法觀察，"[illegible]"

之一字皆在“敢”字之上，似仍應讀作“不”字，且《縣妃簋》銘文中的“不”作“[illegible]”，下半亦從“大”字。此處用“示敢不”，而《叔夷鐘》銘用“弗敢不”，義同。“不敢不盡從嘉之明，定宮平陟之命”，其義正同《左傳·哀公二年》：“簡子誓曰：二三子順天明，從君命”，簡子趙鞅爲晉國定公時之執政者，故順從明命當爲當時之常語。“定宮”即晉公午之宗廟。“平陟之命”不可解，“陟”或爲“郣”字，但克郣之役遠在晉平公三年，與定公無關。這裏所謂“定宮……之命”是指晉定公在世的時候即有此命，故祭者堅守其命而“不敢……改……哀卑，不守上宮者”。“卑”可能即“裨”，《禮記》曾子問：“諸侯裨冕”，《覲禮》：“侯氏裨冕”。從各家注解來看，“裨”是王侯大夫享先公饗射時所穿的禮服。祭者又説：對定宮之命“不敢有忘腹”。“忘”字，此處作“[illegible]”，與《晉姜鼎》銘文“不暇妄寧”之“妄”字上段作“[illegible]”相類。“[illegible]”字與“[illegible]”“[illegible]”字均相同，在玉文中互用數見。“上宮”當即指當時所祭的宗廟而言。晉國之宗廟見於文獻者有“武宮”“下宮”，還有一個“固宮”則不一定是宗廟。“武宮”爲晉武公的宗廟，地點在當時的曲沃，晉文公和晉成公即位時均曾朝於武宮，説明晉國在景公遷新田之前所朝祭的宗廟爲“武宮”。趙氏滅族，史稱“下宮之難”，此事發生於晉景公十七年（前583）晉國遷都新田之後，“下宮之難”注家未及，從文義察之，趙氏滅族之事可能發生在“下宮”，而“下宮”與祭文中之“上宮”正相對，故“下宮”亦當爲晉國之宗廟。玉片祭文中既説“不敢……不守上宮”，可見“上宮”離祭祀之處當不會很遠。文字後段説明參加這次祭祀的有“趙[illegible]及其子孫”“[illegible]莊之子孫”“[illegible][illegible]之子孫”“通□之子孫”“尃□之子孫”，四個姓氏五個家族。與此稍有不同者，第2號玉片文辭中則出現了兩個趙姓，一個衹有“趙”字，名已脱落。一個爲“趙[illegible]”，還有一個有名而脱姓者，其名爲“𢛳”（德）。前面所説冠以每篇文首之人名，如“章”“産”等均爲參祭諸氏之子孫。“晉邦之𨻰者”，“𨻰”字右上方有殘落處，可能是“陵”字，可作爲陵衍解，即晉國高敞的祭祀所在。“𢓊”有的地方書作“𠬪”（及）。“群虖明者，𥃝君其明極”，“群”字，有的地方書作“𦍋”。“虖”通“呼”，“𥃝”通“吾”，“𠄵”有的地方書作“亟”，爲“極”字。《晉姜鼎》銘文中有“作疐爲極”（見《兩周金文辭大系》），郭沫若院長解“極”字爲“百政總揆，衆庶準則”之義。祭文之“極”亦有此義。從玉片祭文中我們可以看到在祭祀時許多家族集於“晉邦之陵”而群呼其“明”，“吾君其明極”。“麻夷非是”，每篇均以此爲結束語，其義難解，“是”可通於“禔”，有祝其安福之意。

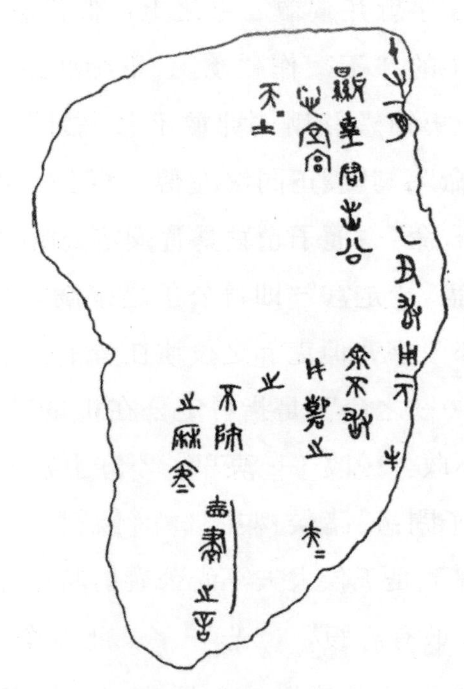

圖二　第3號玉片朱書文字（摹本）

第3號玉片所載爲另外一篇文字（圖二），與其他59篇不同，其釋文爲：

“十有一月□□乙丑，敢用一□□牛，□顯皇君皇公□□余不敢□□□□忘定宫□□□□□□𠂤嘉之□大夫□□大夫□□□□□□□之□□□□□□□□□不師□□□□之言□□□□□□□□之麻夷□□。”

此篇大部文字殘泐，就其所能識别的文字内容來看，同樣爲祭祀之事。其重要之處在於表明了祭祀的時間爲“十一月乙丑”。“一丂”，“丂”字有殘缺處，可能是“一豕”。“顯”字之上一字，可能是“丕”字或用字。“皇君皇公”，“皇”字用兩種寫法，第二個皇字似與《文尊》銘文之“[illegible]”相近。君公並提金文有例，如《叔夷鎛》云：“受君公之錫光余弗敢廢九命”。“皇君”之例亦見於《叔夷鎛》“對揚朕辟皇君之易休命”。“大夫”二字作“[illegible]”，兩見，與《蔡侯鐘》銘文之“大夫”寫法一致。究竟是哪一位大夫，可惜其名已脱落不見，文之最後亦以麻夷□□而結束。

綜合以上同坑出土的兩篇文字之内容：我們可以得出這樣一個初步結論，即在東周時的晉國，定公以後，某年十一月乙丑之日，卿、大夫趙、[illegible]、尃等家族多人，集於祭祀場所，以祭其皇公之宗廟。這個宗廟，名叫“上宫”。

這批重要文物的發現，證明這裏正是“晉邦”的宗廟“上宫”所在。“定宫”一詞的出現，也進一步證明侯馬東周遺址與晉國晚期都城“新田”有着密切的關係。

因時間倉卒，個人水平有限，釋文釋義定多舛誤，亟待於識者教正。這裏先由張守中同志摹繪六篇發表（圖版貳）。玉册、石册上面大量的文字，還没有來得及整理，還有待於進一步研究。

一九六五年十二月二十五日於侯馬

原載《文物》1966 年第 2 期。後收入《张頷學術文集》，中華書局，1995 年 3 月。

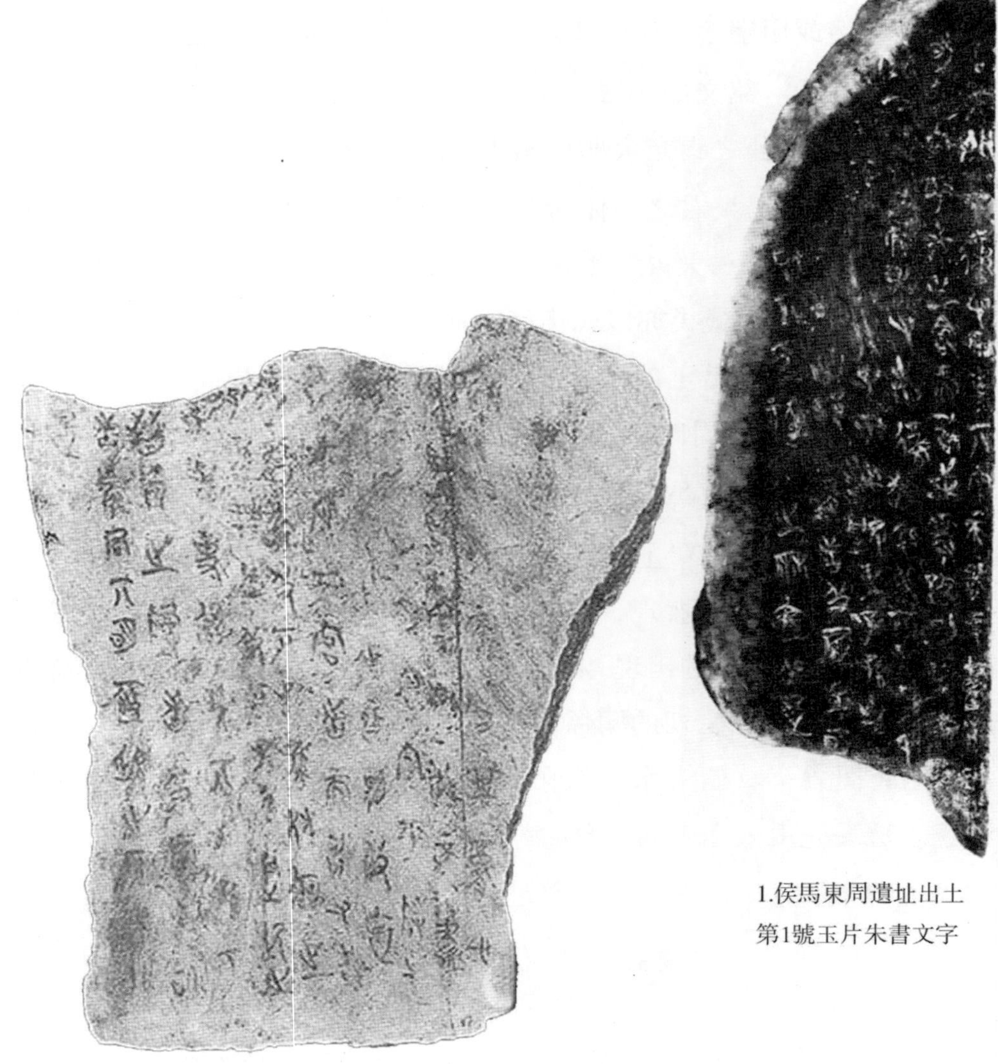

1.侯馬東周遺址出土
第1號玉片朱書文字

2.侯馬東周遺址出土
第21號玉片朱書文字

圖版壹

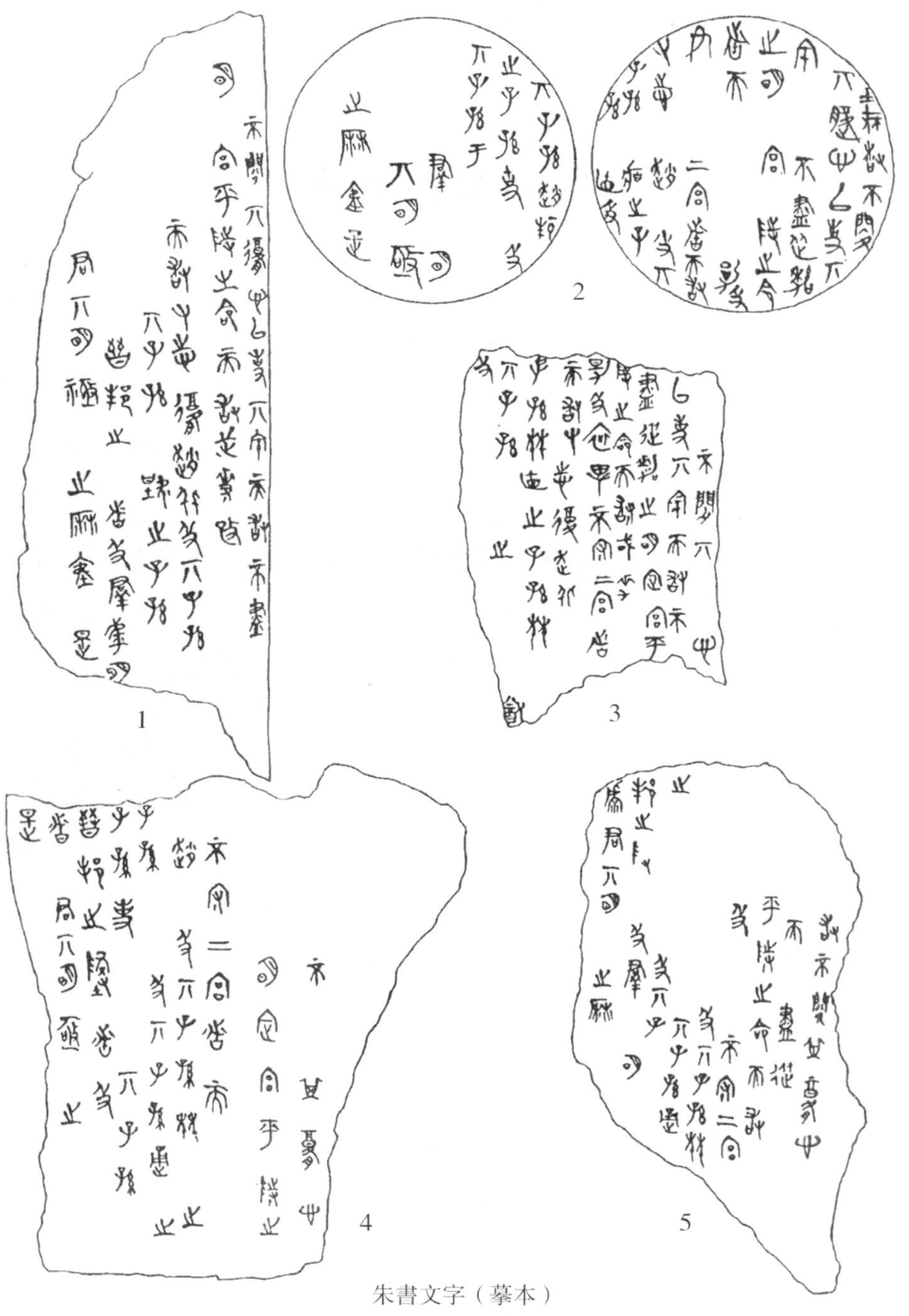

朱書文字（摹本）

1.第1號　2.第2號　3.第7號　4.第21號　5.第35號

圖版貳

侯馬盟書試探

郭沫若

讀了張頷同志的《侯馬東周遺址發現晉國朱書文字》，同時也看到了好幾片玉片上的筆寫朱書。我認爲：這些玉片上的朱書文，是戰國初期，周安王十六年，趙敬侯章時的盟書，訂於公元前386年，距今二千三百五十二年。

玉片凡60件，與牲骨同出於一坑，可見乃同時所埋藏之物。其中一片上具有月日，文爲"十有一月，□□乙丑，敢用一□□牛……［丕］顯皇君▯公……"，▯公疑是晉幽公柳。（原片未見，字跡恐有磨蝕。）此一片當是總序。文殘過甚，估計是列舉了涖盟者的官職和人名。文中兩見"大夫"字樣，當是"大夫某某"。其他殘字中與其餘59片文亦有相應之處。

餘59片，每片銘首一字均爲人名，有幾個不同的人名。除此之外，文辭大抵相同，即是具體的盟誓。依據張頷同志所復原的一片，移録其盟辭如下：

"章敢不閛其腹心，以事其宗夫？敢不盡從嘉之明（盟）、定宮平時之命夫？敢或□改□及哀（?）卑，不守上宮者夫？敢又（有）忘（妄）復趙化及其子孫、▯莊之子孫、▯䀅之子孫、通巛之子孫、専𩞁［及］其子孫，于晉邦之陵者，叓群虖（䥅）明（盟）者，盧（吾）君其明極（殛）頊（劚）之，麻（靡）夷非（匪）是（禔）。”

文字的復原可能有些不準確的地方，但文義大體上是可以通曉的。

古時盟會，“殺牲歃血，告誓神明，若有背違，欲令神加殃咎，使如此牲。”（《春秋正義》魯隱公元年）又，盟時“割牲左耳，盛以珠盤；又取血，盛以玉敦；用血爲盟書。書成乃歃血讀書。”（《曲禮》孔疏）

“用血爲盟書”者，是說以血書盟誓。這樣做的缺點是不甚顯著。看來，在戰國時代或更早，血書便改用朱書代替了。古人有“丹書”，蓋凡盟誓書以丹，後人猶沿用“書丹”這個詞彙。

盟首“章”字當即趙敬侯章。其他不同的人名字是與敬侯同時歃盟的人。由此可見，古時涖盟，除總序外，人各具一盟書，盟文相同，而人名各異，不是把所有涖盟者之名字寫在一通盟文之上。

據《史記・晉世家》：“幽公之時，晉衰（今本誤作‘畏’），反朝韓、趙、魏之君。”但儘管這樣，晉的宗主虛名還是保留着的。例如，《驫羌鐘》乃周安王二十二年所作，當時的晉君，據《史記・晉世家》爲孝公頎（《索隱》云：“《紀年》以孝公爲桓公，故《韓子》有晉桓侯。”），是幽公的孫子。晉孝公比起晉幽公來更是不成名器了。然而鐘銘中卻莊重地說出：作鐘者立了戰功，“賞于韓宗，命于晉公，昭于天子。”作鐘者是韓侯的臣子，故“賞于韓宗”是實際地受賞；僅有虛名的晉孝公和周安王，則衹是具有一番表揚的虛禮而已。由此可見，趙敬侯章及其同時涖盟者要在僅擁虛位的晉幽公陵次歃血爲盟，是一點也不足奇怪的。

“敢不閛其腹心，以事其宗夫？”“閛”即閪字，張頷同志讀爲剖，謂“閛其腹心”，蓋爲剖明心腹之意，甚是。通俗而言之，則爲開心見腸或開誠佈公。“宗”如《驫羌鐘》之“賞于韓宗”之宗，彼以韓爲宗，此則以趙爲宗。“夫”字張釋爲“不”，屬下讀，殆非是。

“敢不盡從嘉之明，定宫平陟之命夫?”“嘉”殆地名，“明”讀爲盟。“定宫”，張頷同志以爲晉定公午之廟，殆不可易。然則，“平陟”疑即晉平公彪之時。“盡從”謂完全依從。

“敢或”與“敢有”同義。盟書中有“上宫”之名，或許就是文獻中的所謂“下宫”。《史記·趙世家》“屠岸賈擅與諸將攻趙氏於下宫，殺趙朔、趙同、趙括、趙嬰齊，皆滅其族。”古文上下兩字極易互訛。“某某及其子孫”“某某之子孫”，其“某某”等，都是因罪愆遭到籍没的人。涖盟者相與約誓：不得在晉君之陵前再恢復其族氏，起用其子孫。這是盟書中的最重要的一項。

“叏群虖明者”，“叏”即夬字，讀爲決，決裂也。“叏群”，即是破壞團結。“虖”讀爲罅，破也；“明”讀爲盟。“罅盟”，即是既盟之人背違盟誓。

如果大家破壞團結，背違盟誓，則“吾君其明極頊之，麻夷非是”。“吾君”指幽公之靈。“極”或作“亟”，讀爲殛。殛者誅也。《左傳》魯僖公二十八年有兩處盟誓文用到殛字。一處是：“有渝此盟，以相及也，明神先君，是糾是殛。”又一處是：“皆獎王室，無相害也。有渝此盟，明神殛之，俾隊（墜）其師，無克祚國，及其玄孫，無有老幼。”極字義既明，則頊字當讀爲劚或削，就是絶子絶孫。“麻夷非是”者，靡夷匪禔，是説要使他得不到平安，得不到幸福。

由整個盟書的氣勢看來，明顯地透露出了戰國初年在趙國内部的一次嚴重鬥争。便是一邊遏制了另一邊，要使另一邊的參予者及其子孫，永遠失去政治上的權利。這個形勢和趙敬侯章時的史事是很合拍的。我們且根據《史記》，查考一下趙敬侯當時的史事。《史記》中有這樣的敘述：

1.“九年（趙）烈侯（籍）卒，弟武公立。武公十三年卒，趙復立烈侯太子章，是爲敬侯。是歲，魏文侯卒。敬侯元年，武公子朝作亂，不克，出奔魏。趙始都邯鄲。”（《趙世家》）

2.“三十八年（魏）文侯卒，子擊立，是爲武侯。魏武侯元年，趙敬侯初立，公子朔爲亂，不勝，奔魏，與魏襲邯鄲，魏敗而去。”（《魏世家》）

3.“周安王十六年——趙敬侯元年，武公子朝作亂，奔魏。”（《六國年表》）

司馬貞《索隱》，在《趙世家》“弟武公立”下引譙周云：“《世本》及説趙語者並無其事，蓋别有所據。”

又在《魏世家》“趙敬侯初立”下注云：“按《紀年》魏武侯之元年當趙烈侯之十四年，不同也。又《世本》敬侯名章。”今案“趙烈侯”當作“趙敬侯”，説詳下。

根據這些資料看來，趙國在烈侯九年去世之後，國分爲二，至少是兩派對立。一派是烈侯之弟武公，他占據着原來的趙都晉陽，統治了十三年而去世。另一派是烈侯之子太子章，則以邯鄲爲根據地，和武公對抗了十三年。《竹書紀年》《世本》及其他“説趙語者”，没有承認武公的篡立，故不載其事，而如《紀年》則直以“魏武侯之元年當趙敬侯十四年”。敬字《史記·索隱》誤成了“烈”字，那是應當改正的。這就表明趙敬侯在其父去世時，已在邯鄲獨立，故在位已十四年了。

武公這個人看來是相當跋扈的，韓、趙、魏的前期領導者一般都稱“侯”，而他一人獨稱“公”，即此已可想見。他死了，趙敬侯進攻晉陽，把武公子朝（朝字有問題，待下文解决）打敗了。於是趙國又才恢復了統一。這是周安王十六年時事，當公元前386年，距今二千三百五十二年。

盟書中的“某某及其子孫”與“某某之子孫”等所有的“某某”就是參予趙武公或公子朝那邊的人，故其中也有姓趙的。第一名“趙化”當即武公的名字。武公之名，史中未有著録。至於趙朝，可以包含在趙化的“子孫”裏面，且於玉片第2號中更有單獨著録，説詳下。

公子朝逃奔到魏國之後，得到魏武侯的援助，襲擊邯鄲。《魏世家》説他“與魏襲邯鄲”，看來是乘着趙敬侯尚未回邯鄲時的偷襲。邯鄲自然堅守了一個時期，待得到趙敬侯章由晉陽回師援救，故又把公子朝和魏國的聯軍打敗了。

正面

背面

第2號玉片朱書文字（摹本）

根據新舊史料的相互參證，當時趙國的内戰是明如觀火的。那次内戰爲期相當長，而規模也不很小。盟書之締訂既在十一月，當在公子朝之亂已經平定之後，趙敬侯由晉陽去曲沃向徒具虚名的晉孝公報捷；因而在侯馬晉幽公的墓上歃血爲盟。趙敬侯當時的得意是可以想見的。至於打退魏國對於邯鄲的侵襲，則當在十二月，或第二年的年初了。

估計當趙烈侯在位時，趙敬侯已經在坐鎮邯鄲，他在那裏獨當一面，目的也就是在南禦魏、北防燕、東備齊。趙敬侯這個人看來在當時是個能手。烈侯死時，他不在趙的舊都，故被他的叔父武公把位簒奪了。對抗了十三年，他終於把國位奪取了過來。他有重兵在手，也是毫無疑問的。

“公子朝”《魏世家》作“公子朔”。梁玉繩《史記志疑》卷二十四云：“朔字訛。朔爲趙氏遠祖，何故名之?”今案張頷同志文中有云：“第2號玉片文辭中則出現了兩個趙姓，一個衹有趙字，名已脱落（沫若案，奪去‘化’字），一個爲趙邦（沫若案，原玉片正圓，兩面書字，見圖之背面第一行）。”這一個“趙邦”，很明顯地就是公子朝或公子朔，據此看來，“朝”和“朔”都是錯了的，應該是“邦”字。

一九六六年二月四日

原載《文物》1966年第2期。

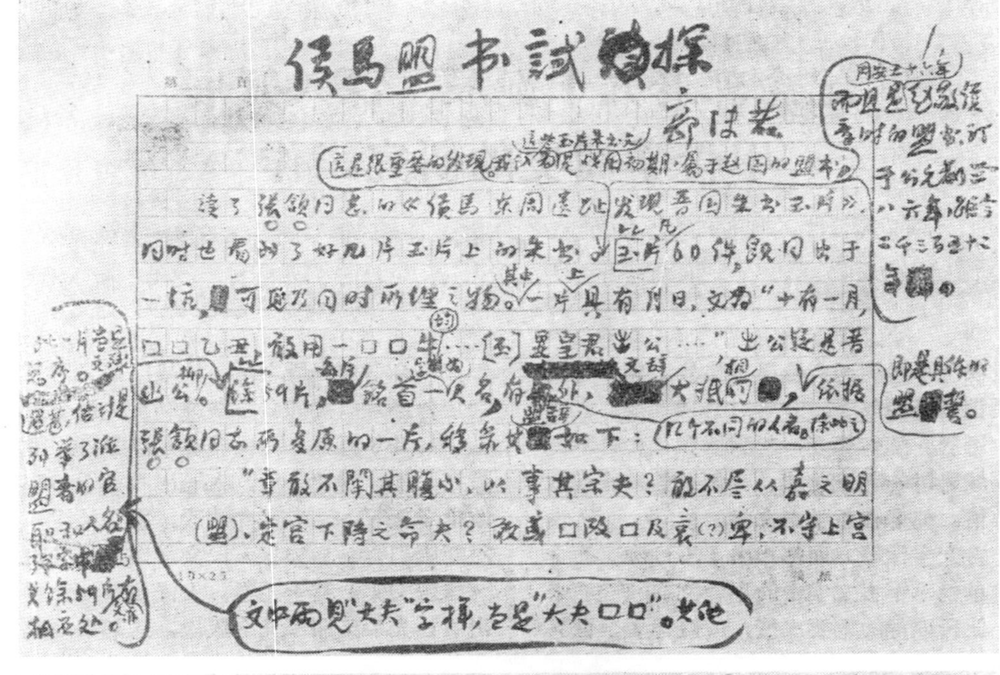

侯馬盟书試探

郭沫若

讀了張頷同志的《侯馬东周遗址发現晋国朱书玉片》，同时也看到了好几片玉片上的朱书。玉片60件，說同出于一坑，是同时所埋之物。其中一片具有月日，文為"十有一月，□□乙丑，敢用一□□牲……[丕]显皇君晋公……"晋公疑是晋出公。

張頷同志所复原的一片，録朱书如下：

"……敢不閛其腹心，以事其宗夫？敢不盡从嘉之明（盟），定宮平時之命夫？……"

以上是对于盟书的初步試讀和探索。盟书有残缺，然对于旧史料作了很大的補充。張頷和史絶同志的研究是有貢献的。我的試探，只是在他们的成績之上作了一些補充而已。試探是否得到正鵠，尚有待于進一步的研究。

一九六六年二月四日。

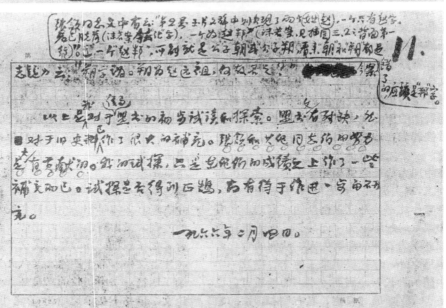

郭沫若同志《侯馬盟書試探》手跡。載于《文物》1982年第11期。文章發表時郭沫若同志在校樣上有所修改。

東周盟誓與出土載書

陳夢家

最近在侯馬發現了一坑有文字的石片。張頷同志《侯馬東周遺址發現晉國朱書文字》[①]一文作了初步介紹，郭沫若院長據以作《侯馬盟書試探》[②]一文，確定了它們是盟誓的盟書。

爲了了解出土"盟書"的内容與意義，我們首先根據《左傳》對東周盟誓制度作一次較全面的考察。然後再對侯馬出土盟書作一些補充和修訂的解釋。抗戰時期在豫北出土過一宗同時期的盟書[③]，用它們來和侯馬出土的盟書作一比較,頗有可以互相補充之處。兩宗資料,都是《左傳》所記零散的盟誓之制的具體例證。

一、左傳所見盟誓之制

《禮記·曲禮下》曰"約信曰誓，涖牲曰盟"，是盟爲用牲之誓，所以《左傳》成十三、襄九、定四等皆稱"盟誓"。盟誓亦稱誓命：《左傳》文公十八年曰"先君周公之作誓命曰"，《尚書·費誓》曰"公曰：嗟，人無譁，聽命"，《周禮·典命》曰"凡諸侯之適子誓於天子"注云"誓猶命也"，《洹子孟姜壺》曰"齊侯命大子乘遽即宗伯聽命于天子"。《墨子·非命上》引述《大誓》，《天志中》引作

《大明》，大明即大誓，是明（盟）即誓。《周禮·詛祝》曰“掌盟、詛……之祝號”，《史記·周本紀》引《太誓》“師尚父號曰”而《齊世家》引作“師尚文誓曰”，是號即誓。

盟誓之言辭而書於策者，《左傳》稱之爲“載書”。哀公二十六年宋“大尹謀曰：我不在盟，無乃逐我，復盟之乎？使祝爲載書。六子在唐盂，將盟之，祝襄以載書告皇非我”。可知載書作於行盟之前。又襄公九年“晉士莊子爲載書，曰：自今日既盟之後，鄭國而不唯晉命是聽、而或有異志者，有如此盟。……荀偃曰：改載書。公孫舍之曰：昭大神要言焉，若可改也，大國亦可叛也”。又襄公十一年諸侯伐鄭，同盟於亳，“乃盟載書曰：凡我同盟……或間茲命，司慎司盟、名山名川、群神群祀、先王先公、七姓十二國之祖，明神殛之，俾失其民，隊命亡氏，踣其國家”。又定公十年齊、魯夾谷之會“將盟，齊人加於載書曰：齊師出竟而不以甲車三百乘從我者，有如此盟。孔丘使茲無還揖對曰：而不反我汶陽之田、吾以共命者，亦如之”。此可見盟時也有臨時加入的條款。又襄公十年鄭“子孔當國，爲載書以位序聽政辟，大夫諸司門子弗順，將誅之；子産止之，请爲之焚書。……乃焚書於倉門之外，衆而後定”。此載書作於行盟之前，故得而焚之。又襄公二十八年曰“無乃非盟載之言”，即載書之言。

《左傳》桓一、宣十五、襄十九、昭十一、僖九、僖十八、僖二十六、定元、哀二十六等所記盟誓之言，皆衹一二句，均不是全文。記其全文者除前述襄九、襄十一之載書外，尚有以下三例。僖公二十八年“王子虎盟諸侯於王庭，要言曰：皆獎王室，無相害也。有渝此盟，明神殛之，俾隊其師，無克祚國，及其玄孫，無有老幼”。同年“甯武子與衛人盟於宛濮，曰：……用昭乞盟於爾大神……。有渝此盟，以相及也，明神先君，是糾是殛”。又成公十二年“盟於宋西門之外曰：凡晉、楚無相加戎，好惡同之……。有渝此盟，明神殛之，俾隊其師，無克胙國”。凡此或間茲命、有渝此盟而明神殛之云云，是載書盟誓約辭（即“盟首”）以後的對背盟的詛辭。

關於盟誓的禮儀及其程序，今以《左傳》爲主（小標題内有引號者），並參《周禮》以及漢、晉、唐注家所述，分别叙列如下。

（1）“爲載書”，書之於策，同辭數本。《左傳》所記“爲載書”，見上。《周禮·詛祝》“爲盟詛之載辭”注云“載辭，爲辭而載之於策，坎用牲，加書於其上也”。《周禮·司盟》“掌盟載之法”注云“載，盟辭也，盟者書其辭於策，殺牲取血，坎其牲，加書於上而埋之，謂之載書”。載書不止一份，《吕氏春秋·誠廉》述武王“使叔旦就膠鬲於次四内，而與之盟曰：加富三等，就官一列。爲三書同辭，血之以牲，埋一於四内，皆以一歸”。此雖秦始皇時追述殷、周間故事，但可證載書皆有數本，埋其一於坎内而與盟者各執其副以藏於盟府。

（2）鑿地爲“坎”。《曲禮下》正義曰“盟之爲法，先鑿地爲方坎，殺牲於坎上。割牲左耳，盛以珠盤，又取血，盛以玉敦，用血爲盟，書成乃歃血而讀書”。孫詒讓《周禮正義》卷六九《司盟》下曰“盟辭書於策，非用血寫書也”。孫説是。

（3）“用牲”，牲用牛豕。《左傳》襄公二十六年宋“惠墻伊戾……至則欿用牲，加書徵之，而聘告公曰：大子將爲亂，既與楚客盟矣”。（欿，與坎古通，《曲禮下》正義誤引作歃，《周禮·司盟》注引作坎。）又昭公六年宋“寺人柳聞之，乃坎用牲埋書而告公曰：合比將亡人之族，既盟於北郭矣”。用牲即殺牲，《周禮·司盟·序官》曰“盟以約辭告神，殺牲歃血”，約辭即載辭。盟必用牲，亦有例外。《穀梁傳》僖公九年曰“葵丘之會，陳牲而不殺，讀書加於牲上，壹明天子之禁曰……”。注云“所謂無歃血之盟。鄭君曰：盟牲，諸侯用牛，大夫用豭”。《曲禮下》正義曰“盟牲所用，許慎據《韓詩》云：天子諸侯以牛豕，大夫以犬，庶人以雞”；《左傳》盟主執牛耳，則所用之牲爲牛；又哀公十五年衛伯姬“輿豭從之，迫孔悝於厠，彊盟之”，則盟牲用豕。《晉世家》述悼公“至絳，刑雞，與大夫盟而立之”，則亦有用雞者。

（4）盟主“執牛耳”，取其血。《左傳》定公八年晉、衛盟，“衛人請執牛耳……。將歃，涉佗捘侯之手及腕”，注云“盟禮，尊者涖牛耳”；又哀公十七年曰“武伯問於高柴曰：諸侯盟，誰執牛耳”，注云“執牛耳，尸盟者”。《周禮·玉府》曰“若合諸侯則共珠槃、玉敦”，注云“古者以槃盛血，以敦盛食，合諸侯者必割牛耳，取其血歃之以盟，珠槃以盛牛耳，尸盟者執之。故書珠爲夷。鄭司農云：夷槃、珠槃，玉敦、歃血玉器”。《周禮·戎右》曰“盟則以玉敦辟盟，遂役之，贊牛耳桃茢”，注云“玄謂將歃血者先執其器，爲衆陳其載辭，使心皆開闢也”“玄謂尸盟者割牛耳取血助爲之；及血在敦中，以桃茢拂之，又助之也”。尸盟者即主盟者。

（5）“歃血”，歃，《説文》訓爲啜，即飲。《左傳》隱公七年陳五父“及鄭伯盟歃如忘”，《正義》云“歃謂口含血也”。又襄公九年鄭子孔曰“與大國盟，口血未乾而背之可乎”？《周語·吳語》曰“前盟口血未乾”。《左傳》襄公二十五年“國人盟於大宫，曰：所不與崔慶者。晏子仰天歎曰：嬰所不唯忠於君利社稷者是與，有如上帝。乃歃”。注云“盟書云‘所不與崔慶者有如上帝’，讀書者未終，晏子抄答，易其辭，因自歃”。釋文云“曰‘所不與崔慶者’，本或此下有‘有如此盟’四字，後人妄加”。唐石經崔慶者下有“有如上帝”四字。若如杜預之注，則盟時先讀載書，後飲血。亦有不飲血者，如《穀梁傳》僖公九年所記“陳牲而不殺”，又莊公二十七年謂齊桓公“衣裳之會十一，未嘗有歃血之盟也”。《國語·齊語》

謂齊桓公“與諸侯飭牲爲載，以約誓於上下庶神”，注云“飭牲，陳其牲，爲載書加於牲而已，不歃血”。

（6）“昭大神”，祝號。盟誓時以明神先君爲質證，故盟必告神而呼號之。《左傳》襄公九年公孫舍之説盟誓是“昭大神要言焉”，又僖公二十八年載書曰“用昭乞盟於爾大神”，是盟誓乃對大神而告，故稱“爾”。《左傳》哀公十二年“子貢對曰：盟所以周信也，故心以制之，玉帛以奉之，言以結之，明神以要之”，又定公元年“仲幾曰：縱子忘之（踐土之盟），山川鬼神其忘諸乎”？又襄公十一年載書所記明神爲“司慎司盟、名山名川、群神群祀、先王先公、七姓十二國之祖”。《周禮·司盟》曰“北面詔明神”，《説文》盟下曰“北面詔天之司慎司命”，段玉裁以爲即《周禮·大宗伯》的“司中司命”。我們以爲慎或禱字，《説文》籀文從真。盟時對諸鬼神，呼號其名。《周禮·大宗伯》曰“凡祀大神、享大鬼祭大示……詔大號”，《禮記·禮運》曰“作其號祝”，《周禮·大祝》曰“凡大禋祀、肆享、祭示，則執明水火而號祝”，又曰“辨六號”即神號、鬼號、示號，注云“神號若云皇天上帝，鬼號若云皇祖伯某，示號若云后土地祇”。

（7）“讀書”。《左傳》襄公二十五年崔慶盟國人，讀書未畢而晏子抄答。《穀梁傳》僖公九年“葵丘之會陳牲而不殺，讀書加於牲上”。《周禮·司盟》曰“北面詔明神”注云“詔之者讀其載書以告之也”，是讀書即詔明神。《禮記·曲禮下》鄭注云“坎用牲，臨而讀其盟書”，以讀書先於坎用牲，是顛倒其序。

（8）“加書”。既盟以後，將埋牲於坎，加載書於牲上而同埋之。《左傳》襄公二十六年曰“至則坎用牲，加書徵之”，又僖公二十五年“秋，秦晉伐鄀……以圍商密，昏而傅焉，宵坎血加書僞爲與子儀、子邊盟者”。注云“掘地爲坎，以埋盟之餘血，加盟書其上”。

坎血是坎牲血。

（9）“坎用牲埋書”。《左傳》昭公六年曰“乃坎用牲埋書”，是既加書於牲上而與牲同埋於坎内。又僖公二十五年“坎血加書”和襄公二十六年“坎用牲，加書徵之”皆是如此。《周禮·司盟》注云“坎其牲，加書於上而埋之”，加書序於坎牲之後，應是先加書於殺牲之上，然後一同埋之。

（10）載書之副“藏於盟府”。《左傳》僖公二十六年曰“成王勞之”，而賜之盟（《國語·晉語四》作盟質）曰：“世世子孫，無相害也。載在盟府，大師職之”。又僖公五年曰“勳在王室，藏於盟府”，又襄公十一年曰“夫賞，國之典也，藏於盟府”。《周禮·司盟》曰“既盟則貳之”，注云“貳之者寫副當以授六官”。據《左傳》所述，則盟府藏載書，並及勳、賞。

以上所述十項，是春秋時盟誓的手續及其主要内容的次序，戰國之制應亦與此相彷。

二、侯馬出土載書

1965年12月下旬，山西省文物管理委員會侯馬工作站在侯馬東周古城組東南2.5公里處發現了二百多個“祭祀坑”，埋有牛、馬、羊等牲骨，“牲首方向多爲5－10度。同時在一些坑内發現了大量的石簡、玉塊、玉片”。“其他散見的玉塊、玉片有60件，均集中出現於65H14祭坑16，器物編號1－60。文字大多漫漶不清，比較清楚的僅有12件”。“每件上俱有朱書”。59片的文字内容相同，每篇約九十多字；另外第3號一片的文字與59片的不同。《文物》上發表了6片的摹本及59片相同的一篇的復原圖[④]。今由鍾少林同志據實物重摹第1號、第21號兩片，稍有增益和改正（見圖）。

據出土的環境來看，這60片朱書於石片上的文字應是同埋於用

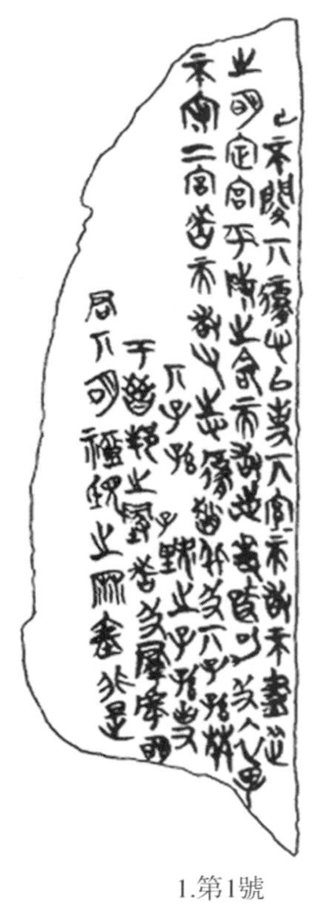

1.第1號

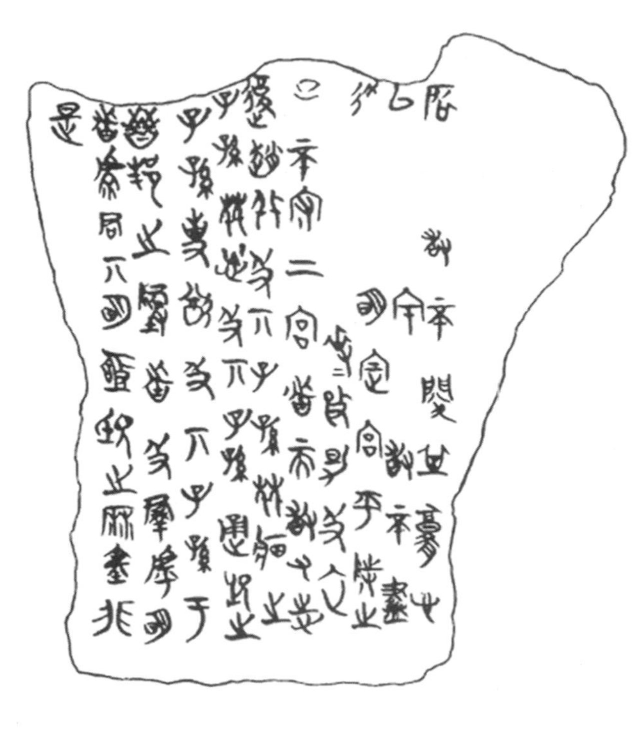

2.第21號

侯馬載書摹本

牲之坎内的載書。59 片同辭的一篇載書,有些文字由於漫漶不清不能摹録或摹寫失真,大致上尚能通讀、分辨出爲以下六句:

(1) 某敢不閛其腹心以事其宗(室)。

(2) 而敢不盡從嘉之明定宫、平時之命者,

(3) 而敢□差改助及奂卑不守二宫者,

(4) 而敢又志復趙北及其子孫、

□□之子孫、

□□及其子孫、

□□之子孫、

事猷及其子孫

于晉邦之地者，

（5）及群虖明者：

（6）虞君其明亟覞之，麻夷我是。

以上共95字，兹分句稍加考釋如下：

（1）篇首第一個字是人名，各片不同，59片應有59名，乃是與盟者的私名。據張文所摹録的有章（23號）武（25號）産（16號）藺（5號）和侃梁（9號）等七名。他們大多數是單名，且不附姓氏官名，因此不能和史書上同名的人核對。“敢不”即不敢不，《左傳》宣十二、成二、成十八、襄二十八、哀十“敢不唯命是聽”即唯命是聽。“敢不”下一字，在載書上或從門從半，或徑作半。《説文》闢字從門辟聲，古文從𠔁（攀），與半音近，《廣雅·釋詁四》曰“辟，半也”。“敢不閛其腹心”猶《左傳》宣公十二年鄭襄公曰“敢布腹心”。其字作丌，21號片之形同於《説文》古文箕字。宗字，1號片下從至，應是室即公室。以事其宗（室）即以服事晉宗或晉室（公室）。《左傳》僖公五年虞公曰“晉吾宗也”，《晉世家》曰“晉之宗家”，凡此皆指同姓。與盟者五六十人，可能是晉之同宗，即晉公室及與周、晉同姓的韓、魏二氏；也可能是另外一姓的宗族。由於同盟者近六十人，恐以姬姓者可能性較大。

（2）“而敢”二字亦見於以下兩句句首，乃擬設之辭。張釋而爲天，郭釋爲夫，均不確。而敢即如敢：《左傳》昭公四年“見仲而何”注云“而何、如何”；隱公七年“歃而忘”，釋文引作如忘，服虔云“如，而也”；《春秋》莊公七年“夜中星隕如雨”注云“如，而也”。《左傳》襄公九年鄭太子曰“而敢有異志者亦如之”即如敢有異志亦如此盟。“不盡從”，“不”爲“盡從”的否定詞，非屬“敢不”讀。不盡從即不完全依從。明即盟（動詞），命即誓命（名詞）。嘉之即加之，《左傳》定公十年夾谷之會“將盟，齊人加於盟書曰"，加義同此。嘉之明定宫、平時之命即加之於盟於定宫、平時之誓命。張、郭以爲定宫是定公午之廟，是可能的。平時疑即平畤，見於《左傳》襄公三十年和昭公二十二年，杜注以爲周邑。句末"者"字據第2片補。此句"如敢……者"與下兩句同結構，皆擬設之辭，即凡如何如何的。

（3）"□差改勛"四字不解。差字與《説文》籀文相同。《説文》勳古文作勛，摹本左半不清。哀字摹本從衣，衣中所從不清。"哀卑"二字不解，似應屬下不守二宫。春秋晚期的《蔡侯盤》銘，上下二字與今隸相近，載書"二"字不能是"上"字。二宫或指晉武、文之宫廟。《左傳》成公十八年晉悼公"朝於武宫"，襄公十年（晉悼公十年）"晉侯有間，以偪陽子獻於武宫"，昭公十七年（晉頃公元年）滅陸渾"獻俘於文宫"。自武公至悼公，文公至頃公皆十世，可見武、文二宫於晉國最屬重要。《屭羌鐘》係韓人作於三家分晉前一年，銘曰"賞于韓宗，令于晉公……武、文咸烈，永世毋忘"，武、文亦應指晉武、文二公。

（4）"又志復"即有志復，志從心止聲，《説文》失載，大徐補之。復或從肉，或又從辵。"事猷"二字據1號及7號片。"趙北"之北，不是化字。載書列舉五家子孫，其第一、五爲諸片所同，其第二、三、四則諸片有所不同：

1號片　先□　□□　□巸

2號片　先瘣　先德　趙邦

7號片　先德　先□　□□

21號片　先瘣　先德　通□

35號片　先□　□□　通□

德或作直（2號、7號），或從直從心（21號）；先作二先，疑即先氏。趙氏與先氏皆非晉室的宗族，曾先後遭族滅之罪。郭説與盟者相約對此五家不得“再恢復其族氏，起用其子孫”，大約如是。地字摹寫不全，據實物與《玉珌銘》（《三代》20・49・1）天地之地同形，與《説文》地之籀文作墜者亦相近，故可確定爲地字。“復”可有兩種解釋：一爲復位，如晉景公既滅趙氏族，後又復趙武以續趙宗，《趙世家》謂之“趙氏復位”；一爲回還，《左傳》宣公二年趙宣子“遂自亡也……宣子未出山而復”，復與奔亡相對待。今采後説，詳下。“而敢又志復趙北及其子孫……于晉邦之地者”，謂如敢有謀使奔亡的趙氏及其子孫回還於晉國之境者。“晉邦”亦見《晉姜鼎》及《晉公午盞》。

（5）《説文》曰“嘑，號也”，今作呼，呼明即號盟。《説文》曰“羣，朋侵也”，群於此爲動詞即侵犯。及群呼盟者即凡倍犯盟誓的。

（6）䖒即第一人稱吾，晉《欒書缶》“䖒以祈眉壽”，亦如此。春秋時齊、燕、徐等國金文，皆以此字爲吾，可知此字在當時乃諸國所通用。吾君即3號片之“不顯皇君某公”，詳下。亟或從示（1號），沁陽載書從辵，皆假爲殛，《尚書・多方》曰“我乃其大罰殛之”，釋文云“本又作極”，《爾雅・釋言》曰“殛，誅也”。䀡字原摹本有誤，細審1號及21號片原物明是從氏從見，沁陽載書亦同。《説文》視之古文作眂，《周禮・大卜》“眂高”，注作“視高”，《儀禮・士喪禮》作“示高”，皆即視字。《説文》又有䀡字，解曰“病人視也……讀若迷”，字形與載書同，病人視乃引申義。“吾君其明亟視之”猶《左傳》僖公二十八年載書曰“明神先君，是糾是殛”，糾即察視，《晉世家》記文公與子犯盟曰“河伯視之”。麻從厂，西周金文《師麻簠》亦如此；夷從土，春秋末《蔡侯盤》亦如此。麻夷即滅：《方言》十三曰“摩，滅也”，《廣雅・釋詁》曰“夷，滅也”。我是即我氏：《儀禮・覲禮》“太史是右”注云“古文是爲氏也”，《禮記·曲禮下》“是職方”注云“是或爲氏”，漢碑氏或以是爲之。“麻夷我是”即滅亡我氏，《左傳》襄公十一年載書曰“明神殛之……隊命亡氏”。《國語·周語下》曰“故亡其氏姓”。“麻夷我是”或作“麻夷是”，（2號片），或作“麻夷我氏”（沁陽甲二）。我字與《説文》古文寫法相近。

此篇載書全篇内容，約如下述：某敢不布其腹心以服事（晉）宗（室），如敢不完全依從所加盟於定宫、平時之誓命者，如敢如何如何不守（晉武、文）二宫者，如敢圖使趙北等五家回復於晉國之地者，以及背犯盟誓者，則吾君（不顯某公之靈）其殛視之，滅亡我姓氏。

趙氏、先氏等五家，當爲被滅氏或被放逐的亡臣。《左傳》成公十八年記晉悼公“朝於武宫，逐不臣者七人”。此載書或爲國中大夫群吏相約共棄其被放逐或奔之亡臣，《左傳》曾數見其例。成公十六年魯“出叔孫僑如而盟之，僑如奔齊”，注云“諸大夫共盟，以僑如爲戒”。又襄公二十三年“臧紇致防而奔齊，其人曰：其盟我乎？（注云謂陳其罪惡，盟諸大夫以爲戒。）臧孫曰：無辭。將盟臧氏，季孫召外史掌惡臣而問盟首焉。（注云惡臣謂奔亡者，盟首、載書之章首。）對曰：盟東門氏也，曰毋或如東門遂，不聽公命，殺適立庶；盟叔孫氏也，曰毋或如叔孫僑如，欲廢國常，蕩覆公室。季孫曰：臧孫之罪，皆不及此。孟椒曰：盍以其犯盟斬關？季孫用之，乃盟臧氏曰：無或如臧孫紇干國之紀、犯門斬關。臧孫聞之曰：國有人焉，誰居，其孟椒乎”？又襄公三十年“鄭伯及其大夫盟於大宫，盟國人於師之梁之外。伯有聞鄭人之盟己也，怒”。以上三則是魯、鄭之君與大夫盟，相約共棄其奔亡之臣，所謂“乃盟臧氏”或“盟東門氏”並不是與臧氏或東門氏爲盟，而是與大夫爲盟，共數臧氏或東門氏之罪。又襄公十六年晉侯與諸侯宴於温，齊大夫高厚賦詩不類，“使諸大夫盟高厚，高厚逃歸”，此是晉與諸侯大夫同盟，數高厚之有二心，盟實是詛。

所謂“盟首”即載書中首要的條款，杜預稱爲“載書之章首”。季孫因欲定臧孫的罪名而盟逐之，問於外史，外史乃舉以前盟東門和叔孫之舊例以應之，都是簡短兩三言的罪名，即所谓“盟首”。侯馬載書平列五句，似應以第四句爲盟首，郭院長亦曾指出“這是盟書中最重要的一項”。由此可以推論此次之盟，是以盟諸出亡的五家爲主，與《左傳》所述盟臧孫、盟東門、盟叔孫與盟伯有爲同類，而晉君應是盟主，晉諸大夫是與盟者。

除上述59片同辭的一篇載書外，同坑所出另一篇載書（3號）亦爲同時同事。此篇六行，行約十六字，全篇應有九十餘字。此片殘泐過半，且缺失右下角，玆據摹本稍以己意增補如下：

十又一月［孟春］乙丑用一豕□牛

不顯皇君某公　　　余不敢

忘定宮［平陟之命］□嘉文［明］　大夫

大夫□　　　　　　之

　　　　　　　　　　不帥　載書之言

［不顯皇君某公其明亟覭之］麻夷□□

十又一月與乙丑之間，應是季名。晉《欒書缶》曰“正月季春吉日己丑”（《商周金文録遺》514），《越者旨於賜鐘》曰“隹正月季春吉日丁亥”（《嘯堂》82），晉與越皆用夏正，以建寅之月爲正月，於周正爲三月。夏正正月於周正爲季春三月，故知晉、越器月用夏正而季用周正。載書十一月於周正爲正月，故應補“孟春”二字。“用一豕□牛”即所用之牲爲豕一牛□。“載書”之載，摹本或有差誤，似應是從肉才聲之字；書字與晉《欒書缶》之書相近；《左傳》襄公二十八年曰“無乃非盟載之言”即載書之言。“大夫”作“夫”

重文，東周金文及秦始皇刻石均如此。此篇“君”字與59片同辭載書之從尹從口者稍異而同於《説文》古文。由第二行知此篇與前述之載書是同一時事，但此兩稱“大夫”，自稱爲“余”，稱先君爲“不顯皇君某公”，故疑“余”是晉君的自稱，而“大夫”是與盟者。

此同一“某公”亦四見於沁陽出土載書，稱爲“不顯某公”。某字不易確認隸定，它和《金文編》493頁1179欸字左半所從者相同，似上從至，下從火。某公應是某一晉公，但史書所記晉諸公名無一與此相當。諸史書所記定公以下名號，亦不甚一致⑤，表列於下：

公元前	《紀年》	《世本》	《史記年表》	《晉世家》
511—475年	定公	定公午	定公午	定公午
474—452年	出公	出公鑿	出公錯	出公鑿
451—434年	敬公	（公子忌）	哀公忌	（公子忌）
		懿公驕	懿公驕	懿公驕
433—416年	幽公	幽公柳	幽公柳	幽公柳
415—389年	烈公	烈成公止	烈公止	烈公止
488—369年	桓公	孝公傾欣	孝公傾	孝公頎

三家分晉在周威烈王二十三年、晉烈公十三年（前403），侯馬載書有“晉邦”“二宫”等稱，應在其前。載書中的“定宫”若是定公之廟，則在定公午既卒之後，即前475年後。載書時代約在出、敬、幽及烈公十三年前，即公元前五世紀的後半，可能在敬、幽二代。由於《春秋》以後、三家分晉前約百年左右，文獻史料特別貧乏，故載書所述史實及所見人名，無法考核。

《春秋》成公六年“立武宫”，定公元年“立煬宫”，哀公三年“桓宫、僖宫災”，都是魯公廟。《左傳》昭公二十二年莊宫、平宫，二十六年襄宫和《國語·周語上》夷宫，都是周王廟。《左傳》襄公六年襄宫是齊襄公廟，以及前述晉國武、文之宫皆晉公廟。凡此皆無疑問，因此“定宫”可能爲晉定公廟。但《左傳》襄公二十三年范宣子“奉公以如固宫”，《國語·晉語八》作“范宣子以公入於襄公之宫”，是襄公之宫不稱襄宫而稱固宫。又哀公二十六年宋大尹“奉公自空桐入如沃宫”，沃宫也是先公之廟。因此載書“定宫”固可解爲定公廟，亦有可能如沃宫之例。今暫用前説者，因定公以後晉國“六卿彊、公室卑”已有了進一步的發展，載書似際此時期。

載書出土於侯馬，可能爲東周時新田即新絳之郊。《晉世家》正義引《諸侯譜》云“晉穆公（前811）遷都於絳，曾孫孝公改絳爲翼，至獻公又命曰絳”，今翼城東南，即故絳所在。曲沃爲别都大邑，《左傳》莊公二十八年曰“曲沃，君之宗也”，僖公四年、十年謂之新城或下國，戰國魏改曰左邑，漢武帝六年改名聞喜，今聞喜縣東。《左傳》成公六年（晉景公十五年，前585）“夏四月丁丑，晉遷於新田”，注云“今平陽絳邑縣是”，亦謂之絳或新絳，今曲沃縣西南。《濁漳水注》引《竹書紀年》曰“梁惠成王元年（晉桓公二十年，前369）韓共侯、趙成侯遷晉桓公於屯留”，晉已去新田。《晉世家》謂幽公時（前433—416）晉國“獨有絳、曲沃，餘皆入三晉”，絳即新田。由此可見，自前585—416年新田一直是晉國都，至於幽公之後、桓公遷屯留之前是否仍都新田，史無記載。

以上所述侯馬出土兩本載書，應是公元前五世紀後半期晉國的載書。

三、沁陽出土載書

1942年前後，河南省北部沁陽地區一帶，因修築公路出過一批書寫載書的石片，當時即已分散流失。考古研究所藏有十一件（三件無字跡），此外王獻唐先生據彭氏所藏摹了4件，都是墨書，與侯馬之用朱書者衹是颜料的不同。今分别以甲、乙編號，簡述如下。

甲一　此件完整無缺，係深灰色頁岩所製，墨書不易辨認。全文約爲49字左右，已摹出41字，但通讀有困難。其末句“不顯某公其亟覝□，麻夷我是”，與侯馬載書相同，但亟字從辵，其字從心。第一行首字應爲人名，此句似可讀作“某□其［腹］心敬奉事……”，奉從丰從心。第二行首六字爲“韓□、韓杏、韓罙”三人名；第七字左從少從肉，疑是削字；第八字爲朝，右從月從日；第九字爲閔，《説文》讀若粦，貨布假爲藺，趙地。此下四字似可讀作“重寧出廟”，寧從年從邑，《説文》以爲地名“讀若寧”，出字從攴，廟或即《説文》廟之古文庿；“出廟”或即晉出公之廟。第三行爲“□□虘國，不□時”，時與《説文》古文同，其前一字當爲動詞。

甲二至甲五　此四片蛇紋岩所製，寬度約在1.5釐米左右，上下端皆殘失。它們是同辭的四本載書，其内容爲“……自今日以往，某敢不……□□徙時，不顯某公……我是。”“敢不”前一字爲人名，甲三作“加”，甲五作“亥”，乃與盟者。“自今日以往”是載書常用語，如《左傳》僖公二十八年甯武子與衛人盟曰：“自今日以往、既盟之後”，又襄公九年“晉士莊子爲載書曰：自今日既盟之後”。甲二背文有“□我氏”即甲一“麻夷我是”之我是，可證“是”即“氏”。由此亦可推知每一載書終於一片。甲二、甲三第二行前四字完全相同，第一字左從鼎，第二字不可釋，“徙時”疑與甲一“不□時”相同。此四片“不顯某公”與甲一相同，或許所盟爲同一事，至少是同時的。

甲六、甲七　此二片亦蛇紋岩所製，寬度厚度同於前四片。甲六存字頗多，草率不能辨認。甲七殘存半字。

甲八　頁岩所製，同於甲一，僅存殘端“二白……□之……”

四字。

以上甲一至甲五是五本載書，它們與侯馬出土者同時，約在公元前五世紀後半。今沁陽縣，清代懷慶府治，春秋時爲野王，漢爲縣，《左傳》宣公十七年“晉人執晏弱於野王”，注云“今屬河内”。戰國時爲魏地。此載書埋入時在三家分晉以前，故是晉國的載書，涉及韓氏三人。它們和侯馬出土的在寫法上稍有不同：如其字或從心或作亓（同於信陽簡），顯字省頁同於《説文》古文，是或作氏。

乙一　第一行“自今日以往”之以，王氏誤摹爲“吾”。

乙二　第一行稍字恐是“趙”之誤摹。第二行“禉”字，《説文》木部隸於槱下，當是或體，解云“柴祭天神，或從示”。

乙三　第一行首“乙未”，第二行末“王廟”，廟字同於甲一。

乙四　第一行有“甲午”，第二行末有“齊□□宋垂武平”。王獻唐説“武平爲戰國趙地，《史記·趙世家》惠文王二十一年漳水武平西，二十六年徙漳水武平東。在今河北文安縣北”。（案應在河南臨漳一帶）。

以上四片摹本有不甚準確者，又未圖原石形狀。其内容多記日期及國名，記事較多。

四、餘論

以上考定侯馬和沁陽出土載書當公元前五世紀後半，即戰國初期。向來以三家分晉（前403）或《史記·六國年表》周元王元年（前476）爲戰國之始。今以爲《春秋》以後至三家分晉爲戰國初期（前480—404），是一個大變動、大更革的時期，在政權上表現爲周姓諸侯的衰亡而異姓卿大夫的興起，以三家分晉與陳氏代齊而完成。《左傳》昭公三年（前539）記齊晏嬰與晉叔向的對話，都有季世之感，“晏子曰：此季世也，吾弗知，齊其爲陳氏矣”，“叔向曰：然，雖吾公室，今亦季世也”，並説晉舊臣八姓之族“降在皂隸，政在家門”；又昭公十六年（晉昭公六年）魯子服昭伯曰“晉之公室其將遂卑矣，幼君弱，六卿彊”。但是衰微的晉公室與崛起的六卿之間，還是有鬥争的，晉室對六卿的壓抑（滅族，逐不臣者），六卿對公族土地的分割（分晉宗家祁盈、楊食我之地爲十縣），七卿之間的吞并土地（共分范、中行地，并知伯地），皆可爲證[⑥]。出土載書所述史事雖不能確指，但也透露了其中的消息。

載書是天子與諸侯、諸侯之間和諸侯與大夫之間的約束文書，亦即條約。天子與諸侯的命書與載書是構成古代公文檔案的兩大組成部分。西周金文保存了若干不見於文獻的命書，可以補《尚書·周書》之所無；出土載書可以充實《左傳》所記少數完整載書和“章首”，並以實物説明了盟誓之制。

解放以來在河南信陽、湖南長沙和湖北江陵發掘了許多楚國簡册，侯馬、沁陽出土晉國載書和信陽、江陵出土楚國遣册的時代相先後，都爲我國毛筆寫書提供了戰國初期的資料。侯馬與沁陽載書，分别爲朱寫、墨寫以作載書，繼承了殷代武丁至文丁甲骨上朱寫、墨寫並行之制。據《左傳》子産請焚載書，則當時載書寫於簡札。出土實物，是埋於牲坎的石片，石質與形狀亦不一致。就其完整的形制來説，至少有三：一爲無孔之璧，如侯馬 2 號片，蛇紋岩質；二爲圭形，如沁陽甲一，頁岩質；三爲簡形，如沁陽甲二至甲六，蛇紋岩質。後者長度不明，寬約 1.5，厚約 0.2 釐米，顯然是仿諸竹簡。輝縣固圍村墓二所出玉册和長沙仰天湖墓二十五所出竹册，長度分别爲 22.5 與 22.0 釐米，寬度皆爲 1.2 釐米，可證戰國時玉册仿諸竹册。沁陽甲一長 22.4 釐米，與戰國玉册、竹册皆長當時一尺。載書用圭或無孔璧形狀的石片，和《周禮·大宗伯》所述朝會時王、公、伯執圭，子、男執璧相對照，可能圭、璧有朝笏或手版的作用，是可以書寫的。

載書上的文字，雖同屬晉國某一時期所書，但形體結構並不完全一致，如“其”有四種寫法，“亟”有三種寫法，“顯”“君”“腹”等有二種寫法。其中其、君、時、事、明（盟）、敢、顯、廟、我、覝、勛等字，和《説文》所録“古文”相同，也有少數字和《説文》所引籀文相近。漢時所謂“古文”是指不同於秦篆的六國文字，既包含着較長的時期，也包括不同地域的字體。“孔子壁中書”和“先秦舊書”上的文字，固然可稱爲“古文”，而“古文”並不限於此。晉國同一時期載書上同一字可有不同形體並存，其他諸國文字亦如此。晉國載書和江陵、信陽、長沙等地楚簡文字，大同小異，可見六國之間的文字差異不大，許慎《説文解字叙》説七國“文字異形”乃是誇大之辭。許慎又説“秦始皇帝初兼天下，丞相李斯乃奏同之，罷其不與秦文合者”，則所罷廢的是不合於秦文即秦篆的部分，究屬少數。

注釋：

①《文物》1966 年 2 期第 1—3 頁。

②《文物》1966 年 2 期第 4—6 頁。

③ 參考本附録《河南沁陽出土戰國載書》。

④ 摹本稍有錯誤，如 21 號片遺摹第二、四兩行。

⑤ 關於晉世系，參看《六國紀年》第 45—50 頁。

⑥ 參看《史記・晉世家》。

附録

河南沁陽出土戰國載書

1942 年前後，在河南省北部沁陽一帶地方，因修築公路發現了幾十片玉石，其中皆有墨書文字。當時有人以十一件送交徐旭生同志，其中八件有文字。曾先後經吳其昌、王獻唐、商承祚等人摹寫過，但他們的摹本都未見發表。這批實物，今在中國科學院考古研究所，現在攝影製版發表。石上的文字，有些因石質作灰黑色，墨跡不顯；有些寫於較光滑的石質上的，墨跡已經黯淡，因此都不容易辨識。今由鍾少林同志試爲摹寫出來，可能有些不正確的地方。這八件編號如下：

甲一　長 22. 4、寬 5. 8 釐米（圖一，1）。

甲二　長 7、寬 1. 5 釐米。背三字。破裂爲七小片（圖一，2）。

甲三　長 6. 5、寬 1. 5 釐米。破裂爲二片（圖一，3）。

甲四　長 2. 8、寬 1. 4 釐米（圖一，4）。

甲五　長 3. 4、寬 1. 6 釐米。破裂爲四片（圖一，5）。

甲六　長 6. 4、寬 1. 6 釐米（圖一，6）。

甲七　長 0. 9、寬 0. 7 釐米（圖一，7）。

甲八　長 2. 4、寬 1. 4 釐米（圖一，8）。

甲一和甲八頁岩所製，甲八殘存尖端一小段。甲二至甲七都是蛇紋岩所製，但顏色不盡相同，厚約 0. 2 釐米，磨製光潔。甲一也經磨製，左邊刻一槽道，似有意加刻。無字的三件：一件長 17. 8、寬 2. 7 釐米，形制與石質同於甲一；一件殘存尖端，長 1. 8、寬 1. 1 釐

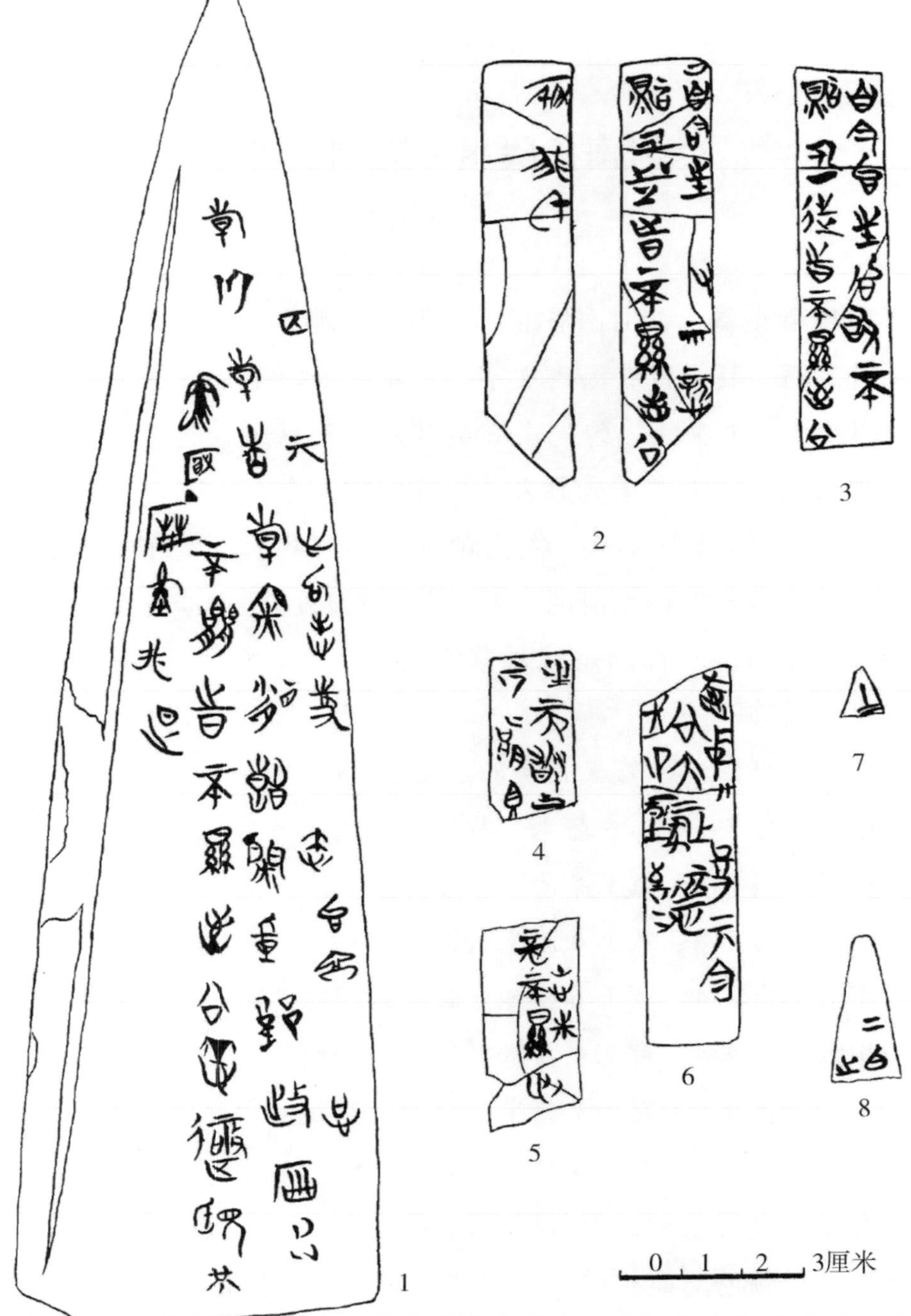

圖一 沁陽出土載書摹本

米，頁岩製；一件長 5、寬 3. 8 釐米，蛇紋岩製。

另外還有一批據説也是同地同時出土的。王獻唐先生遺著有一篇《沁水晚周石墨釋記》，作於 1950 年。他説“往歲旅渝，聞豫北出土玉片，上有墨書。傳河南沁水（應係沁陽，沁水在山西）墓中掘出，有匣盛之，數甚多，時在抗戰初期。其片大小不同，質亦不一，有黑色者，有淡緑色藍灰色者，皆石而非玉。各片形制無定，或似圭，或但爲片。……更後就醫北京，邢君又持來彭氏所藏五片囑釋，亦言沁水（陽）出土，與旭生藏者正同。内一片字已湮滅不録。餘四片就其可辨之字，摹釋如右”。此四片摹本，我們據之重摹，編號如下：

乙一　王釋第一字“爲石片號次，即七字”，舉列國刀幣文爲證。第一行“吾”字是“臺”字誤摹。第二行第

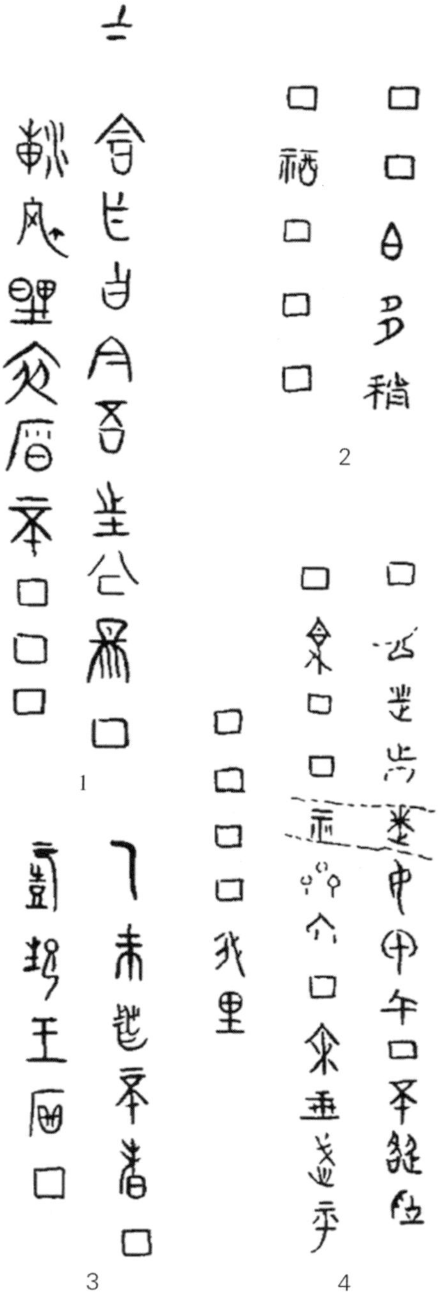

圖二　沁陽載書摹本

1.乙一　2.乙二　3.乙三　4.乙四

二字，“右上漫滅”（圖二，1）。

乙二　王記曰“首行末字筆劃隱隱似稍，稍體近隸，疑失真。”（圖二，2）

乙三　王釋第一行第五字爲“者”，第二行第二字爲“兄”（圖二，3）。

乙四　王釋第一行“甲午”下第三字爲迼，即格。釋第二行“齊内二字雖有闕畫，細審原石尚隱约可見”。釋第二行末爲“余垂武平”，釋第三行末爲“我里”（圖二，4）。

王記因有“武平”地名，遂謂此數片乃“趙地文物”，並據書體定它們爲“晚周時物”。凡此皆不可據。這四片的内容和我所所藏八片，内容上有所不同，故王記曰“味其文義，似記述史事”。

最近由於山西侯馬出土了一批晉國的朱寫“盟書”，和以上兩宗在内容上與形制上有類同之處，因此將它們整理發表，以備參考研究。

原載《考古》1966年第5期。

戰國文字研究（六種）（節選）

——侯馬載書“麻夷非是”解

朱德熙　裘锡圭

侯馬載書[①]誓辭結尾云：“虞（吾）君其明極覗之，麻臺（夷）非是。”沁陽載書[②]甲一亦有“麻夷非是”之語，又甲二背面有“□非氏”三字，當是同類語之殘文。《東周盟誓與出土載書》[③]認爲“麻夷即滅：《方言》十三曰‘摩，滅也’[④]，《廣雅·釋詁》曰‘夷，滅也’”，又指出古是、氏通用，載書是字當讀爲姓氏之氏，凡此都是正確的。但文中釋非爲我，則不可從。案載書此字形體與金文非字全同，决爲非字無疑。

《公羊·襄公二十七年》記衛公子鱄以獻公殺甯喜爲不義，挈其妻子去國，“將濟於河，攜其妻子而與之盟曰：‘苟有履衛地食衛粟者，昧雉彼視。’”何休注：“昧，割也。時割雉以爲盟，猶曰視彼割雉，負此盟則如彼矣。”今案何休割裂傳文句法，把“昧雉彼視”解釋爲“視彼昧雉”，又讀雉如本字，望文生義，殊不可信。其實《公羊》的“昧雉彼視”和侯馬載書的“麻夷非是”，都是滅彼族氏的意思，衹是文字寫得不同，用語小有出入。現將二者的關係疏釋如下：

傳文昧字乃譌字。《釋文》在昧字下注曰：“舊音刎，亡粉反，一音末，又音蔑。”陳立《公羊義疏》據《釋文》字音以爲傳文眜字本當作昧[⑤]。今案眜字不見於《説文》等較古字書，傳文眜字應爲眛字之誤。眛譌作昧，典籍常見[⑥]。眛與蔑古音同聲同部，典籍中時見通用[⑦]，故《釋文》云“一音末，又音蔑”，刎音當因何休訓此字爲割而生，不足信。傳文眛字當讀爲蔑，訓爲滅。《國語·周語中》：“今將大泯其宗祊而蔑殺其民人”，韋注：“蔑猶滅也”。《文選》卷二十謝靈運《鄰里相送方山詩》：“音塵慰寂蔑”，李善注：“蔑一作滅”。

傳文“眛雉”與載書“麻夷”相當。雉、夷音近相通，典籍不乏其例。《左傳·昭公十七年》：“五雉爲五工正，利器用，正度量，夷民者也”，《正義》：“雉聲近夷，……樊光、服虔云：‘雉者，夷也。’”《周禮·秋官·序官》“薙氏”鄭注：“書薙或作夷。”又《禮記·月令》鄭注引《周禮·秋官·薙氏》“夏日至而夷之”，夷作薙。《史記·魯世家》：“煬公築茅闕門”，《集解》於茅字下注：“徐廣曰：‘一作第，又作夷。’”夷門即見於《禮記·明堂位》等書的雉門。《甘泉賦》：“列新雉於林薄”（《漢書·揚雄傳上》，亦見《文選》），新雉即《楚辭·九歌》的辛夷（見《湘夫人》及《山鬼》，《七諫·自悲》作新夷）。麻和眛都是明母字，韻亦相近。《釋名·釋姿容》：“摩娑，猶末殺也，手上下之言也。”摩娑（摩抄）和末殺（抹摋）是一語之轉，麻夷和眛雉（夷）也是一語之轉。

傳文的“彼視”與載書的“非是（氏）”相當。載書非字當從傳文訓爲彼，傳文視字當從載書讀爲氏。非與匪通，匪、彼音近，典籍匪字訓彼之例極常見。視從示聲，屬脂部，是和氏是支部字，但在典籍和古文字中都可以看到示聲和氏、是相通的現象。《左傳·宣公二年》的提彌明，《史記·晉世家》作示眯明，《公羊·宣公六年》作祁彌明，從是聲之提與示字及從示聲之祁通用。《周禮》一書地祇之祇都作示。戰國文字中常見的眂字，就是視、眡的異體[⑧]，可證傳文的視字是氏的音近譌字。

《公羊》"眛雉彼視"一語自來没有得到正確的解釋，有人甚至以此爲古漢語倒裝句的例證。由於侯馬載書的出土，我們才真正理解了這句話的意義。

注釋：

① 張頷：《侯馬東周遺址發現晉國朱書文字》，《文物》1966 年第 2 期。並參看注②。

②③ 陳夢家：《東周盟誓與出土載書》，《考古》1966 年第 5 期。

④《莊子・徐無鬼》："循古而不摩"，《釋文》引宋王穆夜注："摩，消滅也"。《淮南子・精神》："故形有摩而神未嘗化者"，高注："摩，滅，猶死也。"其他從麻聲之字，如糜爛之糜，靡敝之靡，義並與滅近。

⑤ 陳立引《釋文》"一音末"作"一音未"，謂"音未"本當作"音末"。今案通志堂本《釋文》不誤，陳氏所據殆爲附於《公羊注疏》之《釋文》。

⑥ 例如：《漢書・項羽傳》的鐘離眛（師古注："眛音莫曷反"），汲古等本譌作昧。又《李廣利傳》有宛王眛蔡，師古注："眛音本末之末。"（眛蔡亦見《西域傳上》，師古彼注曰："眛音秣"）這個眛顯然也是眛的譌字。《公羊・昭公十五年》經"吴子夷眛卒"，《左傳》作夷末，《公羊釋文》注眛字曰："音末（《公羊注疏》所附《釋文》此處亦譌作未），本亦作末。"夷昧也顯然是夷眛之誤。下注所引《公羊》《穀梁》《史記》中與蔑通用的眛字，各本亦有譌作昧或眛的。

⑦ 如：《左傳・隱公元年》經"公及邾儀父盟於蔑"，《公羊》《穀梁》蔑皆作眛。《文公七年》經的先蔑，《公羊》作先眛。《商君書・弱民》《吕氏春秋・處方》《荀子・議兵》的唐蔑，《史記》作唐眛（見《六國年表》《楚世家》《屈賈列傳》）。

⑧ 關於這個字另有專文討論。

原載《考古學報》1972 年第 1 期。後收入《朱德熙古文字論集》，中華書局，1995 年 2 月。

出土文物二三事（節選）

——新出侯馬盟書釋文

郭沫若

山西省的同志們，最近在清理侯馬東周盟誓遺址的《盟書》中，又發現了新的石簡，字數長達二百二十字左右。石簡作圭形（圖一、二），我見到三件原件和摹録（圖三、四、五）。原件是朱書，字跡比較鮮明，内容和前幾年出土的是同時的事件，即趙敬侯章和趙武公之子趙朔争位，趙朔敗逃，其黨羽大被驅逐的故事。請參看拙作《侯馬盟書試探》（《文物》1966 年第 2 期）。這次清理出的《盟書》，列舉了好幾個家族被斷絶關係，被驅逐出境，不許讓他們再回晉國。立盟者如不守信誓，便當身受其罪，連及子孫後代。請參看我附上的釋文（圖三、四、五）。

三件中立誓者是三個人，一爲盦章，二爲郹徒，三爲□絠。被逐者趙北是主要人物，其次有好幾個姓兟的，大抵和幾年前出土者相同，但多添了十來個家族。趙章與趙朔争位之事，當公元前 386 年，不妨就《史記》所載，再一次列舉如下。

1. “九年（趙）烈侯（籍）卒，弟武公立。武公十三年卒，趙復立烈侯太子章，是爲敬侯。是歲，魏文侯卒。敬侯元年，武公子

朝作亂，不克，出奔魏。趙始都邯鄲。"(《趙世家》)

2. "三十八年（魏）文侯卒，子擊立，是爲武侯。魏武侯元年，趙敬侯初立，公子朔爲亂，不勝，奔魏，與魏襲邯鄲，魏敗而去。"(《魏世家》)

3. 周安王十六年——趙敬侯元年，武公子朝作亂，奔魏。"(《六國年表》)

趙朔即趙北，古人以北方爲朔方，北與朔是一名一字；《趙世家》和《年表》作趙朝，當是字誤。新清理出的《盟書》中兩見"□及其新君弟子孫"（一簡無"其"字），"新君"當指趙敬侯，"新君弟"當指趙北或趙朔的兄弟行，亦即趙敬侯的兄弟行，從趙北或趙朔一同作亂者。這些又爲我的看法新添了證據。

人名多奇字，不能盡識，"盦章"一名與楚惠王姓名全同，但在這裏是趙國的家臣，決非楚惠王。他也決非趙敬侯章，名同姓不同，而且一個人爲一件事不能寫兩件盟書。"悳"是德字，或省作直。"重"或從邑。如此類，不備舉。

文多合書，如"之所""子孫"，有合書符號（與重文符號相同）打在字的右下隅。第三簡中"邯鄲"二字合書，但無合書符號。特別是"子孫"字樣反復了多次，均作"孫="，儼如"孫孫"。蓋"孫"字含有"子"字的成分，故打一重文符以示合書。如"大夫"作"夫="，以"夫"字中含有"大"字的成分之故。這是戰國文字的慣例。

"自質于君所"："質"字在古文獻中每與"盟"字聯帶使用，玆僅舉一例以爲證。《左傳》魯哀公二十年"趙孟曰：黃池之役，先主與吳王有質，曰：好惡同之。"下文趙孟家臣楚隆轉達這同一話言於吳王夫差，曰"黃池之役，君之先臣志父得承齊盟，曰：好惡同之。""質"與"盟"顯然爲同義語。杜預注"質，盟信也"，可見

"盟"是就形式而言,"質"是就實質而言,雖有表裏深淺之異,其實是一回事。

"敢俞出入于趙北之所":"俞"字假爲偷。其他二簡同位之字從言旁,左半不明,疑是詭字或謬字,與偷字義相近。

"及羣虖明":"羣"字是群字的異體,三例均從羗,但往年曾發表者多從羊。"虖"是虎吼,"明"是盟之省,"及群虖明"猶言結黨嘯聚。被列爲盟誓的第一項,以示罪惡嚴重。

"嘉之身及子孫":"嘉"用爲加,謂罪加於自己及子孫。

"墜"是地字。"虞"假爲吾。"亟"假爲殛。"覘"是視之異,是糾察的意思。

"麻臺非是":朱德熙與裘錫圭同志釋爲"滅夷彼氏",謂即《公羊傳》襄公二十七年的"昧雉彼視",至確。《公羊傳》記載衛獻公負約殺甯喜,公子鱄以爲不義,挈其妻子而去之,將濟於河,携其妻子而與之盟曰:"苟有履衛地、食衛粟者,昧雉彼視!"(見朱、裘二同志的稿本,不久將載《考古學報》出版。)

"巫覡祝史𠭯,綒繹之皇君之所":"巫覡"原文一號與三號作晉覡。"𠭯"疑是薦字。"綒"疑是敬字。言既盟之後,當遣巫覡祝史將盟書獻上,敬陳於晉君。如其不然,則也"滅夷彼氏"——就是絶子絶孫。

盟末有"閔癹之子孫賓之行道弗敉"一項,三簡文略有異同或有殘缺,但大意可知。閔是閫字,癹一作"伐",蓋趙北之黨而反對趙北,或被殺戮,立盟者對其子孫須加以安撫,不能任其流浪,否則亦當嚴受處分。

新清理出另一小玉片,盟文與往年所釋"章敢不閈其腹心",基本上相同。拙作《侯馬盟書試探》一文,考釋多不確。今就這一小玉片盟文重釋如次(圖六、七)。

“義敢不半（判）[其腹]
心，以事其宗，而敢［不盡］
從嘉之明（盟）、定宫平時之［命，而敢］
或𦥑（祁祁）改助（鋤）及奐卑（瘓痺）不守二［宫者］；
而敢又（有）志復趙北及其子孫
于晉邦之墜（地）者；及羣
虖明（盟）者；虞（吾）君其明亟覰
之，麻臺非（彼）是（氏）！”

“義”：是立盟誓者自稱其名，趙氏之家臣。

“而敢不盡從嘉之盟”：“而”字前釋爲“夫”屬上讀，非是，今改正。下二“而敢”云云的“而”字，亦同。

“而敢或𦥑改助及奐卑不守二宫者”：𦥑字當是𦥑字之異，附有重文符。此字象兩缶相抵，本是抵之初文。金文《召伯虎簋》“有𦥑有成”，即是“有抵有成”。《三體石經·君奭》篇及金文《燕侯載簋》以爲“祗敬”的祗字。字或作𦥑，象兩缶之間有物墊之，《石鼓文·作原石》以爲“祁祁”之祁。金文《杜伯鬲》加女旁，以爲祁姓之祁。此字於缶下加又，由象形文變爲象意字，示缶下又有一缶。此猶如炎字簡化作㶣，轟字作軣，聶字作聂，可見古人已有先例。附有重文符，則當讀爲祁祁，祁祁即徐徐或遲遲。

“改助”即改鋤，謂進行改革舊物，鋤舊布新。助字或作勪，從田，見《侯馬出土盟書摹本》第十片(1966 年侯馬工作站曬藍本,出土於同年 2 月 27 日,坑號爲 66,H14,M200,共出土 72 片,此其一。僅此一片從田作。),正表示鋤田之意。

“奐”或從𠬞，作奂（見曬藍本第十五片）。《説文》：“奂，取奂也”，即是改换之换。字或從衣作（見曬藍本第十八、二十六，二十七片），衣内所從不明，當即《集韻》衭字，亦作衮，“音販，同襻，衣系也。”與奂音相近，故通用。“奂卑”連文，當讀爲瘓痹，漢人作骫骳，見《漢書·枚乘傳》，枚乘之子枚皋“爲賦頌嫚戲”，自詆“其文骫骳”。颜師古注：“骫古委字也，骳音被，骫骳猶言屈曲也”。其實即是頑皮。委字古音讀爲倭。倭丸，陰陽對轉——同一韻母，末附 n 或 ng 者爲陽聲，不附者爲陰聲，此兩種字可以互相轉變，古音韻學家稱爲“陰陽對轉”。

“二宫”前釋“上宫”，不確；當是晉公之宫與趙侯之宫。

“者”字告一段落，盟書中凡三個“者”字，即三項誓辭的落脚。

“而敢又（有）志復趙北及其子孫于晉邦之墬者”：此項誓辭爲本盟書中的核心，所有侯馬盟書均以此事爲核心。趙北即與趙敬侯章争位的“趙朔”——趙武公之子。作亂失敗，逃奔魏國。這是趙國的一件大事。打敗了趙北之後，趙氏君臣大舉在晉君前集會盟誓，誓與趙北的一族及其一黨永遠斷絶關係，不許復歸晉國。“墬”是地之古文，前釋爲陵，不確，上文已更正。

“及群虖明”與“麻臺非是”：余舊釋均有誤，上文已更正，不再贅述。

一九七二年二月二十日

原載《文物》1972 年第 3 期。後收入《出土文物二三事》，人民出版社，1972 年 8 月。略有修改。

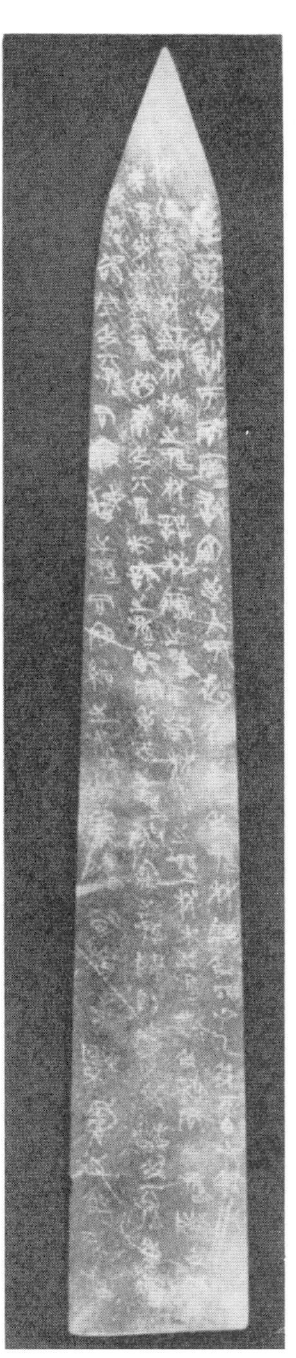

圖一　侯馬東周盟誓遺址出土盟書一

（長 27.5 釐米、寬 3.3 釐米）

圖二　侯馬東周盟誓遺址出土盟書二

（長 26. 2 釐米、寬 3. 3 釐米）

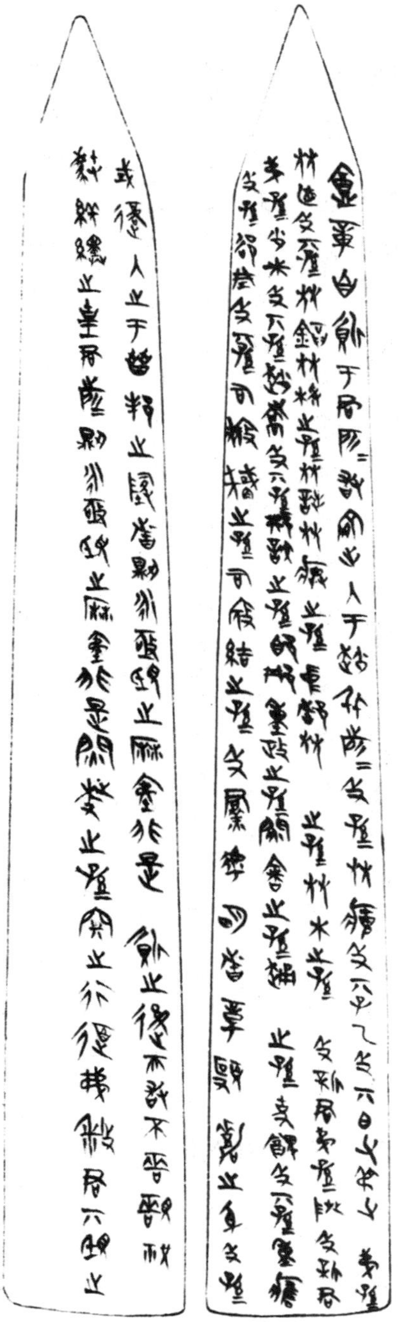

盦章自質于君所：敢俞出入于趙北之所及子孫、兟痝及女子乙及伯父叔父　弟子孫、
兟直及女子孫　兟鎬兟柎之子孫、兟詨兟𢉩之子孫、中都兟〔瘥〕之子孫、兟木之子孫、口及新君弟子孫、陝及新君
弟子孫、趙米及女子孫、趙喬及女子孫、𨛭許之子孫、邯鄲重政之子孫、閔舍之子孫、趙口之子孫、史醜及女子孫、重瘫
及子孫、邵城及女子孫、司寇𩫏之子孫、司寇結之子孫、及𡨦孛明者、章頣嘉之身及子孫；
或復入之于晉邦之墜者，則永亟覷之。麻𡘋非是。〔既〕質之後，而敢不晉覡祝史
𢿢綐繹之皇君之所，則永亟覷之。麻𡘋非是。閔發之子孫實之行道弗殺，君女覷之。

盟書一摹本

盟書一釋文

圖　三

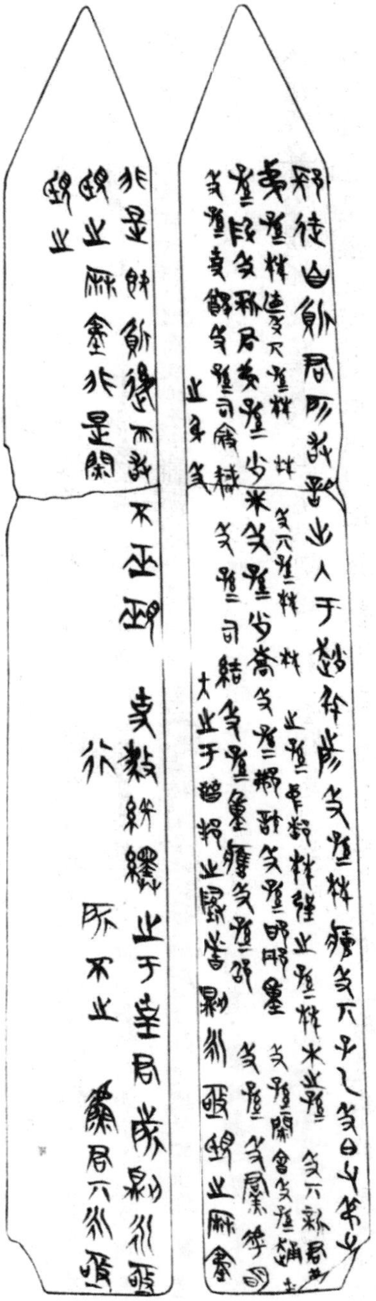

盟書二摹本

郘徒𠂤質君所：敢訽出入于赵北之所及子孫．兟琥及女子乙及伯父叔父口
弟子孫．兟悳及女子孫．兟口兟口及女子孫．兟口兟口之子孫．中都兟程之子孫．兟木之子孫．口及女新君口
子孫．阝殳及新君弟子孫．赵米及子孫．赵喬及子孫．邯許及子孫．邯鄲重口及子孫．閔舍及子孫．趙口
及子孫．史虓及子孫．司寇[illegible]及子孫．司（寇）結及子孫．重廱及子孫．郘口及子孫．及虞府明
（者．徒顧嘉）之身及子孫；或復入之于晋邦之墜者，則永亟覷之．麻𡗝
非是。既質後，而敢不巫覡（祝）史戲約繹之于皇君之所，則永亟
覷之，麻𡗝非是。閔（發之子孫窴之）行道口所不止（者），虞君其永亟
覷之。

盟書二釋文

圖 四

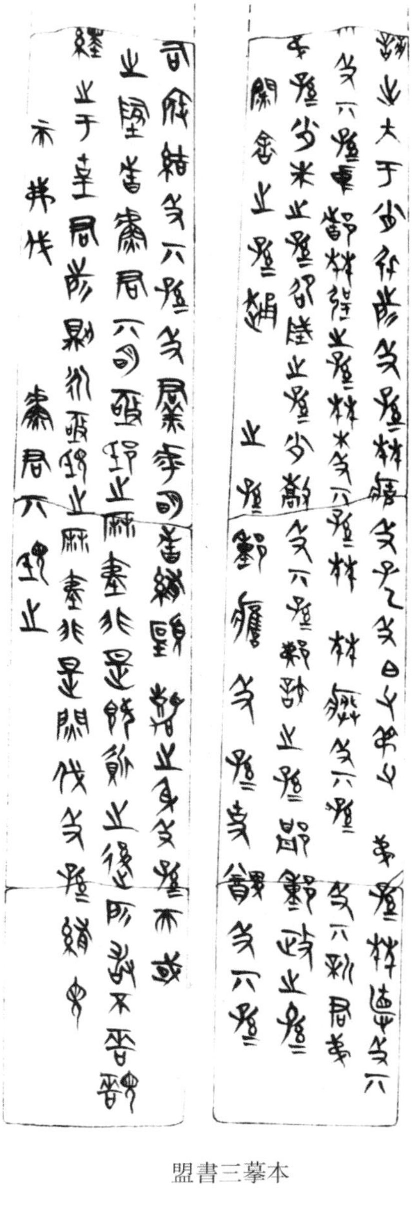

盟書三摹本

〔口綃自質于君所敢〕認出入于趙北之所及子孫、兟瘡及子乙及伯父叔父口、弟子孫、兟惪及女
〔子孫、兟鍺兟𢓜之子孫兟誘兟痽〕及女子孫、中都兟强之子孫、兟木及女子孫、兟瘠及女子孫、口及女新君弟
〔子孫、𨹧及新君〕弟子孫、趙米之子孫、郘墜之子孫、趙喬及女子孫、郴許之子孫、邯鄲郵政之子孫、
閔舍之子孫、趙口之子孫、郵痽及子孫、史醜及女子孫、
〔司寇𥡴之子孫〕司寇結及女子孫、及𧰼𢈀明者，綃顧嘉之身及子孫，而或
〔復入之于晉邦〕之墜者，䇰君女明亟覗之，麻夷非是。既質之後，所敢不晉觀
〔視史𢿱紉〕繹之于皇君之所，則永亟覗之，麻夷非是。閔伐及子孫、綃見
而弗伐
䇰君女覗之。

盟書三釋文

圖　五

圖六　新出土侯馬盟書小玉片（正面）

（長 6.1 釐米，寬 2.3 釐米）

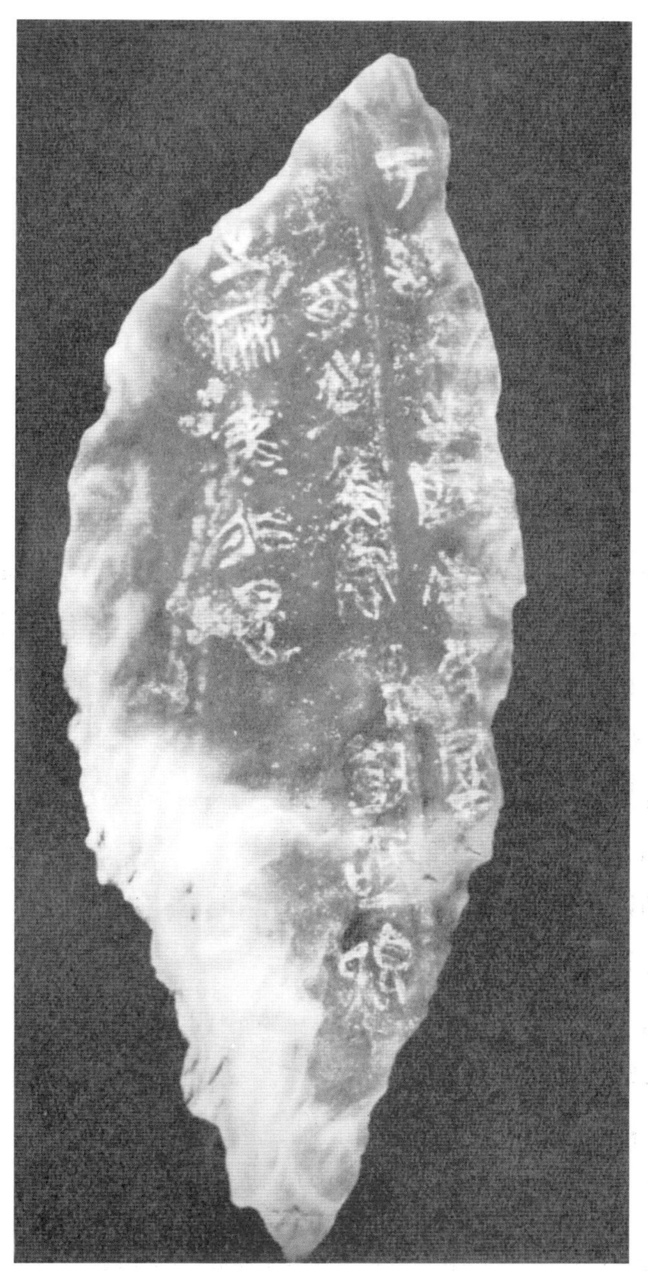

圖七　新出土侯馬盟書小玉片（反面）

侯馬東周盟誓遺址

陶正剛　王克林

一

1965年冬，我們在配合基本建設工程中，又一次發掘了侯馬東周盟誓遺址，繼續發現了有關記載盟誓的盟書（古代稱載書）。其數量之多和内容之豐富，在過去都是少有的，對研究春秋戰國時期的盟誓制度，提供了極爲豐富的材料。

盟誓遺址位於侯馬市東部秦村西北三華里，相距牛村古城遺址約五華里，位於古城遺址的東南郊。面積約三千八百餘平方米（東西長約70米，南北寬55米）（圖一）。發掘工作由1965年11月開始，至1966年5月中旬結束。經過鑽探共發現了長方形竪坑四百餘座，發掘了三百二十三座及橢圓形窖穴二處（圖二、圖五：1）。

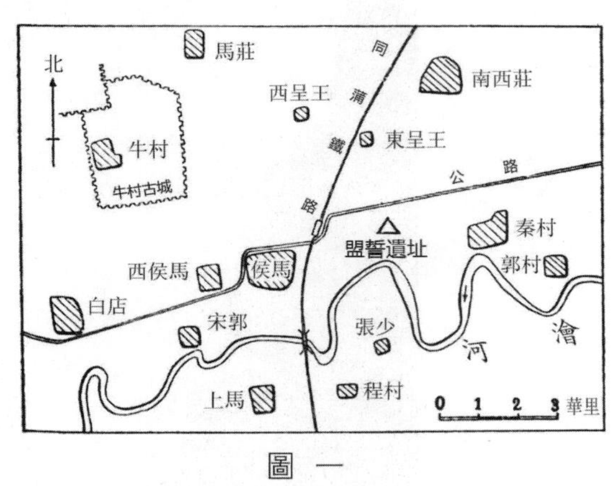

圖一

（1）長方形竪坑：坐北朝南，正北向，或偏東、偏西五至十度左右。均爲土壙，北大南小，坑壁成垂直狀，口與底大小相差無幾。竪坑四壁和底部光滑平整，衹有五例有上下竪坑用的脚窩。深淺不一，淺者40至50釐米，深者達6米以上。大小也各有差異：大者長1.6米，寬60釐米；一般長1.3米到1.5米，寬50釐米左右；主要埋葬牛或馬兩種牲畜（圖五：2）。小者長50釐米左右，寬25釐米，一般在60至80釐米，主要埋葬羊和安放盟書。竪坑底部一般都埋葬有牲畜，主要有羊、牛、馬三種（圖八：1—6）。在坑80的填土中，曾發現有雞的骨骸，但僅見此一例。大部分竪坑北壁臨近坑底約5至10釐米處有一個小壁龕，其大小、高低、深淺均無定制，基本上是隨着安放遺物的大小而定。壁龕中都有一件玉飾或玉器（圖五：3），多者三至五件。僅見到四例是祭器。這些小龕可能是爲存放玉器而挖掘的，存放玉器後又填土掩蓋起來，可能比埋葬牲畜時間爲早。竪坑的又一用途是存放盟書，而一般存放盟書的竪坑是没有小壁龕的。《禮記·曲禮》説："約信曰誓，涖牲曰盟"。孔穎達疏：

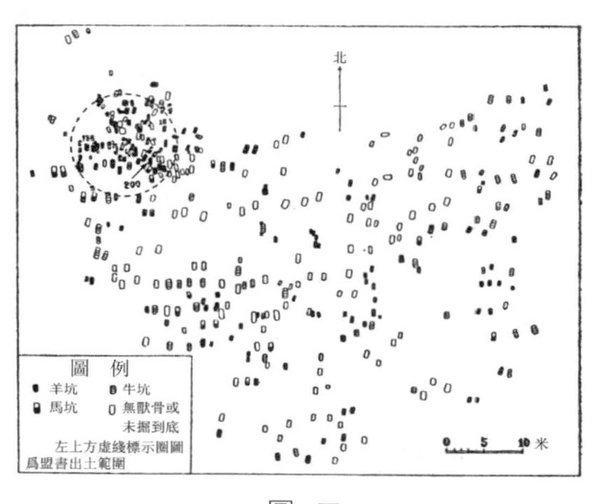

圖二

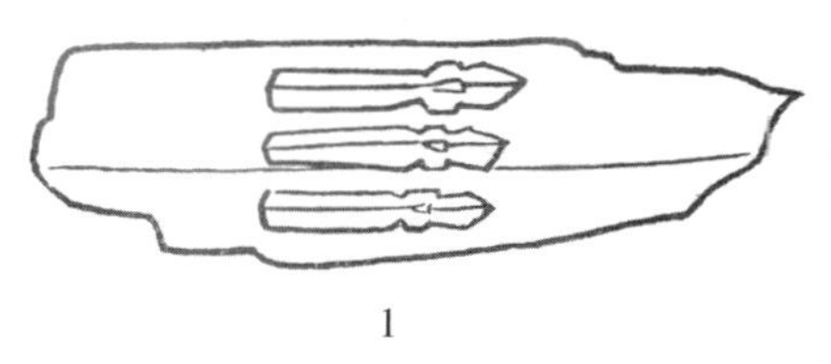
1

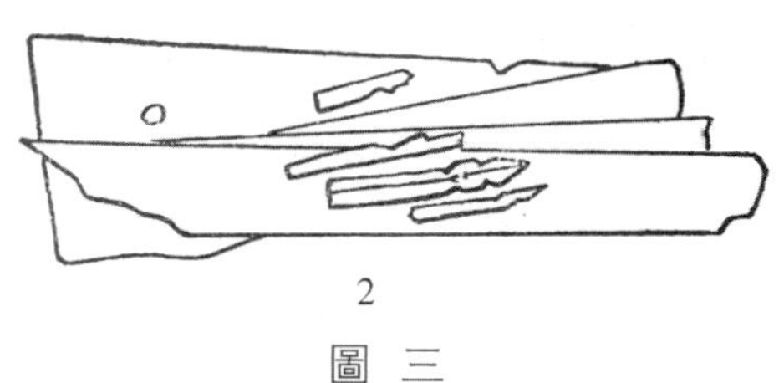
2

圖三

"盟之爲法，先鑿地爲方坎，殺牲於坎上，割牲左耳，盛以珠盤，又取血，盛以玉敦，用血爲盟，書成，乃歃血而讀書。"古人所説基本上和我們發掘的情況是一致的。

（2）橢圓形窖穴：僅見二例。編號爲 H_1 和 H_3。H_1 南北長 1 米，東西寬 75、深 35 釐米，口與底大小幾乎相等，四壁光滑整齊，呈圓柱狀。在底部貯放有兩堆盟書和四件石璜（圖五：4）。東邊是一堆小條石簡，西邊是寬條石簡，其南由四件石璜構成圓璧狀。這種安放情況，可能是和禮儀有關的一種宗教儀式。

H_3 近方形，圓角，上大底小，呈仰斗狀。口徑東西長 80、南北寬 85 釐米。底徑東西長 70、南北寬 75、深 50 釐米。主要是南北向貯放一堆寬條石簡。每條石簡長 10 釐米左右，厚 1 釐米。

盟誓遺址位於第三層下面，打破了紅褐色土層。二層以上是晚於東周的文化層，三層遺物極少，偶有一些陶、玉器殘片發現。紅褐色土層内也没有遺物，均屬於東周文化堆積層。有的長方形豎坑互相打破，但都是出在同一層位的遺跡，估計他們的絶對年代有早晚，相對年代則是同一個時期的。

盟誓遺址可分爲甲、乙兩區。甲區集中在西北部，這裏的豎坑一般都較小，而且又很密集（圖二），互相打破的情况多，盟書都是在這個地區發掘出來的。其分佈範圍：東起坑 16，西至坑 74、坑 71 附近；北起坑 164，南至坑 199。東西 12 米，南北 11 米，面積約 132 平方米。豎坑裏埋葬的牲畜主要是羊或羊羔，衹有二例是牛、馬，骨架大部已經零亂。出土盟書的豎坑内幾乎都有羊的骨骸。

乙區：除甲區外，均屬於這一類型。豎坑一般比較分散，面積較大，重疊情况少，埋葬的牲畜主要是牛、馬和羊，不見有盟書出土。

《周禮·詛祝》："作盟詛之載辭"。又《周禮·司盟》鄭玄注：

"載，盟辭也。盟者書其辭於策，殺牲取血，坎其牲，加書於上而埋之，謂之載書。"《曲禮下》疏云："盟牲所用，許慎據韓詩云：天子諸侯以牛豕，大夫以犬，庶人以雞"。古書關於盟誓的記載多次提到結盟，立盟誓，殺牲取血，最後把牲畜和盟書共同埋葬於坎，這些是和我們發掘情况相同的。不同的是：第一，牲畜不一定殺死，而是有活埋的，或是部分牲畜活埋的。第二，盟書有的同羊牲合埋在一起，有的不埋葬牲畜，僅有盟書。第三，"天子諸侯用牛豕，大夫以犬，庶人以雞"和發掘情况不相符合，我們在三百二十三個竪坑中共清理牲畜骨骸二百五十九具，其中羊一百七十七具，數量最多，牛六十三具，次之，馬十九具，最少。坑 80 的填土中有雞的殘骸，衹一例，没有見到豬、狗等牲畜的骨骸。第四，竪坑底部有一個小壁龕（圖五：3），安放一件玉器，這是過去没有提到的。所有這些，都對我們進一步了解東周盟誓制度提供了新的資料。

二

侯馬東周盟誓遺址出土文物有盟書、玉器、絲織品殘件和陶片四類。

玉器　出土數量種類衆多，它們都是由青玉、白玉或一些較爲美觀的石料琢成。擇要介紹如後。

（1）璧　共 30 件。有大璧（圖六：1）、中璧（圖六：2）、小璧（圖六：7），刓方璧（圖六：6）四種。其中厚度有薄近紙者。

（2）環　共 6 件。形式基本相同，僅有大、中、小的區别（圖六：3、8）。

（3）瑗　4 件。基本上屬於同一類型（圖六：4）。

（4）韘　1 件（圖六：5）。

（5）玦　1 件。

（6）璜　2 件（圖六：9）。

（7）珮　3 件（圖六：15、16）。

（8）圭　共 33 件。有玄圭（圖六：10）、大圭（圖六：11、12、13）、鎮圭（圖六：14、17）、琬圭（圖六：18）、琰圭（圖六：19）五種。其中厚度有薄近紙者。

（9）璋　共 25 件（圖六：20、21、22；圖七：1、5、9、10）。

（10）笏　2 件（圖七：14）。

（11）玉器　没有固定的形狀，可能是用璞切割而成的各種不同的器物。有長形器、龜形器、圓形器、角狀器、璞、殘玉器（圖七：2、8、12）等不同類型。

（12）瑁　8 件（圖七：3、4）。

（13）戈　2 件。坑 340 戈，薄近紙，上有墨書數字，字跡漫漶，已無法辨識（圖七：17）。

（14）刀　3 件（圖七：15）。

（15）祭器　坑 20、坑 24、坑 196、坑 219 的壁龕裏隨葬有圭和矢狀器的組合物，圭在下，矢狀器在上。矢狀器頭部尖，頸部有兩道凸棱，下端成柱形，可能是宗教一類的信物（圖三：1、2；圖七：6、7）。

絲織物遺跡　坑 17 璧的外表還存留有一塊絲織物，紋飾細密，經緯緊密，説明我國東周絲織業已有相當程度的發展（圖十一）。

陶片　均是豎坑填土中出土。

1. 盆　1 件。寬沿外折，沿口平，深腹，腹部有細繩紋（圖七：16 右）。

2. 鬲　1 件。頸折明顯，最大徑在肩部，襠略高，紐足，自頸下飾繩紋（圖七：11）。

3. 盤豆　深盤，外圓，素面，灰褐色（圖七：13）。

4. 板瓦　胎較厚而不平整，表面有緊密的細繩紋，很深，灰褐色，泥條盤製（圖七：18）。

5. 盂　唇折，肩成圓弧，素面（圖七：16 左）。

填土中還出有很多其他陶器殘件，因體形較小，不能辨認。上述五件器物，均屬於侯馬晉國遺址中期或中期以上的陶器類型。

三

存放盟書的竪坑有三十一座（除三座未全部整理外），出土盟書數百件，都是用紅色颜料寫在玉、石器物上面的。成器的有石圭，呈灰黑色，形制規整，大型的長 26、寬 3、厚 0.9 釐米；小型的長 18、寬 1.6、厚 0.2 釐米。玉質的有璜、圭兩種。其餘都是製作玉器剩下的廢料，呈不規則塊狀和片形，大小一般不超過拳掌。盟書的載辭是用朱紅颜料書寫的，古人有丹書、朱書之稱。《左傳・襄公二十三年》："初，斐豹隸也，著於丹書"。《史記・趙世家》："襄子……親自剖竹，有朱書曰"。目前已經整理的盟書，大致可以分爲四種。

第一種，字數在 92 字左右，盟文由"某敢不閛其腹心"起，到"麻夷非是"爲止（圖十：3；圖九）。

第二種，字數在 72 字左右，盟文基本上和第一種相同，衹是在盟文中"趙尼及其子孫"下，没有那些被懲罰者的姓氏及其子孫的記載（圖十：2）。

第三種，内容增加，字數長達 210—220 字左右，盟文由"某自質于君所"起，至"君其晛之"止，内容豐富，格式有很大變化，其中有在姓氏上冠以官職或地名者，以坑 156 出土盟書爲代表。

第四種，盟文有年、月、日記載，僅在坑 16 中見到一片，文字漫漶過甚，已不能詳辨其内容（見《文物》1966 年 2 期《侯馬盟書試探》）。

坑156出土盟書九件，其中六件較爲完整。盟文長達210至220字（圖十：1；圖四）。内容基本相同，僅篇首人名和被懲罰的家族及其子孫有所增減，有些單字或因假借、會意稍有變動。篇首人名有盦章、郰徒、綃、臣和豎等。現根據坑156第一件盟文，並參證其他各件，釋文如下：

（1）盦章自質于君所，敢俞出入于趙尼之所。

（2）及子孫：比瘥及其子乙，及其伯父、叔父、兄弟子孫。比德及其子孫，比鏂、比柌之子孫，比詨、比痹之子孫，中都比強之子孫，比木之子孫，□（）及新君弟子孫，隥及新君弟子孫。趙米及其子孫，趙喬及其子孫，鄬詖（謡?）之子孫，邯鄲董政之子孫，藺舍之子孫，趰歂（?）之子孫，史醜及其子孫，董雍及子孫，邵城及其子孫，司寇鬵之子孫，司寇結之子孫。

（3）及群呼盟者，章頸（?）嘉之身及子孫。（而）或復入之于晉邦之地者，［吾君其明］，則永殛覘之，麻臺非是。

（4）既質之後，而敢不巫覡祝史馭，（綐?）繹（睾）之皇君之所，則永亟覘之，麻夷非是。

（5）闈發（伐）之子孫，之行道（而）弗敉。（吾）君其覘之。

第（1）段中，“盦章”是參與盟誓者的人名。和《古璽文字徵》卷十四附録古璽印文完全相同，應爲質字。《説文》：“質，以物相贅也”。《小爾雅》：“質，信也”。此爲質字之本義。

所，《經傳釋詞》：“住也”，“處也”。“君所”應爲晉國某君之所。爲“之所”二字合文。

“敢”字有卑下意。《儀禮·士虞禮》疏云：“凡言敢者，皆是以卑觸尊，不自明之意也”。《左傳·襄公二十八年》：“敢不唯命是聽”，與此同例。

“敢”下一字，在九篇盟誓中，没有固定的用字，有從言、從余者，可釋爲誅；有從糸、從余者，可釋爲綠。在本篇中作“俞”，和《不嬰簋》中的俞，《豆閉簋》中的俞、《黄韋俞父盤》中的俞相同。《金文編》隸定爲“俞”。俞可作應允、俞允解釋，《尚書·堯典》：“帝曰：俞”。

尼，林義光《文源》：“《説文》云：尼，从後近之，从尸匕聲。按：匕尼不同音，人之反文，亦人字，象二人相昵形，實昵之本字”。

這句全文的意思是：盦章自願質信於皇君之所，若允許繼續出入於趙尼之所。

第（2）段排列了許多氏姓人名，大體按氏姓不同而排列，如前列“比氏”，中列“趙氏”，後列者則署以官職之姓氏。這種現象也許反映了主次關係。比氏共列舉了七家，又名列前茅，是否是盟誓中的重犯？“㚘”“㚘”有的釋爲“先”，從二兟；有的釋爲“兢”。但此字在《古

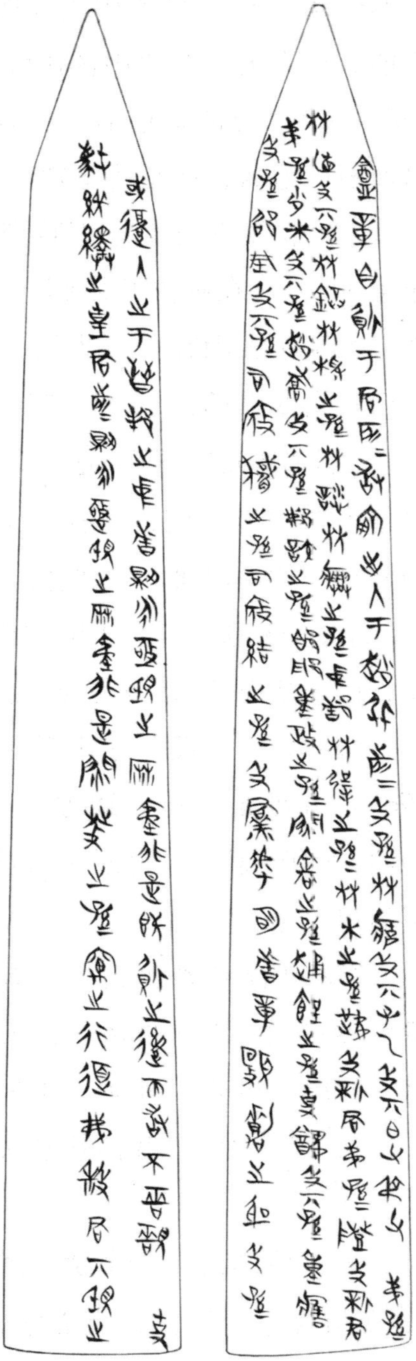

圖四

文四聲韻》卷二旨部和《汗簡》卷中之一都釋爲“比”。盟書中所列的姓氏人名，如“中都比弫”“邯鄲董政”“新君弟”等等，應爲《世本》（秦嘉謨輯補本）所説的：“氏爲居者，城郭園池是也”。人名前冠以地名，便是這些姓氏以采邑所在之處爲其姓氏。

“中都”，地名。字與戰國趙幣“中都”同形（見《考古》1965年第4期）。在戰國時屬趙。《左傳·昭公二年》注云：“中都，晉地，大事年表謂在山西平遥、介休二縣間”。《集解》徐廣曰：“年表云：秦取中都，……十二年，秦敗我將軍英，太原有中都縣。”

“邯鄲董政”，邯鄲地名，董政人名。鄲從“冃”，與戰國趙地的尖足大布“冃”同，也與“直身甘丹刀”的丹字相同（參見《文物》1965年第1期）。邯鄲二字也有作“𨛍”者，爲合文。《世本》（秦嘉謨輯補本）云：“邯鄲氏，趙氏側室子穿，稱趙武子，食采邯鄲，以國爲氏。”由此可見，邯鄲董政可能是趙穿之裔。

“閵舍”，“閔”字與戰國趙鑄方足布“藺”相同（見《考古》1965年4期拓本）。《通志·氏族略》：“韓厥玄孫曰康，仕趙，食邑於藺，因氏焉”。《史記·趙世家》成侯三年《正義》：“地理志云，屬西河郡也”。

盟辭中所列姓氏人名，有“司寇䰩”“司寇結”等。《太平御覽》卷三六二引《風俗通》云：“蓋姓有九，……或氏於官，……以官，司馬、司徒、司寇、司空、司城也。”或者就是其人的官職。

第（3）段，“及群呼盟者”一句，郭沫若同志釋文爲“結黨嘯聚”。

第（4）段，“章𩑶嘉之身及子孫”。“章”即“盦章”。“𩑶”（𩑶）不識。《説文》有㲻字，與此相似、“内頭水中也”。段氏釋云：“内者入也，入頭水中，……與水部之浸義同。”段注“浸”字云：“又今正浸者全入於水，故引伸之義訓盡”。未知能否以此爲解。

“身”，《爾雅》：“我也。”疏：“自謂也。”皆是自稱之謙詞。“嘉之”，即加之。

“（而）或復入之于晉邦之地者”。“而或”，即如果。《左傳·襄公九年》：“鄭國而不唯晉命是聽，而或有異志者，有如此盟。”與此意相同。“復”，返回的意思。“地”字在盟書中作[illegible]，和《玉珌銘》之[illegible]（《三代吉金文存》20·49·1）及《説文》地之籀文作墬者同。

“吾君其明，則永殛𥌒之”。“永”字與金文、石鼓文相同，《説文》：“永，長也”。“殛”，《左傳》杜注：“誅也”。𥌒，《説文》：“病人視也”，有人釋作視，即察視的意思。“吾君其盟，則永殛𥌒之，麻夷非是”的意思是：永遠受到先君的誅滅和監視，永遠得不到平安，永遠得不到幸福。“麻夷非是”，郭沫若同志釋麻近靡，甚確。“是”即氏，古音氏是相通，坑200第46篇盟書上有“麻夷非氏”，可證。“麻夷非是”就是絶子絶孫。

第（4）段，“既”，是已的意思。“後”，《説文》“遲也”，即以後。“巫覡祝史”，《説文》：“巫，祝也。女能事無形以舞降神者也。”又“覡，能齋肅事神明也。在男曰覡，在女曰巫”。“祝”，《説文》：“祭主贊詞者，从示、从人口”。“[illegible]”（[illegible]），釋馭，即古文御，《説文疑疑》：“御，从彳、从止，从卩，會行止有節義。午聲”。在此作統帥、控制講。《周禮·天官·大宰》：“以八柄詔王馭群臣”，與此意義相同。

“説（?）繹之皇君之所”。“説”（?）作“[illegible]”“[illegible]”“[illegible]”，“[illegible]”，從右邊偏旁看，似應釋爲説。《管子·立政篇》：“刑餘戮民，不敢服説。”[illegible]，王國維釋爲句。那麼此字應爲絇，作破舊衣服講。“繹”字在盟書中寫法不一，有從糸、“艸”或睪者。《説文繫傳》卷二十：“睪，司視也，从横目、从㚔，令吏將目捕罪人也。臣鍇曰：澤、繹、懌、釋、驛、圛从此，會意。”“皇君之所”，應指晉國某先君宗廟之所。

第（5）段，“閹發（伐）之（及）子孫”。“發”與《説文》籀文“發”同。盟書“發”又作“伐”。“之”又作“及”。

“（見）之行道而弗（伐）（者）。”本篇此句第一字已漫漶。“”似是寓，和《金文編》中《寓鼎》《寓卣》的寓字同。寓和遇古音相通，應作相逢講。“寓”字在其他各篇均作、，應是“見”字。《説文》“見，視也，从儿，从目”。“道”字和籀文道有相似之處，和金文《散盤》之道相似。《説文》：“道，所行道也，从辵，从首。”“行”和金文同。字不識。但在第 4 片盟文中有作“伐”字。可作討伐講。

現將此篇盟書全篇内容通釋如下：盦章自願質信在（晉）君某公之門下，若允許繼續出入趙尼之所（或這個姓氏的家族裏）。及子孫：比痣及其子乙，及其伯父、叔父、兄弟子孫，比德及其子孫，比醑、比梓之子孫，比詨、比痹（？）之子孫，中都比强（）之子孫，比木之子孫，□及新君弟子孫，隥及新君弟子孫，趙米及其子孫，趙喬（就）及其子孫，郙詨之子孫，邯鄲董政之子孫，閹舍（？）之子孫，�歂之子孫，史醜及其子孫，董雍及其子孫，邵城及其子孫，司寇觱之子孫，司寇結之子孫。參加結盟的人齊聲發誓，都不得違背盟約，章罪加之於我自己和我的子孫，如果謀使以上這些家族返回晉國境地的，就要遭誅滅，吾君監視之，永遠誅滅我的全氏族，絶子絶孫。已經盟誓質信後，如果不聽從巫覡祝史等官吏的統率和控制，就把我捕捉、捆綁到某君宗廟皇君之所，永遠監視和誅滅我和我的全氏族。章在道路上遇到逃亡在外的閹發（伐）及其子孫，不進行征伐或殺戮者，請吾君監督之，並永遠誅滅我的全族。

四

在盟誓遺址中還出土有三件墨寫文字的玉器，墨跡多已漫漶，無法通讀全文。現介紹如下：

第一件：白色玉戈，坑 340 出土。墨書十餘字，較清晰的有三字，“以事……用”。

第二件：青黄色玉片，坑 303 出土。僅存有三字：“癸乙[illegible]”。癸下一字似乙，但上下二畫間已模糊不清，可能爲一字的左偏旁。第三字從己，上横斜一撇，字不識。

第三件：黄青色薄玉璧，坑 17 出土，已殘。墨書十餘字，較清晰的僅有二字。作“[illegible][illegible]”。前一字從止、從干，中間似從“日”，與陶文之“蕇”字相近似，疑爲“蕇”或“丵”字。後一字不識，似“蔿”一類的字。

以上三件墨書，每片文字最多不超過十餘字，字體草率粗糙，筆劃笨拙，内容也比較簡單。我們認爲這類墨書不屬於盟書，或許是屬於記事一類物件，但究竟表明何意，因出土量少，文字多已漫漶，無法知其詳情。這類墨書與朱文盟書同時出土，説明當時除了朱書文字外，還有墨書文字，衹不過在使用對象方面不同罷了。《史記·趙世家》《集解》裴駰案《韓詩外傳》云：“周舍立於門下，……簡子使問之曰，子欲見寡人何事，對曰，願爲鄂鄂之臣，墨筆操牘。”墨書當即指此。

五

盟書是當時統治階級，所謂周王天子、各國諸侯國君、卿大夫、貴族間的約束文書，它反映出了統治階級内部之間争權奪利，土地兼并和掠奪財富而發生的一系列的内訌。正如《左傳》所記載的，當時晉國"幼君弱，六卿彊"，"六卿彊，公室卑"及"政在家門"有了進一步的發展，統治階級爲了鞏固他們的統治地位，維護已得利益，妄圖使用盟約來壓制對方。盟書中說："及群呼盟者"，"吾君其明，則永殛閱之，麻臺非是"，充分地表現出統治階級的猙獰面目。在統治階級之間尚且這樣的兇惡殘忍，那麽對被壓迫、被剥削的勞動人民和奴隸更是殘酷無情和慘無人道了。侯馬東周奴隸殉葬墓的發掘，就是最好的鐵證。

毛主席指出："政權、族權、神權、夫權，代表了全部封建宗法的思想和制度，是束縛中國人民特别是農民的四條極大的繩索。"盟書本身就是一種政權、族權、神權的集中表現。各國諸侯國君、卿大夫由於利害衝突發生的内訌，以期平息，妄圖求助於先神先鬼的力量，運用宗教迷信這個麻醉人們的精神枷鎖來控制和束縛對方，以保持他們的私利。但是統治階級使用的花招是無濟於事的，阻擋不了人民的起義，阻擋不了人民起來推翻封建統治階級，這種精神麻醉品，也不能緩和統治階級内部的矛盾，衹能更加加深矛盾，直至最後滅亡。

侯馬盟書的價值還表現在充實了古代文獻上記載的我國古代盟誓制度。《左傳》記載的盟誓情况，載辭最多的是八句，共三十二字，内容極其簡單。而侯馬盟書，内容豐富，文字有多達二百二十字者，而且載辭完整無缺，無疑對我國古代盟誓制度提供了比較完整的文字資料。

盟書對研究我國古代文字也補充了新的内容。發現了一些單字，如"質"字，合文"[illegible]"（之所）、"[illegible]"（邯鄲）等等。又增訂了一些古文之僞，如道字，古字從寸，而盟書中的"道"字不從寸。盟書的字形多變化，某些字往往有不同的寫法，如："復""明""是""癹""俞"等。也有省形的，如：趙不從走，省作"肖"。有互爲假借、會意的，如“繹”作“睪”“斁”，“癸”作“伐”等。也有近於籀體的，如“地”“登”“發”等。也有近於小篆的，如“結”“政”等等。這些對研究我國古代文字，了解其發展過程是有幫助的。

盟誓遺址的年代，由發表的盟書，出土的器物，特別是盟書中提到的“自質于君所”和“定宫平陟之命”來看，“君”當指晉國某君，“定宫”郭沫若同志説“是晉定宫午之宗廟”。另外，盟書中還提到“邯鄲”和“中都”這兩個地名。根據上述種種情況，因此，我們初步斷定盟誓遺址的時代，應當在晉定公以後。這衹是我們的初步看法，確切與否，尚有待今後進一步研究。

原載《文物》1972 年第 4 期。

1

2

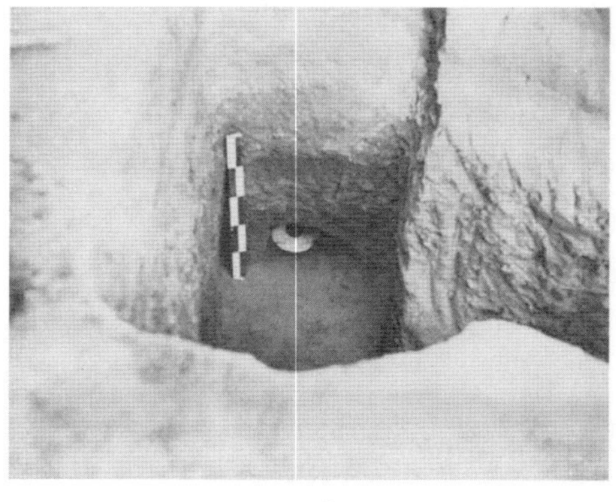

3

4

圖　五

1.盟誓遺址T12豎坑平面圖

2.坑312牛骨架

3.坑55璧龠和玉璧

4.坑1盟書出土情況

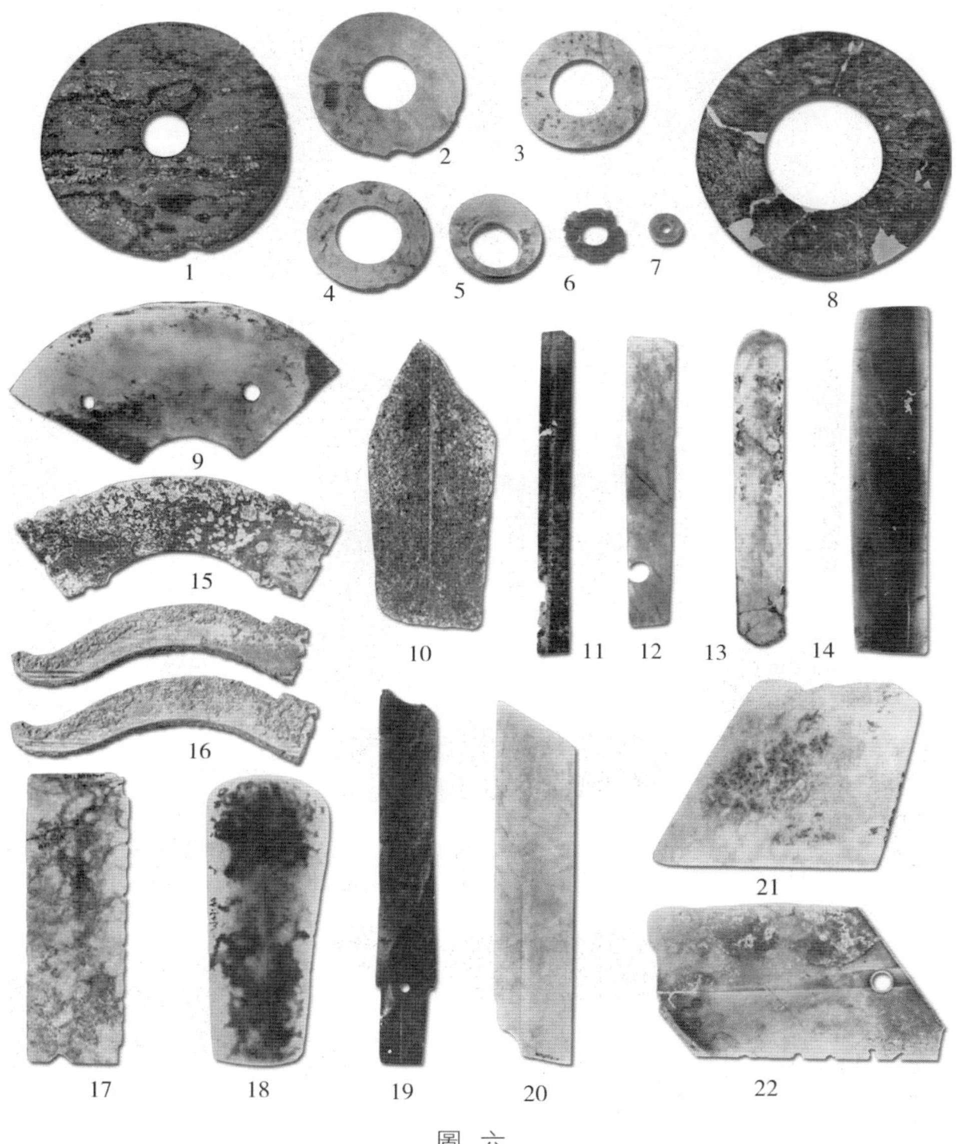

圖 六

1.大璧（坑171） 2.中璧（坑319） 3.環（坑319） 4.瑗（坑14） 5.韘（坑13）
6.璧（坑174） 7.小璧（坑14） 8.環（坑253） 9.璜（坑197） 10.玄圭（坑15）
11.大圭（坑246） 12.大圭（坑193） 13.大圭（坑122） 14.鎮圭（坑276）
15.珮（坑345） 16.珮（坑11） 17.鎮圭（坑345） 18.琬圭（坑43）
19.琰圭（坑269） 20.璋（坑12） 21.璋（坑82） 22.璋（坑146）

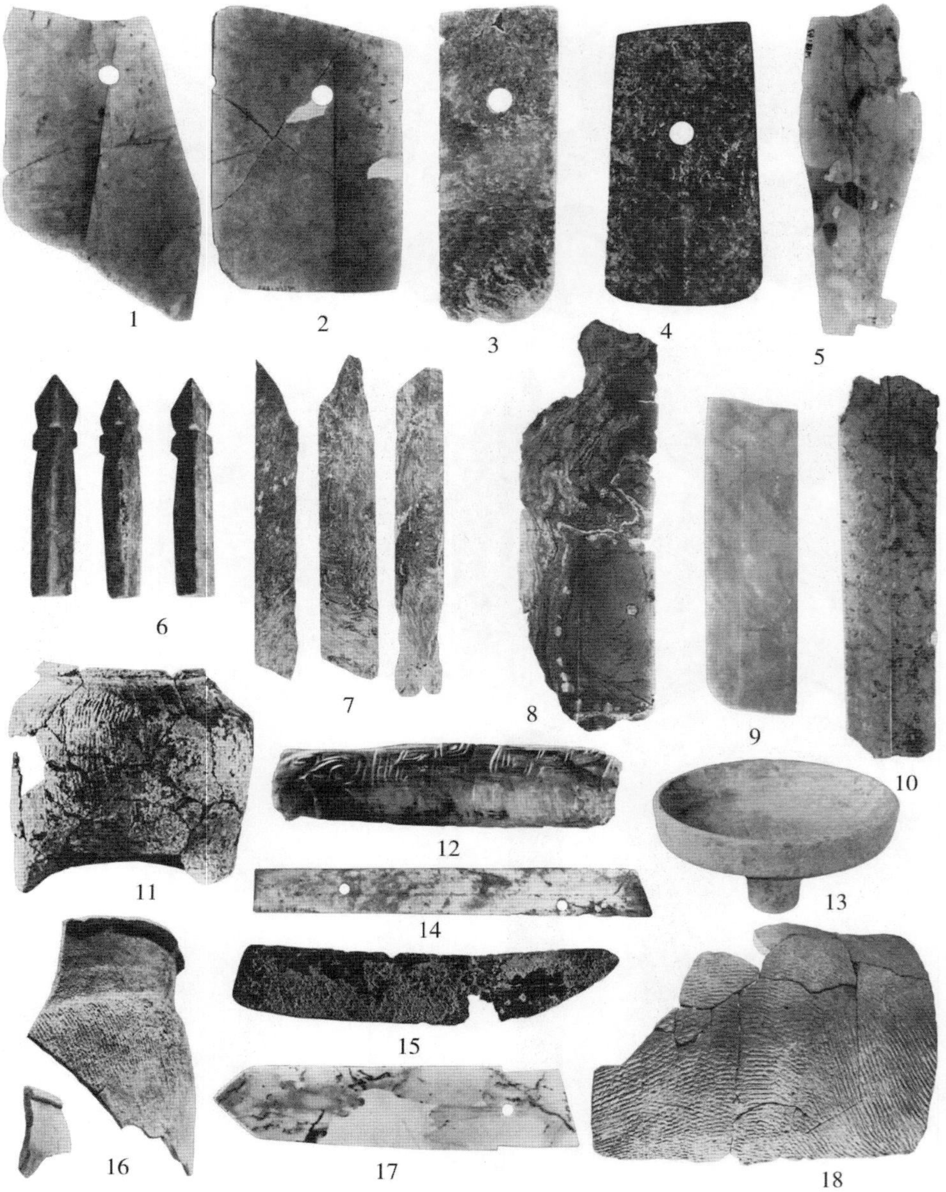

1 2 3 4 5 6 7 8 9 10 11 12 13 14 15 16 17 18

圖 七

1.璋（坑54） 2.玉片（坑350） 3.瑁（坑231） 4.瑁（坑335） 5.牙璋（坑58）
6、7.祭器（坑196） 8.玉片（坑172） 9.璋（坑343） 10.璋（坑125）
11.鬲（坑239） 12.殘玉器（坑205） 13.盤豆（坑123） 14.笏（坑341）
15.刀（坑107） 16.盆（坑253）（右） 盂（坑49）（左） 17.戈（坑3）
18.板瓦（坑253）

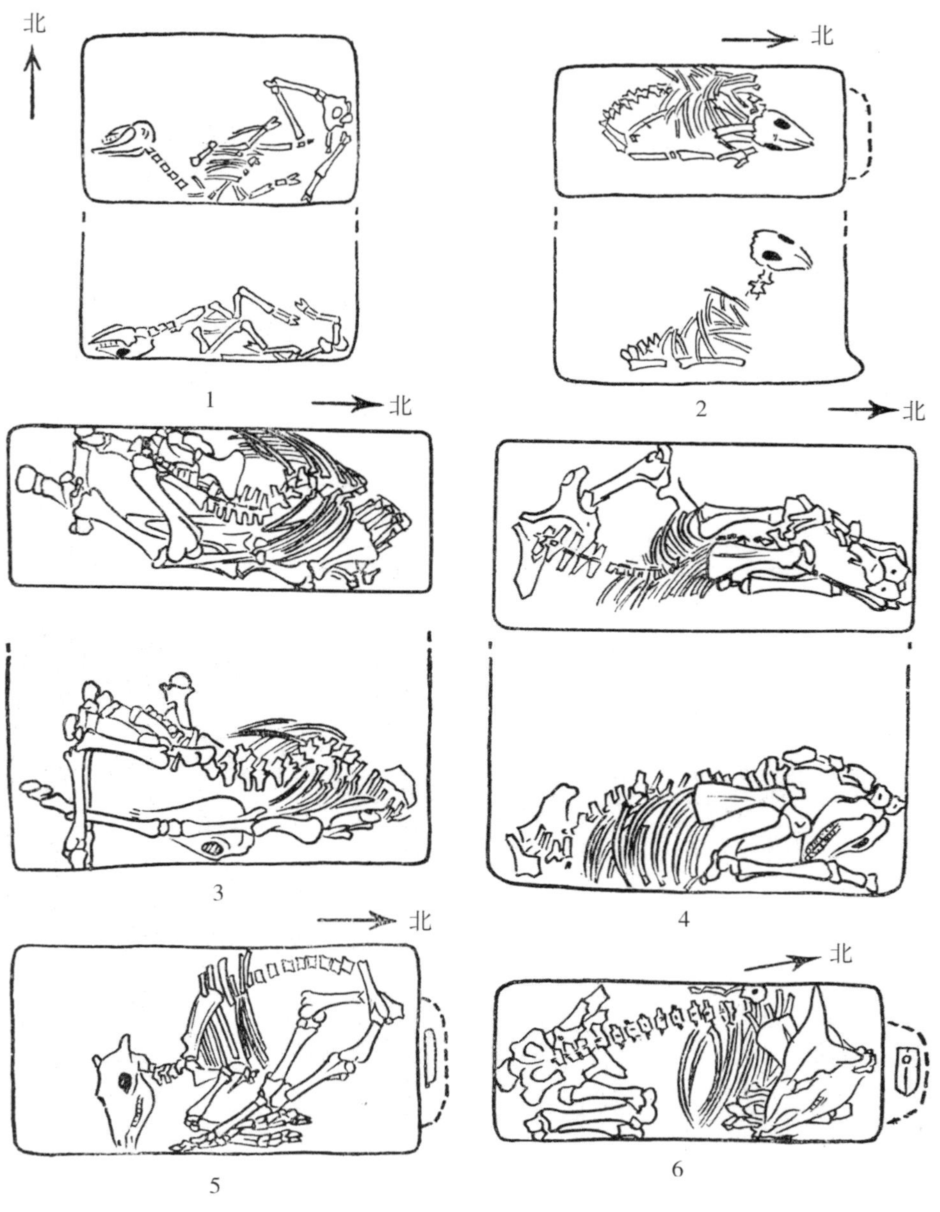

圖 八

1.羊坑平剖面（坑80） 2.羊坑平剖面（坑311） 3.馬坑平剖面（坑21）
4.馬坑平剖面（坑52） 5.牛坑平面（坑60） 6.牛坑平面（坑323）

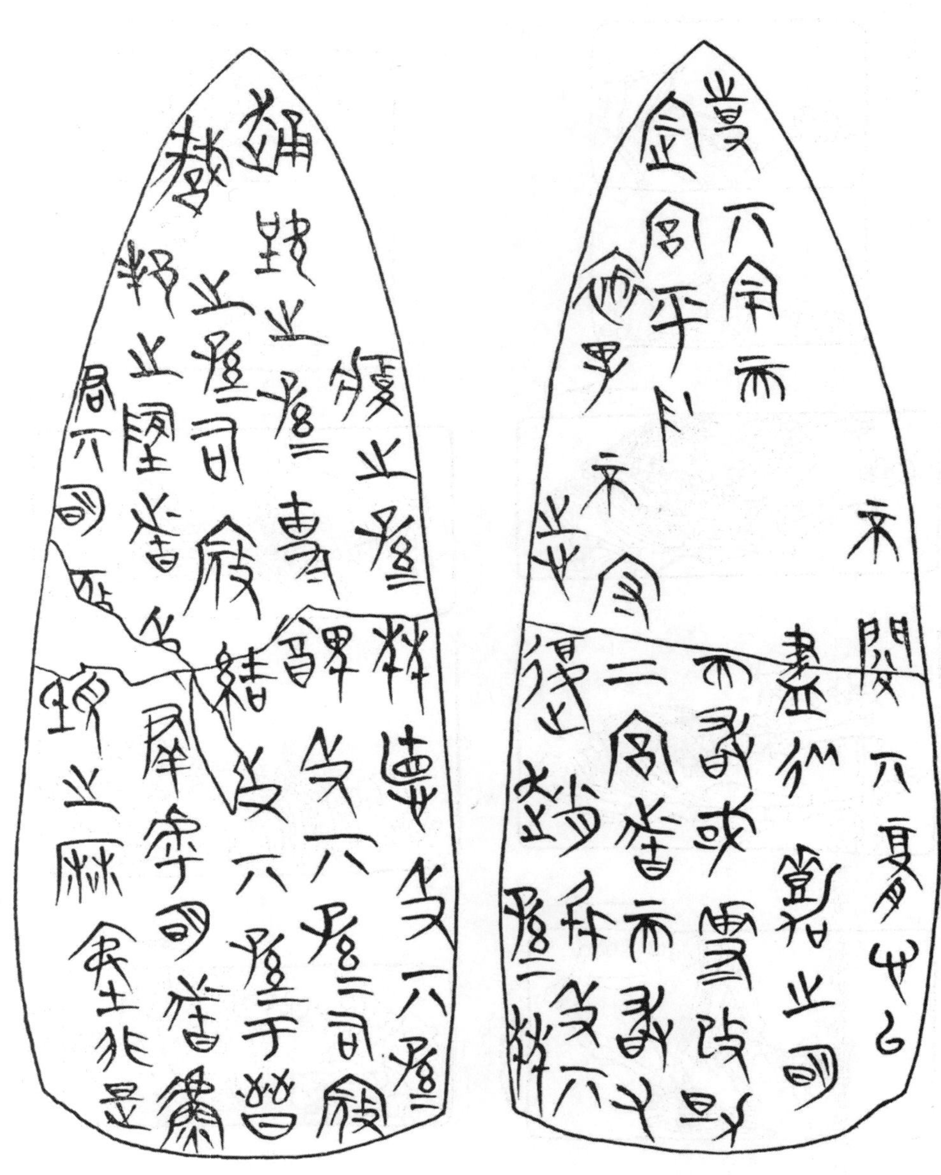

圖九 侯馬東周盟誓遺址出土盟書摹本（坑195）

一五六：二一
1

一九四：三
2

一九五：一
3

圖十　侯馬東周盟誓遺址出土盟書

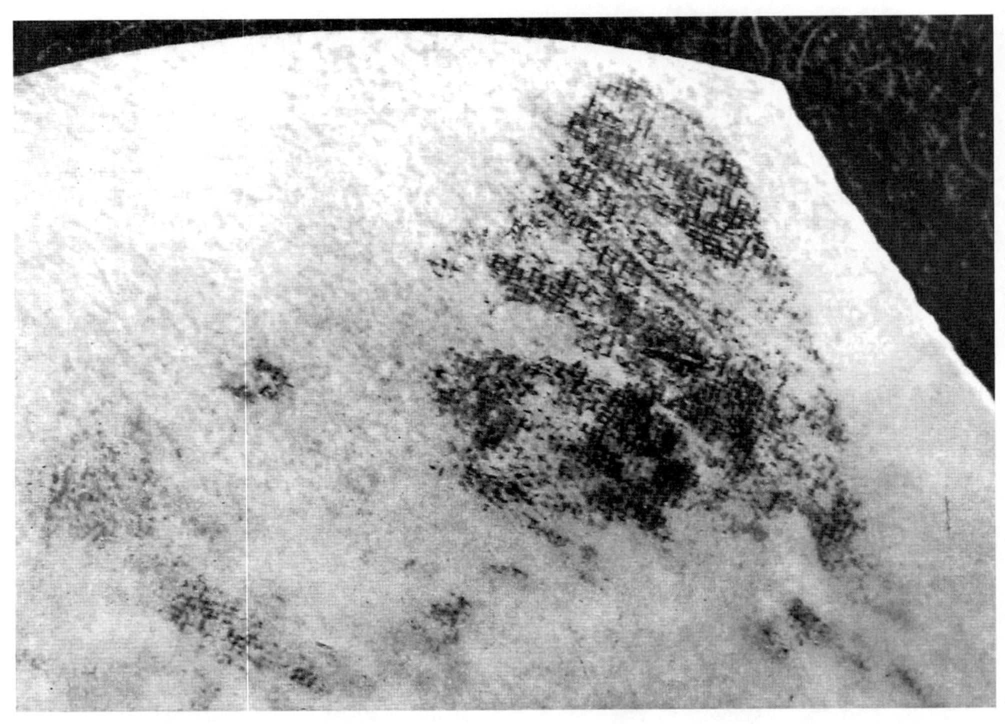

圖十一　侯馬東周盟誓遺址出土絲織物遺跡（坑 17）

侯馬出土晉國趙嘉之盟載書新釋

唐　蘭

趙嘉之盟的載書是1965年冬到1966年夏在山西侯馬大批出土的。過去有一些文章探索過，有很多成績，但還存在一些問題沒有完全解決，主要有四點：

一、主盟的人是誰；

二、這次盟誓爲的什麽；

三、在什麽時期；

四、在哪個鬼神前面盟誓。

現在就已經發現和清理公佈的材料再作一些探索。

這批載書，可以分爲三類。

第一類衹有坑16的一塊小玉片，原編第三號，文多殘缺，現據《文物》發表的摹本加以考釋[①]。

十又（有）一月□□乙丑，敢用元□牛（疑告）

（不）顯皇君晉公□□。余不敢……

□忌定宫……　　　　卄嘉之□□大夫

□大夫士……　　　　之……

……　　　　　　　　不帥□盂書之言

……　　　　　　　　之，麻臺（非是）。

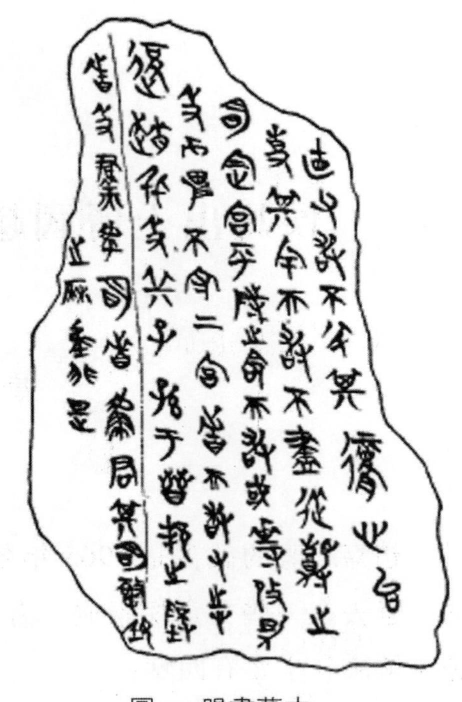
圖一 盟書摹本

吾字舊不識，沁陽出土的載書裏有丕顯晉公，第三片吾字作[glyph]是很清楚的[2]。晉本作簪而作吾，和《楚王酓肯鼎》《楚王酓肯盤》的楚字作𡗗，是同樣的例子。文中說"余不敢"，顯係主盟者的自稱。下面的嘉字，應該是主盟者的名字，大夫□等應該是參與盟誓的人。

第二類載書中有三種：

第一種最簡，約七十二字左右。坑200出土，共七十二片。今據郭沫若同志文中所録一片釋如下[3]：

> 義敢不半（其腹）
> 心，以事其宗；而敢（不盡）
> 從嘉之明，定宮平陟之（命，而敢）
> 或叀改助及奐，卑不守二（宮者）；
> 而敢又志復趙尼及其子孫
> 于晉邦之墜者，及羣
> 虖明者；盧君其明亟覗
> 之，麻𡒊非是。

義是參加盟誓的人名。第一片作直父（圖一），第二片作大心，第三片作邯郍固，第四片作陖，第五片作宋，第八片作𡨦，第十一片作𢍰，第十二片作弓水，第十六片作郘，第十七片作[glyph]，第十八片作侃，第二十片作角，第二十五片作医雄，第二十六片作肯，第二十八片作迢，第三十片作宀，第三十一片作安，第三十九片作鄡頙，第四十五片作毛，第四十六片作工，第四十七片作怨，第四十九片作絆，第五十片作喜，第五十一片作正，第五十四片作阴，第五十七片作ⅸ。

半或作閈。助第十片從田作勯。㑒第十五片作奐，第十八片、第二十六片和第二十七片從衣作裦。

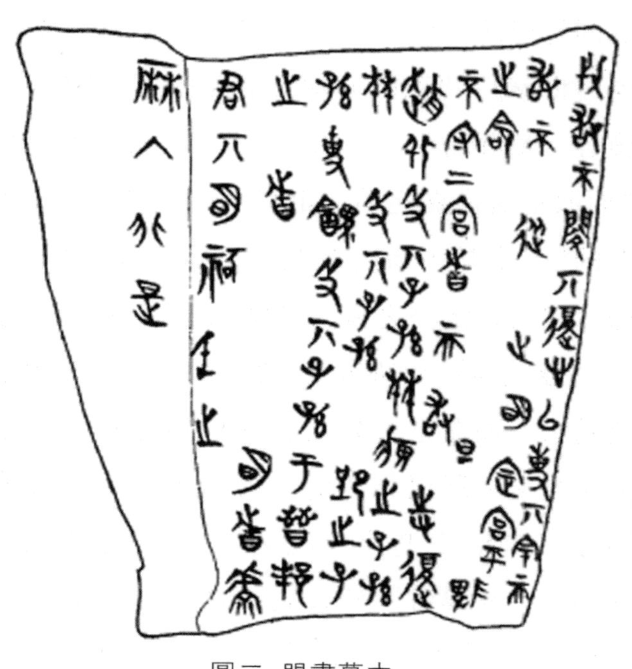

圖二 盟書摹本

第二種出於坑 16，共 59 片（共出 60 片，第三號一片是第一類的，已見前），有九十二字左右。比第一種在“趙尼及其子孫”下多出“兟痜之子孫，兟歞之子孫，亜比之子孫，吏醜之子孫”等。

它們的與盟人名也各不相同，據《侯馬東周遺址發現晉國朱書文字》一文，五號片爲睘，九號爲冶梁，十六號爲産，二十二號爲緻，二十三號爲章，二十五號爲武，三十三號爲斐[④]。現在見到的一片名钗（圖二）。

兟歞之子孫，二號片作兟直及其子孫，亜比作趙邦。

第三種是坑 195 出土的一塊，見陶正剛、王克林文中所附摹本[⑤]，在“史醜及其子孫”下，還多出“司寇鬠之子孫，司寇結及其子孫”等十三字。

這三種載書主詞是一樣的，衹是被逐的人名有出入。它們的内容，首先是參加盟誓的人表示剖心以事其宗。半或閈都讀如判，釋爲剖是對的。《左傳・宣公十二年》説："敢布腹心"，《史記・越王勾踐世家》："孤臣夫差敢布腹心"，均作布，《淮陰侯傳》："臣願披腹心，輸肝膽"，作披，均一聲之轉。下面是誓詞，誓詞的第一條是"而敢不盡從嘉之明，定宫平時之命"，明字郭沫若同志讀爲盟是很對的[⑥]。嘉是主盟者的名字，所以參與盟誓的人都不敢不盡從嘉之盟。定宫是定公之宫，平時郭沫若同志疑爲平公之畤，都很對。按照《厵羌鐘》銘所説："賞于韓宗，命于晉公"來看，前面説事其宗是趙宗，而命是晉公在定宫平時之命。平公是定公的曾祖，可能已經是祧廟，所以稱爲時。第二條是"而敢或𢼄改助及奂，卑（俾）不守二宫者。"𢼄字《説文》誤作𢽚，"傾覆也，从寸，臼覆之，寸人手也，从巢省。杜林説以爲貶損之貶"。《漢書・司馬相如傳》："而適足以𢽚君自損也。"《文選・上林賦》又誤作𠷈，晉灼注："𢽚古貶字"。據卜辭滐作𣶒[⑦]，銅器《鼓䍐簋》銘巢作𡿺[⑧]，可證所謂從巢省的𢽚字當作𢼄，𢼄改的意思是顛覆和變改，助和奂，大概是兩個人名，是守二宫的，所以説𢼄改助及奂，使他們不守二宫。二宫是武宫和文宫，是晉武公和晉文公的宗廟，是晉國主要的宗廟。第三條説："而敢有志復趙尼及其子孫于晉邦之地者，及羣虖盟者"。趙尼的尼字，依陶正剛、王克林所釋。趙尼是被逐出晉邦的，所以怕有人有志於使他回來。虖讀如罅和㙤，《説文》："罅，裂也"。又"㙤"或作"隬"，"坼也"。"坼，裂也"。可見虖有裂義。羣虖盟者是指結黨破壞盟誓的人。趙尼在被逐者中間是最主要的，所以第一種載書衹説到他一個人和其子孫，第二種載書加上兟痥、兟恵、通歨、史醜四族，第三種載書比第二種又多大夫鷕、大夫結兩族，大概都是趙尼的親信與同黨。兟族可能就是晉國著名的先族，但趙尼的親信有這樣多兟族的人，他們的關係，還有待於新的史料的發現。後兩種載書，人數多少不同，可能由於參加盟誓的人和這些被逐的人之間，關係不一樣的原故。至於人名的互有出入，有些是寫法上的問題，有些則可能是寫錯的。載書最後説“䖒（吾）君其明亟（殛）䙹（視）之，麻臺非是”，則是總結上面三條，借鬼神來爲要約的話。麻臺非是和沁陽出土的載書相同[2]，那批載書裏主要是韓族的人，可能是屬於韓的。朱德熙、裘錫圭認爲就是《公羊·襄公二十七年》的“昧雉彼視”，是很對的。麻昧、臺雉、非彼、是視，均一聲之轉。那是衛公子成鱄由衛國出奔至晉國，將渡河時所作的誓詞。那麽，這是春秋戰國間，在晉衛一帶黄河南北共同的在盟誓中所用的成語，它的本義已不可曉，或者有些像“有如此盟”的意思。何休從字面來解釋是錯的，或者説，是或視都讀成“隊命亡氏”的氏，也還没有可靠的證據。

第三類載書是坑156出土的九片，全文達210到220字，現在以最近發表的圖版與摹本逐録其釋文[9]：

盦（或摹作[illegible]，似是[illegible]字）章自質于君所，所敢俞出入于趙尼之所及子孫，兟痥及其子乙，及其伯父弔父兄弟子孫，（以上第一行）

兟直及其子孫，兟鐿、兟桴之子孫，兟詿、兟瘼之子孫，中都兟弓□之子孫，兟木之子孫，□及新君弟子孫，陖及新君（以上第二行）

弟子孫，肖米及其子孫，趙喬及其子孫，郙詚之子孫，邯鄲重政之子孫，閔舍之子孫，趙□之子孫，史醜及其子孫，重癰　　（以上第三行）

及子孫，邵㙉及其子孫，司寇鬻之子孫，司寇結之子孫，及熏虖明者。章顕嘉之身及子孫，　　（以上第四行）

或復入之于晉邦之墜者，則永亟䙹之，麻臺非是。（既）質之遂，而敢不巫覡祝史　　（以上背面第一行）

獻綐繹之皇君之所，則永亟覗之，麻臺非是。閔癹之子孫，

宫之行道弗殺，君其覗之。　　（以上背面第二行）

這批參加作誓的人還有郘徒，絹、□臣、鄅欸、曼等人。被逐的人名，各片略有異同。末行閔癹一作閔伐，宫字下半所從不詳，有兩片作見。殺或作伐。君其覗之，一作盧君其覗之，一作盧君其永亟覗之，一作盧君其明亟覗之。

這一類誓詞，首先説某人“自誓于君所”，質字上從㫃，是折字，折《説文》籀文作䜛，金文《齊侯壺》：“䜛于大司命”，讀如誓。䜛省去二屮，即爲㫃。古鉨悊常作忻，可證。那麽質是貭字，不是質字。《廣韻》十五轄陟轄切下：“斷貨也”。在這裏應讀爲誓。這一類載書是自誓，不是共同的盟誓，和第二類載書截然不同。誓詞説：“所敢俞出入于趙尼之所及子孫。”俞讀爲渝。《爾雅·釋言》：“渝，變也”。《左傳·僖公二十八年》的兩個載書和成公十二年的載書都有“有渝此盟”的話，桓公元年的載書説“渝盟無享國”。那麽，這是説不履行盟約而出入于趙尼及其子孫之所。誓詞羅列趙尼的黨羽比第二類載書多出了十幾個人，接着又説某人“頞嘉之身及子孫，或復入之于晋邦之墜者”，頞字陶正剛、王克林推測就是《説文》訓爲“内頭水中也”的頞字，是對的。頞讀爲没，“内頭水中”也是没的意義。《小爾雅·廣言》：“没，終也”，《論語·憲問》：“没齒無怨言”，那麽，没身等於終身，誓詞説終嘉之身及子孫，而敢或把趙尼及其子孫復入于晋邦之地者，則永殛覗之，麻夷非是，這是誓詞的第一條，和第二類載書就很不一樣。㷄字從火羣聲，就是焄字，在這裏仍讀作羣。誓詞第二條説：“既誓之後，而敢不巫覡祝史獻綐繹之皇君之所，則永殛覗之，麻臺非是”。獻字郭沫若同志讀爲薦是很對的。字從廌從攴，很清楚。薦或作荐，瀳或作洊，那麽，獻應即搢。從攴的字往往變從手。《左傳·哀公八年》：

"捘之以棘"，《廣韻》二十三魂徂尊切下有捘字，"據也。"這裏讀敳爲薦，《周易・豫》："殷薦之上帝"，《觀》："盥而不薦"，薦是祭的一種。《管子・小匡》："與諸侯飾牲爲載書以誓要於上下薦神"。注："謂以上下之神祇爲盟誓，又以其牲薦之於神"。可以看到既誓之後是要薦牲的。敓字在各片中有很多寫法，陶正剛、王克林定爲敓字是對的。《管子・立政》："刑餘戮民，不敢服敓"。《廣雅・釋器》："敓，紬也"。《玉篇》："敓，細紬也。"但這裏的敓繹是連語，《説文》："説，釋也"。《詩經・邶風・静女》："説懌女美"。鄭玄箋："説懌當作説釋。……女史以之説釋妃妾之德"。《小雅・頍弁》："既見君子，庶幾説懌。"箋："故言我若已得見幽王諫正之，則庶幾其變改，意解懌也。"釋文："懌本又作繹"。《爾雅・釋詁》："懌，悦樂也"，又："悦，懌服也。"説釋、悦懌、敓繹，都同一語源。這裏應當讀爲説釋，就是讓巫覡祝史薦牲於皇君之所並加以説釋。誓詞的第三條，"閃癹之子孫㕣之行道弗敿，君其覍之。"癹就是《説文》的癹，發字從癹聲，通作伐。《逸周書・宦人》："發名以事親"，又："有知而言弗發"，《大戴禮・文王官人》發並作伐可證。敿就是《説文》播字古文的𢿊，《汗簡》引作敿。播當播棄講，《國語・吳語》："今王播棄遺老"，注："放也"。絹的載書作"而弗伐"，伐是討伐、誅伐的意義。郳徒的載書作"所不止"，《左傳・哀公十二年》："故將止之"，注"執也"。不管播棄、討伐或拘執，都是要對逋逃的閃發的子孫，在路上遇見時采取措施。

從這三條誓詞來看，第三類載書要比前兩類爲晚。

把上面的三類載書綜合起來看，可以看到主盟的人是嘉。因爲三類載書裏都有嘉這個名字。在第一類載書裏可以看到是嘉和大夫們盟誓；在第二類載書裏，所有參與者都"從嘉之盟"；在第三類載書裏説"没嘉之身及子孫"，嘉是人名是十分清楚的。但過去都没有把它作爲人名，所以忽略過去了。嘉既是主盟者，而被逐的人是趙尼，可以證明嘉應是趙嘉。趙嘉是趙桓子。《史記·趙世家》："襄子立，三十三年卒，浣立，是爲獻侯，獻侯少，即位，治中牟。襄子弟桓子逐獻侯自立於代。一年，卒。國人曰：桓子立，非襄子意。乃共殺其子而復迎立獻侯"。《六國表》在周威烈王二年下有趙桓子元年，索隱："桓子嘉，襄子弟也。元年卒。國人共立襄子子獻侯晚。"又《魏世家》索隱引《世本》："桓子名嘉，襄子之子。"那麼，這批載書應該就是趙桓子逐趙獻子而自立時的遺物（《史記》稱獻子爲獻侯，是趙烈侯時追尊的）。趙襄子的卒年相當於周威烈王元年，趙獻子繼立而爲趙桓子所逐，應該就是那一年的事情。第一類載書作於十一月乙丑，晉國是用夏曆的，銅器裏的《欒書缶》可證，如果用周正來説，這就是周威烈王二年，即趙桓子元年的正月，爲公元前 424 年。那時趙獻子已經被逐，趙桓子大概已經得到晉幽公的形式上的同意作爲趙氏之主了。第一類和第二類載書是同時的，第一類是趙桓子作爲盟主所作的載書，而第二類則是從盟的人的載書，所以首先提出要盡從嘉之盟，定宮平陟之命，所謂定宮平陟之命，就是命趙嘉爲趙宗之主。事其宗，從嘉之盟，定宮平陟之命，都是一回事，就是確定趙嘉的地位。載書的第二項不守二宮，大概是趙嘉加給趙尼的罪狀。最後一項就是怕有人讓趙尼回到晉邦來。總之，是趙嘉逐了趙尼之後所采取的一項措施。據《史記》在這次政變後的三十八年，周安王十六年，趙敬侯的元年，即公元前 386 年時，還有公子朝（一作朔）之亂，但公子朝是作亂不克出奔魏的，魏是晉國的一部分，《鄂君啓節》説"大司馬昭陽敗晉師於襄陲之歲"，實際是楚國戰敗了魏師，其時爲公元前 323 年，晉國早已没有了，但仍舊稱魏爲晉可證。而這批載書裏的趙尼是被逐出晉邦之地的，和趙敬侯時不同。趙桓子時，三家滅知伯還不久，晉國還是統一的，所以被逐就得出晉國，例如：智伯被滅時，知開、知寬是奔秦的，晉出公據《史記》説是“奔齊道死”，而《竹書紀年》説是奔楚。可見當時的情况是西奔去秦，東奔到齊，而南奔至楚，總之是要出晉國國境的。據《史記》趙襄子和韓魏分知氏地以後，“於是趙北有代，南并知氏，彊於韓、魏”，而晉幽公時，晉衰，反朝韓趙魏之君，獨有絳曲沃，餘皆入三晉。所以襄子死後，趙桓子能把趙獻子逐出晉國。但是經過趙桓子逐趙獻子之後，不到一年，趙桓子就死了，趙獻子又回來，並把趙桓子的兒子殺了，這些變亂之後，趙氏的力量大概已薄弱了。所以八年以後晉幽公被殺時，就由魏文侯來干預而立晉烈公。而趙敬侯元年時，公子朝奔魏以後，還和魏國一起來襲邯鄲，趙國既不能把他逐出晉邦之地，也根本用不上這樣的盟誓了。那麽，這批載書作於趙嘉，即趙桓子的元年是毫無疑義的。至於第三類載書，趙嘉既未參加而由作誓者自誓於君所，顯然和前兩類載書不是同時的事情。從載書的内容看，第一次盟誓以後，已經有破壞盟誓而和趙尼相勾結的人，所以誓詞説“所敢俞（渝）出入于趙尼之所”，就是説當時是有人出入於被逐國外的趙尼之所的。趙桓子在位總共衹有一年，他看上去是就在公元前 424 年病死的。死了以後，“國人曰：桓子立，非襄子意，乃共殺其子而復迎立獻侯”，也都應該在這一年内，到了公元前 423 年，就已經是趙獻子的元年了。那麽，從十一月乙丑舉行第一次盟誓之後不久，趙桓子大概已經病了，那時就已經有人企圖使趙獻子復辟，這次政變没有成功，有些人爲了避嫌疑，因而有這次自誓的舉動。從這部分載書裏所説“没嘉之身及子孫，或復入之于晉邦之地者”云云，可以看到當時趙桓子可能因有病不能參加，所以作誓者提出“没嘉之身”的話。第一次盟誓説“有志復趙尼”，還衹是“有志”，而這次説“復入之”，是已經有行動了。這類載書裏逐出晉邦的人，比第

一、二類的載書有成倍的增加，也是已經發生過一次未遂的政變的跡象。正由於這些自誓的人處於嫌疑之中，所以要用巫覡祝史來向皇君説釋，就是爲自己辯解和作保證，并且把這作爲誓詞的第二條。而第三條的閔（藺）發，則像是這次未遂政變中的重要人物，但已經死了，所以對他特别讎恨，對他的子孫的措施也要列入誓詞裏。

趙獻子的名字，《史記·趙世家》作浣，索隱引《世本》作起，而《六國表》索隱作晚，三者字各不同。這批載書既確定是趙嘉即趙桓子逐趙尼時所作，那麽，趙獻子的名字就應作尼。古文字多通假，加以隸變傳訛，所以古書人名往往錯誤，如楚懷王的名字，據《詛楚文》應該是熊相，而《史記》誤爲熊槐之類。尼字可以寫爲泥,也可以寫爲昵,在隸書形體中就和浣或晚有些近似,或者就是由此致訛的,應該以出土遺物所記載的當時稱謂爲正。

這批載書裏的盟誓都是向晉公作的。第一類載書裏説明皇君晉公，第二類裏稱𠪚（吾）君，第三類裏稱君，又稱皇君，末句的君，也有作𠪚君的。晉公可能指晉武公。因爲舊的晉國是爲曲沃武公所滅的，曲沃武公改稱爲晉武公，是新的晉國的始祖。《左傳·成公十八年》和《襄公十年》的武宫，都指晉武公的廟。那麽，這些盟誓，可能是在武宫周圍舉行的。

春秋末年，一般對諸侯稱君而卿大夫稱主，像趙簡子就稱爲趙簡主。第三類載書裏兩次説到新君弟，新君可能指晉幽公，那麽，晉幽公或者也牽涉到這次政變中間去了。

從上面的分析，我們可以比較明確地指出：

（一）這批載書中的主盟者是晉國的趙嘉，就是趙桓子。

（二）這次盟誓是由於趙襄子鞅死後，趙桓子嘉把原定的繼承者而且已經繼立的趙獻子尼逐出晉國而自立，在即位時，爲了防範有人企圖使趙尼復辟而舉行的。隨後，由於有人策劃使趙尼復辟而未遂，又舉行了一次，但這次趙嘉未參加，僅由少數人自己作誓。

（三）由趙嘉主盟的這次盟誓，是周威烈王二年的正月，因爲晉國用夏曆，所以説是十一月（周正建子，夏正建寅，夏曆的正月，在周曆已經是三月了。春秋時諸侯即位，是根據周曆的正月的），日子是乙丑。這是趙桓子的元年，晉幽公的十年，是公元前 424 年。第二次的自誓，是在同年較晚的時候。

（四）盟誓是對皇君晉公舉行的。

這批載書是一個比較重要的發現，目前尚未清理完畢，材料也没有全部公佈，但就拿現在所知道的這些來説，已經可以對趙國未列爲諸侯前的一段歷史，有所補充和訂正。所以先寫出來供研究。其中錯誤的地方，並希望得到批評指正。

注釋：

①④《侯馬東周遺址發現晉國朱書文字》，《文物》1966 年第 2 期。

②《東周盟誓與出土載書》，《考古》1966 年第 5 期。

③《出土文物二三事》，《文物》1972 年第 3 期。

⑤《侯馬東周盟誓遺址》，《文物》1972 年第 4 期。

⑥《侯馬盟書試探》，《文物》1966 年第 2 期。

⑦《甲骨文編》11 卷第 7 頁第 1330 字，中華版。原釋湶。

⑧《西清古鑒》27 卷第 30 頁。

⑨《文物》1972 年第 3 期，圖版壹、圖版叁。

原載《文物》1972 年第 8 期。

關於侯馬盟書的幾點補釋

朱德熙　裘錫圭

《侯馬東周盟誓遺址》（以下簡稱《遺址》，見《文物》1972年第4期）一文所記第三種盟書的部分摹本（共十號）及156坑所出第1號盟書照片，曾蒙作者見示。讀該文對盟書的考釋後，有些補充的意見，提出來供同志們參考。

第三種盟書，如按文義分段，從開頭到第一個“麻夷非是”是第一段。

盟書1號及2號（號數依摹本原次），“自質于君所”的“所”字下都有重文符號。以1號爲例，應讀爲“畬章自質于君所，所敢俞出入于趙化之所，……”。第二個“所”字的這種用法，在古代誓辭裏是常見的，例如：

> 《左傳·僖公二十四年》：“公子曰：‘所不與舅氏同心者，有如白水。’”
>
> 《左傳·宣公十七年》：“獻子怒，出而誓曰：‘所不此報，無能涉河。’”
>
> 《論語·雍也》：“夫子矢之曰：‘予所否者，天厭之，天厭之。’”。

《經傳釋詞》以爲這類“所”字“猶若也，或也”。盟書下文“而敢不巫覡祝史㪤綐繹之皇君之所”句，4 號（即《文物》1972 年 3 期圖版伍之盟書三）、6 號作“所敢不……”，8 號作“而所敢不……”，“所”字用法也與此相同。

“出入”上一字，1 號作“俞”；2 號、8 號、9 號作言旁[illegible]，[illegible]即俞之簡寫，字當釋“諭”，4 號作[illegible]，上端已殘，亦當是“諭”，但俞旁寫法稍有不同；6 號作[illegible]，當釋“緰”。其他各號，此字或殘去，或筆畫不清，不具論。無論是“俞”，是“諭”，是“緰”，都應從郭沫若同志讀爲“偷”（《出土文物二三事》，《文物》1972 年 3 期 5 頁）。“所敢俞（偷）出入于趙𡰥之所，及子孫，……司寇結之子孫”這一大段要連起來讀。從語法上説，“之所”二字應該放在“司寇結之子孫”之下，但因爲人名實在太多，所以把“之所”提在“趙𡰥”之下先説了。“偷出入于……之所”就是私下與這些人往來的意思。

中都和邯鄲大概是與立盟者敵對一派所據的城邑，不大可能是由地名轉成的族氏。邯鄲重政明明氏重（董），説爲趙穿之裔恐怕是不對的。

司寇䚄和司寇結均以司寇爲氏。盟書所記人名，除這兩例以外没有舉官職的，可見這兩例的司寇也是氏而非官職。古代以司寇爲氏的相當多。衛國公族有司寇氏（《禮記·檀弓》正義引《世本》），蘇忿生之後也有司寇氏（《姓纂》七“之”引《風俗通》），古印有“司寇卯”等印（《徵》3·6 上“寇”字下引）可證。

“復入之于晉邦之地”就是重新讓他們進入晉邦之地的意思。“入”在這裏當“使……入”講，也可以就讀作“納”。“復入”的“復”，與第一種、第二種盟書“又（有）志復趙𡰥及其子孫”的“復”字意義不同。

"麻夷非是"之上一句，1號、3號（即《文物》1972年3期圖版肆之盟書二）作"則永亟硯之"，其他各號多作"䖒（吾）君其明亟硯之"（各號文字稍有出入，不詳列）。既說"吾君其明亟硯之"，就不能再在"亟硯"之上加"則永"二字。《遺址》以1號盟書爲主的釋文寫作"［吾君其明］，則永亟硯之"，是不妥當的。

"既質之後"到第二個"麻夷非是"是第二段。

"敓"上一字，左旁顯然是"廌"不是"馬"。郭沫若同志釋作"敾"，讀爲"薦"，是很對的（《文物》1972年3期6頁）。《説文》把"薦"解釋成爲會意字十分牽强。《邵王簋》"薦"字作"盬"（《金文編》538頁），應該是從皿廌聲。可見"廌"字古有"薦"音，"薦"本是從艸廌聲的形聲字。"敾"字當是從攴廌聲，應從郭沫若讀爲"薦"。

"敓"似可讀爲"裞"。《説文·衣部》"裞"下云："贈終者衣被曰裞"。把"薦敓"解釋爲"薦裞"，從訓詁上或盟書文義上看，都講得通。但采取這種解釋，就必須假定皇君新死不久，而且讓巫覡祝史向故君薦衣被，與此次盟誓有什麽關係，也很難得到合理的解釋。因此我們又懷疑"敓"應該爲"瑞"。"兑""遂"古音相近。"裞"與"襚"意義全同，顯然由一字分化（朱駿聲《説文通訓定聲》以爲"裞"應爲"襚"字重文）。《韓非子·外儲説左上》："及文公反國，舉兵攻用兑而拔之"，孫詒讓《札迻》卷七讀"兑"爲"遂"。"遂"與"瑞"都是脂部字，音極近。《爾雅·釋器》《詩·小雅·大東》毛傳皆以"瑞"爲"璲"之聲訓。所以，從兑聲的"敓"可以讀爲"瑞"。《説文·玉部》："瑞，以玉爲信也。"《周禮·春官·典瑞》"掌玉瑞、玉器之藏"，鄭注"人執以見曰瑞，禮神曰器"，孫詒讓《正義》："左文十二年傳，秦伯使西乞術來聘，襄仲辭玉，曰重之以大器，對曰，不腆先君之敝器，使下臣致諸執事，以爲瑞節。是瑞、器對文則異，散文亦通。”《説文》段注也説：“禮神之器亦瑞也。瑞爲圭璧璋琮之總稱。”

繹，《爾雅·釋詁》訓爲陳。《禮記·射義》：“射之爲言者，繹也，或曰舍也。繹者，各繹己之志也。”正義：“繹，陳也，言陳己之志。”

據上所釋，“巫覡祝史䃼綐，繹之皇君之所”，大概是用巫覡祝史薦瑞玉於皇君，並將盟誓之事報告皇君的意思；也就是説盟誓者自質於君所以後，還要到皇君那裏去發一遍誓。

《文物》1966年2期曾發表侯馬盟誓遺址第16坑出土的一片較特殊的盟書（見1966年2期3頁，參看1972年4期30頁）。原文殘泐得很厲害，可辨認的文字大致如下：

> 十又一月□□乙丑敢用一□□牛⍁［丕］顯皇君公⍁余不敢⍁忘（?）定宫⍁嘉之［盟］⍁大夫⍁大夫⍁之⍁不帥（?）□吉（?）書之言⍁之麻夷［非是］。

這應該就是“繹之皇君之所”時的誓言記録。“君”下一字舊不識，今按乃“晉”字簡寫。《東周盟誓與出土載書》所載沁陽出土盟書甲一、甲二、甲三均有“不（丕）顯□公”之稱。“公”上一字，甲一作，甲二作，甲三作（《考古》1966年5期280頁），與侯馬16坑所出盟書“公”上一字顯然是一個字。戰國趙幣晉陽布的晉字，常簡寫作（《辭典》上37）、（同上46），（同上36）、（同上38）等形。把它們跟上舉盟書“公”上一字相比較，可以斷定後者也是“晉”字的簡寫。皇君晉公顯然指已死的晉君。第一種、第二種盟書提到“定宫平陟之命”，定宫即晉定公之廟。盟書的皇君晉公可能就指定公。

據《遺址》説，在侯馬盟誓遺址發現了大量豎坑，埋有馬牛羊等牲畜，大部分豎坑有一小壁龕，内放玉器，但出盟書的豎坑集中在西北部的甲區，一般没有小壁龕，埋葬的牲畜主要是羊，衹有二例是牛、馬（27、28 頁）。東區不出盟書的豎坑埋有不少牛，與 16 坑盟書所説“用……牛”相合；壁龕中藏有圭、璋、璧、環等玉器，與我們所討論的第三種盟書所説的“薦瑞”相合。看來這些豎坑裏很可能有“繹之皇君”時的祭坑。

“閔𦯬”以下是第三段。

閔氏已見第一段。地名及氏族之藺，戰國貨幣及璽印皆作閔。“閔”與“閵”皆見《説文》，並非一字，“閔”與“藺”更非一字，它們之間是同音通借的關係。“𦯬”也見於古印（《徵》2・3上），就是《説文》的“𦯬”字，“發”字以之爲聲符。此人之名，2 號、4 號、8 號作“伐”。“伐”“𦯬”音近通借。

“𥦗”字在原照片上相當清楚。古文字從宀與從穴往往相通。如金文“竈”字或從宀、或從穴（《金文編》430 頁），“宿”字或從穴（《三代》7・19《弔宿簋》，《金文編》收入附録975 頁），“寮”字《説文》從穴，而金文從宀（《金文編》431 頁），戰國璽印文字“宵”字從穴（《徵》7・5 上），“窯”字從“宀”（《徵》7・5 下），“突”字從“宀”（《徵》附 26 下）。故知“𥦗”即“寓”字。“遇”“寓”皆從“禺”聲，盟書借“寓”爲“遇”（金文“遇”字有從寓聲者，見《金文編》430 頁）。

敊字，6 號作敊，疑左旁爲“朱”字變體，其字從攴朱聲，當讀爲誅殺之“誅”。或謂即殺之古文，也可備一説。這一段文字，4 號作“閔伐及子孫，絠（絠爲 4 號盟書的誓主，相當於 1 號的畬章）見［之行道］而弗伐□盧君其硯之”。“見”與“遇”，“伐”與“誅”，義皆相近。

“閔𦯬之子孫，寓之行道弗敊”就是在道路上遇見閔𦯬的子孫而不加誅殺的意思。

大概趙𣊩至司寇結等人處在離晉都較遠的地方，如邯鄲、中都等邑，所以盟辭聲明不准“復入之于晉邦之地”；閔娄一支則就在晉都附近活動，所以有可能在行道上遇見他們。

最後，簡單討論一下第一段裏幾個用作人名的字。

司寇觱的“觱”字，《説文·角部》作：䚹。隸變省作“觱”。戰國璽印文字有：[illegible]（《徵》附35上），[illegible]（《徵》附35下）。前人未釋，根據盟書“觱”字可以認出前一字是“觱”的簡體，後一字從水從觱，疑是“觱沸”（見《詩·大雅·瞻印》，泉水湧出貌）之“觱”的專用字。（按：《集韻》入聲質韻壁吉切“必”小韻，有“滭”字，異體作“滭”，訓“泉沸也”。本文討論從“水”从“觱”之字時漏引。）又《説文》以“𧮳”爲“誖”的籀文，所以“滭”也可能是“渤”的異體。司寇觱的“觱”字，第一種盟書（《侯馬東周盟誓遺址》圖九）從邑從𧮳，疑是“郣”字。《説文·邑部》：“郣，郣海地。从邑孛聲。一曰地之起者曰郣。”

趙喬的喬字形體不一：[illegible]（1號），[illegible]（2號、3號、6號、7號），[illegible]（4號），[illegible]（5號）。金文有：[illegible]（《金文編》961）。林義光《文源》釋作“就”，並以爲與“喬”形聲義俱近，當即同字（7卷5頁）。盟書4號、5號從[illegible]，即“尤”字，字實當釋“就”，可證林氏“喬”“就”同字之説是正確的。戰國文字又有：[illegible]（《瞻》上30），[illegible]（《季》104）。字从高或喬，九聲。“九”“就”皆幽部字，疑亦當釋“就”。“尤”古音屬之部，之幽音近，“就”字實從尤聲。1號“喬”字似从“又”，“又”“尤”皆之部字，音極近。所以此字亦可釋“就”。總之，“喬”和“就”是從一個字分化出來的。

“陞及新君弟子孫”的“陞”字，1號不晰，5號右旁從“[illegible]”。3號寫作[illegible]，右旁從“斗”。古文字中“斗”和“升”形體極相似，盟書此字與“隥”字通用，自應釋“阩”。“阩”當即“陞”字初文。“陞”字見於戰國印文及匋文（《孴》13・4），（《徵》14・3）[①]。“升”“登”皆蒸部字，古音極近，《説文》“抍”字重文作“撜”，所以“隥”“阩”可以通用。（按：上引《孴》13・4 一例，近已有學者指出不應釋作陞。）

“重癕”之名從疒雍聲，當釋“癰”，不當釋“雍”。

作者按： 本文關於“晉”字簡寫的考釋證據不足，作者後已放棄。

注釋：

① 此字《古璽文字徵》誤釋爲陞，實乃斗字，以斗爲升，與盟書同。關於的形體參看《戰國記容銅器刻辭考釋四篇》，《語言學論叢》（第二輯），第163—164頁。

原載《文物》1972年第8期。後收入《朱德熙古文字論集》，中華書局，1995年2月。

桃都、女媧、加陵（節選）

——加陵

郭沫若

《侯馬盟書》中有“敢不盡從嘉之明，定宫平跱之命”的辭句。關於“嘉之明”，我在《侯馬盟書試探》（《文物》1966年2期）中作了初步的解釋，認爲“嘉殆地名，明讀爲盟”。因嘉地究在何處，未能確知，故衹能解釋到那樣的程度。

唐蘭同志在《侯馬出土晉國趙嘉之盟載書新釋》（《文物》1972年8期）中説：“嘉是主盟者的名字，所以參與盟誓的人都不敢不盡從嘉之盟”；更進一步肯定“嘉”爲趙桓子嘉。因而得出結論：“這批載書應該就是趙桓子逐趙獻子而自立時的遺物”。

唐説，我認爲很值得商討。

古文獻中，凡言“某之盟”，一般都提地名，間或有提人名的，爲例極少。我就《左傳》作了一個初步統計，在五十一例的“某之盟”中，提地名的四十九例，如言“尋葵丘之盟”（僖十五年）、“尋踐土之盟”（僖二十九年）等等，不備舉。其中有二例是準地名，即“城下之盟”（見文公十五年與宣公十五年）。提人名的僅一例：襄公七年“尋孫桓子之盟”。初盟（在成公三年十一月，孫桓子是衛國的上卿孫良父，主盟者是魯而非衛，稱“孫桓子之盟”而不稱孫良父之盟，很值得注意。）準人名的一例：哀公七年“背君之盟”（“君”指吳王夫差）。就這樣，地名與人名之比是四十九比二。在提人名或準人名的兩例中，都對與盟者稱號而不稱名或用敬稱，是合乎禮節的。主盟者如自稱名是謙遜，參與盟誓者，論理不便直稱主盟者之名。如果“嘉之盟”爲“趙嘉之盟”，則是參與盟誓者的所有下級人員都一律直呼主盟者之名，這是不合乎禮節的。我還没有看到這樣的先例。因此，我還是維持我的舊説，“嘉之明”的“嘉”是地名。解“嘉”爲地名，與上文“敢不盡從”的謙抑才能條貫，與下半句的“定宫、平時”也才能一致，這是從文法角度上來的規律，限制雖然不那麽嚴格，但也有一定的限制存在。

“嘉”地何在？我現在想試作解釋。

《爾雅·釋地》：“陵莫大於加陵”，注“今所在未明”。今案古代黄河流域，自甘肅以東的丘陵地帶，以山西境内爲最高。太行、王屋，都有海拔二千米以上；霍山、吕梁、五臺、恒山，更不用説了。故可以肯定：加陵必在山西境内，也就是必在晉國、趙國境内。准此，《侯馬盟書》中的“嘉”，當即是加陵，離曲沃、侯馬不會太遠，離“定宫、平時”也不會太遠。我揣想，可能就在夏縣一帶。夏音，古與加或嘉相近（日本“音讀”，三字均讀爲 Ka)，故加陵可能就是夏陵，夏縣西池下王村裏正有夏后氏陵。夏陵音變爲加陵，省稱則爲嘉。不稱夏而稱嘉者或許是有意避免與夏后氏發生聯繫，或許也是有意避免與春夏之夏發生錯覺。

要之，“嘉”當即加陵，其地必在山西境内，是可以肯定的。至於夏陵，我不曾去調查考察過，没有感性認識，實際情況到底怎樣，有待於有識者提供寶貴的意見。

關於夏后氏陵，我倒還有一個冒昧的想法。如果可能，我希望能够進行有計劃、有組織、有選擇的試掘。這樣，對於夏代的史實以及夏代和仰韶文化、龍山文化等的關係，可望得到究極的闡明；在中國古代的研究上會有所貢獻。

原載《文物》1973 年第 1 期。

我對侯馬盟書的看法

李裕民

1965—1966 年，侯馬出土了數以百計的東周盟書，爲研究我國古代的歷史、文字和書法提供了珍貴的科學資料。現已揭出的四批盟書，在《文物》1966 年 2 期和 1972 年 3、4 期上發表，郭沫若同志和唐蘭等同志曾先後撰文，論證了盟書的年代及其相關的問題。

我們要充分估計盟書的價值，首先必須認識它，正確判斷它的年代，因爲時代不同，事物的性質就會完全不同。郭沫若同志考訂盟書爲公元前 386 年，趙敬侯章打敗武公子朝事；唐蘭同志考訂盟書爲公元前 424 年，趙桓子嘉逐趙獻子而自立事；其他同志卻以爲盟書約當晉定公之後，即公元前五世紀的後半。也就是説，都認爲盟書的年代屬戰國時期，反映的是兩個封建主之間的鬥爭。但是，如果盟書是在春秋時代，那麼它的性質便可能是新興的封建主和奴隸主的鬥爭，或者是奴隸主之間狗咬狗的鬥爭。我對盟書的年代問題，有些不同的看法，願意提出幾點質疑，並加以討論。

一、每片盟書的開頭都寫上與盟者的名，如章、産、武等，但不書姓氏和官爵，怎麼知道這個名“章”的人一定姓趙？即便姓趙，趙武靈王的太子也名章，不見於史書的同姓名的人也可能還有，怎麽能判定他就是趙敬侯章？武公的名字，史籍缺載，盟書上的趙尼也没有標明他的身份，怎麽知道他就是武公呢？如果趙尼就是武公，根據《史記》的記載，武公已在公元前 387 年死去了，爲什麽公元前 386 年與盟者還要在那兒保證不讓武公恢復在晉邦的勢力呢？

二、[illegible]公，也見沁陽盟書。按[illegible]字與金文的幽字不同，很難説他就是幽公。如果他就是幽公，那麽當時在位的晉孝公爲什麽不到孝公之父烈公陵上去會盟，或者到武功最盛的祖宗武公、文公陵上去，卻要去幽公陵呢[1]？如將其釋作晉字，也難索解，因盟書中列有晉字，與此有明顯的不同[2]。

三、盟書制裁對象有先氏之族，顯然他們應該是有一定社會地位的有影響的貴族或失勢不久的貴族。《左傳》昭公三年（即晉平公十九年，前539）叔向説“欒、郤、胥、原、狐、續、慶、伯，降在皂隸。”原即先氏，是先氏至少在前 539 年已經淪爲奴隸了，經過一百五十多年的屠殺、鎮壓，恐怕早已失去有組織的大規模的反抗能力了，怎麽還可能引起權貴們興師動衆、歃血爲盟、點名道姓的制裁他們，不許恢復他們的勢力呢？

四、“趙邦”二字，應是通[illegible]的誤摹[3]。即使通[illegible]就是趙邦，和朝、朔是一個字，他也不會是武公之子朝。

2 號玉片對制裁五家的提法頗可注意：

趙尼及其子孫
先瘀之子孫
先德及其子孫
趙邦（？）之子孫
事醉及其子孫

這裏的提法，一種是“某某之子孫”，一種是“某某及其子孫”，其他玉片寫法也是如此，可見這不是偶然的，表明兩者有不同的含意。

説“某某之子孫”，是某某已死，但他是盟會制裁對象，本人雖死也要制裁他的子孫；“某某及其子孫”，是某某没有死，所以盟會要制裁他及他的子孫。這裏提“趙尼及其子孫”，可見趙尼還活着；又提“趙邦（?）之子孫”，則趙邦（?）已經死了。而在前386年趙武公及其子朝的情況怎樣呢?《史記·趙世家》“九年（趙）烈侯（籍）卒，弟武公立。武公十三年卒，趙復立烈侯太子章，是爲敬侯……敬侯元年（前386），武公子朝作亂，不克，出奔魏。”這裏明明説，在前386年，武公已經死了，公子朝還活着，和盟書記載恰恰相反，可見盟書决不可能在前386年，盟書内容也與趙敬侯、武公之事無關。

如果説趙邦就是趙尼的兒子，那麽“趙尼及其子孫”已經把他包括進去，爲什麽還要另寫?如果説正因爲他是趙尼的兒子，需要特别標明，那麽他應該列在趙尼的後面，爲什麽卻放在先瘥等人之後?如果説趙邦就是武公子朝，是趙敬侯章最大的政敵，那麽每片盟書都應當寫上他的名字，然而所發現的盟書，除2號玉片外，都没有提到他，這又是爲什麽?

五、盟書的主要制裁對象趙[illegible]之[illegible]，確爲尼字，釋化、釋北均不妥。金文北字作[illegible]，象兩人相背之形。細看上百片盟書，[illegible]字均與金文的北不同，字象一人坐於另一人的背上；個别尼字，雖然由於行文草率，寫成了[illegible]（66H14M二〇〇：四六玉片），兩人上端幾乎等高，但下端仍是一上一下，和兩人形等高的北字判然不同。甲骨文有秜、秜二字，所從的尼作[illegible]或[illegible]，與盟書之尼同（見于省吾：《釋尼》，《吉林大學社會科學學報》1963年3期）。

六、新出盟書中有“[illegible]及其新君弟子孫，陞及其新君弟子孫”（有的玉片缺“其”字）。“新君”在古文中常作爲新立國君解，但在這裏很難釋通，[illegible]和陞都是受制裁的對象，“及其”就是“和他的”，新君弟和[illegible]、隥是什麽關係？假如是弟兄關係，就應當並列爲三項或合并爲一項，不應將新君弟附在“及其”之後；假如不是親屬關係，更没有理由列在“及其”之後。而且盟書中所有制裁對象都衹提一次，新君弟還算不上主要制裁對象（四批盟書中，僅這批盟書有，還是列在第八、第九項），爲什麽卻連提兩次？再説新君不是個貶詞，如果新君趙敬侯還是個與盟者，很難設想，他要制裁自己的弟弟，竟不直接點名，而發誓説要制裁新立國君的弟弟云云。我們試把這兩句和第 2 項“先痝及其子乙及白父、叔父、兄弟、子孫”；第 3 項“先恋及其子孫”等句比較一下，[illegible]、隥、先痝、先恋是受制裁的本人，“及其”以下是他們的親屬，“新君弟”當與“伯父、叔父、兄弟”意思相近，准此以求，我認爲，這兩句應讀作“[illegible]及其親、群弟、子孫，隥及其親、群弟、子孫。”新通作親，《尚書·金縢》“惟朕小子其新迎”，新字馬本作親，親指父母。《禮記·奔喪》“始聞親喪”，《問喪》“親始死”，注均云：“親，父母也。”《公羊傳》莊公卅二年“君親無將”，注：“親謂父母”。君，讀作群，《廣雅·釋言》“君，群也。”《韓詩外傳》《春秋繁露》“君者群也。”《縣妃𣪘》“君我”，郭沫若同志云：“當讀爲‘群娥。’”“群弟”與“兄弟”含義不同，它既不包括兄，也不一定包括所有的弟弟，《尚書·金縢》“武王既喪，管叔及其群弟，乃流言於國……”這裏的群弟僅指管叔的兩個弟弟蔡叔和霍叔，其他弟弟周公、召公等都不在内，大概[illegible]和隥僅有幾個弟弟跟着跑，而先痝的兄弟都跟着跑了，所以列入制裁名單時有“群弟”和“兄弟”之别。

七、盟書中的嘉是否人名，是否姓趙，均缺乏明證。盟書“章顋嘉之身及子孫”讀爲“章終（趙）嘉之身及子孫”，意思很費解，若説是章等發誓直到趙嘉死了也要忠貞不二，就没有必要再説“及子孫”了；若説章等發誓到趙嘉死後也要效忠於趙嘉的子孫，那就不應當用“終”這一個動詞來表達。我認爲，“嘉”字當從郭沫若同志釋“加”作動詞爲妥。

此外，新出盟書中“子孫”二字均作孫＝，按郭沫若同志定爲春秋晚期的信陽長臺關楚墓出土的竹簡106號，子孫即作孫＝，可見這種寫法春秋時代已經有了。

我的初步看法，盟書可能訂於晉景公十五年（前585）至十九年（前581）。

趙氏和先氏在晉國是多年掌權的兩大家，現在對他們兩家采取那樣嚴厲的措施，以至誰要企圖恢復他們的勢力，就會遭到族滅的懲罰，顯然這是晉室（或一些掌實權的大夫）把這兩家鎮壓下去後幹的。這樣的大事，在史籍上不可能没有反映，因此要解决盟書的年代，首先應當看一看歷史文獻的記載。

《左傳》和《史記》記先氏遭族滅之禍在晉景公四年（前596）。《左傳》宣公十三年（即晉景公四年）“晉人討邲之敗與清原之師，歸罪於先縠而殺之，盡滅其族。”《史記・晉世家》“景公四年，先縠以首計而敗晉軍河上，恐誅，乃奔翟，與翟謀伐晉，晉覺，乃族縠。”

趙氏遭族滅之禍是在晉景公三年（詳下）。另外處境艱難的有兩次，一次是晉定公十五年（前497）十月，范、中行攻趙，圍晉陽，十一月解圍，十二月趙鞅入盟於公宫（《史記・趙世家》）。一次是晉哀公四年（《史記・晉世家》索隱引《竹書紀年》作晉出公二十二年，前453），智氏聯合韓、魏攻趙於晉陽，圍困一年多，最後趙與韓、魏聯合起來，消滅了智的勢力。但後兩次不可能，因爲：① 這兩次都没有把趙氏打倒，趙的勢力始終保持着，不存在起復的問題。② 這兩次距先氏族滅已一百年左右，先氏勢力早被打得抬不起頭來，陷入奴隸的境地，没有必要再來一個不准爲先氏起復的會盟。③ 3 號玉片説到“十又一月□□乙丑”，這應該就是會盟的時間，查晉定公十五年十一月無乙丑，而十二月趙鞅入絳盟公宫，那是和解性質的盟約。剩下一種可能便是景公時族滅趙氏和先氏之後。

族滅趙氏，歷史上稱爲“下宫之難”，各書記載不同，列舉如下：

1.《左傳》成公四年（即晉景公十三年，前 587），晉趙嬰通於趙莊姬。

五年（前 586）春，原、屏放諸齊。

八年（前 583）晉趙莊姬爲趙嬰之亡故，譖之於晉侯，曰“原、屏將爲亂，欒、郤爲徵。”六月，晉討趙同、趙括，武從姬氏畜於公宫，以其田與祁奚。韓厥言於晉侯曰“成季之勳，宣孟之忠，而無後，爲善者其懼矣，……”乃立武而反其田焉。

2.《史記·晉世家》景公十七年（前 583）誅趙同、趙括，族滅之。韓厥曰“趙衰、趙盾之功豈可忘乎？宗何絶祀！”乃復令趙庶子武爲趙後，復與之邑。

3.《史記·趙世家》晉景公之三年（前 597）大夫屠岸賈……與諸將攻趙氏於下宫，殺趙朔、趙同、趙括、趙嬰齊，皆滅其族。趙朔妻成公姊，有遺腹，走公宫匿……居無何，而朔婦免身，生男……居十五年，晉景公疾，卜之，大業之後不遂者爲祟。景公問韓厥，厥知趙孤在，乃曰“大業之後在晉絶祀者，其趙氏乎？……今吾君獨滅趙宗，國人哀之……”於是景公乃與韓厥謀立趙孤兒，召而匿之宫中。諸將入問疾，景公因韓厥之衆以脅諸將而見趙孤。趙孤名曰武，……於是召趙武、程嬰徧拜諸將，遂反與程嬰、趙武攻屠岸賈，滅其族。復與趙武田邑如故。

4.《史記·韓世家》晉景公之三年，晉司寇屠岸賈將作亂，誅靈公之賊趙盾。趙盾已死矣，欲誅其子趙朔。韓厥止賈，賈不聽。厥告趙朔令亡。朔曰“子必能不絶趙祀，死不恨矣。”韓厥許之。及賈誅趙氏，厥稱疾不出，……景公十一年，……晋作六卿，而韓厥在一卿之位，號爲獻子。晋景公十七年，病，卜大業之不遂者爲祟。韓厥稱趙成季之功，今後無祀，以感景公。景公問曰“尚有世乎?”厥於是言趙武，而復與故趙氏田邑，續趙氏祀。

5.《史記·十二諸侯年表》景公三年，救鄭，爲楚所敗河上。(據《趙世家》集解引徐廣曰“按《年表》救鄭及誅滅皆景公三年。”則《年表》在景公三年欄内原有誅滅趙氏一條，今本遺漏。）十七年復趙武田邑。

顯然，上述記載是有分歧的：

《左傳》和《晉世家》認爲“下宮之難”是由趙莊姬、趙嬰齊與趙同、趙括之間的矛盾引起的，族滅趙同、趙括的時間在景公十七年，同年即恢復趙武田邑。

《趙世家》和《韓世家》認爲靈公寵臣屠岸賈爲了討趙氏殺靈公之罪，聯合諸將族滅了趙朔、趙同、趙括、趙嬰齊，時在景公三年，至十七年恢復趙武田邑，趙氏失勢長達十四年。

兩種説法中，《左傳》的説法難於令人信服，本來這是一場統治者之間激烈的爭權鬥爭，而《左傳》卻僅僅歸結爲趙嬰和趙莊姬的私通，怎麼説得通呢?照《左傳》的説法，趙嬰在晉景公十三年與莊姬相通，十四年被流放到齊，那麼莊姬應該當場去告景公，不應晚到景公十七年才想起趙同、趙括趕走趙嬰的怨恨。既然她爲趙嬰而告同、括，爲什麼不在事成之後接回趙嬰?如果景公三年没有殺趙氏，爲什麼景公十一年欒書已取代趙朔將下軍，趙朔到哪裏去了，怎麼没有下文?趙朔既不在族滅之列，復趙朔子武田邑又從何談起?

既然趙朔、趙嬰齊没有族滅，爲什麽韓厥説“成季之勳，宣孟之忠，而無後”？這些都無法自圓其説。從内容看，《晉世家》大致是抄《左傳》的，可能司馬遷也感到《左傳》説法有問題，所以趙嬰與莊姬私通一節没有抄録，而在《趙世家》《韓世家》乾脆采用另一種説法。

以上考定族滅趙氏在景公三年，族滅先氏在景公四年，兩年之中，趙、先兩家都遭鎮壓，這和盟書中同處在受制裁的地位是相符的。但是我們還需要進一步考察爲什麽要把趙、先兩家列在同一盟書的名單中？爲什麽趙氏又被列在首位？其原因就在於在晉國統治集團内部的長期鬥争中，趙、先兩家是利害相關的，趙氏的勢力比先氏勢力强大。這都是有史可考的。從晉文公到成公三十年間，實權一直操在趙、先兩家手裏，尤其是趙氏，立君弑君，大權在握。從晉成公六年（前601）到厲公八年（前573）近三十年中，實權逐漸轉到郤、荀、士、欒四家手中，趙氏失去了正卿的地位，先氏自前618年先克、先衁都被殺後，勢力大爲削弱。儘管如此，直到景公三年他們的力量還是可觀的。請看當時發兵攻焦救鄭的軍容：荀林父將中軍，先縠佐之；士會將上軍，郤克佐之；趙朔將下軍，欒書佐之；趙括、趙嬰齊爲中軍大夫；巩朔、韓穿爲上軍大夫；荀首、趙同爲下軍大夫；韓厥爲司馬。在這十三人中，荀、士、郤、欒占了五名，趙、先雖然多處當副手的地位，也占了五名，加上跟他們關係密切的韓氏，勢力就很不弱了。這兩股勢力互相争鬥，到前597年晉楚邲之戰時，矛盾完全表面化了。荀、欒等從保持既得利益出發，不願和楚交戰，趙、先則極力主張出擊，希望通過戰争獲取更多的權益。當聽到鄭、楚講和消息時，荀林父主張班師，先縠堅持進軍，争吵不開，先縠私自帶兵過河，迫使桓子以全軍前往。過河以後，先縠要打，趙括、趙同也揚言“必從彘子”。而欒書、知季極力反對，甚至駡同、括"咎之徒也"。在强敵面前，兩種意見如此分歧，當然不可能有統一的行動，結果被楚軍打得大敗。

打了敗仗，按理説將中軍的荀林父應負主要責任，至少兩方面都有責任，然而這時正是荀、士等族得勢之際，互相包庇，把罪過全歸於趙、先兩家。在屠岸賈的首創下，聯合諸將族滅了趙氏。先縠看到勢頭不對，跑到翟國，鼓動翟出兵伐晉，清原一戰，先縠被俘，也跟趙氏一樣，遭到族滅的命運。

趙、先雖遭到族滅，他們的勢力不可能一下子消失，跑到國外的決不止先縠一人，在國内淪爲奴隸的同樣不會停止反抗，大概盟書中的趙尼等人就是組織反抗的主要者。和趙、先接近的貴族和國人也可能造反，韓厥在待機恢復趙氏勢力，"國人哀之"表明國人對族滅趙氏的不滿。景公十五年遷都新田，部分原因可能爲了擺脱那種環境，遷都後，還不放心他的臣僚和國人，因而一次又一次地召開盟會，現在侯馬留下的成百個殺牲坑和大批盟書，大概都是景公遷新田後幾年遺留下的。

關於春秋時期的年曆問題，以清末的王韜考訂較精。據王韜《春秋朔閏表》（見《春秋曆學三種》，中華書局1959年版），晉景公十五年和十九年十一月（即魯成公七年和十一年正月④）均無乙丑，晉景公十六年十一月（魯成公八年正月，前583）乙卯朔，十一日乙丑；十七年十一月（魯成公九年正月）己酉朔，十七日乙丑；十八年十一月（魯成公十年正月）癸卯朔，二十三日乙丑。第一批揭出的盟書以訂於景公十六年的可能性較大，因爲十七年已復趙武田邑。如與盟人名中的武（25號玉片），可能是趙武，景公爲了分化瓦解趙氏勢力，扶植趙武，孤立打擊反抗最烈的趙尼等人。如果這種可能性存在，那麼景公十七年復趙武田邑之後召開盟會的可能也會存在，同時考慮到盟書有好幾堆，未必同是一年，因此把時間定在晉景公十五年遷都新田之後到十九年景公死爲止。

盟書中有“定宫平時之命”，如果認爲定宫就是晉定公之宫，平時疑即晉平公彪之時，從而斷定年代必在定公或定公之後。這是值得商榷的。因爲晉平公是定公的曾祖父，盟書應當寫成“平時定宫之命”才對，在十分强調宗法制度的周代是决不可能隨意顛倒次序，將後輩放在曾祖之前的。金文中稱文王、武王時，都是文王在前，武王在後，絶無例外[⑤]。祭祀時，也是按先後排列，如殘《盂鼎》“用牲啻周王、武王、成王。”《令彝》“甲申，明公用牲于京宫，乙酉，用牲于康宫，咸既，用牲于王”。平時之時是否即畤，尚成問題，即令是畤，平時也有爲地名的可能，《左傳》昭公二十二年“奔於平畤”，平畤，周地。或爲祭天的場所，如秦襄公作西畤、秦文公作鄜畤、秦宣公作密畤、秦靈公作吳陽上畤、下畤，凡此均未聞以公名爲畤名。再説“定宫”問題，從《左傳》記載的宫看，大致可分以下幾類：① 王公們生時居住的宫殿，如鄭的西宫、北宫，這一類宫往往泛稱公宫。② 王公們的離宫别館，如晉的銅鞮之宫、虒祁之宫，魯國的楚宫。③ 先王先公的宗廟，如鄭的大宫，晉的武宫、文宫、固宫，周的平宫、莊宫、襄宫等。此外，如“攻趙氏於下宫”的下宫，又可能是趙氏的居室。上述宫名有些與王公名號一致，也有不少與王公名號不同，如晉襄公的宫就不叫襄宫而叫固宫，更有宫名與王公名號偶同，其實毫不相關的，如宋國的武宫，不是武公（前765—前748年在位）的宫，而是宋王偃（前328—前286年在位）爲備齊而築的（《韓非子·外儲説》）。我們不能一見宋有武宫就斷定必是武公之宫，同樣道理，也不能一見晉有定宫就斷定必是定公之宫。既然存在幾種可能性，便需要找其他證據來確定，前面對歷史記載的分析中已經肯定盟書不可能在晉定公十五年和哀公四年，而應在景公時期，則定宫解釋爲定公之宫也就難以成立，它可能如襄公之宫稱爲固宫一般，是某個晉公的宫名，也可能和上宫、下宫一樣，不一定是晉侯的宫名。

爲了更好地解决盟書的年代，下面考察與盟書同出的玉戈及祭祀坑填土中的陶器。

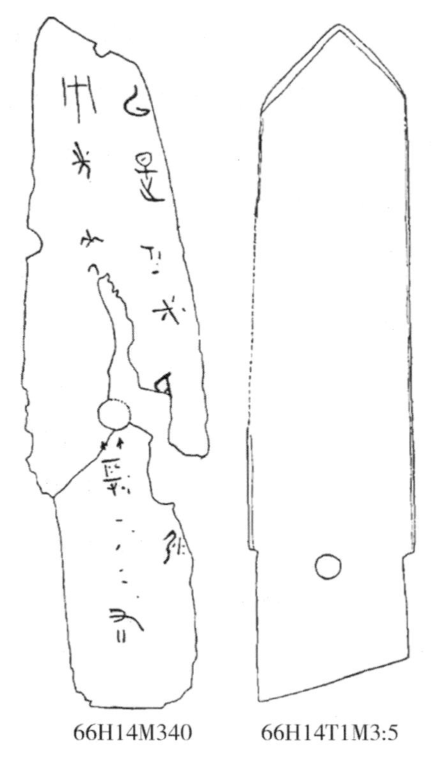

圖 侯馬出土的春秋玉戈（約2/5）

玉戈共有兩件。一件是十分罕見的墨書玉戈（66H14M340；圖左），通長25釐米，有援内而無胡，一穿，穿在援上。自援至内有墨書文字二行，約十餘字，可辨認的僅“𠬝是……用先……右……”等，書法和盟書相同。另一件玉戈（66H14T1M3 ：5；圖右）通長23.8釐米，有援内而無胡，一穿，穿在内上，援端略成等腰三角形。兩戈極薄，厚度不足一毫米。玉質半透明，顯然是禮器，而不是實用器。形制和上村嶺虢國墓地所出西周末東周初玉戈相似（見《上村嶺虢國墓地》圖版貳壹，8、9；圖版叁拾，7；圖版伍肆，7），甚至和商代玉戈（見《中國兵器史稿》圖版九，14；圖版十，1）、濬縣辛村西周早期玉戈（見《濬縣辛村》圖版伍拾，12；圖版壹零壹，7）相似，而和春秋時代實用的長胡三穿戈相去很遠。這兩件戈的下限不會晚於春秋中葉。戈形的仿古，是奴隸主維繫奴隸制度的守舊思想的反映，從商到春秋，時代相隔好幾百年，奴隸制度没有變更，反映舊制度的舊禮儀也就依然如故；到春秋戰國之交，奴隸制被封建制所取代，舊禮儀也就隨着被歷史潮流所淘汰。因此，在考古發掘中，這種形式的玉戈，已不再在春秋晚期以後的墓葬中出現。

侯馬盟誓遺址在牛村古城東南，共有二百多個祭祀坑。這些坑内除了發現盟書和大量玉器外，在填土中還出土了少量的殘碎陶片，有鬲、豆、盆（甑）、瓦等。牛村古城南東周遺址經 1956 年以來多次發掘，所出陶器大致可分早晚兩期，每期又可分爲早、晚兩段（見葉學明：《侯馬牛村古城南東周遺址出土陶器的分期》，《文物》1962 年 4、5 期）。祭祀坑填土中所出陶器屬於遺址的早期，有介於早期的早、晚段之間的特徵（見附表）。

鬲一：僅存口沿殘片（M49），唇沿外折較窄，肩微折。口沿下有一圈斜刻劃紋，下斜繩紋，在肩部抹掉一圈，有明顯抹劃痕跡。灰陶夾細白砂，質較堅硬。介於 Ia 同 IIa 之間。

鬲二：尚存大部分（H239），唇沿外折而窄，肩微折，聯襠，足呈乳狀稍尖。通高與腹徑基本相等，自頸到肩下皆爲細繩紋。夾砂紅褐陶。介於 lb 和 IIb 之間。

曲頸盆殘片（66H14M253 ： 167）：口沿斜平，方圓唇，曲頸深腹。直細繩紋，近底部抹光，盆内經刮抹，但仍見泥條盤築痕。灰陶夾少量細白砂。與 I60H4③（采集）很相似。

殘豆盤（66H14M270 ： 183）：盤較深，盤心飾同心圓暗紋，外壁底部有刻劃痕跡。泥質灰陶。介於 Ib 同 IIb 之間。

板瓦（66H14M253 ： 168）：長 35、寬 25 釐米，前端舌長圓鈍，暗灰色，裏面盤製的接縫痕跡明顯，無紋飾。胎較厚而不平整。表面繩紋緊密深入，交錯成菱形。有一小條拍打的方格紋及錐刺的窩紋。形制與早期瓦同。

祭祀坑填土陶器和牛村古城南東周遺址陶器比較表

	牛村古城南東周遺址陶器（早期早段）	祭祀坑填土陶器	牛村古城南東周遺址陶器（早期晚段）
鬲	1	5	9
鬲	2	6	10
曲頸盆	3	7	
盤豆	4	8	11

1. Ia. 57H5T1H3　2. Ib. 60H4T53F152　3. I. 60H4③采集　4. Ib. 60H4T304⑤　5. M49　6. 66H239　7. 66H14M253 ： 167　8. 66H14M270 ： 183
9. Ⅱa. 59H4T13H51　10. Ⅱb. 61H4T74H480　11. Ⅱb. 0H4T36H93

牛村古城遺址的二期四段陶器，有人推測都屬景公遷新田以後。按《左傳》成公六年（即晉景公十五年）“晉人謀去故絳，諸大夫皆曰‘必居郇瑕氏之地，沃饒而近鹽……’韓獻子……曰‘……郇瑕氏……不如新田，土厚水深，居之不疾，有汾、澮以流其惡，且民從教，十世之利也……’公説，從之。夏，四月丁丑，晉遷於新田。”説明新田在景公遷都前已爲較富庶的地區。我認爲，早期陶器大約屬景公遷新田以前；晚期屬遷新田以後。早期早段的盆Ⅰ式、鉢Ⅰa、壺Ⅰa、曲頸盆、甑Ⅰ式、豆等具有西周末東周初的風格，出土數量很少，反映當時新田尚處於不發展狀況；早期晚段陶器數量增多，説明當時新田已有了一定程度的發展，因而被定爲遷都的所在，其下限大約在景公遷新田之際。晚期早段陶器數量特别豐富，陶範製作精美，作坊、房屋大批出現，顯然應屬於遷都以後晉侯勢力較强的時期。晚期晚段與前三段一樣也出有陶鬲，陶鬲在楚國和洛陽地區沿用到春秋末，鄭州沿用到戰國初，晉國是文化比較發達的國家，這種舊形式下限不能晚於戰國中期。

祭祀坑填土中的陶器介於早期早、晚段之間，時間應在景公遷新田之前。填土中的器物早於坑内器物，則盟書的年代訂於景公十五年遷新田以後至十九年間，是比較合適的。

本文所引的許多實物資料是山西省文物工作委員會提供的，在此謹表衷心的感謝。

注釋：

① 郭沫若同志在《侯馬盟書試探》中曾釋[illegible]爲陵，在《新出侯馬盟書釋文》中改釋爲墜（地）。

② [illegible]字，唐蘭：《侯馬出土晉國趙嘉之盟載書新釋》；朱德熙、裘錫圭：《關於侯馬盟書的幾點補釋》（均見《文物》1972年第8期）釋晉，雖較釋幽

爲優，唯盟書中凡晉邦之晉都作〓，無一作〓的，而侯馬盟書、沁陽盟書的〓公，都衹作〓或〓、〓，無作〓的，是何原因，尚難索解。

③ 通〓是盟會所要制裁的第四家，通字作〓（21、35 號玉片）〓（66H14M195 玉片），第二字作〓（1 號玉片）〓（66H14M194 ：20 玉片）〓（66H14M195 玉片）。這兩個字，2 號玉片摹作〓〓，和其他玉片對照，顯然是〓〓的誤摹，大概因爲字形相近，又所制裁的第一家即趙姓的緣故。而文字復原圖將〓誤摹成〓放在先字下面，通字後另寫入“〓”字更離真實。

④ 晉用夏正，魯用周正，故晉十一月相當於魯明年正月，詳王韜《春秋曆學三種·晉用夏正考》。

⑤ 如《盂鼎》稱“玟王、珷王”，《〓伯毁》《敹録光鬲》稱“玟、珷”，《毛公鼎》《師訇毁》《訇毁》《師克盨》《㝬鐘》稱“文、武”。此外，如《作册大鼒》稱“武王、成王”，《圉厌夨毁》稱“珷王、成王”。均按輩份大小排列。

原載《考古》1973 年第 3 期。

"侯馬盟書"和春秋後期晉國的階級鬥争

衛今　晉文

1965年12月在山西省"侯馬晉國遺址"範圍内，發掘出一批距今二千四百餘年前的珍貴文物——"侯馬盟書"。數量多達五千餘件，其中，可以認讀的有六百餘件。象這樣完整而有系統的盟辭内容，在我國歷史文獻中是非常罕見的。這批珍貴的歷史文物，爲我們研究春秋後期奴隸社會向封建社會、奴隸主專政向地主階級專政轉變過程中的階級鬥争，提供了重要的實物資料。

"盟書"，也稱"載書"[①]，是我國古代爲了某些重要事件舉行集會，制訂公約，"對天明誓"的辭文。在春秋時期，這種"盟誓"的風氣普遍盛行起來，成爲當時社會政治生活中一個相當令人注目的特色。這個社會現象，是奴隸主貴族舊統治秩序日趨瓦解的産物。當時，在奴隸起義的風暴猛烈衝擊下，奴隸主統治階級内部趨於分崩離析，分化出一股新的政治力量——新興地主階級，出現了"公室衰微""政在家門"、卿大夫專權的政治局面。在春秋以前，一切大權本來都掌握在奴隸主最高統治者周天子的手裏，這就是儒家津津樂道的所謂"禮樂征伐自天子出"。到了這個時候，周天子的話没有人聽了。於是，諸侯之間、卿大夫之間"盟誓"的風氣就逐漸發展起來。《春秋》《左傳》中，關於盟誓的記載，占了很大的篇幅。從魯隱公元年到哀公二十七年（前722—前468）的二百五十四年中，諸侯國之間的盟誓就有近二百次，其中和晉國有關的盟誓達五十餘次之多。至於私家和宗族之間的盟誓在史書上没有記載下來的更不知有多少。有人把春秋時期形容爲“世道交喪，盟詛滋彰”的時代[2]。這雖是反動儒家的説法，但也在一定程度上反映了當時的某些客觀情況。這種“盟誓”的形式，最初是奴隸主貴族們開始使用的。當時有個名叫史嚚的人曾説，國家衰亡的時候，就依靠鬼神[3]。他們在“失德喪禮”的情況下，妄想用“盟誓”的方法來團結内部，並借助神鬼的淫威維護其摇摇欲墜的統治地位。後來，隨着“盟誓”風氣的盛行，新興地主階級同樣也使用“盟誓”的方式團結和鞏固自己的宗黨以打擊其政敵。所以，“盟誓”在不同階級手裏，就成爲有着不同目的、不同内容的政治鬥争手段。

對“侯馬盟書”，我們必須把它放在春秋末期晉國新興地主階級向奴隸主舊貴族勢力奪權的階級鬥争具體形勢中考察，才能正確理解它所反映的豐富的社會政治内容。

一

出土“盟書”的侯馬地區，正相當晉國晚期都城“新田”所在的汾澮兩河之交。“侯馬盟書”正是晉國遷都“新田”以後的階級鬥争的産物。

晉國是春秋時期的一個大國，曾稱霸一時，是當時“五霸”之一，爲階級鬥争風雷激蕩的重點地區。在奴隸反抗奴隸主鬥争的推動下，新興地主階級向奴隸主奪權的鬥争在這個地區表現得十分尖鋭，階級鬥争的情況也十分複雜。作爲封建社會上層建築的法家思想的萌芽，在晉國土壤上很早就滋長了起來。在晉文公時就産生了郭偃之法[4]。晉國“私家”的力量也比較强大。他們不斷地打擊晉國的舊公族，在晉國政治生活中占着越來越重要的地位。晉厲公即位後，曾打算“盡去群大夫而立諸姬兄弟”[5]，把當時權勢最大的郤犨、

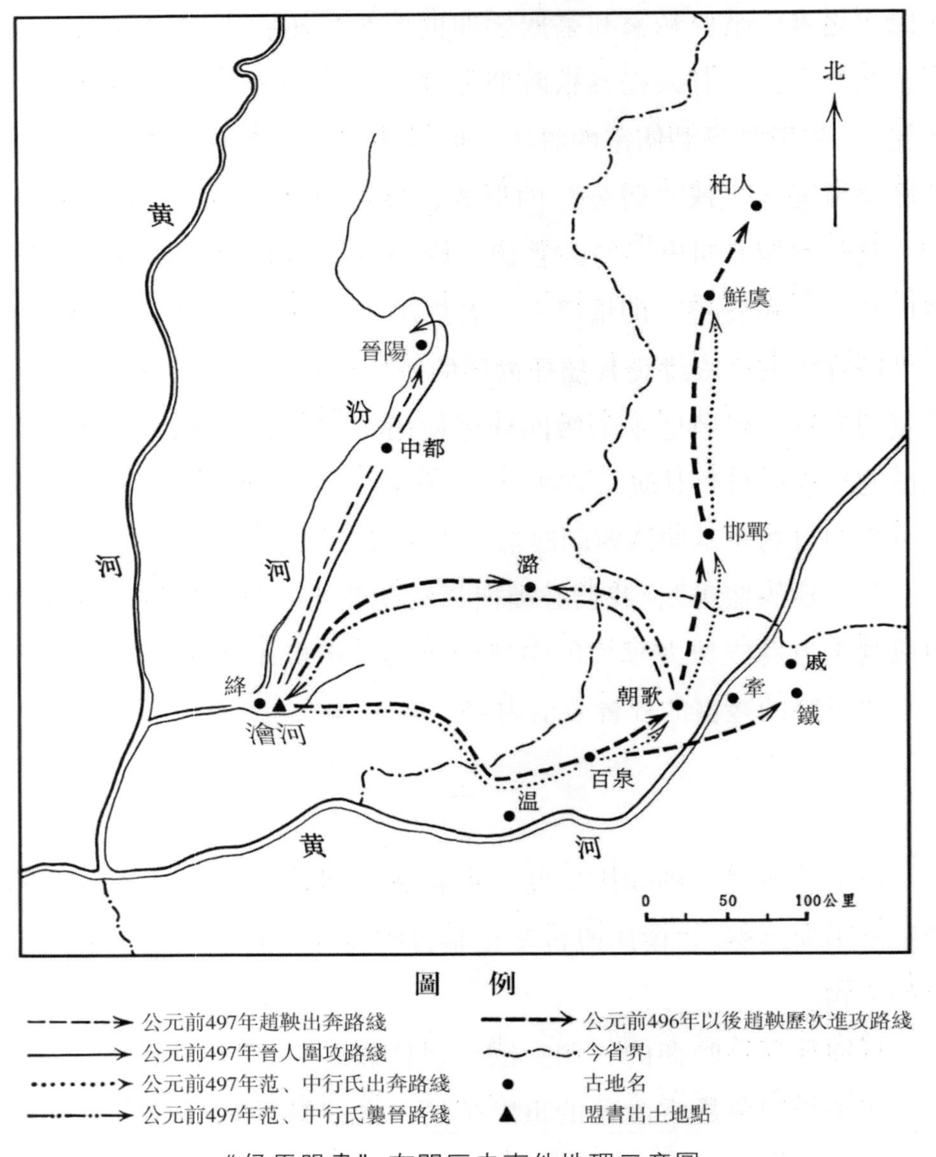

“侯馬盟書”有關歷史事件地理示意圖

郤錡、郤至三卿先殺了。結果，“國人不蠲，遂殺諸翼”（‘國人’不滿意厲公的作爲，就把厲公在翼這個地方殺了）[6]。這時，晉國的

舊公族已經衹剩下欒氏、羊舌氏、祁氏等幾家。到欒氏滅亡後，羊舌氏的叔向對齊國的使者晏嬰感歎地說："晉之公族盡矣。肸（按：叔向之名）聞之，公室將卑，其宗族枝葉先落，則公從之"。[7]"晉國之政將歸六卿。六卿侈矣，而吾君不能恤也。"[8]又過了二十多年，羊舌氏和祁氏也被消滅了。《史記·晉世家》載："（晉頃公）十二年，晉之宗家祁傒孫、叔向子，相惡於君。六卿欲弱公室，乃遂以法盡滅其族，而分其邑爲十縣，各令其子爲大夫。晉益弱，六卿皆大"。以後，又由六卿專權並爲四卿專權（知、趙、魏、韓），由四卿專權變作三卿專權（韓、趙、魏）。主張革新比較堅决的新興地主階級政治代表趙、魏、韓三家在這個過程中，把晉國的權力逐步集中到自己手裏，最後以"三家分晉"結束了晉國奴隸主的統治，在三晉地區建立起地主階級專政。這就是當時晉國奴隸制垮臺，封建制建立的大致歷程。這一系列歷史事件，在晉景公遷都於侯馬地區所在的新田（前582）後愈演愈烈。侯馬地區出土的千余片盟書，正是同當時晉國的階級大搏鬥緊緊地聯繫在一起的。

"侯馬盟書"的主盟人爲趙孟。經初步考證，這個趙孟就是趙鞅[9]，又稱趙簡子，原是晉國大夫，後爲正卿，是從奴隸主貴族中分化出來的新興地主階級的代表人物。他所主持訂立的"侯馬盟書"，密切印證了晉國新興地主階級奪權過程中的一場政治鬥爭和軍事鬥爭。

根據《左傳》和《史記》的記載，公元前497年趙鞅爲索取"衛貢五百家"而殺死了他的遠族趙午（又稱邯鄲午），由此揭開了戰爭的序幕。趙午死後，邯鄲趙氏和六卿之二的范氏、中行氏結成了軍事聯盟，對趙鞅發起了大規模的進攻。趙鞅曾一度失勢，由晉國都城跑回了自己的采邑——晉陽（今山西太原郊區有晉陽古城）。第二年，趙鞅獲得了六卿中的知躒、韓不信、魏曼多的幫助，又回到了晉國都城，先“盟於公宫”，而後又得到知躒的直接支持。“知伯從趙孟盟”⑩，參與了趙鞅的盟誓。自此以後，趙鞅一方面鞏固自己的宗族，一方面向他的政敵展開了政治上、軍事上的反攻。“侯馬盟書”的内容表明，趙鞅爲了鞏固自己的宗黨，團結争取更多的支持者，對敵人進行分化和鎮壓，舉行了一系列不同類型的盟誓。

在“侯馬盟書”中明顯地反映出這場鬥争的範圍越來越大，牽涉的方面也越來越廣。盟書約文中所列的打擊對象，由一氏一家發展爲四氏五家，又由五氏七家擴大到九氏二十一家，而且對這些家族的扼制至於子孫後世。這一場鬥争，由趙氏宗族内部，進而擴大爲晉國六卿之間的戰争，更值得注意的是，到後來，許多諸侯國（齊、衛、鄭等）的奴隸主貴族都捲入到這場戰争中來，連名義上的全國奴隸主總頭子周天子也插手進來了。他們同正被擊敗的范氏和中行氏勾結起來，盡力反對當時在晉國主張革新比較堅决的新興地主階級政治代表——趙鞅。趙鞅在歷時九年的鬥争中，通過了幾次較大規模的戰役，打擊了敵人，壯大了自己。公元前496年圍朝歌，公元前493年和鄭國進行了歷史上有名的鐵之戰。公元前492年又圍朝歌，公元前491年圍邯鄲，公元前490年圍柏人、並伐衛，公元前489年伐鮮虞，最後消滅了范氏和中行氏（見圖）。經過這一系列的戰争，趙鞅取得了晉國執政卿的地位，司馬遷寫道：在這以後“趙名晉卿，實專晉權”⑪，並爲韓、趙、魏的“三家分晉”進一步摧垮晉國奴隸制奠定了基礎。顧棟高在《春秋大事表》中説：“趙鞅專地而結韓、魏……三卿分晉之禍實始於此”⑫。顧棟高是站在頑固維護奴隸制一邊的儒家。他認爲“三卿分晉”是一種禍害，卻正好説明這場戰争對後來“三分晉室”的影響和作用是巨大的。正是在“三家分晉”的基礎上，新興地主階級建立起自己的階級專政，有可能運用政權的力量，强制推行本階級的意志和原則，以後早期法家李悝、吴起、公叔痤等人在三晉地區的變法活動才有可能實行。

這段歷史事實表明，封建制取代奴隸制，也不是單單依靠變法，同樣是經過武裝鬥争取得勝利的。偉大革命導師列寧指出：“在歷史上没有一個階級鬥争的問題，不是用暴力解决的。”⑬趙鞅所以能取得晉國的權力，也正是經過了武裝鬥争，依靠實力作爲後盾，才能解決問題。“侯馬盟書”就是這段階級鬥争歷史的有力見證。

二

在封建制社會取代奴隸制社會的歷史過程中，一個根本性的問題，就是解放奴隸。“侯馬盟書”的主盟人趙鞅正是順應當時社會發展的潮流，采取了一些解放奴隸的措施，符合當時奴隸争取解放這一客觀形勢，得到廣大奴隸階級的支持，從而取得了戰争的勝利。

山東臨沂銀雀山漢墓出土的竹簡中，有一批《孫子兵法》的佚文，其中包括了孫武和吴王關於評論晉國六卿的一段問答⑭。孫武在答語中指出：在六卿管轄的地區内，實行的都是按田畝徵收賦税的制度。其中，趙氏徵收的賦税又最輕。這同叔向對晏嬰所説的：“晉，季世也。公厚賦爲台池而不恤政。政在私門，其可久乎”⑮，正好成爲鮮明的對照。十分明顯，在當時趙氏統治的地區内，一種新的封建制的生産關係已經基本確立，代替了舊的奴隸制的生産關係。

在趙鞅同邯鄲趙氏、范氏、中行氏作戰的過程中，由於對方得到了齊、鄭的援助，趙鞅暫時處於劣勢。這時趙鞅采取了堅决的措施，他在誓辭中宣佈：“克敵者，上大夫受縣，下大夫受郡，士田十萬，庶人工商遂，人臣隸圉免”⑯。這裏説的“人臣隸圉免”是説：生産奴隸也好，家庭奴隸也好，衹要立了軍功的，就可以免除奴隸身份，而變爲自由民。這是一條關於解放奴隸的重要政策。這説明新興地主階級在奪取政權的過程中，從本階級的利益出發，需要得到廣大奴隸的支持。趙鞅正是由於采取了這種解放奴隸的政策，取得了廣大奴隸的支持，才能在這場戰争中由弱變强，轉敗爲勝的。

在盟誓遺址第六十七坑出土的一批盟書中，還有一個有關改變奴隸制生産關係的重要記載，那就是限制“納室”的規定。盟辭中明確指出：從今以後，誰要敢於不遵守盟誓之言，敢於隨便“納室”，或者聽到自己家族兄弟們有“納室”行爲而不把他們抓起來交上去的話，願受誅滅的制裁。

什麽是“納室”？趙鞅在“侯馬盟書”中爲什麽要規定限制“納室”？關於“納室”的材料，歷史文獻中本來是常見的。據《左傳》記載，公元前554年齊國崔杼殺高厚而“兼其室”，鄭國子産殺子孔而“分其室”，公元前543年楚國公子圍殺蒍掩而“取其室”。《國語·晉語》：“納其室以分婦人”等等。“室”是春秋時代奴隸主貴族佔有財産的單位，包括奴隸、土地、財物、所有私屬人員、武裝力量以及各種剥削收入，其中最主要的是奴隸和土地，當時簡稱爲“田”“田邑”或“田里”。因此，那時一支奴隸主貴族的建立和消滅，關鍵就在於這個“室”的存在或消滅、即田邑的佔有或喪失。例如：晉成公滅趙氏時，趙武跟着母親莊姬被畜養在公宫，“以其田與祁奚”，後來由於韓厥的請求，晉侯“乃立武而反其田焉”[17]。在春秋時期，奴隸主貴族經常互相争奪“室”或侵佔“室”，所謂“分其室”“兼其室”“取其室”“納其室”等等都是，這是一種兼并、奪取的行爲。這種兼并、奪取結果，不能一概而論。在春秋前期中期和春秋後期也不同。有的起進步作用，有的是倒退的。關鍵在於勝利者兼并、奪取後，采取什麽路綫政策來處理：是用來擴大奴隸制的剥削和統治，還是用來改變爲封建制的剥削和統治。前述《國語·晉語》所載晉厲公殺三郤後“納其室以分婦人”，指的就是奪取別族的土地和奴隸來擴大自己的奴隸和土地，擴大自己對奴隸的剥削和統治。趙鞅當時正在積極地推行封建制的剥削和統治，反對奴隸制的剥削和統治。在侯馬盟辭中反對的“納室”，指的就是晉厲公那樣的“納室”，就是反對奪取别族的“室”來擴大奴隸制的剥削和統治。“侯馬盟書”把“納室”作爲一個嚴重的政治問題舉行盟誓，在盟書中甚至把它單獨作爲一種類型出現，這是十分值得注意的現象。它説明了當時頑固的奴隸主貴族用巧取豪奪的手段，擴充奴隸單位的行爲，已成爲一種阻礙社會前進的嚴重桎梏。“侯馬盟書”中態度鮮明，反對“納室”，正是表明了當時在這個問題上限制與反限制兩條路綫的激烈鬥争。

春秋時期的歷史表明，新興地主階級對奴隸主進行奪權鬥争，必須借用廣大奴隸群衆的力量，才能取得勝利。奴隸在反對奴隸主的壓迫和剥削、推翻奴隸制的鬥争中，是强大的主力軍。春秋時期風起雲湧的奴隸暴動，徹底動摇了奴隸主階級的統治。從史籍記載看，公元前 593 年，晉國奴隸大批地擺脱奴隸主的枷鎖而奔往秦國[18]。公元前 542 年，晉國奴隸起義的武裝力量公行都邑，遍佈全國[19]。公元前 529 年，晉國奴隸主貴族叔向公開承認晉國奴隸采用逃亡的方式來對抗國君的政令，所謂“民聞公命如逃寇仇”的嚴重局勢[20]。公元前 478 年和 470 年，衛國工匠相繼發生了兩次大的暴動[21]。特别是柳下跖所領導的奴隸起義隊伍，“從卒九千”，“横行天下，侵暴諸侯”，“聲名若日月”，譽滿天下[22]。使奴隸主的統治摇摇欲墜。要是没有這種大規模的奴隸反抗和奴隸暴動，新興地主階級要奪取政權，新興的封建制度要代替没落的奴隸制度，是不可能實現的。

偉大領袖毛主席指出：“人民，祇有人民，才是創造世界歷史的動力。”“侯馬盟書”的内容再一次有力地證明了這一歷史發展的真理。

三

搗亂，失敗，再搗亂，再失敗，直至滅亡，這是一切反動派對待人民事業的邏輯。拿晉國來説，在趙鞅的嚴重打擊下，頑固守舊勢力，有的在本國隱藏起來，有的逃亡鄰國，但他們並不甘心於自己的失敗，總是妄圖捲土重來。這種情況，在"侯馬盟書"中也有明顯反映。

趙鞅當時正在努力地推行新興的封建制。它表現在兩個方面：在經濟上，是推行適當的田畝徵税制度；在政治上，是推行郡縣制。這兩點都是關鍵性的。《韓非子·外儲説右下》説："趙簡主出説者，吏請輕重。簡主曰：勿輕勿重，重則利入於上，若輕則利歸於民，吏無私利而正矣"。這個"民"，就是地主。所以他把"若輕則利歸於民"看作也是好事。同時，趙鞅正在推行郡縣制，所以他獎勵軍功，不用奴隸制的采邑而用郡縣："上大夫受縣，下大夫受郡"。"郡"這個名稱，在歷史記載上這還是第一次見之於法令。這一點很重要。很可能"郡"這個制度就是趙鞅在那個時候開始推行的。這些，都是重大的改革，必然會受到舊的被推翻的階級的拚死抵抗。這就要求新興地主階級的政治代表趙鞅一定得采取專政的手段，無情地打擊被推翻的反動階級，强制推行代表新興地主階級意志和利益的各項社會改革。没有這種專政的强制手段，一切社會改革都祇能歸於失敗。

爲了防止失敗了的反動勢力捲土重來，晉國的新興地主階級在盟書約文中突出地强調了防止"復入"的問題。它規定，如果誰敢再和逃往鄰國的反動集團勾勾搭搭，來往出入或企圖使他們以及他們的子孫"復入于晉邦之地"者，都要受到神明誅滅的制裁。對隱藏蔭蔽起來的反動集團成員在路上遇到而不殺掉的話，也同樣要受到神明的誅滅。

當時，這一場階級鬥争確實是非常嚴重、非常尖鋭的。范氏和中行氏，本來也是從奴隸主貴族中分化出來的晉國“六卿”中的兩個，也是屬於新興地主階級陣營的。但是，春秋戰國之際正是社會大變動的時期，階級陣綫也處在不斷的動蕩、分化和改組中。有些原來出身於奴隸主貴族陣營的人，順應歷史發展的潮流，脱離原來的階級，轉到了新興地主階級陣營中來；也有些本來是屬於新興地主階級陣營的人，由於種種原因（特别是政治鬥争中的原因），最後卻站到了反動陣營的一邊去。從臨沂銀雀山漢墓竹簡《孫子兵法》佚文中可以看出：范氏和中行氏原來徵收的賦税就比趙氏要重得多。因此，當時有人指責他們“不恤庶難”[23]“斬艾百姓”[24]。特别是，當他們在反對趙氏的戰争受到挫敗後，又不甘心於自己的失敗，而和鄭國的一些奴隸主貴族勾結起來結成了軍事同盟，這使他們終於跌到了反動陣營一邊去了。公元前 496 年，他們曾一度由朝歌攻入晉國並打到晉國都城附近，“戰於絳中”。公元前 494 年，“齊侯、衛侯救邯鄲，圍五鹿”。公元前 493 年，“晉范、中行氏反晉，告急于鄭，鄭救之”“齊人輸范氏粟，鄭子姚子般送之”，特别是當時最大的奴隸主頭子周天子通過大夫萇弘給范氏、中行氏很大的支持。但是力量的來源是人民群衆，不反映人民群衆的要求，哪一個也不行，不管反動的力量怎樣掙扎，最後終究逃不脱失敗的命運。

更值得注意的是，以趙鞅爲代表的這場晉國新興地主階級的鬥争受到維護奴隸主統治的吹鼓手孔丘的瘋狂反對。就在這段時間裏，孔丘進行着猖狂的活動。他扛着“克己復禮”的破旗到處煽風點火，妄圖挽回奴隸主階級正在失去的天堂。早在公元前 513 年，趙鞅等在晉國鑄刑鼎的時候，孔丘就跳出來大肆反對，他看到晉國的新興地主階級打破了奴隸制“尊卑貴賤”的等級秩序，就悲歎道：“今棄是度也，而爲刑鼎，民在鼎矣，何以尊貴，貴何業之守，貴賤無序，何以爲國。且夫宣子之刑，夷之蒐也。晉國之亂制也，若之何以爲法”[25]。公元前497年，趙鞅撇開晉君，自行執殺了趙午。孔丘“聞趙簡子不請晉君而執邯鄲午，保晉陽”[26]，認爲他這樣不把國君放在眼裏，又是一件破壞了奴隸制的“禮”制的大逆不道的事件，於是，在他的《春秋》中惡狠狠地寫道：“趙鞅以晉陽畔（叛）”[27]。這一年，孔丘已經當了魯國的司寇。他認爲一定要拼着命改變這種“公室衰微”“政在家門”的局面，向魯定公建議：“臣無藏甲，大夫毋百雉之城”[28]，並且向魯國新興地主階級的代表季孫等三家開刀，發動了“墮三都”的事件。第二年，孔丘代行了魯國宰相的職務，又立刻下毒手，殺害了魯國的法家先驅少正卯。

當趙鞅向范氏、中行氏發動進攻時，趙鞅的家臣中牟宰佛肸發動了叛變，並且立刻召孔丘去幫助他。孔丘這時正在栖栖皇皇地“周遊列國”，聽到佛肸的召令，立刻準備趕去幫助佛肸反對趙鞅。孔丘的學生仲由問他爲什麼要去？孔丘回答説：“我豈匏瓜也哉，焉能系而不食？”（我難道是一隻匏瓜嗎？哪能老是掛着那裏而不吃呢？）[29]孔丘這個陰謀並没有得逞，他又妄想打入趙氏内部進行破壞。但是事與願違，當他走在半路上，聽到趙鞅把他認爲是“賢大夫”的竇犫鎮壓了的消息後，便再也没有勇氣前進了，於是站在黄河岸上發出了“美哉水，洋洋乎！丘之不濟此，命也夫”的哀鳴，説：“君子諱傷其類”，灰溜溜地滚回去了，爲此他還特地寫了一個名叫“陬操”的琴曲來悼念他的同類竇犫[30]，而作爲新興地主代表人物的趙鞅對孔丘的態度也十分明確。漢代劉向所著的《説苑》一書中，有這樣一段記載：“趙簡子曰：晉有澤鳴、犢犫，魯有孔丘，吾殺此三人則天下可圖也”。這一段記載説明，趙鞅當時把孔丘當作新興地主階級的死敵，新興地主階級要“圖天下”，就得專這個孔丘的政，就非殺掉這個孔丘不可。

“侯馬盟書”是一批重要的歷史材料，它展示了春秋晚期發生在晉國的一場尖鋭激烈的階級鬥争，特别是由於孔丘在這場鬥争中的直接干預，作了那麽多的表演，使這批盟書又成爲一份批孔的絶好材料。

自然，趙鞅畢竟是一個從奴隸主貴族中分化出來的人物。“盟誓”這種形式也畢竟是奴隸制的產物。《韓非子·飾邪》指出：“恃鬼神者慢於法”，應當説盟誓的制度和後來的法家思想是不相符合的。同時，趙鞅也擺不脱宗法統治的窠臼。在盟誓祭祀中還召請晉國奴隸主“丕顯皇君晉公”的亡靈作爲“明神”。趙鞅所代表的新興地主階級，依然是一個剥削階級，它對農民的剥削和壓迫還是很殘酷的。但在當時的歷史條件下，趙鞅所代表的是一種進步的社會力量。他的所作所爲，從總的方面來説，是順應着當時歷史發展潮流的，這就是他能夠在這場戰争中取得勝利，並爲以後“三家分晉”，爲新興地主階級在晉國全面奪取政權奠定基礎的原因所在。

“歷史的經驗值得注意”。

“侯馬盟書”所印證的春秋後期晉國這一段階級鬥争的歷史，最重要的一點，是告訴我們：人類社會的每一次變革，即便象封建制替代奴隸制那樣，還衹是以一種剥削方式替代另一種剥削方式，也必須經過那麽長期、那麽激烈的階級鬥争。這個鬥争絶不是通過一個回合、兩個回合就可以完成的，必須經過許多個回合的反復的階級較量。從晉文公時的郭偃立法，經過范宣子作刑書、六卿專政、趙鞅在晉國奪取大權、三家分晉，一直到李悝、吴起的變法，前後一共二百五十多年，新興的封建制在晉國才大體確立起來，反動的、腐朽的社會力量，同樣必須經過暴力的手段來加以掃蕩。新興地主階級同樣必須依靠專政的手段，狠狠打擊自己的敵人，强制推行體現本階級意志和利益的各項社會改革，而鬥争的成敗，歸根到底，取决於人心的向背，取决於能否得到廣大奴隸的支持（自然，新興地主階級的專政，歸根到底，還是少數人對多數人的專政。它所得到的這種支持，衹能是一定的、有限度的支持）。由於歷史文獻記載的缺略，我們對春秋戰國之間這場階級鬥争的演進過程、對地主階級專政代替奴隸主貴族專政的歷史、對我國從奴隸制到封建制的轉變是怎樣實現的，了解得很不充分。這批“侯馬盟書”的發現，以埋藏地下二千四百多年的豐富的實物資料，同歷史文獻相印證，就有可能使我們從一個側面對古代這場社會大變革中階級鬥争的發展進程有比過去更明晰的認識。這對於我們研究階級社會中專政發展的歷史，從中得到啟發，吸取某些階級鬥争的歷史經驗，無疑是有益的。

注釋：

①《周禮·司盟》。

②《穀梁傳·隱公八年》：“盟於瓦屋……諸侯之參盟於是始……”注：“世道交喪，盟詛滋彰，非可以經世軌訓……蓋春秋之始也。”

③《左傳·莊公三十二年》：“國將興聽於民，將亡聽於神。”

④《商君書·更法》。

⑤⑮《史記·晉世家》。

⑥《國語·晉語六》。

⑦⑳《左傳·昭公三年》。

⑧⑪㉕㉖㉗《史記·趙世家》。

⑨ 參見長甘：《“侯馬盟書”叢考》第一部分，載本刊本期第12頁。盟書主盟人趙孟即趙鞅這一論斷雖然在盟書中還缺少直接的證據，但同盟書有關的其他各項條件比較，這個説法是比較有説服力的，是可取的。

⑩《左傳·定公十三年、十四年》。

⑫ 顧棟高：《春秋大事表》卷四二。

⑬ 列寧：《全俄工兵農代表蘇維埃第三次代表大會》（1918 年 1 月）《列寧全集》第 26 卷，第 430 頁。

⑭ 見《文物》1974 年第 12 期。

⑯《左傳・哀公二年》。

⑰《左傳・成公八年）。

⑱《左傳・宣公十六年》。

⑲《左傳・襄公三十一年》："寇盜充斥""盜賊公行"。

㉑《左傳・哀公十七年、二十五年》。

㉒《荀子・不苟》。

㉓《國語・晉語》。

㉔《左傳・哀公二年》趙鞅誓詞中語。

㉘㉙《史記・孔子世家》。

㉚《左傳・成公十七年》。

原載《文物》1975 年第 5 期。後收入 1976 年版《侯馬盟書》，略有修改。

“侯馬盟書”的發現、發掘與整理情況

山西省文物工作委員會

一

侯馬古文化遺址是春秋晚期的晉國都城遺址。自 1956 年以來，進行了多次的調查和發掘工作。1965 年冬，在侯馬遺址的東南部發現了大量的盟書，出土盟書的這一片遺址被稱爲“盟誓遺址”[①]。盟誓遺址位於侯馬市東部澮河北岸的臺地上，距侯馬公社秦村大隊約一華里，同牛村古城以及和古城有關的鑄銅、製石器等作坊遺址相距五華里，與澮河南岸上馬古墓群隔河相望。面積約 3800 餘平方米。在盟誓遺址附近，1957 年、1971 年曾兩次發掘過埋有犧牲的方坎（獸坑），1972 年夏，又發掘出埋有人殉的排葬坑。這些方坎與排葬坑和盟誓遺址都有較爲密切的關係。

盟誓遺址的發掘工作自 1965 年 11 月開始，至 1966 年 5 月結束。盟書是 1965 年 12 月出土的。由於發掘工作是在嚴寒季節進行，凍土堅硬，使少數坑位受到了擾亂，以致有少量盟書混在地層堆積之中[②]。

盟誓遺址上部的文化堆積比較簡單。最上層爲 30—40 釐米厚的耕土層。第二層是擾亂層，土色黄褐，厚 20—30 釐米，内含有少量漢代陶片和元明時期的釉瓷片。第三層爲東周文化堆積，厚 10—15

釐米，土色淺黄，遺物很少，偶有零碎陶片和玉器殘件。盟誓遺址的長方形竪坑就壓在第三層下面，打破了由紅褐色土構成的第四層。盟誓遺址的地層堆積情况和附近的祭祀遺址，以及排葬坑等的地層堆積基本上是相同的，因此它們都是屬於同一時代的文化遺跡。

經過鑽探，在遺址範圍内共發現長方形竪坑 400 餘處（圖一），發掘了 326 處（包括橢圓形竪坑 2 處）。這些坑即古代瘞埋犧牲及盟書的“坎”。竪坑底部一般都埋有犧牲，大坑埋羊、牛和馬，小坑埋羊和盟書，其中亦偶有牛馬者。絶大部分竪坑坑底有一個小壁龕，其中存放有一件玉幣。根據出土情况看，當年瘞埋時先在小壁龕中存放玉幣，然後再埋犧牲。而埋盟書的小竪坑中卻没有發現小壁龕和玉幣。

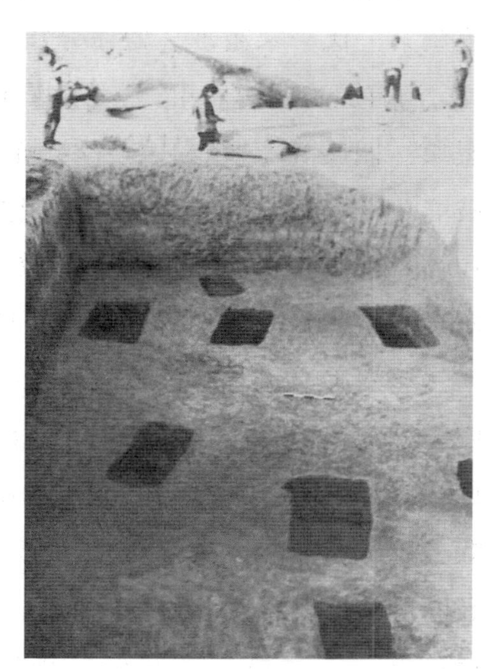
圖一 盟誓遺址發掘現場

盟誓遺址大致可分爲甲乙兩區。甲區集中在西北部，這裏的竪坑一般都較小，而且密集，有早晚打破的情况，盟書都是在這個區域裏出土的。面積約 132 平方米。在這裏共有 39 個坑出土盟書。和盟書相伴出土有犧牲的坑，有羊者 30、牛者 2、馬者 1，衹出盟書而没有犧牲者僅有 6 個坑。我們把這片出土盟書的區域暫稱爲“埋書區”。乙區坑位比較分散，面積稍大，重疊情况少，埋葬的犧牲不僅有羊，還有牛、馬等，唯不見有盟書，但在坑 17、坑 303、坑 340 的玉幣上發現有卜筮辭，我們把這個區域暫稱爲“坎牲區”。在整個盟誓遺址共發掘了 326 個坎，在所埋犧牲中有羊 177、牛 63、馬 19。還有 67 個坎没有發現犧牲。埋葬的犧牲，其葬姿不一，有俯身、仰身、側身或左右前後脚分别捆綁在一起的側身葬，也有部分是活埋的。

在已清理的326座竪坑中，叠壓打破關係不多，甲區有10處，其中與盟書有關係者6處：第一，坑35打破坑176，坑35出有“宗盟類”一氏一家盟書（盟書分類見本文第二部分盟書整理情况），坑176没有發現盟書。第二，坑47和坑48打破坑49，坑49出有“宗盟類”四氏五家盟書，坑47、坑48都没有出盟書。第三，坑67打破坑66，坑67出有“内室類”盟書，坑66不出盟書。第四，坑85和坑87打破坑86，同時坑87又打破了坑98，其中坑85、坑98都出有“宗盟類”四氏五家盟書，坑86出有“宗盟類”一氏一家盟書和“委質類”盟書。第五，坑88打破坑93，兩坑都出有“宗盟類”四氏五家盟書和“委質類”盟書。第六，坑154和坑152打破坑159，坑154、坑152、坑159均出有“宗盟類”四氏五家盟書。綜觀上述六種情况，主要是後三種打破關係值得注意。我們從上述打破關係中可以看到：第一，盟書“内室類”單獨出土，不與它類相混；第二，盟書“宗盟類”與盟書“委質類”共同出土；第三，“宗盟類”四氏五家盟書晚於“宗盟類”一氏一家盟書；第四，“宗盟類”四氏五家盟書本身也有先後之分，此乃古代爲了一事而反復爲盟——“尋盟”的跡象。

盟誓遺址出土文物較爲豐富，可概括爲以下幾個方面：

一、盟書。是這次發掘中的主要收獲，共有一千餘件（包括斷殘、字跡不清和脱落無字者）。其中可以辨識、並予以臨摹者653件（詳見本文第二部分）。

二、用作祭祀的玉幣。數量與種類衆多，按形狀分有璧、環、瑗、韘、玦、璜、瓏、圭、璋、鏟（中間有孔）、戈、刀等，還有不成形者，可能是隨便用原料切割而成的象徵性的形狀，也有長形、龜形、圓形、角形以及殘碎玉料等不同情況。據山西省地質局化驗室的化驗報告，它們是用透閃岩，或矽卟岩，或千枚岩，或滑石岩等原料，也就是用一般俗稱的軟玉、青玉、白玉等製成的。

這些玉幣和前面介紹的犧牲是在舉行盟誓祭祀時向神（或祖先）所奉獻的祭品，即所謂“犧牲”和“玉幣”。《左傳·莊公十年》：“犧牲玉帛，弗敢加也。”

侯馬盟誓遺址中出土大批玉幣，既有製作精美、器形規整的璧、圭、璋，也有製作粗糙不成型的玉器，或者是未成器的玉塊、玉片等，就是璧、圭、璋也是形狀不一，大小不等，已經成爲一種象徵性的東西，這是春秋末期“禮壞樂崩”的一個側面反映。

在玉幣中也有不少的器物雕琢纖細，十分精美，很多璧、圭、璋等，被切割成薄片，其薄如紙，表明了我國古代勞動人民琢玉技術有了相當的發展，在當時用簡陋的勞動工具，製造了這樣優美的玉器，體現了古代工藝高超的技能。

三、陶片。都是在竪坑填土中發現的，數量很少，并且殘碎不堪，器形有鬲、盆、罐、盤、豆、盂、板瓦等。這些陶片和侯馬晉國遺址出土陶器分期表進行比較③，均屬於侯馬晉國遺址中期或略早的器型，時代應在春秋晚期。

二

自從侯馬盟書發現至現在，已發表過十篇研究性文章④，它們對這次的綜合整理工作是起到了重要的作用的。

過去我們公佈的資料是存在一些問題的，有的盟書和土塊粘結在一起，没有來得及清理，所以没有把出土的盟書全部公佈出來，在已公佈的摹本中有些字形不夠準確，出土的坑位次序也交代的不夠清楚，以致給研究工作帶來了一定的困難和局限。

1973年8月下旬，我們對侯馬盟書作了進一步的整理，於1974年7月告一段落。在此期間，我們對盟書標本逐件進行了觀察，記録了觀察日記，對以往的摹本（包括已發表和未發表的）逐件進行了核對，對字形不夠準確之處進行了校正，對粘結在土塊中的盟書作了清理。在標本中發現了不少新的内容，特别是主盟人“趙孟”的發現（圖二：3正），給研究工作開闢了新的途徑。我們在一千餘件（完整和殘缺的均計在内）盟書標本中選擇了六百五十三件，據其原大，重新作了臨摹，對新清理出來的作了補充臨摹，並按照原來出土坑位的順序和標本統一編號，集成摹本[⑤]（見後附《侯馬盟書臨摹登記表》）。除臨摹六百五十三篇之外，其餘不作臨摹者有三種情況：一、標本形體完整或殘碎，但字跡全部脱落者；二、字跡隱約不清者；三、雖然有極少數字跡可識，但標本過於殘碎，辭句不全，又無新的内容，字形上没有新的體式，書法上又没有新的風格者，則予以登記存目，歸入原來坑號的檔案中，以備進一步檢校。

屬於臨摹者，根據盟辭的内容作了分類和舉例考釋與注解。對其單字除了在考釋和注解中作必要的解釋以外，均另編“字彙”統一隸定。

根據盟辭不同的内容，我們把侯馬盟書分爲四類八種：

第一類爲“宗盟類”（圖四：3）。除序篇爲一種而外，並以被盟詛對象的家族多寡分爲一氏一家、四氏五家、五氏七家三種[⑥]。

第二類爲“委質類”（圖四：1、2）。此類盟辭内容中被盟詛對象雖然多至九氏二十一家[⑦]，但其盟約之首條則爲“質于君所”，並表示再不敢“出入于趙尼之所”，而且没有“宗盟類”盟辭中所特有的“事宗”“守宫”的約文。此類凡一種。

第三類爲“内室類”（圖四：4）。凡一種。

第四類爲“卜筮類”（圖三：3）。此類内容不是盟辭，是盟誓時關於卜筮的記録，不象盟書用朱色書寫，而是墨書。卜筮内容除一七：一號標本爲“卜牲”外，其他二件内容不明，其中三四〇：一標本，很有可能是卜筮用人的記録，暫不細分，全歸於卜筮一類，爲一種。

除了上述四種以外，還發現有少數殘碎的標本，内容特殊，但辭句支離，未能窺其全貌。如探八②：三僅存“永不明于邯鄲”一個完整句子。其他八五：三五和一八五：九均説不明問題，象這些都歸入四類之外的“其他”範圍。

各類盟書的辭句，都具有固定的體例格調，每一類中除了參盟人名不同以外，其餘均雷同，衹是往往有脱字和衍字，特别是如“而”“者”“之”“及”等字，往往錯爲增損，有的甚至有把句子漏掉的，也有故意省掉的[⑧]，也有把被盟詛人名先後參錯的[⑨]，也有把參盟人名誤寫在主盟人名位置上的[⑩]（圖三：1），也有個别盟辭中把重要的單字脱漏，從而使文義相反的[⑪]，上述這些例子在盟辭中是不少的。特别值得介紹的是“宗盟類”參盟人史敺（驅）彘，仁柳伹等三篇（一：四〇，一：四一，一：四二），從字體上看均係一個人的手筆，盟辭中凡“趙尼”之尼字均書作“㞾”，而且把“敢不閛其腹心”均寫作“敢不侑閛其腹心”，“以事其宗”均寫作“以事嘉”，這顯然不是偶然的現象。

盟辭中有不少標點符號。在“子孫”“邯鄲”“之所”合文的後面，標有合文符號，在“君所”二字後面標有重文符號（三：二〇）。不少盟辭中發現有句標（圖三：5），在六百多篇摹文中有句標者共四十七例，在“以事其宗”的“宗”字後面三例[⑫]，在“助及奂（或奐）”的“奂”字後二例[⑬]，“改助”的“改”字後面一例[⑭]（可能是誤筆）。在篇末結尾用標點者二十九例[⑮]。其中漏掉“子孫”二字者十二例[⑯]。

這一段整理工作雖然進行了十個多月，由於我們水平有限，疏漏之處甚多，有些現象没有來得及詳細探討，還有待於進一步研究。

侯馬盟書臨摹登記表

件數／種類／坑號	宗盟						委質	内室	卜筮	其它	合計	備注
	序篇	一氏一家	二氏二家	四氏五家	五氏七家	氏家不清						
1		105									105	第179坑與第163坑盟書在出土時混淆、均歸於179坑内。 補注：105坑又發現詛咒類，尚未臨摹，未故計入此表。
3				18			10				28	
16	1			37							38	
18							5				5	
35		11									11	
36		2					2				4	
49			1	1							2	
50				1							1	
67								58			58	
75				7			1				8	
77				20							20	
79				1			10				11	
85				34						1	35	
86		1					1				2	
88				11			3				14	
91				4			1				5	
92				47							47	
93				2			1				3	
96				5			4				9	
98				30							30	
106					4						4	
149						1					1	

件　種類 坑號　數	宗盟						委質	内室	卜筮	其它	合計	備注
	序篇	一氏一家	二氏二家	四氏五家	五氏七家	氏家不清						
152				7							7	
153				1							1	
154				3							3	
156				17		1	11				29	
158							1				1	
159				1							1	
162			1	2							3	
179				11			9				20	
180				1							1	
181				1							1	
185							8			1	9	
194				5	5		3				13	
195				1	6		1				8	
198				23							23	
200		72									72	
201					2						2	
203					8		3				11	
T8②				1			1			1	3	
T12③				1							1	
17									1		1	
303									1		1	
340									1		1	
總計	1	191	2	293	25	2	75	58	3	3	653	

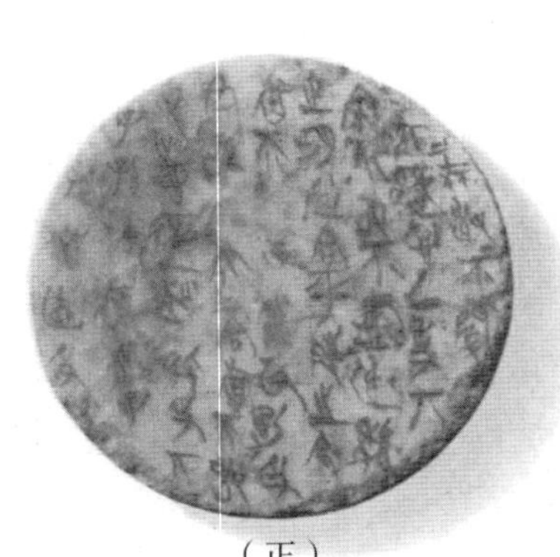

（正）

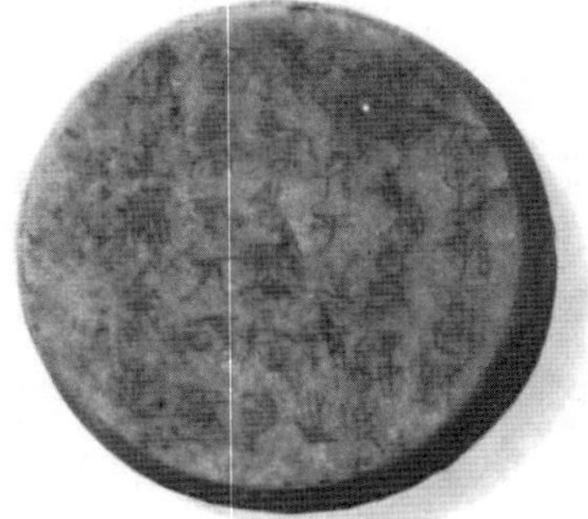

（反）

1 宗盟類
一六：二　長5.1釐米

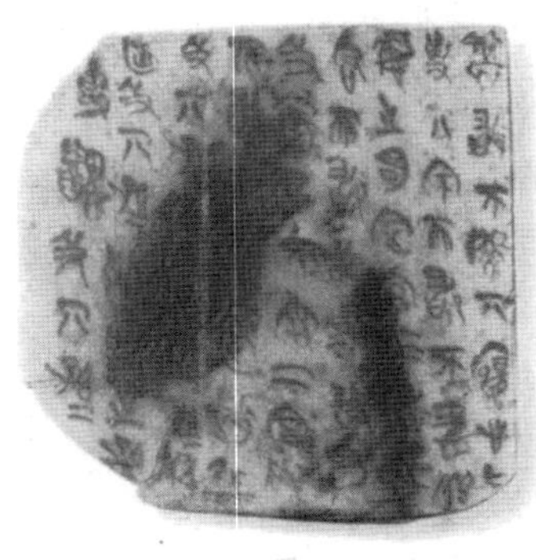

2 宗盟類（正）
一九四：三　長5釐米

（正）　　（反）

3 宗盟類
一：二二　長19.3釐米

圖　二

1 宗盟類
一：六六
長10.3釐米

2 宗盟類
一：八六
長9.8釐米

4 宗盟類序篇
一六：三
長10.7釐米

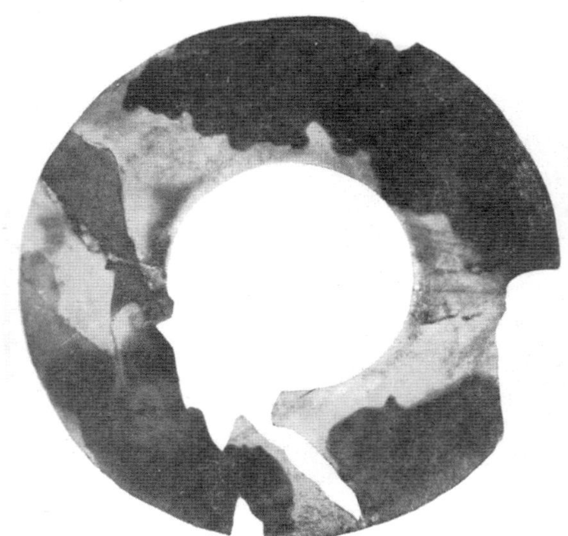

3 卜筮類 一七：一 長12.6釐米

5 宗盟類
七五：一
長5.4釐米

6 宗盟類
七五：七
長6.8釐米

圖 三

1 委質類（正）
一五六：二二
長26.2釐米

2 委質類（反）
一五六：二二
長26.2釐米

3 宗盟類
一五六：四
長26.2釐米

4 内室類
六七：一
長18釐米

圖　四

注釋：

① 郭沫若：《侯馬盟書試探》，《文物》1966 年第 2 期。

② 混淆的坑位有坑 163 和坑 179。爲了區别於未擾亂的坑號，故將混入地層的盟書另外編號，如探八②：三，探一二③：一等。

③《侯馬牛村古城南東周遺址出土陶器的分期》，《文物》1962 年第 4、5 期。

④ 以發表時間先後爲序：

張頷：《侯馬東周遺址發現晉國朱書文字》，《文物》1966 年第 2 期。

郭沫若：《侯馬盟書試探》，《文物》1966 年第 2 期。

陳夢家：《東周盟誓與出土載書》，《考古》1966 年第 5 期。

郭沫若：《出土文物二三事》，《文物》1972 年第 3 期。

陶正剛、王克林：《侯馬東周盟誓遺址》，《文物》1972 年第 4 期。

朱德熙、裘錫圭：《戰國文字研究（六種）》，《考古學報》1972 年第 1 期。

唐蘭：《侯馬出土晉國趙嘉之盟載書新釋》，《文物》1972 年第 8 期。

朱德熙、裘錫圭：《關於侯馬盟書的幾點補釋》，《文物》1972 年第 8 期。

郭沫若：《桃都、女媧、加陵》，《文物》1973 年第 1 期。

李裕民：《我對侯馬盟書的看法》，《考古》1973 年第 3 期。

⑤ 例如：摹本中三：二四即代表第 3 坑第 24 號盟書標本。對原來坑位不清混入土層中的標本則以探方土層編號，例如探八②：二即代表第八探方第二層第二號標本。

⑥ 内容中有以干支記日者一件（一六：三），是爲序篇，爲一種。其餘以被盟詛對象多少分爲以下三種：

一氏一家——趙尼

四氏五家——增加先痯、先悳、𨑋歜、史醜（包括二氏二家者，乃省去趙尼、先痯，衹有𨑋、史二氏者）。

五氏七家——增加司寇䳚和司寇結。

⑦ 除了如“宗盟類”五氏七家而外，又增加了四氏十四家——先鐳、先

梣、先諮、先瘨、先弫、先木、先歅、新君弟隥（先痥之伯父、叔父、兄弟之族未計在内）。趙朱、趙喬、郵政、閔舍、邵城、郲詨（閔伐未包括在内）。

⑧ 例如："不之守二宫"（一：三〇）衍"之"字，"麻臺之非是"（一：四一）衍"之"字，"又皀改者劼"（一四九：一）錯"又"字，衍"者"字。"從此明此者"（三五：五）爲"從嘉之盟"之誤。"及群虖明亟覍之"（一：九八）"明"字之後脱漏"者盧君其明"五字。"而以事其宗"（二〇〇：三四）衍"而"字。"及群虖明者，明亟覍之"（二〇〇：二六）省"盧君其"三字。

⑨ 例如："委質類"盟詛人名中之"先瘨"和"中都先弫"等往往先後互易。

⑩ 例如："祑敢不半其腹心以事其宗，而敢不盡從袂之盟"（一：六六）。

⑪ 例如："敢盡從盟"（一：八〇）爲"敢不盡從嘉之盟"之誤。

⑫ 見一：三二，一：五七，九二：二四。

⑬ 見一九八：一四，二〇三：八。

⑭ 見九八：二四。

⑮ 見一：六，一：二五，一：三〇，一：四九，一：五〇，一：六五，三：一〇，一六：一二，一六：三六，三五：二，七八：八，七七：五，七七：六，七七：八，七七：一九，八五：一，八五：四，八八：一，八八：八，九一：四，九二：一四，九二：一八，九二：二四，一五二：一，一五四：三，一五六：一〇，一七九：九，一九八：一一，二〇〇：四。

⑯ 見摹本一：三一，七五：三，七七：五，八五：一一，八五：三四，八八：一，四九：一，八八：三，九六：三，九一：五，一九八：八，一九八：一四。

原載《文物》1975年第5期。

“侯馬盟書”叢考

張　頷

前　言

“侯馬盟書”於1965年12月在侯馬東周遺址出土後，我即寫成了《侯馬東周遺址發現晉國朱書文字》一文，發表於1966年第2期《文物》。隨着郭沫若、唐蘭、陳夢家、朱德熙諸先生陸續對此發表了不少文章。以後侯馬遺址中又有盟書不斷發現，當時我於1966年8月之後就身罹浩劫失去自由，一直到1973年，王冶秋同志從北京來到山西，才把我從“牛棚”中挽救了出來，讓我對“侯馬盟書”進行綜合整理。作者乍出“牛棚”在思想上精神上還沒有來得及换氣，馬上便投入了緊張的工作，當時要求以“革命加拼命”的精神來幹。參加這一工作的還有陶正剛同志和張守中同志。陶是重點放在整理盟誓遺址的發掘部分，守中是專門擔任古文字的臨摹。我除了綜合編纂之外主要擔任文字的考釋注解和關於歷史的考證。1974年夏這個工作基本結束。1975年我用“長甘”的筆名寫成了此文，發表於1975年《文物》五期。當時發表時，文中衹有“子趙孟考”“宗盟考”“委質考”“納室考”四部分。我對“侯馬盟書”的分類基本上也是依據這些考證而確定下來的。後來於1976年寫成了《侯馬盟書》，由文物出版社印成巨型專集予以出版。書中我把“叢考”專門列爲一個重要的章節，除了保持原來“叢考”中的“子趙孟考”“宗盟考”“委質考”“納室考”四部分之外，我又增加了“曆朔考”和“詛辭探解”兩個部分。

侯馬盟書盟辭中所涉及的問題較多，現在，對幾個較重要的問題，作一些分析和研究。

侯馬盟書自從發現以後，不少同志寫過考證文章。許多文章的見解，對於寫作本文有很大的啓發和幫助。

“子趙孟”考

侯馬盟書的主盟人是誰？這是研究盟書必須首先弄清楚的問題。在盟辭中對主盟人的稱謂有三種：一是“嘉”，二是“某”，三是“子趙孟”。盟約中有“敢不盡從嘉之明”的句子，其中的“嘉”字，就是參盟人對主盟人的稱謂。這裏的“嘉”字，有時换寫“某”字（一：八六），“某”應是參盟人對主盟人的諱稱。當時不但卿、大夫對國君不能直稱其名，而且卿大夫的家臣、邑宰對卿、大夫也不能直稱其名。《説文通訓定聲》某字條：“臣諱君故曰某”。《左傳·桓公六年》“終將諱之”疏：“君父生存之時，臣子不得指斥其名也。”根據這些記載，即可知盟書中參盟人對主盟人所稱的“嘉”，也不會是真正的名字。而這麽多的參盟人對主盟人不敢“指斥其名”。可知主盟人的身份當是卿大夫以上主君一類的人物。《爾雅·釋詁》釋“嘉”爲“善”，疏：“嘉者，美之善也。”《左傳·莊公二十五年》：“嘉之，故不名。”《左傳·襄公四年》：“……敢不拜嘉”注：“……晉以叔孫爲嘉賓……嘉叔孫，乃所以嘉魯君”。由此可知，“嘉”就是參盟人對其主君的美稱和尊稱。盟書中的“敢不盡從嘉之明（盟）”，或記作“敢不盡從子趙孟之明”（一：二二），在殘句中也有的作“敢不盡從肖□□明”（一：二四），還有的作“□不盡從子□□”（一：二三）。説明“嘉”“某”和“子趙孟”是對同一主盟人的稱謂。

“子趙孟”的“子”也是當時習慣的一種尊稱。《國語·越語》中稱范蠡爲“子范子”，《吕覽·高義》中稱墨子爲“子墨子”，戰國時齊國銅器銘文中有“子禾子”，《左傳·襄公十一年》有“子教寡人和諸戎狄”，又有“子其受之”的句例很多。“孟”也不是人名，而是一種對長者的專稱，《説文》：“孟，長也。”兄弟姐妹長者皆稱孟。盟書中主盟人“趙孟”，即當時趙氏宗族中行輩間的長者。

在有關春秋、戰國時期的歷史記載中，有五人被稱作“趙孟”，都在晉國。列舉如下：

一、趙盾《國語·晉語》：“趙孟使人以其乘車干行。”注：“趙孟，宣子。”“宣子，晉正卿，趙衰之子，宣孟盾也”。

二、趙武《左傳·襄公二十七年》：“趙孟謀於諸大夫”。《左傳·昭公元年》：“趙孟適南陽，將會孟子餘。”

三、趙鞅《左傳·定公十九年》：“智伯從趙孟盟”。銅器《趙孟庎壺》銘文：“爲趙孟庎”。

四、趙無恤《左傳·哀公二十年》：“趙孟降於喪食”。

五、《史記·六國年表》趙成侯十八年：“趙孟如齊”。此趙孟可能即成侯趙種。

盟書中的趙孟究竟是哪一個趙孟？應該從盟書本身内容中去探討。此外，盟書記載的歷史事件，在歷史文獻中也可能有綫索可尋。兩者相印證，才能得出正確的答案。從盟書的内容看，正確的答案必須與以下幾個方面的情況相符合。

一、由於參盟人稱晉國先公爲“皇君晉公”，其國屬必然爲晉國。某些參盟人家内有“巫”“覡”“祝”“史”這一類的家臣，作爲主盟人的趙孟的身份，必然是晉國卿、大夫以上的人物。

二、盟誓在侯馬這個地方舉行，而盟書又指明這裏是“晉邦之地”“晉邦之中”，説明這一帶當時正是晉國的政治軍事要地。這種情況衹能發生於三家分晉以前。因爲，三家分晉以後，侯馬地區就不在趙氏的勢力範圍之内了。而承襲“晉”國號的衹有魏國，但盟書中所反映的史實和魏國又毫無關係。所以考證盟書中的歷史事件與人物活動必須和晉國晚期都城“新田”的地理位置（即今天的侯馬一帶）聯繫起來。

三、盟書内容表明，當時趙氏宗族之間有一場大的鬥爭，而且是流血鬥争，盟辭約文中有“見之行道弗殺”，就會受到神明懲罰的誓言，説明了這一點。

四、這場趙氏宗族之間的鬥争，以主盟人趙孟爲首所打擊的對象是邯鄲系統。盟辭中有“永不盟于邯鄲”的約文（探八②：三），打擊對象中有“邯鄲郵政”（當爲邯鄲系統的邯鄲邑宰）。

五、盟辭所誅討的除邯鄲趙氏而外，還有不少異姓大家族卷入這場鬥争，從而被列入打擊的對象，由一氏一家擴大到四氏五家、五氏七家，多至九氏二十一家，範圍很廣。

六、主盟人的政敵大批地逃亡，但仍有使用武力打回“晉邦之地”的“復入”行動。

七、趙孟，是盟誓的主盟人，又是趙氏兄弟行輩間的長者，并且在趙氏宗族裏居於宗主的地位。

前述春秋戰國時期五個趙孟的經歷，唯有趙鞅（趙簡子）的身份和事跡與以上各種情況相吻合。特别是盟書中發現了被盟詛对象“中行寅”的名字，而與中行寅同時的趙孟衹有趙鞅，更直接地證實了，盟書中的主盟人趙孟，就是春秋晚期晉國六卿之一、新興地主階級的代表人物趙鞅。

以趙鞅爲主角的一些歷史事件的經過，文獻記載和侯馬盟書的內容，是相爲呼應的。

公元前500年，晉趙鞅帥師圍衛，衛國送給趙鞅五百家奴隸以求和，當時趙鞅以趙氏宗主的身份，把這五百家奴隸置於他旁支宗族趙午的采邑邯鄲。公元前497年，趙鞅向趙午索取這五百家奴隸，準備遷置到自己的采邑晉陽（即今太原附近）。趙午回到邯鄲，“告其父兄，父兄皆曰不可。”趙午就拖延未給。於是趙鞅把趙午逮捕起來，“囚諸晉陽”，並再次以趙氏宗主的身份命令邯鄲：“吾私有討於午也，二三子唯所欲立”，讓邯鄲另立主君以代替趙午，隨即把趙午殺了。爲此，趙午之子趙稷和舅族荀寅（亦稱中行文子，晉國六卿之一）以及荀寅的姻族范吉射（亦稱范昭子或士吉射，晉國六卿之一）結成了聯盟，領兵進攻趙鞅。趙鞅一度失敗，由晉國的都城（新田）逃到晉陽。晉國是在公元前585年遷都於新田的。《左傳·成公六年》：“……新田，土厚水深，居之不疾，有汾澮以流其惡。”當時的新田，即現在的侯馬地區，也正是盟書約文中所說的“晉邦之地”和“晉邦之中”。

趙鞅回晉陽不久，隨即得到晉國六卿中韓、魏二卿（韓不信亦稱韓簡子，魏曼多亦稱魏襄子）的幫助，於公元前497年，帶着晉陽的甲士，以討荀、范二氏的名義，從晉陽返回了晉國都城，“入於絳”（《春秋左傳舊注疏證·成公六年》：“按晉既遷新田，又命新田爲絳，《水經注》謂之絳陽。”），先“盟於公宮”，第二年又取得知伯（亦稱荀躒，晉國六卿之一）的支持，“知伯從趙孟盟”。此後，趙鞅宗族的地位才在晉國穩定下來。這裏的知伯“從趙孟盟”，和侯馬盟書中的“從子趙孟之明（盟）”，詞句如此相似，看來並不是出於巧合。侯馬盟書所記載的盟誓，主要爲公元前496年“知伯從趙盂盟”以後，趙鞅爲了鞏固自己宗族内部而進行的一系列“宗盟”。隨着事態的不斷發展，盟書中的被打擊對象也不斷增加，特别是出土盟書的坑位往往有相互打破的現象，説明是在一個不很短的時間裏，爲了一件事情而反復爲盟（“尋盟”）。歷史文獻中也記載了這一場歷時數年的鬥争的進程。

由於趙鞅在鬥争中很快取得了優勢，公元前497年，他的政敵范氏和中行氏逃出晉國跑到了朝歌，投靠齊國（公元前550年齊取晉國朝歌，當時朝歌屬齊）。范、中行的宗黨士鮒等由朝歌反攻，一度打到晉國都城附近——絳中。失敗後，士鮒奔周，小王桃甲逃朝歌。這樣在盟書中也增加了相應的約文，指出如果有人勾結逃亡的敵人，幫助他們“復入”晉邦之地，必須受到嚴厲的制裁。在盟書詛辭中明確地把和“中行寅”來往的人列爲盟詛對象。從此，趙鞅在戰争中取得一系列的勝利，“敗范、中行氏之師於潞”，“又敗鄭師及范氏之師於百泉”。在這種節節勝利的的局面下，必然有大批敵對陣營裏的人，紛紛脱離舊的主君趙尼，而“委質”獻身於新君趙鞅。盟書的委質類，恰恰反映了這一事實。他們在委質類盟書中，不僅表示不再出入於舊君之所，還要同舊營壘的人們徹底斷絶關係。

趙鞅爲了得到奴隸的支持以争取戰争的勝利，於公元前493年與鄭國在“鐵”作戰時，宣佈了包括以解放奴隸爲號召的“鐵誓”：“克敵者……庶人（農業生産奴隸）工商（即工商食官的工商奴隸）遂（得遂仕進），人臣隸圉（圉，家役奴隸）免（免除受奴役的身份）。”侯馬盟書的納室類也明確地規定限制某些人擴充奴隸單位。他們立下誓約，再有納室的行爲，就應受到嚴懲。

趙鞅與范、中行氏的這場戰争，從公元前496年以後，主要戰場在現在的河南省北部和河北省的西南部。趙鞅曾兩次圍朝歌，並進行了有名的鐵之戰，擊潰了援助范、中行氏的鄭國軍隊。1942年河南省西北部沁陽一帶出土的盟書和侯馬的盟書同樣都載有“郵政”的名字，是值得注意的現象。

前面提到的另外四個“趙孟”，有的是在位時，趙氏宗族間没有發生大的鬥争。有的活動年代已進入戰國時期，有的活動地域與晉國晚期的都城新田没有關聯。例如趙無恤（襄子）死後也曾發生其弟（桓子趙嘉）與趙浣的鬥争事件，但是趙桓子是趙無恤之弟，不能稱趙孟。子臣對君父的盟誓辭文中，也不會直接指斥趙桓子的名字“嘉”。當時已是三家分晉之後，政治活動的重要地點轉移到了邯鄲、中牟和“代”地，趙嘉與趙浣這次鬥争的時間也很短暫，僅一年多的時間，史籍記載中找不到有關舉行盟誓的綫索。

總之，衹有史籍記載中的趙鞅，他的身份和事跡能與侯馬盟書中的“子趙孟”相符。我們認爲，“子趙孟”就是趙鞅。

“宗盟”考

同姓同宗的人在一起舉行盟誓，叫做“宗盟”。但《左傳·隱公十一年》卻有：“周之宗盟，異姓爲後”的記載，由於出現了“異姓”參加宗盟，從賈逵開始，對“宗盟”的解釋就有了不同的説法。本文取服虔宗盟即“同宗之盟”的説法。《左傳·哀公十四年》：“子我盟諸陳於陳宗。”疏：“正義曰：陳宗，陳氏宗主，謂陳成子也。盡集陳氏宗族就成子家盟也。”這便是宗盟的一個例子。

我們稱作宗盟類盟書的盟辭中，以“某”“嘉”“子趙孟”爲主盟人，並有“以事其宗”和“守二宫”的約文。這類盟辭證明，趙孟不但是主盟人，而且還是趙氏的宗主。

“以事其宗”的“宗”字，均指宗廟而言（有的同志釋“主”。宗、主二字的關係，余將另文論述）。《説文》：“宗，尊祖廟也。”《國語·晉語》：“夫曲沃，君之宗也。”韋昭注：“曲沃，桓叔之封，先君宗廟在焉”。《儀禮·士昏禮》：“承我宗事”，鄭玄注：“宗事，宗廟之事”。“事”即祭祀的意思。《公羊傳·文公二年》：“大事於大廟”疏：“知此言大者，是大祭明矣。”

盟書中有七處把“不守二宫”寫成“不宗二宫”（一五六：三、一九八：二〇、二〇〇：六一等），還有把“守”和“宗”合寫爲一個字，作“㝐”（一：八、一：九二、八八：五），可見“二宫”是直接指某兩個宗廟，不是生人所居的宫室。那兩個宗廟就是祖廟和親廟。所謂“事其宗”和“守二宫”，意思是祭祀和守護宗廟。據此，如果參盟人和主盟人不是同宗，則不可能去參與這類祭祀和守護宗廟的事情。

宗主的身份是世襲的。《左傳·宣公二年》：“趙盾請以括爲公族”，“使屏季（趙括）以其故族爲公族大夫。”疏：“使屏季承其父（趙衰）後爲趙氏宗主，但晉人以盾之忠，更使其子朔承盾後耳。”自此以後，趙武、趙成、趙鞅一直繼承下來，世代爲趙氏宗主。盟書中既以趙孟爲主盟人，而又有“事宗”“守宫”的約文，這樣的盟誓均爲宗盟，其義甚明。盟書中的宗盟，是把邯鄲趙氏作爲聲討對象而被排斥在外，説明這個宗盟僅僅是趙氏晉陽系統的小宗的盟誓。《禮記·大傳》：“有百世不遷之宗，有五世則遷之宗。”疏：“云有百世不遷之宗者，謂大宗也；云有五世則遷之宗者，謂小宗也。……大宗是遠祖之正體，小宗是高祖之正體。”當時晉陽系統趙鞅的高祖正是趙盾，而邯鄲系統的高祖則是趙穿的父親（譜無其名）。

宗盟類盟書中，凡參盟人一般衹書名而不書姓氏。可以認爲，不書姓氏的參盟人，絶大多數爲趙姓。但事實上也有少數異姓從盟的，如史歐彘（一：四〇）、輔瘜（八八：一）、竺都（一：七）等人，這又符合了《左傳·隱公十一年》所記載的“周之宗盟，異姓爲後”的情況。顯然參加宗盟的那些異姓都是以主盟人爲主君，而且是屬於主盟人的家臣、邑宰一類人物。當時這類人物不但可以參加宗盟，如果立了大功，甚至還可以配享在主君的宗廟裏，例如趙鞅的家臣董安于死後，即“配祀”於趙鞅的宗廟（事見《左傳·定公十四年》）。由於當時鬥争形勢錯綜複雜，卿大夫的家臣、邑宰們另擇主君投靠的情況也很多，所以，從趙鞅而參加晉陽趙氏宗盟的，中間也有邯鄲趙氏系統的人，如邯鄲固即是一例（二〇〇：三）。

另外，在這一類盟辭中還涉及一些值得探討的重要問題：

在宗盟類盟書的序篇（一六：三）和正篇中，都有“定宫平跱之命”的約文。“定宫”和“平跱”不是一處地方，有的約文寫作“定宫及平跱之命”。究竟指的是些什麽地方呢？

先説“定宫”。在《春秋》和《左傳》中所著録的宫廟名稱共七十四處。

一、屬於宗廟而名爲“廟”或“室”，如魯國的“周廟”“伯夷之廟”，宋國的“大廟”，周王朝的“大室”等，凡九處。

二、屬於宗廟而名爲“宫”，大多係以謚號，如魯國的“武宫”“桓宫”“僖宫”，晉國的“襄宫”“武宫”，周王朝的“平宫”“襄宫”；少數不係謚號，如鄭國的“大宫”，魯國的“新宫”，共二十八處。

三、屬於生人居住的宫室而泛稱王宫、公宫，如晉、魯、齊、宋諸國的“公宫”以及周王朝和楚國的“王宫”等，凡十二處。

四、屬於生人居住而係以地名，如魯國的“楚宫”“東宫”“内宫”“丘宫”，晉之“虒祁宫”“銅鞮宫”，宋國的“沃宫”，楚國的“章華宫”等，凡十五處。

五、屬於生人居住而係以姓氏人名或官名，如周王朝的“單氏之宫”“邊伯之宫”，楚國的“令尹之宫”，魯國的“太子疾之宫”等，凡七處。

以上共七十一處。尚有三處，情况未明。

據上述，凡稱宗廟爲宫，多係以謚號。則盟書中的"定宫"，也應當屬於宗廟。但是，它並不是晉定公的宗廟，而當是周定王的宗廟。因爲，盟書所涉及的歷史事件，正當晉定公午在世的一段時間即公元前 497 年（晉定公十五年）到公元前 489 年（晉定公二十三年），他的生宫是不可能稱爲"定宫"的。"序篇"中卻有主盟人追述在定宫受命於周天子的内容，按當時各諸侯國的卿、大夫都有參加周天子朝聘的資格（《周禮・大宗伯》："諸侯之卿、大夫皆得聘於天子。"），但都得通過諸侯向周天子"請命"，并且經周天子"賜命"以後，才能獲得"命卿""命大夫"的資格，"列位於王"並"聘於天子"。如果這些卿、大夫再有特殊的功績，也同樣要通過諸侯向周天子請命受賞。趙鞅家族爲晉國的世卿。趙鞅本人在晉頃公時和韓起、范鞅等同爲列卿執政，當然是周王命卿。特别是在公元前 516 年王子朝事件發生時，趙鞅曾用兵把逃亡在外的周敬王保送回去，從而獲得周天子賜命嘉褒。周敬王返周時，先"盟於襄宫"，後"入於莊宫"（周襄王、莊王的宗廟）。當時的大事，包括命臣的儀式，大多在宗廟舉行。《左傳・僖公三十年》："周冶既服將命"，疏："命臣必在廟"。周定王的宗廟與敬王相隔五世，"定宫"爲當時周敬王的近祖之廟。所以，周敬王在定王的宗廟——"定宫"裏，"賜命"於趙鞅，那是完全可能的。

"平陊"，當爲"平畤"。《左傳・襄公三十年》："成愆奔平畤"，注："周邑"。平畤是周王室近畿很重要的地方，而且和王子朝事件有很密切的關係。《左傳・昭公二十二年》："單子亡，乙丑，奔於平畤。""戊寅，以王如平畤。"所以，平畤很可能是周敬王在入王城前後對趙鞅賜命的另一地方。

一般來説，在當時嚴格的等級制社會裏，周王賜命應該寫在盟誓辭文的前面，但是，侯馬盟書的盟辭並不是受命的辭文，行文的次序是，先按盟誓的儀式召告"明神"（晉公亡靈），説出對主盟人的稱謂，然後申明"從嘉之盟"，承認主盟人的政治地位，繼而，再追述主盟人爲周王命卿的身份，以表示服從於主盟人趙鞅，也就等於從王之命，因而把周王賜命寫在後面了。

關於盟辭中被打擊的首要人物"趙尼"，從盟書内容看，當時此人還活着。第一坑出土五十五篇盟書中，除一：四〇、一：四一、一：四二等三篇寫作"趙尼之子孫"而外，其餘都寫作："趙尼及其子孫"。而"委質類"的參盟人一致表示不再"出入于趙尼之所"，這些都足以説明趙尼在盟誓時還没有死去。從文獻上看，當時，邯鄲趙氏中與趙鞅爲敵的是趙午的兒子趙稷。趙尼是否就是趙稷，現在還很難確定。趙鞅在殺邯鄲趙午之前，曾告邯鄲人"二三子唯所欲立"，這個趙尼或許是"二三子"中間的人物，趙鞅向趙午索取"衛貢五百家"，趙午"歸告其父兄，父兄皆曰不可"。趙尼也可能就是邯鄲宗族中的"父兄"。此外，在個別盟辭中，趙尼又被稱作"趙狂"（一五二：二）。這也是一個值得考慮的問題。

在盟辭中，無論宗盟類或委質類，其中打擊對象最多的家族爲先氏。在九氏二十一家中，先氏即佔八家。特别是先痯這一家，除子孫外還涉及到伯叔、叔父、兄弟。晉國世卿士氏封於先，所以又稱先氏，盟書中一般作兟，也有的寫作𨚕（一六：三八），或先（三四〇：一）。《左傳·文公七年》："士會在秦三年，不見士伯。"注："士伯，先蔑。"士會食邑於范，又稱范氏，所以，先氏和范氏實爲同祖。史籍記載中，范氏是趙鞅的主要敵對家族之一。因此盟書中所記載的許多先氏家族就是當時范吉射的宗族；這和晉景公四年（前596）所族滅的先縠，當不是同宗。

此外盟書八五：三五的盟辭中有"……其腹心以□其宗"的辭

句，看來，也應屬於“宗盟類”，但其約文不同於一般宗盟類的辭句，在殘句中還有“勿遷兄弟”一詞。長沙馬王堆漢墓帛書《老子》甲本卷後古佚書，第一九一行，有“遷於兄弟”一詞，同書第二五〇行，又有“勿遷於兄弟”一詞，與盟書詞句完全相同。從帛書的這一段整個文義來看，所謂“勿遷於兄弟”，是指兄弟之間不相和睦，不相親信，不能相容的意思。盟書中把“勿遷兄弟”作爲一條約文，并且表示如果違反這條約文，也要受到誅滅的懲罰，與帛書《老子》甲本卷後古佚書中所述本義相通。

“委質”考

“委質”，就是把自己抵押給某個主人，表示一生永不背叛的意思。盟書中表示，凡參盟人“自質于君所”之後，就再不敢“出入于趙尼之所”。這類盟書辭文的特點主要有：一、没有提到“以事其宗”和“守二宫”，即没有規定祭祀和守護宗廟的任務，説明參盟人不是趙孟的宗族；二、打擊和斷絶關係的對象的數量，遠遠超過了宗盟類的範圍，擴大爲九氏二十一家，説明參盟人與趙孟的敵對陣營原有很多密切的聯繫；三、規定既質之後，還必須到“皇君之所”舉行再祭即“繹祭”。這是參盟人爲了使新的主君相信自己的誓言而附加的一些保證條件。

這類盟辭前段所謂“自質于君所”的“所”，和後段所謂“薦綐繹之于皇君之所”的“所”，是有區别的。“皇君”和“宗盟類”盟辭（一六：三）中的“丕顯皇君晉公”是一回事，即指晉國君侯的亡靈。宗廟和治喪的地方同樣可以稱爲“君所”，如《禮記·曾子問》：“有殷事則之君所”，“歸殯，反於君所”疏：“君喪……則臣之適君所以哭君。”所以，“皇君之所”就是“丕顯皇君晉公”之所，當爲宗廟無疑。而前段所謂“自質于君所”，則不同於這個意思，因爲“自質于君所”相對的句子爲“敢俞出入于趙尼之所”，這和《詩·大叔於田》：“獻於公所”一樣，都是指生人的住所。

“自質于君所”的“質”，它的本義，是指盟誓時參盟人對鬼神所奉獻的各種信物，如《國語·晉語》：“所不與舅氏同心者，有如河水。沉璧以質。”注：“質，信也。”又《國語·魯語》：“質之以犧牲”，注：“質，信也，謂使之盟，以信其約也。”

但是，在盟書中，不僅僅是這個意思，還包括把自己“委質”於新君，自獻其身，表示永不叛離的意思。《國語·晉語》：“臣委質於狄之鼓，未委質於晉之鼓也。”注：“質，贄也。”又：“臣聞之委質爲臣，無有二心，委質而策死，古之法也。”注：“言委贄於君，書名於册，示必死也。”《左傳·僖公二十三年》：“策名委質”。注：“名書於所臣之策，屈膝而君事之。……”綜觀上述諸義，大概的意思，就是在盟誓時向明神奉獻“贄禮”作爲信物，並把自己也獻身於新君，把名字登記在新君家臣的簿册上，表示永遠效忠，至死不渝。當時有一些貴族的家臣，當他們的主君被消滅或處於大勢已去的情況下，往往又“委質”投靠於另一個新的主君。例如《戰國策·趙策》中記載趙襄子對豫讓説：“知伯滅范、中行氏，而子不爲報仇，反委質事知伯。”

侯馬盟書中的委質類常與宗盟類同坑出土，就完全説明了它們之間的關係。就是説，在一次盟誓儀式中存在兩種身份的參盟人，也就存在着兩種不同内容的盟書，但同樣都是圍繞着中心人物趙鞅而舉行的盟誓。由於這些委質的人原來和趙尼陣營的一些人物有聯繫，所以除了表示不偷偷地和趙尼來往而外，還表示，對“先瘠”不但要和他的子孫斷絶關係，而且還要和他的伯父、叔父、兄弟及其子孫斷絶關係。對於“閔發”（或作閔伐）這一家族，則表示：如果在路上遇着的話，絶不徇情，要堅决殺掉，否則願受誅滅的制裁。

委質類盟書的内容表明，趙尼等人兵敗逃亡之後，他們的宗黨、宗臣、邑宰們便紛紛脱離舊的主君，而“委質”投靠到新的主君趙鞅這方面來了。委質人的身份，不是趙鞅的宗族。他們是趙鞅從敵對陣營中争奪過來的。

“内室”考

坑六七出土的一批盟書中，發現有表示不敢“内室”這樣的約文。

盟辭中把“自今以往”作爲前詞，這是當時的習慣，在盟辭中是常見的。如《左傳·僖公二十八年》：“自今日以往，既盟之後，行者無保其力……。”《左傳·襄公九年》：“自今日既盟之後，鄭國而不唯晉命是聽，而或有異志者，有如此盟。”河南沁陽出土的盟書中，也有“自今以往”的辭句。

内室的“内”字，古代或與“入”字同義；但是，侯馬盟書中内室的“内”，並非“入”的意思，而是通於“納”。《説文》“納”字條段注：“古多假納爲内字。”《金文編》：“‘内’，孳乳爲納，克鼎‘出納朕命’，《詩·烝民》：‘出納王命’，釋文納，本作内”。“内室”就是“納室”。

“室”，古代的含義很多，有的作堂室解，有的作家室解，有的作宗廟墓穴解，有的作刀鞘劍匣解。但是，從盟書辭文的内容來看，上述的意思都不切合。而歷史記載中，有關“室”的記載還有很多，有些卻與盟書“内室”的辭義吻合。例如《左傳》中，魯襄公十九年，齊崔杼殺高厚而“兼其室”，鄭子展子西殺子孔而“分其室”；魯襄公三十年，楚公子圍殺大司蔿掩而“取其室”；魯昭公十年，齊欒施、高彊逃亡出國，陳鮑“分其室”；魯昭公八年，齊子尾死後，子旗“欲治其室”。當時，卿大夫的家室都擁有大量土地、財産、耕作奴隸和家役奴隸，他們的剥削單位，就叫做“室”（見楊榮國：《中國古代思想史》）。《國語·晉語》中説，晉國殺郤犨、郤至、郤錡以後，“納其室以分婦人”，注：“納，取也。”也就是奪取的意思。盟書中的“内室”（納室），就是把别人的“室”奪取過來并入自己的家室範圍，以擴充這種剥削單位的行爲。

把納室看成是嚴重的政治問題，專門舉行了盟誓，這絶不是偶然的，在這場鬥争中，有不少的奴隸主貴族被消滅或者逃亡出去，他們的家室財産勢必大量地留在“晉邦之地”，而别的一些貴族則争相兼并，分其室、兼其室、取其室、納其室，把亡命者的“室”，“納”爲己有。以趙鞅爲首的新興地主階級，反對這種納室。盟書約文中表示，不但自己再也不敢納室，而且聽到自己的“宗人兄弟”納室時，還要把他們捉將起來（執）送交上去（獻），否則就要遭到神明的誅滅。這樣的措施，在當時無疑具有限制奴隸制剥削的意義。

盟書表明，這類盟誓的參盟人，原來既能兼并别人的室，又有權利執獻别人，很可能是一些屬於奴隸主貴族身份的人物。一些貴族人物擅自納室是當時普遍存在的社會現象。納室類盟書的内容生動地反映了新興地主階級的代表人物趙鞅，采取了抑制奴隸制剥削，打擊奴隸主舊貴族勢力的專政手段。我們看到，反對納室，有利於争取廣大奴隸群衆的力量，進行革命戰争；有利於消除奴隸主階級統治的社會基礎，加速社會變革。這是當時奴隸制向封建制的轉變，奴隸主貴族專政向封建地主階級專政的轉變過程中的一個重要因素。

“曆朔”考

侯馬盟書宗盟類一（一六：三），内容特殊，與宗盟類四同坑出土。盟辭開頭記載着：“十又一月甲寅朏，乙丑敢用一元□告于丕顯晉公”的辭句。意思是説，在十一月甲寅這一天，見到了新月；又在乙丑這一天，用牛牲向晉公亡靈祝告。“朏”字寫作“”，左旁“出”（）字的寫法，和盟書委質類盟辭中“出入于趙尼之所”的許多“出”字完全一致。周代銅器《吳方彝》《曶鼎》銘文中的“朏”字（人名），也是這樣的寫法。

“朏”是我國古代用月相盈虧記載每月開始的一個專用名詞。它是陰曆每月初二或初三見到一鈎新月的會意字，字的左邊是出字，右邊是月字，就是月亮剛出來的意思。《尚書·召誥》：“三月惟丙午朏”，《尚書·畢命》：“六月庚午朏”，都是關於新月初見的記載。

“朏”字今音斐（fěi），古無輕唇音，古音裴去聲（pèi）。《説文》：“月未盛之明，從月出。”段注：“《律曆志》曰：《召誥》曰：‘惟三月丙午朏’。周公七年‘復子明辟’之歲。三月甲辰朔之三日也。《畢命豐刑》曰：‘惟十有二年六月庚午朏，王命作策《豐刑》。’康王十二年六月戊辰朔之三日也。志引古文《月采》篇曰：‘三日曰朏。’”這裏舉的幾個例子，都説每月的初三叫做“朏”，也就是説，每月初三便可以見到新月了。

《漢書·律曆志》引古文尚書《武成》的“旁死霸”，今文則寫作“旁死魄”，而《唐誥》中之“哉生魄”，魄，馬融注：“朏也。”可見“霸”“魄”“朏”三個字爲同音近義的假借字。因之，“朏”字也通於“霸”字。《説文》“霸”字條：“月始生，霸然也。承大月二日，承小月三日，从月䨣聲。”意思是説，如果上一個月是大月（三十天）的話，這個月就是初二見新月；如果上月是小月（二十九天）的話，這個月是初三見新月。

今天，我們可以簡單地解釋，“朏”就是陰曆每月過了“合朔”（日月交會）黄昏以後，在天空的西方，第一次看到的一鈎蛾眉似的月相，叫做新月。至於有些古書上所謂每月初三，是不夠確切的。月亮在自己的軌道上（白道）的運動情況比較複雜，凡在朔日，即日月會合的時候，太陽和月亮中間的角距伸縮於零度到六度之間，而且月亮在白道上公轉的速度，因受各種攝動的影響，變化很大。通常所説朔望月的出没時間，每天延遲五十分鐘，以及在它的軌道上每天向東後退十二度三十分的數值，僅僅是個平均數值，實際上最遲的時間可以到一小時十五分鐘，在白道上後退十八度七分或多一些；而在最快的時候衹延遲三十分鐘，在白道上後退僅七度五分。

“朏”是古人當時對新月初見的直觀記録，不是曆學上的推算，斷然説是“三日”、或説是“承大月二日，承小月三日”的説法，是在古人還没有掌握新月周期密率情况下的一種機械的解釋。

月亮繞地球公轉運行周期是二十七日七時四十三分十一秒。由於地球繞太陽和月亮繞地球的雙重關係，所以月亮的朔望周期則爲二十九日十二時四十四分三秒。正因爲這樣，這個月見到“朏”的月相以後，於月亮公轉一周還見不到下一次的“朏”的月相，還必須再經過二日五時五十二秒。因此，除了準確地測算逐月的月亮出没時刻以外，大致衹能説，於陰曆的每月初二或初三，在和白道與黄道（地球繞太陽的軌道）的交角適當緯度的觀察地點，以及相應的季節條件之下，都能夠看到“朏”的月相。

綜上所述，侯馬盟書中的“十又一月甲寅朏，乙丑”就是説，在未知的某一年，十一月見到新月的甲寅這一天，當爲朔日（初一）以後的第二天（初二），或第三天（初三）。那麽，這個十一月的朔日應該是“癸丑”或“壬子”。而盟書中的“乙丑”則應當是十一月十三日或十四日。

然而，年份畢竟是需要首先弄清楚的一個前提。侯馬盟書所反映的，是晉國趙鞅和范氏、中行氏等進行激烈武裝鬥争的歷史事件，根據這一歷史事件的過程，可以把時間範圍縮小在公元前497年（魯定公十三年）至公元前489年（魯哀公六年）的八年當中。根據王韜《春秋曆學三種》中《春秋朔閏表》關於這八年中的月朔記録，唯有公元前495年（魯定公十五年）正月朔“癸丑”最爲相當，初二即爲“甲寅”，和侯馬盟書中的“甲寅朏”適相吻合。

考驗一種曆法的疏密和朔閏的準確程度，最科學的方法莫過於對冬至和日食時間的精確計算；考驗歷史記載的天象是否當時正確的實測記録，也莫過於檢查這些記載是否合乎科學的推算。據《春秋·定公十五年》記載：“八月庚辰朔，日有食之。”王韜在《春秋日食辨證》中説：“是年正月朔旦癸丑冬至。推至八月庚辰朔日食，……。‘三統’‘四分’術並推得夏正六月，平朔庚辰。交周零宫一度三十四分四十八秒五十五微，入食限，加時在未。”又説：“春秋日食三十六事，以西法推之，合者僅十六事。”而魯定公十五年八月初一庚辰這一次的日食，是“合者十六事”當中完全符合於科學推算的一次記載。朱文鑫《春秋日食表》記録：定公十五年八月庚辰朔。合朔時分爲十二時十四分三秒，日全食。

根據這些科學記録，再加以推算，我們對魯定公十五年正月癸丑朔的記載是應予信任的，初一是癸丑，初二必然是甲寅，由此可見，歷史文獻上的記載和侯馬盟書所記“甲寅朏”完全相符，這絶不是偶然的巧合。

不可否認，我國東周時期，周王朝的曆法比較混亂。由於不能對諸侯“頒朔”（公佈朔日），都是由各國的史官自己推算。魯國自從文公以後，置閏往往不夠準確，每逢閏月就不能在宗廟裏舉行告朔典禮。所以，《春秋》一書所記的朔閏，有許多是不準確的，我們衹有從其準確的部分汲取可用的資料。

《春秋》寫魯國的歷史。魯國主要奉行周王朝的曆法，正月應爲建子。但是，因爲曆法混亂，正月在隱、桓二公時爲建丑；而在莊、閔二公時，有時爲建丑，有時又是建子。僖公時也大致如此，但偶然有時是建寅或建亥。文、宣、成三公時，大多數年份爲建子，有時是建丑或建亥。襄、昭、定三公時大多爲建子，有時是建亥。而前面所説與侯馬盟書曆朔記載吻合的公元前 495 年（定公十五年），正是建子，這一年魯國所奉行的恰爲周王朝的正朔。晉國由於建國之初"啓以夏政"，奉命按夏朝的社會習慣辦事，所以奉行夏曆，正月建寅。這是已經爲我國歷史工作者所熟知的事實。晉國的史書《竹書紀年》中即用夏曆記時。晉國銅器《欒書缶》銘文也是如此。夏曆的正月爲周曆的三月，周曆的正月爲夏曆的十一月。杜預在《春秋後序》中說：《竹書紀年》所云晉國曲沃莊伯之十一年十一月即魯隱公之元年正月。晉獻公死後，大夫里克殺掉晉獻公的兒子卓子，這件事發生的時間，據《春秋》記載，是在魯僖公十年正月，而《左傳》根據晉國的史料，則記爲僖公九年十一月。由此證明侯馬晉國盟書所記"十又一月甲寅朏"，在魯曆則是"正月甲寅朏"。甲寅見"朏"、癸丑爲"朔"，正和王韜《春秋朔閏表》中公元前 495 年即魯定公十五年正月癸丑朔的記載完全一致。魯定公十五年正月癸丑爲朔，在晉國就應當是晉定公十六年十一月癸丑朔。因此，盟書記載的"十又一月甲寅朏乙丑……"，也就是説癸丑爲初一，甲寅初二見"朏"、而"乙丑"則是十一月十三日。

結論是：盟誓遺址坑一六出土的宗盟類一盟書上，記載的盟誓日期爲公元前 495 年，即晉定公十六年十一月十三日。其他坑位出土的不同内容的盟書，雖然都和趙鞅與范、中行氏的鬥争有關，但是，因爲事態的發展和時間的延續，曾經多次反復地行盟（尋盟），那些盟誓的具體時間，當然不能用這個"序篇"所記的曆朔時間一律加以概括。

還有一個值得注意的問題，就是在當時的有關史料中，不見有"朏"的記載。文獻中多用"哉生魄""哉生明""旁死魄"，銅器銘文中則多爲"既生霸""既死霸"等等，經傳中又多以"朔"作爲每月開始的記載，衹有侯馬盟書記載了"朏"，這其中像是有點矛盾。我們認爲，這恰好反映了歷史發展的一個側面。恩格斯説："必須研究自然科學各個部門的順序的發展。首先是天文學——遊牧民族和農業民族爲了定季節，就已經絶對需要它。"古人爲了生産，就必須掌握季節，在曆算不發達的時期，衹能用直接觀察天體的方法來計算時間。所以，在古代便以看到新月的那一天，作爲每月的開始。印度、希臘、巴比倫都是如此。直到現在，伊斯蘭教徒舉行爾代節，還是以見到新月的時間爲標準。用"朏"記月，的確要比用"朔"記月的歷史久遠一些。但是晉國在曆法上一直奉行夏曆，其立國又"啓以夏政、疆以戎索"（《左傳・定公四年》），强調首先必須按夏朝和戎狄的風俗習慣辦事。所以，"朏"的記月法和"夏政""戎索"在根源上也很可能有一定的關係。或者，因爲當時曆法疏闊，在不能告朔的情況下，而采用"朏"來記日，也是合乎情理的現象。

詛辭探解

1975 年 2 月間，在清理存目的盟書過程中，發現一些盟書上隱約有黑墨色文字的跡象。以前用的是潤濕處理觀察朱書文字的方法，殊不知用這種方法觀察墨書文字，效果適得其反，所以把這部分文字忽略過去了，這次才又有新的發現。

這些文字，雖然因殘損而不能復原全文，但是，由於從中發現兩處有"中行寅"的名字，這就有力地證明了，前此考證侯馬盟書主盟人趙孟爲晉國晚期新興地主階級代表人物趙鞅，是正確可信的。至於這部分盟書爲什麽用墨色書寫，卻是一個新的問題。

坑一〇五緊密地雜處於出朱書文字盟書的坑位中間，距第一九四坑四十釐米，距第一五八坑僅有十釐米。坑一〇五的坑口層位和方向，也和鄰近諸坑相同。這就説明了，坑一〇五出土墨書的盟書和其他許多朱書的盟書在掩埋的時間上差别不大。（見《侯馬盟書》中的《侯馬盟書及其发掘與整理》盟誓遺址坑位分佈圖局部：盟書出土範圍）

這些墨書的盟書中，可以觀察到字跡的共六件。經過細致觀察，可以臨摹的有三件，編號爲一〇五：一、一〇五：二、一〇五：三。因爲字跡模糊，並有不少字句被土鈣所掩蓋，衹能識别出一部分的字和辭句，如“□無卹”“中行寅”“韓子”“𨛥□”“衆人”“窓死”“不利于”“虔奉”“詶”“蠱”等等。

最值得注意的是，在這類辭文中，没有發現像朱書盟辭中的約文體例，即没有規定在舉行盟誓之後必須遵守的誓約；有的衹是對某人犯過的罪行加以譴責的辭句。譴責的内容大意是：一個名叫什麼“無卹”的，到“韓子”之所而不誠心奉事宗祀，並偷偷摸摸地和“中行寅、𨛥□”來往。把這些辭義和其他一些單字如“詶”、（一〇五：一第二行第二字之殘字）、“蠱”等聯繫起來考慮，這種盟辭，應當是一種詛辭。“詶”即“咒”字。詛咒是我國古代爲了祈求鬼神加禍於敵人而常常舉行的一種儀式，就叫做“詛”。

在古代文獻中，“詛”和“盟”的關係很密切。《尚書・吕刑》：“罔中於信，以覆詛盟。”《詩・何人斯》注：“民不相信則盟詛之。”疏：“詛是盟之細，故連言之也。”嚴格説來，“盟”和“詛”之間還是有些區别的。《周禮・詛祝》所掌的有八種祝號，“盟”列爲第一種；“詛”列爲第二種。注：“大事曰盟，小事曰詛。”疏：“盟者盟將來，春秋諸侯會，有盟無詛；詛者詛往過，不因會而爲之。”這就是説，盟辭是表示自從盟會以後不許幹什麼的誓約，而詛辭則是對已經犯過的罪行的譴責和詛咒。出土的侯馬盟書中，既有朱書的盟辭，又有墨書的詛辭，恰好反映出“盟”和“詛”是既有密切關係而又有所區别的。

在古代文獻中，也有把“盟”和“詛”相互借用的。有的本來是“盟”而稱爲“詛”，如《左傳·宣公二年》“詛無畜群公子”。又如《秦詛楚文》：“兼倍十八世之詛盟”。有的本來是“詛”而稱作“盟”，如《左傳·襄公二十三年》“盟臧氏”的例子。正因爲這種情況，所以，詛辭中把被詛咒人的罪惡即詛咒的理由寫在前面，叫做“盟首”，如魯國“將盟臧氏”的時候，“季孫召外史掌惡臣，而問盟首焉”，外史回答盟（詛）東門氏的理由是：“東門遂，不聽公命，殺嫡立庶。”盟（詛）叔孫氏的理由是：“叔孫僑如，欲廢國常，蕩覆公室。”盟（詛）臧氏的理由是：“臧孫紇，干國之紀，犯門斬關”。而侯馬盟書中詛辭的“盟首”是：□無卹不虔奉韓宗，並同中行寅等勾結。《左傳》上所記載的“盟首”八個字的辭句，可能是史家提煉了的語言，未必是“盟首”原文的體例。在東周的史料中有不少關於“詛”的記載。如《左傳·隱公十一年》：“鄭伯……，以詛射潁考叔者”，《左傳·襄公十一年》：魯國“詛諸五父之衢”，等等。

侯馬盟書墨書辭文中的“蠱”字和“詛”也有密切的關係。在《漢書·外戚傳》中有“巫蠱祠祭祝詛”的辭句，可見“蠱”和“詛”這兩件事是常常聯繫在一起的。古文獻中，對“蠱”的解釋很多。有作爲毒物害人的（見《左傳·昭公元年》）；有作爲久積之穀所生之飛蟲致病的（見《左傳·昭公元年》）；有作爲誘惑的（見《左傳·莊公二十八年》）；有作爲“梟磔之鬼”作祟爲害的（見《史記·封禪書》）。古人迷信鬼神，將鬼神作祟致病爲災，稱作蠱，對它非常害怕。因此，詛咒敵人，使其承受災害，便成爲政治鬥争中的一種精神武器，秦惠文王時的“詛楚文”，是典型的例子。詛咒類盟書（一〇五：一）中殘存“蠱”和半個“詠”字，從前面的“盟首”辭義分析，這些辭句就是詛咒敵人使其遭受災害的辭文。

詛辭中對人名的稱謂和盟辭一樣。對人名的稱謂，意味着人物的身份、政治地位。在宗盟、委質、納室等類盟辭中，參盟人自稱的二百四十九例，除十四例自己通稱姓（氏）名外，絶大部分皆略去姓氏而單稱其名。對被尊敬的正面人物，都用尊稱或諱稱，對被盟詛對象趙尼等二十四人，都一律指斥其姓（氏）名（乙、歆、隥三人雖然未書姓氏，但也分別附屬於“先痥”和“先瘨”的名下）。在秦惠文王《詛楚文》中，對楚懷王直稱“熊相”。《左傳・襄公二十三年》記載的被詛之人，也都直稱爲“東門遂”“叔孫僑如”“臧孫紇”。由此可知，侯馬盟書詛辭中的“□無卹”“中行寅”“𨛭□”，都是敵對的稱謂；而“韓子”則顯然是作爲正面人物對待的。從其辭義來看，這個“□無卹”應該是以韓子爲主君的，屬於“韓子”的家臣、邑宰一類，但他不虔奉韓氏的宗祀，並且和敵人“中行寅”等有勾結“出入”的關係。因此受到詛咒。

據文獻記載“中行寅”（即荀寅）是趙鞅（即趙簡子）的政敵，而當時晉國六卿中的“韓子”（即韓不信，亦稱韓不佞或韓簡子）和魏曼多（魏襄子）兩人，是趙鞅的同盟者。在以趙鞅爲主盟人的盟誓裏，出現同盟者對共同敵人的詛文，是合乎情理的。

“□無卹”的“卹”，是“恤”的異體字，憂愁的意思。在東周時，名叫“無恤”的人不少。我們所知在晉國就有三個“無恤”，一個叫“范無恤”，是在公元前615年秦晉河曲之戰時，晉國將軍欒盾的“御戎”（見《左傳・文公十二年》）；一個叫“郵無恤”（或稱御無恤，也叫王良），是趙鞅的家臣。在趙鞅同鄭國進行的“鐵之戰”中，他是趙鞅的駕車手；一個叫“趙無恤”（後來稱趙襄子），是趙鞅的兒子。後兩個“無卹”雖然和侯馬盟書的時代相當，人事有關。

但是，和詛辭中的所譴責“□無卹”的罪行以及身份都不相稱。在東周時期，重姓名的人很多，侯馬盟書的參盟人當中，稱“剛梁”的有七個，稱“益”的有三個，稱“政”和稱“喜”的各有四個，稱“痤”的五個。有些參盟人名在同種類的盟書中重復出現，甚至同坑出土的兩件盟書中參盟人名是完全一樣的，這種現象就不能把他們作爲一個人看待，因爲祝、史不會在一次盟誓儀式中給一個人辦理兩次手續。正因爲有這些複雜的情況，我們就不能輕率地把盟書中所發現的人名去和史籍記載中的人物混爲一談。宗盟的參盟人“虘繯”（四九：二），可能是趙鞅的家臣“虎會”，盟書委質類中列爲被打擊對象的“郲詨”，也可能是叛離趙鞅的中牟宰“佛肸”，但在獲得更充足的證據之前，不能妄下結論，衹把它作爲一種推測提出來。

盟書標本中爲什麼會出現朱書和墨書，從古代文獻中，没有發現這方面的記載，衹能提出以下幾種可能：一、可能是盟辭與詛辭之間的一種分别。但這又有相反的例子，1942 年在河南沁陽出土的晉國盟書，就是墨書的盟辭，未見有詛辭；二、可能是趙氏和韓氏的巫、覡、祝、史有各自不同的習慣；三、也可能是由於帶上了某些陰陽家的色彩而分别用朱書或墨書的。

侯馬盟書詛咒類的辭文中把“中行寅”列爲敵對的一方，而且把和他有勾結的人作爲詛咒對象，絶非偶然。漢代王充在《論衡·解除》中記載：“晉中行寅將亡，召其太祝欲加罪焉，曰：子爲我祀，犧牲不肥澤也，且齊戒不敬也，使吾國亡，何也？祝簡對曰：昔日吾先君中行密子（按：當爲中行穆子），有車十乘，不憂其薄也……今主君有革車百乘……惟患車之不足也。夫船車飭則賦歛厚，賦歛厚則民謗詛……。一人祝之，一國詛之，一祝不勝萬詛，國亡不亦宜乎？祝其何罪？”看來中行寅這樣的守舊派，肆意對廣大人民群衆進行殘酷的剥削和壓榨，正如史書上所説“不恤庶難，斬艾百姓，”因此受到了人民的痛恨和咒駡，從而給他自己掘好了墳墓。詛咒類二（一〇五：三）的詛辭中還有“而卑（俾、使的意思）衆人惌（冤）死”的辭句。

初以筆名“長甘”發表於《文物》1975 年第 5 期。後收入《侯馬盟書》，文物出版社，1976 年 12 月。又收入《張頷學術文集》，中華書局，1995 年 3 月。

"侯馬盟書"類例釋注

張　頷

前　言

原標題爲《"侯馬盟書"注釋四種》發表於1975年5期《文物》。因爲當時"四人帮"流毒尚存，作者不得署名，故用"山西省文物工作委員會侯馬工作站"的名義發表。後來於1976年《侯馬盟書》出版的時候，把文中的每段題解均抽出來揉合在《侯馬盟書》前面發掘與整理中的第一部分予以發表。現在恢復其"題解"的原貌，把"注釋四種"采用《侯馬盟書》中的標題稱爲"類例釋注"。我改這個標題的意思是分類、舉例、釋文、注解。因爲"侯馬盟書"每類内容除了參盟人的姓名不同外，文辭皆同，舉一例即可旁通。

"盟書"的分類名稱是我通過綜合整理和研究，根據其内容的性質所確定的（見拙著《"侯馬盟書"叢考》）。原來在刊物上發表時衹有"宗盟""委質""納室""卜筮"四類。後來在編書過程中又發現了"詛咒"一類。所以在《侯馬盟書》出版的時候在"類例釋注"中增加了"詛咒類"。在附圖中又把發現在文字内容上不屬於上述五類的殘碎標本的摹本作爲"其他"補充了進去。

這次收入文集者是論文和書籍兩者的綜合，在舉例中皆標明盟書的標本號碼。

一、“宗盟類”釋注

〔題解〕在盟書的約辭中，凡有“事宗祀”（“以事其宗”）和“守清廟”（“守二宫”，即宗廟之親廟和祖廟）之誓言者，均歸屬於“宗盟類”。此類盟書文字清晰可辨者五百一十四篇，分别出土於三十四個坑中。約辭内容基本相同。其中有一篇内容特殊,中有主盟人追述受命的詞句和十一月甲寅等干支紀日的字樣,這一篇當爲“宗盟類”盟書的序篇。

此類盟書約辭的特點是參盟人表示要遵守以下幾條誓約：一、不敢不誠心事其宗祀（有的同志釋“宗”爲“主”，余將在考證中另文解釋）；二、不敢不遵從主盟人（盟書作趙孟、嘉、某）的盟誓之言；三、不敢涣漫對宗廟之守；四、對逃亡出國的敵對勢力，絶不讓其再回到國土上來。這類盟書的内容是主盟人趙孟爲了打擊敵人而鞏固宗族内部（包括一部分異姓家臣、邑宰類似的人物在内）所舉行的一種盟誓。兹選二例釋注於後：

十又一月，甲寅朏，乙丑——朏，是新月初見的月相。句意是説十一月新月初見之日爲甲寅。乙丑爲甲寅之後第十二日。

一元——古代祭祀時所用牛之别稱，即犧牲的名號。《禮記·曲禮》:“凡祭祀宗廟之禮，牛曰一元大武。”一元，即一元大武的簡稱。

皇君晉公——參盟人對晉國先公之稱謂，即祭祀時所詔之鬼號。《周禮·大祝》：“一曰神號，二曰鬼號。”注：“鬼號若皇祖、伯某。”

余——主盟人自稱之詞。

惕兹——兹，或借爲兹，即小心的意思。《國語·晉語》：“誰不愓愓以從命。”

定宫、平時——主盟人受命之處（詳見《“侯馬盟書”叢考》）。

女嘉之——女同汝。嘉之，懿美之詞。《尚書·文侯之命》：“若汝予嘉。”《國語·吳語》：“若余嘉之。”《左傳·昭公元年》：“帝用嘉之。”

夫= ——“大夫”二字的合體。下兩點爲合體文符號。

帥從——即帥從。《左傳·襄公十一年》：“便蕃左右亦是帥從。”注：“言遠人相帥來服從。”《毛公鼎》銘文帥字與此同。

𢍰即韋。韋書——韋用作違。書指盟書。《穀梁·僖公九年》：“讀書加於牲上”，《左傳·昭公元年》：“讀舊書”，都是指盟書而説的。

䙷——用作視。盟書中或寫作䙷、覛。下文不再注。

趞——參盟人名。

閛其腹心——閛，同判。閛其腹心，意爲剖明心腹，布其誠意。《左傳·宣公十二年》：“敢布腹心。”《左傳·昭公二十六年》：“敢盡布其腹心。”

以事其宗——事，指奉其宗祀而

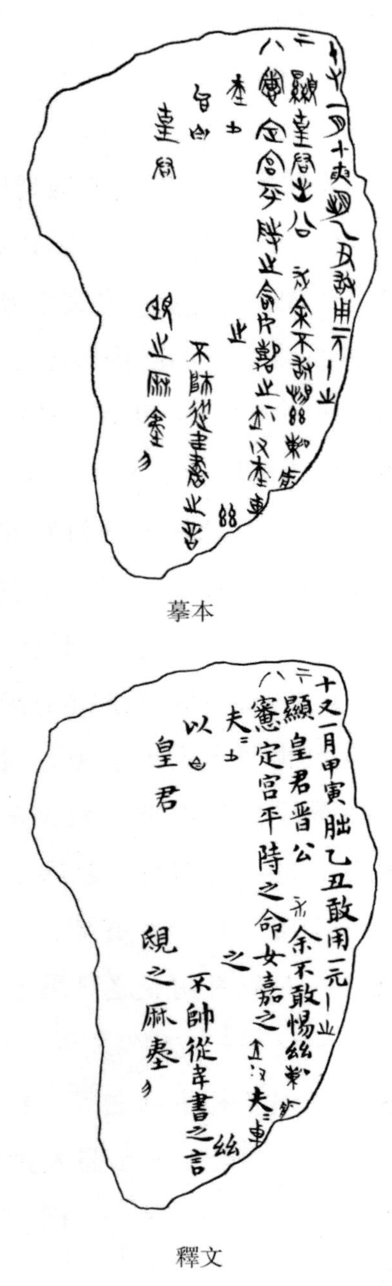

摹本

釋文

宗盟類序編 一六：三

⿺走章敢不閈其腹心以事其宗而敢不盡從嘉之明
定宮平時之命而敢或敳改助及奐畀不守二宮者而
敢又志復趙尼及其孫=兟⿸疒虎之孫=兟直及其孫=⿺走甬
⿰食呈之孫=史醜及其孫=于晋邦之地者及群虖明者盧
君其明亟⿰臣見之厤⿱夫坴非是

摹本　　釋文

宗盟類二　一五六：一

言。《詩·采蘩》："公侯之事。"注："之事，祭事也。"《公羊·文公元年》:"大事於大廟。"《儀禮·士昏禮》："承我宗事。"宗，謂宗廟。

從嘉之盟——嘉，爲參盟人對主盟人懿美之稱（詳見《侯馬盟書叢考·子趙孟考》）。

敳——盟書中或寫作敼、叀，義未明。

改助——助，盟書中或作𠡠、劼、𡊄、勯、勏諸體。從力旦聲。疑爲亶，即擅之借字。《詩·常棣》："亶其然乎。"注："亶，信也。"改亶，乃改其誠信的意思。《説文通訓定聲》："擅，專也。按謂嫥壹也。《爾雅·釋詁》：亶，誠也，信也。"

奐——盟書中或作奐、𧘝諸體。當通於改換之换或涣散之涣。《易·序卦》："涣，離也。"《説文》："涣，流散也。"又："换，易也。"並爲改易離散之意。

卑——同俾，使也。

不守二宫——守，謂守宗廟。二宫當指宗廟中的親廟與祖廟（亦稱禰、祧）。《左傳·宣公十年》："失守宗廟。"《左傳·襄公二十三年》："失守宗祧。"注："遠祖之廟爲祧。"《禮記·曲禮》："宗子上繼祖、禰。"二宫亦即祖、禰。

又志——又，用作有。有志，猶言蓄意，有企圖。

趙尼——與後列兟、𨓏、史等諸姓名皆爲被盟詛之家族。下文不再注。

孫= ——子孫二字的合體，下兩點爲合體文符號。下文不再注。

𨻰——地字的古體。

羣虖明者——羣同群，虖即呼。《説文》："虖，哮虖也。"明即盟字簡體。群呼盟，即嘯聚而爲私盟的意思。

𠍱——用作吾。晉國銅器《欒書缶》銘文："𠍱以祈眉壽。"

明亟覗之——神明鑒察之意。下文不再注。覗，盟書或作覗，均用作視。

麻臺非是——誅滅之意。即《公羊·襄公二十七年》："昧雉彼視。"《尚書·盤庚》："劓殄滅之。"注："言不吉之人當劓割滅之。"下文不再注。

二、"委質類"釋注

〔題解〕在盟書約辭中，凡篇首書某人"自質于君所"者，均屬於"委質類"。這類盟書文字清晰可辨的共七十五篇，分別出土於十八個坑中。約辭内容除參盟人姓名不同以外，其餘都相同。

此類盟書的特點是參盟人（其身份是從敵對陣營裏分化出來，並自願把自己抵押於新主君的人）表示遵守以下幾條誓約：一、自願把自己"質于君所"，質在古代亦稱"委質"，即抵押的意思；二、自從"質于君所"以後，必須和舊的主君斷絕關係，不再出入於舊的主君之所；三、不和逃亡出國的舊勢力家族勾結，而使其再回到晉國；四、參加盟誓委質之後，還必須使自己的家祝、家史等到晉國皇君宗廟裏舉行再祭祀；五、對逃逸而去向不明的舊勢力家族，如果在路上遇着的話，必須殺掉。總的意思是反映當時主盟人趙孟對敵對陣營的人所采取的分化政策。所以有不少人紛紛投降而"委質"於新的主君，和舊的主君斷絕了關係，現選一五六：二〇篇釋注如下：

盦章——參盟人名。

質于君所=——質，盟誓時，用禮物取信爲質。通於贄，執物以爲進獻之禮，猶言"委質"。《國語·晉語》："委質而策死。"注："言委贄於君。"即獻禮、獻身於君所的意思。君所，指主君之處而言。《詩·鄭風》："獻於公所。"注："獻於公所，進於君也。"所字後兩點爲重文符號，下一所字，讀屬下句。

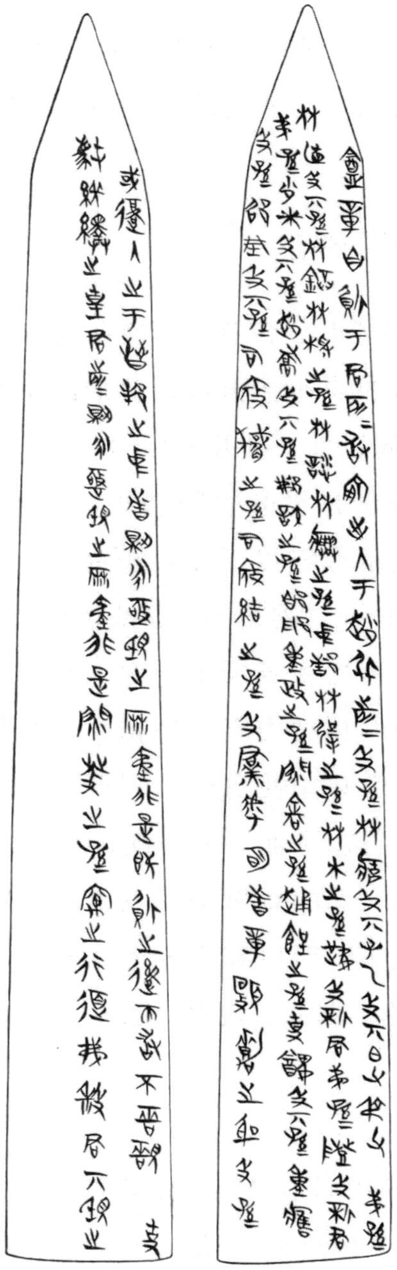

盦章自質于君所=敢俞出入于趙尼之所=及孫=兟𤵸及其子乙及其白父叔父　弟孫=
兟直及其孫=兟鑿兟孚之孫=兟僖兟𤺺之孫=中都兟強之孫=兟木之孫=跋及新君弟孫=隥及新君
弟孫=趙朱及其孫=趙喬及其孫=郴詨之孫=邯鄲郵政之孫=閱舍之孫=𧻚䬴之孫=史醜及其孫=郵癰
及孫=邵城及其孫=司寇觽之孫=司寇結之孫=及群虖明者章頸嘉之身及孫=

或復入之于晉邦之中者則永亟視之麻夷非是既質之後而敢不巫覡　史
𧇊綐繹之皇君之所=則永亟視之麻夷非是閱癹之孫=寓之行道弗殺君其視之

摹本　　　　釋文

委質類　一五六：二〇

俞——盟書中或作諭、緰，假借爲渝，改變的意思。《左傳·僖公二十八年》："有渝此盟。"又《左傳·桓公元年》："渝盟無享國。"注："渝，變也。"

白父——同伯父。

邯郱——即邯鄲。盟書中或作鄲，爲合體字。下文不再注。

頸——盟書中或作顋，爲没字之古體。

躳——盟書或寫作身。

復入——凡出於國外，用武力叛亂或政變等手段而返國者謂之復入。《左傳·成公十八年》："凡去其國，國逆而立之曰入；復其位曰復歸；諸侯納之曰歸；以惡曰復入。"注："身爲戎首，稱兵入伐，害國殄民者也。"《春秋·襄公二十三年》："晉欒盈復入於晉。"

㒼、覡、祝、史——㒼覡即巫覡。巫、覡、祝、史爲從事祭祀、卜筮、文書等職務的官或家臣。

𢿍——即薦，謂進獻祭品。《禮記·月令》："薦鮪於寢廟。"

綐——通於綏、挼、隋。謂進獻黍、稷、肺、脊之祭。《禮記·曾子問》："不綏祭。"《儀禮·特牲饋食禮》："祝命挼祭。"注："祭神食也。"《周禮·守祧》："既祭，藏其隋。"注："隋尸所祭肺脊黍稷之屬。"

繹之皇君之所——繹即繹字。意謂再祭。《爾雅·釋天》："繹，又祭也。"皇君，即前注之皇君晉公。繹之皇君之所，即再祭於皇君之處。《禮記·郊特牲》："繹之於庫門内。"峕爲"之所"二字合體，字下兩點爲合文符號。

寓之行道弗㲋——寓借爲遇。盟書或作見，或作逢。遇之行道，意謂在路上遭遇。《禮記·少儀》："遇於道，見則面。"弗㲋，即弗殺，盟書中或作"弗伐"。《爾雅·釋詁》："伐，殺也。"《左傳·哀公三年》："不可以見仇弗殺也。"

三、“納室類”釋注

〔題解〕這一類盟書約辭中表示參加盟誓之後，自己不敢“内室”，而且聽到自己宗族兄弟有“内室”行爲而不把他們抓起來交上去的話，願受神明誅滅的制裁。此類盟書清晰可辨者五十八篇，均集中出土於坑六十七内。

“内室”就是“納室”。在歷史文獻中有關“室”的記載很多。如：“齊崔杼殺高厚兼其室”，“鄭子展、子西殺子孔而分其室”，“楚公子圍殺大司馬蔿掩而取其室”，晉國殺郤犨以後“納其室以分婦人”。當時卿大夫的家室都擁有大量的土地、財産、耕作奴隸和家庭奴隸。他們的“室”已成爲當時的一種剥削單位（見楊榮國《中國古代思想史》）。所以“納室”即是把别人的“室”取過來，擴充自己的奴隸單位。而盟誓中反對“納室”，是當時新興地主階級對擴充奴隸單位的一種限制措施。現選六七：六篇釋注如下：

𡉉——往。

逹從——逹即率，遵循的意思。《左傳·宣公十二年》：“今鄭不率。”注：“率，遵也。”

明質之言——明，通於盟。質，信也。《左傳·哀公二十年》：“黄池之役，先主與吴王有質。”注：“質，信也。”

尚敢——即倘敢。

内室——内通於納。《國語·晉語》：“納其室以分婦人。”室，爲當時的一種奴隸單位（詳見《侯馬盟書叢考·納室考》）。

婚——通於聞。《郘王子鐘》銘文：“聞於四方”之“聞”即作“[illegible]”，與盟書同。

宗人兄弟——即宗兄弟。《禮記·曾子問》：“宗兄、宗弟、宗子在他國，使某辭。”《後漢書·齊武王縯傳》：“伯昇部將宗人劉稷。”

或——“宗人兄弟”下之“或”字，爲誤增之字。此類盟書它篇均無此字。

弗執弗獻——執，捕捉。《穀梁·昭公八年》：“執有罪也。”獻，進也，若獻俘、獻捷之義。《詩·鄭風》：“袒裼暴虎，獻於公所。”

不顯——即丕顯。意謂光大顯赫。

晉公大冢——指晉國先公大宗之廟。大，即太；冢，即冢。宗廟亦稱冢祀。《左傳·閔公二年》：“太子奉冢祀社稷之粢盛。”

四、“卜筮類”釋注

〔題解〕這一類不是正式盟書，而是舉行盟誓時占卜用牲（祭祀時用某種犧牲）的記載。其特點是：一般盟書用朱色書寫，而此類用墨色書寫，是寫在很薄的玉片上（璧、圭等）的龜卜和筮占的文辭。

此類衹發現三件，所占卜的内容不盡相同。其中一件是用“騂犧”（紅色牛）的筮辭。其他二件不甚清晰。現選兩篇釋注如下：

羊義——即騂犧。羊，俗作騂。

自今以往敢不䢦從此明質之言而尚敢或
內室者而或婚宗人兄弟或內室者而弗執弗獻
丕顯晉公大冢明亟視之麻夷非是

摹本　釋文

納室類　六七：六

羲，即犧省體字。騂犧，即祭祀時所用赤色的牛。《禮記·郊特牲》："牲用騂，尚赤也。"《詩·閟宫》："享以騂犧"注："騂，赤。犧，純也。……其牲用赤牛純色。"

筮——筮之繁體。用蓍草占卦曰筮。

卜以吉，筮□□——卜，用龜占卦。筮，用蓍草占卦。此爲盟誓祭祀時卜、筮同用之記載。《左傳·僖公四年》："卜之不吉，筮之吉。"盟書上的這條記載是我國古代卜法和筮法並用的一條較原始的記録。

五、"詛咒類"釋注

〔題解〕此類盟書發現於第一〇五號坑，此坑出土標本十三件隱約有文字痕跡，字跡大都殘損，未能復原全篇完整的辭句。與其他類盟書不同者係用墨色所書。但其出土之坑位皆與朱書盟書同在一處，而且出土之地層亦相同，與其他坑没有相互疊壓和打破關係，特別是"中行寅"人名的出現，可以與"宗盟類"中的"趙孟"相印證，對盟書的斷代增加了有力的證據。

此類盟書的内容是一個叫"無卹"的對"韓子"所"不虔奉"，而且敢於偷偷地"出入于中行寅及𥹫□之所"並有其他"不利"行爲，並在殘斷的盟辭中發現"詛蠱"字樣，這可能爲對"無卹"其人的詛詞。這即是《穀梁傳·隱公八年》注中所說的"世道交喪，盟詛滋彰"的實物印證。所以把這類盟書定名爲"詛咒類"。現選一〇五：一、一〇五：二、一〇五：三釋注如下。

韓子——韓，姓。子，當時對人的一種尊稱。

虔奉——虔字殘損，筆劃不全。詛辭中或作膚，應爲虔字的古體，下部所發聲部，與箝、鉗聲相同，《説文》以爲"从虍文聲"是不確的。虔奉，誠心奉事的意思。

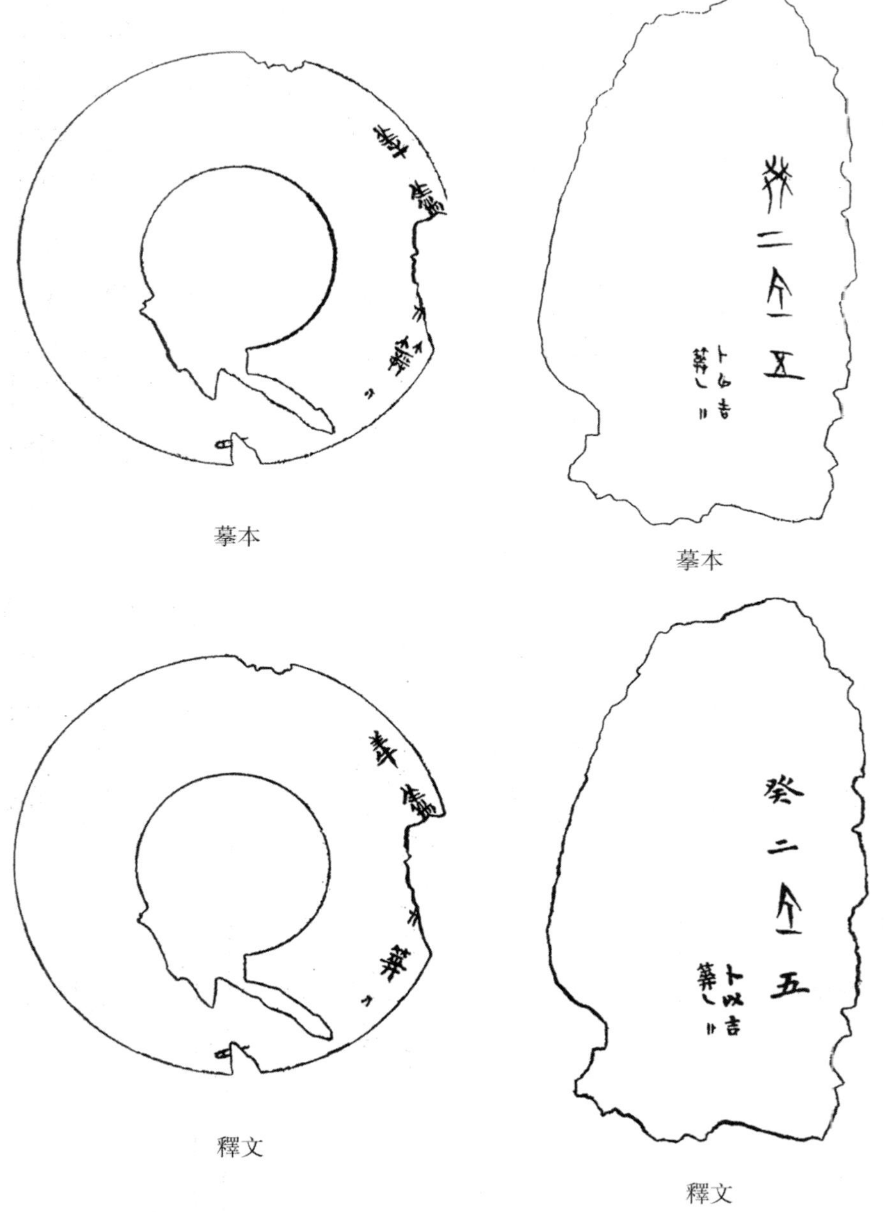

摹本　摹本

釋文　釋文

卜筮類一　一七：一　　卜筮類二　三〇三：一

摹本　　　　釋文

詛咒類一　一〇五：一

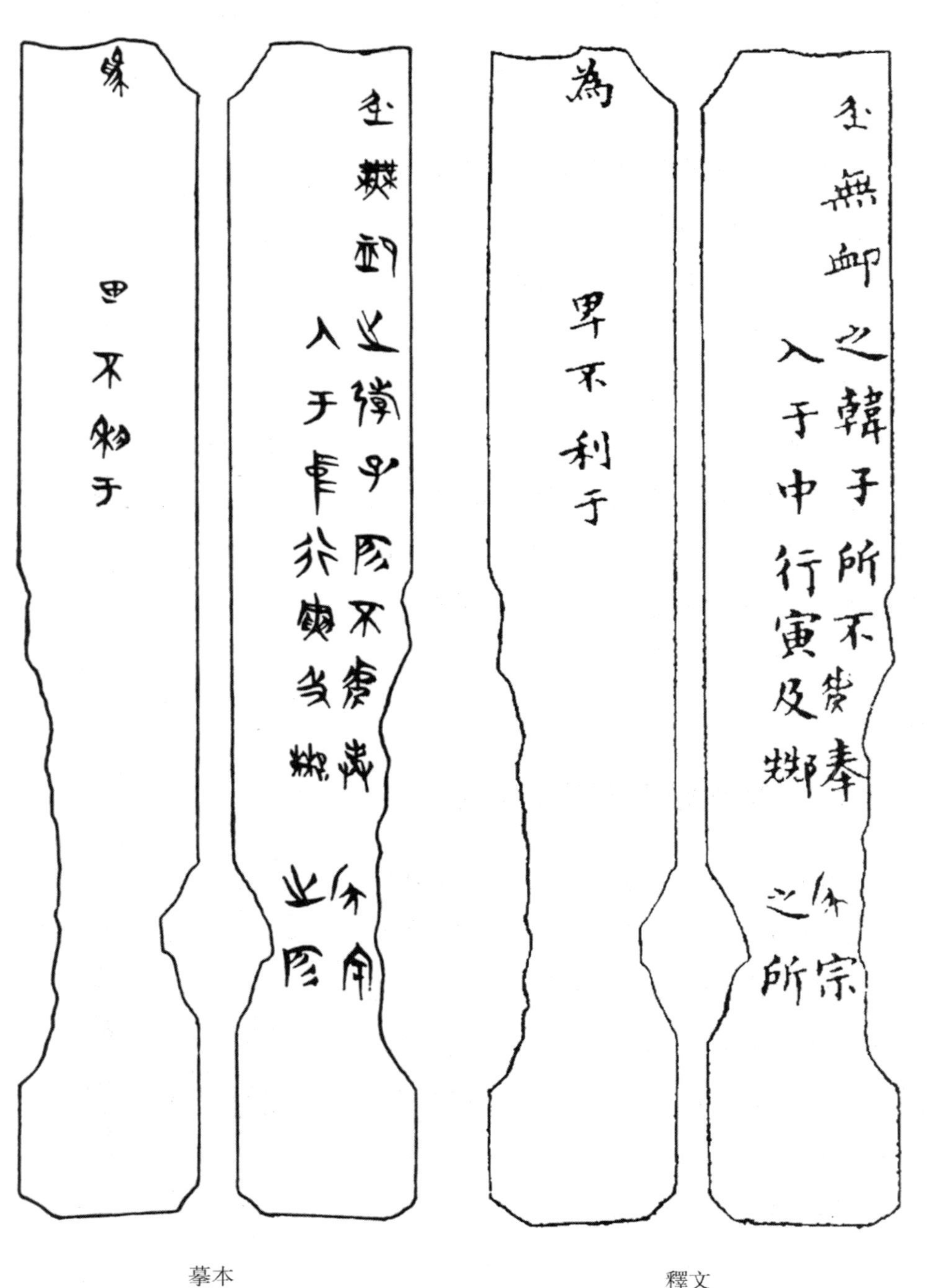

摹本　　釋文

詛咒類一　一〇五：二

俞——此處作爲偷字的省體。

出内——即出入，《説文》：“内，入也。”

中行寅——即晉國六卿之一的荀寅，在歷史文獻中亦稱中行文子。

蠱——盟書中用爲詛咒别人，欲其蒙受疾病、災害。

衆人——在東周時，衆人當指國人，即自由民而言。

惌——借用爲冤字，冤屈的意思。《説文》以爲惌是怨字的古體字。《一切經音義》：“怨，屈也。”《詩・都人士》注：“苑，猶屈也。”《説文》：“冤，屈也。”故惌冤字可通。

六、“其他類”（不作釋注）

〔題解〕除了上述五類之外，還發現少數殘碎的盟書，内容均不屬上述諸類者。但由於辭句支離，無從了解各篇的全貌。其中衹有一件保存着“永不明於邯鄲”一個完整的句子。這樣一些盟書，皆暫收列於此類中。其中八五：三五號標本之盟辭中亦有“事其宗”之字樣，似應歸入“宗盟類”，但約辭中又與“宗盟類”有所不同，故收入此類。

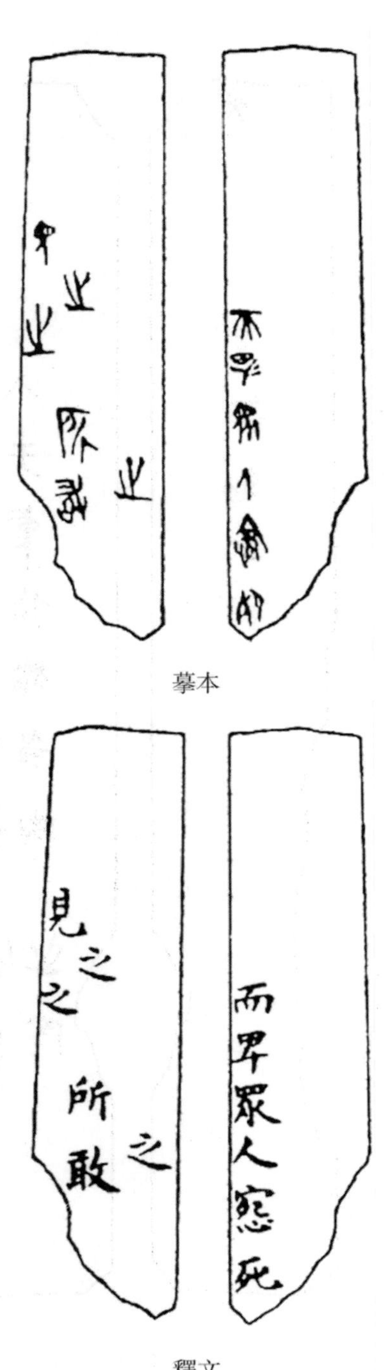

詛咒類二　一〇五：三

摹本

釋文

其他類一　一八五：九

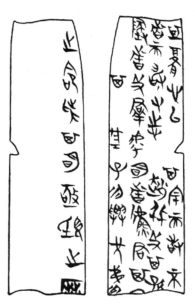

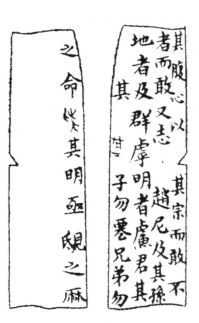

摹本

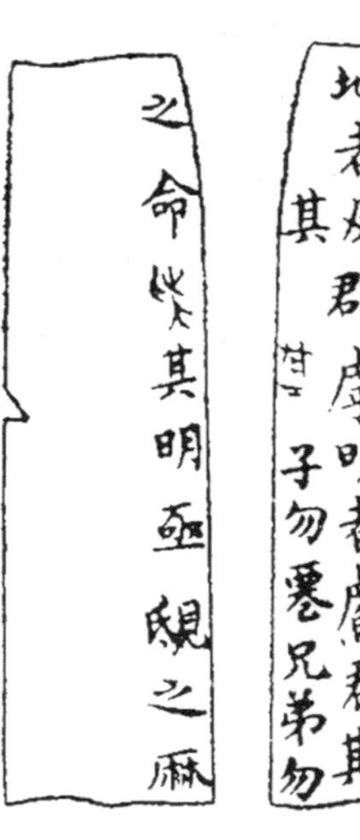

釋文

其他類二　八五：三五

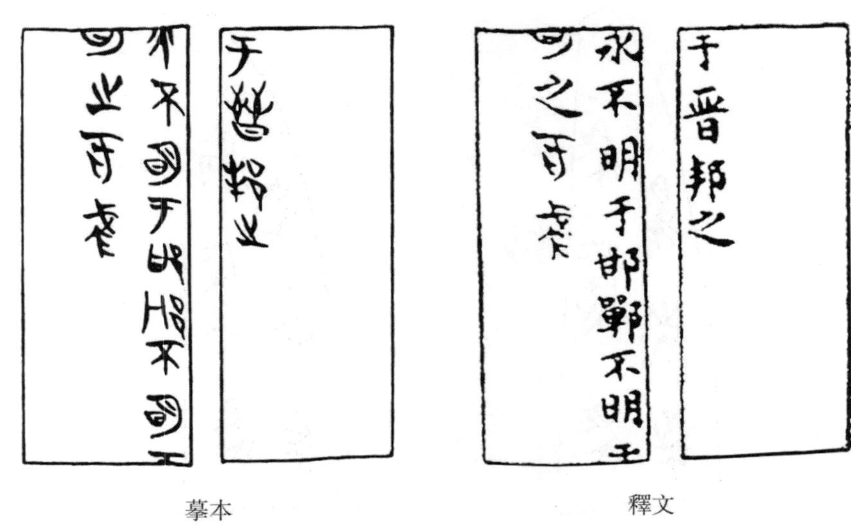

其他類三　探八②：三

該文原以“山西省文物工作委員會侯馬工作站”的名義，以《“侯馬盟書”注釋四種》爲題載于《文物》1975年第5期。後經張頷先生修改或增補，以《“侯馬盟書”類例釋注》爲題收入《侯馬盟書》，文物出版社1976年；《張頷學術文集》，中華書局1995年；《侯馬盟書》（增訂本），山西古籍出版社2006年。

“麻臺非是”解

戚桂宴

侯馬載書誓辭中有“麻臺非是”一語，朱德熙、裘錫圭二同志以爲就是《公羊傳·襄公》二十七年的“昧雉彼視”，都應讀爲“滅夷彼氏”，是“滅彼族氏”的意思[①]，郭沫若同志以爲此釋至確[②]。“麻臺非是”讀爲“昧雉彼視”，在音韻上是没有問題的。可是釋爲“滅夷彼氏”，就已有的材料來看，我以爲有四點可疑：

一、“麻臺非是”一語見於每一篇載書，尚未發現“非是”二字有異文。沁陽載書甲二背面有殘文“□非氏”三字[③]，如果此殘文與“麻臺非是”確是同類语，我們也衹能把僅此一例視爲上千例的“非是”的異文，而不能把上千例的“非是”視爲僅此一例的異文，何况即此一例也不是寫作“彼氏”，而且出土的地點也不同。載書並不是出於一人的手筆，“非是”與“彼氏”在意義上的差别甚爲明顯，如果“彼氏”確是正字，在載書中似不應千篇一律地都寫作“非是”，此可證“非是”必讀如本字，不當讀爲“彼氏”。

二、《公羊傳·襄公》二十七年：“鱄挈其妻子而去之。將濟於河，携其妻子而與之盟曰：‘苟有履衛地食衛粟者，昧雉彼視。’”公子鱄是“携其妻子而與之盟”的，父子夫婦爲盟，竟然以“滅夷彼氏”爲誓，詛咒渝盟者斷子絶孫，這很不合情理，因爲公子鱄的妻子斷子絶孫，也就是公子鱄自己斷子絶孫。

三、盟誓時雙方（或各方）是面對面的，誓辭中的代詞一般衹用“其”、用“而（爾）”，不用“彼”。《左傳·僖公》二十八年：“要言曰：皆獎王室，無相害也。有渝此盟，明神殛之。俾隊其師，無克祚國。及而玄孫，無有老幼”，這裏就是用“其”、用“而”④。《左傳》《國語》所記的誓辭，没有用“彼”的字例。

四、據史載春秋時代盟誓的一般通例，將濟河時的誓辭常常是以河神爲要約，似乎没有例外。《左傳·僖公》二十四年記公子重耳將濟河時對子犯的誓辭説：“公子曰：所不與舅氏同心者，有如白水”，《史記·晉世家》記此事時説：“重耳曰：若反國，所不與子犯共者，河伯視之”；《左傳·宣公》十七年記晉郤克使齊受辱時説：“獻子怒，出而誓曰：所不此報，無能涉河”，《晉世家》記此事時説：“郤克怒，歸至河上，曰：不報齊者，河伯視之”。公子鱄是將濟於河，而誓辭竟不以河神爲要約，這與春秋時代盟誓的一般通例不合。

今案：“麻臺非是”或“昧雉彼視”都當讀爲“無夷非是”，無夷是河伯的名字，誓辭等於説“河伯非是”，意爲河伯給予渝盟行爲以制裁。

《穆天子傳》卷一：“河伯無夷之所都居”，郭璞注：“無夷，馮夷也，山海經云冰夷”；《莊子·大宗師》：“馮夷得之，以遊大川”，郭慶藩集釋：“天帝錫馮夷爲河伯，故游處盟津大川也。”此可證河伯名無夷，無夷又寫作馮夷、冰夷。麻字明母麻韻，無字微母虞韻，古音明、微不别，麻、虞極近⑤，無夷是可以又寫作麻臺或昧雉的。讀“昧雉彼視”爲“無夷非是”，在《公羊傳》中合情合理，也合於春秋時代盟誓的通例。

載書是出土於侯馬，誓辭卻以河伯爲要約，從地望上説這是否有可能？我以爲是可能的。《左傳·哀公》六年："初，昭王有疾，卜曰：河爲祟。王弗祭，大夫請祭於郊。曰：三代命祀，祭不越望。江漢睢漳，楚之望也，禍福之至，不是過也。不穀雖不德，河非所獲罪也"，楚昭王雖不認爲他會獲罪於非楚之望的河，可是楚之卜官卻認爲河神是可以爲祟楚王的，那麽近處於潰決無常的黄河兩岸的晉衛，在盟誓時以河伯爲要約，就是很可能的了。

"麻臺非是"，一語在侯馬載書中的用法千篇一律，其必爲當地詛咒時的套語。晉衛一帶在盟誓時以"麻臺非是"爲誓，其源必甚古遠，所以在侯馬載書中它已失去了初義，這與重耳、郤克將濟河時以"河伯視之"指河爲誓的情況自有不同，它相當於後世發咒時説的"走在山裏跌死，走在水裏淹死"，這類詛咒是在任何情況下都可以説的。侯馬載書中的"麻臺非是"就是如此。

注釋：

①朱德熙、裘錫圭：《戰國文字研究（六種）》，《考古學報》1972年第1期。

②郭沫若：《出土文物二三事》。

③朱德熙、裘錫圭：《戰國文字研究（六種）》，《考古學報》1972年第1期。

④"而"字或作"其"字，阮元校勘記："石經本，宋本、淳熙本、岳本、纂圖本、足利本，其作而，是也。"

⑤汪榮寶：《歌戈魚虞模古讀考》，北京大學《國學季刊》一卷二號。

原載《考古》1979年第3期。後收入《戚桂宴先生文集》，三晉出版社，2013年6月。

“侯馬盟書”叢考續

張 頷

自從郭沫若同志提出侯馬出土的這批文字材料當爲“盟書”以後，遂對這個問題的研究打開了缺口，奠定了基礎。

作者曾於1966年在《文物》月刊第二期發表《侯馬東周遺址發現晉國朱書文字》一文，後來由於在出土標本中發現了更爲豐富的文字資料，所以作者對過去拙作中某些認識上有了很多的發展，同時也有不少修改之處。

1975年作者以“長甘”的筆名在《文物》月刊第五期發表了《侯馬盟書叢考》，並用“侯馬文物工作站”的名義，發表了《侯馬盟書類例釋注》，文内所附之摹本均由張守中同志臨摹。1976年我和陶正剛、張守中同志編纂《侯馬盟書》專集時，在叢考中作者又補寫了《曆朔考》和《詛辭探解》二篇，連同《“子趙孟”考》《“宗盟”考》《“委質”考》《“内室”考》共收入六篇。在以上基礎上，現在又補充寫出了《“趙尼”考》《“丕顯晉公”》《“晉邦之中”試解》《“侯馬盟書”與“沁陽盟書”的關係》《“侯馬盟書”文字體例》五篇，輯爲此文以續前考，並以此文悼念郭沫若同志。

“趙尼”考

最初，我對侯馬盟書中“趙尼”的“尼”字未敢隸定。郭沫若同志在歷次考釋中始釋爲“化”字[①]，意即趙武公之名。後復改釋爲“北”字[②]，意即趙朔的名字。陳夢家先生亦釋爲“北”字[③]。陶正剛、王克林二同志的文章中釋爲“尼”字[④]，唐蘭先生亦釋爲“尼”字[⑤]。還有的同志見到有的標本中寫作“趙□”，所以又認爲是“弜”字；也有的同志認爲是“幷”字，即屏字的簡體，意即指晉國執政卿趙衰之子趙括（屏季）。於 1973 年 8 月我幸獲整理侯馬盟書之機會，在整理過程中我對這個字的各種寫法作了排比。排比的結果：如“北”字形即“□”“□”者七例；如“化”字形即“□”“□”者十八例；如“弜”字形即“□”者四例；如“比”字形即“□”者五例；如“弫”字形即“□”者十例；如“尼”字形即“□”者一百九十六例。從以上各種寫法的統計數字中看，如“尼”形者是普遍規律。正因爲如此，我最後傾向隸定爲“尼”字。爲了避免在對單字考釋方面多費口舌起見，所以在“侯馬盟書字表”中每個單字的各種寫法都標明了字例的數字。當我對“尼”字最後作隸定結論時曾經考慮到另一方面的問題，即在侯馬盟書文字中，對左右邊旁相同之字是否存在着一種左高右低的習慣筆勢？如果是，那麽仍不能排斥“北”字等可能性。因此，我從盟辭中的“□”（丝）字一例和“□”（非）字二百九十九例來看，均無如“□”（尼）字在左高右低的顯明跡象。從而我認爲這個字所以左高右低完全是字的結構問題，而不是筆勢問題。通過以上的考察進一步堅定了我對“尼”字的信心。

盟書中的趙尼是盟辭中主盟人趙孟的首要政敵。他究竟是什麽樣的人物，是誰？我在整理侯馬盟書過程中曾翻檢過一些有關文獻資料，發現了這個趙尼即趙鞅在當時的政敵之一趙稷的綫索，因爲當時出版部門催稿較急，以致没有來得及對這個問題繼續探索下去。所以我在《侯馬盟書叢考》一文中僅僅談到“從文獻上看，當時邯鄲趙氏中與趙鞅爲敵的是趙午的兒子趙稷。趙尼是否就是趙稷，現在還很難確定”。這一段話衹不過透露了一點信息。從現在我繼續探索這一問題的結果來看，增加了認爲趙尼即爲趙稷這一明確的信念。至於盟書中有一例稱趙尼爲趙𤞞（𤞞即狂）者，這是對趙尼的一種惡稱，亦即參盟人對趙尼的毁稱。像殷人對帝辛一樣：“天下爲之紂”（《史記・殷紀》）。

從盟書中反映，趙尼當時没有死去，所以在盟辭中有防止趙尼和他的子孫復入於晉邦之地以及參盟人發誓絶不出入於趙尼之所的約文。

我現在認爲趙尼即爲趙稷的主要依據是“尼”和“稷”字兩者之間在音義方面的密切關係。

首先從字義方面來看，“稷”有“黏”義。《説文》“稷，齋也……”段注：“程氏瑶田九穀考曰稷，齋大名也。粘者爲秫……”。《説文》“秫，稷之黏者。”我們知道昵、暱、和爲同一字之異寫，均爲粘和親近之義。《説文》“和，黏也。从黍日聲。春秋傳曰：不義不和”。段注：“今《左傳》作暱，昵或暱字，日近也。《考工記・弓人》：凡昵之類不能方，故書昵或作樴。杜子春云：樴讀爲不義不昵之昵，或爲䵑。䵑，黏也。按許所據《左傳》作和爲長，與暱音義皆相近。”賈公彦對《考工記・弓人》這段話的解釋爲：“昵爲親近不相捨離……”之意。

尼字或爲昵之簡體。《説文》尼，段注：“尼訓近，古爲親暱字”。從以上資料證明，尼、昵、暱、和均可作爲同義的異體寫法。

我們再從字音方面考察，昵（暱）、稷和暱字所依之匿、樴字所依之戠均屬同音之入聲。僅從《詩》的叶音來看，《小雅・菀柳》

“無自暱（昵、尼）焉……後予極焉”。《大雅・瞻印》“……豈日不極，伊爲胡慝，如賈三倍，君子是識，婦無公事，休其蠶織”。上文中與昵、慝、識、織同叶之“極”字在《詩》中又常與“稷”字相叶，如《周頌・思文》“思文后稷……莫匪爾極”。《小雅・楚茨》“既齊既稷……永錫爾極”。從以上資料中在古音韻方面也構通了“稷”字和暱（昵、尼）樴（昵）之間的密切關係。綜合音義兩方面的材料獲得更爲可憑的依據即是：一、《爾雅・釋詁》“即，尼也”；二、《説文》“稷，从禾畟聲”。段注：“古假稷爲即。”《詩・楚茨》“既齊既稷”鄭箋：“稷之言即也”。由以可證，侯馬盟書中的趙尼即是古史文獻中的趙稷。

公元前497年（晉定公十五年）趙鞅殺邯鄲趙午。趙午的兒子趙稷“以邯鄲叛”。於公元前494年（晉定公十八年）“齊侯、衛侯救邯鄲”。公元前492年（晉定公二十年）趙鞅圍朝歌，荀寅（即侯馬盟書中之中行寅）奔邯鄲。公元前491年（晉定公二十一年）趙鞅圍邯鄲，趙稷奔“臨”，趙鞅拔邯鄲。這段歷史文獻的記載和侯馬盟書内容都相應地表明了趙稷（趙尼）在當時歷史事件中的身份、地位以及他和侯馬盟書主盟人趙孟（趙鞅）的關係。這一事件的規模和延續的時間以及趙鞅、趙稷在此事件中所扮演的角色諸方面，盟書和史料都可以相爲印證的。侯馬盟書所反映的事件中始終貫穿着晉國趙氏晉陽系統宗主趙鞅和邯鄲系統新立宗主趙稷之間尖鋭鬥争的一條主綫，而侯馬盟書中（探八②：三號標本）發現有“永不盟于邯鄲……”的盟辭，這豈能説是偶然的巧合嗎？

丕顯𩓨公

侯馬盟書“内室類”盟辭中都有“丕顯𩓨公大冢”一詞，我在釋注中[⑥]采用了唐蘭先生《侯馬出土晉國趙嘉之盟載書新釋》一文中

“丕顯皇君沯（即晉）公”對“沯”字的隸定⑦。我采用這個隸定字同様是經過斟酌與反復思考的。抗日戰争期間河南沁陽（或爲濟源）出土的盟書中也有“丕顯沯公”的辭句⑧。“沯”字對侯馬來説確是一個關鍵的問題。因此，我首先對陳夢家先生文章中所附沁陽盟書以及“沁陽玉簡”一文的摹本作了對照，特别是核對了原出土的標本⑨，並請張守中同志在臨摹侯馬盟書已取得一些經驗的基礎上把沁陽盟書也臨摹了一次。從字形上、字的結構上以及筆路上諸方面核對的結果，我認爲隸定爲“沯”（晉）字是完全可信的。雖然這個字在侯馬盟書中有幾種寫法，有繁有簡，但它的基本形狀和運筆的路數卻是一致的，而且都導源於“晉”字的正體寫法。我們如果把侯馬盟書中“丕顯沯（晉）公”的這個“晉”字和别的地方有關的“晉”字作一對比，就可以看到它們之間在字體形狀、結構以及筆路方面所存在的密切關係。戰國貨幣文字中最正規的寫法如“”（古錢大辭典四二二“晉陽半”），字的上段爲並列的兩個“”字，下段爲“日”字，這和金文以及小篆的寫法大致相同。銅器《晉公盫》作“”，小篆作“”，均爲“晉”字的基本寫法。但是在戰國時期，爲了追求易寫和速寫，有許多字就在原來的基礎上簡化了，甚至帶一些草筆的意味。但也有一些字爲了追求美觀而複雜化了。但是不論如何簡化和美化，萬變不離其宗，擺不脱基本筆路。如戰國貨幣文字中的“晉”字就在原來的基礎上有的簡作“”，下段“日”字未變，上段的兩個“至”字尚保留了兩個交叉的筆法（古錢大辭典四一五，晉易）。有的則簡作“”，字的上段已簡爲一個“至”字了（王毓銓《我國古代貨幣的起源與發展》圖版貳壹“晉易半”。據《説文》對至字的解釋是“鳥飛從高下至地也”，甲骨文中作“”有倒矢之形。不論怎樣解釋，我們知道“晉”字上段所從的“至”字的基本形狀是“”或“”，與其説像鳥的話，還不如説它更像一個燕子，因爲它的尾巴用交叉的筆法寫成一個燕尾的形狀（請不要誤會，我絶對不是把“至”字解釋爲燕子）。戰國貨幣文字中對“晉”字還有不少的寫法基本上具備着這種交叉的筆法，如“”（古錢大辭典二七三，晉一釿）；“”（同上二七二）。有的上部繁寫爲三個“至”字如“”（同上四一六，晉易），還有以一個交叉代表一個“至”字者如“”（同上四一二，晉易）；“”（同上四九五）；“”（同上四一一）。從貨幣文字中表現出來的“晉”字雖然字形複雜，但在寫法上是有一定基本規律的。

侯馬盟書中的“晉”字也有不同的寫法。盟辭中凡晉邦之地的“晉”字均用本體字作“”，但上部的“至”字比起盟辭中“内室”的“室”字下面所從的“”“”“”（至）已經有所簡化了，而下部的“日”字卻有繁作“”字的（四九：二）；也有簡作“”字的（一九四：二）。盟辭中凡逢“丕顯晉公”的“晉”字，均作“晉”。其基本寫法是“”“”“”（沁陽盟書亦作“”）。這幾種“晉”字的寫法，字的上部都還保存着“至”字上段交叉如燕尾的筆法，連同左右若翅的兩筆，基本上是四筆向上的。有的雖然簡作“”，但仍保留着四筆向上的筆意。也有的雖然簡作三筆向上如“”“”，但下部的“”“”卻又保留着“日”字的跡象。盟書中“晉”字下部的“日”字所以簡化爲“”“”甚至“”者，它是從“”“”“”“”“”“”諸形演變而成的，而“”則是“日”字當中填實的形體。侯馬盟書中的“晉”字雖然有多種寫法，但它的基本筆法如“”，最多用六筆即可寫成，如果加上最後填實的一筆，最多用七筆可以完成。假若我們把侯馬盟書中的“晉”字（包括沁陽盟書）和東周貨幣等文字中的“晉”字作一比較的話，便可以看出“晉”字各種體例在其寫法上的密切關係。

字形							
出處	侯馬盟書一八五：七	侯馬盟書四九：二	侯馬盟書一五六：一	侯馬盟書一九四：二	三體石經	見本文前引王毓銓	侯馬盟書六七：三二
字形							
出處	侯馬盟書六七：四九	沁陽盟書3	侯馬盟書六七：五四	侯馬盟書六七：五一	侯馬盟書一六：三	侯馬盟書六七：一	侯馬盟書六七：二九

以上字例表明，侯馬盟書中的“晉”字脱化爲别體的“㬜”字它是有一定來龍去脈的。盟書中其他字也有類似的例子，如“敢”（）字有時寫作“”，有時又寫作“”；甚至於簡化爲“”，雖然字形上有很大的變化，但他們都保留着基本的筆路，從筆路中可以看到他們之間故有的聯繫。至於在侯馬盟書中爲什麽凡是“晉邦之地”的“晉”字均寫正體字如“”者，而在“丕顯晉公”一辭中的“晉”字則用别體之“㬜”？我從兩個方面加以分析：“㬜”的寫法皆集中於盟書的“内室類”，這和“子孫”二字分寫的情況大部集中於“宗盟類”第一種的情況類似，而在第四種當中子孫二字合文如“”者就多起來了，可是有的祝人仍拘泥於分寫的方法，雖然寫了一個“孫”字，但仍不習慣畫下面的合文符號，還要把“子”填進去，使“其子孫”三字銜接起來寫作“”了。（一五三：一）這些例子是説當時祝人在書寫盟書時存在着一種習慣問題，所以在“委質類”盟辭中就没有發現“子孫”二字分寫的情況，完全習慣於合文的寫法。由此推斷書寫：“内室類”盟辭的祝人很可能習慣於把“晉”字寫作“㬜”字的寫法。另一個可能就是祝人在盟詛辭中對晉國先君“鬼號”的專體字。

有的同志認爲這個字不是“㬜”字而是“出”字。同時認爲“丕顯出公大冢”“無疑是指晉出公之廟”而言。我覺得這個結論仍有商酌的餘地，尚不可謂“無疑”。首先談“出”字和“𠀠”字在它們各自的筆路和結構方面存在着基本的區别。“出”字的上部是作爲足趾的“”，而下部“”“”等形或象徵走出之義。甲骨文之“出”字作“”“”“”諸形，最多用五筆組成。金文中作“”“”“”諸形，最多用四筆組成。侯馬盟書中之“出”字皆作“”“”“”（盟辭“出入于某所”），“朏”字旁所從之“出”字亦如此，其筆法最多亦用五筆組成如“”。字的上段没有發現象燕尾那樣交叉的筆法，而字的下部也没有發現如“”（）字下面“”這樣填實的形象。至於用古璽印文字，如曲阜九龍山漢墓出土印文“”所謂“出入大吉”以證侯馬盟書中的“”或“”字即爲“出”字尚欠根據。“”二字（《文物》1972年第5期）釋爲“出入”亦非確釋。

從歷史事實方面考慮，晉出公是於公元前457年被智、趙、韓、魏四卿聯合起來趕出晉國的。《史記·晉世家》説他是“奔齊道死”的。他在晉國是一個不被歡迎的廢黜之君，而且廢逐之後再没有回到晉國。“出公”這個稱謂根本也不是嘉美之稱，也不是謚號。這個稱謂是因爲他是被逐出去的。“出公”之稱是帶有輕蔑含義的。根本談不上像盟書中所讚頌的“丕顯”云云。况且晉出公被黜之後死在國外，繼承晉國君位的並不是出公的兒子，而是被反對他的四卿（包括趙氏在内）另外擁立晉昭公的曾孫名叫“驕”的（即晉哀公），在當時來説可謂以旁支奪宗，從此以後的晉國諸君都不是出公的嫡系子孫，因之晉出公在晉國没有立廟的機會。趙氏既然毅然參與了驅逐出公的事件，那麼趙氏在舉行盟誓時所召晉國先君之號而且尊敬地稱謂“丕顯公大冢”即不可能是出公之廟。趙桓子嘉逐趙獻侯浣之事發生在公元前424年，當時爲晉幽公十四年，幽公不是出公的孫子，當時晉君的祖廟絶不是出公，如果詔禰廟之號的話應該以哀公（幽公之父）爲宜，也不應當詔出公廟號。

衛出公和晉出公的情況大體相似。衛出公是於公元前481年在國内發生動亂的情況下逃出去的。後來雖然他又返回衛國當了國君，但《史記・索隱》中説他最後是“卒於越”的。繼承君位的也不是他的兒子，而是他的叔父用兵奪得了君位，所以衛出公在衛國也同樣未能立廟，故也稱之謂“出公”。像這樣出奔之君，在别支奪宗子孫無繼的情況下，是不會被國人當作國之先君的英靈在盟誓時稱頌爲偉大顯赫（丕顯）作爲高尚而有權力的“明神”來享受祭祀的。

“晉邦之中”試解

侯馬盟書“宗盟類”盟辭中的主要内容是防止趙尼及其子孫和趙尼之黨㹣氏等“復入于晉邦之地”。盟書“委質類”也把這項約文作爲一個主要内容。所謂“晉邦之地”殆爲泛指晉國境内而言。值得注意的是在“委質類”的“盦章”篇（一五六：二〇）中出現了“晉邦之中”一例。這一例的含義和其他“晉邦之地”的含義似有所不同，比起一般稱謂之“晉邦之地”重點更爲突出了。當時書寫盟辭的人是否有意標新立異，姑且不作推析。我衹作爲一個特殊的例子看待，僅從這一辭義上就事論事試爲解釋。具體的説“晉邦之中”就是專指當時晉國的都城（絳，即新田）而言，因爲當時的國都是稱之謂“邦中”的。《周禮・天官太宰》“一曰邦中之賦，二曰四郊之賦……”。鄭注云“邦中”是指城廓而言；“四郊”是指“去國百里”而言。可見“邦中”和“四郊”是有一種區域界限的。“邦中”是天子或諸侯的都城。《周禮・天官冢宰》“司書掌邦中之版”，又“内宰掌版圖之法”，賈疏云：“知版之所書者謂宫中閣之屬”，可知“邦中之版”是專記邦中宫内之事，而“邦中”即指都城。“邦中”

也稱“國中”。《周禮・地官司徒》“體國經野”，國和野與上述邦中和四郊的含義差不多。《墨子・尚賢》“國中之衆，四鄙之萌人聞之皆競爲義”。這裏所説的“國中”和“四鄙”和《周禮》所説的“邦中”與“四郊”意義相同。其“國中”與“邦中”以及侯馬盟書中的“邦之中”同樣是指國君所在的都城而言。

侯馬盟書中的“晉邦之中”也就是晉之“邦中”。亦即當時晉國主君的都城所在。那麼侯馬盟誓遺址這個地方正如前考所説恰相當於公元前582 年以後晉國的中晚期都城絳——新田的地望。這和侯馬盟書中所反映的歷史事實《左傳・定公十三年》“趙鞅入於絳，盟於公宫……”以及《左傳・定公十四年》“知伯從趙孟盟”有關盟誓的記載是如呼若應非常吻合的。捨掉這條現成的綫索而旁遠它求是撲朔迷離難明跡象的。

侯馬盟書中其所以把防止趙尼等“復入于晉邦之中”（或晉邦之地）的根本原因，主要有兩個方面：第一是反映了當時鬥争的客觀形勢。逃亡在外的勢力趙尼（稷）、中行寅、范吉射等與國外勾結，幾次逞兵反撲，確有一次打到了晉國的“邦中”所在。《左傳・定公十四年》記載范氏、中行氏之黨“析成鮒、小王桃甲率狄師以襲晉，戰於絳中不克而還”。第二是接受了晉國歷史上曾經有過叛亂者逃出之後又得到國外勢力的幫助並和國内勢力相勾結而“復入”於晉邦之中這一慘痛的經驗教訓。《春秋・襄公二十三年》“晉欒盈復入於晉，入於曲沃”，孔疏引“正義”謂欒盈以曲沃之甲入晉都，及敗又入於曲沃。《左傳・襄公二十三年》“齊侯……以藩載欒盈及其士納諸曲沃……帥曲沃之甲因魏獻子以晝入絳……”。欒盈依靠齊國作外援在國内勾結魏舒的這次政變雖然失敗了，但給當時的晉君以及卿大夫之間造成了很大的混亂，晉平公爲此幾欲自殺，而且齊國趁機奪得了晉國的朝歌。侯馬盟書中所以把防止叛逃的卿大夫“復入于晉邦之地”或“晉邦之中”並將此作爲約文的核心内容，其主要目的即防止趙尼和范、中行二氏憑借國外的援助與國内同情他們的一些力量勾結起來“復入”於晉國都城來進行政變活動。況且當時的范、中行二氏和過去的欒盈一樣已經得到了齊國的支持，甚至在軍事上獲得了鄭衛等國的援助，引起了“百泉”“五鹿”“朝歌”“鐵”等地幾次大規模的戰争，和齊、衛、魯、宋諸侯之間在“牽”“洮”“乾候”等地的重要會同。把這些情況作爲反證，回頭來看侯馬盟書中防止趙尼、范氏（㝬氏）等“復入于晉邦之中”的約文在整個盟辭中的意義不是更顯得突出重要了嗎？正是由於趙鞅在這個問題上爲了防止趙尼等人的“復入”舉行了一系列的盟誓，從而團結了自己的宗族；打擊與瓦解了政敵在國内的故有社會基礎，終於取得了最後的勝利。史料與盟書兩者相對照，契合如此，歷歷如在目前。

侯馬盟書中的主盟人趙鞅，當時身爲晉國的執政卿，他所發動的這場歷史事件已經遠遠超出了趙氏宗族内部的鬥争，而成爲趙韓等四卿聯合起來吞併范、中行二氏的一場激烈搏鬥，在侯馬盟書所列趙孟的反對派多至九氏二十一家。這場鬥争迫使當時晉國的國君下至卿大夫以及他們的家臣、邑宰都抉擇自己向背的道路，這是晉國歷史上的一件大事，因之在晉國都城所在地舉行規模龐大而頻繁的盟誓是可以理解的。如果把侯馬盟書内容所反映的複雜情況僅僅看作趙氏内部的鬥争，像後來的桓子趙嘉驅逐獻侯趙浣那時間短暫鬥争情況單純的簡單事件，這和侯馬盟誓遺址的規模以及盟誓内容所反映的複雜情況是不相符合的。

拙作《侯馬盟書叢考》中曾談及趙桓子逐獻侯的事件發生的地點是在“代”和“中牟”而不在晉都新田，當時趙氏活動的政治中心已經不在新田一帶，所以不可能在匆忙事件中再回到“晉邦之中”舉行這樣大規模盟誓的意見與理由。爲了把這個意見説的更清楚一些，這裏再作一點補充闡述：晉國在六卿專權時雖然他們的封邑已經很大了，但他們都供職於晉公的左右，其形影不離晉國都城所在。趙鞅在當時雖然有了他自己的大本營——晉陽，但他卻是晉國的執政卿之一，並爲中軍將領，除了公元前497年“范氏、中行氏伐趙氏之宫，趙鞅奔晉陽”臨時避難五個月之外，他一直在晉國都城。所以開始於趙氏宗族之間的鬥爭（趙鞅殺趙午事件）影響到整個晉國的政治、軍事局勢，甚至招致其他國家的干涉。趙鞅死後他的兒子趙無恤（襄子）爲晉國執政的四卿之一，在他消滅“代”國取得了“代”地之後，便封他的姪兒趙周爲代成君，在北方建立了一個趙國的據點。後來趙無恤又同知、韓、魏瓜分了范、中行氏的土地，爲此而把晉君（出公錯，一作鑿）趕出了晉國。從此以後四卿之間便進一步展開了爭奪土地的鬥爭，這時趙無恤又遭到知伯與韓、魏二氏的攻擊，於是趙無恤和他父親一樣，也是回到了趙氏的大本營“走保晉陽”。他在晉陽和知伯進行決定性戰爭的時候（前453）當時的晉君（哀公驕）已經喪失了國君的威信，對四卿的這種爭奪土地的行爲無可奈何了。趙無恤取得勝利以後，又與韓、魏二氏瓜分了知氏的土地，實際上三卿把晉國的土地分割幾盡了。這時的晉國已形成三卿在版圖上割據——即所謂三晉的局面。此後趙氏活動的中心也逐漸向北方轉移。自從公元前457年封趙周爲代成君以後，趙氏在代地經營了三十多年。趙無恤死後，代成君的兒子趙浣繼承了趙氏宗主地位，是謂趙獻侯。《史記·趙世家》“獻侯少即位治中牟”，這時趙浣的都城在中牟，可見公元前424年趙桓子嘉驅逐趙浣之事件是在中牟發生的，而且趙嘉驅逐趙浣之後又“自立於代”，這個事件所牽涉的地點很簡單，無非是兩個“代”之間夾着一個“中牟”，和晉都新田並没有發生關係。況且趙嘉是“自立於代”的，根本不需要晉君的批准，至於舉行盟誓借晉國先君（特别是出公）的亡靈以自固，那就顯得更不必要了。趙嘉“自立於代”以後當年即死去，也不可能跑到晉都新田來舉行規模宏大的盟誓。他死之後“國人曰：桓子立非襄子意，乃共殺其子而立獻侯”。這裏所説的“國人”也不應該是晉君所在的國都之人，而是趙氏“代”的“國人”。復立獻侯之事當然也不可能發生在晉都新田——“晉邦之中”。

趙鞅執政之時，晉定公雖然大權旁落，但作爲一個國家來説猶有其威，猶能與吳王争長於黄池。趙嘉驅逐趙浣之時在晉幽公晚年，那時晉國霸業蕭條，國君已經完全作爲傀儡而存在了。《史記·晉世家》“幽公之時，晉畏（衰）反朝韓、趙、魏之君，獨有絳、曲沃、餘皆入三晉”。在此“反朝”的局面之下，晉君地存二邑聊備祭祀，而三晉已各自獨立均有都邑，於是晉都之絳——新田已失去了政治中心的意義。晉幽公十八年他夜出邑中被盜所殺，晉國元氣損之又損。晉君生者猶未能自保，晉國先君的亡靈也同樣失去了制約反朝之卿（實已爲君）大夫行動的權力了。因此，趙嘉在驅逐趙浣之後朝於晉都借助於晉國先君之“明神”來舉行盟誓亦當爲不可能的事實。

侯馬盟誓遺址，不但從盟誓規模、盟辭内容上反映出這裏即爲東周時期晉國的都城所在，就是從侯馬多少年來通過考古發掘發現的其他遺跡遺物來看，同樣可以説明這個問題。在發現的東周古城外，東距盟誓遺址七華里左右的地點發現了面積很大的鑄造銅器遺址。遺址中出土了大量的鑄銅陶範，其中包括各種禮樂之器、車馬器飾、兵器、工具等，特别是集中地發現了鑄造當時貨幣“空首布”的陶範，衹鑄“空首布”的範芯就發現有約五十萬個左右，同時也發現了少數鑄造出來的“空首布”成品，有的帶有文字。特别值得注意的是没有發現戰國早期韓、趙、魏三家所用的“平首布”（尖足、大型）等布的任何跡象。我們知道，當時貨幣鑄造權完全集中在國君的手裏。這些現象除了可以用晉國都城——"晉邦之中"即新田所在解釋外，還能有別的什麽解釋呢。

侯馬盟書和沁陽盟書的關係

《東周盟誓與出土載書》（1966年第5期《考古》陳夢家文）一文中對河南沁陽出土的盟書作了介紹和解釋。對其出土情況以及出土以後的情況也作了介紹，同時發表了摹本和照片。

在整理"侯馬盟書"工作中我發現"侯馬盟書"與"沁陽盟書"在辭例上有若干近似之處。爲了便於對照和參考，於1973年12月得到中國科學院考古研究所的幫助看到了沁陽盟書的八件標本（原編號爲甲1—甲8）並由張守中同志作了一次臨摹。（摹本附後）因爲張守中同志臨摹侯馬盟書有一些現成的盟辭例和文字例可循，所以有的字當較陳先生之摹本爲確。但有的字因爲已看不清楚則缺摹，衹好以陳文摹本爲依據，兩者互參取補，以原編號爲序，詮釋如下：（對陳文摹本復摹附後）

甲1（摹本1）

□□□□其□心，以奉事□□以□□□□□

韓□、韓杏、韓采、趙□、閱卓、郪政、廟□□

鹰□□不猷，者，丕顯晉公□遻覞

麻臺非是。

此盟辭之篇首當有參盟人名，已脱落。第一行"其"字上當爲"閘"字，或與"閘"同義之字。"其"下一字當爲"腹"字，全辭爲"閘其腹心"。"以奉事"三字下當爲所奉事之宗廟或主君的稱謂。第二行共見有六個人名均有姓氏，這些人當爲被盟、詛之對象。除了三個韓姓外趙氏的"趙"作"省"（𡖋），和侯馬盟書中"趙尼"的"𧻚"字右旁（二〇〇：一〇）"趙朱"（一九五：八）等

“趙”字寫作“ ”的情况相同。古“少”“小”二字通假。“閲卓”之“卓”字作“ ”，與侯馬盟書中“ ”（一五六：一）右旁相同。“郵政”作“ ”，均有脱筆。陳文上連“閲卓”之“卓”字，下連“廟”字釋爲“重寧出廟”非是。“郵政”與侯馬盟書中“ ”（探八②：二）、“ ”（三：二〇）等寫法同。陳文摹本將“政”字左旁寫作“ ”乃爲筆誤。或者“政”字左旁之“正”字因末筆駢歧所致，如侯馬盟書第一五六：四號標本中把“平峙之命”的“之”字寫作“ ”的情况相似。第三行之“ ”字也不像陳文中所釋的“盧”字，與古文字中“ ”（盧）以及“盧”字所從的“ ”字諸形皆不相牟。疑爲廌（薦）。《邵王簋》銘文“薦”字作“ ”，其上部所從之“ ”與沁陽盟書此字形近。第三行第五字“ ”，其基本組成部分爲“ ”和“ ”即“甘”、“肉”，與“猒”字的基本組成部分同。《毛公鼎》銘文“厭”字作“ ”即可印證。《禮記·曾子問》“祭殤必厭”注：“厭飫而已”。又“攝主不厭”注：“飫神也……尸謖之後徹薦俎敦設於西北隅是陽厭也”。《説文》“猒，飽也”。故“猒”字有對鬼神薦祭飫飽之義。第六字爲“者”（ ），陳文摹本作“ ”釋爲“時”非是。此句當爲“薦□而不猒者”。接其下句“丕顯晋公□逦閱□”。“晋公”二字下當爲“明”字，“閱”字下當爲“之”字。接第四行“麻臺非是”，辭句全意蓋爲“如果在祭祀時薦享不豐富的話當受晉之先君英靈絶滅之誅”。

甲2（摹本2）

正面：

□自今往□敢不□

則□徙者，丕顯晋公

背面：

亟閱非氏

甲3（摹本3）

自今以往□敢□□

則□徙者，丕㬎𣈶公

以上甲2和甲3内容相同，篇首一字殘，當爲參盟人名。第一行第五字殘，第八字亦有缺筆，下部從“心”字。第二行第二字不清，第三字爲“徙”字。接着便是“丕㬎晉公……麻𡑿非是”（或“亟𥈞非氏”）。甲2背面“亟𥈞非氏”爲“明亟𥈞（視）之麻𡑿非氏（是）”之簡句。綜觀此類盟書全文大意仿佛是説“從今以後如果敢於對某事有所移改者，當受丕顯𣈶公英靈之誅”。

甲6（摹本6）

□中□事其宗

□公大𦤆□□

□□□□□

第一行第三字當爲“以”字。第六字“宗”字陳文摹本作“𡧊”不確。第二行第一字當爲“𣈶”字。第一行“以事其宗”與侯馬盟書“宗盟類”之辭同。第二行“𣈶公大𦤆”（𣈶字參照甲1補之）則與侯馬盟書“内室類”所召“明神”號同，唯“𧰼”字下部附有“土”字而書作“塚”（𡐨）字。其餘甲4、甲5、甲7、甲8殘斷太甚，雖然有的還保留“而敢……”“……亟𥈞之……”等字樣，但漶漫不清。另外還有三件無字，其中最小的一件帶有朱色痕跡。

沁陽盟書和侯馬盟書在盟辭中既有相同之處，也有不同之處。屬於句法方面相同者有“閈其腹心”“自今以徃”“以事其宗”“明亟𥈞之麻𡑿非是”“丕顯晉公大𧰼”。在人物姓名方面相同者有“趙”氏、“閔”氏、“郵”（董）氏、“韓”氏、特別是“郵政”其人。特殊單字寫法相同者如“𣈶”字作“𡉉”“其”字作“六”“宗”字作“𡧊”等。不同的地方是出現的人名除“郵政”外絕大多數人名不同，沁陽盟書中最多的是“韓”氏，而侯馬盟書中衹有

“詛咒類”發現有“韓子”。文字書寫方面所用的顔色不同，沁陽盟書皆用墨書；而侯馬盟書除了“詛咒類”和“卜筮類”之外均爲朱書。在内容方面均不相同。兩者相比所得出一個初步的結論是少處同而多處異，常用詞同而約文異。因爲“沁陽盟書”出土後大部分散失⑩。僅就這幾件標本的内容是難以充分説明問題的。但從“沁陽盟書”和“侯馬盟書”兩者之間具有相同的地方作爲一個綫索來探索一下它們之間是否存在着一定的關係，我看還是有必要的。我們捨去侯馬、沁陽兩地盟書在習用辭方面如“閛其腹心”“自今以往”“明亟視之”“麻㚤非是”等不足爲媒介之證以外，可以從下表詞例中看出它們之間的聯繫：

盟書類	同　詞　舉　例					
侯馬盟書 朱書諸類		諸閔氏	諸趙氏	諸䚄氏	郵政	䜌公大冢	出入于趙尼之所
侯馬盟書 墨書詛咒類	韓子			䚄郳氏			出入于中行寅……之所
沁陽墨書 盟書	諸韓氏	閔氏	趙氏		郵政	䜌公大塚	

侯馬盟書墨書的詛咒類和朱書諸類究竟應該聯繫起來看問題還是應該割裂開來看問題，這裏我想再補充一些看法。有的同志認爲詛咒類既是墨書在内容上又不同於朱書諸類，從而認爲與朱書者在時代上有所區别。但由於其中發現了“中行寅”的名字所以又認爲它與公元前 497 年趙鞅之事有關；而朱書諸類卻認爲“趙尼”即“趙浣”，“[illegible]公”（䜌公）即晉“出公”從而斷言爲公元前 424 年趙桓子嘉驅逐趙獻侯之事，但是沁陽盟書既用墨書，又用“[illegible]公”神號在時代上又應怎樣解釋呢？沁陽盟書中的姓氏、人名既有侯馬盟書詛咒類的韓氏；又有朱書諸類中的閔氏、趙氏，特别是“郵政”其人。侯馬盟書詛咒類盟辭中既有同於沁陽盟書中的韓氏；又有同於朱書諸類中的䚄郳（䚄）氏，特别是在同一遺址，同一地層平面上

發現了同時期、同執政於晉國公室，而且活動的時間、地點、事件均相同的兩個人即“趙孟”（《左傳》稱趙鞅爲趙孟之處有二十處之多）和“中行寅”，難道我們應該對這些現象置之不顧嗎?

在侯馬盟書中參與各種盟者有不少同名人，這一點當然是不可忽視的，但大多爲單名不著姓氏，雖然在宗盟類者估計可能是趙氏宗族，但也不敢斷言九穩。如果説凡同名者均係一人，從而得出一個人參加了多種盟誓的結論同樣是很不確切的。即便是復名（即兩個字的人名）二字具同也不能輕易附會爲一人。如侯馬盟書詛咒類發現了“無卹”，究竟是同時的“趙無恤”還是“郵（御）無恤”?實未敢遽定，因爲當時同名人很多。再如侯馬盟書參盟人有“大心”而宋國有“樂大心”，參盟人有“歸父”而齊國即有“析歸父”，魯國又有“公孫歸父”。復字之名尚且如此，單字之名就更不能硬把同名者綴合爲一了。參盟人中的“政”絶對不會是被盟詛對象“郵政”，參盟人中的“尼”（均見侯馬盟書人名表）也不可能是被盟詛對象“趙尼”。如果發現姓氏名字均相同，而且在字的寫法上含有特殊的意義；一般又不容易重復的姓名，這倒是應該引人注意的問題。比如“邯鄲固”“郲詨”“郿環”“郵政”“閔伐”這些姓名發現在不同類型的盟書中，我們即可以首先考慮它應該是同一人名。“閔”是晉國趙氏的邑名，“郵”（董）之地望亦屬於晉（《左傳・文公六年》“改蒐於董”），這些同時出現於侯馬盟書的“閔”“郵”二邑的邑宰或大夫閔氏和“郵政”等，又同時出現於沁陽盟書，這的確是值得使人深思的問題。侯馬盟書朱書諸類中發現的趙氏、㹧氏和詛咒類發現的韓氏在沁陽盟書中也同時發現。這些趙、閔、韓、㹧（𨞁）特别是“郵政”在上述各類盟書中的交叉出現，使我們自然而然地考慮到侯馬盟書所反映的歷史事件中作爲晉國六卿之一的韓不佞是與趙鞅同盟來反對邯鄲趙稷以及范、中行二氏的重要力量，因之侯馬盟書朱書"委質類"把反對"俞（偷）出入于趙尼之所"而墨書"詛咒類"把反對"俞出入于中行寅𨜔□之所"均列爲首要之約文，而且對"兟"氏均列爲盟詛對象。與此同時必須注意到與韓氏"野王"地區有關係的河南沁陽一帶出土的盟書中出現了一系列的韓姓人物，這很可能是反映當時韓氏宗族在晉國六卿的相互鬥争中所造成的分化現象。而侯馬盟書"詛咒類"盟辭中就有一個名叫"無卹"的因爲不奉祀韓子之宗而且又和趙鞅的政敵"中行寅"偷偷的來往而受到詛咒。根據上述的許多綫索不難看出沁陽盟書與侯馬盟書中朱書、墨書各類之間存在着許多可通的衢道，而且侯馬盟書所涉及的一場歷史性的戰争和河南沁陽、濟源一帶的古地望也有着密切的關係，沁陽一帶是當時晉都新田和朝歌之間的一條通道，公元前497年晉國范、中行二氏出奔時就經過這裏。公元前496年以後趙鞅歷次向朝歌戚城等地進攻均經過這條道路，因之沁陽一帶發現與侯馬盟誓遺址所出之盟書内容相同之召號——"晉公大冢"以及有關的姓氏的盟誓遺址是可以理解的。

沁陽盟書中"[illegible]公大冢"作爲晉國先君明神召號的出現也説明了當時晉國一些卿大夫舉行盟誓並不一定要跑到晉國都城的晉國先君宗廟舉行，像後來趙氏宗族内部鬥争性質單純的趙嘉驅逐趙浣事件，也就很難想像從很遠的"代"和"中牟"再跑到景氣衰竭的晉國都城——新田來舉行盟誓了。

侯馬盟書文字體例

侯馬出土的東周盟書是我國春秋晚期晉國的官方文書。盟書文字是用朱色或墨色寫在石片和玉片上的盟辭誓言。當時稱之爲"載書"，據《周禮》記載，每篇"載書"一式二份。副本藏於掌管盟書的官府，叫做"盟府"，作爲存檔；正本"告於鬼神"埋入地下。

侯馬盟書即當時埋入地下的一批正本。出土標本大者盈尺，小者成屑，完殘相雜，五千餘件，在其中選擇形體完整，章句未損而字跡清楚者六百餘件作了臨摹。爲了便於翻檢並對研究東周文字提供一些可用的資料，所以編成了字表附於《侯馬盟書》專集之後。這一批文字是我國目前所發現古代文字中用毛筆書寫而篇章完整的官方典籍。每篇最多二百二十二字（委質類），最少五十一字（内室類）。單字形體最大者2.2公分左右（一九五：五）；最小者0.2公分（二〇〇：二和二〇〇：五五）。書法非常熟練，如果從研究我國書法藝術歷史着眼，它無疑也是一批寶貴的資料。

侯馬盟書的辭文出於當時“詛祝”人之手，假若和當時勞動人民所寫的文字相比（如1956年在侯馬東周遺址中發現陶錐上所刻近於隸書的文字。見1959年第6期《文物》《侯馬東周時代燒陶窑址發掘記要》），是有很大區别的。侯馬盟書雖然是官方書體文字，但它同樣是從長期生産鬥争中積累的成果，來源於勞動人民。

侯馬晉國盟書文字和西周早期周王朝銅器上的官方文字在字形和風格上已經有了很大的變化，即便是和晉國較早的銅器銘文如《司徒伯鄀父鼎》《晉姜鼎》等相比，也有顯著的不同，卻和同時的銅器《晉公𥂴》文字相若。像這種東周中晚期的文字它一方面存在着對殷、西周文字承襲的跡象；一方面又表現了晉國區域性的一種風格和體例。我們在盟書中可以看到一些文字如“[illegible]”（行）、“[illegible]”（此）、“[illegible]”（歸）、“[illegible]”（今）等字和甲骨文寫法幾乎一致。更如“桊”字作“[illegible]”，除甲骨文外在篆文和金文中尚未見到（也可能是我自己還未看到）。有些字是在金文中有同例如“椗”“箅”等，而在《説文》卻未著録。另外一些字無論在甲骨、金文、篆文中均未曾見過，如習慣用“疒”部作爲人名的“痟”“痄”“疫”“⿸疒虎”等和習慣用邑名用作姓氏的“邶”“⿰丰丰阝”“⿰虎阝”“⿰辛阝”。還有一個值得注意的問題是在侯馬盟書不少辭句中發現了截止目前所知，我國古代文章中最早的原始的標點符號。用“ -”作爲句標出現有四十餘處。其中有二十餘處是在全篇之末表示結束的，標點於“麻㙯非是”的句下。還有一大部分使用於中間斷句，出現在“以事其宗”的句下和“改助及奂”的句下。

我們知道，我國在東周時期的各諸侯國之間存在着“文字異形”的情況，殊不知晉國在一國之中也同樣存在着文字形狀極其混亂的現象。東漢時劉向整理《戰國策》時曾發現簡册文字中的一些字在寫法上的混亂現象以爲脱落或筆誤“本字多誤脱爲半字，以趙爲肖”（見《戰國策》叙）。現在看到侯馬盟書中“以趙爲肖”者竟達五十一處之多。從而知其並非“誤脱”而是晉國文字的簡化寫法，同時也可知當時肖、趙二字在音讀方面比現在當更爲接近。

侯馬盟書文字的體例、結構所表現出來的混亂現象，大體有以下幾個方面：

一、邊旁隨意增損。“彳”“止”“口”“心”“木”“亻”“攵”等幾個邊旁部首雖不能凡字都可以適應，但有不少的字可以隨意拈來附加進去，或隨意省略。如“德”字就有“悳”“㯖”“植”“徝”“直”五種形式。“從”字也有“從”“䢼”“彸”“仌”“從”五種形式。“腹”字有“復”“㚆”“畗”“復”“腹”“復”“𢔍”“𡨦”“复”九種形式。“𧨸”字有“諻”“訨”“謎”“諰”“陛”“陞”六種形式。“亟”字則有“遯”“徑”“惡”“悡”“禝”“䘳”“禓”“遁”八種形式。

二、部位游移，繁簡雜側。許多字的邊旁部位可以上下左右任意移動，例如“助”字可以有“[illegible]”“[illegible]”“[illegible]”“[illegible]”等寫法。“卑”字則有“[illegible]”“[illegible]”“[illegible]”等寫法。再如第一例中“腹”左旁所從的“月”（肉）有的在左旁作“腹”，有的在左下作“𦡚”，有的在下作“[illegible]”，有的在右下作“[illegible]”。盟書中有許多的簡化字是爲了省筆的借用字，如以“肖”爲“趙”，以“先”爲“兟”，以“甘”爲“邯”、以“六”爲“其”、以“[illegible]”爲“定”等。除了這些簡筆的省體字以外同時又有許多繁體異體字錯雜互用。如“兟”字既省作“先”又繁作“[illegible]”，而“[illegible]”字既省作“寺”又繁作“[illegible]”。再如“其”字既省作“六”又繁作“[illegible]”。

三、義不相干，濫爲音假。我國古代文字在義相同音相近的條件下，有不少字是可以相互假借的，但侯馬盟書文字卻遠遠超出了這個界限。如“復”“腹”互通，“植”“德”互通，“道”“迢”互通。甚至以“俞”“諭”“綸”均作“偷”字的假借字。至於以“恃”爲“志”、以“君”爲“羣”、以“邸”爲“覝”等類似情況觸目皆是。

四、隨意美化，信筆塗點。在盟書文字中有不少字體是爲了美化而隨意加工的，如“助”字左旁的“旦”字就有“[illegible]”“[illegible]”“吕”“晶”等加工形體。如“中”字美化爲“[illegible]”和“[illegible]”，“守”字加工作“守”“[illegible]”“[illegible]”，甚至與“宗”字合一而寫作“[illegible]”。

我們知道東周晚期韓、趙、魏三國皆派生於晉國，因之侯馬晉國文字的混亂現象無疑爲韓、趙、魏三國文字的混亂創設了先例。這種一字多態的複雜情况在三家分晉以後基本上繼承了下來，而且還有所發展。比如趙國貨幣“晉陽”布上的“晉”字即有“[illegible]”“[illegible]”“[illegible]”“[illegible]”等十多種寫法。韓國貨幣“宅陽”布上的“宅”字也有“[illegible]”“[illegible]”“[illegible]”“[illegible]”等八九種寫法。而三晉貨幣“晉陽”“平陽”“宅陽”“安陽”“陽邑”“中陽”諸布上的“陽”字則有“[illegible]”“[illegible]”“[illegible]”“[illegible]”“[illegible]”“[illegible]”“[illegible]”“[illegible]”等九十多種寫法。

侯馬盟書所揭示的晉國文字的混亂現象，它必然妨礙着當時文化的普及和提高，也阻礙着各國之間文化的交流，例如衛國人竟把

《史記》中"晉師己亥涉河"之句誤讀爲"三豕涉河"的情况可能就是由於晉國文字體例混亂所造成的的笑話（見《吕氏春秋·察傳》）。正因爲如此，秦始皇在建立了中央集權制封建國家以後，統一文字便列爲一項重要改革措施。自從秦始皇把六國古文統一爲篆書以後，直到現在二千多年來雖然經過了隸、楷等書體的變化，但絶大多數字的邊旁部位和結構，大致處於一種相對的穩定狀態，成爲我國人民所廣泛使用的表達語言的工具。

我國的文字必須改革，拼音文字將是漢字改革的一條光明大道。我們今天研究古代文字及其發展的歷史，一方面是爲了掌握這個武器用以研究我國幾千年來的文化遺産；同時應從古文字發展過程中發現問題總結經驗，爲文字的逐漸改革提供可用的資料。

注釋：

① 見《侯馬盟書試探》，《文物》1966 年第 2 期。

② 見《出土文物二三事》，《文物》1973 年第 3 期。

③⑧ 見《東周盟誓與出土載書》，《考古》1966 年第 5 期。

④ 見《侯馬東周盟誓遺址》，《文物》1972 年第 4 期。

⑤⑦ 見《侯馬出土晉國趙嘉之盟載書新釋》，《文物》1972 年第 8 期。

⑥ 見《侯馬盟書》"内室類釋注"。

⑨ 現由中國科學院考古研究所保存，共 11 件。

⑩ 1974 年據謝元璐同志談，他在抗戰期間，大概是 1940 年，於成都何樂夫先生處曾見到三件"沁陽盟書"的標本，據説是得之於河南温縣一帶，並説何樂夫先生在蘭州文化部門工作。經我通過甘肅省文化局王毅同志了解，後接王毅同志來信云："關於沁陽石墨問題，據何樂夫先生來信（家在西安）説，在早年確有河南友人送他墨書玉片，衹有五、六片，并且殘斷不全，最長者也不過三四寸，物體很小，數量少，其具體内容記不清了，并且在解放前後屢次遷徙，很多書物淩亂散失，現在家中人已無法尋找，亦不知下落，衹有表示遺

憾了。”

1954 年《文物參考資料》第 12 期，史樹青同志曾發表《讀一九五四年第九期“文參”筆記》一文中稱：“抗日戰爭時期，濟源縣出土的玉簡，據説出土時爲張繼等所分，該簡曾由王獻唐先生作過考釋，定爲晚周石墨”云云。

1974 年史樹青同志告訴我，呼和浩特機床廠彭桂林先生保存着一批“晚周石墨”。我隨即給彭桂林先生去信探問，彭先生於 1975 年 4 月來信云：“關於我保存的晚周石墨，出土文物和王獻唐先生的鑑定，由於北京歷史博物館多次要求，我已於‘文化大革命’前（1966 年）捐贈北京歷史博物館收存。我未抄留鑑定原文”云云。後來我到北京時向史樹青同志談及此事，始知彭先生於文化大革命前持此批盟書到京售，因索價太昂，致未能收購。

原載《古文字研究》（第一輯），中華書局，1979 年 8 月。後收入《張頜學術文集》，中華書局，1995 年 3 月。又收入《侯馬盟書》（增訂本），山西古籍出版社，2006 年 4 月。

摹本壹（根据原標本臨摹）

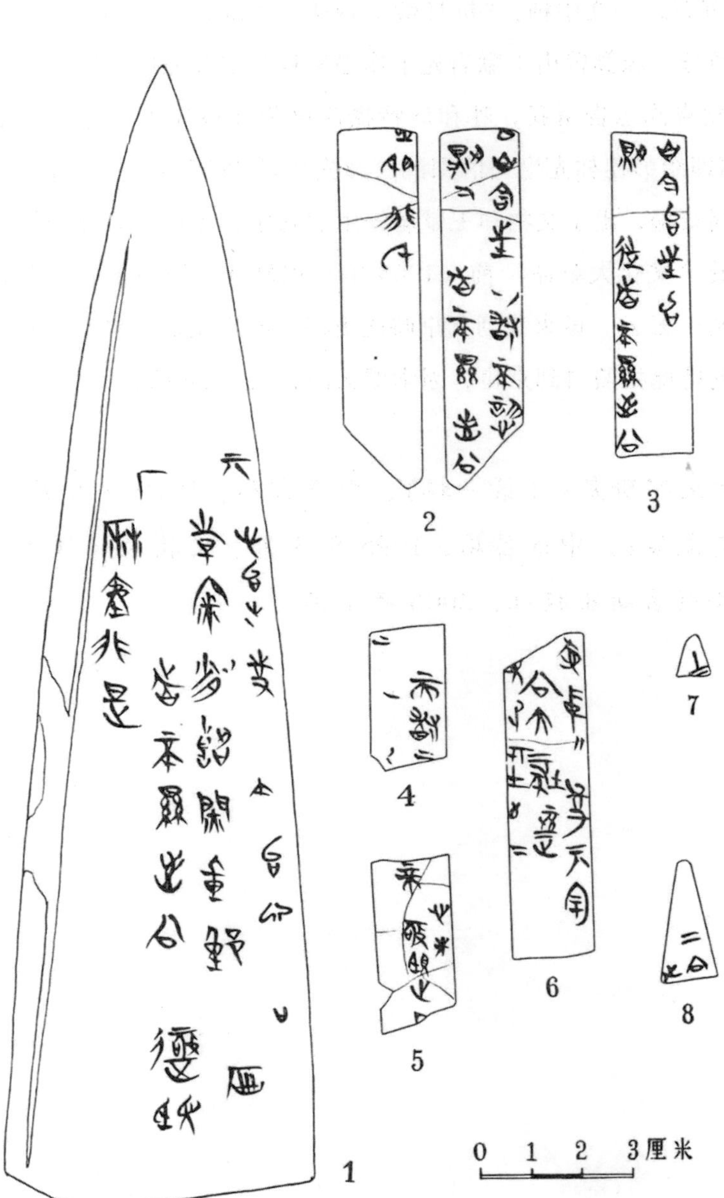

摹本貳（根据陳文摹本复製）

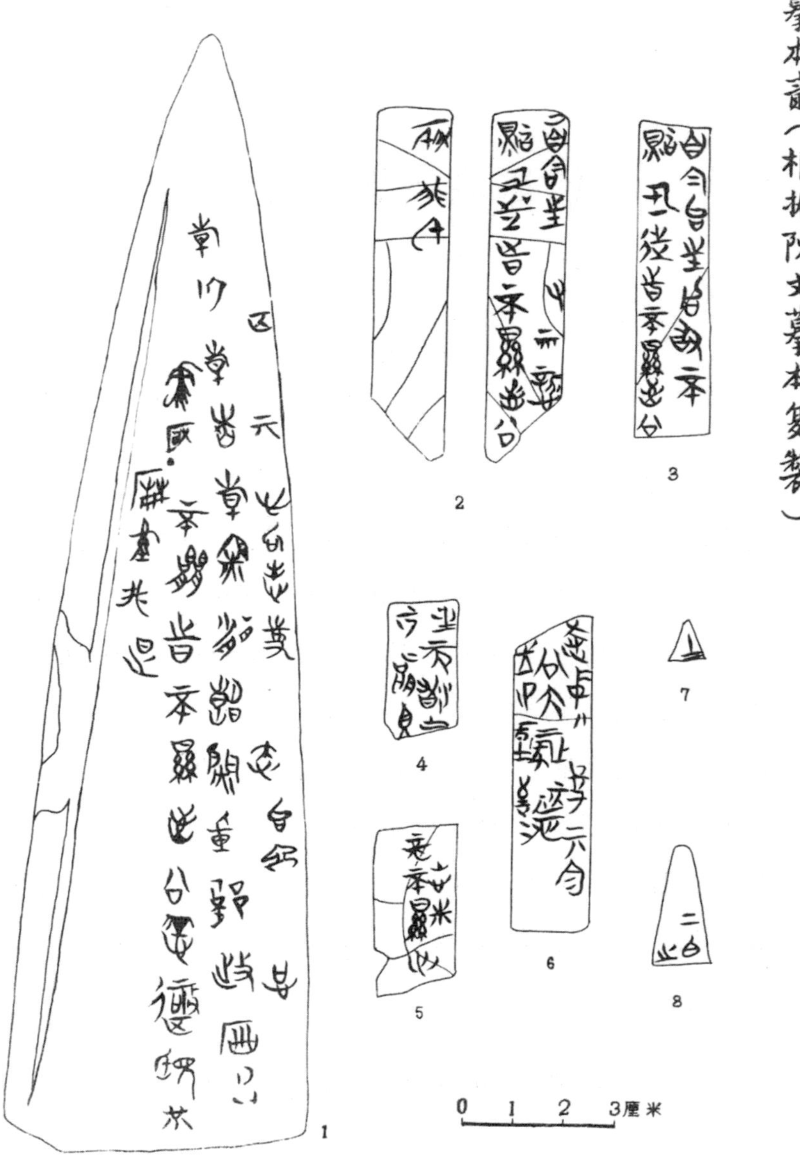

第5号字跡与摹本壹互异、臨摹者認為陳文摹本恐有误、

侯馬載書盟主考

高　明

侯馬載書的出土，是我國近些年來考古工作中的一項重大收獲，對了解戰國時代的盟誓制度以及趙國貴族内部的鬥争，提供了非常珍貴的資料。全部資料經山西省文物工作委員會同志們的精心臨摹、整理和考釋，根據盟辭内容歸納爲宗盟、委質、納室、詛咒、卜筮和其他共六類，現已公佈於世，爲進一步研究，準備了極好條件。

關於侯馬載書的研究，過去已有不少同志撰寫文章，作出了不少成績。但關於載書的時代、主盟人及舉行這次盟誓的具體歷史背景，尚未取得統一見解，仍須進一步的探討。下面提出幾點看法，和同志們共同商量。

一、侯馬載書的主盟人是趙桓子

在"宗盟類"載書中，有一句"敢不盡從嘉之盟"的固定用語，個别也有寫作"敢不盡從某之盟"（一：八六）或"敢不盡從子趙孟之盟"（一：二二、一：二三、一：二四）"嘉""某"或"子趙孟"，正如《侯馬盟書》作者指出："是對同一主盟人的稱謂。"[①]按《廣雅·釋詁三》"某，名也。"王念孫《疏證》"《金縢》云：惟爾元孫某。凡言某者，皆所以代名也。”王氏把這一點講得更爲清楚。但“嘉”和“趙孟”所指何人，即載書的主盟人究竟是誰，卻形成争論的焦點，出現幾種不同意見，如文子趙武[②]、簡子趙鞅[③]、桓子趙嘉[④]、敬侯趙章[⑤]。過去因爲資料尚未全部發表，不易得出統一的認識，現在讀到全部資料，可知唐蘭先生主張侯馬載書主盟人是桓子趙嘉的説法，應當是正確的。唐蘭先生認爲：“因爲三類載書裏都有‘嘉’這個名字。在第一類載書裏可以看到是嘉和大夫們的盟誓；在第二類載書裏，所有參與者都從嘉之盟；在第三類載書裏説‘没嘉之身及子孫’，‘嘉’是人名是十分清楚的。但過去都没有把它作爲人名，所以忽略過去了。‘嘉’即是主盟者，而被逐的人是趙尼，可以證明‘嘉’應是趙嘉，趙嘉是趙桓子。”[⑥]這一意見其所未被重視,因有幾點疑問當時未能解釋清楚。因而有的同志指出：“一、趙桓子是趙無恤之弟，不能稱趙孟；二、子臣對君父的盟誓辭文中，也不會直接指斥趙桓子的名字‘嘉’；三、當時已是三家分晉以後，趙氏政治活動的重要地點轉移到了邯鄲、中牟和代地；四、趙嘉與趙浣這次鬥争的時間也很短暫，僅一年多的時間，史籍中找不到有舉行盟誓的綫索。”[⑦]這些疑點，其中最主要的是頭兩個問題。

現在先談談趙孟。《白虎通·姓名篇》“嫡長稱伯，庶長稱孟。”關於趙桓子的世次，文獻有簡子之子、襄子之弟和襄子之子兩説。如《史記·趙世家》“襄子爲伯魯之不立也，不肯立子，且必欲傳位與伯魯子代成君，代成君先死，乃取代成君子浣立爲太子。襄子立三十三年卒，浣立是爲獻侯。獻侯少，即位治中牟。襄子弟桓子逐獻侯自立於代。”《索隱》曰“《世本》云：襄子子桓子。與此不同。”《六國年表》趙桓子元年《索隱》“桓子嘉襄子弟也，元年卒。”從他們相繼涖政的時間分析，當以《世本》“襄子子桓子”之説爲是。按《史記·趙世家》云“晉頃公九年（前517）簡子將合諸侯戍成周，其明年入周敬王於周。”此年距趙桓子元年達九十三年，如果説桓子是簡子之子、襄子之弟，則年歲顯然過老，不大可能與其孫輩獻侯争位，《世本》的説法應當是可信的。趙氏世系《史記》往往搞錯，此不贅舉。襄子共有五子，怎能肯定趙嘉不是庶長？

其次，所謂“子臣對君父的盟誓辭文中不會直接指斥桓子的名字嘉”，則是由於對當時的盟誓制度有所誤解。舉行盟誓的誓辭，本是按照主盟人的意圖而事先由主盟人寫定的。《禮記·曲禮》“約信曰誓，涖牲曰盟。”孔穎達疏“盟之爲法，先鑿地爲方坎，殺牲於坎上，割牲左耳盛以珠盤，又取血盛以玉敦，用血以盟，書成，乃歃血而讀書。”這説明盟辭由盟主擬定，事先寫好，舉行盟誓時祇是歃血宣讀盟辭。盟辭寫定，一般不能任意改動，如《左傳》襄公九年：“荀偃曰：‘改載書。’公孫舍之曰：‘昭大神要言焉，若可改也，大國亦可叛也’。”今從侯馬載書分析，盟辭内容主要是主盟人要求參盟者必須履行的義務，其中除參盟者人名不同外，内容和辭句基本上是一致的，事先已由主盟人寫定，甚至連參盟者的名字都由執筆者一起填寫上去，參盟者祇是在舉行盟誓時隨聲宣讀。主盟人自定盟辭，則以主盟人爲第一人稱，其中“嘉”“某”和“子趙孟”皆爲主盟者自稱，參盟者祇是重復主盟人的語言而照本宣讀，這裏並不存在臣子直斥君父之名的問題。當然，確定這批侯馬載書的主盟人是桓子趙嘉，並非僅僅依靠這一方面的分析，最有力的證據，還是讓載書自身所提供的資料來證明。

“宗盟類”載書，《侯馬盟書》的作者根據它的内容和被指斥的家族多寡分爲五個小類，除第一小類即“宗盟類一”之“一六：三”内容不同外，其他四種僅是指斥的家庭多寡稍異，基本内容是一致的，主盟者同爲一人，參盟者互有異同，它們並非一次，亦非同時舉行的。這裏選一載書録下以作分析。

歸父敢不閛其腹心，以事其宗。而敢不盡從嘉之盟，定公平陟之命；而敢或敳改助及奂卑不守二宫者；而敢有志復趙化及其子孫于晋邦之地者；及群虖盟者，盧君其明亟覗之，麻夷非是。（一：五一）

"敢不閛其腹心，以事其宗"一句，在"宗盟類"載書中亦是固定用語。張頷同志謂："閛其腹心，視其意蓋爲剖明心腹之義"[8]是完全正確的。"宗"指公族之宗。按之當時的宗法制度，貴族分大宗和小宗，"百世不遷之宗"則爲大宗，大宗是遠祖之正體。宗立宗子，即公族之主。對一國來講，宗子就是國君；對一族來講，宗子就是公族大夫。以趙氏情況來説，《左傳》宣公二年："使季屛（趙括）以其故族爲公族大夫。"自此之後一代代下傳，直至桓子趙嘉，及其以後數代世爲趙氏宗。載書中"以事其宗"，"宗"即指宗子而言。宗子是誰，籠統來講，上述幾家意見所指之文子趙武、簡子趙鞅、桓子趙嘉、敬侯趙章均有可能，但這批載書本身，對這位宗子的名字卻有明確記載。下面再録一篇載書以具體説明之：

吏毆毳敢不侑閛其心，以事嘉。而敢不盡從嘉之盟，定公平陟之命；而敢敳助及奂卑不守二宫者；而敢有志復趙化之子孫于晋邦之地者；及群虖盟者，盧君其明亟覗之，麻夷非是。（一：四〇）

這一載書，將"以事其宗"替换爲"以事嘉"，顯然嘉即宗子之名，恐無可疑。再聯繫到下面的"而敢不盡從嘉之盟"，更清楚地説明了宗子是嘉，主盟人亦是嘉。與此盟辭相同的載書，還有"宗盟類""一：四一"與"一：四二"二札，這裹就不再贅舉了。

由此可知，唐蘭先生主張侯馬載書的主盟人是桓子趙嘉，是正確的，現在又有了新的證據。在"委質類"載書中有"顋嘉之身及子孫”一句，郭沫若同志謂：“嘉用爲加，謂罪加於自己及子孫。”⑨根據以上考證，亦當指桓子趙嘉之名。此文是用來約束參盟人的，意思是説待趙嘉殞身之後，以至其子孫後世，亦要遵守所立的盟誓。

侯馬盟誓的主盟人是桓子趙嘉，桓子執政僅有一年，因而關於舉行盟誓的時間比較容易確定，當在周威烈王二年、晉幽公十四年、趙桓子元年、公元前424年。

二、載書中指斥的主要對象是獻侯趙化

“趙化”是載書中所指斥的主要人物，是主盟人趙嘉所反對的第一號敵人。在“宗盟”“委質”兩類載書中所反對的對象，皆以此人爲首，並由他的一氏一家，牽聯到四氏五家、五氏七家，一直擴大到九氏二十一家。“委質類”載書在誓辭中規定，委質人自質之後，不准暗中同趙化有所往來，即“自質于君所，敢俞（偷）出入于趙化之所……”並表明不得讓趙化及其與他有牽聯的兟㾜、兟直、兟鑿、兟桴……重新回到晉國的土地上來。

所謂“委質”，據《侯馬盟書》作者解釋：“就是把自己抵押給某個主人，表示一生永不背判的意思。”⑩從載書的内容分析，趙化被逐之後，他的家臣和邑宰不得不脱離失勢的舊主而投靠得勢的新君。投靠新君就必須同舊主劃清界限，按照新主人要求的條件寫入載書，向神祖宣誓以表其誠。它同“宗盟類”的區别，主要是參盟者的身份不同。參加“宗盟”的人主要是主盟人趙嘉的族親和近臣；“委質類”的參加者則與之不同，有些是原在敵人營壘中而投靠過來的人。但是，兩種載書的内容相似，皆以擁護趙嘉、反對趙化爲主，它是舉行盟誓的共同目的。

“趙化”之化字，載書作（八八：六）、（三五：九）、（九二：六）、（一七九：五）等形，郭沫若初釋化，稱“趙

化”[11]，後改釋爲北，稱“趙北”[12]。陶正剛、王克林二同志釋尼，稱“趙尼”[13]。此字當以釋化爲是。化和尼，一從人符，一從尸符。這兩個符本來在古文字中就很難區分，但在侯馬載書中“化”字似兩種形體兼而有之，但實際上是從人符。它同《齊刀幣》之[illegible]（《東亞錢志》六·一三），即《墨刀幣》之[illegible]（《東亞錢志》六·一五）、《安陽刀幣》之[illegible]（《東亞錢志》六·一九）極相近，它們的偏旁皆從人，同是化字。因此我們認爲載書中所反對的那個人的名字應當稱爲趙化，他是桓子趙嘉的主要政敵。

據《史記·趙世家》記載，當時同桓子趙嘉争奪政權，並被桓子驅逐出境的是獻侯趙浣。如云：“襄子立三十三年卒，浣立是爲獻侯。獻侯少，即位治中牟。襄子弟桓子逐獻侯自立於代，一年卒。國人曰：桓子立非襄子意。乃共殺其子而復立獻侯。”這是趙氏家族内部叔姪之間争奪政權的一場鬥争，因各有家臣和邑宰，獻侯外逃，被他牽聯的有許多姓氏和家族。《趙世家》中的“趙浣”，《索隱》引《世本》作“起”，《六國年表》威烈王二年《索隱》作“獻侯晚”。載書中被主盟人趙嘉所反對的“趙化”，即《趙世家》中被桓子驅逐出境的“趙浣”。“趙化”“趙浣”同爲獻侯名。浣、化古爲同音字，浣爲匣紐寒部字，化爲曉紐歌部字，曉、匣雙聲，歌、寒對轉，浣和化乃雙聲叠韻，古相通假。《韓詩外傳》卷三：“文公曰……湛我以道，説我以仁，變化我行。”《説苑·復恩篇》引此文其“變化我行”作“暴浣我行”是其例證。從侯馬載書證明趙獻侯的名字《趙世家》作“趙浣”、《索隱》作“趙晚”都是對的，《世本》作“起”則當是傳寫有誤。

根據以上考證，侯馬載書中之“嘉”，即桓子趙嘉，他反對的趙化，即獻侯趙浣，載書和文獻記載是相吻合的。

三、"丕顯[illegible]公大冢"是晉出公之廟

"丕顯[illegible]公大冢"之辭除見於"納室類"載書外，還出現在"宗盟類"載書之（一六：三）一札，文辭作"丕顯皇君[illegible]公"。"[illegible]"字過去均釋爲"晉"，讀作"晉公"。遍察載書資料，凡作"晉邦"之晉者，皆寫作"[illegible]"（一五六：一）、"[illegible]"（一八五：七）、"[illegible]"（四九：二）、"[illegible]"（一九四：二）等字體，大同小異，但絶不用"[illegible]"字更替。反之，凡作"丕顯[illegible]公"或"丕顯皇君[illegible]公"者，也絶不與晉字混用，二者涇渭分明，區别甚爲明顯。下面將在"納室"和"宗盟"兩類載書中所見此字的形體和用法製成一表，以備考察。

形體	編號	盟辭	形體	編號	盟辭
[illegible]	六七：一	丕顯○公大冢	[illegible]	六七：二九	丕顯○公大冢
[illegible]	六七：四	丕顯○公大冢	[illegible]	一六：三	丕顯皇君○公
[illegible]	六七：五四	丕顯○公大冢	[illegible]	六七：五一	丕顯○公大冢
[illegible]	六七：三二	丕顯○公大冢	[illegible]	六七：四九	丕顯○公大冢

李家浩同志説此字當釋爲出字，卻是極其精闢的見解。出字在載書中多次出現，但有兩種用法。一種是在"宗盟"和"納室"兩類載書中作先公謚號，如上表所舉"丕顯出公"或"丕顯皇君出公"；另一種用法是在"委質類"載書中作動詞，如"敢俞出入于趙化之所"。作動詞用的出字，載書有兩種寫法，一種寫作"[illegible]"（三：二一）、"[illegible]"（一五六：二四）、"[illegible]"（一五六：一九）等，乃先秦古字中較爲常見的寫法，同上表所列字形稍有差異。但是，同是作動詞使用的出字，在"委質類"載書中還有一種與上表所舉字形相同的字體，寫作"[illegible]"（一九四：一二）、"[illegible]"（一五六：一○）、

“□”（九一：五）。載書自身資料足以證明“納室類”載書中之“出公”之“出”，與“委質類”載書之“出入”之“出”同字。再如，上表所列的出字形體，亦見於戰國和西漢時期之吉語古璽，如戰國印“出入大吉”之“出”作“□”[14]，西漢印“出入大吉”之“出”字作“□”[15]，皆與上表所列字形相同或相近。通過以上比較，載書中的“□”字釋爲出字，恐無可疑。

在“納室類”載書的盟誓辭文中，最後皆有“丕顯出公大冢，明亟覭之，麻夷非是”等語。“丕顯出公大冢”無疑是指晉出公之廟。過去因釋此字爲晉，謂爲泛指“晉國先公太廟”是不妥當的。因此一問題的解決，爲“納室類”載書的時代，劃出了明確的上限，即應在晉出公逝世（前457）之後。這就爲前面所講這批侯馬載書的主盟人是桓子趙嘉，被逐討的趙化是趙獻侯的論證，從載書提供的時代，又找到了極爲有力的旁證。

另外，還可以從參加“納室類”盟誓成員的身份和盟辭内容看出，它同“宗盟”“委質”兩類盟誓在時間上的關係，以及主盟人舉行這樣一種盟誓的政治目的。

所謂“納室”，據《侯馬盟書》作者正確地解釋爲“就是把别人的室奪取過來并入自己的家室範圍，以擴充這種剥削單位的行爲。”[16]即如《國語·晉語》所載：晉殺三郤之後，則“納其室以分婦人”。主盟人爲了限制一些貴族競相兼并被逐逃的貴族家室，以訂立此盟而予以約束。“納室類”盟辭，除參加盟誓的人名不同外，基本内容則是完全一致的，皆作：

> □自今以往，敢不率從此盟質之言，而倘敢納室者；而或聒宗人兄弟或納室者，而弗執弗獻，丕顯出公大冢，明亟覭之，麻夷非是。（六七：六）

參加這次盟誓的貴族，從發表的資料中以有名可察者統計，約有二十四人，即瘜（六七：一）[illegible]（六七：二）[illegible]（六七：六）沽（六七：一五）[illegible]（六七：一七）買（六七：二二）樂（六七：二三）[illegible]（六七：二六）[illegible]（六七：二七）蒐（六七：二八）衮（六七：三六）梍（六七：三七）不諱（六七：三八）[illegible]（六七：三九）産（六七：四〇）[illegible]（六七：四一）弫（六七：四二）寺（六七：四四）[illegible]（六七：五〇）大（六七：五一）盍（六七：五二）過（六七：五四）[illegible]（六七：五六）[illegible]（六七：五八）。在這二十四名參盟人中，有瘜（八五：二四）沽（八五：二〇）買（一九四：七）樂（一：一〇四）四人也參加過"宗盟"，同時又有樂（探八②：二）一人參加過"委質"。從這一現象可以看出"納室類"盟誓與"宗盟""委質"兩類盟誓相距的時間不會很遠，主盟人當同爲桓子趙嘉。從另一種現象還可以看出，參加"納室類"盟誓的貴族有百分之八十以上的人没有參加"宗盟"，而參加"宗盟"的貴族僅有百分之三的人參加"納室類"的盟誓，説明這兩部分貴族與主盟人的關係是不同的，所受的待遇也是不同的。參加"納室類"盟誓的貴族，同主盟人趙嘉的關係似乎疏遠，可能介於主盟人與其政敵之間的人物，通過盟誓限制這部分貴族以及他們家族中的兄弟兼并被逐亡貴族的家室，以擴張他們的勢力。不過這衹是對一部分貴族的約束，主盟人的族親和近臣一般不受這種約束。從而可見，舉行這樣一種盟誓，是主盟人有意識地對一部分貴族的限制，同時縱容另一部分貴族擴張勢力，其實質仍然是掠奪鬥争的一種手段，目的是爲鞏固趙嘉在國内的統治地位，它同當時的鬥争形勢有密切關係。

四、對一〇五號坑出土墨文載書的一點看法

據《侯馬盟書》作者介紹："1975 年 2 月間，在清理存目的過程中，發現一些盟書上隱約有墨黑色文字的跡象。以前用的是潤濕

處理觀察朱書文字的方法，殊不知用這種方法觀察墨書文字，效果適得其反，所以把這部分文字忽略過去了，這次才又有新的發現。”⑰這幾札墨文載書，均出土於第一〇五號坑，與出朱文載書的坑位距離很近，坑口層次也相同。墨文載書有字跡的共六件，能臨摹的僅三札，即一〇五：一、一〇五：二、一〇五：三。這三札墨文載書，衹剩有部分殘斷字句，全部内容已無法了解，其中保存幾個人名字如“中行寅”“無卹”等字跡還比較清淅。“中行寅”，當然很可能就是文獻中講的趙簡子的政敵“荀寅”；“無卹”，也可能就是指簡子之子趙無恤。但這幾札載書的盟辭，同上述幾種載書内容有很大差別，無論是盟辭體例、約盟事件，以及牽涉的人名和書寫字跡等均不相同，與上述載書看不出有什麼共同關係。正如《侯馬盟書》作者指出的：“没有發現像朱書盟辭的約文體例，即没有規定在舉行盟誓之後必須遵守的誓約，有的衹是對某人犯過的罪行加以譴責的辭句。”⑱因此把它們分别爲“朱書的盟辭”和“墨書的詛辭”。

關於這一類載書的時代可能較早，正如《侯馬盟書》作者所估計，可能是趙簡子時代的遺物。要作最後的判斷，當然還須等待今後的發掘，但它們與上述幾類載書不是同一時期的遺物，則是可以肯定的。它們之間不僅在内容上根本看不出有什麼直接聯繫，從出土情況來看，墨文載書是出土於一〇五號一個獨立的坑位，没有發現與其他盟辭載書的混雜現象。侯馬地區原爲晉國都城新田的所在地，在晉國盛世的年代裏，卿大夫之間在先君宗廟舉行盟誓，僅據文獻記載即已相當頻繁，文獻失載的就更無從估計，像趙桓子與族親近臣共逐獻侯趙化的盟誓，在文獻中就没有跡象可尋。在出土晚期載書坑位周圍，乃至同坑之中發現一些早期載書是很可能的，正象安陽殷墟甲骨卜辭出土的情況一樣，有時在出土晚期卜辭的坑位裏，也會夾雜一些比較早的卜辭。但無論卜辭或載書，自身都有文字記載，考察它們的時代，要根據每一片文字的内容具體分析，不能由此及彼，一概而論。依據僅有的兩片記有“中行寅”之名的載書，來推斷其他大量載書的時代必然與其相同，證據顯然是很不充分的。

五、小結

綜合以上討論，可以認爲這批侯馬載書所反映的歷史事件，是戰國時代趙桓子與趙獻侯之間争奪政權的一場鬥争。載書的主盟人是桓子趙嘉，其中反對的主要政敵是獻侯趙化。時間是晉幽公十四年、趙桓子元年，即公元前424年。

侯馬載書共分六類，其中“宗盟”“委質”“納室”三類數量最多，反映的問題也最爲突出。三類載書的盟辭内容不同，參盟人也不一致。“宗盟類”的參與者，主要是主盟人桓子趙嘉的族親和近臣，盟辭中衹是表明不讓趙化及其與他有牽聯的人重新回到晉國的土地上來，除此之外，對參盟者無任何約束；“委質類”的參與者，可能是從敵人的營壘中新投靠過來的人，這一類載書的盟辭，除與宗盟類載書有共同内容外，另有一些其他的約束。如自質之後不准暗中同趙化來往等等。“納室類”載書，純是對參盟者的一種約束，首先指明參盟者及其同族兄弟不得兼并被逐亡的貴族家室。參加此盟的人，數量比較少，一般没有參與過“宗盟”和“委質”，看來他們和主盟人的關係比較疏遠。總起來分析，這是主盟人桓子趙嘉爲了在國内鞏固自己的統治地位，鍼對三種不同類型的貴族舉行的三種不同的盟誓。以“宗盟”團結自己的勢力，以“委質”争取敵對的勢力，以“納室”約束中間勢力，三種不同内容的盟誓，皆與當時的政治鬥争形勢有密切關係。

趙桓子和趙獻侯的這場鬥争，時間雖不很長，從桓子奪得政權，獻侯被逐，至桓子死，其子爲國人所殺，乃至迎立獻侯復位，整個過程僅一年多，但從《侯馬盟書》所提供的資料來看，當時的鬥爭是非常激烈而殘酷的。被桓子逐討逃命的不僅趙獻侯一氏一家，受牽聯的多至九氏二十一家。可以估計到，待獻侯復位後，又會有一些貴族被逐。這種内部相互爭伐，肯定會大大削弱趙國的力量。在此之後的十幾年内，與其相鄰的中山由武公復國，後來魏文侯伐中山，並使太子擊守之。而魏伐中山，必須假道於趙，但當時趙國對周圍鄰國發生的變動，毫無能力加以干預的事實，便充分反映了這一情況。

附録：

這篇文章已於1978年12月間在吉林大學召開的古文字討論會上進行了宣讀，當時李學勤、裘錫圭、郝本性三同志指出，趙化之“化”字當釋爲“弧”或“佤”。郝本性同志舉出：鄭韓古城出土兵器中“狐”字作[illegible]、[illegible]。從偏旁形體考慮，釋“佤”亦有可能，“佤”和“化”同爲歌部字，與寒部之“浣”皆可通假，“趙佤”亦當是獻侯趙浣。

注釋：

① 山西省文物工作委員會：《侯馬盟書》第65頁，文物出版社，1976年。

② 李裕民：《我對侯馬盟書的看法》，《考古》1973年第3期。

③ 同注①，《侯馬盟書叢考・子趙孟考》。

④⑥ 唐蘭：《侯馬出土晉國趙嘉之盟載書新釋》，《文物》1972年第8期。

⑤ 郭沫若：《侯馬盟書試探》，《文物》1966年第2期。

⑦ 同注③，第68頁。

⑧ 張頷：《侯馬東周遺址發現晉國朱書文字》，《文物》1966年第2期。

⑨⑫ 郭沫若：《出土文物二三事》之二，《新出侯馬盟書釋文》，《文物》

1972 年第 3 期。

⑩ 同注①，《侯馬盟書叢考·委質考》。

⑪ 郭沫若：《侯馬盟書試探》，《文物》1966 年第 2 期。

⑬ 陶正剛、王克林：《侯馬東周盟誓遺址》，《文物》1972 年第 4 期。

⑭ 故宫博物院藏印。

⑮ 山東省博物館：《曲阜九龍山漢墓發掘簡報》圖五，《文物》1972 年第 5 期。

⑯ 同注①，《侯馬盟書叢考·内室考》。

⑰⑱ 同注①，《侯馬盟書叢考·詛辭探解》第 78 頁。

原載《古文字研究》（第一輯），中華書局，1979 年 8 月。後收入《高明論著選集》，科學出版社，2001 年 2 月。

釋“弁”

李家浩

侯馬盟書云：“……而敢或□改助及㑒（奐），卑不守二宫者……𪉩（吾）君□（其）明亟硯之，麻𡉚（夷）非（彼）是（氏）[①]。

“改”上一字有許多種寫法，大致可以歸納爲以下幾組[②]：

A組：1. □ □

2. □ □

3. □ □

B組：□ □

C組：□

D組：□ □

E組：□ □

E組是獨體字，A、B、C、D都是合體字。A1從“又”，A2在“又”下加兩短横，乃是飾筆，戰國文字多有此例，如盟書“助”或作□[③]，古鉨“相”或作□[④]、“和”或作□[⑤]，即其例。A3從“寸”，戰國文字從“又”從“寸”往往無别。B、C二組從“攴”，

D 組從“心”。在這五組寫法裏，A 組最常見，其他寫法都比較少見。

1978 年湖北江陵天星觀發現的戰國楚簡中，有一個從竹的字：“”。朱德熙先生認爲此字下方所從象人戴冠冕之形，即《説文》訓爲“冠也”的覍字，或體作“弁”。“筧”當即“笲”字[⑥]。我們認爲侯馬盟書 C 所從左旁就是“覍”，而和則是“覍”字簡省的寫法。《説文》“覍”字籀文作，或體作，即“弁”字。我們知道，古文字中作爲偏旁的“廾”可以省作“又”，因此盟書 A 組的寫法應與“弁”字相當[⑦]。如果我們把 B、D、E 各組中的或看成是，之省，那麽 B、D、E 三組應分别隸定爲：敓、㤀、弁。不過我們也可以把和分析成從“又”從“覍”省，采取這種看法，A、B、D、E 四組則應分别隸定爲：㪟、㪻、㥏、覍。在以下的討論中，我們暫時采取前一種分析法。魏《三體石經》古文“變”字作：（《石刻篆文編》卷 3・33 頁）。《汗簡》卷中之二作：、。石經與《汗簡》古文變可分别隸定爲“㪻”和“彭”，不過無論是石經還是《汗簡》，“覍”字的寫法都有訛誤。“㪻”和“彭”應從“覍”聲，覍、變古音相近可通。盟書 C 與石經古文變是一個字，B 有可能是 C 的省寫，D 組從“心”從“弁”省，疑是“戀”字異文。

從盟書文義看，把“改”上一字釋爲“弁”“敓”“㪻”“㤀”等字，讀爲“變”，也是很合適的。“而敢或弁改助及奂，卑不守二宫者”的意思是説：如有人敢於改變助和奂這兩個人守護二宫的職位……我君就要誅滅他的族氏。

1978 年湖北隨縣曾侯乙墓出土編鐘的銘文中，有一個從“音”從“弁”或“敓”的字“、”。這個字在鐘銘裏總是在宫、商、徵等音名前出現，以下略舉數例：

妥（綏）賓之翆（羽），爲穆音翆（羽）角，爲剌音訢商，爲獸鐘之徵顛下角。

屖（夷）則之翆（羽）曾，䧹（應）鐘之訢宫。

屖（夷）則之商，爲剌音訢徵。

䧹（應）音之角，穆音之商，新鐘之諭徵，[illegible]音之諭翆（羽）。

我國古代的音階除了宫、商、角、徵、羽五音外，還有變音。很顯然"訢"或"諭"都應讀爲"變"，字從音作，當是變音的專字：

信陽長臺關楚簡亦有"弁"字：

一縞聚（緅）衣，絵（錦）緂之夾、純悳、組緣、[illegible]繢。（《文物參考資料》1957年第9期31頁207。）

簡文自"純悳"以下都是記的"縞緅衣"上的裝飾。信陽楚簡222號有"組繢"，此簡"弁繢"與"組緣"平例，"弁"與"組"的意思相近，疑簡文"弁"讀爲"辮"。《説文・糸部》："辮，交織也。"⑧

同樣寫法的"弁"字又見於長沙馬王堆帛書"雜占"：

□多[illegible]爲間□

□日其[illegible]必□

上録文字雖然殘缺得很厲害，但從文義看二[illegible]字釋爲"弁"，讀爲"變"似無多大問題。

江陵天星觀楚簡裏有人名："[illegible]丑"，上一字或作[illegible]，或省作[illegible]。[illegible]可以省作[illegible]，與盟書[illegible]可以省作[illegible]是平行的現象，疑亦是弁字。古有弁氏，字或作卞。獻"和氏璧"的卞和是楚國人，可見楚國確有卞（弁）姓。

楚簡裹還有兩個從“弁”的字，一個是從“竹”從“弁”的字，見於下引信陽楚簡：

一[illegible]，亓（其）實：一浂帽、一[illegible]帽、一□臭之帽。（《文物參考資料》1957年第9期31頁209。）

一陧[illegible]緈紝，一少（小）陧[illegible]。

上録從“竹”從“[illegible]”之字疑是笲字。《儀禮·士昏禮》：“婦執笲棗自門入”，鄭玄注：“笲，竹器而衣者，其形蓋如今之筥、筌籚矣”。

另一個是從“弁”從“次”的字：

☑吕（以）不能飲飤（食），吕（以）心□，吕（以）[illegible]，胸（胸）□疾，尚☑。（江陵望山一號墓楚簡37。）

☑𨺅豹吕（以）保（寶）蚉爲悳固貞：“既心□、吕（以）癢，善[illegible]☑。（同上17）

☑吕（以）心□，不能飤（食），吕（以）聚[illegible]，足骨疾☑。（同上38）

☑聚[illegible]，足骨疾，尚毋死，占之，亙（恒）貞吉，不☑。（同上39）

上録簡文“既”和“吕”下都是説的病情。[illegible]字右旁從“[illegible]”，即“次”字，古次、欠二字用爲偏旁往往不分，故此字可隸定爲“欹”。《説文·欠部》：“欒，欠皃，从欠䜌聲。”疑“欹”即“欒”字的異體。38號、39號二簡“聚”字當讀爲“驟”。《左傳》文公十四年：“公子商人驟施於國”，杜預注：“驟，數也”。馬王堆漢墓出土醫書有“善紳（伸），數吹（欠）”“不能食，不能卧，彊吹（欠）”語[⑨]；《黄帝内經·太素》卷二有“喜噫，喜欠，名曰風厥”語，卷八有“黄癉，不能卧，彊欠”語。簡文“善欹（欒）”“聚欹（欒）”，與此“喜欠”“數欠”“彊欠”義近。

附記：

本文所引湖南長沙馬王堆帛書“雜占”、湖北隨縣曾侯乙墓鐘銘、江陵望山楚簡和天星觀楚簡等資料，均未公開發表，承蒙湖南省博物館、湖北省博物館和荆州地區博物館允許引用；本文在寫作過程中，得到朱德熙、裘錫圭兩位先生的指導，在此一並致以謝忱。

注釋：

①《侯馬盟書》第238頁。

② 以下文字均見《侯馬盟書》第328頁。同書第208頁一六：一七“改”上一字作 ，“字表”未收。《三代吉金文存》一九·三六上著録如下一戈銘，文字反書： 。“王”下一字與盟書一六：一七 同，當是一字。

③ 同①第310頁。

④《古璽文字徵》四·一。

⑤ 同④二·二。

⑥ 簡文此字似借爲鞭策之“鞭”。

⑦ 西周金文裏有 （《金文編》124頁），與盟書A組“弁”相似，疑盟書A組“弁”字即由此省變而來。此字亦見於弭仲瑚（《積古齋鐘鼎彝器款識》七·五上），弭仲瑚云“弭中（仲） 壽”，“ 壽”猶它器所言“眉壽”，當是長壽的意思，疑 當釋爲“弁”，讀爲“曼”，弁、曼古音同屬寒部邦系字。《漢書·禮樂志》：“世曼壽”，颜師古注：“曼，延也”。金文裏還有一個 字（《金文編》982頁），左旁與盟書一六：一七“弁”字相似，疑亦是“弁”字。

⑧ 原無“織”字，從王筠《説文解字句讀》校補。

⑨ 馬王堆漢墓帛書整理小組：《馬王堆漢墓出土醫書釋文（一）》，《文物》1975年第6期。

原載《古文字研究》（第一輯），中華書局，1979年8月。

考古報告《侯馬盟書》的特色

王宇信

山西省文物管理委員會編輯，文物出版社出版的考古報告《侯馬盟書》，刊佈了1965年12月山西侯馬晉國“盟誓遺址”發掘的五千多件盟書中的文字可辨識部分，約六百五十多件。《侯馬盟書》的編者，就如何編輯一部方便於文物考古工作者和史學工作者使用、研究的大型考古報告，在内容和形式方面做了有益的探索，取得了可喜的收獲。

一

考古學通過對考古發掘的古代遺跡和遺物的研究，恢復了古代社會的面貌，爲歷史研究提供了大量的實物資料。因此，我們評價一篇考古發掘簡報或一部考古報告意義的大小，除了看它本身是否把遺跡、遺物科學地、完整地披露出來，還要看它是否説明了遺跡遺物在歷史上以及歷史研究中的意義。

侯馬出土的大批春秋晚期的“盟書”，它本身就是我國考古學史上的一個重大收獲。但該書的編者並未僅限於把它“客觀”地報導出來，而是將這一重大收獲放到春秋末期晉國的歷史環境中進行考察，爲我們展現出春秋末年封建制逐漸代替奴隸制這一階級鬥爭的歷史畫卷。

“盟書”亦稱“載書”。《周禮·秋官·司盟》説:“司盟掌盟載之法”,鄭注:“載,盟辭也,盟者書其辭於策,殺牲取血,坎其牲,加書於上而埋之,謂之載書”。盟書每式二份,一份“藏在周府，可覆視也”(《左傳》定公四年),留作以後查考;一份埋入地下,或“載書在河”(《左傳》定公四年)，沉在河裏。侯馬出土的盟書，是屬於埋在地下的那一種。之所以出土那麽多，是因爲反復“尋盟”的結果。

在我國古代史籍裏，記載的盟誓儀式很多。主要有以下幾種形式:

(1）天子與諸侯間。“昔周公、太公，股肱周室，夾輔成王。成王勞之，而賜之盟曰:‘世世子孫，無相害也’載在盟府”（《左傳》僖公二十六年)。

(2）諸侯相互間。《左傳》襄公九年記載“許鄭成……晉士莊子爲載書，曰:‘自今日既盟之後，鄭國而不唯晉命是聽，而或有異志者，有如此盟’”。《春秋經》定公四年也記載“五月，公及諸侯盟於浩油”。這些都是諸侯間相互盟誓的記載。

(3）諸侯與卿大夫國人之間。諸侯與其下屬的卿大夫也舉行盟誓儀式。《左傳》襄公十一年記載“晉侯以樂之半賜魏絳，曰:‘……夫賞，國之典也，藏在盟府，不可廢也，子其受之。”《左傳》定公三年也記載了晉君與卿大夫的盟辭“君命大臣，始禍者死，載書在河”。

不僅與卿大夫對天盟誓，有時爲了鞏固自己的地位，還要與“國人”舉行盟誓的儀式。如《左傳》僖公二十八年説:“晉人復衛侯，甯武子與衛人盟於宛濮，曰:‘……既盟之後，行者無保其力，居者無懼其罪……’國人聞此盟也，而後不貳。”

(4）卿大夫之間。卿大夫之間，爲了某種政治目的，有時也要進行盟誓。如《左傳》襄公二十六年説，（宋景）“公游於空澤，辛巳，卒於連中……（大尹）使召六子，六子至，以甲劫之，曰‘君有疾病，請二、三子盟’。乃盟於少寢之庭”。又如《左傳》定公十四年“知伯從趙孟盟”等。

侯馬發現的這批盟書，就是卿大夫之間的盟誓公約。

《侯馬盟書》爲我們分析了在奴隸制逐漸崩潰，封建制逐步確立的春秋末年晉國的階級鬥争形勢。盟書的主盟人趙孟（即趙鞅、趙簡子），生活在“晉之公族盡矣”（《左傳》昭公三年），奴隸制的代表晉侯力量大大削弱，“晉益弱，六卿皆大”（《史記·晉世家》）的地主階級登上晉國政治舞臺的時代。盟書所反映的歷史事件，正是晉國由“六卿”專權，到范氏、中行氏被驅逐，逐漸變爲“四卿”（知氏、趙氏、韓氏、魏氏）專權的時刻。侯馬“盟書”，是趙簡子在這場激烈的鬥争中，逐步取得勝利的歷史見證。

特别重要的是，侯馬出土的盟書中有關於禁止“納室”的誓詞。在春秋時代地主階級與奴隸主階級的尖鋭鬥争中，這些禁止“納室”的誓詞與古文獻記載的趙簡子宣佈“克敵者，上大夫受縣，下大夫受郡，士田十萬，庶人工商遂，人臣隸圉免”的記載（《左傳》哀公二年）相印證，説明了在奴隸制向封建制過渡的過程中，廣大被解放了的奴隸是埋葬奴隸制的重要力量。

因此，我們可以看出：正是由於《侯馬盟書》的編者把這批重要的發現放到春秋末期晉國的階級鬥争中進行考察，從而使這批盟書的歷史價值遠遠地超過了它做爲重要文物發現的意義。

二

在一份考古發掘簡報或一部考古報告專著中，對古代遺址發現的現象及其遺物等大量科學資料，都要經過一番去粗取精、去僞存真、由此及彼、由表及裏的整理過程。這在考古學上，就是所謂的“標型學”研究。衹有這樣，才能使文物考古工作者和歷史工作者方便地利用資料，進行深入的科學研究工作。

《侯馬盟書》的編者，在對五千多件盟書進行整理時，根據内容的不同，把它們科學地分爲六大類。這六大類，是“標型學”方法在盟書整理工作中的應用。正由於分類整理，才能使大量時間不同、大小不一的盟書，在内容中找到了它們相同的東西。

《侯馬盟書》的編者，爲了使讀者更好地了解盟書的内容，還做了“侯馬盟書類例釋注”。將“宗盟類”“委質類”“納室類”“詛咒類”“卜筮類”“其他”等六大類不同内容的盟詞，分别加以注釋。特别是盡量選取了每一類中文辭較全、内容有變化者，分别刊出摹本，並做出釋文。這樣，讀者（包括初學古文字的讀者）衹要認真讀了這些“類例釋注”，就可較爲順利地識讀書中每一類盟書的圖版和摹本。這些，爲研究者和初學古文字的人，在使用本書的原始材料時，提供了極大的方便，是值得我們今後編寫這一類考古報告專刊時加以借鑒的。

此外，《侯馬盟書》的編者還用“叢考”的形式，將他們對盟書的研究（並吸收了學術界對盟書的研究成果）心得發表出來，以便使讀者對盟書的内容有較爲全面的認識。“子趙孟考”及“曆朔考”中，確定了這批盟書的主盟人是晉國的趙鞅，並將“盟誓遺址”十六坑出土的“宗盟類一”盟辭日期確定爲公元前495年（即晉定公十六年十一月十三日），爲我們使用這批珍貴材料，提供了較爲可信的時間依據。儘管其他各坑出土的盟書與此時間不盡相同，但當與此先後相去不會甚遠。因此，就更提高了這批重要資料的科學價值；“宗盟考”“委質考”“納室考”等篇，向讀者指出這批珍貴文物是在春秋末期，反映了晉國趙鞅爲鞏固和發展自己勢力所采取的一系列重大措施。

盟誓遺址大量出自不同坑位、不同内容的盟辭，經過編者的這一番科學處理以後，顯得綱目清晰。因此，當我們讀了該書“類例釋注”“叢考”和圖版、摹本以後，就會進一步認識到這批珍貴文物，在我們深入研究春秋晚期奴隸制向封建制過渡時期的階級鬥争歷史，以及探討當時的政治、思想等方面的狀況，是非常重要的資料。

三

我們説侯馬出土的盟書非常重要，不僅因爲它數量多，具有珍貴的歷史價值；還由於它與一般傳世的金石文字不同，是科學發掘所得。《侯馬盟書》的編者充分注意到這批珍貴文物的這一特點，將遺址裏與盟書一起發現的遺跡、現象和同出的其他遺物也詳盡地發表出來了。

“侯馬盟書及其發掘與整理”一章，爲我們介紹了“盟誓遺址”的甲、乙兩區出現的不同現象。甲區集中在遺址的西北部，盟書差不多全是在這個區域出土的，稱爲“埋書區”；乙區分散，面積較大，多埋牛、羊、馬等“犧牲”，没有發現盟書，稱爲“埋牲區”。爲什麽兩區出現不同現象，是值得進一步深入研究的。

《侯馬盟書》還詳細地報導了盟書的埋藏情形，從而使古籍記載的“坎”的制度，得以科學地復原出來。埋盟書的“坎”，其大小、深淺不盡相同。較大的一般埋牛、馬，較小的一般埋羊。多數“坎”的北壁靠近底部有一小壁龕，内放玉器（即幣）。從出土時的跡象判斷，掩埋時先在壁龕内放玉幣，然後放入“犧牲”並加盟書。這就使我們對古代盟誓以後，所進行的坎（或飲）牲加書的禮制，有了較爲直觀的認識。

"侯馬盟誓遺址出土的其他文物"一章，爲我們介紹了與盟書一起出土的諸如玉器、絲織物痕跡、陶器殘片等遺物。特别是出土於盟書竪坑填土中的陶器殘片，其時代屬於考古學上晉國中期或略早的陶器類型，時間應在春秋晚期。從伴出陶器推斷出的盟書相對年代，也與從盟書内容考證出的年代是相一致的。這就使春秋晚期的晉國趙鞅是這批盟書的主盟人的看法更爲堅實可信。

凡此種種，就使《侯馬盟書》避免了一些金石書刊祇偏重於器形的描述和文字的考索，而忽略了出土情形和周圍現象的片面性。

不僅如此，書後附有的"竪坑情况表"和"有關侯馬盟書的歷史文獻摘編"，使考古工作者和史學工作者在研究春秋末期晉國的階級鬥争時，翻閲和使用本報告時十分方便；"人名表"和"侯馬盟書字表"，不僅使文物、考古工作者和史學工作者在研究時便於查考，而且對研究古代書法和學習古文字的人，也是非常必要的工具。時時想到讀者，一切方便讀者，也是該書的特色之一。

原載《考古》1980年第1期。

侯馬盟書疑難字考

李裕民

侯馬盟書文字自發表以來，經過許多學者研究，大多已能釋讀，尚有部分文字至今未被認識或雖經考釋仍有可商之處。這些疑難字多是參盟人名，無法根據文意進行考釋，這給我們正確的認字帶來了困難。雖然如此，我們通過字形的比較，以及春秋、戰國時期文字演變的某些特殊規律，還是能夠逐步認識它們的。下面略依《侯馬盟書》分類編號順序試作考釋。

一、《侯馬盟書》宗盟類二之一：七六

字左旁爲黑，西周金文作（《鄘伯馭毁》）、（《鑄子弔黑臣簠》），古璽作、（《古璽文字徵》十・三，下引此書簡稱《徵》）。盟書有黑字作（《侯馬盟書》宗盟類四之九八：二三），與古璽第一形同。此字左旁與古璽第二形同，是黑字較簡的寫法；右旁爲敢，與盟書之一：七六、一：七七的敢字寫法相同。字應作黬。《説文》："黬者，忘而息也。从黑，敢聲。"這裏是參盟人名。

二、《侯馬盟書》宗盟類二之一：八七

字當釋處，《魚鼎匕》作、《石鼓文》作、《盗壺》作

（《文物》1979 年 1 期 12 頁圖十四），與此字基本相同。尤其是《盜壺》，將本來聯貫的筆道攔腰截斷，中間分裂出形來，與盟書割裂筆道分出形的手法極爲相似。這種割裂筆道的寫法，盟書中並不罕見，如欠（歆字偏旁）作也寫作，㹍字作也寫作（九二：一六）。至於當爲或的形變，《祀三公碑》處字的形更形變爲口（《石刻篆文編》十四·四）。

三、《侯馬盟書》宗盟類二之一：九四

此字《侯馬盟書·字表》隸定爲悈。按：悈即忒字。《説文》："忒，更也。从心，戈聲。"《蔡侯鎛》"不愆不忒"忒字作（貣），楚帛書"敬之毋忒"忒字省心爲。看來，先秦忒字本從戈作，後來才省寫作忒。這與貳字本從戈作（《中山王方壺》），後世省戈作弋是一樣的。

四、《侯馬盟書》宗盟類二之二〇〇：五

此字亦見甲骨文，《甲骨文編》附録上·七二收入下列諸形：

金文有下列二字：

（《金文編》附録下·二五。）

（《𣪕𣪕》，《文物》1979 年第 2 期。）

諸字舊均不識。按：應是罙字，《中山王壺》"㢊愛深則孯人窺（親）"的深字偏旁正作

（《文物》1979 年第 1 期。）

與上述諸形同。、、均爲穴之象形。象洞穴之外形。、象水滴，或作、。穴内潮濕，不免有水滲入。正因爲是滲入的水滴，衹作、等形，而與河水之水作者不同。宀、穴本意相同，故二者通用，甲骨文中所見有：

安

宁

宔

宨

寙

突

後二字《甲骨文編》釋作寙、湋、突、宊四字，當是不明穴之水滴與水形及穴、宀通用所致。除上舉各例外，《甲骨文編》附録上·七三尚收入一字

象人在穴（宀）中之形。古人、女通作，如佶也作姞，此穴疑爲安之異體字。

古人最初住在天然的山洞裏，以後在山坡開鑿窑洞，或在地面挖洞，進而在地上蓋房屋。甲骨文宀也作，象房屋側面之形，屋頂兩旁有檐突出於外。在商代，甲骨文中、、，三形常混用，但已開始分化，多假作數字的六。西周時，三形完全分化，成爲六的專字，小篆更形變成，從字形上無法看出它的本意了。建築用字的偏旁均作，而字中的水滴一概變爲二點，位置都固定在上面的兩角，成爲穴的專字，西周金文從穴之字都作。

爲手形，罙字象以手伸入穴中摸取東西狀，應爲探之本字。《爾雅·釋詁》："探，取也。"注："摸取也。"以其向穴中摸取，深淺難測，故又引伸爲深。《爾雅·釋詁》："深，測也。"《老子》："深矣遠矣。"注："深不可測也。"

罙字戰國時代的《石鼓文》已形變爲（深字偏旁），小篆同。以後又隸變爲突，下端與火形相仿。漢印則譌變爲（《漢印文字

徵》十一·四深字偏旁），朩寫成朩。唯《天璽紀功碑》作𥦗（深字偏旁），尚保留着原貌。《説文》："㝥，深也。一曰竈突也。从穴、火，求聲。"據形變之字立説，説不出所以然來。大約由於字的形變，看不出探的本意來，所以後人又加了手旁變成了探，罙字逐漸死亡。這種增加重復的偏旁創造新字的辦法並不罕見，如莫增日爲暮，暴增日爲曝，衹是後者字形未譌變，本意一望而知。前者則字形譌變，如不是地下出土豐富的文字資料，其本意就難測了。

宂是罙的簡體。商代銅器銘文作宂（《守觚》），《金文編》釋作守。按：字與甲骨文同，仍應是罙的簡寫。看守之守，西周時才從罙中分化出來，爲了與本字區别，宂下加一點成守，其淵源關係從其字義中尚可看出。《後漢書·竇融傳》："守猶求也。"《孟子》："勿求於心。"注："求者，取也。"這正與"探，取也"之義相同。

《甲骨文编》七·一三收有朮字，釋作秫。《説文》："秫，稷之黏者。从禾、术。象形。朮秫或省禾。"按：此字根本不象稷一類的農作物，它和宂一樣，也是罙的簡體，衹是簡省的部位不同而已。再考察與術有關的字的含義。《金文編》二·二四收有下列字形：

述 述 述

郭沫若釋述，甚是。字從辵從術，術爲罙之省形，從辵表示循深邃之洞行走之意，故《説文》云："述，循也。"

述字寫法有繁有簡，後世分爲遂、述二字。《説文》："遂，亡也。从辵，㒸聲。"古文從辵，朮聲。《魏三體石經·春秋》"公子遂如晉"，古文作述。可證遂、述本爲一字。《典引》："伊考自遂古。"注："遠古也。"是遂有遠義，與之引伸義同。

邃：《説文》云："深遠也。从穴，遂聲。"其實㒸即術，此字實從辵從罙，故有深意。

隧：《周禮・冢人》："以度爲邱隧。"注："羡道也。"

隊：《廣雅・釋宫》："隊，道也。"

㒸：《廣雅・釋水》："㒸，坑也。"

術：《説文》："術，邑中道也。"

以上從術之字其義均與罙字有關，足證術本是罙的簡體，後來借用爲農作物之秫，其本義遂晦。

現在再看一下罙字的偏旁變化情況。在甲骨文中，此字從穴從（穴或省作宀），穴中的水滴多少不定，在的左右上下的位置也不固定。到了西周情況就不同了，水滴固定爲二點，位置固定在手臂的兩旁了。此字我們雖可看作從穴從，但並不合周人原意。上面説過，西周穴字都作，而西周金文和盟書中的罙上部都衹作宀，形早已借作秫字，周人很可能已把罙字看作從宀從術之字了。但這樣一來，以手探穴的本意不易從字形上看出，所以戰國時又在下加了兩點，變爲從穴從術之字。

罙字字形的演變及其分化可以下表表示之：

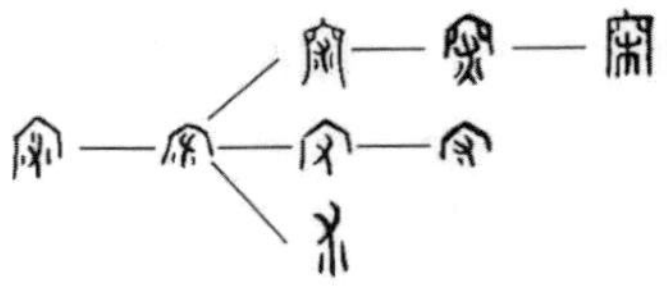

罙

守

术

五、《侯馬盟書》宗盟類二之二〇〇：二一

左旁爲義，古璽作（《徵》十二・四），與此同形；右旁爲卜。隸定爲𢧄，字書所無。此係參盟人名。

六、《侯馬盟書》宗盟類二之二〇〇：六六

《侯馬盟書・字表》釋蠱。按：即蚩之繁文。古代虫、䖵通作，如蝘𧓉、彊𧔥、蚳蟁、蛾𧖴通作。《魚鼎匕》蚩作𧑅，《邾公釛鐘》蛹作𧓏，《説文》蝱字漢印作宝（《漢印文字徵》十三・八）。《説文》："䖺，蠆也。从虫，圭聲。"此係參盟人名。

七、《侯馬盟書》宗盟類三之一六二：一

《侯馬盟書·字表》釋醜。按：酉、酋古通作，如尊字《父辛鼎》作，《召仲鬲》作，《衛父卣》作、。盟書此字亦作《侯馬盟書》八五：二），字應作醜。《説文》："醜，惡也。从鬼，酉聲。"

八、《侯馬盟書》宗盟類四之三：一

字稍殘。左半爲喬，盟書喬作（一五六：二一）；右爲攴。隸定爲敽。《説文》："敽，繫連也。从攴，喬聲。《周書》：'敽乃干。'讀如矯。"此敽爲參盟人名。

九、《侯馬盟書》宗盟類四之一六：一三

此字上部爲辟，辟的左右兩部分互換了位置。古璽臂字作（《徵》四·二），所從之辟寫法與此正同。下部爲玉。字應釋璧。《説文》："璧，瑞玉圜也。從玉，辟聲。"此係參盟人名。

十、《侯馬盟書》宗盟類四之八八：九

字從水從勺，即汋字，《中山王鼎》作（《文物》1979 年 1 期 13 頁圖一五）。《説文》："汋，激水聲也。从水，勺聲。"此係參盟人名。

十一、《侯馬盟書》宗盟類四之九二：二〇

《侯馬盟書·字表》釋蠤。按：即蠆字。古虫、䖵通作，詳前舉䖺條。《説文》："蠆，毒蟲也。象形。，蠆或从䖵。"這裏説蠆是毒蟲的象形不太確切。萬，金文作，係蠆（即蠍）的象形。其後萬假作千萬之萬，便加形符虫，變爲蠆代替萬字，加䖵者又爲形聲字蠆的繁體。盟書此字爲參盟人名。

十二、《侯馬盟書》宗盟類四之九二：二九

《侯馬盟書·字表》釋因，《説文》所無。按：當即因字。古大、夫通用：《大鼎》善夫之夫作，《攻吴王夫差鑑》夫字作，是夫寫成大的例子。《洹子孟姜壺》大子之大作，與《邾公㧊鐘》夫字寫法同，是大寫成夫的例子。《伯矩鼎》矩字作、，一從大、一從夫，則又是同器中同一個字夫、大偏旁通用的例子。《説文》："因，就也。从囗、大。"此爲參盟人名。

十三、《侯馬盟書》宗盟類四之九二：四一

字從走從沭，隸定作𧽷。水作，猶《楚屈叔沱戈》沱字偏旁作，陶文涂字偏旁作，《古陶文孴録》十一·一)，都是的簡體。𧽷字，字書所無，此爲參盟人名。

十四、《侯馬盟書》宗盟類四之九二：四五

《侯馬盟書·字表》釋奚。按：即系字。《説文》："系，繫也。从糸丿聲，……，籀文系从爪絲。"《小臣系卣》作，《戕系爵》作，此則省從爪、絲，爪形作，與《浮公父宅匜》之浮字的爪形同。《廿三年戈》有系字作（見《考古學報》1974 年 1 期 36 頁)，與此形同而稍簡（是糸的簡體，《兮仲鐘》孫字作可證)，黄盛璋先生釋奚，非。金文奚作（《丙申角》)，與此字迥異。由以系字諸形，大致可以看出從商到漢由繁到簡的變化過程，即：

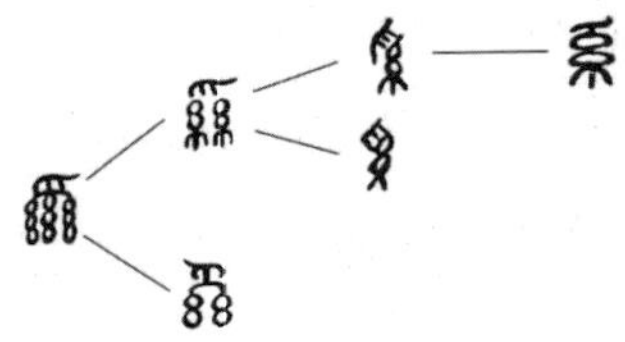

十五、《侯馬盟書》宗盟類四之九八：一

此與盟書序篇之（元）實爲一字，衹是在人形下附加了女形。附加女形之例，金文、盟書常見。如執字《兮甲盤》作，《不期毁》作[illegible]，盟書作[illegible]（六七：六）、[illegible]（六七：五四）。這附加的女形是由足形變來的，如侄字《伯侄尊》作[illegible]，《伯侄毁》作[illegible]。人是有足的，所以附加足形仍然是人字，推其本意，在於强調走着的人。這裏的元是參盟人名。

十六、[illegible]《侯馬盟書》宗盟類四之一五三：一

字上部爲隶，《郘鐘》作[illegible]，下部爲心。隸定爲懟。古璽作[illegible]（《徵》十・六），與此同形。《説文》："懟，肆也。从心，隶聲。"懟爲參盟人名。

十七、[illegible]《侯馬盟書》宗盟類四之一五四：一

字從心從蔡，所從之蔡與《魏三體石經》古文[illegible]同，隸定爲㥽。《㥽子鼎》之㥽作[illegible]（《商周金文録遺》六二），與此形同，衹是左右偏旁互易了位置。㥽下尚有[illegible]形，從盟書中所處地位看，應爲另外一字。㥽□是參盟人名。

十八、[illegible]《侯馬盟書》宗盟類四之一七九：一

[illegible]即黑，盟書黑字作[illegible]，楚帛書作[illegible]（墨字偏旁）。此字從黑從木從皿，隸定爲黰，字書所無。這裏是參盟人名。

十九、[illegible]《侯馬盟書》宗盟類四之一九八：三

[illegible]是矛的象形，金文楙字所從之矛作[illegible]（《金文編》十・十六）。此字隸定作緌。盟書中常見的一種繁化現象，是附加[illegible]或[illegible]，如衮作[illegible]（六七：三六）、瘥或作[illegible]（九八：六）。據此，緌的右下部之[illegible]也可能是附加之形，字當即繚。繚，字書所無，應是廣袤之袤的繁體。古文字的繁化，有一種現象，是增加意義相近可以通用的偏旁。如土、阜通用，防或增土爲堕（見《説文》），陵增土爲墜（《陳猷釜》）。衣、糸也通用，如緹作衹。以此例之，袤也可以增加糸旁繁化爲繚。盟書繚爲參盟人名。

二十、[illegible]《侯馬盟書》委質類一七九：一五

《侯馬盟書·字表》釋寽，非。盟書寽作[illegible]、[illegible]，金文作[illegible]（《毛公鼎》），均與此形不同。字應釋爰，《虢季子白盤》作[illegible]，《楚金幣》郢爰之爰作[illegible]（《考古》1973年3期163頁圖二），陳爰之爰作[illegible]（同上一六七頁圖一），盟書一七九：五輚字偏旁作[illegible]，均與此字相同。盟書兟爰即委質類被誅討對象兟寽，此人亦稱兟桴、兟迲、兟狩。此處疑係筆誤。

二十一、[illegible]《侯馬盟書》委質類一九四：一一

左旁爲它，《它毁》作[illegible]；右旁爲人，與同片盟書伐字偏旁作[illegible]同，隸定爲佗。《説文》："佗，負何也。从人，它聲。"盟書佗心爲參盟人名。

二十二、[illegible]《侯馬盟書》其他類一八五：九

盟書有[illegible]（九二：七𢍰）、[illegible]（一：七五𢍰），象馬絆一足、絆二足之形。此則象馬絆三足之形，當即馽字，也就是後世通行的縶字。《説文》："[illegible]，絆馬足也（足字，段玉裁據《韻會》補）。从馬○其足。《春秋傳》曰：'韓厥執馽前。'讀若輒。[illegible]，馽或從系，執聲。"中華書局本《説文》○寫作□，誤。段玉裁云："○象絆之形。"小篆[illegible]正象以繩索絆住馬四足之形（小篆馬以三足代表四足，故絆三足即絆四足），是會意字；縶則是形聲字。漢字在形聲化過程中，有一些象形字、會意字逐漸被形聲字所取代。如[illegible]（黽，《邾伯鬲》鼄字偏旁）本象蜘蛛之形，後來加了聲符朱，成爲鼄，變爲形聲字，但尚不難從形符看出它的原貌。以後又以虫代黽，變爲蛛，其原貌就無法從字面上看出來了。馽字被縶所取代，則是會意字變爲形聲字的一例。

二十三、[illegible]《侯馬盟書》其他類八五：三五

字下部爲虫，與盟書𧉻、𧒭的虫旁相同；上部爲此，此的左、右兩部分互换了位置。隸定爲蚩。《山海經·東山經》："栒狀之山……有鳥焉，其狀如鷄而鼠尾，其名曰蚩鼠，見則其邑大旱。"畢沅云：蚩字當爲鼒，係傳寫之誤。按：從鼠、從虫可通作，如鼢或作蚡（見《説文·虫部》），故蚩可通作鼒。今盟書有蚩字，益可證蚩、鼒通用，並非傳寫之誤。《説文》："鼒，鼠似鷄鼠尾。从鼠，此聲。"（據《山海經》，《説文》此語應作"鼒，鳥似鷄鼠尾。"）此片盟書云"蚩其明亟覭之"，與盟書納室類"晉公大冢明亟覭之"、《史記·晉世家》"河伯覭之"同例，蚩應是神鬼之號。

以上共釋二十三字：其中𪏗、敽、璧、汋、因、𧼧、黙、縩、佗、罨、𧉻、蚩、𦏵等十三字，《金文編》所無；處、弍、𧒭、系、元、懔六字，寫法與《金文編》所收異；𧼧、黙、𦏵三字，《説文》所無。罙字的確認，對探討字義、辨識相關的疑難字也有助益。總之，上述文字雖多屬參盟人名，於字義未能提供較多的新材料，但正確認識它們，可以補正《説文》、金文之脱誤，對古文字的研究是有意義的。

一九七九年十月初稿

一九八〇年三月改於太原

原載《古文字研究》（第五輯），中華書局，1981年1月。

關於侯馬盟書的主要問題

黄盛璋

山西侯馬發掘出土的晉國盟書是我國解放後考古上一個較大收穫，如此衆多盟誓坑的發現和盟書出土，完整而系統的盟辭内容，結構清楚的字體，都是前所未見或罕見，它對春秋晚期晉國的歷史、制度、文字的研究，都提供了極其可貴的實物資料，不論在歷史學、考古學和古文字學上的價值都是重要的。因而如何把這一大批出土材料全面、系統而又科學地加以整理和介紹，不僅是研究上所急需，本身就是一項繁重、艱辛而又細致的研究工作。文物出版社出版、山西省文物工作委員會編的《侯馬盟書》，基本上達到總結發掘成果，滿足研究需要，符合整理要求，它是一部既系統提供資料，又具有一定研究的很有分量的著作。

盟書數量大，又多模糊難認，内容也較複雜，本書在辨認文字結構、考察辭句與篇章異同，以及分坑歸類上做了大量的工作。盡管在辨認、分類和解釋上都還有一些問題，但是作爲盟書的原始資料，本書在整理上付出了巨大勞動。

本書不僅限於提供資料，更重要的是做了大量分析、研究和必須的研究參考工作，分别放在前部和後部，前部五篇是對盟書總論、發掘情況與盟書的分類、解釋以及内容分析、研究。後部四篇屬於盟書的研究參考資料。本書在分析研究上也做出一定貢獻。

盟書本身仍然存在一些關鍵問題，如：年代、盟主、史實以及盟書性質、内容解釋等還有争論。本書對這些問題的討論、分析還有不少可商，甚至必須重新考慮，試加辨正。

一

全部盟書的整理工作是在 1972 年到 1974 年，特别是前部對盟書分析研究和解釋的那四篇文章發表於 1975 年間，正是“四人幫”猖狂横行把持、控制輿論工具之時，不可避免要受到他們及其御用工具在學術界散佈的各種毒素，包括評法批儒等惡劣影響。最明顯的就是作爲全書序篇和總論的《侯馬盟書和春秋後期晉國的階級鬥争》，該書是把盟書作爲晉國新興地主階級向奴隸主貴族勢力奪權的階級鬥争的反映，趙鞅是新興地主階級解放奴隸和推行新興的封建制的政治代表，而和他對立的范氏、中行氏屬於反動陣營一邊。其實趙鞅和范、中行氏的鬥争起因於趙鞅要把原置於邯鄲的“衛貢五百家”徙於晉陽，而殺死邯鄲的趙午，引起了趙午的舅父中行寅和寅的姻親范吉射的軍事聯盟，反抗趙鞅，争城奪地，戰争達十年之久，這是屬於統治階級内部的鬥争，看不出和解放奴隸、推行封建制有什麽關係。至於趙鞅的誓詞中有“人臣隸圉免”，顯然是趙鞅爲在這次决定性的戰鬥中取得勝利，而臨時采取的一種鼓勵性措施。文中把它説成爲“一條關於解放奴隸的重要政策”，至少是夸大，不論以前或以後没有材料證明趙鞅有解放奴隸的言論或行動。文章還説趙鞅努力推行新興的封建制，表現在兩個方面，一是“在政治上推行郡縣制”，其證據就是上引趙鞅誓詞説的“克敵者上大夫受縣，下大夫受郡”。按：晉國早就推行郡縣制，《史記・趙世家》：“晉頃公十二年（前 514）六卿以法誅公族祈氏、羊舌氏，分其邑爲十縣”，也比此早。至於誓詞所説，和推行郡縣制看不出有什麽關係。二是“在經濟上推行適當的田畝徵税制度”，其證據就是臨沂漢簡《孫子兵法》的佚文，孫武答吳王問中所講税三家田制與税率。當時晉六卿都按田畝徵税，而以趙氏所收最輕，這一點對於趙氏戰勝范、中行氏，以及“得專晉政”，勢力在其他家之上，可能發生一定影響。但是單憑徵税最輕一點，證明趙氏是晉國推行新興的封建制的政治代表也還很不充分。當然，我們並不能因此否定趙鞅在其他方面是否有推行封建制以代替奴隸制的事跡，這個問題還是可以探討，但主要靠更多的事實和證據，衹是從盟書所反映的鬥争的事實來看，一來證據不足，二來有些推斷顯然失實。盟書所反映的基本上屬於統治階級内部鬥争，如果硬要把它往儒法鬥争拉，其結果必須是“削足適履”。

二

本書分盟書第一類叫“宗盟類”，它的得名主要是因篇首都爲某人“敢不剖其腹心，以事其宗”開始，《侯馬盟書叢考》説：“宗指宗廟而言”“同姓同宗的人在一起舉行盟誓，叫做宗盟”。如此，“宗”字不僅關係盟書名稱，也關係它的性質，更重要的是牽涉對這類盟書内容與盟者彼此關係的理解。其實此字不是“宗”，而是“主”，從盟書本身已獲得證明。

（一）這類盟書都有一個主盟人，多稱爲“嘉”，但也有稱爲“子趙孟”或“某”者，從盟人“剖其腹心”，對晉先君起誓，就是向此人保證：如何如何。從上下文義，讀“以事其宗”講不通，“事其宗”如指宗廟，則在當時爲各人應有之事，何須剖明腹心？爲此盟誓更難理解。如讀爲“以事其主”，那就文通理順了。

（二）在從盟人史歐彘、仁柳剛等三篇盟辭中皆作“敢不剖其腹心以事嘉”，確證“以事嘉”即“以事其主”，嘉爲主盟人趙孟。所以此字不是指宗廟，不能讀作“宗”，而是指主盟人趙孟，可以確證爲“主”。《左傳》哀公二年鐵之戰，公孫龍取逢旗於子姚之墓下，獻曰：“請報主德”，即稱趙鞅爲主。

（三）有七篇盟辭中把“不守二宫”寫成“不主二宫”，還有三篇將“守”和“主”套寫爲一個字，《宗盟考》皆讀此字爲“宗”，“不宗二宫”講不通，衹能讀爲“不主二宫”，那就和“不守二宫”相合了。

最近河北平山戰國中山墓葬出土中山王三銅器有此字，而皆與臣對，如方壺：“臣主易位”，子之“爲人臣而反臣其主”；鼎：“長爲人主”，“使知社稷之任，臣主之宜”；圓壺：“子之大僻不宜，反臣其主”。《文物》1979 年第 1 期所刊《簡報》與朱、裘的文章仍讀爲“宗”，而釋其義爲主，今和盟書參證，更加證實此字讀“主”。

此字不僅字義是“主”，即字形也是“主”字而和“宗”字有別。

（1）盟書此字異形雖多，據《字表》歸納在“山”之下，所從僅有兩型：一是，二是，一直中間所加可以是點、或短劃，正至是。中山三器也有兩型，一作，二作，中間都作點，結構則與盟書全同。

（2）“内室類”盟書中“宗”皆作或，中山銅器《兆窆圖》“宗”作，與“内室類”同。

（3）所謂“宗盟類”盟書可辨識的有五百多篇，“内室類”也有五十八篇。今據摹本一一考查，兩類盟書皆無例外，也不見一個混用。更值得注意的是，在“守”“主”套寫爲一字的例中，所用爲上述第（1）中的寫法，絶不用第（2）類中“宗”字寫法，在數以百計的盟書例證中，如此涇渭分明，絶不相混，又有中山三銅器互證，衹能是兩個不同的字，後者是“宗”，前者就非“宗”字。

（4）“宗”字從“示”，第（2）類明確從示，文義也是“宗”字無疑。第（1）類非“宗”亦非從“示”，“示”兩旁各有短直，此作“丅、丅”，没有兩短直，而中間多加一點，結構不同，所以應是主，即《説文》“宔”字，“宗廟宔祏也，从宀，主聲”，“祏、宗廟主”，以木爲之，武王伐紂，即載文王木主，小篆作宔，經典皆用“主”字。《春秋》文公二年經：“丁丑作僖公主也。”《公羊傳》：“爲僖公作主也。”注：“僖公作廟主也，主狀正方，穿中央達四方，天子長尺二，諸侯長尺”。《穀梁傳》注中多“主蓋神所憑作”外，餘同上注。《五經異義》下多“皆刻謚於其背”。如此“丅”即象木主形，中加一點乃表示中央有穿，上加一點爲“丅”乃後起字，“示”古文上亦無一筆可以互證。《左傳》《周禮》等書皆用“主”，至漢仍如此，《漢書・五行志》：“迺作主”，注：“宗廟主也”，故“宔”與“主”互通。

（5）《汗簡》（27頁）“主”字作𠆷與盟書中主作“宔”，結構皆同，《汗簡》的“主”字顯然就是從此而來，至於將一直變作彎曲，不過是爲美觀，與結構無關。

討論至此，此字是“主”非“宗”已毫無疑問，則不能稱“宗盟類”，從盟者亦不必同宗，據《盟書人名表》，參盟人有姓而非趙氏者有二十人左右。《左傳》定公四年：“智伯從趙孟盟”，可能就是這一次，否則亦當相去不遠。這類盟書可辨識已達五百十四篇，如此衆多之從盟人，不可能爲趙氏之宗盟，更不必爲趙氏之家臣邑宰，當爲晉國之群臣大夫。《左傳》襄公十九年：“事吳敢不如事主”。服虔及杜預注皆謂“大夫稱主”，可證。趙鞅蓋企圖用當時遵行的盟誓方法把晉國一大批群臣與范吉射、中行寅兩家斷絶政治關係，而使之擁護自己，若趙鞅自己家族和家臣邑宰，反而用不着盟誓，這是很清楚的。

由“不守二宫”又作“不主二宫”，所指亦當爲在二宫盟誓之約言，其一即從“定宫平阩之命”，另一即“從嘉之盟”，嘉之盟當亦某宫舉行，若解爲“不守宗廟”，或“不主宗廟”和“以事其宗”一樣，皆難於理解，亦無須用盟誓的約束。所以搞清楚是“宗”是“主”，對於盟書的性質、盟者的關係，和盟辭的理解都是關鍵，是必須先解决的一個問題，不能等閒視之。

三

此篇所謂“宗盟類甲”，朱書多已殘脱或漶漫，雖製成彩色圖版，仍無法看清，摹本也空缺多字，釋文也有可商，先照録如下：

十又一月甲寅朏，乙丑，敢用一元，□□
□顯皇君晋公□，　　余不敢塲兹□□
□審定宫平阩之命，女嘉之□□夫：□
夫：□　　之　　兹
以□　　不帥從𡴘書之言
皇君　　覝之，麻夷非□

“一元，摹本爲“元”顯爲“元”字而誤分爲二字。《論語·堯曰》引《書》曰：“予小子履，敢用玄牡，敢昭告於皇皇后帝”，《墨子·兼愛》下：“湯曰：惟予小子履，敢用玄牡，告於上天后”。“玄”“元”義音皆同，古通，“元”下所缺第一字應爲“牡”等一類字，第二個尚殘存上半“⺊”，必爲“告”字。至於“顯”字上殘存字頭也必爲“不”（丕）字無疑。

《侯馬盟書叢考》定此篇爲“宗盟類序篇”，並解釋後面爲追述周王賜命。盟誓時爲什麽要追述周王賜命？參盟者每人都寫了盟辭，爲什麽要寫這篇序篇？目的何在？又有什麽必要？實在講不出什麽道理，并且“在當時嚴格的等級制度的社會裏，周王賜命應該寫在盟誓辭文的前面”，那麽爲什麽寫在後面呢？《叢考》連自己提出來的問題也没有回答清楚，反而越講越使人糊涂。

此篇和其他篇盟書都有不同。

第一，其他篇盟書皆以自道姓名開首，表明各人對神保證自願遵盟，此篇則用元牡昭告晉公開始，下文僅自稱爲“余”，格式、性質、方式都不一樣，盡管有“定宫平陟之命”，同於所謂“宗盟類”盟書，彼此有一定内在聯繫，但並非直接，不是它的“序篇”。

第二，其他篇盟書參加盟誓的人不僅自道姓名，還必須各寫一份盟辭，所以相同之盟辭甚多。此則僅有一篇，下文自稱爲“余”，也證明衹有一人，一個人不可能爲盟誓，它和多人在一起舉行之盟辭必有區别，並非“從盟”，從這一點也證明和“宗盟類”性質不同。

上引《墨子·兼愛》之湯曰：出於《湯誥》，自稱“予小子履”，下文又有“今天大旱，即當朕身履”，明爲湯禱旱之辭。《左傳》哀公二年記衛太子禱曰：“曾孫蒯聵敢昭告皇祖文王，烈祖康叔，文祖襄公”云云，與此篇相近，而皆爲禱辭。此篇明記“敢用元（牡）告（于）丕顯皇君晉公”，又爲一人所告，一人衹能爲禱，非盟，但最後也有“［明亟］覗之，麻夷非［是］”，與其他盟書同，這是盟誓的語言，因而此篇性質介於禱、盟之間，應爲禱誓之辭。

至於禱誓者爲誰，文多殘缺，意難連綴，但從“□（余）審定宫平陟之命，女（汝）嘉之□”看，嘉即主盟之嘉，亦即趙孟，稱之爲“汝”，下文又連書兩個“大夫”之名，身分衹有晉君（生君）才較適合。所謂“委質類”盟書盟詛的對象有“欮及新君弟子孫，隥及新君弟子孫”。欮及隥蓋皆新君之弟，至少可證新君之弟也卷到鬥争之中，和范氏、中行氏站在一邊，所以晉君也必須表明立場態度，但晉君身分高於嘉，不能參加“從盟”，所以用禱誓的形式，它不用“從嘉之明（盟）定宫平時之命”，而用“□（余）審定宫平時之命，汝嘉之□”。“審”下從“心”，應即“審”字，《説文》審“悉也，知審，諦也”。應用此等字眼，一則證明確非“從盟”，再則此人身分也可想知必爲嘉之君主，故非晉君莫屬。

此篇朱書殘缺過多，不僅全篇文字無法連貫，即文字的筆劃亦難全照原樣復原，有時“差之毫釐，即失之千里”。上文已指出“一元”必爲“元”字誤分，其他如“汝嘉之□”所缺應是“明”字，而摹本從“立”；“不帥從韋書之言”，有人釋爲“載書”，而摹本仿佛“韋”字而又不像，據此篇彩色照片，模糊不清，筆劃稍有漫漶，摹寫也可以走樣，不能完全祛疑。這裏所要談者，篇首“十又一月甲寅朏，乙丑”。文獻皆用朔後紀日，銅器也是如此，如《公朱左自鼎》：“十一年十一月乙巳朔”可證。先秦以干支紀日，必先知朔日干支，才能決定日辰干支的日次，故有必要先記朔日干支，至於朏則從來不用爲干支日次的起算基點，因新月初見之朏，並不固定。此種紀日法不僅不見，亦無此必要，《曆朔考》據王韜《春秋朔閏考》，魯定公十五年正月癸丑朔，因定“甲寅朏”爲此月二日。但傳統皆説朏爲初三，未説初二。再主要的是此種紀日法畢竟違反用干支紀日法的一貫方法和實際需要。“朏”從“𡴀”，而“朔”從“屰”，相差極微，在朱書漫漶不清的條件下，未易確辨，摹寫筆劃稍有參差也非不可能。如此字爲“朔”，晉用夏正，十一月爲周建子之正月，據汪日楨《長術輯要》，魯哀公五年“正（建子）甲寅”朔，乙丑爲是月十二日。而《左傳》記周哀公“五年春，晉國柏人、荀寅、士吉射奔齊”，這是范氏、中行氏最後失敗，徹底從晉國土地上撤走，這和盟書“而敢有志復趙尼——子孫于晉邦之地者”，“或復入之于晉邦之中者”是相吻合的。若魯定公十五年，鄲邯正爲荀寅、趙稷所據。晉國許多地方還在范氏、中行氏的手中。盟書所説“復于晉邦之地”，“復入之于晉邦之中”，是不大相符合的。

總之，此篇文辭模糊殘缺過多，又僅有一篇無可校補，應該承認存在的問題較多，需要今後多方探索、研究，本文所論還衹是開一個頭，把這些問題提出來作爲進一步考察、討論，還不是没有必要的。

四

《侯馬盟書》中稱盟書第二類爲“委質類”。在盟書約辭中，幾篇首書某人“自質于君所”者，均屬於“委質類”，是委質類的得名。關鍵在於這個“質”字，其實此字上實從“折”，是“誓”字不是“質”字，唐蘭先生在《侯馬出土晉國趙嘉之盟載書新釋》（《文物》1972 年第 8 期）已指出這一點。當時盟書尚未整理好，刊佈不多，讀“誓”讀“質”，還不能輕易下結論。自從“内室類”盟書發現，以及本類及其他類盟書大量整理出來後，此字讀“誓”，已明確無疑。但《侯馬盟書叢考》《侯馬盟書類例釋注》，仍堅持舊讀“質”，並考證“質”爲委質，此類盟書爲“委質類”，這就不單是一個字的釋定和盟書的名稱問題，而牽涉到盟書的性質與内容的解釋，有必要加以辨證。

（一）據《侯馬盟書字表》（348 頁）此字有五例下從“心”，作“悊”。此字在戰國哲語印中明確爲“哲”字，還有兩例：一個下從“日”，一個下從“田”，乃是三晉文字從“口”的繁寫。《盟書字表》中也有證明，古文字從“口”、從”心”往往相通，更確證此字上所從是“折”，故讀與“誓”同，折《説文》籀文作“𣂚”，左旁省去二屮，即成爲“哲”爲“㪿”。平山新出中山王鼎有“烏呼哲哉"，"哲"從"斤"從"木"，凡此皆確證此字上所從爲"折"。

（二）"内室類"盟書有"敢不從此盟貭之言"，和"既貭之後"，除下從"貝"外，有兩例下從"心"，一下從"日"，一下從"田"，字形爲"哲"，字義爲"誓"。"盟、誓"連文及古今通語，《左傳》多見，如成公十三年"申之以盟誓"，定公四年："世有盟誓"，襄公九年："盟誓之言，豈敢背之？"特别是最後一例與上引"内室類"盟辭極爲相近，"盟貭"必爲"盟誓"而非"盟質"的確證。又"即盟之後"，盟辭常見之語，如《左傳》記襄公九年之載書有"自今日即盟之後。"《孟子》記齊桓公葵丘之盟："凡我同盟，即盟之後。"凡此亦可證明"即貭之後"必讀"即誓之後"。"盟質"則不僅别扭，亦無先例，盟誓坑連本書也不叫它盟質坑，古今皆一樣違背習慣。

（三）篇首"自質于君所"和下文"敢不巫覡史薦綐繹于皇君之所"，君皆指晉先君，後者本身已明確爲死者，前句中之君，《委質考》爲要釋此字爲質和"委質于君所"，解釋爲生君之居所，和後者有生死之别，其實本篇中之君皆指先君，衹有"新君弟"之"新君"才是生君，故加"新"字以爲區别。本篇最後"君其覭之"，即告篇首之君，要其於冥冥中監視，有無背盟，此君爲先君之確證。又在"繹于皇君之所"後，最後以"則永亟覭之，麻夷非是"結束，所指顯爲先君施威靈，而在"貭于君所"後，最後也以這兩句結束，必爲先君無疑。至於君爲晉國哪一先君，則取决於盟誓在那一君宫廟舉行，宫廟本身已明確爲某君之所，故不須稱先君之謚。委質衹能委於生人，而不能委質於死君。故此字絶不是"質"，亦非委質。

（四）《國語·晉語》："臣聞委質爲臣無有二心，委質而策死，古之法也"，又《左傳》僖公二十三年："策名委質"。委質於君確也書名於策，但其目的在效忠與必死，而本篇盟辭主要是保證和某些家族斷絶往來關係，並無效忠、必死和“無有二心”等内容，此不合者一；質，贄也，委質除獻身之外，還要奉獻贄禮作爲信物，本篇不僅不見贄物，亦無委身於君之意，此不合者二；如“自質于君所”爲向晉君委質猶有可説，向晉君委質爲臣，根本講不通，此不合者三。總之本篇全爲向先君自誓之辭，内容與委質毫無關係，這衹要認真考察，誰都能够看得出來。

五

上文皆爲對《侯馬盟書》幾個主要問題的辨正。最後我對盟書的意見和尚存在的問題概括如下：

（一）《侯馬盟書》除墨書分爲“詛咒類”和“卜筮類”外，朱書分“宗盟類”“委質類”“内室類”，後三類最後皆有“明（或‘永’）亟閱之，麻夷非是”，或“君其閱之”等一類盟誓的語言，多數又皆有“明（盟）”“誓”“明誓”等字，應屬於同一大類，從廣義説，皆可稱盟書，但盟詞各有不同。如上文所考，“宗”爲“主”字誤釋，“質”爲“誓”字誤釋，而所謂“宗盟類序篇”不僅文辭内容不同，性質也有區别，所以《盟書》所分三類多數解釋皆有問題如依盟詞格式應分四類：“宗盟類”爲盟書甲，“序篇”爲乙，“委質類”爲丙，“内室類”爲丁。四類盟詞不同，主要爲不同時間、不同盟次，從而盟誓的方式、方法、内容亦不盡相同。甲篇爲“從盟”，即從主盟人趙孟盟，《左傳》定公十四年所謂“智伯從趙孟盟”，當即此類；乙篇爲禱誓，用元牡昭告於晉先君；丙篇爲“自誓”；丁篇爲盟誓後所作誓詞保證。“從盟”與“自誓”方式必不一樣，亦非同次，而禱誓僅爲一人，又用元牡，方式與時間更不能一樣，至於丁篇在某次盟誓之後，而所保證者爲“内室”與上三盟皆無聯繫，時間不同，性質亦異。此外，其他類中有一盟詞基本和甲篇相同，前後都一樣，最後也爲“明亟覗之，麻（夷非是）”，僅中間有“勿還兄弟”等少數盟詞差異，與甲篇應屬同次，另一有“永不明（盟）于邯鄲”，則亦屬盟書。這兩類亦當爲朱書，雖然《盟書》未作交代，但可以推斷得知。

（二）盟誓都是對鬼神起誓，所謂“昭大神要言焉”“明神以要之”，昭即“昭告”，“要”言即約言，大神可以是山川之神，也可以是“先君”，也可以兼而告之，總稱爲明神。如《左傳》襄公十一年諸侯伐鄭之盟載書“司慎司盟，名山名川，群神群祀，先王先公，七姓十二國之祖，明神殛之。”秦《詛楚文》：“著諸石章，以盟大神之威神”，這種詛盟也要昭告大神。侯馬盟書也都寫在玉、石之上，大約就是石璋、玉璋。至於《詛楚文》沉於河，而盟書埋於地，方式雖異，用意則一。衹是侯馬盟書皆爲告晉之先君，盟書甲稱爲“吾君”，乙稱“皇君晉公”，丙稱爲“君”或“皇君”，丁稱“晉公”，皆爲先君，至於“明亟覗之”“君其覗之”，皆指明神先君冥冥中懲罰與監視。《左傳》僖公二十八年“王子虎盟諸侯於王庭，要言曰：……有渝此盟，明神殛之”。成公十二年之盟書亦有此語，而僖公二十八年宛濮之盟則作“明神先君，是糾是殛”，盟書中的“明亟覗之”，“亟”即“殛”，“明亟”即“明神殛之”之略，“覗”同“視”，《周禮》中之“覗”，鄭注皆爲“視”，“亟”爲鬼神之誅伐，而“覗”則爲鬼神冥冥中之監視，“君其覗之”可以證實。“君”皆爲死君即先君。

（三）盟書還存在一些問題未獲解決，一是少數文字殘缺或不清，影響盟書通讀（主要是盟書乙），二是個别文字隸定存在争議，從而解釋有差異，但最主要的問題在於盟書的歷史背景與事實。詛咒類有中行寅，這是《盟書叢考》定趙孟爲趙鞅，盟書就是以趙鞅爲首對付范氏、中行氏叛亂所舉行的一系列盟誓，時間約從魯定公十三年到哀公六年（前499—前489）。上文各節的討論是以《叢考》的考訂爲基礎的，但是這次鬥争前後達十年之久，《左傳》都有記載，可是彼此的人名基本上都對不上。據《侯馬盟書人名表》參盟人名可知有152個，被盟詛人名26個，都不見於記載，而記載上牽涉的人名除趙孟外也在盟書中找不到，這不能不是一個疑問。特别是主盟人盟書明確稱之爲嘉，因爲是昭告明神，稱名不僅可以而且應該，《叢考》以子臣不能直稱君父之名，未否定嘉爲真正的名字，這不僅不能爲證，且適得反證，可是趙鞅名鞅不名嘉，而嘉乃趙鞅子（一説孫）桓子之名，唐蘭先生曾以嘉爲趙桓子，如此盟書的年代、作者、事實、背景等等將完全變樣，現在盟書全部刊出，對此就須全面考慮，誠如本書所指：嘉爲趙無恤之弟不能稱趙孟，并且趙嘉逐獻侯自立於代，連同在位在内僅一年，與侯馬盟書之規模與多次盟誓也皆不合。獻侯治中牟，趙嘉自立於代，都不在侯馬，侯馬爲晉故都新田，三家分晉後，趙氏都邯鄲，更不應在晉故都盟晉先君之廟，同時從乙篇十一月甲寅不論朏或朔，和趙桓子元年、周威烈王二年（前424）之曆日不合。我們多次權衡得失，比較利弊，認爲目前還是應該照《盟書》考訂，但主盟人之嘉並未解决。再就盟書中對象考察，趙鞅討伐主要有“范吉射、中行寅外，還有趙稷（午之子）、涉賓以邯鄲叛”。除中行寅僅見詛盟類外，盟書皆不見，盟書中主要對象爲趙[illegible]，還有不少趙氏、先氏、郵（董）氏等不少人名，也皆和記載對不上。所有這些問題都有待於發現更多地下材料和進一步探討、研究。今後開展争鳴是必要的。

關於“宗”“主”的區别與演變補證

侯馬盟書中“宗”“主”有别，不僅在中山國銘刻中保存同樣驗證，後代字書仍留有演變遺跡。上文僅舉《汗簡》爲例，其後又檢

《古文四聲韻》與《重訂六書通》，兩書所收“宗”與“主”之古文，區别正如上文所論。《古文四聲韻》收有三個“宗”，《重訂六書通》收有七個“宗”皆以“宀”從“示”。至於“主”字，前書收三個古文，下皆從“[illegible]”等，涇渭分明。兹以《古文四聲韻》爲主，表列如下：

宗	[illegible]※（古孝經）	[illegible]（道德經）	[illegible]※（豫讓文）
主	[illegible]※[illegible]（並古老子）	[illegible]※（華嶽碑）	[illegible]▲（摭古遺文）
加※者，兩書同收，加▲者僅見《重訂六書通》			

“主”字第一欄兩個古文出古老子，與侯馬盟書及《中山王鼎》銘結構基本一致，此古老子之祖書，既用古篆，可能來自戰國。第二欄古文主出《華嶽碑》，與《汗簡》所收“主”字古文同，兩者當同一來源，《重訂六書通》收在“主宔”下。兩書所收“主”字古文，隸定都是“宔”字，可以肯定。凡“宗”字古文，下皆從“示”，而“主”字古文，下所從不是“示”而是“主”字，這是“宗”與“主”根本不同之點。此一結論，從上述字書再一次得到驗證。

原載《中原文物》1981 年第 2 期。

侯馬石簡史探

戚桂宴

山西侯馬晉國遺址出土的以圭形爲主載有朱色文字的玉、石片，總數在五千片以上，其中可以認讀的約六百餘片。這批文字材料郭老命名爲“盟書”，唐蘭先生或又命名爲“載書”，文物出版社以《侯馬盟書》爲書名出版了專集。

這批文字材料是否是所謂的“盟書”或“載書”，很可懷疑。盟禮已亡，但從古書的記載中還可探知其大概：

1. “盟”是歃血坎牲，加盟書於其上：

《禮記・曲禮下》：“涖牲曰盟”，鄭玄注：“坎用牲，臨而讀其盟書”，孔穎達疏：“盟者，殺牲歃血，誓於神也。……盟之爲法，先鑿地爲方坎，割牲左耳，盛以珠盤；又取血盛以玉敦，用血爲盟。書成，乃歃血而讀書。”

2. “盟書”須記入全體與盟者的名字：

《左傳・定公四年》：“晉文公爲踐土之盟，衛成公不在，夷叔其母弟也，猶先蔡。其載書云：‘王若曰：晉重、魯申、衛武、蔡甲午、鄭捷、齊潘、宋王臣、莒期。’藏在盟府，可覆視也。”載書中所記的“晉重”即晉文公重耳，“衛武”即衛成公的母弟叔武，謚爲夷叔。

因爲盟書中須書名，所以死時也以名赴，《左傳·隱公七年》："凡諸侯同盟，於是稱名，故薨則赴以名"，杜預注："盟以名告神，故薨亦以名告同盟。"

3. "盟"是告於神，而不告於生人：

《周禮·秋官·司盟》："北面昭明神"，鄭玄注："明神，神之明察者，謂日月山川也。"

在某種情况下，告神的同時也告於鬼，《左傳·僖公二十八年》："甯武子與衛人盟於宛濮，曰：……有渝此盟，以相及也。明神先君，是糾是殛。"這是在與國人盟的情况下，告於明神的同時，也告於先君之鬼。

4. "盟書"的約辭爲與盟者各方所共同遵守：

《左傳·成公十二年》："盟於宋西門之外，曰：凡晉、楚無相加戎，好惡同之，同恤菑危，備救兇患。若有害楚，則晉伐之；在晉，楚亦如之。"這個約辭爲與盟者晉、楚雙方所共同遵守。

《左傳·僖公二十八年》："王子虎盟諸侯於王庭，要言曰：皆獎王室，無相害也。"這個約辭爲與盟者晉、魯、衛、蔡、鄭、齊、宋、莒各國所共同遵守。

《左傳·襄公九年》："十一月……晉士莊子爲載書曰：自今日既盟之後，鄭國而不唯晉命是聽，而或有異志者，有如此盟。公子騑趨進曰：……自今日既盟之後，鄭國而不唯有禮與彊可以庇民者是從，而敢有異志者，亦如之。"這個約辭爲晉、鄭雙方所共同遵守，所以同年十二月，楚伐鄭，鄭認爲當時的形勢是"今楚師至，晉不我救，則楚彊矣"，便根據盟書中"鄭國而不唯有禮與彊可以庇民者是從"的約辭，而及楚平。

5. 盟書約辭中的人稱代詞，是指與盟者各方：

《左傳·宣公十五年》:"宋及楚平,華元爲質,盟曰:我無爾詐,爾無我虞。"這個約辭中的人稱代詞"我"和"爾"是指宋、楚雙方。

侯馬出土的玉、石片上的文字,並不具有以上這些盟書的特徵:

1. 從發掘報告來看,出土坑位不見有"坎牲加書"的情況。

2. 約辭中也不見記有全體與盟者的名字。

3. 在已整理過的六百餘篇約辭中,有將近六十篇是告於鬼:"丕顯出公大冢明亟視之",近六百篇是告於生人:"吾君其明亟視之",而無一篇是告於明神。

4. 約辭也不是爲與盟者各方所共同遵守,受約辭約束的祇是立誓者一方,他們的名字都記在每一篇約辭中。

5. 第一六:三篇上的文字雖較特殊,但行文也不像是盟書,在殘缺的約辭中,人稱代詞"余"字可能是指"帥從幸書之言"者,"女"字則是指一位名爲"嘉"的人物,不是指與盟者各方。

因爲這批玉、石片上的文字本身没有一篇具有"盟書"或"載書"的特徵,而且數以千計的人爲盟,這在事實上也是不可能的,所以本文不再沿用"侯馬盟書"或"侯馬載書"的名稱,而命名這批玉,石片爲"侯馬石簡",其文字爲"侯馬石簡文字"。

但從簡文中有"群虖盟者""從嘉之盟""從此盟誓之言""從幸書之言"的語句來看,簡文必與某次盟誓有關,其作用或者相當於"從盟"。關於"從盟",古書中有所記載,《左傳·定公十三年》:"十二月,辛未,趙鞅入於絳,盟於公宫",《左傳·定公十四年》:"知伯從趙孟盟,而後趙氏定。"趙鞅是爲盟者,知伯是從盟者,知伯從盟後,而趙氏定。

"從盟"是否有"書",或者"書"是怎樣的體例,都不見記載。但就簡文的本身來看,其内容則是自誓之辭。"誓"是由一方向另一方作出保證，以自約束，《説文》："誓，約束也"，段玉裁注："凡自表不食言之辭皆曰誓，亦約束之意也。"侯馬石簡文字正是立誓人自表不食言之辭。

以言約束爲信的自誓之辭見於周金銘文，《𩰫匜》銘云："伯揚父迺或使牧牛誓：'曰"自今余敢擾乃小大吏"。乃師或以女告，則致乃鞭千……'，牧牛則誓。"牧牛是按伯揚父的指示誓於伯揚父，侯馬石簡簡文中的立誓人，則是按既定的程式誓於"吾君"或"丕顯出公大冢"。

我們之所以説侯馬石簡文字是自表不食言的自誓之辭，是因爲簡文是如此自命的。以一五六：二〇篇爲代表的"自誓"類簡文云："自誓于君所"，這個"誓"字簡文作，字形中的形是字體的結構部分，不是重形符號，不釋爲"質"①。唐蘭先生説此字從折，"自"應讀爲"自誓"②這個解釋是正確的：

1. 此字在一八：五、六七：三、六七：一三、六七：二一、一八五：三諸篇中又寫作，就是悊字。《禮記・文王世子》："曲藝皆誓之"，鄭玄注："誓，謹也"，此誓字即《説文》心部訓爲"敬也"的悊字的借字，那麼簡文中的悊字自得讀爲誓。

2. 簡文六七：六篇云："敢不率從此明之言"，此"明"應讀爲"盟誓"。"盟誓"一語爲古書中所習見，《左傳・昭公十六年》："世有盟誓，以相信也"；《左傳・定公四年》："世有盟誓，至於今未改。""盟誓之言"一語則見於《左傳・襄公九年》："盟誓之言，豈敢背之"，簡文的詞例與《左傳》全同。

3. "誓"是以辭約束以爲信，"質"是沈璧以示信。《國語・晉語四》："公子曰：所不與舅氏同心者，有如河水。沈璧以質"，韋昭注："因沈璧以自誓爲信"，這是説公子重耳以辭約束以爲信，因之又沈璧以示信。簡文中的"自誓"就是立誓人自誓以爲信。

4. “自誓”是古常用語，《左傳·定公三年》：“蔡侯歸，及漢，執玉而沈曰：余所有濟漢而南者，有若大川。”杜預注：“自誓，言若復渡漢，當受禍，明如大川。”簡文“自誓于君所”的“自誓”，即杜預和韋昭注中的“自誓”。

5. “所”字是誓辭的習用字，《左傳·宣公十七年》：“獻子怒，出而誓曰：所不此報，無能涉河。”此句中的“所”字是上承“誓曰”。簡文云：“盦章自誓于君所：所敢俞出入于趙尼之所及子孫”，此句中“所敢”的“所”字是上承“自誓”，簡文“所”字的字例與《左傳》全同。

6. 簡文“君其視之”的句法也爲誓辭所習用，《史記·晉世家》：“重耳曰：若反國，所不與子犯共者，河伯視之。”“河伯視之”是誓於河神，“君其視之”是誓於晉君，簡文的句法與《史記》全同。

立誓人是“自誓于君所”，“君所”當是指晉君之所，不是指卿大夫一級人物“主君”之所③：

1. 卿大夫稱“主”，不稱“君”，《禮記·坊記》：“大夫不稱君，恐民之惑也”，鄭玄注：“大夫有臣者，稱之曰主。不言君，辟諸侯也。”

這個區別在《左傳》裏是十分嚴格的，《左傳·襄公十九年》：“事吳敢不如事主”，杜預注，“大夫稱主”，這裏的“主”是指晉大夫荀偃。《左傳·哀公五年》：“張柳朔謂其子：爾從主，勉之”，這裏的“主”是指晉大夫范吉射。《左傳·昭公二十九年》：“齊侯使高張來唁公，稱主君”，杜預注：“比公於大夫”，這是説齊國的使者高張到魯國的鄆邑去慰問魯昭公失國時，對魯昭公不稱“君”，而稱“主君”，這是對魯昭公的極大侮辱。《左傳·昭公二十八年》：“祁盈之臣曰：鈞將皆死，憖使吾君聞勝與臧之死也以爲快”，這裏的

"君"是指晉大夫祁盈。大夫稱"君"，這是《左傳》中唯一的一條例外，所以洪亮吉《春秋左傳詁》説："大夫稱主。今稱君者，蓋其臣三世仕於祁氏矣。"

2. 國君之所曰"君所"，這在古書記載中也是習見的，《左傳·襄公二十三年》："鞅之父與二三子在君所矣"，這是指晉平公彪之所；《左傳·哀公十五年》："苟我寡君之命，達於君所"，這是指吳王夫差之所；《左傳·哀公二十五年》："若逐之，必出於南門，而適君所"，這是指衛出公輒之所。

簡文之所以説"君其視之"，是因爲立誓人是"自誓于君所"，他們是向晉君作保證。如果把簡文讀爲"自質于君所"，並把"自質"解釋爲"把自身也抵押出去"④，那就成了立誓人把自身抵押給晉君了，簡文恐怕不是這個意思。

關於侯馬石簡中立誓人的自誓之辭，研究者提出了不少很正確並很有啓發性的見解，本文在研究者已取得的成績的基礎上，對簡文所反映的史實作了如下的探索：

侯馬石簡可能是公元前454年晉國趙氏晉陽之圍時的遺物。這一年晉出公死去，他就是簡文中的"皇君出公"；同年，晉懿公驕立，他就是簡文中的"新君"。立晉懿公的是晉之四卿中的知伯。晉懿公新立，知伯請地於趙，趙不與，知伯遂率韓、魏攻趙，趙襄子無恤由晉都亡奔趙邑晉陽。三卿圍攻晉陽歲餘，此即史所稱的"晉陽之圍"。

趙襄子之兄故太子伯魯早年死去，趙襄子即位後，封伯魯之子周爲代成君，並打算傳位給代成君。晉陽之圍期間，趙襄子不在晉都，其弟趙嘉大概便乘此機會在晉都舉行了一次盟誓，以排斥趙襄子，企圖奪取趙氏宗主的地位，此次盟誓即簡文中所記的"嘉之盟"，"嘉"就是趙襄子之弟趙桓子嘉。

趙嘉立盟之後，他的新趙宗並未得到廣泛的承認，所以數以千計的人被迫表態支持趙嘉。爲了自表不食其言，立誓人便紛紛向晉懿公作誓，這就是我們今天所看到的侯馬石簡文字。立誓人之所以要向晉君作誓，是因爲趙嘉的新趙宗是爲晉公室所承認了的，亦猶新建立的諸侯國是爲周的王室所承認了的是一樣。

晉懿公元年，即晉陽之圍的第二年，公元前453年，韓、魏與趙合謀，反滅知氏，晉陽解圍，趙嘉這次争奪宗主地位的鬥争未能取得勝利，已出土的這批石簡也就完全失去了作用。直至又過了二十八年趙襄子死去後，即公元前425年，趙嘉趕走了趙獻子浣，才終於奪取了政權，可是他在位不過一年便死去了。

下文將討論侯馬石簡文字中的幾個問題，從而考證侯馬石簡可能是晉陽之圍時的遺物。

一、新君弟子孫

簡文中所列的被打擊的對象，其名字的前面或冠以姓氏，如"敓痜"；或冠以地望，如"邯鄲重政"，被打擊的對象"歅及新君弟子孫、隥及新君弟子孫"自不應例外。可是這兩人名字的前面没有冠以任何類似的成份，由此可知他們兩人就是"新君弟"，因爲依簡文的句法，"新君弟子孫"就是"歅"和"隥"的子孫。不作如此的理解，便無法解釋"新君弟子孫"何以會在同一簡文中凡兩見。

歷史紀元的通例，國君初立的當年尚未"即位"，故亦不改元，第二年始即位改元。《春秋經·桓公元年》："元年，春，王正月，公即位"，杜預注："嗣子定位於初喪，而改元必須踰年者，繼父之業，成父之志，不忍有變於中年也。"這裏指的史實是：魯隱公於十一年十一月壬辰被弑，異母弟桓公立。魯桓公初立的當年，他已定位，但尚未"即位"，故亦不改元。第二年正月桓公"即位"，始改元爲元年。

已定位而尚未即位改元的國君稱“新君”，這在史載中是不乏其例的。《左傳·昭公十年》：“既葬，諸侯之大夫欲因見新君”，這一年晉平公彪死去，晉昭公夷立，他已定位而尚未即位改元，故稱“新君”；《史記·微子世家》：“宋弑新君游”，這一年宋湣公被殺，公子游立，他已定位而尚未即位改元，故稱“新君”。準此以求，簡文中既有“新君”的稱謂，那麽“自誓”類簡文寫成的那一年，晉國必有一國君死去，另有一國君繼立。繼立的這位國君在這一年雖已定位，已是事實上的晉君，但他尚未“即位”，也未改元，所以簡文又稱他爲“新君”。

二、嘉之盟

唐蘭先生認爲“嘉”是人名，即趙襄子無恤之弟趙桓子嘉，簡文中的“嘉之盟”即趙嘉之盟，這個解釋也是正確的：

1.《春秋經》和《左傳》中以“嘉”爲人名的不下十餘例，《春秋經·昭公十二年》：“鄭伯嘉卒”，鄭伯嘉即鄭簡公；《左傳·成公元年》：“晉侯使瑕嘉平戎於王”，瑕嘉即晉大夫詹嘉。“嘉”字常常用以命名，那麽“嘉之盟”的“嘉”之爲人名是很有可能的。

2.簡文一五六：二〇篇云：“没嘉之身及子孫或復入之于晉邦之中者”，這個“嘉”衹能解釋爲人名，不宜解釋爲“參盟人對其主君的美稱和尊稱”⑤。《國語·晉語八》：“遂刺欒盈，滅欒氏，是以没平公之身無内亂也”；《吕覽·期賢》：“故簡子之時，衛以十人者按簡子之兵，殁簡子之身”，這兩條引文與“没嘉之身”的詞例全同。這類句型中的人名可以用代詞來代替，《禮記·檀弓下》：“叔譽曰：其陽處父乎？文子曰：行併植於晉國，不没其身”，引文中的“不没其身”，即“不没陽處父之身”。這類句型也有省去“之身”的，《晉語六》：“自是没平公無楚患”；《晉語七》：“殁平公軍無秕政”，引文中的“没平公”，意即“没平公之身”。簡文“没嘉之身”的“嘉”既是人名，那麽“嘉之盟”的“嘉”也必是人名。

3. 簡文中的“以事其宗”，在一：四〇、一：四一、一：四二等三篇中都寫作“以事嘉”，此可證“以事其宗”意即“以事嘉”。立誓人在誓辭中表示要事“嘉”，而簡文中被打擊的主要對象是趙氏的“趙尼”，“嘉之盟”在一：二二篇簡文中又誤寫作“子趙孟之盟”，那麽這位“嘉之盟”的主盟人之必姓“趙”名“嘉”，就是“趙嘉”，是顯而易見的了。

見於史載的有兩個趙嘉：一是戰國末年被趙悼襄王所廢的嫡子趙嘉，一是逐趙獻子而自立於代（前424）的趙桓子嘉，此趙嘉或説是趙襄子之弟，《趙世家》：“襄子弟桓子”，《六國年表》索隱：“桓子嘉，襄子弟也”；或説是趙襄子之子，《趙世家》索隱引《系本》云：“襄子子桓子。”

侯馬石簡的上限不得早於魯成公六年（前585）晉景公由絳遷往新田之前，下限不得晚於周威烈王二十三年（前403）韓、趙、魏三家列爲諸侯之後，那麽簡文中的“嘉”當是趙桓子嘉，據《六國年表》索隱，他是趙襄子無恤之弟。

“嘉之盟”在簡文一：六六篇中寫作“祄之盟”，一：八六篇寫作“某之盟”，一：二二篇寫作“子趙孟之盟”，這都是誤寫，不宜作其他解釋：

1. 一：六六篇云：“祄敢不閛其腹心，以事其宗，而敢不盡從祄之盟。”這是把立誓人的名字誤寫在盟稱的位置上，絶無可疑。

2. 一：八六篇中的“某之盟”也是誤寫，不可能是“參盟人對主盟人的諱稱”⑥。這類簡文中都有“吾君其明亟視之”的約文，可知這是立誓人向晉君作誓。古者君前無諱，立誓人向晉君作誓不能用諱稱，《禮記·曲禮上》：“君所無私諱”，鄭玄注：“謂臣言於君所，不辟家諱，尊無二。”《曲禮》又云：“臨文不諱”，鄭玄注：“爲失其正事”，臨文尚且不諱，何況是立誓人向晉君作誓？“某”字之不可能是諱稱，這是很明白的。

3. 一：二二篇中的“而敢不盡從子趙孟之盟”，此與以上二例同，也是誤寫，不是指“趙氏宗族中行輩間的長者”[7]。古者君前稱名，不稱長幼之序，《禮記·玉藻》：“士於君所言大夫，没矣則稱謚若字”，孔穎達疏：“君前臣名。”君前不稱謚若字，那麽立誓人向晉君作誓，自不應用長幼之序而美其稱謂。“子趙孟之盟”之所以致誤，可能是把趙桓子嘉或被打擊的主要對象“趙尼”的長幼之字誤寫在盟稱的位置上。《白虎通·姓名》：“庶長稱孟，魯大夫孟氏是也”，趙嘉稱趙孟不是没有可能的。趙襄子也稱趙孟，那是因爲他的母親是“翟婢”，他是不同母的庶長。

數以千計的人向晉君作誓，他們實際上不過是在履行一種手續，想在這場鬥争中力求自保，其中有的人甚至並不了解鬥争的真實情况，這是完全可以想象的。因此，在上千篇簡文中出現了筆誤，或者竟連名字都寫錯了，也並不足奇怪。在一：六六篇中，立誓人衼把名字誤寫在盟稱的位置上；在一：八六篇中，連立盟人的名字都不知道，寫成了“某之盟”，就是最好的例證。如果不這樣的理解簡文中的“趙孟”，而認爲他就是趙簡子[8]，這無疑會影響到侯馬石簡研究中一系列的論點。

“嘉之盟”的“嘉”既是趙桓子嘉，那麽侯馬石簡寫成的年限衹能是在趙嘉死去的以前。但又不可能如唐蘭先生所説，是寫成於趙嘉即位的以後，即公元前425年或424年，這是因爲：

1. 趙嘉是“逐獻侯，自立於代”，代在今河北省蔚縣，趙嘉在位一年便死去了，他即位後的文物在侯馬出土的可能性不大。

2. 趙桓子嘉元年，即晉幽公十四年，在位已十四年的幽公在簡文中不應稱爲“新君”。

3. 趙嘉奪取了宗主地位後稱“主”，但在簡文中不僅可以、而且應當直呼他的名字“嘉”，因爲君前臣衹能稱名。

4. 趙獻子的名字，《趙世家》寫作“浣”，索隱引《世本》作“起”，《六國年表》索隱作“晚”，唐蘭先生認爲簡文中的“趙尼”是“趙浣”的訛變，他就是趙獻子，這一判斷的根據不够充足。如唐蘭先生所引，我們反倒可以認爲“浣”字並不是誤字，因爲“起”字可以證其形，“晚”字不僅可以證其形，而且還可以證其音，浣、晚都是元部字。當然也可能“晚”字並不是誤字，而“浣”字卻是誤字。但不論怎樣，簡文中的“趙尼”不可能是史載中的“趙浣”。

趙嘉立盟的那一年，晉國有一位新君初立，奴果能知道這位新君是誰，侯馬石簡的絶對年代也就可以考證出來了。可是這一階段晉國的世系和紀年在史載中極爲錯亂，《晉世家》和《趙世家》不盡可信，這一點前人已早有定論，所以本文將依《左傳》和杜預《春秋年表》作如下的推算：

據《左傳》，魯哀公二十年趙簡子死去，第二年趙氏的紀年是趙襄子元年；依《春秋年表》推算，魯哀公二十年晉定公也死去，第二年晉國的紀年是晉出公元年。據《左傳》，魯悼公四年知伯帥師伐鄭，依《春秋年表》推算，這一年是趙襄子十一年，亦即晉出公十一年。據《左傳》杜預注，知伯伐鄭十年後，即魯悼公之十四年，知伯帥韓、魏圍趙襄子於晉陽，此年是在春秋後二十七年。依《春秋年表》推算，魯悼公十四年晉陽之圍是在趙襄子二十一年，如果晉的世系没有更替，這一年是晉出公二十一年。

這一階段的史實以及晉國的世系與紀年，在《左傳》以及杜預注中是很清楚的。可是，《晉世家》卻是這樣記載的：晉定公三十七年卒，晉出公立。晉出公十七年卒，晉哀公驕立。晉哀公四年，韓、趙、魏共殺知伯。《趙世家》則是這樣記載的：晉定公三十七年卒，晉出公立。晉出公十一年，知伯伐鄭；十七年，趙簡子卒，趙襄子立。趙襄子四年，晉出公死去，晉懿公驕立，知伯率韓、魏攻趙。

兩《世家》的記載雖不盡相同，但晉陽之圍是發生在晉定公死去後二十一年，第二年晉陽解圍，兩《世家》的紀年均與《左傳》杜預注相合，衹是杜預注與《晉世家》是把晉陽之圍當成一個完整的事件來記的，合其始年與終年爲一年。據《趙世家》的紀年來推算，晉陽之圍的始年是晉出公二十一年，這大致是可信的。至於《趙世家》把晉出公二十一年分記爲晉出公十七年和趙襄子四年，那是因爲它誤記了晉出公十七年趙簡子死去；《晉世家》分記爲晉出公十七年和晉哀公（即《趙世家》的晉懿公）四年，那是因爲它誤記了晉出公在位十七年死去。

據《趙世家》和《六國年表》，晉陽解圍後二十八年趙襄子死去，這一年晉的紀年是晉幽公十三年，趙的紀年當是趙襄子五十年。因爲《趙世家》和《六國年表》都誤記晉陽之圍的始年是趙襄子四年，少記了十七年，所以趙襄子在位的年數也少記了十七年，都誤記爲三十三年。

晉國與趙氏的世系與紀年基本上已理出了一個頭緒來了，這樣，我們就可據以推算趙嘉的活動年代了。趙襄子元年即晉出公元年，亦即公元前473年[⑨]。趙襄子在位五十年死去後，趙獻子浣立，這一年是公元前425年。趙獻子年少，趙嘉於同年逐趙獻子，而自立於代。趙嘉在位一年，卒，趙氏共殺趙嘉之子而復迎趙獻子，這一年是趙桓子嘉元年，即晉幽公十四年，亦即公元前424年。據此，趙嘉的活動年代，上限不得早於晉出公元年，下限不得晚於晉幽公十四年，即侯馬石簡寫成的年限當在公元前473—前424年的五十年間[⑩]。

侯馬石簡簡文中既有“新君”的記載，那麽這位“新君”必是在此五十年間新立的一位晉君，據《趙世家》，這位“新君”衹能是晉出公錯，晉懿公驕或晉幽公柳三世[11]。如果這三位晉君初立的那一年，趙氏宗室内部曾發生過什麽重大事件，那麽我們就可以據以判斷侯馬石簡簡文中的這位“新君”究竟是這三位晉君中的哪一位，並從而考證“嘉之盟”的絶對年代，以及簡文所涉及的可能是何種史實。這三位晉君初立的那一年，有關趙氏的記載如下：

1. 據《左傳》，晉定公三十七年卒，晉出公錯立，是爲“新君”。這一年趙簡子也死去，趙襄子繼立，趙氏是否發生過政權鬥争，不見記載。

2. 據《趙世家》，晉出公二十一年卒，晉懿公驕立，是爲“新君”。這一年知伯請地趙，趙不與，知伯遂率韓、魏攻趙。趙襄子懼，乃奔保晉陽，趙氏發生了史所稱的“晉陽之圍”的重大政治事件。

3. 據《晉世家》，晉哀公驕（即《趙世家》中的晉懿公驕）在位十八年（或説十九年，又或説十七年）卒，晉幽公柳立，是爲“新君”。這一年的前後，趙氏内部没有發生過重大事件。

據此可以初步判斷：侯馬石簡簡文中的“新君”或即晉懿公驕，侯馬石簡的絶對年代可能是公元前454年，其所涉及的史實或者正是“晉陽之圍”。

三、丕顯□公大冢

簡文一六：三篇云：“皇君（□）公”（文中以“□公”代），六七：六篇云：“丕顯□公大冢”，此“□公”不釋爲“晉公”[12]，當釋爲“出公”[13]：

1. 在《左傳》或《國語》中，晉君生前稱“晉侯”或“晉侯晉君”，死後稱謚，没有稱“晉公”的例子。

2. 簡文“晉邦”的“晉”字基本字形作[glyph]，在同一篇簡文中“出入”的“出”字基本字形作[glyph]，這兩個字形絶不相混，所以知道“□公”必不釋爲“晉公”。

3. “皇君”是泛稱，它的後面不應再贅以“晉公”這樣的泛稱，所以知道“□公”必是專稱，是指晉國某一死去的皇君。

4. 檢閲晉國的世系，自武公以下凡二十一世，字形與“□公”近似的衹有“出公”一世。

5. 在簡文六七：一、六七：五、六七：一二、六七：一四、六七：二九、六七：四五諸篇中，“□公”作“[glyph]公”或“[glyph]公”；在七九：三、八六：一、九一：五、九六：九、一五六：一九、一五六：二五、一七九：一六、一八五：八、一九四：一二諸篇中，“出入”作“[glyph]入”，上端都是三歧出，與“出”字的小篆或楷書近似，而與簡文中“晉”字的基本字形相去甚遠。而且簡文中没有任何反證可以證明“□公”不可能是“出公”，相反，倒有字例可以證明“□公”字必是“出公”，例如六七：一四篇的“[glyph]公”，和一九四：一二篇的“[glyph]入”，這兩個字形毫無二致。據此，“□公”之必爲“出公”，絶無可疑。

6、簡文中“新君”既可能是晉懿公驕，那麽晉懿公驕初立的那一年晉出公已死去，當稱“皇君”，此與簡文中的“新君”和“皇君□公”的稱謂相合。同樣的情況，如果肯定了“□公”就是“出公”，那麽簡文中的“新君”也必是晉懿公驕，這也是没有問題的。

簡文中的“皇君之所”，是指晉出公葬前治喪或柩殯之所，不可能是指“皇君晉公的宗廟”[14]。《禮記·曾子問》：“君未殯，而臣有父母之喪，則如之何？孔子曰：歸殯反於君所，有殷事則歸，朝夕否”；又云：“君薨既殯，而臣有父母之喪，則如之何？孔子曰：歸居於家，有殷事，則之君所，朝夕否”，這裏的“君所”，即簡文中的"皇君之所"。因爲簡文中有"皇君之所"的語句，所以知道"自誓"類簡文寫成時，晉出公已殯而尚未葬。

諸侯死後五月而葬，《禮記·王制》："諸侯五日而殯，五月而葬。"由於各種原因，葬期也可能不足五個月或超過五個月，《春秋經·昭公十年》："七月……戊子，晉侯彪卒……九月，叔孫婼如晉，葬晉平公。"杜預注："三月而葬，速。"《春秋經·昭公三十二年》："十有二月，己未，公薨於乾侯。"《春秋經·定公元年》："秋七月癸巳，葬我君昭公。"杜預注："公在外薨，故八月乃葬。"晉出公是死於奔齊的途中，《趙世家》："出公奔齊，道死"，可知"自誓"類簡文寫成時，晉出公死去可能不足五個月，也可能超過了五個月，總之，死去還不太久。

古者葬前爲謚，《禮記·檀弓下》："公叔文子卒，其子戍請謚於君曰：日月有時，將葬矣，請所以易其名者。""出"字不見於《謚法》，但依葬前爲謚的禮俗，大致可以判斷寫有"皇君出公"或"丕顯出公"的簡文，其寫成的時間當在晉出公既葬之後。

"丕顯出公大冢"是指晉出公葬後的墳墓，不是指"晉國先公太廟"⑮。晉出公的廟當稱"出宫"，可是簡文不言"出宫"，而言"出公大冢"，這是因爲晉出公葬後不久，主在寢而不在廟，他尚未立廟，《左傳·僖公三十三年》："凡君薨，卒哭而祔，祔而作主。特祀於主，烝、嘗、禘於廟"，孔穎達疏引服虔云："特祀於主，謂在寢。"主在寢而不在廟，不得言"出宫"，《春秋經·閔公二年》："夏，五月乙酉，吉禘於莊公。"《公羊傳》："其言於莊公何？未可以稱宫廟也。曷爲未可以稱宫廟？在三年之中矣。"這是説，魯閔公二年舉行吉禘時，魯莊公死去還不到三年，尚未終喪，所以《春秋經》記爲"吉禘於莊公"，而不記爲"吉禘於莊宫。"侯馬石簡簡文不言"出宫"，而言"出公大冢"，可知此時晉出公死去還不到三年，尚未立廟。

一六：三篇簡文中有“丕顯皇君出公□□”的語句，最後那個殘字的殘餘筆畫作，與簡文六七：六篇中的“冢”字作形者相近似，疑這兩個殘字是“大冢”。晉出公卒於公元前454年，而寫有“自誓于君所”的“自誓”類石簡是寫成於晉出公未葬之前，寫有“宗人兄弟或内室者”的“納室”類石簡是寫成於晉出公既葬之後，那麼一六：三篇簡文中的“十又一月，甲寅朏，乙丑”，當即公元前454年的十一月乙丑，此時晉出公已葬。

四、趙尼及其子孫

據侯馬石簡簡文所記，趙嘉發動這次鬥争鎮壓的規模相當之大，打擊的對象相當之多。在被打擊的對象中，就地位而言，有晉君的弟弟；就實力而言，有中都、邯鄲等重要城邑的邑宰。在這樣一些人物當中，被打擊的主要對象是趙尼，可見趙尼不是一般的人物，他當是一位見於史載的重要人物，而且簡文所反映的史實，在史載中也應當有跡可尋。

侯馬石簡是寫成於公元前454年，這一年晉出公死去，晉懿公新立，知伯聯合韓、魏進攻趙氏，趙襄子由晉都新田亡奔晉陽。據《趙世家》，晉陽之圍的第二年三月丙戌，韓、趙、魏三家滅了知氏。簡文一六：三篇中有“十又一月，甲寅朏，乙丑”的紀日，這個“十又一月”就是晉出公的卒年，亦即晉陽之圍的始年的十一月，如果其間有閏月的話，那麼第二年公元前453年的三月可以有丙戌，侯馬石簡的紀日與《趙世家》相合[16]。簡文所反映的是趙氏宗族内部的一場争奪宗主權的鬥争，晉陽之圍時趙氏的宗主是趙襄子，據此，簡文所反映的史實或者就是晉陽之圍，而“又志復趙尼及其子孫……于晉邦之地者”中的“趙尼”，也或者就是趙襄子無恤，亦即墨書簡文中的那位“無卹”。

《說文》：“恤，憂也”；《爾雅·釋詁》，“尼，定也”，《廣雅·釋詁》：“尼，安也”，“尼”與“無恤”近詁。君前臣名，簡文中的“尼”祗能是名，不可能是字。可是在史載中趙襄子名“無恤”，不知其字，而侯馬石簡卻記其名爲“尼”，這是怎麼回事，趙尼是否確是趙襄子，對這個關鍵性的問題，本文現在還作不出解釋。屈原名平，字原，他在《離騷》中說：“名余曰正則兮，字余曰靈均”，王逸注：“言正平可法則者，莫過於天；養物均調者，莫神於地。高平曰原，故父伯庸名我爲平以法天，字我爲原以法地。”“尼”和“無恤”是否與“平”和“正則”同例，尚待進一步研究。

尼字簡文作[illegible]，或釋爲化，以爲趙化就是趙獻子浣[17]。從字形上說這是可能的，但從年代上說則又不太可能。據《趙世家》，趙獻子浣是“少即位”，少即位的趙浣是不會有“子孫”的，而簡文中卻明明記載被逐的是“趙尼及其子孫”。簡文是寫成於公元前 454 年，趙獻子浣被逐是在公元前 425 年，晉的紀年是晉幽公十三年，年代以及簡文中“新君”的稱謂都不相符。如果說趙浣被逐是在晉陽之圍的始年，那麼“少即位”的趙浣竟在二十九年前被逐，這在事實上又是不可能的。

晉陽之圍期間，趙嘉在晉都舉行盟誓，不准趙襄子復入於晉都之中，此事史籍不見記載，但似仍有跡有尋。據《趙世家》，趙襄子是庶出，他的母親是“翟婢”。因趙簡子發現趙襄子賢於諸子，所以便廢黜了太子伯魯，而改立趙襄子爲太子。伯魯早死，趙襄子繼位後不肯立子，乃立伯魯之子周於代，是爲代成君。代成君也早死，趙襄子乃又立代成君之子趙浣爲太子。趙襄子卒，趙浣立，年少，趙嘉便逐趙浣而自立於代。趙嘉立一年，卒，趙氏復迎立趙獻子浣。把這一段記載和侯馬石簡記有“以事其宗”的“事宗”類簡文的內容相對照，似乎可以作出這樣的推測：趙襄子的繼位，以及他要傳位給伯魯的後代，大概趙嘉是反對的，所以他便利用晉陽之圍的機會，在晉都舉行了一次盟誓，不准趙襄子再回到晉都，以企圖取代趙襄子在趙宗的宗主地位。趙嘉的這次鬥爭雖然失敗了，但二十九年後，他終於趕走了趙獻子而取得了政權。

趙嘉打擊的主要對象是"趙尼及其子孫"，如果趙尼確是趙襄子，那麼史載中的錯亂便可由此而得到澄清，即趙嘉是趙襄子之弟，而不是趙襄子之子，因爲趙襄子之子是在被打擊的對象"趙尼及其子孫"之内的。

五、而尚敢或内室者

"内室"即"納室"，"内"與"納"古通用。"納室"應作何解釋，先分析以下兩種可能：

1.《國語·晉語六》："於是乎君伐智而多力，怠教而重斂，大其私暱，殺三郤而尸諸朝，納其室以分婦人"，韋昭注："納，取也。室，妻妾貨財。"簡文中的"納室"恐怕不是《晉語》中"納其室"的意思，因爲簡文"而尚敢或納室者"，是上承"敢不率從此盟誓之言"，是表示擁護趙嘉，而取趙嘉的政敵的妻妾貨財，則並非不擁護趙嘉，這兩者之間没有什麼聯繫。而且取他人之室也絶非一般人所能爲，《晉語》中"納其室"的是晉厲公。此類石簡清晰可辨的有五十八篇，可能"納室"的人是如此之多，這就足以證明簡文中的"納室"，不大可能是《晉語》中的"納其室"。

2.《左傳·襄公二十九年》："（吳公子季札）遂聘於齊，説晏平仲，謂之曰：子速納邑與政，無邑無政，乃免於難。齊國之政，將有所歸，未獲所歸，難未歇也。故晏子因陳桓子以納政與邑，是以免於欒、高之難"，杜預注："納，歸之公。"這是説，晏子向齊君納邑與政，不再參與國家之事，終於免於欒、高之難。簡文中的"納室"當與此"納邑與政"意同，恐怕不是立誓人取他人之室以爲己有[18]，而是納己之邑與政於趙嘉，以期在此次争鬥中置身於局外，而能幸免於危難。

"納室"在古書中也寫作"委室"，委，歸也，也是"納之公"的意思。《晉語六》："今我戰又勝荆與鄭，吾君將伐智而多力，怠教而重斂，大其私暱，而益婦人田，不奪諸大夫田，則焉取以益此？諸臣之委室而徒退者，將與幾人"，這裏的"委室"是納室於公，簡文中的"納室"是納室於趙嘉。

趙氏本有私邑，《左傳·襄公三十年》："趙孟問其大夫，則其屬也"，杜預注："屬趙武。"趙氏既有私邑，而立誓人又是向趙氏納室，可知他們的身份相當於趙氏的私邑之宰。

"納室"在古書中也寫作"歸邑"，《左傳·襄公三十年》："子産爲政，有事伯石，賂與之邑……既，伯石懼而歸邑"，這是説，鄭子産賂伯石以邑，伯石懼及於禍而歸邑，"歸邑"即將所受之邑納之於公。

晏子爲了免於難而納邑與政，伯石懼及於禍而歸邑，可知"納室"是表示斷絶上下屬關係的一種行爲：

1.《左傳·襄公二十九年》："公冶致其邑於季氏，而終不入焉，曰：欺其君，何必使余？季氏見之，則言季氏如他日；不見，則終不言季氏。"致，亦歸也，這是説，季氏的屬大夫公冶本從季氏得邑，因他不滿季氏的所爲，便致邑於季氏，斷絶了上下屬的關係，所以杜預注説："本從季氏得邑，故還之"，又説："不入季氏家。"

2.《左傳·哀公十四年》："司馬牛致其邑與珪焉，而適齊。"又云："司馬牛又致其邑焉，而適吴。"這是説，司馬牛之兄桓魋叛宋奔衛，司馬牛害怕受其兄的連累，便歸邑於宋君而適齊。接着，桓魋又奔齊，陳成子使爲次卿，司馬牛不願與桓魋同官，便又歸邑於齊而適吴。

3.《左傳·襄公二十六年》:“書曰:入於戚邑以叛,罪孫氏也。臣之禄,君實有之,義則進,否則奉身而退。”這是《左傳》批評衛大夫孫林父,認爲衛侯剽被甯喜所殺,孫林父應義則居官,否則致邑而退,不應以戚邑叛,而歸戚邑於晉。

趙嘉立盟的目的之一是鞏固他在趙宗的地位,可是立誓人認爲趙氏之政,將有所歸,他們擔心趙嘉的新趙宗不能久存,便向趙嘉“納室”,奉身而退,以免在此鬥争中受到牽連。“納室”就是意味着斷絶上下屬的關係,不事趙嘉的新趙宗,這對趙嘉無疑是一個很大的壓力,所以趙嘉便威迫立誓人表態,“事宗”類簡文説:“敢不閛其腹心,以事其宗”,“納室”類簡文説:“敢不率從此盟誓之言,而尚敢或内室者;而或聞宗人兄弟或内室者,而弗執弗獻,丕顯出公大冢明亟視之,麻夷非是”,以表示他們願從趙嘉之盟,以事其宗,絶不納室,堅决擁護新趙宗。

在“納室”類簡文中,立誓人都不寫姓氏,大概他們都是趙姓,這從簡文中有“宗人兄弟”這樣表示身份的話中可以知道。利用宗人兄弟爲邑宰以鞏固自己的政權,這在《史記·田敬仲完世家》中也有記載:“田襄子既相齊宣公,三晉殺知伯,分其地,襄子使其兄弟宗人盡爲齊都邑大夫。”趙嘉制止“宗人兄弟”納室,與田襄子使其“兄弟宗人”盡爲齊都邑大夫,是具有同樣意義的,都是爲了鞏固政權而采取的一種組織手段。

後記: 簡文“以事其宗”句,當從黄盛璋同志《關於侯馬盟書的主要問題》一文隸定作“以事其主”,“主”即指趙嘉。

注釋:

① 文物出版社《侯馬盟書》第 72 頁。

② 唐蘭《侯馬出土晉國趙嘉之盟載書新釋》,《文物》1972 年第 8 期。

③④《侯馬盟書》第 38 頁。

⑤⑥⑦⑧《侯馬盟書》第 65 頁。

⑨ 本文中的公元紀年均依中華書局標點本《史記・六國年表》。公元前 474 年晉定公卒，趙簡子亦卒，故公元前 473 年當爲趙襄子元年。趙簡子在位的年數《六國年表》多記了十七年，趙襄子在位的年數又少記了十七年，故公元前 425 年當爲趙襄子五十年。可是公元前 473 年與前 425 年之間相距是四十九年，而非五十年，這是因爲《六國年表》在此五十年間空了一年的公元紀年，即公元前 469 年與前 468 年之間有一年未排公元紀年。

⑩ 實際上是五十一年，見注⑨。

⑪ 晉出公錯,《晉世家》索隱引《系本》作晉出公鑿。晉懿公驕,《晉世家》記爲晉哀公驕,《六國年表》又記爲晉哀公忌，這都是由於音讀上的陰差陽錯而致誤。

⑫ 中華書局《古文字研究》(第一輯),張頷《侯馬盟書叢考續》。

⑬《古文字研究》(第一輯),高明《侯馬載書盟主考》。

⑭《侯馬盟書》第 39 頁。

⑮《侯馬盟書》第 40 頁。

⑯ 此據《趙世家》與《六國年表》,《秦策一》《趙策一》《韓非子・十過》均記晉陽之圍歷時三年。

⑰《古文字研究》(第一輯),高明《侯馬載書盟主考》。

⑱《侯馬盟書》第 73 頁。

原載《山西大學學報》(哲學社會科學版)1982 年第 1 期。後收入《戚桂宴先生文集》，三晉出版社，2013 年 6 月。

讀侯馬盟書文字札記

吴振武

侯馬盟書是1965年底在山西省“侯馬晉國遺址”範圍内出土的一批具有很高價值的古文字資料。這批盟書出土後，經過許多學者的努力探研，在文字考釋上取得了很大的成績。有關這方面的研究成果，已集中反映在1976年文物出版社出版的大型考古報告《侯馬盟書》一書中。近年來隨着地下古文字資料的不斷出土和刊佈，學術界對侯馬盟書文字的研究又取得了很多新成果。如李學勤、裘錫圭、郝本性三先生將“尼”改釋爲“弧”（或“瓜”）；裘錫圭先生釋“耋”爲“臺”；李家浩先生釋“豉”爲“敓”（讀爲“變”）；黄盛璋先生從“宗”字中區分出“主”字，並進一步闡述了唐蘭先生生前將“貭”釋爲“誓”的理由等等。此外，根據新出土的中山王方壺銘文，可知“堂”爲“上”之異文。特別是李裕民先生又專有一篇《侯馬盟書疑難字考》，其中也有不少精湛的考釋。現在，我們準備在各家研究的基礎上，對盟書中未釋或釋之未確之字依《侯馬盟書字表》（以下簡稱《字表》）順序再作一些探討。不妥之處，懇請讀者批評指正。

兩

“宗盟類”二〇〇：一五有參盟人。字《字表》釋爲“幸”(317 頁)。按此字釋“幸”不確，應當釋爲“兩”。

《説文·幸部》謂：“幸，所以驚人也。从大，从羊，一曰大聲也。”“幸”字在甲骨文中作、、等形（《甲》424 頁)，乃獨體象形字，並不“從大從羊”。但發展到西周時代，“幸”字確已變成“從大從羊”。西周金文中從“幸”的字有“執”（《金》557 頁)、“盩”（同上 558 頁)、“報“(同上 558 頁)、“擇”（同上 123 頁）等，其所從的“幸”旁絶大多數作。直到戰國時代，“幸”字也仍然如此作。如《中山王方壺》銘文中的“斁”字從（《文物》1979 年第 1 期)；《中山王兆窆圖》銘文中的“執”字從（同上)：古璽文中“幸”字作（《古徵》10·4)、“睪”字從（同上)；兵器銘刻中“執”字從等等均是。即使從侯馬盟書本身來看，盟書中又有“執”“睪”“擇”“繹”四字，其所從的“幸”旁也均作（見《字表》329 頁及 353 頁)，都與形不類。所以字不應釋爲“幸”。

我們認爲此字可釋爲“兩”。在戰國文字中，從作的“兩”字並不罕見。如《鄲孝子鼎》銘文中的“兩”字作或（《三代》3·36)；趙三孔布背文中的“兩”字作（《發展史》139 頁)；《中山王兆窆圖》銘文中的“兩”字作，均從。此外，信陽楚簡 202 號簡中的“兩”字作或（《文物參考資料》1957 年第 9 期)，亦與此近似。字上部所從的，似可視爲“宀”旁。在侯馬盟書中從“宀”的字很多，幾乎每個從“宀”的字都可把“宀”旁寫作形，而《中山王兆窆圖》銘文中的“兩”字也同樣從“宀”，同銘中從“宀”的“宫”“宗”“官”等字均可證。因此，把字釋爲

“兩”從字形上來看當比釋爲“幸”更合理些。當然，“兩”字發展到戰國時代變爲“從宀從”乃是一種“譌變”。關於它的造字本義于省吾先生專有《釋兩》（待刊）一文論之甚詳，此不贅述。

這裏再附帶談一個問題。在侯馬盟書中，“獻”字有從作者（《字表》353 頁），那麼是否可以據此將字釋爲“鬲”呢？我們認爲不行。衹要仔細考察一下就可以發現，“獻”字所從的應是“鬲”之省形。這裏的“鬲”旁之所以會省作形是因爲它和上邊的“虍”旁相連接的緣故。這和盟書中“魚”字單獨書寫時作（“穌”字所從的“魚”旁亦同），而一旦和“虍”旁相連構成“䱷”字時即省作（《字表》351 頁）的現象是完全一致的。再者，盟書“獻”字所從的“鬲”旁也有不省的，作或形。這和《王孫壽甗》銘文中的“䱷”字從（《金》133 頁）可以互證，説明即之省。因此，盟書中“獻”字所從的“鬲”旁和上述“兩”字形同而實異。上引《郾孝子鼎》銘文中的“兩”字和趙三孔布背文中的“兩”字，過去都曾有人誤釋爲“鬲”。其實在戰國文字中“鬲”字作（《辭典》765 空首布）、（“敵”字所從，《金》173 頁）等形，和“兩”字的形體是完全不同的。另外，趙三孔布背文中的字，過去也有人讀爲“一兩”，我們認爲從上引郾孝子鼎和信陽楚簡中的“兩”字來看，似乎也没有必要。特别是信陽楚簡的“兩”字前還冠以數目字“一”，儘管它們不是同一概念，但也是能説明問題的。

過

“内室類”六七：五四有參盟人。字，《字表》釋爲“迵”（319 頁）。按此字釋“迵”不確，應當釋爲“過”。

在古文字資料中，“同”字以及從“同”的字是非常多的，均從冃作，從未見有從冎作的。如金文中的“同”（《金》433 頁）、“桐”（同上 312 頁）、“興”（同上 128 頁）等字即從冃。即使到了戰國時代，“同”字以及從“同”的字也仍都從冃而不從冎。我們可以舉出《中山王方壺》銘文中的“同”（兩見）、《酓忎鼎》和《長玡盉》銘文中的“銅”（《金》707 頁及《文物》1972 年 6 期）、貨幣銘文中的“同”（《辭典》134、135）、古璽文中的“同”和“興”（《古徵》7・8 及 3・3，《古徵》將“興”字誤釋爲“與”）、古陶文中的“同”和“興”（《沓録》7・4 及 3・2）等字爲例證。就從侯馬盟書本身來看，從“同”的“興”“瘋”二字也是如此（《字表》353 頁）。可以説，在目前我們所能看到的古文字資料中還没有發現例外。因此，把□字釋爲“迵”是缺乏證據的。我們猜想，《字表》的編者之所以將這個從冎的字釋爲“迵”，可能是從古文字偏旁往往單復無别這一角度考慮的。當然，在古文字中有些字的偏旁往往單復無别的現象是確實存在的。但我們不能機械地僅從這一個角度去考慮，因爲古文字中各種現象的出現是比較複雜的。在特定的環境下，有些字（或偏旁）的單複區别又是極嚴格的。從上面所舉的古文字資料中所有的“同”字以及從“同”的字來看，似乎可以排除“同”字可從冎作的可能性。

我們認爲此字當釋爲“過”。“冎”旁作冎形在戰國文字中是可以得到證明的。如仰天湖楚簡 7 號簡中的“骨”字作□（《長沙仰天湖出土楚簡研究》7 頁）；古璽文中的“瘠”字作□（《古徵》7・7）、“猾”字作□（同上附録 45）等等即其證。另外，馬國權先生在《古璽文字初探》（中國古文字研究會 1980 年年會論文）一文中曾引古璽文“過”字作□，這更是我們把□釋爲“過”的直接證據。這裏需要説明的是：在戰國文字中“冎”旁的寫法主要有兩種，除上述寫作形的一種外，還有一種作形的寫法。如《魚鼎匕》銘文中的“䅽”字（《三代》18・30）、《中山王方壺》銘文中的“禍”字、古陶文中的“惆”字（《香録》附編31）等均從作。這種作的寫法上承甲骨文、金文，下爲秦漢篆隸所本，是一種比較正統的寫法。于省吾先生在《釋冎》一文中指出：“爲骨字的初文，象骨架相支撑形，其左右小竪劃象骨節轉折處突出形，後來冎字孳乳爲骨，遂成爲從肉冎聲的形聲字。”（《甲骨文字釋林》369頁），其説甚確。在古文字中，尤其是在戰國文字中，同一偏旁出現幾種寫法的現象是常見的，而其中的一種寫法又往往被秦漢時代的小篆所繼承。如“孝”旁既作又作，爲小篆所本；“瓜”旁既作又作，爲小篆所本；“巨”旁既作又作，爲小篆所本等等，例不勝舉。所以“冎”旁可以寫作、等形也就毫不奇怪了。

坓

“宗盟類”一五六：二〇等號有參盟人。字又作，《字表》釋爲“城”或“⿰阝城”（321頁），知其將井視爲“成”旁。按此字釋“城”（或“⿰阝城”）不確，應當釋爲“坓”（或“⿰阝坓”）。

在古文字中，“成”“井”二字迭出繁見，在一般情况下是從不相混的。《字表》的編者之所以將釋爲“城”，可能是因爲在戰國貨幣銘文中常見“城”字被鑄成、、、等形的緣故（《辭典》310、441、440、444等號）。我們認爲幣文中的“城”字被鑄成上列各種似“坓”非“坓”的形態，完全是由於這些貨幣在成批生産時粗製濫造的結果。但儘管如此，還是有一大批同類型貨幣鑄得較爲精緻，上面的“城”字清清楚楚地寫作（《發展史》114頁及《文物》1967年第1期）。而且幣文上的“某城”都是地名，即使寫得草率一些也不至於使人誤解。通觀全部侯馬盟書，除極個别的字書寫比較草率外，都是書寫得非常規整的，坓字的七筆更是寫得規規矩矩，毫無草率之意。所以貨幣銘文中“城”字的草率寫法和盟書中的坓字是不能等而視之的，坓字絶非“城”字。

我們認爲此字應當釋“坓”。“宗盟類”八五：四參盟人“井”作井便是一個直接證據，《字表》亦釋爲“井”（300 頁）。“坓”字以及從“坓”的字又見於兵器銘刻、貨幣銘文和古璽文中，均作坓形，跟這些資料中“城”字的寫法也是完全不同的。“坓”字亦見於後世字書，《六書統》認爲此即古文“型”字。

誁

“宗盟類”一：八九有參盟人誁。誁字《字表》釋爲“訮”（341 頁）。按此字釋“訮”不確，應當釋爲“誁”。

在古文字中，“幵”“并”二字是有明顯區别的。“幵”字《説文·幵部》謂：“象二干對構上平也。”這裏所指的“干”與干戈之“干”本作丫者非一字。甲骨文中“龓”“硯”二字從幵（《甲》459 頁及 366 頁）、金文中“䔯”字從干（《金》1003 頁），跟“并”字作并（《甲》351 頁）、并（中山王鼎，《文物》1979 年第 1 期）等形是截然不同的。甲骨文中又有妍字（《甲》869 頁），裘錫圭先生釋“妍”，並認爲幵即“笄”字的初文（《文物》1978 年第 3 期 32 頁），其説甚確。《説文·从部》認爲“并”字是“从从幵聲”的形聲字，又説“一曰：从持二干（此“干”字爲段玉裁補）爲并”。其實這完全是據已譌的小篆爲説。古文字中的“并”字除上引二例外，還見於古璽文中，如“郱”字從并（《古徵》6·6）、“垪”字從并（同上附録 20）等等，均不從“幵”，與“持二干”

也毫無關係。而且直到秦漢金石銘刻中，“幷”字的寫法也和先秦古文字相同。如秦始皇二十六年詔版銘文中的“幷”字作𦏲（《秦選》41 頁）；漢銅器銘文中的“幷”字作幷或幷（《貞松堂集古遺文》卷十三）；漢印文字中的“幷”字作幷（《漢徵》8·11）等等均是。于省吾先生指出：“幷字的造字本義，係於从字的下部附加一個或兩個横劃，作爲二人相連的指事字的標誌，以別於从，而仍因从字以爲聲（東耕通諧）。”由此可見，古文字中的“幵”和“幷”是完全不同的兩個字。

盟書中的䛘字顯然是從“幷”而不從“幵”，所以不能釋爲“訮”。“幷”字本從“从”，盟書中“從”字所從的“从”旁作从（《字表》329 頁）便是我們釋幷爲“幷”的一個直接證據。“誁”字見於後世字書。《集韻》中的“諞”字，《正字通》以爲即俗“誁”字。

這裏我們再附帶談一個問題。古璽文中有一個作訮形的字（《古徵》附録30），裘錫圭先生疑當釋“訮”。如其説可信的話，那麽盟書中的訮字也應釋爲“訮”。《字表》將訮字釋爲“祆”（317 頁）現在看來是有問題的。過去之所以把干視爲“示”旁，主要是因爲將盟書中從示的“宗”字和從干的“主”字混爲一談造成的。現在黄盛璋先生既已區分了盟書中的“宗”“主”二字，再看盟書中二十三個“祝”字所從的“示”旁也全都作示、示、示等形而不作干，可知訮字也不應釋爲“祆”。至於它究竟是否可以釋爲“訮”，還有待於進一步研究證實。

鈔

“宗盟類”三：二有參盟人鈔。鈔字《字表》不識，入“存疑字”欄（357 頁）。

我們認爲此字可以釋爲“鈔”。這個字的右邊從“㞑”。“㞑”字三見於金文，《師毀簋》作[古文字]（《大系》3・98，在古文字中“小”“少”二字形、音俱通）、《逆鐘》作[古文字]（《考古與文物》1981年1期，原報導誤釋爲“尾”）、《曾子㞑瑚》作[古文字]（《大系》4・209）。除《曾子㞑瑚》銘文中的“㞑”字作爲人名外，其餘二器銘文中的“㞑”字都有文義可尋。《師毀簋》云：“……易（錫）女（汝）戈戠（琱）咸[古文字]必（柲）彤㞑、盾五鍚……。”《逆鐘》云：“……今余易（錫）女（汝）盾五鍚、戈彤㞑……。”按銘文中的“彤㞑”它器多作“彤沙”，如《寰盤》《無叀鼎》《休盤》等器即是。郭沫若先生在考釋《師毀簋》時説：“綏字本器作㞑，乃本字，從尾沙省聲，戈綏以氂牛尾爲之，故從尾，它器多叚沙字爲之。”（《大系》114頁）因此從《師毀簋》和《逆鐘》銘文來看，“㞑”字“從尾少聲”並和“沙”字相通是毫無疑問的。“鈔”是一個“從金少聲”的形聲字，而作爲形聲字的聲旁，“少”“㞑”二字當可通用。在古文字中，有很多形聲字會出現這樣一種情况：它們的聲旁和小篆相比要繁複一些，往往是聲旁本身就是以小篆的聲旁爲聲旁的一個形聲字。即從侯馬盟書本身來看，這種現象也是存在的。如盟書中“志”字或作“䛊”（《字表》310頁）、“腹”字或作“胸”（同上339頁）、“繹”字或作“繹”（“睪”即“擇”，同上352頁）等等可以證明。所以我們認爲[古文字]字可以釋爲“鈔”。“鈔”字見於《説文・金部》。

良

“宗盟類”九二：一〇有參盟人[古文字]。[古文字]字《字表》不識，入“存疑字”欄（358頁）。

我們認爲此字應當釋爲“良”。“良”字小篆作[古文字]，《説文・畗部》謂："善也。从畗省，亡聲。"按甲骨文中有一個作、、等形的字（《甲》757頁），舊釋爲"良"；西周金文中的"良"字作、、、等形（《金》303頁）。從甲骨文和西周金文中的"良"字來看，可知《説文》對"良"字的結構分析完全是依據小篆形體立説的。我們認爲"良"字最初並不從"亡"聲，其後來以"亡"爲聲是由於字形的逐漸演化和音理上的巧合形成的。當然，這種演化在西周金文中即已見其端倪。到了戰國時代，從"亡"聲的"良"字已十分普遍。如中國歷史博物館所藏"三十二年"戈銘文中的"良"字作；商鞅方升和商鞅戟銘文中的"大良造"之"良"作或（《秦選》38頁及47頁）；古璽"㝗鳴"之"㝗"所從的"良"字作（《古徵》附録45，"㝗"字見於《説文·宀部》）；《説文》"良"字下所引古文或作；《古文四聲韻》引《義雲章》"良"字作等等均是。盟書中的字下亦從"亡"，和上引戰國文字中的"良"字顯然是同一個字，所以也應釋爲"良"。但是在戰國文字中也有不從"亡"聲的"良"字。如《中山王方壺》銘文中的"臤（賢）扗（士）良猹（佐）"之"良"作，下不從"亡"，這也許是保存了較爲古老的寫法。另外，金文中的"良"字上部往往從一個或兩個似"人"非"人"的形體，而在戰國文字中，"良"字上部或從"人"，如上引"三十二年"戈和古璽中的"良"字（戰國文字中的"人"旁作者習見）；或從"化"，如上引《中山王方壺》銘文中的"良"字。盟書"良"字上部從，顯然和《中山王方壺》銘文中"良"字所從的"化"相近似。

在古文字中，有些字最初本不是形聲結構，但發展到戰國時代，由於形體的演化和音理上的巧合，逐漸變成了形聲結構並爲《説文》所本。如"呈"字本不從"壬"聲，甲骨文作、金文作，到戰國時始出現從“壬”的“呈”字，作，《説文·口部》謂：“平也。从口，壬聲。”（參看于省吾先生所著《甲骨文字釋林·釋呈》）。與此相反，有些字本是形聲結構，但在形體演化過程中聲符逐漸湮没，以致於《説文》也不認爲它是形聲字。如“軍”字本從“勻”聲，中山王鼎作、郾右軍矛作，可是在漢代的小篆中，“軍”字已譌成形（《漢徵》14·7），遂使《説文·車部》誤以爲“从車，从包省”。“良”字的演化正屬前一種類型，它跟“呈”字的演化情况是完全一致的。

附記：

本文初稿完成後，見高明先生在其新近出版的《古文字類編》一書中已將盟書中的字編在“過”字條下，與筆者不謀而合，特附記於此。

本文引書簡稱表：

《甲》——中國科學院考古研究所：《甲骨文編》

《金》——容庚：《金文編》

《古徵》——羅福頤：《古璽文字徵》

《三代》——羅振玉：《三代吉金文存》

《發展史》——鄭家相：《中國古代貨幣發展史》

《辭典》——丁福保：《古錢大辭典》

《舂録》——顧廷龍：《古匋文舂録》

《秦選》——上海書畫社：《秦銘刻文字選》

《漢徵》——羅福頤：《漢印文字徵》

《大系》——郭沫若：《兩周金文辭大系圖録考釋》

原載《中國語文研究》1984年第6期。

我國古代盟誓制度的歷史見證
——侯馬盟書

李裕民

侯馬出土的盟書是我國東周時期晉國的官方文書，盟書文字是用朱色或墨色寫在石片或玉片上的盟辭誓言，當時稱爲“載書”。據《周禮》記載，每篇載書一式兩份，副本藏於主管盟書的官府，正本“告於鬼神”埋入地下。侯馬盟書就是當時埋入地下的正本。

1965 至 1966 年，山西考古工作者發掘了侯馬市東的盟誓遺址，遺址東西長 70 米，南北寬 55 米，内有長方形竪坑 400 餘個，橢圓形坑 2 個，已發掘 326 個。大坑埋牛、馬，小坑埋羊。出盟書的坑共 43 個，其中 40 個集中於遺址的西北部，多數爲小坑，且有互相叠壓打破的現象，説明這不是一次會盟遺留下來的，而是多次尋盟的結果。

侯馬盟書共有 5000 餘件，多數已殘，字跡不清，其中較完整清晰者有 650 餘件。大多呈圭形，少數作璜形、圓形，還有一些呈不規則的塊狀或片狀，大約是製作玉器的剩餘材料。圭形盟書最大的長 32 釐米、寬 3. 8 釐米、厚 0. 9 釐米，最小的薄如紙片。盟書字數最多者 222 字。字均用毛筆書寫，極大多數爲朱色，衹有五六片用墨書。朱色盟書放在水中觀察比較清楚，但用同樣辦法觀察墨書，效果適得其反，直到清理存目盟書時，才發現了墨書文字。

1973 至 1975 年，張頷同志以及陶正剛、張守中同志，對全部盟書作了認真細緻的清理和研究，編成《侯馬盟書》一書，1976 年由文物出版社出版。

盟書的内容

《侯馬盟書》將盟書分爲宗盟、委質、納室、詛咒、卜筮五類。

宗盟類是趙氏宗主和趙氏家臣的盟誓之辭。當時趙氏已分化爲敵對的兩支勢力，趙氏宗主爲了防止家臣離心離德，跟從敵對的趙尼、先痜等家族，因而召集家臣會盟宣誓。作爲主盟人的趙氏宗主表示要遵守所受之命，參盟的家臣也發誓奉君守盟，決不幫助趙尼等勢力。附圖就是參盟的家臣趚的盟誓之辭（見下圖）。其中“閛其腹心”即剖明心腹，表示誠意；“二宫”，指宗廟與祖廟，也可能指晉國的上宫與下宫；“而敢或弁（從李家浩釋，讀爲變）改助及奂卑不守二宫者”，張頷認爲“改助，疑即改其誠信”，“奂是易遷離散的意思”；“虗”即呼，“明”即盟。全篇大意爲：趚敢不剖明心腹，以奉事主君，而敢不完全服從主君之盟、定宫平陭之命；而敢有三心二意不守二宫；而敢蓄謀在晉邦之中恢復趙尼及其子孫等人勢力以及聚衆私盟者，先君明察審視之，滅亡其族氏。

委質類的參盟人原爲趙尼、先痜等人的家臣，他們在趙尼等人與趙氏宗主的鬥争失敗後，投靠於趙氏宗主。他們在趙氏宗主主持的盟誓儀式上也發誓不再與趙尼等人交往、結盟，決不幫助趙尼等人返回晉國，否則我氏族被夷滅。此外，他們還向君主奉獻禮物，叫做“質”或“贄”，或者以自身爲質（自質），如“盦章（人名）自質于君所”，以此來表示對宗主的投靠和盡心。這種“委質”投靠於新主君的現象，春秋時代習見，如“知伯滅范、中行氏，而子不

爲報仇，反委質事知伯。”（《戰國策·趙策》）

納室類是參盟人發誓要遵從盟誓，決不把亡命者納入自己的家室，被同宗兄弟納入家室的，聽到後一定捕捉，進獻給宗主。

詛咒類共三片，均墨書，同出於105坑，字多殘缺，内容似詛咒無恤不虔誠地奉事其宗主韓子，而出入於中行寅及𪨊某之所，作了導致衆人冤死等壞事。

趙敢不閛其腹心以事其宗而敢不盡從嘉之明定宮平時之命而敢或𢧢改助及奐卑不守二宮者而敢又志復趙尼及其孫=𥅡㾦之孫=𥅡直及其孫=𨔨

𨔨之孫=史醜及其孫=于晉邦之地者及群虖明者盧君其明亟覷之麻𡗊非是

摹本　　釋文

卜筮類釋文：

其一：羊義□筭□□［吉］

其二：癸二□五。卜以吉，筭□□

“羊”即騂，祭祀時所用紅色的牛。此篇出於17坑，坑内伴出牛骨與文獻記載相合。筭，筮的繁體，以蓍草占卦稱爲筮。“卜”，以龜占卦。“以”，已。“卜以吉”指以龜占的結果吉利。

盟書的年代

關於侯馬盟書的年代，學術界争議較大，至今尚未取得一致意見。

張頷認爲事情發生於晉定公十六年（前 496），主盟者“子趙孟”是晉國正卿趙鞅，即趙簡子，誅討對象趙尼即趙稷，是邯鄲午之子。據《左傳》和《史記》所載，前 497 年，趙鞅爲索取“衛貢五百家”，殺死了趙午，隨後趙午族人與范氏、中行氏聯合攻打趙鞅，趙鞅一度失利，避居晉陽，後取得知、韓、魏三家支持，重返晉都，“盟於公宮”，經過幾年戰争，最後消滅范氏和中行氏。侯馬盟書反映了這一歷史事件。

唐蘭、高明主張事情發生於晉幽公十四年（前 424），主盟人爲趙嘉，盟辭中“從嘉之盟”“没嘉之身”，嘉均指趙桓子嘉。誅討對象趙尼之“尼”，應釋“化”或“侀”，即趙獻侯浣。“晉公”應釋作“出公”，詛咒類盟書要早於其他盟書，不可據以推定其他盟書爲同時事。盟書反映的是《史記・趙世家》所載趙嘉與趙浣爲争奪政權的一場鬥争。

郭沫若考訂盟書年代爲前 386 年，所記爲趙敬侯章打敗武公子朝事。此説之誤，我在《我對侯馬盟書的看法》（《考古》1973 年 3 期）一文中已逐一指出。在文中，我推測盟書内容與“下宫之難”有關，時間在前 585—前 581 年間。

1979 年，河南温縣出土大批東周盟書，内容與侯馬盟書相近，盟辭首句稱“十五年十二月乙未朔，辛酉”，據郝本性等考證爲晉定公十五年十二月二十七日，即前 497 年 1 月 16 日，主盟者可能是韓簡子。（見《文物》1983 年 3 期《河南温縣東周盟誓遺址一號坎發掘簡報》）温縣盟書對解決侯馬盟書年代有一定作用，它證明侯馬盟書宗盟類序篇“十又一月甲寅”下一字是“朔”而不是“朗”，一字之差，推定的年月就有絶大的差異。據王韜《春秋朔閏表》夏曆十一月甲寅朔者，爲晉靈公元年、晉悼公十五年、晉昭公五年、晉定公二十一年，這與上面考訂的四種年代均不相合。文獻資料所提到的一些重要人物，盟書中未見，而盟書中的許多誅討對象，在文獻資料中大多未見。看來，盟書年代問題的最後解決，尚有待於新資料的發現。

盟書的價值

侯馬盟書的發現，無論在史學、古文字學和書法藝術方面，都有重要的價值。

一、從史學上説，它印證和補充了有關文獻記載，反映了三家分晉前夕，晉國統治階級内部爲權力再分配，爲争奪勞動者曾進行了一場持久激烈的鬥争，對深入探討當時社會變動的性質，提供了新的資料。

關於盟誓的禮儀程序，文獻記載是，先鑿地爲坎，再殺牲，而後將盟書與牲埋在坎中。侯馬盟書出土情況與此大體相符，但有兩點不同，其一，在鑿地爲坎後，先在壁龕中存放璧或璋等玉幣，而後埋盟書與牲。其二，所用之牲，文獻記載爲牛、豕，或牛、豕、犬、鷄，侯馬盟誓遺址，以羊爲主，兼用牛、馬，絶不用豕。

二、從古文字學上説，侯馬盟書文字多異形，這説明“文字異形”的現象不是戰國才有的，它早在春秋時期已經風行。如果我們仔細考察一下侯馬盟書，就會發現所謂“文字異形”，從主流上、本質上説是好現象，有些人把它看作壞現象，是不妥的。當時社會在大變動，由於用途日繁，舊字不够用，需要創造新字，出現了繁化現象。爲了書寫方便，人們又時時簡化舊字，如從字簡化爲[illegible]，定字簡化爲[illegible]，▲即丁，這是用筆劃少的偏旁“丁”代替較繁的同聲偏旁“正”。在變化中，還孕育了新的因素，如君字寫作[illegible]，與小篆同。不論繁化或簡化，都得有一個創造、摸索的過程，然後才能篩選出最合理的字形，衹有這種“異”，才能使漢字從西周的籀文過渡到秦漢的小篆、隸書。

侯馬盟書文字的變化有一定的規律，帶有時代性和地方性，把握它，有助於認出一批未釋或誤釋的字。如盟書文字偏旁人形下常附加女形，鬼作[illegible]，蒐作[illegible]，據此，可知《古璽文編》附録四五的[illegible]，應釋寬。

又如盟書文字目形常寫作[illegible]，戰國璽印中的，羅福頤釋目，是對的，羅振玉以爲未妥（《古璽文字徵序》），就錯了。據此，還可確定《古璽文編》附録一八的[illegible]，應釋眚。

又如盟書中及寫作[illegible]，又字或作[illegible]，據此，《古璽文編》附録二九的[illegible]應釋疲。

侯馬盟書中有些異體字可以驗證《説文》記載的正確與否，如《説文》古文君作[illegible]，過去人們都懷疑《説文》寫錯了，侯馬盟書正有這種寫法，説明《説文》所載是有根據的。

侯馬盟書中使用了標點符號，粗大的“[illegible]”形，用文章的結尾，相當於今日的句號。細小的“[illegible]”形用於句子之末，相當於今日的逗號，如“以事其主”後面三例，某某之子孫後面十五例。標點符號都寫在字的右下角，盡管這些符號比較原始、簡單，但它開創了我國使用標點符號的先例，其價值是不能抹殺的。

三、從書法藝術上説，這是我國目前發現古代文字中用毛筆書寫的完整的篇章，單字形體最大者2.2公分，最小者0.2公分，書法非常熟練，筆劃纖巧秀麗，堪稱書法藝術的珍品。

原載《文史知識》1986年第6期。

侯馬盟書與温縣盟書

馮　時

一、關於侯馬盟書爲晉趙嘉之盟的幾點補釋

侯馬盟書的盟主及年代，學術界有兩種具代表性的觀點：一、盟主爲趙簡子鞅，盟書反映了公元前五世紀初晉國諸卿的鬥争[①]。二、盟主爲趙桓子嘉，盟書反映了公元前424年趙宗族内部争位的鬥争[②]。第一種觀點的主要根據是105坑所出幾札墨文石簡記有"中行寅"和"無卹"；"中行寅"正是趙簡子的政敵荀寅。但問題是，首先，墨文石簡獨出於105坑，不與其他朱文盟書相混，所以，是否能將其看作與朱文盟書同時代的遺物就不易確定。其次，墨書的性質是詛辭[③]，而詛辭與盟書的差異則是鮮明的。一方面，詛辭中不見象盟書的約文體例[④]；另一方面，詛辭所詛的對象是中行寅等，盟書所打擊的對象是趙弧等，兩者所打擊的主要敵人不同。"中行寅"和"無卹"等人僅見於詛辭，並不見於盟書。

《周禮·詛祝》賈公彦《疏》云："盟者盟將來，春秋諸侯會，有盟無詛。詛者詛往過，不因會而盟之。"顯然，"盟辭表示自從盟會以後不許干甚麽的誓約，而詛辭則是對已經犯過的罪行的譴責和

詛咒”[⑤]。所以，詛辭無助於確定整批盟書的盟主。

我們同意盟書的主盟者爲桓子趙嘉的觀點，現做幾點補證。

（一）主盟者是趙桓子嘉

侯馬盟書盟主的分歧，癥結就在對“主盟”類盟書“而敢不盡從嘉之盟”一辭中的“嘉”字是否爲人名的理解。我們主張“嘉”是人名，“主盟”一：六六辭對此已作了很好的説明：

袂敢不半其腹心以事其主，而敢不盡從袂之盟……（圖一）。

“袂”作爲參盟人見於此條辭首，另在“主盟”九二：二五辭中也作參盟人出現。很明顯，在“從袂之盟”中，參盟人把自己的名字誤填在了盟主的位置，這正説明此處應是填寫人名的位置，而與其對應的“從嘉之盟”的“嘉”也就必定是人名了。

以“袂”代“嘉”雖係筆誤，但兩字必可通假。否則，在“從袂之盟”這樣關鍵性地方出現的錯誤定會在讀書時被發現而更正[⑥]。“袂”從“夬”聲，屬見紐月部，“嘉”屬見紐歌部，聲爲同紐，韻爲對轉，“袂”“嘉”古音相通。

關於趙嘉的世次，據盟書分析應是襄子之子，文獻就這方面也提供了一些參證。

《史記·趙世家》記：“襄子爲伯魯之不立也，不肯立子，且必欲傳位與伯魯子代成君。”又記：“襄子弟（子）桓子逐獻侯，自立於代，一年卒，國人曰桓子立非襄子意，乃共殺其子而復迎立獻侯。”比照文獻可識，桓子如爲襄子之子，其繼位本非襄子意，符合兩條文獻的前後邏輯。襄子有五子，盟辭中出現的歍、陞同爲“新君弟”，當然就不能排除趙嘉爲庶長的可能。

（二）打擊的主要敵人是趙獻子浣

“主盟”類約辭云：“而敢有志復趙弧及其子孫于晉邦之地者。”“趙弧”就是文獻所記的獻子趙浣。盟書與前述《趙世家》的記載完全符合。

1. 盟書言“復趙弧”，文獻言“復迎立獻侯”。二者同言“復”，證明“復趙弧”的前因是逐趙弧。

2. “復”是鍼對“逐”而言，逐出才能復歸，“逐獻侯”與“復趙弧”互爲因果。

需要澄清的是：“少即位”的獻子是否能有子孫[7]？《趙世家》云：“乃廢太子伯魯。”這是伯魯最晚見於記載的一例，該年爲晉定公十一年，即公元前501年。《趙世家》又云：趙襄子元年，“遂以代封伯魯子周爲代成君。”該年即公元前475年[8]，距定公十一年共二十六年，這應是成君的相對年齡。《趙世家》又云：“成君先死，乃取代成君子浣立爲太子。”這時已是晉陽之亂後（前453後），成君的年齡約在50歲左右。後二十八年，襄子卒，浣立，這時的趙浣至少已過三十，這樣的年齡可能有子。所以，盟書中所提“趙弧及其子孫”並不背乎常理。

（三）“新君”及“新君弟”

“自誓”類盟書中所記“新君”是趙嘉。

1. 趙嘉逐趙浣一事發生在三家分晉後，盟書中的“新君”不能是晉君，應是趙君。

2. “已定位而尚未即位改元的國君稱‘新君’。”[9]趙嘉符合這種身份。

我們的認識是：趙襄子立位五十一年卒，浣立，是年爲公元前425年[10]。趙嘉於同年逐趙浣，次年自立於代，在位一年卒，國人共殺趙嘉之子而復迎立獻子，此年即桓子元年，亦即晉幽公十六年（前424）。則趙嘉在盟誓時已定位但尚未即位，次年纔即位改元，所以稱“新君”。

“自誓”類盟書云：“欧及新君弟子孫，隥及新君弟子孫。”

"跃"和"隥"是被打擊的敵人，他們同趙嘉是兄弟關係。

《趙世家》《索隱》引《系本》云："代成君子起即襄子之子，不云伯魯，非是。"《趙世家》已明言成君子名"浣"而不名"起"。"起"既不爲成君之子，應爲襄子之子，疑"起"即盟書中"跃"者。"跃"從"足""欠"聲，"起"從"走""巳"聲，古文字從"足"從"走"無别，"欠""巳"古音極近，所以"起""跃"相通。

襄子的另外兩子在盟書中未被提及，大概是作爲趙嘉的參盟勢力。

（四）盟誓所詔的先公神號爲晉出公

趙嘉之盟所詔的先公神號爲"[illegible]公"，即晉出公。有學者釋此爲"晉公"是不對的。

1. 文獻稱晉主生稱雖有"晉君""晉侯""晉公"的不同，但據《春秋》所記，晉主葬時必加謚稱"晉某公"[11]。盟書"某公"非生稱而爲死稱，所以"某公"必是謚號或專稱。

2. 盟書是在某一先公大塚前舉行的，其必是對這一特指先公的專稱，而絶不會泛稱晉公。

3. 盟書中"晉""[illegible]"二字的字形和用法迥異（圖二）。"晉"字從"至"，但卻與同版盟書所見"室"字所從的"至"字不同（圖三）。

高明先生釋此爲"出公"，解決了"出"字的形體問題。現在就趙嘉之盟爲何不詔哀公神號而詔出公神號的原因做些推考。

1. 《史記·晉世家》云："晉國政皆決知伯，晉哀公不得有所制。"哀公乃昭公曾孫，爲旁支奪宗，權力十分有限。哀公在位時，實際總政的是知伯，哀公不過是個傀儡而已。公元前453年後，"趙北有代，南滅知氏，彊於韓、魏"，當然更不會顧及一個傀儡哀公了。《趙世家》云："知伯益驕，請地韓、魏，韓、魏與之。請地趙，趙不與。"顯然，趙氏對旁支奪宗的哀公根本不予承認。

2. 從史實方面考慮，趙世系到趙嘉不見旁支，趙嘉逐趙浣就是逐旁支，他當然不能再詔本來就是旁支的哀公神號，而必詔距其最近的非旁支的出公神號。

總之，我們認爲侯馬盟書爲晉趙嘉驅逐獻子趙浣而争奪趙氏宗主鬥争的遺物，時間在趙襄子卒年，即公元前425年。

二、侯馬盟書與温縣盟書的關係

1979年3月，河南省文物研究所在河南省温縣獲得了大批盟書資料。發掘者推測，温縣盟書的時代在公元前497年，盟主爲韓簡子，温縣盟書與侯馬盟書同爲春秋末年晉國諸卿鬥争的遺物[⑫]。我們認爲，兩批盟書應同爲晉趙嘉與趙浣争位鬥争的遺物。理由申述如下：

（一）出公神號

侯馬盟書與温縣盟書並見"丕顯出公大塚"的盟辭，説明二者同詔"出公"爲盟誓的先公神號，其年代範圍必然一致。

（二）兩批盟書中的人物關係

在已發表的温縣盟書資料中共出現十三個人名，其中九個見於侯馬盟書，即：

宋、午、黑、趠、可、弫、興、喬、猷（醜）。

這九個人名中，"猷（醜）"與"趠"在温縣盟書中寫作"醻"和"趮"[⑬]，"猷""醻"均從"酉"得聲，"卓""桌"同音，實際都是同字異體。

這些同見於温縣盟書與侯馬盟書的九個人物，其身份可作如下的分配：

【温縣盟書】

九人都是參盟人物。

十五年十二月乙未朔，辛酉。自今以往，宋敢不歆歆焉忠心事其主，敢與賊爲徒者，丕顯出公大冢，諦殛視汝，靡夷非氏（WT1 坎 1 ：4499）。

盟辭中没有出現盟主的名字，衹泛稱“主”，所以“宋敢不歆歆焉忠心事其主”一辭中的“宋”是參盟人。同見於這個位置的其他八位是：

午（WT1 坎 1 ：3216）、黑（WT1 坎 1 ：3211）、趠（WT1 坎1 ：1845）、可（WT1 坎 1 ：2279）、弫（WT1 坎 1 ：137）、興（WT1 坎 1 ：3797）、喬（WT1 坎 1 ：3802）、猷（WT1 坎 1 ：3780）。

【侯馬盟書】

第一類：參盟人物

宋敢不閛［其腹］心［以事其主，而敢不盡從嘉之盟，定宫平陟之命］，而敢惑衹改佀及［换俾不守二宫者，而敢有志復趙弧及其子孫……于］晉邦之地者，及群［虖盟者，吾君其明殛視之，靡夷非氏］（九二：一三）。

“宋敢不閛其腹心以事其主”的“宋”是參盟人。盟辭中出現了盟主的名字“嘉”，即趙桓子，因此“宋”是趙嘉的參盟勢力。象這種既爲温縣盟書的參盟人，又爲趙嘉參盟勢力的人物，在侯馬盟書中還有以下幾位：

午（一：九六）、黑（九八：二三）、趠（一五六：一）、可（一九八：一）。

第二類：被打擊的人物

臣自誓于君之所，敢［偷］出入于趙弧（浣）之所及其子孫，……中［都䊮］弫及其子孫，……䊮興及其子孫，……趙喬及其子孫，……史猷及其子孫，……［及群虖盟者，章殁嘉之身及子孫，或復入］之于晉邦之［中者］，吾［君］其明殛視之，麻夷［非氏］……（一五六：二三）。

弫、興、喬、猷四人與趙浣同被列爲趙嘉所打擊的敵人。

上面排舉的這些材料表明：侯馬盟書的第一類人物是趙嘉的勢力，第二類人物是趙浣的勢力，而這兩類人物在温縣盟書中都作爲參盟勢力。如果我們將侯馬盟書與温縣盟書中的這些同名視爲一人，並同時把温縣盟書中的一些參盟人與侯馬盟書的第二類人物聯繫起來考慮，那麽兩批盟書便産生了十分微妙的聯繫。這種聯繫體現着一些人物身份的變化，即在侯馬盟書中被打擊的弫、興、喬、猷四人卻恰是温縣盟書中的參盟者，這清楚地説明兩批盟書分别代表了爲同一事件而舉行盟誓的敵對的雙方。明確地講，既然我們認爲侯馬盟書是趙嘉之盟，那麽温縣盟書就必然屬於趙浣之盟了。

需要解釋的是，午、宋、黑、趌、可五人爲何在侯馬盟書與温縣盟書中同爲參盟人物，這無疑是隨着趙嘉勢力的日衰，這些原爲趙嘉盟友的人，後來確實"偷出入于趙弧之所"，背盟而事趙浣了，這種背叛盟主的現象在侯馬盟書中反映得非常清楚。

1. 侯馬盟書"主盟"類某些參盟人物在"自誓"類中轉變爲被打擊的敵人。

（1）"主盟"類：

鑋敢不半其腹心以事其主（二〇〇：二八）。

出現在這個位置的人物還有：

侃（二〇〇：一八）、喬（三：一）、詨（二〇〇：二三）、政（二〇〇：五一、一六：二五、九二：二一、一：三八）、歂（一：九七）、鶩（九八：二八）、城（一六：一八）、伐（九八：一）。

這九人在"主盟"類中爲趙嘉的參盟勢力。

（2）“自誓”類：

　　㑆鑿及其子孫（一五六：二二）。

出現在這個位置的人物還有：

　　㑆侃（一五六：一九）、趙喬、郱詨、董政（一五六：二二）、䢼㱁（一五六：二三）、司寇鸗、邵城（一五六：二二）、閔伐（一五六：一九）。

這九人已變爲趙嘉的敵人。這些人在作爲參盟人物時都自稱其名，但當他們轉變爲趙嘉敵人的時候，都加上了姓氏。

　　唐蘭先生認爲，“自誓”類盟書的時間晚於“主盟”類盟書⑭。兩類盟書時間早晚的差别同上述人物身份早晚的變化是一致的。

　　2.“主盟”類盟書中打擊的敵人是由一氏一家發展到四氏五家，再發展到五氏七家。

　　一氏一家：

　　趙弧及其子孫（一：五一）。

　　四氏五家：

　　在一氏一家的基礎上多了㑆痜、㑆德、史皻（一五六：五）、䢼㱁（一六：一八）。

　　五氏七家：

　　在四氏五家的基礎上又多了司寇鸗、司寇結（一九四：四）。

有趣的是，在被打擊的人物中，“㱁”和“鸗”已先於“自誓”類而分别出現於“主盟”類的四氏五家和五氏七家之中，而他倆作爲參盟人物時，與“㱁”同版打擊的敵人衹有一氏一家（一：九七），與“鸗”同版打擊的敵人衹有四氏五家（九八：二八），都不包括這兩人，顯然此時兩人尚未背叛趙嘉。根據“主盟”類盟書打擊敵人的由少到多，可以看出其時間的早晚差别，作爲參盟人的“㱁”和“鸗”均早於作爲趙嘉的敵人的“㱁”和“鸗”在盟書中出現，這些人物在早晚盟書中出現的先後次序，可以證明其身份的變化。

3. 在“主盟”類盟書中，被打擊的勢力最多祇有五氏七家，而在“自誓”類盟書中則發展到九氏二十一家，新增的這四氏十四家很可能包括最初是趙嘉的盟友，而後背叛了趙嘉的部份勢力。

唐蘭先生曾對這種背盟現象作過精闢的論述：“從載書的内容看，第一次盟誓以後，已經有破壞盟誓而和趙尼（弧）相勾結的人，所以誓詞説‘所敢俞（渝）（偷）出入于趙尼（弧）之所’，就是説當時是有人出入於被逐國外的趙尼（弧）之所的。……那麽，從十一月乙丑舉行第一次盟誓之後不久，趙桓子大概已經病了，那時就已經有人企圖使趙獻子復辟，這次政變没有成功，有些人爲了避嫌疑，因而有這次自誓的舉動。……第一次盟誓説‘有志復趙尼（弧）’，還祇是‘有志’，而這次説‘復入之’，是已經有行動了。這類（“自誓”類）載書裏逐出晉邦的人，比第一、二類（禱辭、“主盟”類）的載書有成倍的增加，也是已經發生過一次未遂的政變的跡象”，閔伐“則象是這次未遂政變中的重要人物。”[15]温縣盟書與侯馬盟書中這些同爲參盟人物的最合理的解釋，就是他們身份的轉變。上述人物中的“喬”在侯馬盟書“主盟”類中爲參盟人，但在“自誓”類中卻變爲趙嘉的敵人，因此在温縣盟書中作爲參盟人出現，體現了這種變化的全過程。至於温縣盟書的九人中，爲何有五人不見於侯馬盟書所打擊人物的名單中，這大概因爲他們背盟時間較晚的緣故。

比較兩批盟書可識，趙嘉的勢力在一步步削弱，相反，趙浣的勢力卻在一步步壯大，過去一些同盟人逐漸轉爲趙嘉的敵人，迫於這種形勢，趙嘉即位後即被迫立代便不難理解了。

在温縣盟書發表的有限材料中，竟有這樣多的與侯馬盟書同名的人物，可以説並不是一種偶然現象。隨着温縣盟書資料的不斷刊佈，將會有更多的與侯馬盟書同名的人物出現，我們通過他們來研究侯馬與温縣兩批盟書的關係，定會獲得更精深的認識。

（三）紀年

侯馬盟書禱辭和温縣盟書中都確有紀年。

【侯馬盟書】

十一月甲寅朔，乙丑。

【温縣盟書】

十五年十二月乙未朔，辛酉。

應該指出，温縣盟書的發掘者已把盟書的年代定在公元前497年，並且認爲："如果按王韜杜氏《長術》推算，晉定公十六年是魯定公十三年，這年正月初一是乙未日。如果頭一年閏十二月，換算成夏曆則該年當爲晉定公十五年十二月乙未朔，與盟書的記載正相符合。"⑯對這個結論，我們重新進行了檢驗，結果發現兩點疑問：第一，"王韜杜氏《長術》"不知何據。第二，按魯世系和晉世系推算，魯定公十三年應爲晉定公十五年，而非十六年。因此，儘管杜預《長術》、王韜《春秋朔閏表》和董作賓《中國年曆総譜》均定魯定公十三年正月爲乙未朔，但若按前一年閏十二月而換算成夏曆，則應爲晉定公十四年十二月乙未朔，與盟書紀年不符。

侯馬盟書與温縣盟書的盟主分屬趙嘉和趙浣，盟誓同爲趙氏宗族内部争位的鬥争，則二者年代應當相同。温縣盟書明確記有"十五年"，這應是晉幽公十五年，趙嘉在侯馬於本年十一月盟會，趙浣在温縣於本年十二月盟會，二者聯繫有機。

趙嘉逐趙浣一事，我們已論定發生在趙襄子卒年，此年據《六國年表》是晉幽公十三年。文獻與盟書紀年出現牴牾的原因是文獻中關於晉出公在位年數的異記。《晉世家》記出公十七年奔齊道死，《年表》記出公立十八年，《集解》"或云二十年"，《古本竹書紀年》記出公二十三年奔楚。權衡這四種説法，十八年、二十年兩説可以棄捨[17]，而十七年、二十三年説蓋有所本。晉出公元年爲公元前474年，如以《晉世家》所記出公在位十七年計算，減去哀公在位十八年數，則趙襄子卒年恰爲晉幽公十五年，與盟書紀年契合。

論證盟書的月朔干支比較複雜，因十一月初一甲寅距十二月初一乙未共計四十一日，比平月日數多出一旬。我們考慮了幾種可能性，認爲唯用閏旬來解釋這種現象最合適。莫非斯先生在他的《春秋周殷曆法考》一文中論定，晚至春秋時代，仍能見到四十或四十一日的月，在他排定的《春秋曆》中，這種有閏旬的月屢見不鮮[18]，證明在春秋曆法中，閏旬的情况依然存在。侯馬盟書與温縣盟書的時代去春秋不遠，因此，這種古老閏法的沿用仍是可能的。

現在再看盟書的月朔干支，二者的銜接便合理了。象這種於十一月或一月設置閏旬的先例在《春秋曆》中是存在的。

三晉用夏曆，因此，侯馬、温縣兩次盟會當分别發生在晉幽公十五年的十一月和十二月。夏曆比周曆遲兩個月，兩次盟會的時間换算成周曆爲周威烈王二年的一月和二月，參照董作賓《中國年曆総譜》换算成公曆，則相當於公元前425年的12月和公元前424年的2月。

關於趙浣選擇温縣行盟的原因，我們作這樣的推測：第一，温縣盟會已詔“出公大塚”神號，説明此次盟會也是在晉出公塚墓前舉行的。晉出公被逐後死於奔齊或奔楚的路上，因此，很可能是在出公的葬地還有一座陵墓。目前，晉國王君的陵墓尚無發現[19]，所以，出公大冢是否在温縣亦難以確定，但考察温縣地望，説它恰置去齊或去楚的途中似乎並不過分。第二，《趙世家》記趙浣即位治中牟，中牟的地望舊有三説，一在河南中牟縣，一在河南湯陰縣西[20]，一在河北邯鄲、邢臺間[21]。《漢書·地理志》河南郡云：“中牟，……圃田澤在西，豫州藪。在筦叔邑，趙獻侯自耿徙此。”師古曰“筦與管同。”《水經·濟水注》云：“應劭曰：滎陽故虢國也。今虢亭是也。司馬彪

《郡國志》曰：縣有虢亭，俗謂之平咷城。城内有大塚名管叔塚。”楊守敬《疏》引《地形志》云：“滎陽有管叔塚。”疑滎陽即屬古中牟地。《古本竹書紀年》云：“晉烈公元年，趙獻子城泫氏。”《漢書·地理志》上黨郡云：“泫氏，楊谷，絶水所出，南至野王入沁。應劭曰：《山海經》泫水所出者也。”“高都，莞谷，丹水所出，東南入泫水，有天井關。”絶水即泫水，知沁水、丹水流域是趙浣的主要活動地區。所以，温縣一帶很可能就是侯馬盟書所言的“趙弧之所”。

準上，可將本文的討論簡歸爲三點：

（一）侯馬盟書的盟主是桓子趙嘉，打擊的敵人是獻子趙浣。

（二）温縣盟書的盟主是獻子趙浣，盟辭中“而敢與賊爲徒者”的“賊”即指亂賊趙嘉[22]。

（三）侯馬盟書與温縣盟書同是《趙世家》所記趙嘉與趙浣争奪趙氏宗主鬥争的遺物，其年代分别屬於晉幽公十五年的十一月和十二月，相當於公元前425年的12月和公元前424年的2月。

附記：

本文曾承高明老師審校，多所是正，謹致謝忱。

注釋：

① 張頷：《侯馬盟書叢考》，《文物》1975年第5期。

②⑭⑮ 唐蘭：《侯馬出土晉國趙嘉之盟載書新釋》，《文物》1972年第8期。

③④⑤ 山西省文物工作委員會：《侯馬盟書叢考·詛辭探解》，《侯馬盟書》，文物出版社，1976年12月。

⑥《左傳·襄公二十五年》云：崔、慶“盟國人於大宫，曰：‘所不與崔、慶者……。’”《注》：“讀盟辭未畢，晏嬰插言改之。”知盟辭寫定後可以更改。

⑦⑨ 戚桂宴：《侯馬石簡史探》，《山西大學學報》1982年第1期。

⑧⑩⑰ 梁玉繩：《史記誌疑》卷九、卷二十一。

⑪ 王世民：《西周春秋金文中的諸侯爵稱》，《歷史研究》1983 年第 3 期。

⑫⑯ 河南省文物研究所：《河南温縣東周盟誓遺址一號坎發掘簡報》，《文物》1983 年第 3 期。

⑬“�”字形旁“走”作，侯馬盟書中也有類似的寫法。

⑱ 莫文載《燕京學報》第二十期。

⑲ 王世民：《中國春秋戰國時代的塚墓》，《考古》1981 年第 5 期。

⑳《史記·趙世家》《正義》。

㉑ 顧棟高：《春秋大事表》卷九。

㉒《周禮·士師》：“二曰邦賊。”《注》：“爲逆亂者。”襄子立獻子趙浣，不立桓子，桓子爭位逐獻子，在趙浣看來就是逆亂之賊。

一：六六

圖一

圖二

圖三

原載《考古與文物》1987 年第 2 期。

侯馬盟書的發現和整理側記

張守中

當我提筆寫這篇短文的時候，侯馬盟書的出土，算來已經有 24 年了。作爲參加發掘和整理工作的當事人之一，我願意佔用《文物天地》的一點篇幅，將盟書的發現與整理相關的幾件事，追憶補記出來，這對盟書的進一步研究或許是不無益處的。

一、盟書的發現和首次介紹文章的發表

山西省以侯馬市秦村是侯馬盟書的出土地。1965 年電廠基建於此施工時，侯馬文物工作站派員前往配合，發現了重要的盟誓遺址。

盟書的出土是在 1965 年 12 月中旬，我清楚地記得初次見到盟書時的情景。那天上午陶正剛同志在工地值班，我吃過午飯，步行去工地換班，在侯馬火車站南道口東側，我與陶正剛相遇。數九前夕北方野外的氣温是可想而知的。不知是因爲天氣冷，還是因爲發現了珍貴文物，陶正剛同志臉色通紅，見了我激動得幾乎連話也說不出。他從背包中取出幾件用手帕包着的石片給我看，但當時我首先注意到的卻是他正在顫抖的手。石片上的朱色篆體文字是清晰的，石片以及文字的數量都相當可觀，我當時亦意識到這是一項重大發

現，心情爲之振奮。陶正剛同志又向我介紹了盟書出土的現場情況：在電廠基建工地有曲沃縣農業中學的師生在參加勤工儉學勞動，同學們在取土中首先碰到了盟書，一件件帶土的石片，上面隱約有朱書字跡，使同學們感到新奇，這個拿一片，那個拿一塊，出土的盟書立時被分散了。陶正剛同志及時得知了消息，立即察看了現場，隨即通過老師向同學們宣傳保護珍貴文物的重要意義。經他的動員，已經分散了的盟書，重新又匯集到一起，這就是編號爲第16坑的第一批60件盟書，其中包括有後來被郭沫若院長認爲是盟辭總序的一件重要標本。事情已經過去若干年了，回想起這一段情景，實在後怕，倘若動員回收工作遲在下午或是次日，那麽60件盟書能否安全無恙地收攏還是個問題。及時宣傳文物政策，回收珍貴出土文物的功勞，是應該記在陶正剛同志名下的。

侯馬發現朱書文字的消息很快傳到太原和北京，文化部文物局謝辰生先生和山西省文物工作委員會張頷先生都趕來侯馬，會同侯馬文物工作站暢文齋站長等許多同志共同查看了盟書標本。張頷先生趕寫了一篇文章，介紹盟書出土情況並做了初步考釋，他同時提議讓我試摹文字。我於1962年和1964年先後向鄧散木、商承祚兩位先生學習篆書，堅持日課三年有餘，遇到盟書摹寫任務，自然樂於接受，最初的摹本也得到了大家的認可。臨近年末，謝辰生先生帶着部分盟書標本和稿件返回北京，呈請郭沫若院長鑒定。1966年第2期《文物》雜誌首次發表了介紹侯馬盟書的兩篇文章，有張頷先生的《侯馬東周遺址發現晉國朱書文字》和郭沫若院長的《侯馬盟書試探》。侯馬盟書的發現，一開始即受到中央和省主管部門領導和專家的重視，這爲後來的整理研究工作打下了一個良好的基礎。

二、盟書整理小組的成立和《侯馬盟書》的出版

侯馬盟誓遺址的發掘歷時七個月，出土盟書標本5000餘件。現場工作結束時，"文革"動亂已經開始，故盟書的整理研究工作未能及時展開，工作一停頓就是六七年。至1972年《文物》雜誌復刊，向山西約稿，盟書材料才又由王克林、陶正剛和我作了一次零星的整理，事後標本又重新裝箱。那時社會上的風氣是熱衷於打派仗和奪權，學術研究工作十分困難，學習專業技術衹能悄悄地在暗中進行，時代就是個畸形的時代。缺少必要的經費和得力的人選，没有適宜的環境和相對穩定的時間，盟書整理工作是很難真正展開的。時光在流逝，到1973年盟書出土已越八年，我們介紹給學術界的僅僅是些零星資料，對盟書整理工作的擱淺，我當時是很着急的，雖向有關方面呼吁，但難以得到響應。到了這一年的秋季，終於有了一個開展工作的轉機。當時任國務院圖博口副組長的王冶秋同志到山西來，他先到大同，檢查周總理陪同法國總統蓬皮杜參觀雲岡石窟的準備工作，又繞道五臺然後來到太原。8月4日下午，和我同住一室的王傳勛同志隨車到五臺山接冶秋同志。我得知這一情況後，在他出發前的瞬間，給冶秋同志寫了一封簡短的信，大意是説侯馬盟書出土已久，七箱標本均在太原，盼冶秋同志有空能過目，希望能對盟書整理工作給予支持。我囑王傳勛將信交省文物工作委員會書記張興華同志面呈冶秋同志。8日冶秋同志來山西省文物工作委員會看了盟書標本；張興華同志又囑我於9日清晨到迎澤賓館面見冶秋同志。我帶了幾册盟書摹本於早8時趕到賓館，向冶秋同志作了匯報。這一天上午省領導邀冶秋同志在省圖書館會議室爲文物圖書館幹部做報告。冶秋同志在談到出土文物的整理研究工作時，明確地提出要及時公佈重要資料，不要積壓，更不要壟斷。關於侯馬盟

書他提議盡快整理出版，把材料公佈於衆，便於學術界共同研究。冶秋同志的一席話，對盟書整理工作是個極大的推動，事後省有關領導及時召集會議，抽調人員，成立了侯馬盟書整理小組，有張頷、陶正剛、張守中三人參加工作，經費方面給予了大力支持，工作房間也作了相應調整，從此以後侯馬盟書的整理編寫工作有了一個相對穩定的良好環境，大家的心情是十分高興的。張頷同志被揪鬥，關牛棚，被强制勞動多年，時年已 54 歲，他曾自嘆："馬齒徒增五十四，地球白轉二千三。"這次成立盟書整理小組，一下子被解放出來，其投入工作的愉快心情和實幹勁頭是不言而喻的。同志們連續緊張工作，情緒異常高漲。爲了查閱書籍、核實材料、專題訪問，大家奔波於北京、太原、侯馬之間；爲了正確釋字、科學考證、準確臨摹，有時竟至廢寢忘食；爲了一批科學數據的取得，往往要埋頭苦干幾十個日日夜夜；有時爲了一個疑難問題不能排解，有同志竟至急得落泪；而爲了工作勝利告一段落，有時大家又不由得昂首齊聲高歌。張頷先生主持盟書的釋文和考證。經過一個時期的研究，他依據盟辭內容的不同，將盟書劃分爲六類，確定了主盟人是晉國六卿之一的趙鞅，撰寫了侯馬盟書叢考，計有子趙孟考、宗盟考、委質考、內室考、曆朔考和詛辭探解，從而爲侯馬盟書的研究奠定了堅實基礎。陶正剛同志分工撰寫"侯馬盟書及其發掘與整理"一章。他詳細介紹了盟誓遺址甲乙兩區出現的不同現象，盟書的埋藏情形，使古籍記載的"坎"的制度得以科學的復原。在"侯馬盟誓遺址出土的其他文物"一節，他着重介紹了與盟書共存的玉器、絲織物痕跡、陶器殘片等遺物，特別是出土於盟書竪坑填土中的陶器殘片，其時代屬於考古學上晉國中期或略早的陶器類型，時間應在春秋晚期，爲盟書的斷代尋得了佐證。隨着整理工作的深入，我負責的盟書臨摹工作也有了很大的進展。1974 年 7 月 25 日，冶秋局長和謝辰生、沈竹等同志在國家文物局聽取了侯馬盟書整理進程的工作匯報，冶秋局長鼓勵我們要破除迷信，解放思想，努力把盟書的整理編寫工作搞好。8 月 28 日沈竹同志在沙灘紅樓召集會議，研究盟書出版事項，文物出版社圖編部委派黃文昆、莊嘉怡同志爲《侯馬盟書》的責任編輯（後來又增派袁林同志參加工作）。經過整理小組同志們兩年多的努力，在 1975 年末，我們終於將《侯馬盟書》定稿送到北京。後來出版社的同志們爲了完成技術編排和聯繫印刷事項，不知又奔忙了多少個日日夜夜。經過多方共同努力，1976 年 12 月《侯馬盟書》終於出版問世。《人民日報》《光明日報》《山西日報》均發佈了《侯馬盟書》出版的消息；1980 年 1 期《考古》雜誌發表書評指出："盟書本身就是我國考古史上一項重大收獲，但該書的編者並未僅限於把它'客觀'地報導出來，而是將這一重大收獲放到春秋末期晉國的歷史環境中進行考察，……從而使這批盟書的歷史價值遠遠超過了它作爲重要文物發現的意義。"通過同志們的努力工作，《侯馬盟書》引起國内外學術界的重視，這是很使我們欣慰的。從盟書整理小組的成立，到《侯馬盟書》的出版，前後不過三年多時間，可謂是高速度，在"文革"動亂的困難年代尤其不易，若不是因爲有冶秋局長的支持，它是難得有這樣的好命運的，現在冶秋局長已經作古，我們始終懷念着他對山西文物工作的大力支持。

三、關於盟書的臨摹

侯馬盟書的臨摹是盟書整理研究的基礎工作之一，要取得理想精善的摹本，臨摹者既要有識別篆文的基本知識，又要熟練掌握書寫技法，同時還要不斷改進臨摹手段。我在臨摹實踐中是走過不少彎路的，但也同時取得了一定的經驗。盟書的臨摹，最初主要是采用二次臨摹法。所謂二次臨摹，即先在白紙上繪出盟書原大圖形，以鉛筆臨出文字草稿，然後對照實物用毛筆臨寫出第一稿。鉛筆初稿着重控制行距字距，毛筆上墨則着重寫出文字的氣韻風格。第二次重摹時以第一稿作底本，上面鋪以透明描圖紙，依然要對照實物，看準原作章法以及文字風格，逐筆逐字臨摹，得出摹本正品。盟書文字筆劃細小，出土日久，潮氣盡散，朱書筆跡多有褪色，觀察原件時需有强光照射，並以試管滴注清水於字面，以重新復原文字的清晰度，加以放大鏡輔助觀察。摹寫時不能心急，不能求速，静心操作，準確下筆，方能保證摹本質量。之所以要采用這些工序，一是因爲盟書本身多混沌不清，辨認困難，二是因爲照相工作未能先行。二次臨摹法雖然是處處小心，謹慎操作，然而一旦有了盟書原大照片，仔細對照，依然可以找出摹本行距、字距不準，文字大小不一，筆畫粗細不匀等種種毛病。爲了摹本的質量，我們又曾多次返工，摹本數萬字，600 餘件標本，幾乎件件都曾重摹過，這對一個臨摹者來説無疑是件很艱苦的事，但經過這樣的反復實踐，亦大大熟練了我們的摹寫技能。臨摹的定稿本較初摹本，質量明顯提高，後來唐蘭先生和商承祚先生看到盟書實物又看到我們的摹本嘖嘖稱是，對我們的這項工作是很滿意的。而我在臨摹工作中還另有一項收獲，即在摹本 30000 餘字的素材中，又整理、提煉出《侯馬盟書人名表》和《侯馬盟書字表》，其中包含的豐富内容，這裏不再贅述，它已隨同《侯馬盟書》一並出版。這些都是在臨摹工作中獲得的副産品，是我當初所未曾料到的事。

侯馬盟書材料整理完畢後，我的工作即由山西調回河北。參加這段工作所學到的知識，後來又曾在河北得到應用和發揮，不過那已是本文的題外話了，而參加盟誓遺址發掘和盟書整理工作，確實給我留下了一段美好的回憶。

原載《文物天地》1988 年第 4 期。

重論“麻夷非是”

唐鈺明

侯馬盟書的常見用語“麻夷非是”，究竟應從朱德熙、裘錫圭先生讀爲“滅彼族氏”[①]，還是應從戚桂宴先生解作“河伯非是”[②]？朱、裘的意見是1972年提出的，在短短數百字的文章中主要討論“麻夷非是”與“眛雉彼視”的關係，而對“麻夷非是”本身則尚未展開充分的論證；戚先生的觀點則是1979年鍼對朱、裘提出來的，會不會是“前修未密，後出轉精”呢？帶着這個問題，我們對侯馬盟書及相關材料重新作了考察，結果證明朱、裘的讀法應該予以確認，而戚先生之説則是不可信的。

一

戚先生説：“‘麻夷非是’一語見於每一篇載書，尚未發現‘非是’二字有異文……如果‘彼氏’確是正字，在載書中似不應千篇一律地都寫作‘非是’，此可證‘非是’必讀如本字，不當讀爲‘彼氏’。”這是戚先生駁朱、裘的第一條、也是最重要的一條理由。如果屬實，那確是很有説服力的。遺憾的是，事實並非如此。在文物出版社《侯馬盟書》一書中，“非是”共257例（戚先生説有

"上千例"，殆屬揣測之詞)，另有"非是"的異文作"非氏"多例，如：

(1) 吾君其硯之，麻夷非氏。(二〇〇：二)

(2) 吾君其明硯之，麻夷非氏。(二〇〇：一一)

(3) 吾君其明硯之，麻夷非氏。(二〇〇：二八)

(4) 吾□其明亟硯之，□□非氏。(二〇〇：四六)

(5) ☐夷非氏。(八五：一九)

(6) ☐夷非氏。(九六：八)

以上事實，足以説明盟書"是"確實用爲"氏"。除了盟書自身的本證之外，"是""氏"相通的外證在古文字資料、先秦典籍中均不乏其例。如：《沁陽盟書》二背面同樣有"□非氏"；《中山王方壺》"是以"作"氏以"；《儀禮・公食大夫禮》"大史氏"作"大史是"，等等(古璽漢印以"是"爲"氏"更屬常見)。

也許有人會問："氏"既有本字，何以還要大量使用借字"是"？如用通常解釋假借現象的"寫别字"和"避繁就簡"兩點理由來説明，那是説不通的。實際上，古人用借字有時是明知故用，而並非"寫别字"。例如《訇伯簋》，蓋作"訇白達作寶毁"，器作"訇白達作寶羔"，借字"羔"與本字"毁"同時使用。帛書《戰國縱横家書》"趙國"時而寫作"趙"，時而寫作"勺"，總不能認爲操筆者連大名鼎鼎的趙國的"趙"都不會寫吧？全書將"趙"寫作"勺"者多達58例，顯然也不是筆誤。要説是"避繁就簡"吧，金文的"吳"卻常作"攻敔""工虞"，"各至"的"各"常寫成"格""洛""零"，"乍某器"的"乍"常寫成"柞""詐""酢"……由此看來，在這類難以解釋的假借現象背後，必定還有另外的原因。依筆者之見，這原因就是：追求高雅脱俗的文化心理因素。直到今天，還有人喜歡將"請指正"寫成"請指政"，"正腕"寫成"政腕”，正是這種傳統文化心理因素的延續。古人避俗求變的心理，在馬王堆帛書《戰國縱橫家書》中表現得相當充分。除了上述“趙”“勺”交替使用外，表示族氏的“氏”“是”也同樣頻繁出現。例如“趙氏”同作“趙是”，“韓氏”同作“韓是”。有時本字“氏”和借字“是”甚至共見一篇之中，如：

（7）梁氏留齊兵於觀，數月不逆……吾縣勉於梁是（氏），不能辭已。（《蘇秦自趙獻書於齊王章》）

（8）王之使者大過，而惡安陵是（氏）於秦……夫憎韓，不愛安陵氏，可也。（《朱已謂魏王章》）

在整部《戰國縱橫家書》中，表族氏用“氏”15例、用“是”16例，借字的使用頻率超過了本字。因此，《侯馬盟書》多用“是”而少用“氏”，並不足爲怪。

“是”“氏”相通已明確，我們再來討論“非”可否作“彼”。首先要指出：“非”與“匪”是古今字。《詩經·木瓜》“匪報也，永以爲好也”，阜陽漢簡作“非報也，柄以爲好也”；《尚書·湯誓》“非台小子敢行稱亂”，《史記·殷本紀》作“匪台小子敢行稱亂”，均爲其證。其次要指出：“匪”可以通“彼”。《廣雅·釋言》：“匪，彼也。”《詩經·桑扈》“彼交匪敖”，《左傳·襄公二十七年》引作“匪交匪敖”，《詩經·萊菽》“彼交彼紓”，《荀子·勸學》引作“匪交匪紓”。綜上兩端，可見非＝匪＝彼。那麼，盟書何以不直接用“彼”而用“非”呢？回答是：“彼”字這個時候尚未面世。遍檢甲骨文、金文等古文字資料，均未見“彼”字（僅東周有借“皮”爲“彼”的個別用例）③。在這種“本無其字”的情況下，盟書借“非”爲“彼”，實在是十分自然的事。

關鍵性的“非是”業已證明可用爲“彼氏”，“麻夷”就不難理解了。查《侯馬盟書》“麻夷”共262例，另有異文10例作“亡夷”，如：

(9) ……明亟硯之，亡夷非是。（六七：三）

(10) 不顯晉公亟硯之，亡夷非是。（六七：四）

(11) 不顯晉□大冢，明亟硯之，亡夷非是。（六七：一四）

(12) ☐明亟硯之，亡夷非是。（六七：二〇）

(13) 吾君其明亟硯之，亡夷非是。（九二：五）

《廣雅·釋詁》：“夷，滅也。”盟書“夷”字異體繁多，其中有從歹作“殔”者，與“戮”字從歹作“㱻”同例，可見“夷”字無疑是“夷滅”之義。《廣韻》：“亡，滅也。”在表示“滅”這個義項上，“夷”與“亡”是完全等值的，二字連用正是古漢語常見的“同義連文”。至於盟書常用的“麻”字，它與亡、磨、摩等同屬明母，均可表“滅”義，是王力先生所確定的音理相近、義類相通的“同源字”（參看《同源字典》）。馬王堆帛書《五十二病方》“以産豚冢麻（磨）之”，“麻”正用爲“磨”。《方言·十三》“摩，滅也”，“摩滅”常作“磨滅”。可見麻＝磨＝摩，“麻”有“滅”義已不言而喻了。舉凡上述亡、夷、滅等字，在典籍中用以表示夷宗滅族者是屢見不鮮的，如：

(14) 亡其氏姓（《國語·周語下》）

(15) 三族皆夷（《荀子·君子》）

(16) 夷滅宗族（《史記·陸賈傳》）

(17) 滅夷月氏（《漢書·匈奴傳》）

綜上所論，“麻夷非是”一語首先可以根據異文還原爲“亡夷非氏”，然後根據“亡”訓“滅”“非”爲”彼”，就可以進一步變換爲“滅夷彼氏”了。若就“麻夷非是”的字面而論，四個字竟要破讀三個字，的確是少見的，但亦非絶無僅有。例如帛書《戰國縱横家書·蘇秦謂陳軫章》有“楚回翁是，秦敗屈丐”句，《史記·田敬仲完世家》作“楚圍雍氏，秦敗屈丐”，可見帛書亦同樣破讀三個字。總之，能否破讀，關鍵要看證據是否確鑿，而不在字數的多寡。

二

學術争鳴中，兩説并存是常有的事。上文已證明朱、裘之説是破不了的，那麼，戚先生之説是否可以“另備一説”呢？不妨先看看戚先生的原話：

> “麻夷非是”……當讀爲“無夷非是”，無夷是河伯的名字，誓辭等於説“河伯非是”，意爲河伯給予渝盟行爲以制裁。

且不論“麻夷”能否解爲“河伯無夷”，僅從詞義、語法和盟辭體例來看，戚先生的新解就難以成立了。

先看詞義。戚先生堅持“‘非是’必讀如本字”，照本字論，“是”當爲代詞，“非”當爲動詞，戚先生對“非是”的解釋是：“給予渝盟行爲以制裁”。然而，這種解釋在訓詁上是通不過的。遍檢群籍，均找不到先秦“非”字可以解爲“制裁”的證據。在《説文》《爾雅》《經籍籑詁》《中文大辭典》《辭海》《辭源》《古漢語常用字典》等辭書所歸納的義項中，比較適合“非”字的義項是：“責怪”“非難”等。用這種義項去串解“河伯非是”，問題是否可以解決呢？同樣解決不了。因爲“河伯責怪他”“河伯非難他”這種輕飄飄的語意與盟誓所需要的賭天咒地的言辭相距太遠了。

再看語法。漢語史的研究成果表明：上古漢語代詞“是”作賓語通常要前置[④]。筆者普查了金文、《尚書》《詩經》（按：甲骨文無“是”字），共見作動詞賓語的“是”字65例，無一例外地置於動詞前，如：

> （18）殳季父作□始尊壺……子子孫孫是永保。（《殳季良父壺》）

（19）徐王糧用其良金鑄其□鼎……用饔賓客，子子孫孫，世世是若。（《徐王𪐗鼎》）

（20）乃惟四方之多罪逋逃，是崇是長，是信是使，是以爲卿士大夫。（《尚書·牧誓》）

（21）君子是則是效。（《詩經·小雅·鹿鳴》）

“是”作賓語前置的現象，隨着歲月的流逝而逐步後移，但這種後移與否定句代詞賓語以及疑問句代詞賓語後移一樣，都呈現着有節律的衰變[⑤]，而决不會是突變。以《左傳》爲例，“是”作賓語前置與後置同時并存，如：

（22）寡人是徵……寡人是問。（僖公四年）

（23）明神先君，是糾是殛。（僖公二十八年）

（24）魏子嬖妾，無子。武子疾，命顆子曰：“必嫁是。”（宣公十五年）

（25）君與大夫不善是也。（襄公二十六年）

統計《左傳》全書，作動詞賓語的“是”字前置者 26 例、後置者 16 例，後置的頻度不過 38% 罷了。侯馬盟書與《左傳》的時代大體是相近的，如果“麻夷非是”的“非是”的確要照字面解的話，至少應有部分句例作“麻夷是非”，但盟書“非是”257 例，100% 是後置的，這顯然是不符合文法漸變規律的。由此反證，“非是”照字面解是行不通的。

最後再來考察盟辭的體例。戚先生不同意朱、裘將《公羊傳》襄公二十七年的“昧雉彼視”釋爲“滅彼族氏”，其理由是：“父子夫婦爲盟，竟然以‘滅夷彼氏’爲誓，詛咒參盟者斷子絶孫，這很不合情理，因爲公子鱄的妻子斷子絶孫，也就是公子鱄自已斷子絶孫。”在這裏，戚先生看來是將盟辭中虛擬語態式的“賭咒”與敵愾性的“詛咒”混爲一談了。盟辭中的賭咒常常是所謂“毒誓”，説得越厲害、越狠毒，就越能表白自己的决心。什麼“不得好死”呀，“天轟五雷霹”呀，“全家死絶”呀，等等，不正是古往今來常見的“毒誓”麽？請看書證：

（26）有渝此盟，明神殛之，俾隊其師，無克祚國，及其玄孫，無有老幼！（《左傳·僖公二十八年》）

（27）或（有）間兹命……明神殛之，俾失其民，隊命亡氏，踣其國家！（《左傳·襄公十一年》）

所謂“及其玄孫，無有老幼”，意思不正是“斷子絶孫”嗎？由上引書證來看，盟誓中“詛辭”的特點是既殃及其身、又殃及其族氏國家，盟書所謂“明亟硯之，麻夷非是”，正是既及其身又及其族，這與載籍是正相吻合的。戚先生認爲“春秋時代盟誓的一般通例，將濟河時的誓辭常常是以河神爲要約”，這本來不無道理，但他又進一步推導出不濟河時也要“以河伯爲要約”，這種演繹的跳躍性未免太大了。實際上，幾乎每篇盟書都早有“要約”的神靈，這就是黄盛璋先生所指出的：“侯馬盟書皆爲告晉之先君，盟書甲稱爲‘吾君’，乙稱‘皇君晉公’，丙稱‘君’或‘皇君’，丁稱‘晉公’，皆爲先君。”[⑥]盟書既已有要約的神明，則“麻夷”解爲河伯無夷就完全蹈空了。

綜上三端，我們認爲戚先生的新解是不能成立的。

三

“明亟硯之”（或“永亟硯之”）常與“麻夷非是”連用，其中“亟硯”應如何理解，仍有待進一步澄清。因該語與“麻夷非是”有關，故一並於此討論。

學術界通常認爲“亟”就是“殛”“硯”就是“視”，並據此將“亟硯”訓釋爲“誅滅和監視”[⑦]。然而這種理解卻是很成問題的。

因爲“誅滅”和“監視”既不是遞進關係，也不是互補關係，神靈對背盟者既已“誅滅”，又何須再作“監視”呢？特别是將“亟覘”置於“永亟覘之”這個具體語境中，矛盾就更尖鋭了。誅滅就是誅滅，哪能説什麽“永遠（或長久）的誅滅”呢？大概是意識到這種矛盾，有些研究者乾脆撇開“亟”字不管，而將“明亟覘之”徑釋爲“神明監察”或“仔細鑒察你”⑧。可是這樣處理，矛盾並未解决，問題仍然存在。

我們認爲，“亟”釋作“殛”是没問題，關鍵在於如何理解“殛”的含義。《爾雅·釋言》：“殛，誅也。”《説文》也説：“殛，誅也。從歺，亟聲。虞書曰：‘殛鯀於羽山’。”“殛”訓爲“誅”，是否就是“殺戮”義呢？回答是否定的。因爲“誅”字本身就有兩解。何九盈、蔣紹愚先生指出：“在先秦的文獻中，‘懲罰’是‘誅’的常用義，作‘殺戮’解的反而少見。”⑨例如鄒陽《獄中上梁王書》“昔玉人獻寶，楚王誅之”，《史記·鄒陽列傳》變换作“昔卞和獻寶，楚王刖之”，《論衡·對作篇》作“楚之王、尹以玉爲石，卒使卞和受刖足之誅”，可見“誅”不是殺，而是懲罰。又如《左傳·僖公二十三年》“誅無禮，曹其首也”，《列女傳·仁智·曹僖氏妻》變换爲“討無禮，曹必爲首”，可見“誅”也不是“殺”。阜陽出土漢簡《倉頡篇》有“慭悍驕裾，誅罰貲耐”，“誅”正與“罰”連文（貲耐在秦簡中亦表懲罰）。據此，我們認爲“殛”字與它的同義詞“誅”一樣，也具有“懲罰”和“誅戮”二義。由於“殛”的“懲罰”義辭書全部失收，所以對此還需要略加辨證。

首先，《説文》所引《尚書·舜典》“殛鯀於羽山”一語，歷來就存在争議。有學者認爲，“殛鯀”不是殺死鯀，而衹是懲罰、放逐⑩。我們認爲是有道理的。請看：

（28）舜勤民事而野死，鯀鄣洪水而殛死……冥勤其官而水

死……稷勤百谷而山死。(《國語·晉語上》)

(29)［舜］行視鯀之治水無狀，乃殛鯀於羽山以死。(《史記·夏本紀》)

前例的“野”“殛”“水”“山”都是“死”的修飾語，説明死的方式。後例先“殛”而後“死”，可見“殛”與“死”是兩回事。《楚辭·天問》“鯀……永遏在羽山，夫何三年不施?”也認爲鯀是被“遏”在羽山，三年後才死的。凡此均表明“殛”是懲罰而不是誅殺。

其次，典籍用“殛”爲“罰”者，不乏其例。《尚書·湯誓》前云“有夏多罪，天命殛之”，後云“夏德若兹，今朕必往，爾尚輔予一人，致天之罰”。《墨子·非攻下》云“昔者三苗大亂，天命殛之”，同書《兼愛下》則説“蠢兹有苗，用天之罰”。可見所謂“天命殛之”，就是奉天之命懲罰它。《尚書·湯誓》“致天之罰”，《國語·越語下》變换爲“致天地之殛”。《詩經·閟宫》“致天之届”，鄭箋:“届，極。”陳奂《傳疏》:“古極、殛通。致天之届，猶云致天之罰耳。”“殛”有“罰”義，故“罰”“殛”可以連文，如:《尚書·康誥》“爽惟天其罰殛我，我其不怨”，《尚書·多方》“我乃其大罰殛之”。蔡琰《胡笳十八拍》寫道:“我不負天兮，天何配我殊匹。我不負神兮，神何殛我越荒州。”這裏的“殛”字用爲“懲罰”義，已昭然若揭了。

以上述所論爲基點，我們進一步來考察典籍中相關的詛辭:

(30)或(有)間兹命……明神殛之，俾失其民，隊命亡氏，踣其國家。(《左傳·襄公十一年》)

(31)有渝此盟，以相及也。明神先君，是糾是殛。(《左傳·僖公二十八年》)

前例“明神殛之”，時人均理解爲“明神誅滅他”。然而衹要細心觀察，就發現這裏的“殛”字不宜解爲“誅殺”，因爲下文緊接着就是“俾……隊命亡氏”，意思就是“使（他）……失去生命，滅掉族氏”，如果“明神殛之”理解爲“誅滅”，那麽前後兩句就都是誅及其身，這顯然是不合理的。如將“明神殛之”理解爲“神明懲罰他”，整句就怡然理順了。“殛之”之後帶出失民、墜命、亡氏、踣國等一連串結果，正是神明懲罰的具體内容。後例的“是糾是殛”（可變换爲“糾之殛之”），時人或釋“監察他、誅殺他”，或釋“加以懲罰誅殺”⑪，看來亦欠確切。“殛之”宜解爲“罰之”。

對典籍的疑竇作了闡釋之後再來看侯馬盟書的“亟覘”，問題就更清楚了。在我們看來，無論“明亟覘之”也好，“永亟覘之”也好，説的都是先君神靈對背盟者本人的“懲罰”。對本人懲罰尚不足，則還要進一步殃連其子孫宗族，這就是所謂“麻夷非是”了⑫。

注釋：

①《戰國文字研究（六種）》，《考古學報》1972 年第 1 期。

②《“麻夷非是”解》，《考古》1979 年第 3 期。

③“彼”字在同期典籍中雖有用例（今文《尚書》1 例、《易經》1 例、《論語》3 例、《詩經》7 例），但存在時代、傳抄等複雜情况，不宜與古文字資料相提並論。

④ 裘錫圭：《談談古文字資料對古漢語研究的重要性》，《中國語文》1979 年第 6 期。

⑤ 參看唐鈺明《古文字資料的語法研究述評》，《中山大學學報》（社科版）1988 年第 4 期。

⑥《關於侯馬盟書的主要問題》，《中原文物》1981 年第 2 期。

⑦ 陶正剛、王克林：《侯馬東周盟誓遺址》，《文物》1972 年第 4 期。

⑧《“侯馬盟書”注釋四種》，《文物》1975 年第 5 期。

⑨《古漢語講話》，北京出版社 1980 年版，第 131 頁。

⑩ 例如宋子然《古語辨證三則》,《中國語文通訊》1979 年第 5 期。

⑪ 沈玉成:《左傳譯文》,中華書局,1981 年版。

⑫《侯馬盟書》另有異文二例(一:四一和一:四二)作“麻夷之非是”(“之”是指示代詞,與“非”疊用,相當“彼其”“此其”之類),足證“麻夷”是動詞而不是名詞。李裕民《古字新考》(載《古文字研究》第 10 輯)據此認爲:“亡、麻、非通用,都是滅亡之意……‘非是(氏)’,是滅亡背盟者的族氏”,這種理解同樣存在語義和語法的障礙。比如説“非”字有“滅亡”義,這在詞義訓詁上就完全是站不住的。

原載《廣州師範學院學報》1989 年第 2 期。又收入《著名中年語言學家·唐鈺明卷》,安徽教育出版社,2002 年 4 月。

侯馬盟書參盟人員的身份

郭政凱

侯馬盟書是經過科學發掘取得的實貴資料，包涵許多值得探討的春秋時期社會政治與禮制等方面的問題，其中參盟人員的身份就是歷史學家和考古學家長期争論未决的一個重點。本文全面檢討了各種舊説，從分析侯馬盟書人名入手，結合文獻記載的先秦禮制和春秋晚期社會政治形勢，提出了參盟人員以國人爲主的新看法。

正確認識參盟人員的身份，是探索侯馬盟書性質以及春秋晚期晉國社會政治形勢的關鍵。自《侯馬盟書》發表以來，一些學者已經對此進行了研究，迄今爲止，大體上有兩種看法：一、主要是趙氏宗族成員及其家臣；二、是晉國的群臣大夫。第一種看法顯然是不能成立的，正如黄盛璋指出的，在第一類中可辨識的已達514篇，如此衆多的參盟人，不可能爲趙氏宗盟，更不必爲趙氏的家臣邑宰[①]。第二種看法也不無問題，比如：春秋時期各國的官吏數量，即使按《周禮》所列的計算，也不過是378個，若除去女官還達不到這個數字，而侯馬盟書的參盟人員要超過600以上。如果説他們不可能是趙氏宗族成員和家臣邑宰，那麽同樣也不可能全是晉國的群臣大夫。因此，有必要重新探討參盟人員的身份。

一

以往研究侯馬盟書的學者，大多没有注意參盟的人名，然而正是這些人名提供了研究他們身份的重要綫索。

目前，對侯馬盟書的參盟人名大體可以辨識出201個（不包括重復出現或同名者），其中一字名的有153個，二字名的有44個，三字名的有4個。但是，能否把他們都看作人名呢？

西周和春秋時，人們有名有字。名或爲一字，或爲二字。字則多爲兩個字以上，男子以"伯某父""仲某父"或"某父"的形式出現。春秋晚期，一些人特别是社會地位較低的人，則不按照這種形式並以單字取字。如孔子學生曾點字皙，任不齊字選，顔祖字襄，申黨字周等等，與名很難區别。因此，侯馬盟書的一字名中可能有些是字，衹是這些人多不見於文獻記載，還無法區分出來。

二字名中有些明顯爲字：歸父（一：五一）、直父（二〇〇：一）。

有些則爲氏+名：邡慁（一：四八）、郿繯（四七：二，一六二：一）、郣覼（八五：八）、郞徒（一五六：二二）、盦章（一五六：二〇）、史勸（八五：一二）、史墮（九八：一九）、宗丙（九二：一二）、輔瘜（八八：一）、趙郚（一：六五）、史毆兪（一：四〇）、仁柳剛（一：四一）、石似□（一九四：一）、邯鄲固（二〇〇：三）。趙、史、輔可以肯定爲氏。趙氏自不待言，史氏是以官職爲氏，侯馬盟書被詛咒的人名一般都是以氏+名的形式出現，裏面就有"史醜"。輔氏是從知氏中分離出來的[②]。這樣，參盟人員的名字就有三種情況：1、字，2、名，3、氏+名。

重視名與字的區别，是西周和春秋時期流行的習俗。"幼名、冠字，五十以伯仲，死謚，周道也。"[③]名和字不僅表示成人與否，而且在社會交往中被用來表示不同的關係。一般情况下，在平輩和身份相當的人面前都是自稱字，稱他人字時，有表示尊敬或提高其地位的意思。如《春秋》隱公元年："公及邾儀父盟於蔑。"《左傳》説：邾儀父即邾子克，"未王命，故不書爵。曰'儀父'，貴之也。"當臣見君，子見父時，都要自稱名。臣下、子孫提及君父時則稱字。這在金文中例子很多，是周禮的一種規定。稱他人名時，則表示自己的地位高於對方或含有蔑視的意思。《春秋》桓公七年："穀伯綏來朝。鄧侯吾離來朝。"《左傳》説：在這裏稱名，是"賤之也"。侯馬盟書中被詛咒的人以氏＋名的形式出現，則不僅表示蔑視，且帶有敵視的意思。

春秋時期諸侯之間、卿大夫之間盟會一般都是稱名。這是由於當時稱名有兩種基本含義，一是表示上下貴賤長幼的關係，即"父前子名，君前臣名"④。二是表達誠信的態度，"名以出信"⑤，而"盟，所以周信也"⑥。地位相當的人在盟會時稱名主要是表示相互之間的誠意。值得注意的是，諸侯之間和卿大夫之間兩種盟會稱名的形式有所不同。諸侯間盟會，稱名的形式是國名＋名。如晉文公召集踐土之盟，"其載書云：王若曰：晉重、魯申、衛武、蔡甲午、鄭捷、齊潘、宋王臣、莒期"⑦。卿大夫則是氏＋名。如《春秋》襄公二十七年："叔孫豹會晉趙武、楚屈建、蔡公孫歸生、衛石惡，陳孔奂、鄭良霄……於宋。"這兩種形式反映了不同的社會等級。

侯馬盟書中三種稱名現象無疑也是社會地位不同的反映。其中單稱名的人，地位應在卿大夫之下。這從諸侯、卿大夫之間盟會時無單稱名的現象及"父前子名，君前臣名"的規定可推知。稱字和氏＋名的人則與主盟者地位相近。後者在 201 個人名中占不到 1/10，9/10 以上都是單稱名。因此，大多數參盟人員的地位應該較低。這一點從其他方面還可進一步證明。

西周和春秋時期的貴族在取名時要遵循幾條原則："不以國，不以官，不以山川，不以隱疾，不以畜牲，不以器幣。周人以諱事神，名，終將諱之。故以國則廢名，以官則廢職，以山川則廢主，以畜牲則廢祀，以器幣則廢禮。……是以大物不可以命。"⑧此外，貴族一般還不用象徵低賤的字眼取名。晉惠公曾生一男一女，男名圉，女名妾。後來竟然真的成爲人臣人妾，被人引以爲誡⑨。貴族子弟中取名違反上述原則的，往往是地位較低的人。魯國叔孫穆子的私生子名牛，因用爲家内小臣一類的"竪"，《左傳》稱其爲"竪牛"。當時貴族取名大多比較慎重，否則將受到指責。晉穆侯以兩個戰役爲二子取名，師服認爲是亂政的先兆⑩。

侯馬盟書中參盟人員的名有不少明顯違反貴族取名原則，如：

以畜牲命名：狗（一一：三四，二〇〇：四〇）、犬（一：五五）、區牛（一：四六）、馬（八五：一四）、彘（一：七五，九二：七）、羊（一七九：八）、駒（八八：七）。

以疾病命名：痃（一八：五，九八：七）、疾（八五：二六，九二：三二）、□瘍（一：五四）、痟（八：五）、痄（八五：三二）、瘪（六七：一，八五：二四）、瘟（一九四：一〇）、痓夫（一九四：四）。

以低賤字眼命名：竪（一：八〇，一：九二，一五六：二七）、□竪（二〇〇：三九）、臣（七七：一一，一五六：二三）、余臣（一：一）、虒臣（一：八七）、妤（三五：六）、妾與（一九八：一〇）、徒（一：八四）、張徒（九八：二〇）、鄖徒（一五六：二二）。

以車馬器命名：輚（一七九：五）、軸（二〇三：七）、輅（一：六九）。

以國命名：宋（九二：一三）、息（三：一二）、鄾（一：二一）。

這麼多參盟人違反貴族命名原則，絶非偶然，由此也可看出這些參盟人員的地位不高。

二

與參盟者身份直接相關的，是對主盟者的稱呼。侯馬盟書對主盟者的稱呼有八種形式：

1. 子趙孟，有二例：而敢□盡從子趙孟之盟（一：二二）；而敢不盡從子□□……（一：二三）。後一例“趙孟”二字已磨損，參盟人名亦缺。前一例參盟人名“□□祉”，第一字殘存偏旁“彳”。三字名應包括氏，自稱氏＋名，本是表示與主盟者地位相當，但又稱“子趙孟”，尊崇異常，此人可能與趙孟有特殊關係。

2. 趙□，有一例：而敢不盡從肖（趙）□□盟（一：二四）。趙後二字應爲“孟之”。參盟人名爲“喜”，此名在盟書中四見。除同坑出現兩個“喜”外，另兩個“喜”分别出自不同的坑。一六：三一的“喜”稱主盟人爲“嘉”。

3. 某，有一例：……某之盟（一：八六）。參盟人名“翟”。

4. 嘉。

上述四種形式出於一坑，表明四者實爲一人。侯馬盟書的大多數都稱主盟人爲“嘉”。過去有的學者認爲“嘉”不是真名，而是爲君主諱的尊稱，還有的學者主張是名。弄清楚這一點至關重要。“趙孟”是氏＋字，“某”是諱稱，當無疑問。而用“嘉”作爲對人的尊稱或諱稱，在先秦古籍中絶無確證。況且已有用“某”作爲諱稱的例子，不應另選一字。春秋時期對人的尊稱一般是稱爵，如王、公，或稱君、主，或稱“子某子”，或稱氏＋字，或稱字。齊魯一帶弟子稱師有用氏＋名的，如《論語·微子》：子路告訴長沮，執輿者

“爲孔丘”。從侯馬盟書對被詛咒者稱氏＋名，可知這種尊稱不是晉國的習慣。如果在這些尊稱之外又創出一個嘉美的“嘉”，應當説是由於上述各種都不能表達極尊敬的意思，才有必要。那麽，“嘉”就是尊崇至極的稱呼了。與此相應，參盟者也要自稱名。但是稱主盟人爲“嘉”者，既有自稱字的，如“歸父”“直父”，又有自稱氏＋名的，如史歐彘、石似□、邯鄲固、輔瘧等等，明顯不合情理。因此，“嘉”應爲主盟人趙孟的名。

5. 主。大多數盟書中都有“敢不剖其腹心以事其主”。黄盛璋指出：據史歐彘、仁柳剛等三篇盟辭中作“敢不侑剖其心以事嘉”，可知“主”即指趙嘉。春秋時期，不僅宗人稱宗子爲“主”[11]，家臣稱家主爲“主”[12]，邑人稱邑主爲“主”[13]，大夫稱正卿爲“主”[14]，而且介卿稱正卿爲“主”[15]，甚至異邦人也稱他國執政正卿爲“主”[16]。可見凡地位較高的人都可被地位較低的稱爲“主”，並不限於有隸屬關係的人。

6. 吾君、君。“吾君”是和“主”“嘉”同時出現，成爲固定格式。一般都是前稱“敢不剖其腹心以事其主，而敢不盡從嘉之盟”，後稱“吾君其明亟視之”。“君”是與“嘉”“皇君”同時出現，也成爲固定格式。一般都是先稱“自誓于君所”，後稱“没嘉之身”及“皇君之所”，再稱“君其視之”。

“主”與“嘉”是指同一個人，即主盟人趙嘉。“皇君”是指晉國先公。“吾君”“君”就其在盟書中所起的作用來看，是監督和實行懲罰的人。據《左傳》，春秋時期盟誓一般是請神鬼擔任這個角色，如：“有渝此盟，明神殛之。”[17]“明神先君，是糾是殛。”[18]“或間兹命，司慎、司盟，名山、名川，群神、群祀，先王、先公，七姓十二國之祖，明神殛之。”[19]這就是所謂“明神以要之”[20]。然而指望鬼施行懲罰終究是虚幻的，所以春秋末年盟誓之辭就變得實際起來，直接施行由主盟者可以辦到的懲罰，不再乞求神鬼。如楚公子棄疾過鄭，誓曰："有犯命者，君子廢，小人降！"[21]鐵之戰，趙簡子誓曰：如果自己有罪，則"絞縊以戮，桐棺三寸，不設屬辟，素車、樸馬，無入於兆，下卿之罰也"[22]。

侯馬盟書中的"吾君""君"，既不是神，也不是先君，而是在世的人。否則，應説"皇君其視之"了。"君所"與"趙尼之所""乾子之所"一樣，都是生人的居住地。據《左傳》，地位低的可以稱地位高者爲"君"，如楚鬥廉稱莫敖屈瑕爲"君"[23]。鄭玄説："天子諸侯及卿大夫有地者皆曰君。"[24]從侯馬盟書的上下文意來看，這個能够執行監督與懲罰職能的"吾君"或"君"，應是指主盟人趙嘉，它與"主"都是參盟人對趙嘉的尊稱。

7. 汝嘉，有一例。一六：三篇體例特殊，自稱"余"，而不稱名。對主盟人趙嘉既不稱主，也不稱君，而是稱"汝嘉"，應爲比趙嘉地位高的人。有的學者把這篇盟書看作晉君的禱誓，恐怕不盡妥當。如果是晉君禱誓，則不能稱"皇君晉公"，而應稱"皇祖某公"。春秋時期不乏這種例證，如鐵之戰，"衛太子禱曰：曾孫蒯聵，敢昭告皇祖文王、烈祖康叔、文祖襄公……"[25]。稱"皇君晉公"者是臣下的口氣，所以下面説"余不敢惕兹"。但是這位盟誓者又能以教訓命令的口吻稱"汝嘉之……"，顯然其地位高於趙嘉。從前稱"（丕）顯皇君晉公"，後請"皇君□□□□□視之"（皇君晉公其明亟視之）來看，本篇爲某人以晉君先公的名義，授權趙嘉主持盟誓的委托書。臣事晉君，並能命令趙嘉的人，應爲趙襄子。這樣與"永不盟于邯鄲"和誅討以邯鄲趙氏爲首的敵人等盟誓内容也相一致。襄子之所以要借用晉君先公的名義，是要把本來的"私有討"即具有私事性質的宗族内部鬥争，變爲由晉君領頭的"公事"，以便於動員各方政治力量。這是春秋時期常見的政治手段，不足爲奇。

當趙襄子授權趙嘉主持盟誓後，自己不再參加，因而參盟者也就不提他了。

8. 不提主盟人名，有二例。四九：二，一六二：一均無“敢不盡從嘉之盟”一句，僅在最後提到“吾君”。同時，他們誅討的人物也不是趙尼，而是“趙鋥”。與此同出的另外兩篇，和大多數盟書辭句相同。

上述八種形式中，以“嘉”的稱呼最耐人尋味。一方面參盟人大多自稱名以表示本身的地位低下，另一方面直呼主盟人的名。這當然不可能是對等的作法，也不可能有輕賤主盟人的含義，若説是“臨文不諱”，盟書中又有諱稱的例子。那麽，該如何解釋呢？

侯馬盟書按内容與坑位叠壓打破關係，有時間早晚的區别。不過從文字、體例、盟詛對象來看，時間的跨度並不很大，應集中在趙簡子和襄子活動時期。

屬於簡子時期的，主要出於第105坑。這部分盟書文字磨損嚴重，不能復原，大意爲：一個名叫“□無卹”的人到“韓子之所”，約定不能私下與中行寅、先某等來往，否則將受到懲罰。過去有人把它作爲“詛咒類”盟書，並認爲“□無卹”是被詛咒對象。其實，先秦時期的詛咒都是在被詛咒對象不在場的情况下進行的，而“□無卹”則在場，很難想象他與“韓子”共同詛咒自己。因此，這還是“約信”一類的誓辭。“韓子”可能是與趙簡子同時的韓簡子，《左傳》定公十三年載：“韓簡子與中行文子相惡。”中行文子即中行寅，所以誓辭中將中行寅列爲敵對之首。“□無卹”第一字殘，李學勤認爲是趙襄子，似可從。從在“韓子之所”舉行的盟誓，其盟書卻埋在以趙氏爲主盟人的盟誓遺址中來看，“韓子”不是主盟人，而是被動的參盟者。當時趙簡子尚在，無卹衹具有繼承人的身份，還不能與韓簡子相提並論，所以親臨“韓子之所”單獨與他盟誓。

這種作法與趙無卹忍辱負重，顧全大局的品格也比較一致。“韓子”地位雖高，但無卹不是韓氏的臣下，故以氏＋名自稱，並尊稱韓簡子爲“韓子”。

其餘盟書的年代略晚一些，雖然它們也有早晚的區别，但都屬於一個時期。不少學者指出，“嘉”爲趙桓子的名，這是正確的。但盟書不是趙桓子逐獻侯趙浣自立後的遺物。趙襄子死後，其侄孫趙浣即位，“治中牟”。襄子之子桓子逐趙浣，“自立於代”，衹有一年就死了[26]，不可能在晉都新田舉行盟誓。而且桓子自立之後，即爲趙氏宗主，晉國三卿之首，與他盟誓的人地位懸殊，不可能直呼其名。這一時期的盟書中有些提到“新君”，應爲晉幽公。幽公初即位，趙襄子尚在。按照春秋慣例，父在子稱名。《左傳》桓公四年：“周宰渠伯糾來聘。父在，故名。”襄子委托其子趙嘉與晉國的一部分人舉行盟誓，所以參盟人可以直呼趙嘉的名。

那麽，趙嘉怎麽又能稱趙孟呢？據文獻記載，凡稱趙孟者，均爲趙氏宗主，如趙盾、趙武、趙鞅、趙無卹。趙嘉不是趙無卹指定的繼承人，衹是在無卹死後，自立爲宗主，如果稱趙孟也應在這時，那麽這個趙孟難道是指趙無卹嗎？從前述幾種稱呼同出一坑的情况看，顯然不大可能。也許是由於個别人與趙嘉關係特殊，而趙嘉又可能是無卹的長子，這時趙浣還没有被指定爲繼承人，所以稱趙嘉爲趙孟。

三

要確定參盟人員的身份，還需要重新檢討各種舊説。

首先，他們是否趙氏宗族成員？從參盟人名看，有趙氏，有異氏，更多的則不書氏。過去有人認爲，不書氏的參盟人，絶大多數爲趙氏，因而大部分盟書屬於“宗盟類”。春秋時期，宗盟一般是在宗廟進行，如陽虎盟魯定公及三桓於周社㉗，“子我盟諸陳於陳宗”㉘。侯馬盟誓遺址未見有建築物的報導，而且趙氏的宗廟應在晉陽，所以説宗盟的理由不足。若是與主盟人同氏，故不書，何以又有趙𨛭和邯鄲固？如果説邯鄲固是爲了與趙孟一支有所區别，那麽怎樣解釋趙𨛭？我認爲，在衆多的參盟者中，衹有兩人標明與趙氏的關係，應該不是偶然的，是有意與其他人區分開來。

侯馬盟書有58篇記載了禁止“納室”的内容，這些盟誓者均不書氏，他們具有兼并别人家室的實力，能够管束“婚宗人兄弟”，即本家族成員，應爲一些家族的家長。若説他們是趙氏宗族分支，恐怕不會有人同意。且不説趙氏宗族成員不會集中到晉都新田舉行盟誓，光把趙氏宗族分爲58支，就足以令人生疑了。又如有75篇記載了在盟誓之後，要與巫、覡、祝、史等到“皇君之所”舉行再祭。“皇君之所”是晉國先公的宗廟，能在那裏舉行祭祀的人，自然與晉國公室的關係非同一般，可能是晉公室後裔。他們“自誓”要决裂的對象多至9氏21家，可見其社會聯繫面較寬，這一點與晉公室後裔的身份也比較符合。在這些人中既有稱氏+名的，又有單稱名者。因此，不書氏者不能確定爲趙氏宗族成員。

誠然，參盟者中有不少明確爲異氏。若説不書氏者爲異氏，這又如何解釋呢？異氏中的史氏、宗氏明顯爲以官職爲氏者，盡管春秋時期史、宗地位不高，但在國家政治生活中仍然起着重要作用。輔氏是知氏中得以保留下來的唯一一支，其地位也不甚高，但和史氏、宗氏一樣，與並非趙氏宗主又不是晉國卿大夫的趙嘉相比，雙方旗鼓相當，因此可以自稱氏+名。其他自稱氏+名者也應屬於這種情況。不書氏者是由於其地位較低，不够資格。

其次，異氏者是否趙氏家臣？春秋時，臣下除了在本國本家君主面前稱名外，在外國外家君主面前也要稱名。韓厥在齊頃公前稱己名“厥”[29]，郤至對楚共王稱己名“至”[30]，都不帶氏。可見，把單稱名者確定爲趙氏宗族成員或家臣，證據都不充分。如果説異氏者爲趙氏家臣，那麼對趙嘉的態度應該極其恭敬，才符合他們的身份，但史毆彘、仁柳剛不僅與其他人一樣稱“嘉之盟”，而且還把别人稱“主”的辭句改换成直呼趙嘉之名。這哪裹象是家臣所爲呢？豈不是無理太甚了嗎？侯馬盟書的整理者把“自□于君所”一類盟書作爲“委質類”。唐蘭、黄盛璋等認爲“自”後一字不是“質”，而是“誓”，並對“委質類”提出了異議。這裹我再補充一點，委質爲臣是西周和春秋時期確定君臣關係的重要制度，它包括一套複雜的儀式與政治内容，目的是用種種手段防止投靠的臣下變心。儀式的主要項目有：

（1）策名，即將委質者的名寫在君主保存的册上。（2）委質，把禽獸、玉帛等作爲信物獻給君主。（3）誓，强調不二。（4）舉行儀式的場所，除投降的委質外，一般都在宫庭中[31]。

後三條在侯馬盟書中是看不到的，前一條也有疑問。按“父前子名，君前臣名”的規定，臣對君和子對父的作法是一樣的。子不需要也不能對父稱氏，臣也是如此。據誓辭，“盦章自誓于君所，……章没嘉之身及子孫”，“郰徒自誓于君所，……徒没嘉之身及子孫”，可知二人是氏＋名，與策名單寫名不同。因此，這一類盟書與委質無關是可以肯定的。這樣，家臣也就無從確定了。

最後，他們是否晉國的群臣大夫？春秋時期，盟書的監辭與盟者的地位是相應的。諸侯之間盟誓一般强調“無相害”，不遵守盟約則“俾墜其師，無克祚國”[32]，不涉及私敵。卿大夫之間除“無相害”[33]外，對渝盟者的懲罰是“以（惡）相及也”[34]，大約即“墜命亡氏”。也就是説，當參盟者地位相等，盟約是對雙方的共同規定，具有平等的性質。懲罰的程度也與參盟者的地位、權力、財産相稱，諸侯被滅國，卿大夫則滅家族。侯馬盟書與此不同，它衹是規定了參盟者單方面的行爲，反映了較强的不平等性。違約受到的懲罰是誅滅己身，並不牽連家族，説明參盟者地位低於卿大夫。春秋時，對不同等級的人所舉行的盟誓場所有較明確的規定。《左傳》昭公二十二年："莒子如齊莅盟，盟於稷門之外，莒於是乎大惡其君。"顯然，城門外不是諸侯一級人物盟會的正常場所，所以莒人才覺得其君丢人。當時，卿大夫的盟會場所大多在城内或宫中。如：鄭公子蘭與石癸、孔將鉏、侯宣多等"盟於大宫"㉟。季武子作三軍，與叔孫穆子"盟於僖閎"㊱。衛獻公"使子蟜、子伯、子皮與孫子盟於丘宫"㊲。陽虎囚季桓子及公父文伯，"盟桓子於稷門之内"㊳。"趙鞅入絳，盟於公宫"㊴。宋大尹以武力劫六卿，"乃盟於少寢之庭"。如果在城外，則具有私盟的性質。《左傳》昭公元年記載：鄭國卿大夫"罕虎、公孫僑、公孫段、印段、游吉、駟帶私盟於閨門之外"。杜注："閨門，鄭城門。"侯馬盟誓遺址在晉國故城的東南郊，距有宫殿建築臺基的"平望""牛村"故城大約有 5 里，距最近的"呈王"故城也有約 3 里，説明盟誓是在城外舉行的。由於盟誓借用了晉君的名義，參加人數較多，場面宏大，所以不是私盟。這就排除了晉國群臣大夫在此盟誓的可能。

四

春秋時期的盟誓，就參加者身份來看，曾發生過三次較大的變化。早期主要是諸侯之間的盟誓，同時出現了卿大夫參盟的苗頭。隱公元年，魯公子豫"及邾人、鄭人盟於翼"。但這不是由隱公委派的，魯國不予承認，因此，《春秋》没有記載。桓公十一年，正式出現魯大夫"柔會宋公、陳侯、蔡叔盟於折"。春秋中期以後，隨着各國卿大夫實力的增强，他們參加諸侯盟誓、相互之間盟誓，甚至與國君盟誓已屬常見。春秋晚期，各國又相繼出現了卿大夫與國人之間的盟誓。十分明顯，這是國人在各種政治力量對比中日趨重要的反映。這種盟誓在單獨進行時，規格可以較高，往往於宫中舉行。如：鄭“子駟帥國人盟於大宫”[40]，齊崔杼“盟國人於大宫”[41]，周單子“盟百工於平宫”[42]。如果與其他盟誓同時進行，則另選場所。如“鄭伯及其大夫盟於大宫，盟國人於師之梁之外”[43]。杜注：“師之梁，鄭城門。”“虎陽又盟公及三桓於周社，盟國人於亳社”[44]。區分盟誓場所的用意，是表示等級地位的差别。由此可見，國人與卿大夫盟誓的場所不同。侯馬盟書中，卿大夫與其他人的盟誓場所也有區别。韓子是在家中，其他人或“於君所”，或者就在盟誓遺址。在盟誓遺址的則與盟國人於國門之外的作法完全相同。既然侯馬盟書的大多數參盟人不可能是趙氏宗族成員或家臣，也不可能是晉國的群臣大夫，那麽根據春秋晚期的政治形勢，非國人莫屬。

如果將參盟人與國人進一步比較一下，可以發現他們具有較多的一致性。

二者的成份都比較複雜，國人在西周、春秋時期主要指居住在國都之中的士、工、商、農等[45]，還包括低級大夫。參盟者從人名看，至少可以分爲三個等級：自稱氏＋名者地位較高；稱主盟人名又自稱名的，地位次之；稱主盟人爲“趙孟”和“某”，自稱名的人地位最低。他們中有史、宗等低級職位，又有以車馬器爲名，可能屬於“百工”階層的人。還有部分人爲家長，也與“士有隸子弟”吻合。

國人中有諸侯的旁支遠親，貴族的後裔，原被征服部族上層人物的子孫，以及具有專門技能的人，他們姓氏不一，但大多有氏。參盟者中部分人與晉公室關係密切，趙、輔等氏爲卿大夫後代，不少人有氏。

國人有田地財産。參盟者中部分人有兼并實力，説明他們不僅有田地財産，而且正處於上昇的勢頭。這和春秋晚期國人中不斷涌現擁有較多財富的人也較合拍。另外，參盟者可以參加盟誓這一事實本身，更和國人有參政權力相一致。

其實參盟者爲國人在盟書中已有明確記載。一〇五：三殘句"而卑衆人惌死"的"衆人"，就是對參盟者身份的説明。《左傳》僖公十五年載：晉惠公被秦俘虜後，曾派使者回國"朝國人"，讓他們另立君主，"衆皆哭"。後改革軍制，增强國力，"衆説"。昭公十三年，楚國政變，右尹子革對靈王説："請待於郊，以聽國人。"靈王説："衆怒不可犯也。"棄疾使蔓成然告訴子干、子晳："王至矣，國人殺君司馬，將來矣。君若早自圖也，可以無辱。衆怒如水火焉，不可爲謀。"可見衆人即國人，國人又可稱"萬民"。《晉語·周語》上："國人……流王於彘。"《左傳》昭公二十六年："萬民弗忍，居王於彘。"萬民也是衆人。

晉國的國人早在春秋中期就已經顯示了不容忽視的力量，晉惠公改葬共太子，國人就曾用歌謡的形式表達了對惠公的憎惡[46]。晉厲公之所以被殺，是由於"國人不蠲"[47]。中行寅、范吉射作亂，晉師首戰受挫，後來因"國人助公"，才打敗了他們[48]。趙桓子死後，"國人曰桓子立非襄子意，乃共殺其子而復迎立獻侯"[49]。後兩件事正發生於侯馬盟誓前後，可見當時國人的向背舉足輕重，對此趙氏自然不會忽視。

總之，大多數參盟者與國人比較接近。因此，説他們基本上以國人爲主，應當是符合事實的。

注釋：

① 黄盛璋：《關於侯馬盟書的主要問題》，《中原文物》1981 年第 2 期。

②《國語·晉語》九,《戰國策·趙策》一。

③《禮記·檀弓》上。

④《禮記·曲禮》上。

⑤《左傳》成公二年。

⑥《左傳》哀公十二年。

⑦《左傳》定公十四年。

⑧《左傳》桓公六年。

⑨《左傳》僖公十七年。

⑩《左傳》隱公二年。

⑪《左傳》昭公二十八年,《國語·晉語》九。

⑫《左傳》哀公二十年。

⑬《左傳》襄公二十三年。

⑭《左傳》襄公十九年、昭公二十八年、三十二年。

⑮《左傳》定公十四年、哀公二十七年。

⑯㉑《左傳》昭公元年,六年。

⑰⑱《左傳》僖公二十八年。

⑲《左傳》襄公十一年。

⑳《左傳》哀公十二年。

㉒㉕《左傳》哀公二年。

㉓《左傳》桓公十一年。

㉔《儀禮·喪服》注。

㉖㊾《史記·趙世家》。

㉗《左傳》定公六年。

㉘《左傳》哀公十四年。

㉙㉚《左傳》成公四年,十六年。

㉛ 參看拙作:《委質爲臣儀式初探》,《史學集刊》1987 年第 3 期。

㉜《左傳》僖公二十八年。

㉝《左傳》哀公二十六年。

㉞《左傳》僖公二十八年。

㉟㊵《左傳》成公十三年。

㊱㊲㊶㊸《左傳》襄公十一年，十四年，二十五年，三十年。

㊳㊴㊹《左傳》定公五年，十三年，六年。

㊷《左傳》昭公二十二年。

㊺ 童書業:《春秋左傳研究》。

㊻㊼《國語·晉語》三，六。

㊽《左傳》定公十三年。

原載《陝西師大學報》1989 年第 4 期。

侯馬盟書主要問題辨述

高　智

1965 年在山西侯馬晉國遺址發掘出土了一批春秋晚期的晉國盟書——“侯馬盟書”。經山西省文物工作委員會同志們認真而系統地整理，1976 年由文物出版社出版的《侯馬盟書》是一本舉世公認的好書。它的出版爲我們更詳盡地研究我國春秋晚期晉國盟誓制度、社會政治形勢及古代文字提供了衆多詳盡可靠的資料。《侯馬盟書》出版以來，不少同志撰文對此研究，提出了一些很好的意見，但對盟書的主要問題還存在着一些不同的看法，很有必要進行進一步的辨述與討論。

一

1981 年《中原文物》第 2 期刊載了黄盛璋先生《關於侯馬盟書的主要問題》一文，文中主要是對《侯馬盟書・宗盟考》中的“以事其宗”的“宗”字應讀爲“主”字發表了看法。根據是用《侯馬盟書》中“宗盟類”中的“宗”字字形與《汗簡》中之“主”字及中山王嚳器銘文中的“臣主易位”“長爲人主”中之“主”字的字形作比較得出這一結論的，從而否定了《侯馬盟書》中“宗盟類”的詳解。拜讀之餘，不由產生許多疑問，有必要提出來争鳴。

黄先生主要是用《汗簡》中的“主”字和地下發掘資料中山王嚳器銘文中的“主”字與《侯馬盟書》中“宗盟類”中的“宗”字作比較而得出這一結論的，這種方法無疑是正確的。在《汗簡》和中山王嚳器銘文等先秦古文中“主”字確作“宔”形，而僅用此來否定《侯馬盟書》中的“宗”字則恐怕還有不足和可商之處。

我們認爲：“宗”“宔”乃一字之分化，“丅”本爲神主象形，即後來所謂的靈位，“示”是它的分化形體，“宗”字甲骨文作“宗”（佚九二七）、“宗”（佚八六一）等形，正是表示宫中供奉靈位之意，故而稱之爲宗廟。所以“宔”正是表達“宗廟”意的本體，而“宗”形是它的分化形體。故在侯馬盟書中“宔”字是本體字，後“宗”代表了宗庙的本義，而“宔”則表示了宗宔，也不指活着的主人，分化後二者意思仍然密切。《説文》：“宗，尊主廟也。”《説文》：“宔，宗宙宔祏。”《説文》：“祏，宗廟主也，周禮有郊宗石室，一曰大夫以石爲主。”《左傳・昭公十八年》：“使祝史徙主祏於周廟。”即所謂“文王木主將入於廟而爲宗焉”。文獻中或以“宗”爲“宔”，如《一切經音義》九“宗，主也”。《左傳・哀公十四年》“子我盟諸陳於陳宗。”孔疏：“正義曰：陳宗，陳氏宗主，謂陳成子也”。至於中山王嚳器銘文中的“宔”和《妤蛮壺》中的“宔”字亦當是“宗”字本體而用作“宔”字使用的。但爲什麽在侯馬盟書中一定是“宗”而不是“宔”，這是因爲盟誓是對先祖神明的盟誓。我們知道戰國文字是比較混亂的，由於“宗”“宔”二字形似義近，故在戰國文字中應用也十分混亂。

“宔”“主”本爲一字，宗、主在典籍中亦義同。《説文》：“主，燈中火柱”，實乃望形生訓。“主”爲神主“丅”的後來形體，文獻中多以“主”代“宔”而用，《左傳・哀公十四年》：“子我盟諸陳於陳宗。”孔疏：“正義曰：陳宗，陳氏宗主，謂陳成子也，集陳氏宗族就成子家盟也。”《春秋左傳正義》：“敬，民之主也而棄之，何以承守。”注：“言無以承先祖守其家。”《字林》：“宗，尊也，亦主也。”《春秋左傳正義》：“崔子許之，偃與无咎弗予，曰：崔宗邑也，必在宗主”，《漢書·五行志》：“迺作主”，下注：“宗廟主也。”以上均爲文獻中的“宔”“主”互通之例，從而説明“宔”“宗”形義密切相關，而“宔”與“主”又可通用。在《侯馬盟書》中言“宗盟”是恒辭，“以事其宗”也是通暢合理的，故僅抓住義近之辭否定宗盟恐怕還歉有不足之處。

從文字本身的形體分析：“宗”字上從“宀”下從“示”字。甲骨文“示”字作“亍”（甲二八二）、“亍”（鐵二二八·三）、“丅”（輔仁四）、“亍”（乙三四〇〇），從示之“福”字作“[illegible]”（鐵三四·四）、“[illegible]”（河四〇〇）、“[illegible]”（戩一九·九）。從示之“祭”字作“[illegible]”（後一·二〇·九），從示之“祏”字作“[illegible]”（甲九四五）、“[illegible]”（鐵一二一·一）。“宗”字在甲骨文中作“[illegible]”（乙七六六）、“[illegible]”（前一·四五·五）、“[illegible]”（後二七·一）、“[illegible]”（佚九二七）、“[illegible]”（粹四）等。在金文中“宗”字作“[illegible]”（《仲追父敦》）“[illegible]”（《過伯敦》）。從示之“祁”字作“[illegible]”（《墻盤》）。東周空首布中從示之“祆”字作“[illegible]”形。上述完全可以證明《盟書》中之“[illegible]”（一五九：一）、“[illegible]”（一：四四）、“[illegible]”（一七九：四）、“[illegible]”（一：四九下）所從之“[illegible]”“[illegible]”等當是“示”字之初形。“示”字中下部對稱兩筆“八”爲飾筆，亦爲主、示分化的基礎，這也與“余”字的情況相同。“余”字甲骨文作“[illegible]”（鐵十一·三），金文作“[illegible]”（《散盤》）、“[illegible]”（《吉日壬午劍》）、“[illegible]”（《舀鼎》）、又作“[illegible]”（《陳肪簋》）、“[illegible]”（《者汈鐘》）、“[illegible]”（《陳簠》），從侯馬盟書中參盟人之人名“祆”作“[illegible]”“[illegible]”，其形也與盟書中的“宗”字——“[illegible]”“[illegible]”“[illegible]”所

從之“示”相同。這是“□”“□”“□”在盟書中作爲“示”字表現的例證。如果把“□”“□”等字作爲“宔”或“主”的偏旁來隸定“□”“□”字，則就不可理喻了。至於在《侯馬盟書·納室類》中“宗”字作“□”（六七：一）、“□”（六七：二）、“□”（六七：三）、“□”（六七：四）、“□”（六七：五）、“□”（六七：七）等形出現和中山王嚳器中《兆域圖》中“宗”字作“□”形出現，這種現象並不奇怪。我們知道在先秦時往往同一個字在不同的辭句中和不同的場合下作不同的寫法，況且“侯馬盟書”不是一人一時所爲，同時中山王嚳器中大鼎銘文與《兆域圖》之文也不是一人一時所寫，書寫者各自有各自的習慣寫法。如中山王嚳器中大鼎銘文中的“者”字作“□”“□”形，而在圓壺中作“□”形，在《兆域圖》中作“□”“□”形，在小圓壺中作“□”形，在方壺中作“□”形；有的字即使在同一篇銘文中也有不同的寫法，如在《多友鼎》銘文中，“友”字在“多友”的名字中作“□”形，而在“用朋用友”句中“友”字作“□”形。又河南淅川丹陽水庫出土的《王子午鼎》銘文中“用享以孝于我皇祖文考”句中的“于”字作“□”形，而“惠于政德”句中的“于”則作“□”形。而決不象黄先生在其文中所説的“宔”字與“宗”字“涇渭分明，決不相混。”

二

在《侯馬盟書·宗盟類》中有：“……不守二宫者……”之句，其中“守”字作“□”（一：四〇）、“□”（一：九二）、“□”（一五六：一七）、“□”（二〇〇：一六）、“□”（一五六：二）、“□”（一：八）、“□”（三五：六）、“□”（二〇〇：一九）等形，在二百三十八例“守”字中有“□”“□”“□”形者八例，作“□”

“□”“□”“□”形者六例，可知“□”（宗）形字約占整個字例的百分之三，而“□”（㝿）形字占百分之二點五，可見比例是很小的。盡管其所占的比例較小，但經我們認真分析，不可能是由筆誤所造成的，而是“宗”“守”二字的合義之文。在侯馬盟書中，“宗”“㝿”是在“守”的詞義部位出現的，有“守”之義無疑，而“守”字又與“宗”字相合，足見其“守宗”或“宗守”之辭不誤。黄先生在其文中釋此爲“不宔（主）二宫”，遺憾的是没有作任何解釋。“不主二宫”何義？令人費解。其實，“不守二宫”與“以事其宗”是其義類同的。據前所述，“宗”當即“宗廟”。“宗廟”稱“宫”者例子很多（見張頷先生《侯馬盟書叢考·宗盟考》一文），如《春秋左傳正義》：“卜臨大宫。”下注“大宫，鄭祖廟也”。從而可以斷定侯馬盟書中的“不守二宫”也爲宗廟守祀之事，“守其宫”當是“以事其宗”的一種具體表現。“以事其宗”即爲祀宗之義，“事”即“祀”義。如《春秋左傳正義》中有“事宗廟社稷”“以事其祖”“事鬼敬神而遠之”“可以有事于祖”等，可知“事”均爲守祀之義。所以凡“宗廟之祭”“宗廟之禮”“宗廟之器”皆爲“宗廟之事”，從這一點也可以證明以事的對象多是先祖、鬼神，而不是活着的人，再一次證明“宗”不是活着的君主，而是“先祖宗廟”。

關於侯馬盟書中之“二宫”，陳夢家云：“‘二宫’指晉武、文之宫廟。”其實“二宫”在這裏包含兩個内容，當是中宫與内宫之合稱。其一爲宗祖之廟，即爲中宫；其二是公卿士大夫之宫，即爲内宫。如《春秋左傳正義》“齊侯使士華免以戈剎國佐於内宫之朝”，《中山王嚳器·兆域圖》中有“中宫桓”和“内宫桓”之稱。在封建統治階級的意識中“中宫”即先公之宗廟，“内宫”即公卿士大夫之宫，皆爲國家政權的重要組成部分，是權力與國家的象徵。“守二宫”表示某人尊敬先祖，服從現主，誓死捍衛國家政權的决心。至於“不守二宫”在侯馬盟書中有時寫作“不宗二宫”和“不㝓二宫”。在文獻中常有“宗”“守”連用之例，如《左傳・襄公二十四年》：“以守宗祊，世不絶祀”，《春秋左傳正義》：“正義曰：若言崔氏之守臣杼也，大夫受氏常世守宗廟。”《文選》王仲宣《贈士孫文始一首》“宗守蕩失”，注曰：濟曰宗守，謂國家宗廟所守。盟書中寫作“宗”和“㝓”正是守其宗廟之義的特定寫法，也是爲了進一步表明“定宫”之重要，其實還是“守宗”和“守”的意思。

三

《陝西師大學報》（哲社版）1989 年第 4 期發表了郭政凱同志《侯馬盟書參盟人員的身份》一文，文中對侯馬盟書中參盟人員的身份與稱名提出了自己的看法。主要根據是以可釋的六百餘件盟書中的參盟人數、自己所謂的“貴族取名原則”和對參盟人的稱名及《盟書》“詛咒類”中的“而卑衆人惌（[illegible]）死”中的“衆人”來否定這些參盟者既不是趙氏宗族成員及其家臣，也不是晉國的群臣大夫，而是以國人爲主。

我們認爲郭説是不足爲據的，也是不科學的。我們知道侯馬盟書中可釋讀的五百一十四件宗盟類辭中，可辨識出人名大約衹有二百零一人，可以説全都是趙氏宗族和晉國的群臣大夫。《周禮》中所提到的官職有三百七十八個，並未限定人數。侯馬盟書中參盟人有同類盟書五次出現者，蓋爲尋盟和屢盟現象，是根據事情發展情況而定的。如“宗盟類”就有“一氏一家”“四氏五家”“五氏七家”“九氏二十一家”四類，均有屢盟現象，故不能以盟書的件數多少來衡量參盟人的人數多少。郭文竟然把“詛咒類”中被詛之人也算在參盟人數內。一般所説的參盟者均以“宗盟類”爲是，况且宗盟以外尚有“納室”“委質”“卜筮”“詛咒”和“其他”等。從這一點可以看出作者還没有細讀過《侯馬盟書》。

至於“詛咒類”二中有“而卑衆人[illegible]（窓）死”之句（一〇五：三），經我們仔細分析，這裏的“衆人”並不代表“國人”，而是衆多人之義，並不能説明參盟者大多數是國人，侯馬盟書中所涉之事與普通“國人”無關，在這裏“國人”是绝不會成爲參盟者的。

侯馬盟書中的稱名現象也是很正常的。十分之九是單稱，而十分之一爲不單稱其名。這一點説明單稱名（有名無姓氏）者應該是趙氏家族成員，而有姓者當是異姓參盟者，而被詛咒者皆用全姓名，被詛之人不管是同姓或異姓，全姓名爲的是清楚有别，以防相混，並不説明被詛之人的低賤。侯馬盟書部分參盟人以低賤字眼爲名，但這絶不能説明這些人是地位低賤的“國人”。我們知道先秦時人名並不諱惡，根本没有什麼“貴族取名原則”，以低賤字眼起名的貴族群臣大夫比比皆是。如以牲畜爲名的有衛國大夫“史狗”（史文子）、趙大夫“竇鳴犢”、晉太史“董狐”等；以疾病爲名的有：魏鄴令名“襄疕”、宋太子名“痤”、秦丞相有“樗里疾”等；以低賤粗俗字眼爲名的有：齊大夫“晏弱”、衛大夫“石惡”、韓公子“蟣虱”等。能説他們是地位低賤的國人嗎？可見侯馬盟書中部分參盟人因名爲低賤字眼而被視爲國人的説法是完全不能成立的。

四

《侯馬盟書·宗盟類》中多有：“……而敢不從嘉之明（盟）……”（二〇〇：八）和“某之盟”（一：八六）之辭句，我們認爲這一稱謂當是參盟者對趙氏統治者的尊稱、美稱和諱稱。在當時封建禮制制度下，地位較低的宗族家臣是不敢直呼其地位比自己高的人之名，而稱其尊稱或諱稱。尊、美之義的“嘉”當與諱稱的“某”字意義相近，都表示尊敬的意思。“嘉”字美善之義文獻史籍中多見。如

《説文》："嘉，美也。"《左傳》中"嘉會""嘉禾""嘉言孔彰"等均爲美、善之義。河南洛陽玻璃廠出土的《哀成叔鼎》銘文中有："正月庚午，嘉曰……"之詞。張政烺先生在《哀成叔鼎》釋文（載《古文字研究》第五輯）一文中指出："嘉曰：《説文》：'嘉，美也。'此在此是美稱之詞。"同時還指出："知嘉不是人名，嘉字這一用法，侯馬盟書有之。"這裏的"嘉"字當與盟書中的"嘉"和《左傳·昭公三年》中"晉侯嘉焉"的"嘉"詞義是相同的，均是"美善"之意。而郭氏在文中認爲"嘉"是趙孟之名，根據他的説法："稱他人名時，則表示自己的地位高於對方或含有蔑視之意。"那麼，參盟人稱其"嘉"不就成了對盟主的蔑視嗎？郭氏還説："單稱名的人地位應在卿大夫之下。"若"嘉"爲單稱名，趙嘉地位難道在卿大夫之下？以侯馬盟書的内容來看，並不存在諸侯、卿大夫之間相互盟誓的跡象，而多數明顯表現爲上下主臣之間的約誓關係。同時我們還認爲"襄子委托其子趙嘉與晉國的一部分人舉行盟誓，所以參盟人可以直呼趙嘉之名"的説法是值得研究的，既然是委托，那麼趙嘉應代表趙襄子，決不能以自己的名義去主持盟誓，而且趙襄子委托趙嘉，趙嘉有那麼大的權力去承擔"以事其嘉"的尊崇嗎？所以"嘉"應是指趙氏所主持盟誓的美稱，《周易·乾》："文言曰：亨者嘉之會也，……嘉會足以合禮。""嘉之會"之詞恰與侯馬盟書"嘉之盟"詞義相合，決不可能是主盟人的名字。

五

以上爲我們對侯馬盟書中的幾個主要問題的辨述與認識。現概括如下：

1.《侯馬盟書·宗盟類》中的"以事其宗"仍應該是"宗"字而不是"宔"字，由於它們本爲一字之分化，故在文獻中有時互代而用。“宗”字是分化體，而“宔”字是本體。“宗”在此應是先祖“宗廟”之意，決不是指活着的君主。

2.《侯馬盟書·宗盟類》中的“……不守二宫者……”之句，其中的“守”當是“守祀”之意，作“宗”“㝛”形者是因爲“守”“宗”二字連用和進一步表明守祀宗廟的重要性，是一種表示“守宗”意思的特定寫法，其意與“守”同。“二宫”當是晉國先祖之廟“中宫”（定宫）和晉國公卿士大夫所居之“内宫”的合稱或簡稱。

3. 對《侯馬盟書·宗盟類》中參盟人員的人名雖有時用“低賤字眼”，但不能因此而説參盟者的身份多數是國人。先秦時古人“名不諱惡”，並不存在所謂的“貴族取名原則”。參盟人員稱其名者應爲趙氏宗族成員及其家臣。郭文中認爲參盟者多數爲國人是不確切的。

4.《侯馬盟書·宗盟類》中有“……而敢不從嘉之明（盟）……”和“……某之盟”之句，郭文和其他一些同志均認爲“嘉”是趙孟之名。“嘉”應爲對趙氏統治者的美稱，“某”爲諱稱。

原載《文物季刊》1992年第1期。略有修改。

侯馬盟書“𢼸”字的文字學内涵

曾志雄

侯馬盟書“宗盟類”盟辭中有“而或敢𢼸改”一句（見下圖），“𢼸”字在古文字中是個少見的字，金文未見，因此過去比較少人解釋。在該句“改”字之下，盟書九八：二四片出現斷句符號。一四九：一片又有句末語氣詞“者”字，所以原則上在“改”字下可以斷句。在盟書研究的過程中，最早釋盟書“𢼸”字者爲郭沫若。他在《出土文物二三事》一文中，釋“𢼸”爲“祁”字，並且認爲類似下圖中“𢼸”字下的“＝”爲古文字的重文符號。即“𢼸”相當於“祁祁”二字，乃“徐徐或遲遲”之意。但郭氏並没有把“祁祁”二字放入原文中試釋。其後唐蘭在《侯馬出土晉國趙嘉之盟載書新釋》中，認爲“𢼸”即“甹”字，在《說文》中此字誤爲“㽕”；“㽕改”的意思是“顛覆和變改”，但他没有提出更具體的證據。《侯馬盟書》則謂“𢼸”字音義未明，顯然没有接受郭氏或唐氏之意見。李家浩繼郭、唐二氏之後，在《釋‘弁’》一文中，根據《說文》“覍”字（或體作“弁”）字形，釋“𢼸”爲“弁”或“㝸”，讀爲“變”，其意大概以“弁”或“㝸”爲“變”之通假字[①]。李氏讀“𢼸”爲“變”，在文義上，不但符合盟書“𢼸改”或

“改敳”（一：八七、一：一〇五片即作“改敳”）一詞含義，乃與上句之“盡從”（而敢不盡從嘉之盟）爲相反之行爲；而且也滿足《曾侯乙墓編鐘》中“詐宮”“詐商”“詐徵”等音調作“變宮”“變商”“變徵”的解釋。因此李家浩此説，是目前無論從字形、字音或字義上來衡量都比較合理的解釋[②]。

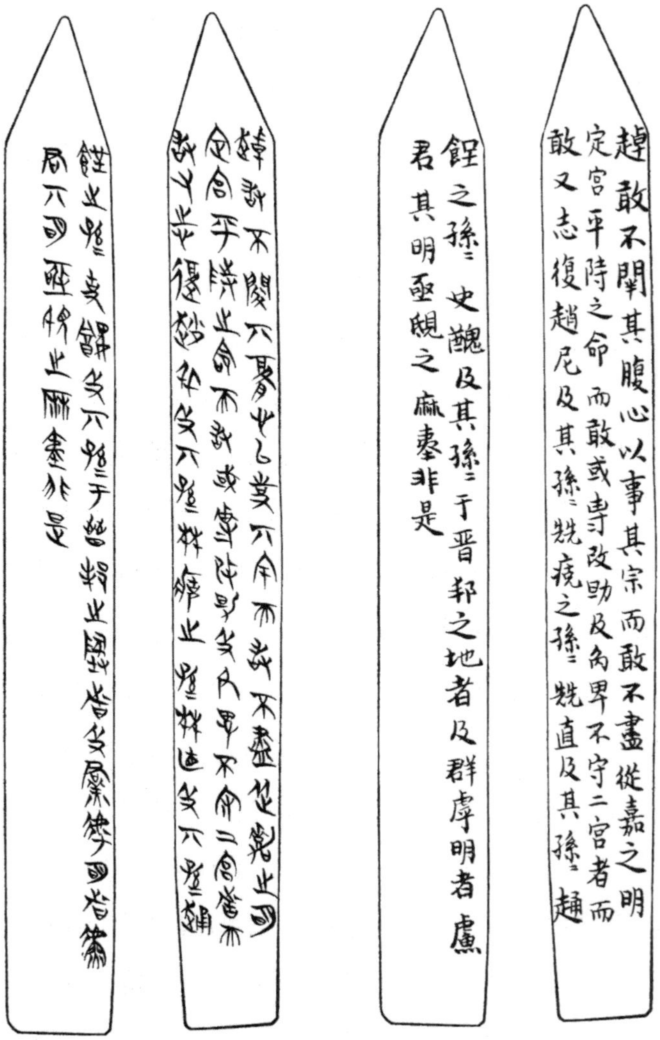

摹本　　釋文

宗盟類四盟辭一五六：一

李家浩在解釋“𢻱”字的同時，還注意到“𢻱”字字形的各種寫法。他把“𢻱”字在盟書中的各種寫法分爲下列五組[③]（按，字例統計爲引用時所加，原文本無）：

A組：1. （6例）　（18例）　［共24例］

2. （55例）　（1例）　［共56例］

3. （6例）　（110例）　［共116例］

B組：（2例）　（3例）　［共5例］

C組：（1例）　［共1例］

D組：（1例）　（1例）　［共2例］

E組：（7例）　（1例）　［共8例］

他指出五組字形中以A組的寫法最常見，其他各組的寫法比較少見；又以爲A2一組字形中“又”旁下的兩短橫是飾筆。我們認爲李家浩前一觀點是正確的，因爲根據《侯馬盟書·字表》統計，A組各種字形將近二百例，而其他組字形合共衹有16例；但李氏的後一觀點，則較有争論。正如上文提到，郭沫若最初把𢻱字下的“=”視爲重文符號；後來連劭名則以“=”爲省寫符號，認爲𢻱下之　爲　的省寫，並舉出盟書的質字作“斦”爲例，認爲“斦”字之“⺨”同於𢻱字之“=”。（《甲骨文字考釋》第39頁）從上述五組𢻱字字形看，郭氏重文之説衹是片面觀察，不足爲據。因爲重文符號不可能放在A3或D組字形之内，也不會像B組那樣放在字的左旁[④]。至於飾筆之説，也有商榷餘地，因爲古文字的飾筆，並非隨意爲之，人人不同，而是有固定的附加位置的。特别同一時期同一字形，飾筆的位置和施加原則，更應固定。現在我們看到，“𢻱”字的兩劃“飾筆”，有放在字的左下角的（如B組），有放在字的中間的（如A1、A3），有放在字的下方的（如A2和E組），這顯然不是同一字中的飾筆位置；而且在侯馬盟書中我們也找不到這類位置變動不居的飾筆[5]。此外，李氏飾筆説在他的文章中也有自相矛盾的地方：他一方面認爲兩短劃是飾筆，一方面又認爲 A 組字形爲覍（或弁）之省，而 B、D、E 組之□或□爲□、□之省。换言之，他在論斷敳與覍的關係時，没有把二短劃當作飾筆而把它當作省寫記號。但在李氏該文中，敳之所以釋爲敓，主要論據乃在於把敳字的“□”或“□”當作“覍”字“簡省的寫法”，所以在李氏的飾筆和簡省寫法二説之間，是存有衝突而需要折衷的。我們認爲簡省寫法之説比較合理。

我們對敳字下的“=”看法雖然和連劭名一樣，認爲是個省寫號，但我們並不同意連劭名把□當作□之省。第一，古文字中未見□省作□的例子；第二，連氏所引盟書“訢”字左上旁的簡省和敳字不同：訢字作“彡”，而敳字作“=”；第三，連氏之説也無法解釋上述 A3 和 B 组的字形，況且盟書的“奐”字、“晉”字、“與”字、“奉”字、“瘨”字、“箅（筮）”字和“□”字所從之□都没有省作□的。可見把□當作□之省並不符合盟書的實際情況。我們認爲，各組敳字下的“=”是□之省，B 組敳字的左旁就是《説文》□（覍或弁之籀文，見《説文解字注》第 406 頁下）的省作；戰國文字中“馬、爲”二字下半部經常以“=”表示省作，就是常見的例子[6]。因此，在上述各組字形中，B 組算是敳字最完整的寫法，左旁從覍（或弁）省，右旁從攴；E 組是最簡略的寫法，D 組從“心”和 A 組從“又”是偏旁通用的例子，這和盟書“嘉”字、“陦”字中的“又”“心”偏旁互换同例[7]。李家浩懷疑 D 組爲“戀”字的異文。顯然没有考慮盟書文字整體偏旁的通用情況。因此，我們認爲上述五組敳字，基本上由“由”“=”“攴”或“又”（通作“心”）

等偏旁組成，其中 A、B 兩組字形的組成成分最相似。在侯馬盟書中，雖然也有偏旁“又”和偏旁“攴”通用的情況，例如㲃（没）作（三：二三），又作（一五六：一九），但這畢竟是少數的；而且在古文字偏旁通用的例子中，通用的偏旁如果構形差別不大，往往都在同一個位置上進行[⑧]。如今敳字 B 組字形的“攴”旁在右邊，但其他各組字形的“又”旁有的在側（如 A1），有的在下（如 A3），有的在中間（如 A2，“又”放於“＝”之上）。不合古文字偏旁通用的常規，所以我們認爲“攴、又”這兩個偏旁在此並不構成互換關係。

經過整體觀察並認定“＝”在各種敳字字形中擔當同一功能之後，我們認爲 A 組字形是 B 組字形筆畫借用的結果——A 組的“又”旁借用“由”旁右邊的筆畫構成“攴”旁[⑨]。借用筆畫在盟書文字中也有其他的例子，例如“群”字除可作（三：二）之外，也可以寫作（九二：一）。後者的羊旁頭頂筆畫借用君旁的“口”形筆畫。有關其他古文字借用筆畫的例子，可參閱何琳儀《戰國文字通論》第四章“借用筆畫”的舉例。由於“攴”旁借用筆畫的緣故，A1 第二字形的“＝”偏側了，A2 字形的“＝”放在“又”旁下，目的是方便“又”直接和“由”連接起來，以構成“攴”旁；A1、A3 的第一字形和 D 組第一字形是同類的，它們有偏旁繁化和變換關係，而且又没有省寫記號，是個比較簡省的形式（盟書中這三類字形共有 13 例）。至於 A3 的第二字形（在盟書中共 110 例，包括把“＝”省作“－”的 16 例，是盟書用例最多的一個字形），把省形符號放在字的中間，隔開了借用筆畫的兩個偏旁，這顯然不屬於筆畫借用，但由於 A3 的構成成分和 A1、A2 相同，而且字形也接近，加上它和 B 組没有偏旁通用關係，因此我們認爲它由 A1 或 A2 發展出來。如果孤立地觀察，我們很難決定 A3 由 A1 或由 A2 發展而成；但全盤觀察 A 組字形，並參考了 A1、A2、A3 各組字形的數目之後，我們認爲 A3 的寫法發展自 A2 而非 A1 比較合理。理由是，如果 A1 直接發展爲 A3 的話，就表示借用筆畫的偏旁之間，其結合性在文字結構中是不重要的，它們可以隨便（或没有理由）地拆開。這就無需出現專爲方便“甴”旁和“又”旁結合的 A2 字形，而且 A1 的“＝”偏在左側的現象也得不到解釋。況且 A2 的數量比 A1 多，A3 的數量比 A2 多，構成層疊新出的“趨新走向”[10]，即 A2 比 A1 新出，A3 又比 A2 新出。至於 A2 的出現，則明顯是因爲 A1 的“又”旁偏側（“＝”也同樣偏側），不合文字書寫方正的要求而調整出來的。這樣的調整，有點像盟書“腹”字的構形調整一樣，純粹出於書法結體的要求[11]。這應該是侯馬盟書中形體組合的音遍規律，我們可以把它叫做構形規律。這種構形規律不多不少反映了書法結體在漢字結構上的早期地位。

敳字由 B 組發展爲 A1，A1 發展爲 A2，A2 發展爲 A3，所呈現出來的整個發展理路也許是這樣的：A1 由 B 組筆畫借用構成，爲了加强筆畫借用這種結構特徵，於是形成了 A2 這組字形；但由於 A2 這組字形的“＝”放在字的下角，容易和當時作爲重文符號、合文符號或飾筆的“＝”混淆，所以最終調整爲 A3 字形。A3 字形的“＝”搬到字中間去，目的是把“＝”調離容易發生混淆的位置。很明顯，A3 字形是别嫌手段：書寫者生怕閱讀的人把 A2 字形的“＝”誤會爲重文符號、合文符號或飾筆，甚至把“[illegible]”誤會爲一個偏旁，於是把它作調動性處理。因爲 A2“＝”這個位置，也常常是重文符號、合文符號和飾筆出現的位置；而且當時“＝”的符號功能相當多，若不作權宜性調動，很容易使讀者生亂（郭沫若釋作“祁祁”即是一例），這是很容易理解的[12]。如果我們撇開趨新走向的角度看，A1 能夠由 A2 發展爲 A3，而且用例一個比一個多，可能還藴含另一個道理：即在古文字組件發生混亂時，辨别嫌疑的要求比强調特徵的手法更重要。

如果我們認定𢼸字的左邊是“覍（或弁）”的省作的話，那麼𢼸字的字形結構應是從攴覍（弁）聲，是個形聲字；上述 A、B、C、D 組字形都是這種結構，衹不過 B 組是所有字形的基本形態，而 A、C、D 都是經過變化（包括筆畫借用、偏旁省略等）後的簡省形式。這樣處理，我們就無需像李家浩那樣，把“𢼸”看成“變”的通假字。其實盟書的“𢼸”和小篆（包括石鼓文）的“變”是結構相仿的一對形聲字，其中最相似的地方莫如二者都以“攴”旁示意；所不同的是前者從“覍（弁）”聲，後者從“䜌”聲（《説文解字注》第 124 頁下），這應該是當時文字地區歧異的表現，與假借、本字的概念無關[13]。後世廢“𢼸”而取“變”，其中固然有秦國統一文字時在地區選擇上的主觀因素，但我們也不可忽略“𢼸”字本身形體複雜和字形多變的客觀情況。除非文字在使用時不以字形穩定爲前提，否則淘汰的結果，必然是捨“𢼸”而取“變”的。

從當時文字發展的大方向來説，A、B、C、D 各組字形都是新興的形聲字；但相對地説，A3 比 A2 新，A2 比 A1 新，而 A1 又比 B 新。而 C 組可歸入 B 組，D 組可歸入 A3，所以表現出來的，也是 D 組用例比 C 組多，這也是趨新走向的表現。至於 E 組字，由於考慮到𢼸字字形本身複雜，加上省寫符號“＝”並不出現於上述的“奐、睪、與、奉”等結構類似的字形中，因此我們直接把 E 組當作 B 組字形的部分形體省略，有如 A、C、D 組是 B 組的省略一樣，而不把它當作假借。即是説，我們認爲 E 組是“𢼸”字省去“攴”旁的結果，而不把它當作“弁”字以“＝”替代下半“廾”的寫法。這樣假設也許理由不十分充分，但卻有幾方面的好處。第一，盟書的主盟人既是趙鞅，時代屬春秋晚期[14]，這時大概還没有獨體字（例如

"弁"字）以"＝"表示省去部分形體的做法。像"馬、爲"等字省去部分形體而以"＝"表示，則是戰國後來的發展。（見《戰國文字研究》第26頁）第二，E組作爲簡省形式，其用例數量大約相當於A1、A3的第一字形。後二者是個簡省形式是肯定的，可見同屬簡省形式用例也大致相同；同時，由於三者的用例不多，而越簡單的形式（E組第二形）用例越少，可見當時的簡省手段並非主流，也非我們想像那樣，先秦文字以簡化爲主。相反，敳字含增繁偏旁"又（𠂇）"的字形，其數量卻高據首位（116例），這表明繁化在字形結構上是壓倒簡化的。從用例的數目我們又可以看到，在同屬簡省手段中，減省偏旁又比減省筆畫的數量多，後者的頻率大約相當於偏旁互換的情況（參閱D組）。這些數據，若不是同時出現在同一字形中，我們是很難根據用例數量統計得簡化手段上這種内部的差異的。

上述的五組敳字字形，包括了筆畫借用、構形規律、别嫌手段、偏旁互换和繁化簡化等構形現象，内容比盟書其他字形所反映的要豐富。這些資料，如果出現在其他古文字之中，充其量衹能憑藉一兩次的用例表現出各種現象間的平面關係；但在盟書中，由於字形多次重復，並呈現了用例多寡的分布，因而使這些構形活動，顯現得主次有序、層次分明了。它們合起來不但展示了春秋戰國期間文字的構形活動和别嫌作用之間的制約關係；而且，通過A組字形的短劃"＝"運作情況，我們也得以觀察到古文字構形規律和附加號之間的互動作用。這是敳字字形在盟書中所具有的特殊意義，也是盟書作爲先秦古文字資料特别重要的原因。在過去出土的古文字中，我們很少遇到這樣豐富的一字多形的材料，而在過去的文字學内容裏，也很少處理過這樣的問題。侯馬盟書"敳"字字形的出現，不但擴闊我們的眼光，相信也開拓了我們對古文字結構的思考。

前文説過，盟書中“敳改”又作“改敳”（一：八七，一：一〇五），這是由於“敳”“改”二字同義，構成了同義聯合式複音詞的緣故。馬真指出，先秦聯合式複音詞的兩個詞素往往可以易位，而且“這種顛倒詞素次序的聯合式複音詞，它們的意義完全一樣。”（《先秦複音詞初探（續完）》第83頁）。這可視爲“敳改”在盟書中作爲複詞的證據，同時，也可作爲“敳”釋爲“變”的佐證。《侯馬盟書》把本句的“改”字隸屬於下句作解釋，顯然没有注意到“敳改”作爲一個詞的事實，也没有注意到“改”字下的斷句符號（九八：二四）。

盟書的“敳”字在《侯馬盟書·字表》中衹收録了三十三種字形，尚不算太繁雜；但憑這三十三個字形，我們不僅看到了比較深入的古文字學内容，還初步了解到先秦古文字一字多形存在於同一時期同一地區的實況。過去對於先秦文字一字多形現象的解釋，除了前述許慎的分國説之外，還有唐籣的歷史説。唐蘭的歷史説主要見於《古文字學導論》下篇，書中“歷史的考證”部分，成功地説明歷史對一字異形的影響。在侯馬盟書出土之前，我們對先秦一字異形的解釋，大概離不開“地域説”和“歷史説”這兩途，但這兩途都不能解釋存在於同時同地的文字異形，侯馬盟書大量一字多形的出現，無疑在“地域説”和“歷史説”之外，爲我們提供一字多形的另一個答案。

注釋：

① 在傳統的訓詁術語中，“讀爲”一般都理解爲“易其字以釋其義”（齊佩瑢《訓詁學概論》第172頁引段玉裁語）的意思，其實這是一種釋讀假借字的方法，而有些人直接視“讀爲”爲“明假借”（説明假借字的關係），陸

宗連、王寧合編之《訓詁方法論》就這樣解釋“讀爲”這個術語。（第 177 頁）

②《曾侯乙墓編鐘》之銘文及釋文見《曾侯乙墓》上册第 532—582 頁。目前除了《曾侯乙墓》的編者同意釋“敳”爲“變”（第 557 頁，注 10）外，連劭名的《甲骨文字考釋》也主張此説（第 39 頁）。

③ 李家浩所舉的五組敳字，基本上包括了《侯馬盟書》字表中的三十三種字形，省去的都是些祇有輕微差别的字形（例如把“＝”省作“－”的[illegible]，或把“由”旁寫成“[illegible]”的），因此我們無需加以補充就可以利用這現成的五組字來討論敳字的字形問題。唯一要説明的是，李氏指出《侯馬盟書》字表漏收一六：一七片作[illegible]的敳字（第 395 頁注 2），我們檢視過原片，認爲這是墨跡殘脱所致，與字形結構無關，因此字表即使漏收，諒不會影響討論的結果。李氏的五組字形見李氏原文第 391 頁。

④ 林素清《戰國文字研究》第二章説：“裝飾性二短劃‘＝’與重文符或合文符形式雖同，然其於文字之部位截然有别。重文符及合文符皆標注於文字右下隅（如：子＝孫＝，司馬＝），而繁飾二横劃則是附加在所要補白空間之正當中（如：[illegible]、[illegible]、[illegible]、[illegible]）。”（第 71 頁）

⑤ 飾筆也是文字約定俗成的一部分，因此飾筆在特定的文字之中理應有固定的位置而不可隨意變换；此外，連劭名指出，侯馬盟書“寺”字下的“寸”就没有像敳字那樣寫作“[illegible]”的，見《甲骨文字考釋》第 39 頁，可見敳字下的“＝”不是飾筆。

⑥ 有關“＝”在一個字中代替被省略的部分筆畫的用法，可參閲林素清《戰國文字研究》（第 37—44 頁）、何琳儀《戰國文字通論》（第 225 頁）及湯餘惠《略論戰國文字形體研究中的幾個問題》（第 38—39 頁）。何琳儀稱“＝”爲省形符號（第 255 頁），而湯餘惠則指出，用“＝”代表省略不寫的那部分筆劃是晚周文字的新創造（第 38—39 頁）。

⑦ 盟書中“嘉”字“又”“心”互通的例子如[illegible]（二〇三：九）又作[illegible]（一五六：一六）；“時”字“又”“心”相通的例子如[illegible]（三：二）又作

（一五六：一一）。值得注意的是，盟書無論“嘉”字或“時”字，都是從“又”的多，從“心”的少，與“𢾊”字偏旁從“又”多而從“心”少情況相同。

⑧ 先秦文字“又、攴”偏旁通用較少見，高明的《中國古文字學通論》有關形旁互爲通用一節（第146—180頁），就没有收“又、攴”通用的形旁。關於古文字偏旁通用的問題，過去較少人注意，一般都是零碎地或附帶地提到，很少人作過系統的分析或專從某一種文字體系去觀察。偏旁通用與位置關係的問題，更是這樣。高明在上引書中，集中地討論了先秦三十二組通用的偏旁，而且還湊集了甲骨文和各時各地的金文、竹簡等資料，這要算是一次規模較大的討論，但也還是没有談到偏旁通用時的位置問題。在這三十二組古文字通用偏旁中，雖然文字的時代和來源極不統一，但仍可看出，極大部分通用的偏旁都在一定的位置上進行互换，衹有較古老的“辵”“彳”“止”等偏旁，因形體各有差異而位置才有所變動（前二者在字的左旁，後者在字的下邊）；至於“人”“女”偏旁互换（如“姓”字《齊鎛》作，《詛楚文》作），“日”“月”偏旁互换（如“期”字《齊侯敦》作，《吴王光鑑》作）等少見例子，互换時的位置變動，很明顯是受到時代、國域等不同的因素影響，其餘的二十九組偏旁互换都超越了時空的界限，位置保持不動；可見古文字偏旁通用是長期穩定地在固定的位置上進行的，以不改變文字的結構格局爲原則。

⑨ 我們看到，A組“𢾊”字的“又”旁（例如A1）又可作“”（例如A3），和盟書“時”字的“又”旁（見上文注⑦）又可作“”一樣（例如一五六：一）。何琳儀在《戰國文字通論》一書指出，戰國文字“又”旁下有一點的仍是“又”，不是“寸”，對於“又”［旁］來説，有一點的“又”是繁化；（第158頁）裘錫圭的《文字學概要》則指出，偏旁“又”變爲“寸”（按即加點的“又”）的風氣，似乎要在春秋晚期才流行。（第50頁）可見，盟書的“又”旁和“”可視爲同一個偏旁，後者屬於前者的新形式，即在A組字形中，“又”“”是無須區別的，這樣，A組和B組的字形關

係，更形密切。

⑩ 在侯馬盟書一字多形的資料中，往往新字形的數量比較多，而相對的古舊字形數量比較少。例如盟書“其”字有“𠀠、其、丌”三種字形，“𠀠”這種寫法見於甲骨文及西周早期金文，應是最古老的形式；吳鎮烽指出，“𠀠”下從“丌”的寫法，出現於西周晚期（《陝西金文彙編》第 891 頁），比較後出，江淑惠則認爲，彝銘假“丌”爲“其”，自春秋晚期始有（《齊國彝銘彙考》第 337 頁），爲最新形式。今盟書一千多例“其”字的寫法，“𠀠”的寫法約有一百六十例，“其”的形式約爲二十五例，作“丌”的則超過一千例，以新形式居多；其餘“閘”字、“盡”字、“從”字等字形較多的字，都有同樣情況，而且這些字都不是以較簡的字形居多，排除了“其”字佔優的爲簡省字的可能性。我們把文字發展中以新字形數量佔優的趨勢稱爲“趨新走向”。有關“敳”字層疊新出的情況，我們在下文説明。

⑪ 據《侯馬盟書·字表》統計，盟書“腹”字字形有 97 種，主要由“肉”“复”“彳”“止”“勹”等偏旁組成，爲了便於和“敳”字字形比較，我們在這裏不談其他，衹談前面四個偏旁的組合情況。雖然盟書“腹”字由“肉、复”偏旁組合時可寫成或，但由“肉、复、彳”組成時則一定寫作，而由“肉、复、止”組成時則寫作，没有例外。我們認爲“腹”字字形在該字富於變化的情況下而仍有某些固定的組合形式，是屬於書法結體的特殊要求。

⑫ 在以上的叙述中，我們還没有機會充分説明“ = ”符號功能的複雜性。在韓文發一篇名爲《中山王礜鼎壺銘文中的贅形字與“ = ”的用法》的文章中，作者指出重文符號“ = ”在古文字資料中比比皆是，出現率甚至要超過古文字中常用字，又認爲古文字的“ = ”除可表示重文、互文、合文之外（他没有提到飾筆這一點），還可表示贅形。他所舉的例子爲中山王礜鼎壺銘文中加在“廾”旁下的“ = ”形，乃表示兩個由“廾”重疊合成的偏旁，作者稱這種偏旁爲“贅形”。（見該文第 72、73 頁及第 50 頁）雖然韓文發所舉的例子過去談及的人不多，但如果我們考慮到這種少見的“贅形符號”的話，就可以了解到” = ”在當時的用法，比我們想像中要複雜得多。

⑬ 中國學者大概從東漢許慎開始，便認識到先秦文字在不同的地域上存在着字形的歧異，許慎當時把這種歧異表述爲“文字異形”（《説文解字注》卷十五上，第758頁）。到了五十年代，李學勤更把先秦文字的地域歧異按字形風格具體地分爲秦、三晉（周、衛附）、齊、燕、楚五式，見《戰國時代的秦國銅器》第38頁。

⑭ 盟書主盟人“趙孟”爲趙鞅之説，見《侯馬盟書》第66—67頁。

原載《第二屆國際中國古文字學研討會論文集》，香港中文大學中國語言文字學系編印，1993年10月。

侯馬盟書試析

謝堯亭

1965 年 12 月中旬在距侯馬東周古城組東南 3. 3 公里處發現了侯馬盟書遺址。張頷先生在《文物》上發表了《侯馬東周遺址發現晉國朱書文字》[①]之後，郭沫若[②]、陳夢家[③]及唐蘭[④]等先生撰文對這批“朱書文字”提出了自己的看法。1976 年《侯馬盟書》[⑤]報告首次將這批材料系統而較完整地公諸於世，掀起了侯馬盟書研究的熱潮。到目前爲止關於侯馬盟書的很多問題尚存在較大争議，本文想就《侯馬盟書》提供的資料作些分析，提出些看法供大家討論。

一、侯馬盟書遺址的時空構架[⑥]

侯馬盟書遺址目前已發現埋書坑位四十二個（卜筮類除外），而每一個或一批盟書坑位應代表着盟誓行爲的一個時間點，如此多盟書坑位的形成應具有時間的先後順次。那麼如何求得這種相對早晚關係呢?《侯馬盟書》云：“竪坑之間的疊壓打破關係，在甲區見到十處，其中九處與盟書有關，……從以上打破關係中可以看到：第一，宗盟類盟書和委質類盟書常一同出土。第二，宗盟類四盟書晚於宗盟類二盟書。第三，宗盟類四盟書本身也有先後之分。”經核查，盟書遺址竪坑間的打破關係共有二十組左右，其中與盟書關係密切的有以下七組（爲了行文方便，暫采用《侯馬盟書》的分類進行分析，盟書坑（坎）用K表示）：

（1）K152（宗盟類四）打破K159（宗盟類四）。

（2）K154（宗盟類四）打破K159（宗盟類四）。

（3）K152（宗盟類四）晚於K77（宗盟類四）。

（4）K181（宗盟類四）打破K50（宗盟類四）。

（5）K88（宗盟類四、委質類）打破K93（宗盟類四、委質類）。

（6）K91（宗盟類四、委質類）打破K93（宗盟類四、委質類）。

（7）K85（宗盟類四、其他類）打破K86（宗盟類二、委質類）。

“宗盟類盟書和委質類盟書常一同出土”的結論顯然是從盟書的共存關係中得出的。而“宗盟類四盟書晚於宗盟類二盟書”的唯一依據是K85打破K86（按此與盟書出土範圍坑位圖不符，當係圖之誤。另外K162與K180亦存在此問題），在“侯馬盟誓遺址竪坑登計表”K86備註中云“八六：二盟辭按其文義排列似爲宗盟類二”，經對八六：二的殘存石圭及盟辭與宗盟類二的行文内容比較，發現八六：二確係宗盟類二無疑。即便如此，這組關係僅説明K86的宗盟類二盟書早於K85的宗盟類四盟書，並不能因此證明所有的“宗盟類四盟書晚於宗盟類二盟書”。

以上分析説明，這七組打破關係對盟書的相對早晚之分意義不大（但並非没有意義），原因在於：（1）打破關係過於簡單。（2）這些單位所出盟書内容大多一致，多屬宗盟類四盟書。（3）這些單位的所有包含物在這個意義上“可比較性”甚差。

下面讓我們看看盟書間的共存關係，出宗盟類二盟書（以下簡稱宗二）的坑有：K1、K35、K36、K86及K200等五個單位，其中K36、K86中的宗二盟書又和同坑出土的委質類盟書共存。宗盟類三

（以下簡稱宗三）盟書唯見於 K49、K162 二坑，而這二坑中又同出宗盟類四（以下簡稱宗四）盟書，宗四和委質類盟書共存的坑位比較多，計有 K3、K75、K79、K88、K91、K93、K96、K156、K179、K194、K195、T8 等十二個坑位。宗四和宗盟類五（以下簡稱宗五）及委質類盟書共存的坑有 K194、K195，另外宗五與委質類盟書共存的單位還有 K203。納室類、詛咒類盟書及卜筮類内容均比較單一，亦不與其他類盟書共存。

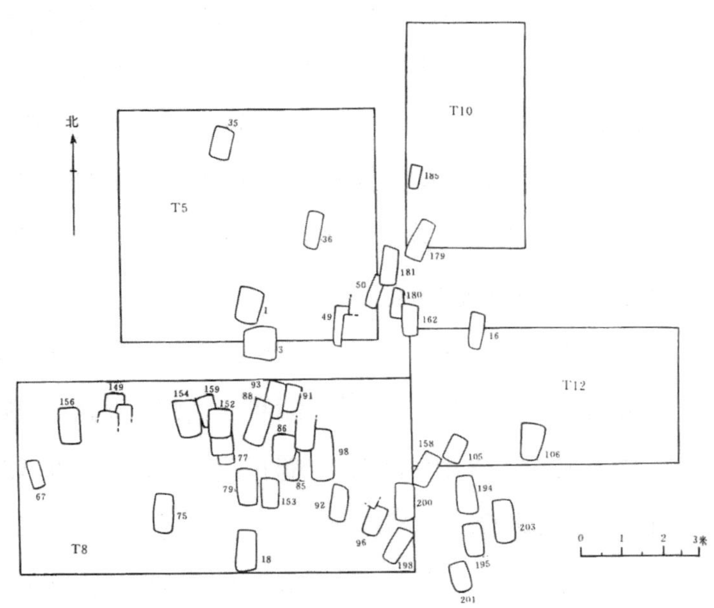

侯馬盟誓遺址盟書坑位圖

以上共存關係説明：（1）宗三與宗四、宗四與宗五盟書的部分單位共存。（2）委質類盟書除 K18、K158 二單位獨出外，其餘均與宗盟類單位盟書（宗盟類一、六除外）共存，其中與宗四共存的單位最多，而不與宗三盟書共存。

下面讓我們看看宗盟類盟書和委質類盟書的打擊對象：

（1）宗二：趙尼

（2）宗三：趙鋥、史醜。

（3）宗四：趙尼、先痻、先德、䢼鋥、史醜。

（4）宗五：趙尼、先痻、先德、䢼鋥、史醜、司寇觿、司寇結。

（5）委質類：趙尼、先痻、先德、先鑿、先㝈、先晉、先瘨、中都先强、先木、欧及新君弟、陞及新君弟、趙朱、趙喬、郙詨、邯鄲董政、閔舍、䢼鋥、史醜、董癰、邵城、司寇觿、司寇結、閔伐。

從前面分析的共存關係（2）可知，委質類盟書既與打擊對象爲一氏一家的宗二盟書共存，也與打擊對象爲四氏五家、五氏七家的宗四、宗五盟書共存。這説明：（1）侯馬盟書的打擊對象自始至終是非常明確的。（2）這是一種有計劃的爲了鞏固團結以打擊敵對勢力的盟誓，宗盟類二、三、四、五的打擊對象是重點打擊對象。（3）重點打擊對象的由少到多或由多到少當與盟誓時間的早晚不同有關。（4）宗三與宗四、宗四與宗五盟書部分單位共存應是一個盟誓階段轉入另一個盟誓階段的過渡現象。

從以上分析（2）、（3）可知這種盟誓是有計劃的，這樣宗二、宗三、宗四、宗五間就必然存在早晚關係，宗二至宗五各代表一個時間單位，宗二應作爲一個整體的時間段落存在。其他幾種也不例外（尋盟當在盟誓的本階段中進行），K85 中包含的宗四盟書打破 K86 所包含的宗二盟書足以説明 K85 所在的宗四晚於 K86 所在的宗二盟書。宗盟類盟書除宗三以外各種盟書都是以趙尼爲首要的打擊對象。重點打擊對象的排列順序及不斷增加也説明了這一點，也就是説宗盟類重點打擊對象的由少變多是由早到晚形成的，如此則宗二早於宗四盟書，宗四早於宗五盟書。宗三又與宗四部分單位共存且打擊對象亦在宗四包括之中（宗二與宗四盟書不共存）。而所謂的“宗盟類一”（以下簡稱宗一）所在的坑十六（K16）與同坑的宗四盟書共存。可見宗三與宗一應處於宗四的早期階段，我們由早及晚試列於下（“及與之共存”的字樣用字母 G 表示）：

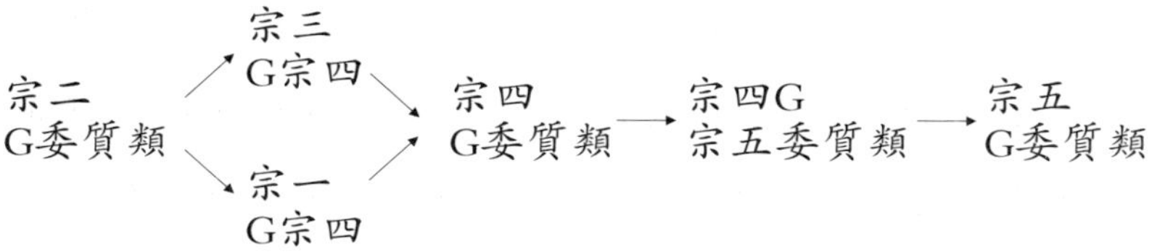

宗二 G委質類 → 宗三 G宗四 / 宗一 G宗四 → 宗四 G委質類 → 宗四G 宗五委質類 → 宗五 G委質類

需要説明的是宗三衹見於二坑且與該坑宗四共存；其出土數量不詳，且二坑宗三衹臨摹了各一件，打擊對象未涉及趙尼，推測它和宗一同樣存在的時間較短暫，而宗四和委質類規模較大，數量較多，延續的時間可能相對較長一些。以上以宗盟類和委質類盟書爲代表分出的五個段落或者可以作爲該盟書遺址的相對早晚關係。

納室類 K67、詛咒類 K105 及卜筮類（K17、K303、K340）由於出土比較集中或内容比較單一，又無打破關係存在，故其本身在該遺址的相對早晚難以確定。

下面讓我們再看一下盟書遺址埋書區的坑位分佈狀況，即空間位置關係。宗二的 K1、K35、K36 位於 T5，即盟書出土範圍的西北部、K86 和 K200 位於 T8 的中部或東部，宗三的兩個坑 K49、K162 分佈於 T5 和 T12 之間。宗四集中分佈於 T8、T5 和 T12 間也有一部分。宗五則分佈於 T8 以東、T12 以南，即盟書出土範圍的東南部。

宗盟類的這種分佈狀況表明：（1）宗盟類各種的形成大體集中於一定的範圍，有相對固定的場所。（2）這些種别的空間位置相對集中的分佈是由盟誓時間的早晚不同而形成的。（3）宗二的分布較散可能與其盟誓時間較早有很大關係。

由於委質類絶大多數和宗盟類二、四、五的部分單位共存，故其空間分佈也與之呼應。納室類 K67 位於 T8 的西部。詛咒類 K105 位於 T12 的西南角。卜筮類三個坑則處於乙區（即埋牲區），具體位置不詳。推想納室類與宗四盟書的時間較接近，詛咒類或與宗五的時間相去不遠，而卜筮類未知。

綜上所述，我們把侯馬盟書的時間先後和空間分佈明確了出來，二者是相輔相成的，大的發展關係是由早及晚從西向東自北而南呈“Z”形。至於單個坑位的早晚關係，除宗四個别坑外，其餘的不易明確。這種時空關係説明當時的盟誓是有一定的規律可循的。

二、從參盟人名看盟誓

《侯馬盟書·人名表》云：“共收録參盟人名一百五十二個，其中重復出現的八十二個排列在前，其餘隨後。”經核查，人名表實録人名251個，其中衹出現過一次的169個，另外82個名字實即32個不相重復，其餘50個與之相重。我們知道，這251個人名衹是臨摹發表的656件盟書中能夠辨識的那一部分，另外很多殘泐無法辨識的人名占去了這656件中的近三分之二，故這僅存的參盟人名顯得十分重要，而重復出現的82個人名約占其中的三分之一左右。《侯馬盟書叢考》云：“在東周時期，重姓名的人很多，侯馬盟書的參盟人當中……，有些參盟人名在同種類的盟書中重復出現，甚至同坑出土的兩件盟書中參盟人名是完全一樣的，這種現象就不能把他們作爲一個人看待——正因爲有這些複雜的情況，我們就不能輕率地把盟書中所發現的人名去和史籍記載中的人物混爲一談。”這種提醒是非常正確的。東周時期同姓名的人很多，這是可以肯定的，具體到侯馬盟書來説，同名的人存在也是不容否認的事實（其姓大多不清），如K1的“喜”就有兩個（一：二四、一：一〇〇），“竪”也有兩個（一：八〇、一：九二）等等。但是我們並不能因此排除同一個人參加多次盟誓活動的可能性存在。所以我們把參盟人名中重復出現者分爲三種情況：A、同名異人；B、既有同名異人，亦有同名一人；C、同名一人。

若以A爲前提，參盟人之間互不參盟，即參盟人與盟具有一次性。若以B爲前提，問題就更爲複雜，無法對參盟人做細致分析。我們以C爲前提，把參盟人的活動情況試分類如下表：

侯馬盟書參盟人活動分類表

盟書種類	委質類	納室類	宗二　宗四		宗四　宗五	宗四
參盟人名及單位	絹一六：一九宗四	產六七：四〇納室	祄一：六六宗二	剛梁一：九九宗二	玉九二：四七宗四	狄三：一八宗四
	一五六：一九委質	一六：一六宗四	九二：二五宗四	三五：二宗二	一〇六：一宗五	九八：一五宗四
	疢一八：五委質	九二：一六宗四	安一：六七宗二	二〇〇：一二宗二	富八五：二五宗四	逆一五六：二宗四
	九八：七宗四	九八：二九宗四	二〇〇：三一宗二	一六：九宗四	一九五：四宗五	一九八：四宗四
	臣七七：一一宗四	二〇〇：八宗二	一九八：一二宗四	四九：一宗四	嗌八五：七宗四	疾八五：二六宗四
	一五六：二三委質	買六七：二二納室	卯一：七二宗二	喜一：二四宗二	九八：一四宗四	九二：三二宗四
	欒一：一〇四宗二	一九四：七宗四	九八：一三宗四	一：一〇〇宗二		一新八五：一三宗四
	探八②：二委質	一九五：三宗五	娧一六：二二宗四	二〇〇：五〇宗二		九二：二三宗四
	桒一：八五宗二	沽六七：一五納室	二〇〇：四九宗二	一六：三一宗四		堂七七：九宗四
	一八五：七委質	八五：二〇宗四	狗一六：三四宗四	政一：三八宗二		九二：三八宗四
	竪一：八〇宗二	九二：一九宗四	二〇〇：四〇宗二	二〇〇：五一宗二		九八：一六宗四
	一：九二宗二	文六七：四八納室	蠹一六：二宗四	一六：二五宗四		
	一五六：二七委質	七七：一七宗四	二〇〇：六六宗二	九二：二一宗四		
	采三六：四委質	一：九五宗二	畁一：七五宗二	胡 一：九宗二		
	二〇〇：一一宗二	瘜六七：一納室	九二：七宗四	一六：四宗四		
		八五：二四宗四	駕七七：一宗四	九二：二二宗四		
			二〇〇：六宗二			

從表中可以看出：

（1）宗二和宗四的部分參盟人常互相參盟（其中 4 人既參加 K1 的宗二盟誓，又參加 K200 的宗二盟誓）。

（2）委質類的部分參盟人與宗二、宗四的部分參盟人常互相參盟，而與宗五參盟人互不參盟。

（3）宗四和宗五盟書部分參盟人互相參盟。

（4）宗二和宗四盟書部分參盟人多次參與同類盟誓活動，其他種類則不然，特别是委質類值得重視。

（5）宗二與宗五盟書的參盟人互不參盟。

（6）納室類的參盟人與宗盟類參盟人互相參盟。

（7）委質類與納室類盟書的參盟人互不參盟。

（8）宗三發表數量極少，無法分析。

（9）表中所列的參盟人應是當時政治上比較活躍的一些群臣大夫。

以上幾點是具有一定共性的客觀存在（基於 C），即使有少部分同名異人的情况存在對這種分析影響不大，而全部或大部分是同名異人的可能性極小，因爲這種客觀共性是建立在一定數量的基礎之上，更何况重復出現的人名占所録人名的三分之一左右，而盟書本身能説明具有同名異人存在的例證祇有 K1 的“喜”和“竪”，而 K1 是個比較特殊的“坑”（詳後）。因此我們的分析具有一定的肯定性。但是由於盟書所録人名很有限，這種分析又建立在 C 的基礎之上，所以也有一定程度的局限。

以上“互相參盟”的現象説明“互相參盟”的二種類所屬的坑位或二種類本身存在着早晚關係，即宗二和宗四盟書、宗四和宗五盟書、宗二和宗四本身或其所屬坑位有早晚之别，這更進一步説明我們前面分出的相對早晚關係具有一定的意義。“互不參盟”有兩種可能性：（1）可能與所發現的參盟人名數量少及某種類盟誓活動時間長短或早晚有關。（2）可能與盟書本身性質及鬥争形勢的發展有關（委質類與納室類互不參盟很可能與其性質有關）。委質類盟書本身參盟人不再參加同類盟誓活動説明此類參盟人參加同類盟誓具有一次性，值得注意的是委質類的部分參盟人與宗二、宗四部分參盟人互相參盟。

三、對侯馬盟書分類的一些看法

侯馬盟書包括殘斷及字跡不清者總計五千餘件，從數量上看報告所臨摹的六百五十六件衹是已發現的全部盟書的八分之一左右，但從質量上來説，它是盟書的精品之所在。儘管如此，當我們對已發掘或發表的盟書材料進行分析時都在客觀上受到了一定程度的局限，更何況已發表的盟書殘斷及字跡不清者甚多，都給研究工作帶來了一定程度的困難。而要對這批珍貴材料做的第一步研究工作就是在識讀文字的基礎上對盟書進行分類。分類的目的是爲了尋找盟書的内在規律，爲進一步研究工作提供方便。而分類的標準是由盟書本身的特徵來决定的，侯馬盟書的特徵就在於它的文字内容，這也是進行分類的根據之所在。

關於侯馬盟書的分類有多種意見，從大的方面來講，有人主張根據盟書所在玉片、玉圭等進行分類，有人主張按其文字内容進行分類。關於後者又有四五種分法，歸納起來主要有兩種意見。一種係《侯馬盟書》，分爲六類十二種，即宗盟類（一至六種）、委質類、納室類、詛咒類（一、二種）、卜筮類及其他。另一種意見即黄盛璋先生對前者的一種修訂[8]，提出除盟書的“詛咒類”和“卜筮類”外，其餘幾類皆屬盟書，依盟辭格式分四類，即宗盟類爲盟書甲，“序篇”爲盟書乙，委質類爲盟書丙，納室類爲盟書丁。下面談談我的意見。

我主張按盟書文字内容進行分類。關於宗盟類，《侯馬盟書》云："這一類盟辭强調要奉事宗廟祭祀（'事其宗'）和守護宗廟（'守二宫'）""'以事其宗'的'宗'字均指宗廟而言"，而黄盛璋先生指出此字是"宔"而非"宗"⑨。按黄文把二字分辨開很正確，河南温縣盟書⑩亦有該字，以釋"宔"爲是，不贅述。

一六：三即爲《侯馬盟書》所云載有干支記日和月象的盟書，列爲"宗盟類一"。此篇盟書殘斷不全，所記盟辭内容、體例不同於其他盟書，且與同坑出土的"宗盟類四"盟書共存。黄文云此篇與宗盟類性質不同，甚是。其内容如下："十有一月甲寅朏乙丑敢用一元□圄/囨顯皇君晉公□□余不敢惕兹□□/□審定宫平陟之命女嘉之□□大夫□/大夫□……之……兹/以□……不帥從違書之言/……皇君……硯之麻臺圉圚。"（按……表示内容不清）其大意是某年某月某日用牲祭告皇君晉公，又慎審定宫平陟之命等與衆大夫行盟，既盟之後，若有不率從或違書之言者，皇君晉公將永亟視之麻臺非是。從盟書遺址分析，主盟人和參盟人盟誓的目的是很明確的，主盟者昭告明神以求得監護，用其威力來制約參盟者，是合乎情理的。特别是此篇有用牲記録説明其身份與參盟人不同，最後又有"不率從違書之言"等辭句都合乎主盟者的身份和口氣，所以我認爲它是主盟人的一篇誓辭。另外"定宫平陟之命"應是晉國國君之命令，"定宫平陟"即平定宫殿和城池之意（該觀點見另文），也説明了這一點。可見此篇盟書並非"宗盟類一"，因其内容體例均較特殊，與宗盟類性質不同，它是整個盟書遺址唯一的一篇主盟人的誓辭，應單獨列出。

"宗盟類六"據《侯馬盟書》云："少數因殘損，被誅討對象的氏家不清，爲宗盟類六"。這種分法不僅使"宗盟類"分類標準不統一，且易致混亂。核查此種盟書發現其本身應屬於宗二至宗五盟書的一種，即使不然，至少它已包含有宗二至宗五的殘損盟書無疑，如八六：二在“竪坑登計表”中歸入宗六，但備註云其“似爲宗盟類二”就是明顯一例。進一步講，若有充分的材料顯示這些殘斷盟書與宗二至宗五的種别不同，且與之分種標準一致，方可列爲“宗盟類六”。故該種的分出是没有根據的。

K105“有墨色字跡，大都殘損，無法辨識完整成篇辭句”。從其墨色字跡及内容看，它不同於另外幾類盟書，它是詛咒背盟之人的，但它屬於盟書的範疇，因爲在一定意義上盟和詛都屬於盟誓的一種。另外把詛咒類分爲二種實無必要，因爲此類盟書殘斷，字跡多不清，僅以“而卑衆人惌死”一句分出詛咒類二，不僅分種界限不明確，且顯草率。

綜上所述，以黄文的分類爲基礎，我認爲侯馬盟書應分爲六類九種，即盟書甲一、甲二、甲三、甲四，分别相當於《侯馬盟書》的宗二、宗三、宗四、宗五。盟書乙相當於《侯馬盟書》的“宗盟類一”。盟書丙相當於“委質類”。盟書丁相當於納室類。盟書戊相當於詛咒類。“其他”類爲盟書己。至於“卜筮類”衹是一種與祭祀或盟誓有關的墨書，不在盟書的範疇之内。

四、侯馬盟書的主盟人、參盟人身份及打擊對象的分析

《侯馬盟書叢考》云：“在盟書中對主盟人的稱謂有三種，一是‘嘉’，二是‘某’，三是‘子趙孟’。”“某”之稱唯一見一：八六“……剖其□□……某之盟定……”。明確稱“子趙孟”者亦一見：一：二二“……盡從子趙孟之盟定宫……”。其他二例類似：一：二三“……而敢不盡從子□□……”；一：二四“……而敢不盡從趙□□”。K1及其他坑出土的多例“盟書甲”又稱“而敢不盡從嘉之

盟”。

以往對於盟書中“從嘉之盟”的“嘉”主要有四種解釋：（1）地名（以郭沫若先生爲代表）[11]。（2）人名即趙桓子嘉（以唐蘭先生爲代表[12]，高明和黄盛璋等先生亦主此説[13]）。（3）通“加”（以陳夢家先生爲代表）[14]。（4）對主盟人的美稱（以《侯馬盟書》爲代表）[15]。關於“嘉”字，在《侯馬盟書》中有四種文例：

（1）“從嘉之盟”（在盟書甲中常見）。

（2）“以事嘉”（凡三，見於一：四〇、一：四一、一：四二）。

（3）“汝嘉之□”（凡一，見於一六：三）。

（4）“顛嘉之身”（在盟書丙中常見）。

從以上比較中我們不難看出 K1 是個特殊而重要的單位，其特殊之處試列於下：

（1）關於主盟人的三種稱謂同時見於該坑，而“子趙孟”及“某”之稱在埋書區範圍内没有同例發現。

（2）K1 有“從嘉之盟”稱謂者 47 件，又除“從某”“從子趙孟”“從趙”“從袂”等五件外，字跡殘泐稱謂不清者尚有 53 件（其中一：八〇作“盡從盟”）。

（3）一：四〇、一：四一、一：四二有“敢不侑剖其腹心以事嘉”的文句與埋書區盟書甲發現的“敢不剖其腹心以事其宔”文句不同，這種現象亦唯見於 K1。

（4）K1 的參盟人“喜”和“豎”之名在同坑均重出，這種現象在埋書區他坑不見。

（5）一：八〇“敢盡從盟”及一：六六“敢不盡從袂之盟”之例在埋書區亦爲一見（儘管《侯馬盟書》認爲後者是誤寫）。

（6）橢圓形盟書坑僅有 K1、K3 兩例。

這種比較特殊的單位的存在一定有其必然的原因，它的重要性是不言而喻的。

總之，對於侯馬盟書主盟人究竟是誰的分析僅從以上發現的盟書資料出發尚有一定的困難。因爲（1）“子趙孟”明確稱謂唯一見，且係尊稱。（2）“從嘉之盟”的“嘉”衆説紛紜，莫衷一是。（3）K1 比較特殊，故分析“主盟人”這個問題需謹慎才是。

不過值得慶幸的是發現了關於主盟人的一些綫索。但是以往的討論都是從這次盟誓事件在史書上當有記載這一觀點出發的，可是爲什麽如此多的被打擊對象在史書上無可比照呢？同樣，爲什麽“子趙孟”又唯見於 K1 呢？我認爲（1）侯馬盟書的主盟人可能不止“子趙孟”一人，也就是説可以是“子趙孟”，也可能是“嘉”，還可能是其他人（因爲有很多盟書字跡殘泐不清）。（2）主盟人也未必就爲自己的事情主盟，或者是代別人行使主盟的權力。（3）盟書所反映的歷史事實也可能在現存的文獻史料中無載。東周時期，盟誓頻仍，史料也未必均能録存，即使録存下來也未必都能流傳至今。因此“趙孟”或“嘉”也不能簡單地和文獻記載中的幾位人物去套合，雖然這種比較是必要的。

2. 侯馬盟書參盟人身份的分析

侯馬盟書的參盟人所參加盟誓的內容和性質不同，其身份當有區別。我們首先看一下各種類盟書內容的組合情況（盟書內容用字母表示，特殊情況例外）：

a. 參盟人名。

b. 敢不剖其腹心以事其宔。

c. 而敢不盡從嘉之盟定宮平陟之命而敢或𢁁改助及奐卑不守二宮者。

d. 而敢又志復 + 被打擊對象。

e. 于晉邦之地者及群呼盟者吾君其明亟視之麻塞非是。

w. 自質于君之所敢俞出入被打擊對象之所群呼盟者。

x. 顋嘉之身及子孫或入之于晉邦之中（地）者則永亟覘之麻臺非是。

y. 既質之後而敢不巫覡祝史戲綐繹之皇君之所則永亟覘之麻臺非是。

z. 閔伐之子孫遇之行道弗殺吾君其覘之麻臺非是。

p. 自今以往敢不率從此盟質之言尚敢或納室者或聞宗人兄弟納室者而弗執弗獻。

q. 丕顯皇公大冢盟亟覘之麻臺非是[16]。

（1）盟書甲：甲一：a + b + c + d + e；甲二：a + b + d + e

甲三：a + b + c + d + e；甲四：a + b + c + d + e

（2）盟書丙：a + w + a + x + y + z

（3）盟書丁：a + p + q

需要説明的是上述 a 項即參盟人名屬於變項，被打擊對象亦隨各種類盟書不同而變動。其他幾類辭句支離無從比較，此處略。

盟書甲的參盟人大多無書其姓，所打擊的對象爲九氏二十一家中之重點而已，要求參盟人“事其宔”“從嘉之盟定宮平䧘之命”及“守二宮”，且不能復入被打擊對象與之呼盟等。唯盟書甲二無 C 項內容，即無“從嘉之盟定宮平䧘之命”及“守二宮”之約文，其打擊對象中亦無“趙尼及其子孫”的內容，且此種盟書衹見於與盟書甲三共存的 K49、K162 二坑，可見其參盟人的身份與甲一、三、四亦有區别。盟書甲一、三、四因其約辭基本相同，衹是打擊對象多少有異，其參盟人的身份大體相當。他們與主盟方的關係是比較密切的，當爲主盟方的群臣大夫階層，應是與敵鬥争的主要力量。

盟書丙具有以下特性：

（1）打擊對象自始至終明確爲九氏二十一家。

（2）參盟人在盟誓内容中所受的“約束”較多，“懲罰”較嚴厲。

（3）此類盟書大多與盟書甲共存。

（4）其參盟人在該類活動中具有一次性，且不參與盟書丁的活動。

（5）其中部分參盟人既參加該類活動，也參加盟書甲一、甲三的盟誓活動。

顯然這些參盟人以往與主盟方的關係較疏或與被打擊對象曾有往來。此類盟書出土於十八個坑位中，數量較多。其參盟人身份當是與主盟一方關係較疏的群臣大夫，或者是從敵對陣營投降來的士大夫階層人物。

盟書丁的參盟人不僅自己不能納室，“聞宗人兄弟納室者弗執弗獻”也要受到懲罰，又盟書丁部分參盟人參與盟書甲而不參與盟書丙的活動，盟辭中有“丕顯晉公大冢”的辭文，所以其參盟人當是主盟方宗族内的貴族階層人物。

3. 侯馬盟書打擊對象的分析

從整個遺址出土的盟書看，盟書丙打擊對象爲九氏二十一家，當係與主盟人鬥争的敵對陣營的主要人物。這些人物中以趙尼（一五二：二作趙狂）爲首要的打擊對象，其次爲先氏、趙鋥、史魏、司寇氏。這些以趙尼爲首的重點打擊對象或係晉君的貳臣，其地位或與主盟者相當，其他打擊對象是與趙尼聯營的晉國的一些大家族首領。特別值得注意的是在盟書戊中出現的“中行寅”其人，他是否就是史書記載中的“中行寅”（即荀寅）呢？如果是，爲什麽他在盟書甲和丙的打擊對象中不見，而唯見於盟書戊中的一〇五：一、一〇五：二呢？這或者與發掘資料有限關係很大（按：有學者據“中行寅”其人推斷“第105坑以外的盟書，年代要略晚一些……盟誓中作爲仇敵的趙弧等，當爲逃居境外的趙午等人的餘黨，所以趙氏家臣結盟防止他們重返晉國。推測這時趙襄子居晉陽，故由桓子在新田主盟。"[17]可備一説）。

五、餘論

本文結合考古學的方法對侯馬盟書資料作了一些比較分析，對盟書遺址的時空結構，盟書的參盟人、主盟人、打擊對象及分類提出了一點初步看法。關於侯馬盟書的年代和所指史實均是至爲重要的大問題，在以往的討論中争議頗大，至少有四種説法[18]。雖然侯馬盟書發現了一件記月的材料（一六：三），但是在以往的研究中還存在很多問題，所推年代難以據依[19]。温縣盟書發現了紀年材料，但推斷的年代也未必正確[20]，這一問題與主盟人的難以確定有着密切的關係，值得注意的是近來有學者從文字的角度入手考證盟書的年代，是十分有益的探索[21]。事實上，侯馬盟書的諸多重大問題的解決，不僅需要新材料的不斷發現，而且更需要做不懈的探索。

注釋：

① 張頷《侯馬東周遺址發現晉國朱書文字》，《文物》1966年第2期。

②⑪ 郭沫若《侯馬盟書試探》，《文物》1966年第2期；《桃都、女媧、加陵》，《文物》1973年第1期；《出土文物二三事》，《文物》1972年第3期。

③⑭ 陳夢家《東周盟誓與出土載書》，《考古》1966年第5期。

④⑫ 唐蘭《侯馬出土晉國趙嘉之盟載書新釋》，《文物》1972年第8期。

⑤⑮《侯馬盟書》，文物出版社1976年版。

⑥ 本文所謂侯馬盟書遺址是個狹義的概念，即指報告所謂的甲區或埋書區遺址。

⑦ 該圖係從《侯馬盟書》報告"侯馬盟誓遺址坑位分佈圖局部：盟書出土範圍"圖中摹制。

⑧⑨ 黄盛璋《關於侯馬盟書的主要問題》,《中原文物》1981 年第 2 期。

⑩⑳ 河南省文物研究所《河南温縣東周盟誓遺址一號坎發掘簡報》,《文物》1983 年第 3 期。

⑬ 高明《侯馬載書盟主考》,《古文字研究》(第一輯),1979 年版。黄盛璋《關於侯馬盟書的主要問題》,《中原文物》1981 年第 2 期。

⑯㉑ 吴振武《釋侯馬盟書和温縣盟書中的“岦公”》,中國古文字研究會第九届學術討論會論文,1992 年 11 月南京。

⑰ 李學勤《東周與秦代文明》,文物出版社 1984 年出版。

⑱《侯馬盟書》,文物出版社 1976 年版;郭沫若《侯馬盟書試探》,《文物》1966 年第 2 期;陳夢家《東周盟誓與出土載書》,《考古》1966 年第 5 期;唐蘭《侯馬出土晉國趙嘉之盟載書新釋》,《文物》1972 年第 8 期;李裕民《我對侯馬盟書的看法》,《考古》1973 年第 3 期。

⑲ 研究者們確定的歷史事件争議較大,據其事件通過記月材料從曆譜卡定的年代就難免會出現争議。

原載《山西省考古學會論文集(二)》,山西人民出版社,1994 年 4 月。

侯馬盟書年代問題重探

周鳳五

一、前言

侯馬盟書出土迄今將近三十年，已發表的研究論文不下三四十篇，出版的專著也有好幾種[①]，但是，若干基本問題卻一直没有定論。年代的推算便是一個顯著的例子，李裕民主張在周簡王元年（前585）至五年之間[②]，張頷主張在周敬王二十四年（前496）以後[③]，唐蘭主張在周威烈王二年（前424）[④]，郭沫若主張在周安王十六年（前386）[⑤]，另外陳夢家、黄盛璋、李學勤、朱鳳瀚等人也各有不同的意見[⑥]。在上述諸多年代當中，前後相差最遠的竟達二百年之久，可見衆説紛紜，莫衷一是。不過近年來有關這個問題的討論已經逐漸形成兩派意見，一派主張侯馬盟書的時代較早，内容反映的是趙簡子鞅殺邯鄲趙午以及其後持續將近十年的晉陽趙氏與邯鄲趙氏、中行氏、范氏等晉國六卿之間的鬥争；另一派則將時代推遲約七十年左右，主張盟書的主盟人是趙鞅之子（一説趙鞅之孫）趙桓子嘉[⑦]，反映的是趙襄子死後，趙桓子嘉與趙獻子浣争位的史實；趙桓子在位僅一年，因此盟書的具體年代很容易確定，即公元前424年。後一派由於扣緊盟書“嘉”字，與文獻所見趙桓子名“嘉”正可互相印證，且又能據以推算出具體的年代，因此顯得言之成理，持之有故。相形之下，前一派的説法就不免含混而缺乏説服力了。

然而，問題並没有解決，因爲後一派的説法基本存在着明顯的破綻，即趙桓子時趙氏勢力已經北移，且晉君的地位陵夷，晉幽公"反朝韓、趙、魏之君"（《史記·晉世家》）。因此無論主觀或客觀條件，趙桓子都没有南下主盟於晉都新田的可能。另外，盟書中若干詞語的解釋，若以趙桓子嘉爲主盟人也顯得扞格難通。因此，趙桓子嘉爲主盟人之説依然不能成爲定論。

推算侯馬盟書的具體年代還有另一個困難，即曆朔的資料不完整，唯一記有曆朔的一枚玉片（一六：三），不巧卻在上端殘缺，以致没有紀年而僅保留月序朔日干支"十又一月甲寅朔乙丑"，這樣一來，在比對曆表時便因變數太多而致"多歧亡羊"，這也正是侯馬盟書的具體年代一直遲遲無法考定的主要原因。

幸而温縣盟書的出土解決了這個難題。温縣盟書年月日俱全，保存完整的曆朔資料，其内容所記與侯馬盟書密切相關。因此，祇要能夠推算出温縣盟書的具體年代，則侯馬盟書的年代也可據以推知，難題自然迎刃而解了。

本文擬以上述前人的討論爲基礎，綜合運用侯馬盟書、温縣盟書等出土文物以及先秦文獻典籍，細心爬梳，重加探討，期能推算侯馬盟書的具體年代，解決這一樁聚訟多年的懸案。唯茲事體大，恐非淺學駑鈍如我者所能勝任，大雅方家，幸有以教之。

二、"永不盟于邯鄲""中行寅""趙尼"等所反映的時代背景

侯馬盟書的内容有好幾處顯然與趙鞅的時代有關，例如編號"探八②：三"片云：

永不明（盟）于邯鄲，不明（盟）于……（下缺）⑧

又，編號“一〇五：一”及“一〇五：二”兩片都有“俞（偷）出入于中行寅及比□之所”云云，後者又有“無卹”“韓子”等字樣⑨。無卹，可能即趙簡子之子襄子無卹；韓子，可能指韓不信，會與荀躒、魏曼多共同出兵攻打中行寅與范吉射，是趙鞅轉敗爲勝的關鍵人物之一。

按，據《左傳》《史記》等書記載，魯定公十年（前500）趙鞅圍衛，衛人懼，貢五百家，鞅置之邯鄲。三年後，“趙鞅謂邯鄲大夫（趙）午曰：‘歸我衛士五百家，吾將置諸晉陽。’午許諾，歸而其父兄不聽，倍言。趙鞅捕午，囚之晉陽。乃告邯鄲人曰：‘吾私有誅午也，諸君欲誰立？’遂殺午。趙稷、涉賓以邯鄲反，晉君使籍秦圍邯鄲。荀寅、范吉射與午善，……十月，范、中行氏伐趙鞅，鞅奔晉陽。”⑩趙鞅自從向邯鄲趙午索取衛貢五百家不得而殺掉趙午之後，便與趙午之子趙稷以及荀寅、范吉射等人展開了爲時將近十年的戰争。盟書所謂“永不盟于邯鄲”，正是趙鞅要求從盟者永遠斷絶與邯鄲趙稷一系的關係，永遠不得與之結盟的真實紀録。這樣的盟誓，衹能發生在趙鞅時代，而與趙桓子嘉的時代無關。若加上“中行寅”（即荀寅）“無卹”“韓子”等字樣，其爲趙鞅時代的盟書就更明顯了。縱使以同名或其他理由將後二者排除在外，但是，無論如何“中行寅”必然就是與趙鞅同時的荀寅，這是誰都不能否認的事實。即使主張趙桓子嘉之説最力的高明，也不得不承認這點，高明説：

> 中行寅，當然很可能就是文獻中講的趙簡子的政敵“荀寅”；“無卹”，也可能就是簡子之子趙無卹。……關於這一類載書的時代可能較早，正如《侯馬盟書》作者所估計，可能是趙簡子時代的遺物⑪。

不過，高明卻提出另外一種解釋，即這批盟書與其他大多數屬於趙桓子嘉時代的盟書並非同時之物，理由如下：

> 但這幾札載書的盟辭，同上述幾種載書内容有很大差别，無論是盟辭體例、約盟事件、以及牽涉的人名和書寫字跡等均不相同，與上述載書看不出有什麽共同的關係。……墨文載書是出土於一〇五號一個獨立的坑位，没有發現與其他盟辭載書的混雜現象。侯馬地區原爲晉國都城新田的所在地，在晉國盛世的年代裏，卿大夫之間在先君宗廟舉行盟誓，僅據文獻記載即已相當頻繁，文獻失載的就更無從估計，像趙桓子與族親近臣共逐獻侯趙化的盟誓，在文獻中就没有跡象可尋，在出土晚期載書坑位周圍，乃至同坑之中發現一些早期載書是很可能的。

高明基於兩項理由將盟書分爲時代先後不同的兩類。第一，這幾片盟書無論盟辭體例、約盟事件、人名、字跡等都顯然與其他盟書不同。第二，他們出土於獨立的一個坑位，因此與其他盟書無關。但是，盟辭體例不同云云，不妨視爲性質有别，卻無法認定爲時代不同的證據[⑫]。换言之，這批墨書玉片與其他絶大多數朱書玉片的差别可能衹是性質的不同，而非時代的早晚，否則墨書、朱書的時代早晚又當如何判定？高明必須提出合理的解釋。

至於出土坑位，就更不足以證明這三片盟書與其他絶大多數盟書無關了。試看出土於"一個獨立的坑位"的盟書，除這裏所舉的一〇五號坑的三片之外，還有一八號坑（委質類）、三五號坑（宗盟類二）、九二號坑（宗盟類四）、一〇六號坑（宗盟類五）、一五三號坑（宗盟類四）、一五八號坑（委質類）、一八〇號坑（宗盟類四）、一九八號坑（宗盟類四）、二〇〇號坑（宗盟類二）、二〇一號坑（宗盟類五）。以上是根據《侯馬盟書》一書的《侯馬盟誓遺址豎坑情況表》所作的統計。除了獨立一坑衹出土一類盟書外，他們也都没有地層打破的關係，都是真正的"一個獨立的坑位"。但是高明能夠據此認定這些朱書玉片都是早期的載書，與一〇五號坑出土的三片墨書玉片同時而與其他絶大多數盟書無關嗎？何況這些盟書之中，包含了委質類以及宗盟類的二、四、五種，類别繁多，内容豐富；尤其後者，在宗盟類六種中占了三種，且其内容與宗盟類的一、三種顯然密切相關[13]。可見高明據出土坑位判斷“中行寅”等三片墨書玉片的時代較早，與其他各類朱書玉片無關的説法是不能成立的。反之，這三片墨書玉片正是侯馬盟書與趙鞅有關，而非趙桓子嘉之物的有力證據。

另外，侯馬盟書所見主盟人的頭號政敵是“趙□”，此字各家考釋不同[14]，陶正剛、王克林最早識出此字爲“尼”[15]，但没説明趙尼是誰。後來唐蘭與張頷也釋爲“尼”，但説解卻大相徑庭。唐蘭以爲趙尼即趙獻子浣，理由如下：

> 趙獻子的名字，《史記·趙世家》作浣，索隱引《世本》作起，而《六國表》索隱作晚，三者字各不同。這批載書既確定是趙嘉即趙桓子逐趙尼時所作，那末，趙獻子的名字就應作尼。古文字多通假，加以隸變傳訛，所以古書人名往往錯誤，如楚懷王的名字，據《詛楚文》應該是熊相，而《史記》誤爲熊槐之類。尼字可以寫爲泥，也可以寫爲昵，在隸書形體中就和浣或晚有些近似，或者就是由此致訛的，應該以出土遺物所記載的當時稱謂爲正。

按，唐蘭以“古文字多通假”與“隸變傳訛”爲理由，衹是一種假設，並没有直接的證據，因此缺乏説服力[16]。張頷在《侯馬盟書叢考續》中也釋爲“尼”，並對形、音、義有詳密的考證。在字形方面，他注意到此字字形結構的普遍規律是“左高右低”，因此不能釋爲化、北、弜、并等字，而衹能釋爲尼[17]；在字音方面，他以《詩經》叶韻現象證明“呢（暱）、稷、和暱字所依之匿、檝字所依之戢均屬同音之入聲”；在字義方面，他以“稷有黏義”，“呢、暱、䵑爲同一字之異寫，均爲黏和親近之義”而“尼字或爲呢之簡體”，證明稷與尼字義有關。張頷的考釋兼顧形、音、義，論證比較周延，但仍未能解釋盟書“趙尼”與文獻“趙稷”有何關聯。據李裕民指出，此字“確爲尼字，釋化、釋北均不妥。……字象一人坐於另一人的背上；個別尼字，雖然由於行文草率，寫成了[illegible]（66H14M 二〇〇：四六玉片），兩人上端幾乎等高，但下端仍是一上一下，和兩人形等高的北字判然不同。甲骨文有䘌、秜二字，所从的尼作[illegible]或[illegible]，與盟書的尼同（見于省吾：《釋尼》，《吉林大學社會科學學報》1963年3期）。”按，《説文》：“秜，稻今年落來年自生謂之秜。”于省吾以爲即“野生稻的專名”（見《甲骨文字釋林・釋秜》）。而《説文》又以稷爲“五穀之長”，以秫爲“稷之粘者”。前引張頷文已證明稷、尼均有“黏和親近之義”，然則趙尼之名原或當作“秜”，取“五穀之黏者”之意，與文獻所見“趙稷”實爲一語之異寫。至於盟書改秜作“尼”，可能是先秦用字的習慣使然，但更可能是有意加以醜詆污蔑。《説文》：“尼從後近之。从尸匕聲。”林義光《文源》指出此字“象二人相昵形，實昵之本字。”其説甚是。于省吾《釋尼》引《漢書・敘傳》載成帝屏風上“畫紂醉踞妲己”圖以爲“這是説，商紂醉後，伸其兩腿盤踞于妲己的背部。”以證“尼字的構形……人坐于另一人的背上，則上下二人相接近，故典籍多訓尼爲近。”其實“紂醉踞妲己”恐怕不是什麼伸其兩腿“盤踞于妲己的背部”，而是“象二人相昵之形”，也就是《説文》“從後近之”之所指。唯此事語涉不莊，不宜詳説，但“尼”非美稱則可以據此斷言。盟書又見以趙尼爲“趙狂”（一五二：二），這無疑也是醜詆，可見改秜爲“尼”是一種褒貶的手段，此與侯馬盟書的歷史背景及時代風尚有密切的關係，對照趙鞅改名“志父”一事（詳下節），我們可以確信這種擅改他人名而以惡名相稱以爲醜詆的習尚在春秋晚期是存在的。盟書"趙尼"即文獻"趙稷",證明了侯馬盟書是趙鞅之物,與趙桓子嘉毫無關係。

三、"定宫平陟之命"與趙鞅的關係

在宗盟類的六種盟書之中,都有"定宫平陟之命"一語,這是侯馬盟書與趙鞅有關的另一個證據。最早對這句話提出解釋的是張頷,他在《侯馬東周遺址發現晉國朱書文字》一文中說:

> "定宫"即晉公午之宫廟。"定陟之命"不可解,"陟"或爲"郜"字,但克郜之役遠在晉平公三年,與定公無關⑱。

後來郭沫若、陳夢家、唐蘭等人都采用其"定宫"之説,不過陳夢家的態度比較謹慎。而郭沫若又對"平陟"提出新的意見,認爲"疑是晉平公彪之時"⑲。唐蘭對此表示贊同,陳夢家則以爲平陟可能就是"見於《左傳》襄公三十年和昭公二十二年,杜注以爲周邑"的平時⑳。

張頷後來在署名"長甘"的《侯馬盟書叢考》一文中,對前述説法提出了修正的意見。他考慮到侯馬盟書的主盟人是趙鞅,與晉定公同時;又統計了《春秋》和《左傳》中所著録的七十四處宫廟,得出"凡稱宗廟爲宫者,絶大多數繫之以謚號"的結論,於是張頷指出:

> 盟書中的"定宫",亦當指宗廟。但是它絶非晉定公之宗廟,因爲盟書所涉及的歷史事件正當晉國定公午的一段時間(公元前497年晉定公十五年到公元前489年晉定公二十三年),晉定公還沒有死去,他的生宫是不能稱爲"定宫"的㉑。

張頷以爲"定宫"應指周定王之廟,是趙鞅接受周敬王賜命的處所;"平時"在周王室近畿,也是趙鞅接受賜命之所,他説:

侯馬盟書之主盟人趙鞅世爲周王命卿，特别是在公元前516年王子朝事件發生時曾有用兵把周敬王保送回去這樣的事，賜命嘉褒事屬必然。况當時之大事均在宗廟中舉行，如這次周敬王返周時，即先“盟於襄宫”後“入於莊宫”（周襄王莊王之宗廟）。特别是命臣之禮，必在宗廟中舉行。……周定王之宫[22]與敬王相隔五世，“定宫”爲當時周王近祖之廟。故周敬王在定王之廟——“定宫”對趙鞅進行賜命嘉褒是完全可能的。“平陓”即“平畤”，亦爲周地。平畤是周王室近畿很重要的地方，而且和王子朝事件有很密切的關係，如《左傳·昭公二十二年》載：“乙丑，單子奔于平畤”，“戊寅，以王如平畤”。故平畤爲周敬王在入王城前後對趙鞅賜命之另一地方，亦屬可能。

張頜的推論將侯馬盟書與趙鞅緊密聯繫起來。應該指出，“定宫平陓之命”一語是我們考定趙鞅爲侯馬盟書主盟人的重要依據。反之，如果以趙桓子嘉爲主盟人，則“定宫平陓之命”便無法解釋，試看唐蘭的説法：

定宫是定公之廟，平陓郭沫若先生疑爲平公之畤，都很對。按照《驫羌鐘》銘所説：“賞于韓宗，命于晉公”來看，前面説事其宗是趙宗，而命是晉公在定宫平陓之命。平公是定公的曾祖，可能已經是祧廟，所以稱爲畤。

李裕民在《我對侯馬盟書的看法》一文中曾經對唐説提出批評：

如果認爲定宫就是晉定公之宫，平陓疑即晉平公彪之畤，從而推斷年代必在定公或定公之後。這是值得商榷的。因爲晉平公是定公的曾祖父，盟書應當寫成“平陓定宫之命”才對，在十分强調宗法制度的周代是决不可能隨意顛倒次序，將後輩放在曾祖之前的。金文中稱文王、武王時，都是文王在前，武王在後，絶無例外。祭祀時，也是按先後排列，……平陓之陓是否即畤，尚成問題，即令是畤，平畤也有爲地名的可能，《左傳》昭公二十二年“奔于平畤”，平畤，周地。或爲祭天的場所，如秦襄公作西畤、秦文公作鄜畤、秦宣公作密畤，秦靈公作吴陽上畤、下畤，凡此均未聞以公名爲畤名。

李説從宗法禮制着眼，證據十分堅强，可見唐蘭的説法不足采信。此外，唐説還有一個疑點，即所謂“平公是定公的曾祖，可能已經是祧廟，所以稱爲畤”之説。按，《説文》“畤，天地五帝所基止祭地也，从田，寺聲。右扶風雝有五畤，好畤、鄜畤，皆黄帝時築，或云秦文公立。”[23]據《説文》的解釋，畤是祭天的場所，唐蘭以祧廟稱爲畤，不知其何所據而云然。

平畤的確切位置，史書失載，莫知其詳，由相關地名參互考校，其地大約在今鞏縣附近[24]。據《左傳》，在昭公二十六年荀躒、趙鞅帥師護送周敬王入成周以前，周敬王一直往來奔走於成周以東，洛水南北岸一帶[25]。及至“十一月辛酉，晉師克鞏，召伯盈逐王子朝”王子朝奔楚以後，局面才初步穩定。因此，“克鞏”是整個大局的轉捩點[26]。平畤既在鞏縣附近，則“平畤之命”應當就是周敬王於晉師克鞏，大局粗定時在鞏縣附近的平畤對晉師主帥之一趙鞅所行的賜命之禮。十二天以後，周敬王“入於成周”，次日，“盟於襄宫”，隨後“晉師使成公般戍周而還”，則“定公之命”應當是周敬王入於成周，王位穩固之後，在定王之廟對趙鞅所行的另一次賜命之禮，前此“平畤之命”行於戎馬倥傯、大局粗定之際，儀式可能因陋就簡；此時則敬王復入成周，依禮“賜爵禄於太廟”[27]，在定王之廟重申對趙鞅的賜命，是一次正式的賜命之禮。因此，就時間先後而言，“平畤之平”在先；但若論行禮場所及儀式的隆重，則應以“定宫之命”爲主。這也就是侯馬盟書追敘此事以“定宫”居“平畤”之前的原因所在。其實二者原屬一事，不過依其事之輕重、禮之隆殺而別其主從，定其敘次先後而已。

“定宮平侍之命”的史事背景既如以上所述，則侯馬盟書中要求從盟者“盡從嘉之盟、定宮平侍之命”究竟用意何在亦可從而推知。根據《左傳》《史記》等書所載，這句話顯然與趙鞅誅殺邯鄲趙午，引發趙午之子趙稷與中行氏、范氏的聯合反抗有關。趙鞅由於出師勤王護送周敬王入於成周有功而兩度受天子賜命，其身份不但是晉國的卿，也是趙氏的宗主，當時人尊稱之爲“趙孟”，正以此故[28]。後來趙鞅向趙午索討衛貢五百家而不得，於是以趙氏宗主的身份召來趙午，囚之於晉陽，將欲殺之。史載當時趙鞅曾派使者向邯鄲人宣告：“吾私有討於午也，二三子唯所欲立。”[29]所謂“吾私有討於午也”是爲了縮小打擊面，降低邯鄲趙氏宗人對其所抱持的敵意，“二三子唯所欲立”也有這一層用意，但更重要的是趙鞅以趙氏宗主的身份明白宣示了誅殺趙午的决心。趙鞅何以自認有權力誅殺趙午呢？這是因爲趙鞅爲趙衰之後，趙衰一支自趙衰受命爲卿以後世爲大宗；趙午則爲趙衰兄趙夙之後，趙夙一支世爲小宗，自趙穿以後又别爲邯鄲氏，這也就是趙午又稱邯鄲午的由來[30]。上節所述侯馬盟書（探八②：三）“永不盟于邯鄲”的“邯鄲”正指趙午一支而言。趙鞅身爲趙氏本宗的宗主，爲了趙氏小宗邯鄲趙午背信吞没衛貢五百家，憤而行使本宗宗主的權力誅殺趙午，這在趙鞅自認是理所當然的。不過，此舉在當時的宗法制度之下雖然師出有名，卻仍不免引起非議，因爲邯鄲一支自趙穿以後既已别爲邯鄲氏，則與趙氏本宗的關係已經逐漸分裂，趙鞅是否能以趙氏本宗宗主的地位對邯鄲趙午采取行動恐怕不無疑義。果然，在誅殺趙午之後立即引發了邯鄲趙氏、中行氏、范氏的聯合反抗，造成晉國的内亂，趙鞅奔保晉陽，被視爲亂臣賊子，蒙上“始禍”的罪名[31]，《春秋·定公十三年》所謂“趙鞅入於晉陽以叛”正反映了當時晉國對這一事件的評價。因此，在獲得荀躒、韓不信、魏曼多出兵相助並向晉定公代爲緩頰，得以復入晉都之後，趙鞅便召集趙氏（包含本宗與邯鄲趙氏）宗人、家臣邑宰等會盟，重申他身爲趙氏宗主的地位，並且强調當年周敬王因肯定他“勤王”之功而對他兩度賜命的“定宫平跱之命”，這樣一來，他誅殺趙午的行爲在宗法制度上勉强得以合理化，而因勤王有功屢受天子褒獎賜命的事實，不但提高了他的身份地位，足以立威服衆；更肯定了他的忠誠，足以洗刷他亂臣賊子的惡名。事實上，趙鞅對自己身蒙惡名一直耿耿於懷，直到後來鐵之戰誓師時，還因此棄舊名“鞅”不用而改名“志父”㉜，可見其内心對此事隱痛之深與忌諱之甚了。

“定宫不跱之命”的時代背景及其在盟書中的作用既如上文所述，則侯馬盟書的主盟人顯然應當是趙簡子鞅而非趙桓子嘉。若將趙嘉視爲主盟人，“定宫平跱之命”一語解如上文，則趙嘉在盟書中重申此命祇能强調自己的祖（或父）曾因勤王有功而兩度受周天子賜命，對於本身繼位的合法性以及自己在與趙獻子浣的承權争奪戰中的正義性並没有絲毫作用。繼若依前文所引唐蘭之説，把“定宫”解爲“晉定公之廟”，“平跱”解爲“晉平公之畤”，則李裕民已駁正其謬誤，具見上文，這裏不再贅述。總之，由“定宫平跱之命”一語，可以考知侯馬盟書的主盟人應當是趙簡子鞅而非趙桓子嘉。

四、趙桓子嘉不得主盟於侯馬

主張侯馬盟書主盟人“嘉”是趙桓子嘉，以“嘉”爲人名，必須有一個先決條件，即趙桓子在位時（按，衹有短短一年）曾主盟於晉都新田（今侯馬）。然而，就晉國史事看來，這點卻令人不無疑惑。前引張頷文曾經指出，趙桓子時“趙氏之政治中心爲邯鄲、中牟和代地，趙氏宗族鬥争的中心，不應該在今天侯馬一帶。”此説非常正確，晉國史料正反映這個事實。《史記·趙世家》載：

> 晉定公二十一年，（趙）簡子拔邯鄲，中行文子奔柏人。簡子又圍柏人，中行文子、范昭子遂奔齊。趙竟有邯鄲、柏人。范、中行餘邑入於晉。趙名晉卿，實專晉權，奉邑侔於諸侯。

這是趙簡子鞅的顛峰時代，“趙名晉卿，實專晉權”，此時趙鞅的勢力毫無疑問達於晉都新田，這年爲周敬王二十九年，魯哀公四年，公元前491年。其後趙鞅卒，子無卹立，是爲趙襄子。襄子在位時，趙氏持續壯大，《史記·趙世家》載：

> 襄子立四年，知伯與趙、韓、魏盡分其范、中行故地。晉出公怒，告齊、魯，欲以伐四卿，四卿恐，遂共攻出公。出公奔齊，道死。知伯乃立昭公曾孫驕，是爲晉懿公。知伯益驕，請地韓、魏，韓、魏與之。請地趙，趙不與。……知伯怒，遂率韓、魏攻趙。趙襄子懼，乃奔保晉陽。……三國攻晉陽，歲餘，引汾水灌其城，城不浸者三版。……襄子懼，乃夜使相張孟同私於韓、魏。韓、魏與合謀，以三月丙戌，三國反滅佑氏，共分其地。……於是趙北有代，南并知氏，彊於韓魏。

唯趙國此時雖彊於韓、魏，其勢力乃向北擴張，晉都新田一帶已完全爲魏所控制。這一年是周定王十一年，晉出公十七年，公元前458年，此時趙的勢力已經不及於晉都了。趙襄子三十三年卒，代成君浣立，是爲獻侯，《史記·趙世家》稱“獻侯少即位，治中牟”，其地在朝歌之北，淇水北岸[33]，與晉都新田東西相去遙遠，中間爲魏所分隔。而此時與獻侯争立的趙桓子嘉則即位於代，其地在今河北省蔚縣東北面，更在中山之北，與晉都南北遙隔，根本無法來到新田舉行盟誓。而就在同時，根據《史記·晉世家》載：

> 幽公之時，晉畏，反朝韓、趙、魏之君。獨有絳、曲沃，餘皆入三晉。

趙桓子元年爲晉幽公十年，此時幽公已經形同駢枝贅訦，趙桓子嘉不但在地理位置上不可能，在政治形勢上也不必來到晉都新田舉行盟誓了。張頷説：

從盟誓在侯馬這個地方舉行，而盟書又明言這裏是"晉邦之地"，説明這一帶不祇是盟誓所涉及的歷史事件的中心，而且還應當是晉國的政治軍事要地。這種情況祇能限於三家分晉以前。因爲三家分晉以後，侯馬地區就不在趙氏的勢力範圍之内了。而承襲晉之國號者祇有魏國，但盟書中所反映的史實和魏國的歷史絲毫没有關係。所以盟書中的史實必須和晉國晚期都城"新田"的地望（即今天的侯馬一帶）聯繫起來。

另外，朱鳳瀚《商周家族形態研究》也指出：

趙襄子於前454年因受知、韓、魏三家合攻而奔保晉陽，趙氏勢力範圍自此後即偏於北方。此批盟書出土地新田及曲沃仍屬晉公室，但周圍地區已在韓、魏勢力控制下，故趙氏在新田主盟時間似不應晚於前454年。因此，盟書年代有可能即在前490年後至前454年這一段時間内。

朱氏也考慮到趙襄子以後趙的勢力已經北移，不再能夠主盟於晉都新田一帶了。侯馬盟書的主盟人是趙孟，盟誓地點在晉都新田，所打擊的對象主要是邯鄲趙氏，種種跡象都將主盟人指向趙簡子鞅。換言之，無論主觀或客觀的條件，趙桓子嘉都不得主盟於晉都新田。然則侯馬盟書的主盟人當然非趙簡子鞅莫屬了。

五、由温縣盟書推算侯馬盟書的年代

温縣盟書是1979年3月出土的，地點在河南省温縣武德鎮一處東周時期的盟誓遺址，該遺址在1930年、1935年、1942年曾多次出土寫有盟辭的圭形石片，著名的"沁陽盟書"即出土於此地。在

《河南温縣東周盟誓遺址一號坎發掘簡報》（以下簡稱《簡報》）中[34]，考古工作者根據盟書内容與體例，包括人名、習用語，以及盟書形制等，主張“温縣盟書應與侯馬盟書的年代相近”，這個推論是合理的。

後來，馮時在1987年2月出版的《考古與文物》中發表了《侯馬盟書與温縣盟書》一文，指出：“在已發表的温縣盟書資料中共出現13個人名，其中9個見於侯馬盟書，即宋、午、黑、趠、可、弫、興、喬、猷（醜）。”這是一個重要的證據。同名固然可能純屬巧合，但13人中竟有9人重復出現於兩批盟書中，比例實在太高；加上前述内容、體例、形制等的雷同，“温縣盟書與侯馬盟書的年代相近”應該是不容懷疑的，這也是我們重新探討侯馬盟書年代問題的主要憑藉。

侯馬盟書所見紀年資料爲“十又一月甲寅朔乙丑”，有月序、朔日干支而無紀年。温縣盟書則有完整的年月日，即“十五年十二月乙未朔辛酉”。《簡報》對具體年月日的考證如下：

> 晉國自文公之後共有十七君，其中超過十五年的計有景公、悼公、平公、定公、出公、哀公、幽公、烈公和孝公九君。……晉國使用夏曆，正月建寅。……夏曆和周曆相差兩個月，夏曆的正月爲周曆的三月，周曆的正月則爲夏曆頭年的十一月。如魯僖公十五年，秦、晉韓原之戰，秦俘獲晉惠公。這件事發生的時間，《春秋》記載爲十一月，而《左傳》根據晉國史料則記爲九月。……所以盟書所記“十五年十二月”則當在周曆十六年二月。……如果按王韜杜氏《長術》推算，晉定公十六年是魯定公十三年，這年正月初一是乙未日。如果頭一年閏十二月，换算成夏曆則該年當爲晉定公十五年十二月乙未朔，與盟書的記載正相符合。依照董作賓《中國年曆總譜》换算則

爲公元前497年1月16日。

查張培瑜《中國先秦史曆表》(以下簡稱《張表》)[35],公元前498年周曆閏十二月,朔日干支爲乙丑。因此,公元前497年周曆一月,正是夏曆前一年的十二月,朔日干支爲乙未,與温縣盟書完全吻合。

不過,馮時卻懷疑這個推算的結果,他指出:

> 第一,"王韜杜氏《長術》"不知何據。第二,按魯世系和晉世系推算,魯定公十三年應爲晉定公十五年,而非十六年。因此,儘管杜預《長術》、王韜《春秋朔閏表》和董作賓《中國年曆總譜》均定魯定公十三年正月爲乙未朔,但若按前一年閏十二月而換算成夏曆,則應爲晉定公十四年十二月乙未朔,與盟書紀年不符。

按,所謂"王韜杜氏《長術》"或係筆誤,《簡報》執筆者的原意可能是"王韜《朔閏表》、杜氏《長術》"云云,讀其上下文意自可明白。至於晉定公十四年或十五年問題,根據魯世系和晉世系推算,魯定公十三年爲晉定公十五年,而周曆與夏曆有兩個月之差,倘若每年以周曆子月爲歲首並據以紀年,則於周(魯)爲新年之始,於夏(晉)則舊歲將終。即以公元前497年子月爲例,周自此月起爲魯定公十三年,而夏則以此月爲晉定公十五年之十二月(依此月建子推算,一般應爲十一月,但去年周曆閏十二月,順序數之,遂爲十二月)以周曆歲首子月爲定點考察魯世系與晉世系,則魯定公十三年爲晉定公十五年並無扞格,但必須注意一爲新年之始,一爲舊歲將終。温縣盟書紀年必須如此解讀方能得其真相,馮時的懷疑雖似合理,實則與事實正好相反。

溫縣盟書的年代既已確定,與之相近的侯馬盟書的年代也就可以推知。根據"十又一月甲寅朔"一語,找尋《張表》所見二者最接近且朔日干支相合的年代,得出公元前496年,這一年的建亥之月，即周曆十二月朔日爲癸丑，而夏曆朔日則在甲寅。周曆十二月一般換算爲夏曆十月，但因前一年（前497）夏曆失閏，遂早了一個月，而以建亥之月爲十二月。這樣一來，侯馬盟書所載當時紀年的實録與今人據曆表推算的結果便完全符合了。

馮時推算“侯馬、温縣兩次盟會當分别發生在晉幽公十五年的十一月和十二月。夏曆比周曆遲兩個月，兩次盟會的時間换算成周曆爲周威烈王二年的一月和二月，參照董作賓《中國年曆總譜》换算成公曆，則相當於公元前425年的12月和公元前424年的2月”。按，董作賓《中國年曆簡譜》公元前425年12月壬辰朔，公元前424年1月辛卯朔，與侯馬、温縣的甲寅朔、乙未朔均不相符。且馮時明知“十一月初一甲寅距十二月初一乙未共計四十一日，比平月日數多出一旬”，無論如何挪移彌縫，也無法在四十一天之中安排進兩個朔日，可見其推算確屬有誤。不過，馮時在這裏卻提出一個所謂“閏旬”的辦法，即一個月有四十日或四十一日。按，“閏旬”見於殷代甲骨文，是比較原始的置閏方式㊱。春秋晚期是否還行用此種原始的曆法，恐怕不無疑問。此點姑且不論，但馮時將兩次盟會的時間“换算成周曆爲周威烈王的一月和二月”，“换算成公曆則相當於公元前425年的12月和公元前424年的2月”，由十二月朔至二月朔，其間足有兩個月，不止四十天，不知是馮氏一時筆誤，抑或别有新説？總之，温縣盟書的具體年代爲公元前497年，侯馬盟書則爲公元前496年，二者年代相接，朔日干支與曆表完全密合，盟書涉及的人物彼此相關，可見這個推算的結果確鑿可信㊲。

六、結語

綜合以上各節所述，其要點如下：

一、由“邯鄲”“中行寅”“韓子”等詞語，可以考知侯馬盟書的時代背景、歷史事件確與趙鞅有關。

二、考察"尼"字的形、音、義，知盟書所見"趙尼"即文獻的"趙稷"，爲邯鄲趙午之子，字原當作"秜"，盟書寫作"尼"，似有醜詆的作用。

三、"定宫平陟之命"一語指周敬王對趙鞅的兩度賜命，從而可以考知侯馬盟書的主盟人是趙鞅。

四、趙氏自襄子無卹勢力北移，此後不再有主盟於晉都新田之機會與必要。

五、趙桓子嘉無論從時代背景、地理位置、相關人物考察，都不可能是侯馬盟書的主盟人。

六、温縣盟書與侯馬盟書年代相近、關係密切，可據以推算侯馬盟書的具體年代。經推算侯馬盟書的具體日期爲公元前496年（周敬王二十四年，晉定公十七年）夏曆十一月十二日。

注釋：

① 侯馬盟書出土於1965、1966年間，詳見張頷《侯馬東周遺址發現晉國朱書文字》，《文物》1966年第2期。歷年發表的重要研究論文與專書見曾志雄《侯馬盟書研究》所附參考書目，香港大學中文研究所博士論文，1993年，作者自印本。另外，若干古文學的教材以及上古史的專著也選注侯馬盟書，前者如劉翔等人編著的《商周古文字讀本》，語文出版社，1989年；湯餘惠《戰國銘文選》，吉林大學出版社，1993年。後者如李學勤《東周與秦代文明》（增訂本），文物出版社，1991年；朱鳳瀚《商周家族形態研究》，天津古籍出版社，1990年。

② 李裕民《我對侯馬盟書的看法》，《考古》1973年第3期，下引文同，不再注明。

③ 長甘（張頷）《"侯馬盟書"叢考》，《文物》1975年第5期。

④ 唐蘭《侯馬出土晉國趙嘉之盟載書新釋》，《文物》1972年第8期。下

引文同，不再注明。

⑤⑲ 郭沫若《侯馬盟書試探》，《文物》1966 年第 2 期。

⑥ 陳夢家《東周盟誓與出土載書》，《考古》1966 年第 5 期；黃盛璋《關於侯馬盟書的主要問題》，《中原文物》1981 年第 2 期；李學勤、朱鳳瀚説見注①。

⑦《史記・趙世家》“襄子弟桓子逐獻侯自立於代。”《索隱》：“《世本》云：襄子子桓子，與此不同。”

⑧⑨ 見《侯馬盟書》圖版及釋文，文物出版社，1976 年。以下凡引盟書均出於此，不再注明。

⑩ 見《史記・趙世家》，又見《左傳・定公十三年》。

⑪ 高明《侯馬載書盟主考》，《古文字研究》（第一輯）。下引文同。

⑫ 例如《侯馬盟書》就將這三片歸入“詛咒類”，與其他“宗盟類”“委質類”“納室類”“卜筮類”不同。該書所定各類名稱可能有待商榷，黃盛璋、朱鳳瀚，曾志雄對此均有所批評，但其類屬大抵可信。

⑬ 上述宗盟類各種盟書的詞語相同，打擊的對象也基本一致，唯多寡有别而已，可見其關係密切。

⑭ 郭沫若初釋“化”，見注⑤；後改釋“北”，見《出土文物二三事》，《文物》1973 年第 3 期。陳夢家釋“北”，見注⑥引陳文。陶正剛、王克林釋“尼”，見《侯馬東周盟誓遺址》，《文物》1974 年第 4 期。高明釋“化”，見注⑪，其他還有釋“弜”或“幷”的，見張頷《侯馬盟書叢考續》所引，《古文字研究》（第一輯）。關於各家考釋的得失，曾志雄有極詳盡深入的討論，見注①引曾文第 91—94 頁。

⑮ 見注⑭引陶、王文。

⑯ 唐説證據薄弱，因此後來信從其斷代之説的高明便改釋此字爲“化”，以齊國刀幣“化”字字形及古音“曉匣雙聲”“歌寒對轉”的理由來證明趙化即趙浣（晚）。

⑰ 高明文後《附録》引李學勤、裘錫圭、郝本性的意見：“趙化之‘化’字當釋爲‘弧’或‘瓜’。高明以爲瓜、化同屬歌部字，與寒部的浣可以通

假，因此趙佤"亦當是獻侯趙浣"。按，釋"弧"或"佤"雖於偏旁有徵（郝本性引鄭韓古城出土兵器"狐"字爲證），但無法解釋其何以有"左高右低"的字形結構規律。

⑱ 見《文物》，1966 年第 2 期。

⑳ 見注⑥引陳夢家文。

㉑ 見注③，下引文同。

㉒"之宫"二字疑衍。下文五世指定王、簡王、靈王、景王、敬王。

㉓《説文解字》十三下，田部，"畤"字條，引文據段玉裁注校改。

㉔《左傳·昭公二十二年》："單子欲告急於晉，秋七月戊寅，以王如平畤，遂如圃車，次於皇。"圃車、皇二地均在鞏縣附近，則平畤亦然。

㉕《左傳·昭公二十六年》："七月己巳，劉子以王出，次於渠。丙子，王宿於褚氏。丁丑，王次於萑谷。庚辰，王入於胥靡。辛巳，王次於滑。……冬十月丙申王起師於滑。辛丑，在郊，遂次於尸。"上述渠、褚氏、萑谷、胥靡、滑等地，都在今河南洛陽市以東，偃師、鞏縣附近。

㉖ 召伯盈逐王子朝以後，即"逆王於尸，及劉子、單子盟，遂軍圉津，次於提上。（十月）癸酉，王入於成周。甲戌，盟於襄宫。晉師使成公般戍周而還。"見《左傳·昭公二十六年》。

㉗《禮記·祭統》："古者明君必賜爵禄於太廟"，《白虎通德論·爵》"爵人於朝者，示不私人以官，與衆共之義也；封諸侯於廟者，示不自專也，明法度皆祖之制也，舉事必告焉。"漢儒解周禮如此，西周金文所見賞賜册命多在宗廟舉行亦可以爲證。

㉘ 趙氏執政者自趙盾以下世稱"趙孟"。參考方炫琛《左傳人物名號研究》，國立政治大學中文研究所博士論文，1983 年，作者自印本。

㉙ 見《左傳·定公十三年》載趙鞅語。

㉚ 關於晉國趙氏分宗的問題，參考注①引朱鳳瀚文。

㉛《左傳·定公十三年》載中行氏與范氏起兵之前，趙鞅的家臣董安于已有風聞，於是勸告趙鞅先采取行動，趙鞅不從，答覆道："晉國有命，始禍者死，爲後可也。"後來荀躒爲趙鞅向晉定公進言，也提到"君命大臣，始禍者

死，載書在河”可見晉國對大臣有“始禍者死”的誓約。

㉜ 見《左傳・哀公二年》。又哀公十七年載趙鞅使告於衛云：“君之在晉也，志父爲主。請君若大子來，以免志父。不然，寡君其曰志父之爲也。”又，哀公二十年載趙襄子無卹告於吳王曰：“黄池之役，君之先臣志父得承齊盟”云云，則“志父”爲趙鞅後來改名可以確定。哀公二年正義引服虔説：“趙鞅入於晉陽以叛諸侯之策書曰‘晉趙鞅以叛’，既復，更名志父。”《國語・晉語九》韋注：“志父，簡子後名。《春秋》書‘趙鞅入晉陽以叛’，後得反國，故改爲志父。”據此，知趙鞅改名之説可信。

㉝ 中牟地望有二説，此從《史記・趙世家》正義。

㉞《文物》1983年第3期。

㉟ 張培瑜《中國先秦史曆表》，齊魯書社，1987年。

㊱ 關於殷代“閏旬”問題，參考莫非斯《春秋周殷曆法考》，《燕京學報》二十期；島邦男《殷墟卜辭研究》，鼎文書局，1975年。

㊲曾志雄也根據温縣盟書的紀年來推算侯馬盟書的具體年代，他的結論是：“侯馬盟書的‘十又一月甲寅朔’可推定爲‘魯定公十四年十二月甲寅朔’，在晉即爲晉定公十六年，正好是公元前496年。”（見注①引曾書第211頁）按，温縣盟書“十五年十月乙未朔”既然推算在公元前497年周曆正月，則周曆該年二月至次年（前496）正月爲晉定公十六年；自二月起，爲晉定公十七年正月，順序數至十二月，爲晉定公十七年之十一月，該月夏曆甲寅朔，即侯馬盟書“十又一月甲寅朔”之日。曾志雄推算侯馬盟書的具體年代在公元前496年雖然無誤，但晉定公的紀年卻有一年之差，應該訂正。

原載《中國文字》（新十九期），藝文印書館，1994年9月。

冶秋局長支持出版《侯馬盟書》

張守中

1973 年 8 月初的一天下午，和我同室居住的攝影師王傳勛同志要去五臺山接冶秋局長來太原。我得知情況後心裏爲之一動，想到侯馬盟書出土業已七年，因爲“文革”動亂，整理工作拖延日久，何不趁冶秋局長來山西機會，請他看看盟書標本，推動一下工作！我請傳勳同志稍等片刻，立即動筆寫了兩封信。給冶秋局長的信大意是，侯馬盟書全部標本共七箱，已由侯馬運來太原，盼冶秋局長能過目。另一封信是給已先行出發去五臺山的省文物工作委員會書記張興華同志，告知我給冶秋局長寫信的情況。

大約相隔兩日，事情有了反應，負責盟誓遺址發掘工作的陶正剛同志開箱挑選盟書標本了，我想一定是冶秋局長到了太原。我當時因有培養繪圖學員任務，每天帶領劉永生、李夏廷在文廟大院工作。冶秋局長來看標本時，我並未在場。事後，張興華書記囑我次日晨到迎澤賓館面見冶秋局長。

9 日上午 8 時我到了賓館，先見到羅哲文同志，互相問好之後，他領我去見冶秋局長。我將隨身帶的幾册盟書摹本呈交冶秋局長，冶秋局長看後非常高興，説我摹寫得好，還説不知道你已經摹寫了這麽多，鼓勵我要繼續作好這項工作。當天上午省領導請王局長作報告，地點在省圖書館會議室，到會的有山西省主管文教的王大任書記，宣傳部部長盧夢，文化局、出版局的負責同志以及文物、圖書、出版系統的幹部數十人。冶秋局長當時任國務院圖博口領導小組副組長，他在報告中談到文物、圖書工作面臨的形勢，與國外交流的情況，特别介紹了出土文物到法國和日本展覽的情况。在講到出土文物的整理研究工作進展遲緩，重要材料長期積壓不能公諸於世時，他説，和國外交流，總是拿絲綢之路那麽幾本書怎麽行？他嚴肅指出，侯馬盟書應盡快整理，要定個計劃，並當場表示文物出版社可以支持出版。

冶秋局長這次來山西，本是爲周總理即將陪同法國總統蓬皮杜參觀雲岡石窟做準備的，他不能久停，很快乘飛機返回北京。山西省領導對冶秋局長關於整理出版侯馬盟書的意見非常重視，責成文化局、文物工作委員會具體籌劃。8 月 12 日山西省文物工作委員會成立了侯馬盟書整理小組，有張頷、陶正剛、張守中三人參加工作，經費方面也給予了大力支持，工作房間也做了相應調整，從此，侯馬盟書的整理編寫工作有了一個相對穩定的良好環境，大家的心情是十分高興的。張頷同志原任省文物工作委員會副主任，運動中被揪鬥，關進牛棚，强制勞動，這次成立盟書整理小組，由於冶秋同志多方做工作，才被解放出來，其投入工作的愉快心情和實幹勁頭是不言而喻的。同志們連續緊張工作，熱情高漲，經過一個冬春的努力，到 1974 年夏，盟書材料已經基本理出頭緒，整理小組三成員赴京，到國家文物局匯報情况。7 月 25 日，冶秋局長還有謝辰生、沈竹等同志聽取了匯報。當時沙灘紅樓集中了不少古文字學專家正在整理銀雀山竹簡，我們提出整理盟書材料可否請專家予以指導，冶秋局長根據當時的具體情況，指示我們要靠自己的力量完成整理編寫工作。關於盟書標本的照相問題，難度較大，根據山西的技術狀況難以完成，冶秋局長請羅哲文同志安排力量，協助山西做好標本的照相工作。8 月 28 日沈竹同志在沙灘紅樓召集會議，有山西和文物出版社的同志參加，研究了盟書出版具體事項。

盟書整理小組的同志經過 700 多個日日夜夜的緊張工作，於 1975 年末完成書稿，正式交文物出版社。出版社圖編部黄文昆、莊嘉怡等同志又經過將近一年的奮戰，《侯馬盟書》終於在上海印製成書，於 1976 年 12 月發行問世。《人民日報》《光明日報》《山西日報》都先後發表了出版消息。後來學術界稱侯馬盟書是建國以來考古工作十項重大發現之一。這樣重要而豐富的資料，能在“文革”後期及時迅速整理，完成出版任務，如果没有冶秋局長的親自過問和大力支持，是不可想象的。冶秋局長支持出版《侯馬盟書》，及時解放了幹部，鍛煉了科研隊伍，使這一重要資料早日公佈於世，可謂一舉三得。作爲曾在山西工作過的文物工作者，我特别懷念冶秋局長對山西文物工作的關懷與支持。

原載《回憶王冶秋》，文物出版社，1995 年 10 月。

侯馬盟書考

〔日〕江村治樹　著

王虎應　史畫　編譯

序

1965 年 12 月，考古工作者在山西省侯馬市東郊發掘出土了大量寫有朱文的玉片和石片，這在中國文字發展史上是前所未有的，大量地填補了文字資料的空白。更爲重要的，它還是春秋到戰國時代某段歷史時期的盟書。它的發現，使人們對當時的盟誓方法有了較爲全面的、正確的了解。尤其值得注意的是，這批盟書與具體的歷史問題有着重大的關係。中國學術界已發表了不少論文，對其年代和内涵進行争論。拙稿也想對侯馬盟書的發掘狀況、有關盟書的内容和學術界的一些論點作一介紹，並陳述自己的若干意見。

一

侯馬市東郊澮河北岸臺地上有關盟書遺址的發掘是在 1965 年 11 月到次年五月間進行的[①]。在東西 70 米、南北 55 米的地域内發現了長方形竪穴 400 餘個。其中，對包括兩個橢圓形竪穴在内的 326 個進行了發掘。該地域的地層比較單純，主要由四個文化層構成，長方形豎穴在第三層（東周文化層）下面，並與第四層有打破關係。豎穴皆偏向北，坑壁垂直，深度以四、五十釐米到六米不等，大部分埋葬有作爲犧牲的動物。具體爲羊 177 隻，牛 63 頭，馬 19 匹[②]。長方形豎穴大致可分爲大坑（縱 1. 3—1. 5 米，橫 50 釐米左右）和小坑（縱 60—80 釐米）兩種。大坑葬羊、牛、馬，小坑主要葬羊。在兩個橢圓形豎穴（坑一、坑三）中没有犧牲，放有盟書和玉器。在許多豎穴中，其北壁底設有小龕，放有 3—5 件玉器。盟誓遺址整體上可分爲西北部的甲區和剩下的乙區。其中甲區範圍爲東西 12 米，南北 11 米，密集地分佈着 40 個小坑，有的還相互打破，盟書就從這裏出土。乙區面積大，豎穴比較分散，没有盟書出土，但出土有墨書的玉幣。

該遺址中的出土文物除盟書外，還有祭祀用的軟玉、青玉、白玉等玉器，種類多，數量大。大部分出土於壁龕中，種類有壁、環、瑗、璋、圭、玦、璜、瓏等，此外，還有戈形、簡形與不規則形玉器。特别是璋形器與矢狀器相組合的形式出土，十分少見。除玉器外，從填土中發現有少量陶片。同時，在 17 號坑中出土的玉環表面上，發現了絹織物痕跡。

下面具體談談盟書。盟書包括没有文字在内的共發現了約 5000 小件。一般是用毛筆書寫紅字，也有少量墨書。質地可分爲石質和玉質，石質爲粘板岩，呈灰黑色、黑緑色、紅褐色，約占全部盟書的三分之二，主要以圭形爲主，一般長 18 釐米，寬 2 釐米，厚 2—9 毫米，也有薄如紙的。另外，石質盟書還有璋形和簡形。玉質盟書爲透閃石岩、蛇紋岩等，大部分爲不規則形，估計爲廢物利用，多出土於 16、200 號坑。

在約 5000 餘件盟書中，有文字可辨别的 656 件，根據其内容可分爲六類十種[③]：

第一類，即坑 16 第 3 號玉片，記有“十又一月”的日期。

第二類，即以“（人名）敢不閛其腹心以事其宗”開頭。此類盟書根據列舉的家族數量，又可分爲四種。

a. 舉一氏一家（趙尼）的盟書 190 件。

b. 舉二氏二家（趙鋥、史醜）的 2 件。

c. 舉四氏五家（趙尼、先瘥、先德、趞鋥、史醜）的 292 件。

d、舉五氏七家（第三種中再加上二司寇）的 25 件。

這類盟書若加上破損、列舉家族數不明的 4 件在內，總計爲 513 件。

第三類，以“（人名）自質于君所”開頭的、列舉家族數達九氏二十一家。其內容爲在上一類第四種的五氏七家上又加了先鑿、先寽、先智、先瘨、先弝、先木、先欳、趙朱、趙喬、郵政、閔舍、閔伐、邵城、郲詨四氏十四家。這類盟書共發現了 75 件。

第四類，以“（人名）自今以往”開頭的，坑 67 中出土有 58 件。

第五類是在整理盟書中從坑 105 出土物中發現的④，其中 13 件有文字的痕跡，皆爲墨書，因破損，難以判明其內容，衹有 3 件能够推斷出其內容，可分爲二種。

a. 有“□無郵”“韓子”“中行寅”等氏名的兩件。

b. 可讀出“而卑衆人惌”之句的一件。

第六類，估計爲盟誓時卜筮的記録⑤，皆墨書於玉上，坑 17、203、304 各發現 1 件。

除上述六類外，內容特殊的從探溝 8、坑 85、坑 185 中各出土一件。坑 85 除在第二類基礎上加了“勿詧兄弟”之類的字句外，衹留下零散的語句，歸屬不到前面提到的任何一類中⑥。

二

要弄清侯馬盟書的特點，首先必須弄清楚盟書是從什麽時候開始實行的。年代的斷定從發現一開始就成爲首要問題，中國學術界衆説紛紜，年代出入相差達200年。盟書的發掘在短時期内就完成了，而在整理過程中卻不斷發現新資料。因盟書相互間有很大的差異，則在此按發表的先後順序來陳述各家之説較爲妥當。

盟書出土之始，張頷就開始對文字進行解釋與年代的斷定⑦。張氏注意到第二類的"定宫平陟之命"的"定宫"一詞，認爲是指晉定公午（前474）的宗廟，斷定該盟書爲定公以後的東西。在以後的其他説法中，也基本以此作爲限制年代的重要依據。

張氏雖然認爲該盟書爲有關祭祀的東西，但好象并不認爲它是盟書。是郭沫若才明確地指出其内容爲關於黨派抗争類的盟書，盟書中列舉的家族爲進行盟誓一派的反對派⑧。郭氏把第二類坑16第23號盟書篇首的人名"章"定爲趙敬侯章，認爲"趙化"⑨是原失傳的武公之名，同第2號的"趙邦"⑩爲武公子朝（朔）。認爲第一類爲坑16出土的其他盟書的總序，其中的"𡳿公"爲晉幽公柳。也就是説，這些盟書爲公元前386年趙敬侯章等平定武公子朝之亂後，在晉幽公之陵發誓把武公子朝一派的氏族從趙國驅逐出去的盟書。但後來發現了第三類盟書後，郭氏又把坑16第23號人名"章"定成參加過盟誓的趙國的家臣，以而推翻了前説⑪。不過認爲趙敬侯章爲主盟者這一點没變，第三類的"新君"就是把原來的"趙化"一名改爲"趙北"，定之爲武公子朝（朔）。

陳夢家雖然没有像郭氏那樣在文獻中求證這些盟誓，但卻認爲第二類中的"二宫"是指晉武公、文公之廟，且從"晉邦"一語推斷爲三家分晉以前的盟誓⑫。並進一步指出，"定宫"就是定公廟，盟書爲定公之後，相當於晉都定在侯馬的新田時期，即公元前 5 世紀後半葉，特别是晉敬公、幽公時期。陳氏把這些盟書確定爲當時晉國君主和大夫們拋棄逃亡到國外的趙氏、先氏等的事件。

唐蘭和陳氏的斷代相同，不過唐氏主要是從古文獻中尋找具體的東西來證實那些盟誓[13]。唐氏認爲第二類的“嘉之明”的“嘉”爲趙桓子之名，是該盟誓的主盟者，“趙尼”爲其敵人趙獻子。即第一類和第二類的盟書爲趙桓子元年（前424）正月，桓子在晉幽公的同意下，把正統繼承人趙獻子尼從晉國趕出去自立時，爲防獻子復辟而立的盟誓。第三類爲其後不久，桓子卧病時，因發生獻子復辟未遂事件，少數人重新向桓子發誓，表示自己的忠誠。

李裕民則對以上諸説作了評判，特别是一一指出了郭氏與唐氏之説的問題所在，提出了不同的見解[14]。李氏認爲第二類、第三類的驅逐先氏和趙氏與文獻中所見的其滅族事件有關，即晉景公初年，雖滅了先氏和趙氏，但因在一部分反抗者、國人中留下了不滿情緒，因此在公元前 585 年遷都新田時，爲安定臣僚和國人的心進行了這些盟誓。這樣一來，“定宫”和“平辟”就不成爲定公、平公之廟了。李氏認爲，像“定公平辟之命”這樣的句子，把定公放在先輩平公之前與當時的宗法制不符。再者，把辟當做祭天場的畤解釋，並没有在其前面加公之名，則很難説其於晉公有什麼關係。李氏是唯一在總括晉國歷史的基礎上提出自己的看法的一位。他的另一特點就是從考古學方面充分完善自己的論點。他很注意坑 34、坑 3 出土的玉戈，認爲其形接近於商代，而非春秋晚期後的器形。同時認爲竪穴填土中發現的陶片與牛村古城南東周遺址出土陶器的早期前段與後段之間以及新田遷都時的東西類似[15]。與盟書年代也一致。

隨着一些新資料的陸續發現，長甘又提出了新的更有力的觀點[16]。長甘注意到新出第二類盟書“敢不盡從嘉之明”的“嘉”的部分，與“子趙孟”（坑1第22號）、“肖□”（同坑24號）、“子□□”（同坑23號）和“某”（同坑86號）等相組合，他認爲這些句子皆非實際名字，而是對臣下主君的尊稱，指的是該盟誓的主盟者。被稱爲趙氏長子之意的“趙孟”者，若在文獻中查找，可找出趙盾、趙武、趙鞅、趙無恤、成侯趙種等五人，另外，從盟書内容看，主盟者爲晉國國卿大夫，以“不明于邯鄲”的語句和逐放者中有“邯鄲郵政”來看，其敵對者爲邯鄲系統。如果從文獻中查找有關趙氏宗族間的争鬥，出現大批包括異族在内的逃亡國外者，就會想到與趙鞅有關的事件來。長甘認爲盟書的“趙孟”爲趙簡子鞅，此盟書爲公元前497年以後，晉陽系統的趙鞅一派盟詛邯鄲系統的趙稷、中行寅、范吉射的東西。具體説，第一類和第二類是趙鞅爲强化以其同宗爲中心的異姓家臣，包括邑宰在内的宗族而進行的“宗盟類”，其中第一類爲此宗盟的序篇，第三類爲“委質類”，是宗盟後投降來的别族做臣下而發誓的盟書。第四類爲“内室類’，“室”即指當時卿大夫之家，他們發誓各自不隨便佔有土地、財産、奴隸等的盟書。這類盟書内容也是趙鞅爲得到奴隸的支持所進行的可以説是“鐵誓”的措施。長甘還認爲第二、第三類中的先氏爲封到先地的士氏（范氏），也即范吉射之族，這也與文獻是一致的。再者，若把盟書定在這段時期内，就説明晉定公還在世，第二類的“定宫”就不能認做是他的廟。則長甘認爲此“定宫”爲周定王之廟，“平陓”爲文獻中的平畤（周地），趙鞅曾因平定王子朝之亂有功在這些地方受周王之命做了命卿。“（敢不盡從）定宫平陓之命”就是忠守天子之命的意思，年代上的矛盾也就消除了。1975年2月第五類盟書發現後，其中第一種中有“中行寅”的文字，對長甘之説做了强有力的補充。《侯馬盟書》指出[17]“中行寅”“□無邺”“𨛭□”等皆爲姓名，是趙鞅的敵對者。同時，從“詶”“蠱”之句來看也説明盟書爲譴責這些人罪行之物，這些稱之爲“詛咒類”。這樣解釋“中行寅”的立場確與文獻吻合，在年代斷定上，證據也充分。《侯馬盟書》[18]第一類的“十又一月甲寅朏”的“朏”當新月初出之意講，認爲是陰曆初二或初三。在與上述事件有關的期間内，根據曆譜查找與甲寅一致的日子，這樣盟誓進行的乙丑日就成了夏曆晉定公16年（前495）11月13日。

三

上述在年代斷定上雖然也有像李裕民那樣考慮盟書内容與考古方法相平衡的論文，但大部分主要是從盟書的内容與字句來決定的。因此，各種論點之間竟出現年代相差200年的現象。斷定年代基本上還應從出土遺物着手，但其相伴出土的遺物中僅爲陶片和玉器類，則以考古學上決定年代還是很難的。特别是最能説明年代問題的陶器，出土量少，而且幾乎没有完整的器形，很難成爲決定年代的主要東西。另一方面，包括盟書在内雖出土了不少玉器類，但玉器本身從時代上較難看出有顯著的變化。前曾提及，李裕民雖注意到了玉戈，但玉器因較貴重，往往有傳世與再利用的傾向[19]，很難用來作爲斷定年代的標準。而與決定年代有直接關係的玉質盟書，幾乎全是廢品的再利用，可能是當時衹重視了玉本身的性質方面，而没有怎麽重視其形狀。從石質盟書來看，特别是圭形和璋形盟書，好象並不考慮以上玉本身的性質。盟書石圭類中成品較多，出土時雖有破損，從寫有文字這點上也可以認爲原來是成品[20]。石質盟書之所以比玉質的成品多，可能是作爲玉的代用品，因而注重了形本身。果真如此，應該説其形狀本身肯定在很大程度上反映了當時的傾向。

在石質盟書中，成形的圭形占了一大部分，則這種形狀的東西較有説服力。石圭的寬度幾乎都在1.3釐米以上，最大的超過6釐米[21]。其中1.4至1.8釐米的占總數的約四分之三。從盟書的分類來看，第二、三類盟書的多數和第五類的大多數，都寫在這類寬度的東西上。從字數上看，這樣大小的東西也正合適。這類圭尖端部分鋒利，長是寬的1.5倍。從圭的整體來講，近一半是這種類型[22]。另外，剩下的四分之一寬度一般在1.9釐米以上。其中，較寬的明顯可以看出用於寫像第三類那樣字數多的盟書。圭的寬度大部分一樣，總體上呈細長形，尖部在全長中所占比例要小。但寬度大的石圭中也有少數尖部大於圭身的，圭身異常小於尖部的也有二、三件[23]。此外，還有幾件末端寬的石圭，……總而言之，石圭盟書形狀細長，寬度一定，尖部較鋒利。祇有少數寬度較寬，並混雜有異形石圭。

到目前爲止，石圭的出土實例雖不太多，但其變化規律大體還是可尋的。據林巳奈夫所説："細長的圭可以從西周初延續到戰國初，越到晚期其尖部越鋒利。另一方面，戰國時代又出現了尖部角度大的粗短尖型，直到漢代。"[24]林氏在所舉例中指出：到春秋中期爲止，圭的尖端寬度和高基本相等。到春秋晚期，尖端漸趨鋒利，高爲寬的1.5倍以上。從目前出土的情況看，大多爲寬大型圭。而寬度在1.8釐米以下占絶大部分的小型圭很明顯爲春秋晚期到戰國之間的東西。根據林氏所説，到戰國時期還存在着少數粗短型圭這點來看，這批圭型盟書的時代好象爲春秋晚期或稍接近於戰國時代。

下面再看看盟書的字體。張頷認爲盟書字體爲晉國銅器《欒書缶》和《晉公盦》的再現，其筆法與戰國楚的帛書、信陽簡書有相似之處[25]。就銅器而言，公元前6世紀初的《欒書缶》[26]上的"月"字與盟書確很相似，但"子""之"等字的寫法卻顯然不一樣。相比之下，《晉公盦》更接近於盟書。雖然"邑"的寫法稍有些不同，但"小子"的"子"，"盟"的"月""宀""口"的寫法十分相似，而且從銘文整體給人以相當雜亂的感覺上也很相近。這件《晉公盦》，一般認爲是晉定公午時期（公元前 5 世紀初）的器物[27]。

此外，晉國與盟書相似的器物還有《郘鐘》。就"之"的寫法來看，盟書爲"[illegible]"，《郘鐘》爲"[illegible]"，雖稍有不同，但中部的竪畫向左傾斜這點上還相似。"月"和"子"則一模一樣……。關於《郘鐘》，王國維認爲是吕錡即魏錡（公元前 575 年死於鄢陵之戰中）的後人所作[28]。但白川静從器制字跡方面認爲與《晉公盦》爲同一時期的東西，爲公元前 475 年的作品[29]。另一方面，林巳奈夫注意到器作者郘黛自稱爲"郘伯之子"這一點，認爲郘黛爲郘伯魏錡之子，是公元前 6 世紀前葉製作的[30]。但從字體上看與《欒書缶》稍有些不同，從紋飾上看時代也稍晚些[31]。

最後再從填土中發現的陶片確認一下。如前所述，李裕民認爲陶片是晉景公遷都新田（前 585）時的東西，但一般把它看作是春秋晚期的東西[32]。這些陶片中衹有一件能推斷出其原形爲陶鬲（坑 239 出土），從侯馬上馬村墓葬出土物中找到有相似的東西[33]。它們在器形與紋飾上都十分相似，該器出自 9 號墓中，一起出土的陶壺、豆、鼎同洛陽中州路（西 I 段）東周第三期墓葬出土的也大致相同[34]。9 號墓下限爲春秋晚期，盟誓遺址出土陶器大約也是那個時期的東西。

以上以出土遺物爲中心對盟書的年代做了一些推斷。毫無疑問，其時代大體可定爲春秋晚期，即公元前 5 世紀中葉[35]。第五類第一種中"中行寅"的字跡，是否能像長甘以及《侯馬盟書》等説的那樣確定下來，還很難説。但可以肯定它在時代斷定方面仍具有一定意義。

四

下面分析一下盟書的特性。説到盟書的特性，首先要考慮的是弄清楚主盟者與參盟者是些什麽人物及二者之間的關係。關於這一點，中國學術界主要有兩種意見，一説主盟者爲晉國君主，參盟者爲其卿大夫及臣僚、國人；另一説認爲是以晉國强族、後當了諸侯的趙氏宗主爲中心的趙氏内部進行的盟誓。前説以陳夢家、陶正剛、王克林、李裕民等人爲主。陳氏認爲主盟者爲晉國國君敬公或幽公，李氏認爲是景公，陶、王氏認爲是定公以後的某晉公。後一説則以郭沫若、唐蘭、長甘爲主。郭氏認爲盟書爲趙國建立之後的東西，主盟者爲趙敬侯章，參盟者爲趙國家臣。唐氏則認爲主盟者是趙氏當時的宗主趙嘉，即趙桓子，參盟者爲其一派。而長氏認爲主盟者爲趙鞅，即趙簡子，參盟者第一次盟誓時爲趙氏同宗及其異姓家臣、邑宰等，第二次盟誓時爲從敵陣投降過來的異姓人。

主張盟誓爲趙氏内部之物，主盟者爲其宗主之説的最有力的證據爲第二類盟書中“敢不盡從嘉之明”的“嘉”的解釋[36]。唐氏把“嘉”當作主盟者的人名。長氏則從新發現的資料中注意到“敢不盡從子趙孟之明”之句，認爲“嘉”不是人名，而是對主盟者的尊稱之詞。但是參盟者在盟誓地已表明服從主盟者之意，根本無必要再在自己的盟書上特意記上順從主盟者之事，而重要的是具體服從主盟者的盟誓内容。因此，第四類盟書中有“敢不逵從此明質之言”的説法，祇説是服從盟誓，而没有説服從主盟者。《左傳》中的盟誓之句中常有“有渝此盟”的説法[37]，而没有把現在進行的盟説成“某某之盟”的例子。再者“嘉之明”一句之後緊接着就是“定宫平陫之命”之句，長氏認爲這是以前舉行盟時周王下的命令，“嘉之明”與此並列，也有可能其盟是過去進行過的盟。雖有“子趙孟”的語句，但並不能就肯定他是主盟者。

我們再來看一下主盟者與參盟者的立場，此盟是對什麽神靈而發呢？有關這一問題，中國學術界大致有一致的觀點，即認爲是對晉國先君發的，其直接根據是來自第一類盟書第二行“皇君𡉚公”

的解釋，特别是對“㞢公”的解釋。既然稱爲“㞢公”，當然就是指諸侯。從盟書出土地點，第二、三類盟書的“晉邦之地”之句來推斷是對晉公的稱呼。因此，“㞢公”具體指哪個晉公成了問題[38]。有人提出“㞢”就是“晉”字本身。唐蘭認爲“㞢”字，在沁陽出土的盟書中有異體字，爲“䀀”字，“皇君晉公”爲晉國始祖武公，此盟書可能是在其廟周圍進行的[39]。朱德熙、裘錫圭也認爲“㞢”即“晉”，仍以沁陽盟書爲參考，説其字體與戰國趙的貨幣“晉陽布”上的“晉”字相同，“皇君晉公”可能是指定公[40]。長甘也同意前二者之説，認爲“皇君晉公’即晉國之先公，是祭祀之際的謚號[41]。

但是，李裕民鍼對“㞢”爲“晉”字之説，提出第二、第三類盟書中有“晉邦”之字，很明顯與“㞢”字不同，而在此專門用異體字則有些費解[42]。雖然金文同一銘文中有時常出現用異體字的現象，長甘之説也有可能，但在該盟書中，别處用的是正字，而盟誓時在最重要的謚號上特意用了個簡化字，這一點讓人難以理解。“㞢”字衹見於第一、四類盟書中，另外在沁陽盟書中也有。其中第四類的第22、32、49、51號盟書和沁陽盟書的字體同“晉陽”布的“晉”字確實十分相似，但第四類盟書中其他“㞢”字和“晉”字的上部與同盟書中“室”字中的“至”的部分寫法卻明顯不同，可以説“㞢”字是本來的字體，“㞢”字上部根據筆法往往寫成“山”。那麽“㞢”字到底解釋爲何字呢？還很難斷定，因爲目前金文中還没找到與它相近的字，也有可能不是對晉公的稱呼，很可能是與晉國有傳統關係的神名[43]。

關於“㞢”公幾乎没有什麽綫索。但其上句與第六行中的“皇君”是指什麽呢？從此語在盟書中的位置來看，和第二、三類盟書中的“虘君”相同，很可能在盟書中均指盟誓的神[44]。“皇君”的用例很難在古文獻中找到，但金文中卻有幾例。《叔噩毁》上的“皇君”指女性[45]，“君”指女性的例子在後代也有。《幾父壺》《師㲄㲄》《叔夷鐘》上也有“皇君”之句[46]。有人認爲這些“皇君”是指君王，不過一般認爲它是對諸侯、臣下及君主的尊稱[47]。特別是與盟書年代相近的《叔夷鐘》上的“皇君”指的是叔夷對其君主齊公的稱呼。“皇君”在金文的用例中是對生者而言，而盟書在盟誓時指的是神靈，因此，它是對死者的尊稱。盟書中找不到“皇君”是指女性的情況，很有可能和“䖒君”一詞一樣是指晉的先公。

首先，“皇君”不會是指周王，諸侯、卿大夫的臣下也不可能這樣稱呼其君主。唐蘭認爲，春秋末期，諸侯卿大夫被稱爲“主”，以此區别於“君”[48]。但隨着時代的推進，漸漸有開始對下位者用的傾向，不能一概而論。雖然“皇君”與“䖒君”是指晉的先公的可能性大些，但要想確認這一點，還必須解決盟誓進行的地點問題。

五

整個盟書遺址分佈於澮河以北臺地上的相當大的範圍内，在那裏發現了400餘個長方形竪穴（獸坑）。遺址本身就是一個祭祀場，據推斷盟誓是借其西北的一部分進行的。類似盟誓遺址一樣的獸坑在侯馬市周圍還發現有幾處，北西莊東南東周遺址南邊發現有40餘個坑，其中對10個馬坑、3個羊坑進行了發掘。在牛村古城南也發掘了5個坑[49]，它們皆爲橢圓形竪穴，底部窄，和盟誓遺址的竪穴不同。北西莊東南的坑中出土有馬飾（銅籠），牛村古城南面出土有玉璜和玉璧。另外，在盟誓遺址西700米和東北1.5公里兩地也有獸坑發現，但具體情況不明[50]。不過相比之下還是盟誓遺址規模大，也更突出一些。

在盟誓遺址的北、東、西各發現一對（共4處）葬人坑，南邊則發現一“十”字形土溝[51]。我對葬人坑的確切位置不太清楚，好象是在遺址北側100米以内。這些坑中各葬有一具人體，但没有隨葬品，“十”字形土溝東北部被近代墓葬破壞，其南北7.5米，溝寬70釐米，深約30釐米，向“十”字中心漸漸變深。溝的兩壁經火燒呈褐色，土質較硬，溝中殘存着大量的火燒過的獸骨與灰，雖然這裏找不出與長方形竪穴群有什麽關係，但從其位置來看，不可能没有關係。由此可見，此盟誓遺址很可能是一個規模很大的特殊祭祀場。

那麽這個盟誓遺址是一個什麽樣的祭祀場呢？要想弄清楚這一點，就必須探討一下侯馬周圍的其他遺址。1957年在侯馬市西北發現了夯土城墻，命名爲牛村古城[52]，其規模爲南北1700米，東西1200米，呈長方形，没有西北角。城墻内外特别是牛村周圍，發現了厚厚的灰層和灰坑，出土了東周時期的瓦片、陶片。該城墻東側的一部分爲戰國時期的遺跡，已被破壞，據推斷古城爲春秋時代[53]。另外在城墻内稍靠北的中部有一個高6.5米，縱橫52米的正方形夯土臺，堆積有瓦片。估計此處爲建築物土臺，從瓦片等遺物來看與古城屬同一時期。再有牛村古城西北部還發現了一座與此古城交錯的平望古城，從中出土了比牛村古城更先進的瓦片，推斷爲戰國時期的東西[54]。其後在兩古城周圍又不斷發現許多古城址，分别命名爲臺神古城、白店古城、馬莊古城、呈王古城，不過具體情况我不太了解[55]。

在這些古城址群周圍還發現了許多東周遺跡，規模較大的有牛村古城南的遺跡群，從1957年開始到第二年間，在此地段發現了數萬件生産工具和空首布陶内範，1958年又發現了大量的帶鈎和車軎、陶範[56]，這裏被定爲鑄銅遺址。另外，在其附近還發現了骨器製作場遺址和竪穴。接着1959年又進行了發掘，發現了6處房屋遺址，170餘個儲存糧食的竪穴，7個水井，并且發現了4個鑄銅煉爐[57]，出土了1000餘件容器、樂器、車器、空首布陶範，還有大量的陶器、骨製品、貝製品及其原料，石器、玉器、空首布、青銅工具。1960 年、1961 年又進行了大規模的發掘[58]，發現了 17 處被認爲是銅器製作場一部分的房屋及竪穴、水井和道路等，而且發現了當坩鍋使用的銅器鑄造遺物、陶製牛角狀器，大小 110 件，共重達 191 公斤的銅錠，三萬餘塊陶範。陶範大部分已破碎，據報道説其中有一萬件有紋樣，一千件可推斷出器形，上百件可復原器物。其種類涉及容器、工具、兵器、鏡、帶鈎、車馬具及各種零件、人物像等。其中陶器出土最多，還發現了釉陶。此外，還有骨、角、貝、瑪瑙製品出土。以上遺物從陶器和陶範紋飾來看，爲春秋晚期到戰國中期的東西。

這樣看來，牛村古城南就成了春秋晚期到戰國時期規模巨大的手工業地區。古城東西 1 公里處進一步發現了骨器與陶器製作場遺址[59]，其中在侯馬東南發掘了 6 處窑址，在其附近還發現了數萬件陶片、骨製品和貝製品等，且確認了窑址在其東南面具有相當大的分佈，這些遺跡都屬東周時代，後在北西莊東南也發現了東周遺跡，發掘出 2 處房屋、5 個竪穴及陶器與骨器等，被定爲村落遺址[60]。

牛村古城周圍還發現了東周時代的墓地。其中城南墻外發掘出春秋早期、中期的墓葬 8 座，戰國早期墓葬 2 座[61]，它們均爲竪穴土壙墓，主要隨葬陶器，也有石圭、玉器、銅帶鈎等，似乎墓主人不是有身份的人。在這些墓中，春秋時期的墓葬位於東周文化遺跡的下面，戰國時期的墓葬打破了東周文化遺跡，因此，可以看出牛村古城一帶繁榮於春秋中葉，到戰國時期已經荒廢了。另外侯馬鎮南城墻脚下還發現了 4 座戰國晚期的竪穴土壙墓和洞室墓，在侯馬市南澮河對岸上馬村附近又發現了 14 座西周晚期或春秋早期一直到戰國中期的墓葬[62]，其中 4 座隨葬有陶器和銅器，與牛村古城南遺址出土的東西很相似。從 13 號墓中發現了定爲春秋中葉徐國器的《庚兒鼎》，推斷出此墓爲春秋中晚期的晉國大夫墓[63]。

從以牛村古城爲中心的遺址群，可以推斷出這片地域是規模龐大的都城址。有關這些遺址群的大部分發掘報告均指出，這些遺址與晉國都城新田有一定的關係。關於新田的位置，自古就有衆多的議論，一些歷史文獻把現在的曲沃縣認作是新田[64]，衹有張坊對這些説法提出異議，把新田定在侯馬[65]。隨着東周遺址群的發現，張氏之説得到了進一步的確證。《左傳》成公六年（前585）條中載有韓獻子反對諸大夫提出遷都郇瑕氏之地，勸景公遷都新田：

"不可。郇、瑕氏土薄水淺，其惡易覯，易覯則民愁，民愁則墊隘，於是有沈溺重膇之疾。不如新田，土厚水深，居之不疾，有汾、澮以流其惡，且民從教，十世之利也。"

景公從之，當年夏四月遷都新田。到晉國滅亡，一直作爲其國都。新田的地理情形與現在的侯馬非常吻合。如果把侯馬東約10公里的曲沃古城[66]看作新田的話，離汾河顯得有點遠。而從東周遺址群的性質、年代及其同時期的大夫級墓葬來看，侯馬爲晉國都新田基本上還是可靠的。

那麼牛村古城本身就是新田城嗎？牛村古城範圍，東西1200米，南北1700米，是春秋時期的公侯級城，大於百雉[67]。可並沒有公侯百雉之制一直維持到春秋晚期的確證，而衹能説明城的大小隨着時代的推移在漸趨擴大。春秋諸侯的城已有了郭，即外城，這從《左傳》等其他歷史文獻的記述中可以看到。到了戰國時期，齊臨淄、燕下都等城都擁有廣大的外城，其内有鑄銅、鑄鐵、骨器、陶器等製作場和住宅地。在侯馬牛村古城中是不是可以設想有外城呢[68]？其銅器、陶器、骨器製造場遺址群，也可能與齊、燕等國一樣，都有外城保護。如果真是這樣，其外城墻就會是北爲牛村古城北墻的延長，東到侯馬火車站附近[69]，南到澮河，西爲牛村古城西墻的延長。南北3.5公里，東西2.5公里，作爲春秋時期的城是相當大的。當時晉國在各諸侯國中是大國，文化先進，則其都城的規模也不能太遜色了。

若按以上設想，牛村古城有外城的話，盟誓遺址的位置就相當明確了，就是在國都新田東郊離外城約 2 公里的地方。有人也把該遺址和呈王古城聯繫在一起考慮[70]，但呈王古城本身的情況至今不明。從遺址年代看，與牛村古城關係最密切的爲盟誓遺址，可以認爲是晉國國都郊外特殊的祭祀場。

六

那麽，什麽樣的祭祀才在這樣的祭祀場中進行呢？有關先秦祭祀，主要在《周禮》《禮記》中有記載，但都比較簡略，並没有記述多少當時的實際狀況。我想根據這些文獻記載，在此做一番推測。

首先，在都城郊外進行的祭祀有祭天地的郊祭[71]，《禮記》載："郊之祭也，迎長日至也。大報天而主日也，兆於南郊，就陽位也。"

鄭注中解釋爲，正日親自於都城南郊祭天。《禮記》中雖没有明確的記載，但好象有郊外祭地之事[72]。有關諸侯的情況，《王制》中規定，天子祭天地，諸侯祭社稷。諸侯郊祀天地即爲非禮。魯國卻進行了這種郊祀，《明堂位》中記有："命魯公世世祀周公以天子之禮樂，是以魯君孟春乘大路，載孤韣，旂十有二旒，日月之章，祀帝於郊，配以後稷，天子之禮也。"

郊祭雖爲天子之禮，但在魯國卻有進行。同樣的郊祭，《春秋》中記載很多[73]。有關魯的郊祀，《左傳》襄公七年夏四月條中孟獻子的話中有這樣的字句："夫郊祀后稷，以祈農事，是故啓蟄而郊，郊而後耕。"

此爲啓蟄時進行的一種祈谷祭祀。《明堂位》中，諸侯郊祭，魯國雖然衹是特殊的例子，但正如《祭統》中"諸侯耕於東郊，亦以共齊盛”一樣，别的諸侯也有可能在“耕”之前，進行郊祭。池田末利也認爲，春秋末期，有諸侯祭天的情況，並非王者的特權[74]。特别是《左傳·昭公七年》，鄭子産對韓宣子説：“昔堯殛鯀於羽山，其神化爲黄熊，以入於羽淵。實爲夏郊，三代祀之。晉爲盟主，其或者未之祀也乎！”

韓宣子是祀“夏郊”。還有一種説法也接近此觀點，曾箋根據《國語·晉語》中記載證明説[75]，諸侯的確不能進行郊祭，但晉爲盟主，可以在城外進行郊祭。這樣，晉平公時（公元前6世紀中葉）進行過郊祭。

此外，天子於郊進行祭祀，正如《周禮》春官中小宗伯記述的“兆五帝於四郊，四望四類亦如之”一樣，有五帝、四望、四類。所謂五帝，據鄭注爲：蒼帝靈威仰，赤帝赤熛怒，黄帝含樞紐，白帝白招拒，黑帝汁光紀，即天空大微宫中的五帝星座。但孫詒讓的《正義》中，認爲五帝衹是西漢以前配五方之五色的帝稱。這種帝的祭祀，秦在畤進行過[76]，其他諸侯不太清楚。魯進行過三望，《春秋》僖公三十一年有載：“夏四月四卜郊，不從，乃免牲猶三望。”《公羊傳》中三望爲泰山、河、海，《穀梁傳》注中引鄭玄説爲海、岱、淮，杜預據賈逵、服虔之説認爲是分野之星、國中山川，郊祀之際望這些而祭。這樣的望祀，從《左傳》中可以看出其他諸侯也進行[77]。不過他們望祭的不是五嶽、四竇之類，而是其封内的山川[78]。從魯國來看，其望祭與郊祭也有很密切的關係。所渭四類，鄭司農認爲是三皇五帝九皇六十四民，而鄭玄則認爲是日月和風師、司中、司命、雨司，天子於四郊祭之，諸侯是否也進行這種祭祀，不太清楚。

另外，在郊外進行的特殊祭祀還有祭祀四方的。《禮記·曲禮》中有天子祭四方之句，鄭注解釋爲於四郊祭五官之神，即東方的句芒，南方的祝融與后土，西方的蓐收，北方的玄冥，而諸侯衹祭一方，即《曲禮》中同時記有的“諸侯方祀”之句。《正義》中有“諸侯既不得祭天地，又不得揔祭五方之神，唯祀當方。”以上所述爲郊祭，但祭祀一般根據所祭對象不同祭法有些差異，《周禮》春官大宗伯中記有：“以禋祀祀昊天上帝，以實柴祀日月星辰，以槱燎祀司中司命飌師雨師，以血祭祭社稷五祀五嶽，以貍沈祭山林川澤，以疈辜祭四方百物。”盟誓遺址的獸坑相當於這裏的“貍沈”的“貍”。孫詒讓的《正義》根據《山海經》《左傳》的記述指出：“貍沈”同時也用玉幣，從這點上來看，顯然獸坑相當於“貍”。那麽，該盟誓遺址難道就是祭山川，如前面所提到過的望祭的場地嗎？但《正義》中明確指出，“瘞貍”是祭地示的通法，祭社稷五祀五嶽的“血祭”中也進行“貍”，這樣一來，以祈谷爲主的諸侯的郊祭也應與地有密切的關係，則很有可能進行“貍”。另外，關於五祀，鄭玄認爲是在四郊祭五官之神，如此，就和前面叙述過的《禮記·曲禮》中的祭祀四方相同了。方祀中也進行“貍”，大夫祭祀中也有五祀，《禮記》之《曲禮》和《王制》中皆有“大夫祭五祀”之句，《曲禮》的鄭注中指出五祀爲户、竈、中霤、門、行，《王制》注中爲司命、中霤、門、行、厲，大夫中擁有地者此五者皆祭，無地者祭其中三者，祭法爲“大夫立三祀，曰族厲，曰門，曰行適。”鄭注把這些都叫做小神。因此，這種五祀和《周禮》大宗伯的五祀也有差異，好象没有在郊外進行的祭祀。文獻中也見不到可推斷爲大夫級的在郊外進行祭祀的記載。

獸坑南邊發現的十字形溝中可能進行過《周禮》大宗伯中的禋祀、實柴、槱燎的某一項，這些祭儀都没多大區别，一般爲堆起柴禾，把犧牲放在上面，燒着來祭天上的神[79]。諸侯在郊外進行的祭祀中祭天的郊祭屬於此類。這條十字形溝與獸坑的關係還難以證明，如果這是屬於一體的話，從其規模上看，可以説該盟誓遺址是晉國郊祭的地方。前面講的《左傳》《國語》中有關“夏郊”的内容爲平公時的事情，當時晉國都新田，可以認爲是在此地進行的郊祭，則在這種晉國公開的祭祀場上出現晉國先君之類的稱呼，即使從祖先配天的例子[80]來看也並不矛盾，反而更增加了盟誓的權威性。

七

盟誓遺址有可能是晉國進行郊祭的地方，從上述可以看出，並非大夫階層的祭祀場。在這樣公開的地方進行晉國大夫趙氏的宗盟有可能嗎？下面我想以《左傳》爲中心探討一下什麽樣特點的盟誓在什麽樣的地方進行這個問題。

若把《左傳》裏所見到的盟誓地點的特點作一分類，可分成（一）宗廟，（二）社，（三）城門外，（四）河畔，（五）私家等五類。

（一）在宗廟中進行的盟，鄭國有三件在祖廟大宫進行的例子。一爲鄭的大夫石癸與孔將鉏、侯宣多盟誓立公子蘭爲太子之例，一爲鄭大夫子駟率國人盟誓攻擊子斑之例，一爲鄭伯爲驅逐伯有和鄭的大夫盟誓的例子[81]。此外，還有齊崔杼立景公做相後與國人的盟誓，周王子朝亂時，單子與百工在平王的廟平宫盟誓，周敬王在襄王的廟襄宫盟誓，晉趙鞅與晉公在絳的公宫盟誓[82]。由此可見，在宗廟進行的爲他們對各自先君的盟誓。主盟者有國君與大夫階層，其中前者參盟者爲大夫階層，後者爲其相互間同階層人與國人、百工等。問題在於後者，這種情况下作爲主盟者的大夫與國君同姓，或者姓雖不明確，但都與立君等國家大事有關[83]。没有一例在宗廟進行大夫階層宗盟的情况。

（二）在社進行盟誓的例子。這種例子較少，除過魯的邑、泉丘女子和友人在邑社盟誓將來互相幫助的例子外，魯國還有一件有名的陽虎之盟。掌握魯政權的陽虎，於定公五年與季桓子在稷門内側盟誓過，第二年又與魯公、三桓氏在周社盟誓，與國人在亳社盟誓，在五父衢進行詛咒儀式。這些社建於魯國都宮門外廣場，外朝東西。則周社爲同姓姬姓部族即魯統治階層，亳社爲國人即殷子姓部族建的[84]，因此，主盟者陽虎，根據參盟者的身份而變換地點，這説明根據盟誓的事由，主盟者與參盟者的不同，盟誓地點相當嚴格地區别開來。

（三）在城門外進行的盟誓。有各國間進行的“弭兵之會”，這種盟誓宋在西門外進行過兩次，在蒙門外進行過一次[85]。此外，《春秋》載有襄公八年諸侯在亳城（鄭地）之北結攻守同盟。昭公二十三年，齊人接受莒子投降，在齊稷門外進行過和平之盟。哀公八年，吳人與魯景伯在魯郭門外進行所謂“城下之盟”。在城門外除這些諸侯國之間的盟誓外，還進行有關國家大事的盟誓，如鄭國鄭伯爲驅逐伯有與國人在師之梁盟誓，鄭的大夫們在閨門外董隧進行的私盟。原蔡的大夫朝吳之臣觀從與子干、子皙在蔡邑郊外進行盟誓等等[86]。它們均不見有大夫階層的宗盟。“弭兵之會”與其他諸侯國間的盟誓之所以在當事國城外進行而不在城内進行也許是因爲這些非當事國内部原因吧。不管怎樣，特意選擇在城門外，應該有其特殊的理由。特别是在進行有關國事的情況下，盟誓時是要呼唤來神靈的，在這種情況下更是要選擇適當地點。宗廟、社等當然是國家的祭祀場，但河畔也是呼唤神靈較好的地方。把城門外的盟誓當做國家的祭祀場是可以的。

（四）在河畔盟誓。如晉文公與子犯的投璧盟誓，鄭的駟帶與游吉沉二珪盟誓，晉公與其大臣們沉盟書盟誓等[87]。還有衛公與北宫喜在彭水之畔盟誓，蔡侯投玉於漢水自盟等[88]。到了戰國，《史記·蘇秦列傳》中有蘇秦與天下將相在洹水畔割白馬盟誓合縱的例子，這種情況下也不見有宗盟。

（五）在個人家的盟誓。《左傳》中有鄭伯與其大夫們因游楚叛亂之故，在大夫公孫段家盟誓，周劉蚠與群王子在單氏之邑盟誓的例子[89]。前者爲國君在大夫家盟誓，是一個特殊的例子，後者因單氏是劉蚠繼承劉氏家族時的後盾，有理由在單氏家盟誓。另據《史記・齊太公世家》所載，齊景公及大夫田乞，曾在景公病死後擊敗反對派，在其家與諸大夫盟誓立悼公。以上爲在私家進行有關國事的盟誓的例子，不算是鞏固一族内部團結的宗盟。當然，也存在着爲鞏固一族團結進行的盟誓。《左傳・定公十四年》載："知伯從趙孟盟，而後趙氏定。"此盟誓一般解釋爲知伯在趙孟地方盟誓[90]，這樣，就可理解爲當時晉國很有實力的知伯到趙氏的宗主趙鞅家盟誓，盟約雖不太明確，但可看出知伯爲的是與趙孟和解，或者約定相互援助。趙孟在晉國地位安定，因而趙氏一族團結在宗主周圍。此盟在宗主趙鞅家進行，大概與趙氏一族有很深的關係。另外，哀公十四年有關齊的記載有："子我夕，陳逆殺人，逢之，遂執以入。陳氏方睦，使疾，而遺之潘沐，備酒肉焉，饗守囚者，醉而殺之而逃。子我盟諸陳於陳宗。"

此爲子我（闞止）怕田氏一族復仇而發的和睦之盟。關於"陳宗"，孔疏認爲是陳氏宗主陳成子（田常）的家。《史記・齊太公世家》集解所引服虔注爲宗長之家，反正是個人的家。指田氏一族在其宗主家與敵對者子我盟誓[91]，該盟誓雖與田氏一族强化團結無關，但這種情形也應注意，説明有關宗族的盟同樣在宗主家進行。

《左傳》與《史記》中，雖找不到一個大夫以下族的宗盟例子，但有關宗族之盟在其宗主家這點上還是明確的。在這樣的地方進行盟誓，不難想象出，一定要召唤其族的祖先。從這一點上看，以晉的先君被召唤的侯馬盟誓，爲趙氏宗盟的可能性不大。而且春秋祭祀中有"神不歆非類"[92]的原則，嬴姓的趙氏對姬姓諸侯晉公室來説是異姓，且爲晉文侯時的新來之族[93]，如果晉的先君在盟誓時被召喚，是趙氏的宗主爲主盟者的宗盟的話，就與原則相違背，大夫爲主盟者在其國君宗廟向先君發誓的情況，應是主盟者皆與國君同姓或有關立君的大事才對，没有進行大夫階層宗盟的例子。侯馬盟誓即使與趙氏一族有關，但定主盟者爲趙氏宗主這點上還有許多問題。

結束語

上段論證了侯馬盟書主盟者定爲趙氏宗主還有許多問題。那麼，主盟者到底爲何許人呢？應該説仍舊是晉國的國君，盟誓場爲晉都公開的祭祀場，盟誓的神爲晉的先君就是强有力的證據。目前衹能論證到此，最後想以一個假説結束此文。

侯馬盟書的年代，從考古學遺物、盟書的内容、字體等方面看確是春秋末期。正如長甘所認爲的那樣，從“子趙孟”“中行寅”的字句看，該盟誓的確與趙鞅有很大關係。如果是這樣，《左傳》的記述中有關定公十三年“十二月辛未趙鞅入於絳盟於公宫”的記事值得一論。該盟誓主盟者爲晉定公，絳即當時的國都新田，公宫即晉國的宗廟。

有關趙鞅與定公盟誓事件的起因，據《左傳》所載，來自趙鞅殺邯鄲大夫趙午一事[94]，趙午子趙稷與涉賓率邯鄲民反亂，晉大夫荀寅（中行文子）和范吉射（士吉射）給與了援助，荀寅爲趙午的外甥，范吉射爲荀寅的姻戚。因七月范氏、中行氏先發制人攻打趙氏宅邸，趙鞅逃至其采邑晉陽。另一方面，荀躒（知文子）以晉國“始禍者死”的傳統法規爲盾牌伙同和范氏、中行氏不和的韓不信（韓簡子）、魏曼多（魏襄子）等，打着定公的旗號攻擊范氏、中行氏，但未能取勝，反而演變成范氏、中行氏攻打定公的事態。當時，新田的國人幫助定公擊敗二人，荀寅與士吉射敗北朝歌。韓不信、魏曼多爲使趙鞅回國，相求於定公，並於 12 月辛未日進行了趙鞅與定公的盟誓。

爲此，趙氏内部鬥争發展成了晉國大夫間的鬥争，最後連定公也卷入進去了。在内亂中定公是被動的，在對立的兩派之間决定其立場。對於兩派來説，祇有對方冒犯於晉公才有文章可做。如趙鞅因犯了晉的國法，就需求得定公的原諒。而對定公來説，也有必要穩定一下剛剛發出驅逐范、中行氏的命令後就受到攻擊的不安定局面，因此，就有與趙鞅在"公宫"的盟誓。此盟雖爲與趙氏宗主趙鞅個人之間的盟誓，但除此之外，定公是不是還與趙鞅一族以及救過自己的人們也進行過盟誓呢？這些盟誓是不是就在盟誓遺址進行的呢？盟誓時，如前所述，因參盟者身份不同，有變换地點的情况，特别是鄭伯驅逐伯有而進行的盟誓，很有參考價值。《左傳・襄公三十年》載："乙巳，鄭伯及其大夫盟於大宫，盟國人於師之梁之外。"鄭伯與鄭大夫們首先在祖先的宗廟盟誓，接着又與身份低一些的國人在城門外盟誓。上述提到的趙鞅與定公的"公宫"之盟，相當於鄭的"大宫"之盟，而侯馬盟書爲城門外之盟，是不是可以認爲此參盟者比大夫身份低呢，也即在城外的參盟者爲除宗主趙鞅以外的趙氏一族和定公被范氏、中行氏攻打時幫助過的國人呢？特别是與趙鞅宗族盟誓，此事件原本因趙氏内部問題而引起，則有必要强化一下定公屬下趙鞅宗族的内部團結。

以上假説，没有有力的證據，但這樣理解盟書的内容，就會出現與以前不同的解釋。第二類盟書要解釋爲參盟者趙鞅宗族與定公，勸他們忠於宗主趙鞅，聽從其命令，並將敵對的邯鄲趙氏、范氏、中行氏等一派開除出晉國。則"嘉之明"或"子趙孟之明"，是指在"公宫"進行的趙鞅與定公的盟誓。第三類盟書的參盟者爲幫助過定公的國人對晉先君所發盟誓，表示要忠於定公，不進出敵對者邯鄲趙氏、范氏、中行氏等派地方，不做把反對派引入晉國，攻擊趙鞅（或定公）及其子孫的事。“䪅”可以理解爲“没”的意思。

要確定這個假説還需要對每個字句和其他類盟書本身及有何關聯做深入研討。不過主盟者爲晉的國君這一點在理解當時晉國的特點上還是有幫助的。正如長甘認爲的那樣，這個時期晉國卿大夫的勢力越來越强大，特别是趙鞅等通過獨自實施的政策獲得了人心。另一方面，從晉國國人對定公的態度和盟誓中的晉公來看，晉公在當時還是穩固的。三家分晉後，晉的公室雖勉强延存[55]，但仍舊明確顯示出晉國的特點。

原作者附記：

這篇小稿是在京都大學人文科學研究所共同研究“先秦文物研究”會上發表的有關對侯馬盟書研究史總結的基礎上展開的。

（譯自《内田吟風博士頌壽紀念東洋史論集》，1978）

注釋：

① 該遺址的發掘狀況，陶正剛、王克林，1972；山西省文物工作委員會《侯馬盟書》（1976）中皆有，以下的介紹主要根據後者的報告。

② 根據《侯馬盟書》報告所述，埋葬羊的坑 80 填土中發現有鷄骨頭，但不清楚這是不是犧牲。

③《侯馬盟書》分爲六類十二種，把第一類定爲序篇一種，根據列舉家族數分出四種，以及其他一種，計六種。不過第一類第一種是否可以斷定爲序篇，還存在問題，因此把第一類單獨列出來。另外，“其他”也没包含在分類中。在把盟書的文字釋爲現在的漢字時，主要依據其報告的釋文。

④ 長甘 1975 年也提到過其發現，而具體的報告始於山西省文物工作委員會《侯馬盟書》（1976）。

⑤ 三件皆可認出“筮”字。特别是坑 30 第一號玉片上有“卜以吉，筮□□”的字句。

⑥ 坑185的東西衹有六字，意思不明。探八②的東西可認出“不明邯鄲”的字句。

⑦㉕ 張頷，1966。

⑧ 郭沫若，1966。

⑨ 陶正剛、王克林1972以後，“趙尼”成了一種定説。

⑩ 張頷，1966。和《侯馬盟書》摹本中完全不同，後者爲“趙欧”。

⑪ 郭沫若，1972。

⑫ 陳夢家，1966。

⑬ 唐蘭，1972。

⑭㊽ 李裕民，1973。

⑮ 葉學明，1962。把牛村古城南東周遺址出土的陶器分爲早、晚期，並把各期分成早、晚二段，定爲春秋後期到戰國中期。侯馬市考古發掘委員會1962年分爲二期，早期爲春秋晚期，晚期爲戰國早期。李氏根據前者所謂的早期晚段的東周遺址陶器數量顯著增加的論點，認爲遷都新田是在早段與晚段之間。

⑯ 長甘，1975年。《文物》1975年第5期的論文要點相同，不知道此論文是否來自長氏個人的想法。長甘論文與他在《侯馬盟書》中的論文内容相同，衹是新加了《曆朔考》《詛辭探解》二節。

⑰《“侯馬盟書”叢考》詛辭探解。

⑱ 同《曆朔考》。

⑲ 時代稍晚。據林巳奈夫説，河北省滿城西漢劉勝墓中發現的玉器中混入有西周晚期到春秋時期的東西。

⑳ 看一下《侯馬盟書》就會知道，有相當多的石片衹殘剩一部分文字，破損相當嚴重。因爲摹本爲五千多件出土物中文字清晰的部分，則人們一下看不出是破損。也許盟誓時一折兩半，另一半保存於盟府。

㉑ 以下數據來自《侯馬盟書》中的原大摹本。列舉的石圭皆是從其形狀可以看出來是圭的東西。

㉒ 高與尖部的比爲1.2—1.8cm的東西占全部的67%，若比爲1.4—

1.8cm 的話，占 55%。

㉓ 坑三第 12、13、26 號等。也許後二者折成了長形。

㉔ 見《中國古代的祭玉和瑞玉》，載《東方學報》京都第 40 册，1969 年。

㉖ 據白川静《全文通釋》三六（白鶴美術館，1971 年），此器爲欒武子之器，即魯成公時期（公元前 6 世紀初）的東西。

㉗ 唐蘭"《晉公𥂴𥂴》考釋"（《國學季刊》4－1，1934 年）；楊樹達《積微居金文説》（1952 年）；郭沫若《西周金文字大系圖録考釋》（1957 年）；上述皆認爲是晉定公午之器。白川静《金文通釋》三五（1971 年）中也認爲是定公晚年，即公元前 475 年前後之物。衹有林巳奈夫《中國殷周時代的武器》（1972 年）第 567 頁，根據紋樣、字體及"𥂴"的讀音，認爲是晉景公之器，提前了近百年。因爲衹有所拓的器物形狀，則難以從器形上斷定年代。

㉘《觀堂集林》，《郘鐘》跋（1927—1928 年）。

㉙《金文通釋》35。

㉚《中國殷周時代的武器》第 570 頁。

㉛ 據林巳奈夫所述，京大人文科學研究所有二件鐘（3460、15088）與《郘鐘》鼓的部分紋樣十分相似。後者的羽紋與《㑀兒鐘》（前 536±20—30 年）《攻吳王夫差鑒》（前 495—前 473）相同。《郘鐘》的年代應比前説晚。

㉜ 陶正剛、王克林，1972；山西省文物工作委員會，1976。《侯馬盟書》認爲是牛村古城南出土陶器中期或稍早一點的東西，其年代爲春秋晚期。

㉝ 山西省文物管理委員會侯馬工作站，1963 年。圖版貳，2；圖四，14Ⅲ式鬲。

㉞《洛陽中州路（西 I 段）》，中國科學院考古研究所，1959 年。

㉟ 我不知道《洛陽中州路（西 I 段）》中把戰國之始定爲哪一年。它把每期定爲約 100 年，則第三期（春秋晚期）就成了公元前 570—前 470 年。在中國，現在一般把戰國之始定爲公元前 475 年（見《中國歷史年表》，遼寧人民出版社，1974 年；郭沫若主編《中國史稿》第一册，人民出版社，1976 年）。

林巳奈夫把春秋和戰國的界限定在公元前 453 年（見《中國殷周時代的武器》第 472 頁）。

㊱ 關於對“嘉”字的解釋，除過下面叙述的各種説法外，郭沫若 1966 年釋其爲地名，1973 年又具體釋爲“加陵”，推斷在夏縣一帶。另外，陳夢家、陶正剛、王克林，李裕民認爲是動詞，釋爲“加”之意。

㊲ 僖公二十八年五、六月，成公十二年五月等。此外哀公九年十一月，定公十年有“有如此盟”的記載。

㊳ 郭沫若 1966 年根據字體定爲晉幽公，陳夢家 1966 年認爲[illegible]字接近金文“欻”字的左半，都没有與晉公稱呼一致之處，因此没有説定具體是誰。

㊴ 唐蘭 1972 年認爲，“晉”原寫作“晉”，舊寫法還有把“楚”寫成“垄”的例子，[illegible]字也可釋爲“晉”字。有關沁陽出土盟書的情况，可參照陳夢家《河南沁陽出土戰國載書》。

㊵ 朱德熙、裘錫圭，1972a。

㊶ 長甘，1975。

㊷ 李裕民，1973。李氏鍼對郭氏把[illegible]釋做幽的説法，提出不同論點，認爲其字與金文明顯不同。根本就没有像郭氏所説的那樣在幽公陵會盟的必要，郭氏從字體解釋確實有些勉强，從新出盟書字體來看也不可能是幽字。

㊸《左傳》中除“司慎”“司命”（哀公十一年）之外，幾乎没有以特定的神名盟誓的情形。不過，《詛楚文》中卻有以神名詛咒對方的情形。[illegible]字的下部爲“山”，也許是某山的神名。第四類盟書中有“[illegible]公大冢”，《史記・封禪書》中有“四大冢鴻岐吴岳”，即把鴻岐吴岳四山稱爲大冢。

㊹ 第一類盟書中有“皇君□□、□□硯之、麻臺□□，”《左傳・僖公二十八年》盟書中有相同形式的字句“明神先君，是糾是殛”，“皇君”在盟誓時是盟誓的神性。第二、三類的“虘君”的位置也相同。

㊺ 有“叔噩父乍□姬旅毁，其夙夜用享孝於皇君，其萬年永寶用”之文。

㊻《幾父壺》銘文有“……同仲宮西宮，易幾父示奉六，僕四家。金十鈞，幾父拜韻首，對揚朕皇君休……”；《師毁毁》有銘文“……白和父若曰、師毁……敬乃夙夜用事，毁拜韻首，敢對揚皇君休……”。《叔夷鐘》有銘文

"……公曰女尸……爲女敵寮，尸敢用拜頧首，弗敢不對揚朕辟皇君之易休命……"。

㊼ 白川静不同意段紹嘉把"皇君"作爲皇王之説（參見《扶風齊家村青銅器群》，文物出版社，1963 年），認爲回答周王賜命的情况多説"王休""天子休"，"皇君"是指作器者的辟君（《金文通釋》31、33）。

㊾ 山西省文管會侯馬工作站，1959a；山西省文物管理委員會，1959。

㊿《侯馬盟書》。同時，暢文齋曾在牛村古城東 4 公里處標有獸坑 2 個，但報告本文和其他報告中該地域衹有一處，可能另一個是盟誓遺址東北的那處。

51 55《侯馬盟書》。

52 楊富斗，1957。

53 暢文齋，1958。山西省文管會，1959。

54 暢文齋，1958。

56 山西省文物管理委員會，1959。

57 山西省文管會侯馬工作站，1960。

58 侯馬市考古發掘委員會，1962。

59 山西省文管會侯馬工作站，1959b；山西省文物管理委員會，1959。

60 山西省文管會侯馬工作站，1959a。

61 山西省文管會侯馬工作站，1959c；山西省文物管理委員會，1959。

62 楊富斗，1959；山西省文管會侯馬工作站，1963。

63 張頷、張萬鍾，1963。

64 例如《大清一統志》（乾隆九年刊本）卷 74 平陽府條中把位於曲沃縣西南的絳邑故城當做新田。《山西通志》（光緒十八年刊本）卷 51 古跡考中認爲："新田者，景公所遷，亦曰新絳，今曲沃縣也。"

65 見《山西通志》。光緒六年《續修曲沃縣誌》卷 2 圖考中也把曲沃縣西南 30 里的侯馬認做新田。

66 山西省文物管理委員會，1959。

67 杉本憲司《中國古代的城》，載上田正昭編《日本古代文化探究——

城》，社會思想社，1977。

㊳ 伊藤道治定爲曲沃古城，認爲牛村古城規模小，把後者定爲新田有些勉强，但如把外城考慮在内就有些合理了（見《先秦時代的都市》，載《研究》第30號，1963）。

㊴ 據侯馬市考古發掘委員會1962，在侯馬火車站附近發現了城堡遺跡，可以設想其城東側在這一帶。《侯馬盟書》中所説呈王古城發現於此附近，也許是該城城壁的一部分。

⑩《侯馬盟書》中説獸坑、葬人坑分佈於呈王古城周圍。

⑪《禮記》郊特牲條有"於郊，故謂之郊"字句。《周禮》春官肆師的鄭注爲："遠郊百里，近郊五十里。"《説文通訓定聲》郊條中爲："王者歲祭天於近郊五十里，故曰郊"，但郊祭地點不明確。《爾雅·釋地》中有"邑外謂之郊"，《詩·魏風·碩鼠》中有"郭外曰郊"的鄭注。郊也有指都城附近的情形，一般進行祭祀的郊可能離都城不會太遠。

⑫《漢書·郊祠志》載漢末王商等上奏："《禮記》曰：'燔柴於太壇，祭天也；瘞薶於大折，祭地也。兆於南郊，所以定天位也。祭地於大折，在北郊，就陰位也。郊處各在聖王所都之南北。"

⑬ 僖公三十一年，宣公三年，成公七年、十年、十七年，襄公七年、十一年，定公十五年，哀公元年等。

⑭ 見《中國至上神儀禮的産生——宗教史考察》，載《日本中國學會報》第16集，1964。

⑮ 子産曰："……僑聞之。昔者鯀違帝命，殛之於羽山。化爲黄熊，以入於羽淵。實爲夏郊，三代舉之。夫鬼神之所及，非其族類，則紹其同位。是故天子祀上帝，公侯祀百辟，自卿以下不過其族。今周室少卑，晉實繼之，其或者未舉夏郊邪。"宣子以告祀夏郊，董伯爲尸。

⑯ 見《史記》封禪書、秦本紀、十二諸侯年表等。又見凌純聲《秦漢時代之畤》（載《中央研究院民族學研究所集刊》第18頁，1964），秦的畤多在都城附近。

⑰ 昭公七年有"鄭子産聘於晉。晉侯有疾，韓宣子逆客，私焉，曰：'寡

君寢疾，於今三月矣，並走群望（晉所望祀山川，皆走往祈禱），有加而無瘳。”二十六年有“王子朝使告於諸侯曰……至於夷王，王愆於厥身，諸侯莫不並走其望，以祈王身”的記載。

⑱《公羊傳》僖公三十一年載有“天子有方望之事，無所不通。諸侯山川有不在其封内者，則不祭也。”

⑲ 栗原圭介《禋祀儀禮的原初形態溯源考》，載《東洋研究》46，1977。

⑳ 見池田論文。

㉑ 宣公三年，成公十三年，襄公三十年。

㉒ 襄公二十五年，昭公二十二年、二十六年，定公十三年。定公十三年的情況，“公宫”也有君主宫殿的意思，但在盟誓時要召唤來神靈，這時可能用祖先的廟。此外，襄公十一年，魯的三桓氏爲作三軍，在僖宫之門僖閎盟誓，並非宗廟。在宫廷内盟誓的例子有：僖公二十八年，王子虎與諸侯在王庭盟誓，哀公二十六年宋大尹與六卿在小寢之庭盟誓等。

㉓ 鄭子駟爲穆公之子，爲七穆之一。周單子是封到單的成王幼子臻，與周同姓。魯三桓氏是從桓公分離出來的（見陳厚耀《春秋世族譜》）。石癸雖不明，但其盟誓爲立太子。崔杼是以前從太公之子丁公分離出來的家族後代，且其盟也與立君有關。單子則爲奉侍悼王之盟。

㉔ 貝塚茂樹：《中國古代國家》（見《貝塚茂樹著作集》第一卷，中央公論杜，1976）第340頁。

㉕ 成公十二年，襄公二十七年。襄公二十七年辛巳日在宋的西門外與楚、晉進行弭兵之會，乙酉日在蒙門外，宋平公與諸侯大夫盟誓。

㉖ 襄公三十年，昭公元年、十三年。關於閨門，杜預認爲是鄭的城門，會箋認爲是鄭内宫北門，但未指明是否在城門外。昭公六年宋合比與華臣在北郭曾做僞盟。門内的例子有定公五年魯陽虎與季桓子在稷門内側盟誓。

㉗ 僖公二十四年，襄公三十年，定公十三年。

㉘ 昭公二十年，定公三年。

㉙ 昭公元年有“鄭爲游楚亂故，六月丁巳，鄭伯及其大夫盟於公孫段氏”的記載。二十二年有“戊辰，劉子摯卒。無子，單子立劉蚠。五月庚辰，見

王，遂攻賓起，殺之，盟群王子於單氏”的記載。把“公孫段氏”釋爲公孫段家，“單氏”釋爲“單氏之邑”，乃引自貝塚茂樹編《世界古典文學全集 13・春秋左氏傳》（築摩書房，1870），但太田辛男認爲“公孫段氏”爲公孫段和其宗族（也有指公孫段家的可能），“單氏”作爲劉蚠代理的單氏（參見《田齊的形成——關於齊田氏之二》，載《中國古代史研究》四，雄山閣出版，1987）。

⑩ 貝塚茂樹編：《世界古典文學全集 13・春秋左氏傳》，竹内照夫譯《春秋左氏傳》（平凡社，1972）。

⑪ 太田幸男認爲在這種情况下，“陳宗”爲代表“諸陳”的田常個人，其地點在田常家不會有什麽問題。

⑫《左傳・僖公十年》。

⑬《史記・趙世家》中有“趙氏之先，與秦共祖”“繆王日馳千里馬，攻徐偃王，大破之。乃賜造父以趙城，由此爲趙氏”，“叔帶之時，周幽王無道，去周如晉，事晉文侯，始建趙氏於晉國”的記載。

⑭ 定公十三年，下同。

⑮ 據《史記・晉世家》載，幽公時（前 433—前 416），晉衹有絳與曲沃，烈公十九年（前 397），趙、韓、魏爲諸侯，孝公死，雖立静公，但次年（前 371）也死了（見陳夢家《六國紀年》，該書表上桓公二十年，即公元前 369 年爲晉亡之年）。

原載《文物季刊》1996 年第 1 期。

侯馬古城群和盟誓遺址的關係

〔日〕江村治樹　著　周先民　譯

一

衆所周知，侯馬盟書是我們考察春秋戰國時代晉國之社會、文化的第一手材料。作爲考察的前提，有必要首先清楚地了解盟書本身的性質，但是，盟書的性質並不一定能够明確下來。在明確盟書的性質方面，特别重要的問題是，誰是主盟者的問題。如果對歷來的學説加以整理的話，關於誰是主盟者，可以分爲“國君説”和“卿大夫説”這兩種意見。“國君説”中，有晉景公説（李裕民）[①]、晉敬公或者幽公説（陳夢家）[②]、趙敬公章説（郭沫若）[③]等等；“卿大夫説”中，有趙鞅説（張頷）[④]、趙桓子嘉説（唐蘭、高明、馮時）[⑤]等等。另外，關於盟書的年代，主張晉景公説的，早至公元前585年；主張趙敬公章説的，則遲至公元前386年。兩説前後相差二百年。由於《侯馬盟書》的出版（文物出版社，1976年），盟書和遺址的全貌，很清楚地呈現了出來，年代方面的差異也在很大程度上縮小了。不過，在誰是主盟者的問題上，仍舊呈現出對立的狀態[⑥]。

我在以前寫的《侯馬盟書考》(《内田吟風博士頌壽紀念東洋史論集》, 1978 年)一文裏，聯繫盟誓遺址的地理位置，探討了主盟者的問題。首先，以對考古學的調查報告的研究爲依據，推測出盟誓遺址，當在晉的國都新田的外城外東郊的國有的祭祀場裏。特别是當我們把祭祀坑群、十字形溝等祭祀形態，與侯馬古城群(牛村、平望、臺神古城)聯繫起來觀察，就可以發現，這裏很可能是晉國舉行重要的祭祀——郊祭的場所，而作爲大夫階層祭祀場所的可能性則很小。可以認爲，盟誓很有可能借用象這樣的國有祭祀場的一部分來舉行。第二，從《左傳》裏能看到的盟誓的事例可以發現，和大夫的宗族有關的盟誓，都是在那個宗主的家裏進行，在宗廟、社等國有的祭祀場裏，並不舉行大夫的宗盟。因此，在城外的國有的祭祀場裏舉行的盟誓，不大可能是大夫的宗盟。而且，從圭形盟書的形狀、盟書的内容、字體等方面考察，可以認爲其成書年代爲春秋末年，如“張頷説”中關於這個盟誓與趙鞅有密切關係的觀點，是可以被認可的。但是，根據我所論證的上述舉行盟誓的場所，以及能在《左傳》裏看到的關於參盟者的身份不同、盟誓的場所亦有所變更[7]等事例，可以認爲主盟者就是定公本人。也就是説，我認爲，侯馬盟書能被看作是在魯定公十三年(前 497 年)十二月辛未日，晉定公與趙鞅盟誓於公宫之後[8]，又與趙鞅的一族以及其他同伴盟誓的文書。

二

從上述論文發表以後，在關於侯馬盟書主盟者的探討方面，接連發現了有參考價值的文物和遺址。第一是 1979 年，在河南省温縣東北被發現的温縣盟書[9]。從温縣盟書中的人名、用語等方面分析，可以認爲它和侯馬盟書幾乎産生於同一個時代[10]，兩者可以進行比較和對照。如果試着比較侯馬盟書與温縣盟書的話，那麼，前者的等級是在後者之上的。侯馬盟書的材質可分爲石質和玉質兩類，石質占了大部分。這種石頭雖然屬於粘板岩一類，但觀察實物就可以看出其質地是相當細密的。另外，石質的以圭形爲主，也有璋形和簡形的，其中有的厚度和紙差不多，它們全都經過精細的加工。玉質的基本上是不規則形，可以推想是利用加工玉器後剩下的廢料做成的。文字一般是朱寫的，也有少數是用墨寫的。與此相對，公開出來的温縣盟書，則全部是石質的，圭形占了大部分，圭形的質地被公認爲是千枚岩。觀察實物，顔色爲黄土色而有光澤，薄薄的似可剥下，看起來好象脆而易碎。但是，根據考察報告所述，簡形的質地細密堅硬，被認爲與軟玉的質地接近；圭形的讓人覺得加工相當粗糙。報告説文字全部是用墨寫的。温縣盟書的出土地是州城遺址的城外，雖然可以認爲它和州城有某些關係，但這城市不過是一個地方城市。也有説法認爲，州城是晉國大夫韓氏的邑，主盟者是韓簡子（不信）[11]。與此相對，侯馬盟書從晉都新田的附近出土，由此可以推定它是和國君有關係的。

第二是從 1984 年至 1986 年被發現的侯馬呈王路建築群[12]。這個建築群，位於呈王古城以東約 1200 米，盟誓遺址在它的正南方 1000 米之處。根據簡報所述，有一個以“堂”爲中心，圍着“庭”的，東西向的“厢”，那個全部被圍墻圍起來的建築群（13 號地點），以及埋着馬、牛、羊等祭品數量很多的祭祀坑（26 號地點）等遺址被發現了。於是，簡報認爲這些建築群是晉國宗廟的可能性很大，顯示出包括侯馬盟書的内容在内，盟誓是在晉國宗廟的附近被舉行的。但是，關於誰是侯馬盟書的主盟者，則没有言及。然而，如果把呈王路建築群當作晉國的宗廟，那麼，被認爲與此有密切關係的盟誓遺址，同時也就是國有的祭祀場的可能性，也就隨之變大了。因此，我認爲僅此一點，侯馬盟書的主盟者是晉的國君的可能性被加强了。

三

但是，我們還不能説關於呈王路建築群是不是晉國宗廟的問題已經完全解决了。特别是它與侯馬古城群的關係，又成爲新的問題。雖然可以認爲侯馬古城群是國都新田的宫殿所在地，但是，呈王路建築群卻離開它三公里。根據文獻史料，國家的宗廟建在城裏，而且位於離宫殿很近的地點。《周禮·匠人》有“左祖右社”的説法；《小宗伯》有“掌建國之神位，左宗廟，右社稷”的記載。賀業鉅氏根據《儀禮·聘禮》《周禮·司儀》的有關記述，推定宗廟位於宫城外的左前方⑬。根據《左傳》的有關記述，宗廟位於城内之事是能够推測出來的。我們可以認定作爲鄭之祖廟的大宫，位於國都的城内⑭。另外，還可以認爲周的平宫（平王的廟）和莊宫（莊王的廟）位於王城内，襄宫（襄王的廟）位於成周城内⑮。還有，魯桓公、僖公的廟好象就在宫殿（公宫）附近，齊太公的廟似乎就建在公宫之内⑯。即使在晉國，宗廟位於城内的事實似乎也是不用懷疑的。《左傳·成公十八年》（前573）有“庚午，（周子）盟而入，館於伯子同氏，辛巳（辛未）朝於武宫”的記載。周子在進入國都新田的翌日，即朝拜武公的廟⑰，由此可以認爲武公的廟就在城内。

即使從考古學所發現的遺址上，也可以看出宗廟似離宫殿很近。在秦都雍城内的馬家莊1號建築遺址上，我們從建築遺址的形態、祭祀坑的存在方面考察，其原爲秦國宗廟的可能性是很大的⑱。這處建築遺址，位於被認爲是宫殿的馬家莊3號建築遺址以東500米⑲，兩者的距離相當接近。即使在侯馬，呈王路建築群之外，牛村古城的南面250米之處，隨着祭祀坑的被發現，被認爲是宗廟的建築遺址也被發現了⑳。根據考察報告，公認這處建築遺址是牛村古城晚期的産物，大約在公元前450年至前420年之間被使用過。

四

從以上事例可以看出，呈王路建築群，離開被認爲是宮殿區的古城群，實在太遠了。另外，即使假定古城群的外面有外城墻，呈王路建築群在城墻之外的可能性也非常大。因此，還不能據此斷定呈王路建築群就是與古城群有關係的晉國宗廟。關於呈王路建築群的性質，以下幾個方面的可能性是可以考慮的。

首先，可以設想它並不是宗廟。把上述牛村古城南的建築遺址作爲晉國宗廟的一部分來考慮時，呈王路建築群不是宗廟的可能性就呈現出來了。還有，呈王路建築群與牛村古城南的建築遺址，以及馬家莊1號建築遺址都不同，它的祭祀坑和建築遺址相脱離，也是一個問題。但是，象這樣大規模的建築群，在宗廟以外，又是一種什麽性質的建築物呢？目前還很難推定。和祭祀坑相關聯，也有可能是某種宗教的設施，不過目前來考慮它與盟誓遺址的關係，還顯得材料不足。

其次，把它當作宗廟來考慮。第一種可能性是，晉國宗廟的位置和其他國家相比，較爲特殊；第二，也可以考慮這樣的可能性，新田當初是以呈王路建築群爲中心來建設的，古城群是在以後附加建造的。如果是第一種情形，則没有證據能够證明衹有晉具有特殊性，因此，其可能性大概很小。如前所述，即使在晉國，宗廟亦被認爲建在城内。此外，從晉是繼承了周之傳統的、有力的姬姓諸侯這一點考慮，也無法認爲其有特殊性。

對第二種情形，有必要作稍微詳細些的討論。呈王路建築群的年代，比牛村古城南的建築遺址的年代要早些，一般認爲它大約從公元前550年至前480年被使用過[21]。雖然在它和牛村古城年代的關係方面，還留有問題[22]，但它是新田遷都後早期的建築遺址，則可以肯定。它具有和侯馬古城群同樣的品字形宫殿區，和它在都城設計方式上有着引入注目的繼承關係的趙都邯鄲故城（圖一），也有類似情形，有居住區的大北城，被公認爲建築年代要早於宫殿區的趙王城。於是，也有意見認爲，初期趙都的宫殿曾位於在老城市的基礎上建成的大北城内[23]。即使在侯馬，從附近存在着始於西周晚期的貴族墓地這一事實出發[24]，可以認爲在遷都以前，曾存在過有一定規模的城市。由此完全可以肯定，晉都新田也是在老城市的基礎上建設起來的。呈王路建築群也許是這個在老城市的基礎上所建造起來的初期新田的宫殿的一部分吧。因此，即使在這一部分裏包含了宗廟，也不是不可能的[25]。這樣，我們能够認爲，象是包圍着呈王路建築群，呈分散狀態的祭祀坑[26]（圖二），并包括盟誓遺址在内，正是初期新田郊外的祭祀遺址。這類在國都郊外舉行的祭祀活動，可以認爲它們是郊祭、望祭一類。根據《左傳》，晉國確實舉行過郊祭和望祭[27]。盟誓遺址也有可能是舉行郊祭、望祭的祭祀場。因此，畢竟還是把它看作國有的祭祀場比較合適。

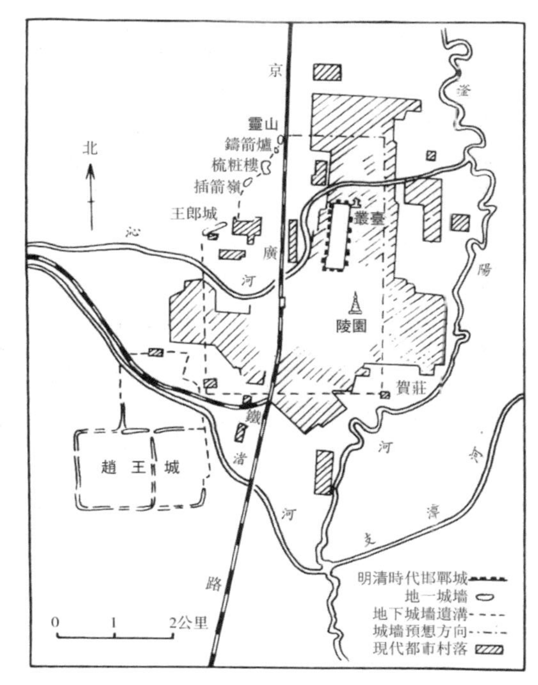

圖一　邯鄲趙古城

但是，以上所論説到底不過是推測罷了。對於徹底搞清楚呈王路建築群的性質來説，還有待於對侯馬周圍遺址的繼續探查，對都城發展譜系的探討等等，還留有很多的課題。

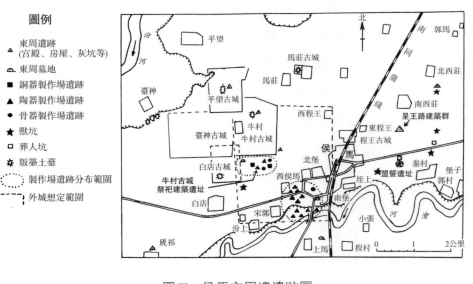

圖二　侯馬市周邊遺跡圖

注釋：

① 李裕民：《我對侯馬盟書的看法》，《考古》，1973 年第 1 期。

② 陳夢家：《東周盟誓與出土載書》，《考古》，1966 年第 5 期。

③ 郭沫若：《侯馬盟書試探》，《文物》1966 年第 2 期。

④ 長甘（張頷）；《侯馬盟書叢考》，《文物》1975 年第 5 期。

⑤ 唐蘭：《侯馬出土晉國趙嘉之盟載書新釋》，《文物》1972 年第 8 期；高明：《侯馬載書盟主考》，《古文字研究》（第一輯）；馮時：《侯馬盟書與温縣盟書》，《考古與文物》1987 年第 2 期。

⑥ 雖然年代被集中到春秋末戰國初，但是關於誰是主盟者，仍然有趙鞅説（前 497 年以後）、趙桓子嘉説（前 424），以及後述的晉定公説（前 497）等等，尚未確定。

⑦ 如襄公三十年“鄭伯及其大夫盟於大宫，盟國人於師之梁之外”等例。

⑧《左傳 · 定公十三年》有“十二月辛未，趙鞅入於絳，盟於公宫”的記載。

⑨ 河南省文物研究所：《河南温縣東周盟誓遺址一號坎發掘簡報》，《文

物》1983 年第 3 期。在此以前，1930 年、1935 年、1942 年在同一地點也曾被發現，但已經散佚。人們所稱的《沁陽盟書》，被公認爲是其中的一部分。

⑩ 注⑤馮時論文，注⑨簡報。

⑪ 注⑨簡報。但是，注⑤馮時論文把主盟者當作趙獻子浣。

⑫ 山西省考古研究所侯馬工作站：《侯馬呈王路建築群遺址發掘簡報》，《考古》1987 年第 12 期。

⑬《考工記營國制度研究》，中國建築工業出版社，1985 年版。

⑭ 隱公十一年，成公十三年，昭公十八年。

⑮ 昭公二十二年，定公七年，昭公二十六年。

⑯ 哀公三年有"司鐸火，火逾公宫，桓僖灾"句，襄公二十八年有"嘗於大公之廟，慶舍涖事，（中略）慶氏以其甲環公宫"句，杜注云："廟在宫内"。

⑰ 會箋、服虔本把辛巳當作辛未，另外根據僖公二十四年晉文公的事例，把翌日的辛未作爲朝拜之日，公認是妥當的。

⑱ 陝西省雍城考古隊：《鳳翔馬家莊一號建築群遺址發掘簡報》，《文物》1985 年第 2 期。

⑲ 陝西省雍城考古隊：《秦都雍城鑽探試掘簡報》，《考古與文物》1985 年第 2 期。

⑳ 山西省考古研究所侯馬工作站：《山西侯馬牛村古城晉國祭祀建築遺址》，《考古》1988 年第 10 期。

㉑ 山西省考古研究所侯馬工作站：《侯馬呈王路建築群遺址發掘簡報》，《考古》1987 年第 12 期。

㉒ 根據山西省考古研究所侯馬工作站：《山西侯馬晉國遺址牛村古城的試掘》（《考古與文物》1988 年第 1 期）一文的論證，牛村古城建於前 6 世紀下半葉，在前 5 世紀下半葉被廢棄，似和呈王路建築群的年代相重叠。

㉓ 楊寬：《中國都城的起源和發展》第 96 頁，學生社 1987 年版。

㉔ 山西省文物管理委員會侯馬工作站：《山西侯馬上馬村東周墓葬》，《考古》1963 年第 5 期。

㉕ 即使在注⑳的報告裏，也是把呈王路建築群作爲初期新田的宗廟來考慮的。

㉖ 請參照圖一；山西省文管會侯馬工作站：《侯馬北西莊東周遺址的清理》（《文物》1959 年第 6 期）、《侯馬盟書》等。

㉗ 昭公七年，爲了治好晉侯的病，韓宣子舉行了“群望”“夏郊”的祭祀活動。另外昭公十八年，鍼對鄭國的灾害，晉國的大夫舉行了望祭活動。

原載《汾河灣——丁村文化與晉文化考古學術研討會文集》，山西高校聯合出版社，1996 年 6 月。

論温縣盟書與侯馬盟書的年代及其相互關係

趙世綱　羅桃香

温縣盟書是1979年發現的。1981年至1982年，河南省文物研究所對這處遺址進行了發掘。1983年發表了《河南温縣東周盟誓遺址一號坎發掘簡報》一文（《文物》1983年3期）。在此文中，我們對這處遺址的年代作了初步推斷。認爲大體上可定在晉定公十五年十二月。其理由有二：1. 温縣盟書内容、體例、用語等均與侯馬盟書有許多相同或相似之處。侯馬盟書的年代約在公元前496年前後，所以温縣盟書應與侯馬盟書的年代相近。2. 温縣盟書T1坎中有許多盟辭寫有“十五年十二月乙未朔”的紀年，這個紀年與晉定公十五年（前497）正月乙未朔最爲接近。簡報發表後，馮時先生發表了《侯馬盟書與温縣盟書》一文（《考古與文物》1987年2期，以下簡稱馮文，不再另注），對這兩處盟書的年代以及兩者相關聯的歷史事件，提出不同的看法，認爲侯馬盟書主盟人是趙嘉，温縣盟書的主盟人可能就是趙浣，兩地盟書所反映的歷史事件可能是趙嘉和趙浣之間爲争奪君位的鬥争。其年代爲晉幽公十五年，即公元前425年。我們認爲，如果像馮文推斷那樣，則有許多問題不好解釋。

一、侯馬盟書主盟人爲趙嘉論商榷

（一）兩地盟書中的“□”公是否爲出公

首先侯馬與温縣盟書的誓詞中均有“丕顯□公大冢”或“丕顯皇君□公”的盟詞，其“□”字的特殊寫法也相同。可證兩地均將公捧爲神靈。如果“□公”爲晉出公的話，則與史籍相抵牾。《史記·晉世家》云：“出公十七年，知伯與趙、韓、魏共分范、中行氏地以爲邑，出公怒，告齊、魯，欲以伐四卿，四卿恐，遂反攻出公，出公奔齊，道死。”從此段記載看，出公是爲趙氏的敵人，並被逐出晉國，客死於外。同爲趙氏的趙嘉、趙浣還會把出公捧爲神靈，叫他來監視誓言的執行嗎？而且這時趙嘉和趙浣是敵對的兩個集團，如果出公有靈，怎麽能夠保佑敵對雙方都能夠勝利呢？

“大冢”的含義，按馮文的解釋即陵寢之意。盟誓儀式即在晉出公陵寢之前舉行，我們認爲這是不可能的。

温縣盟誓遺址，是在一個土臺之上。其北數十米即爲沁河，其西緊鄰州城城墻。在土臺及其周圍，我們曾作多次調查與鑽探，没有發現有大型陵墓痕跡。僅在土臺之上發現數座小型的戰國晚期和西漢前期的土坑墓。假如説晉出公即葬於此，後代被毁或未發現，温縣盟誓儀式確在出公陵前舉行，那麽侯馬盟誓中也有“出公大冢”，難道侯馬也有一個出公陵墓嗎？出公被逐出晉國，客死於外後，故知伯乃立昭公曾孫驕爲晉君，是爲哀公。哀公十八年卒，哀公子幽公柳立。自此以後的晉國諸君，都不是出公的嫡系子孫。是故晉出公在晉國不可能有人給他建築陵寢，更不可能在温縣和侯馬兩地同時給他建造陵寢的。

其次，趙嘉逐趙浣之事，發生在晉幽公之十四年。晉幽公是晉昭公的孫子，而非出公之後。所以當時晉君的祖廟陵寢，不可能是出公，而祇能是昭公。當時如要在祖廟或陵寢前舉行盟誓儀式的話，祇能在昭公或其直系祖先的陵寢前，也不會在出公陵寢前舉行的。

再者，在冢墓前舉行盟誓也不合於當時禮制。據文獻記載當時盟誓多在宫中或城廓之外，或在山川河流之間，如《左傳·昭公二十二年》云："盟於稷門之外"，《韓非子·内儲下》云："因爲設壇場郭門之外而埋之，釁之以雞豭，若盟狀"。而温縣盟誓遺址正與上述記載相符合。

（二）侯馬盟書中的"君"並不一定專指晉君

侯馬盟書中多有稱君的，如"皇君晉公""繹于皇君之所""自誓于君所""君其ＸＸ之""ＸＸ及新君子孫，ＸＸ及新君子孫""吾君其明亟ＸＸ之"等。有的學者認爲這個君，祇能是晉君（戚桂宴：《侯馬石簡史探》，《山西大學學報》1982 年第 1 期），也就是晉出公。主要理由：一是《左傳》中卿大夫稱主不稱君。二是《左傳》中稱君的均指的是國君。我們認爲，盟書稱君的不一定是指國君。因爲在文獻中以及青銅器銘文中有許多材料可以證明自西周中期以至戰國的卿大夫都可以稱君。如《左傳·昭公二十八年》載："祁盈之臣曰：'鈞將皆死，慭使吾君聞勝與臧之死也以爲快。'"這裏的"君"，無疑是指晉大夫祁盈。《史記·趙世家》載，趙襄子即位之後，因其兄伯魯没有繼位爲君，所以必欲傳於其兄之子周。在趙襄子滅代以後，遂以代封伯魯子周爲代成君。這個代成君，肯定不是諸侯國君，因爲趙襄子本人就不是國君，當然也根本無權分封一個諸侯君。這個代成君祇能是一個采邑的君主。在戰國時，諸侯國内有很多封君，最著名的如：魏平原君、齊孟嘗君、楚春申君等。在青銅器或竹簡中也有很多封君名字，如燕國的襄安君鈚（見襄安君《尊古》二·三九）是燕召王的弟弟。魏信安君（見《信安君鼎》，《考古與文物》1981 年 2 期），魏國公族。平安君（見《平安君鼎》，《考古》

1980 年 9 期）等。在晉國的就有令瓜君（見《嗣子壺》），令瓜君爲晉大夫魏顆之後，壺爲戰國前期遺物。在晉國的還有智君（見《智君子鑒》，《録遺》五一九・五二〇），是爲春秋時的遺物。

非諸侯國君而稱君的，在西周已經有了。如西周中期的《琱生簋》中有宗君（《大系》釋文一三三——三五），此宗君是指召伯之父幽伯。西周厲王時《散氏盤》中有駺君。到春秋時就更多了，如樊君道（《考古》1963 年 12 期）、樊君飛（《三代》一〇・一、一七）、樊君夔（《文物》1981 年 1 期）、番君配白（《三代》一七・三六、三）、番君召（《三代》一〇・一七、四）、黄君孟（《考古》1984 年 4 期）、重夜君（見《曾侯乙墓》竹簡遣策）等，這些大都是没有爵號但有封邑的君主。所以《儀禮・喪服》説："曰：君至尊也"，鄭玄注："天子、諸侯及卿大夫有地者皆曰君。"從上述證明，君不是諸侯國君的專稱。卿大夫或有封邑的人都可以稱君，同時衹有不將"君"字理解爲諸侯國君的專稱，盟書中的盟詞才能得到合理的解釋。如侯馬盟書"委質"類中的打擊對象有"欿及新君""蹬及新君"。這個"君"當是欿及蹬各自封邑的新君主。他們的舊君主則可能是趙孟的擁護者，或是反對趙孟而被趙孟所殺。有如《左傳》所載涉賓與趙稷的關係一樣，邯鄲趙午被趙鞅所殺後，涉賓就回邯鄲擁立趙稷爲君，趙稷對涉賓來説當然就是新君了。

（三）"嘉"不是趙嘉，當是懿美之稱

馮文等認爲侯馬盟書的主盟人是趙嘉。其根據爲：1.《國語・晉語八》有"遂刺欒盈，滅欒氏，是以歿平公之身無内亂也。"2.《國語・晉語八》有"自是没平公無楚患。"3.《吕覽・期賢》有"故簡子之時，衛以十人者按趙之兵，歿簡子之身。"這與侯馬盟書委質類盟詞的"没嘉之身及子孫或復入晉邦之中者"詞例全同。所以這個嘉一定是個人名。這裏我們應當指出，上列數條均是後人對歷史事件的追記或評論，並不是當事人的對話。當然不需要有什麼避諱，所以直呼其名。而盟詞是參盟人對主盟人的直接對話，所以不敢直呼其名。張頷先生指出“嘉”是參盟人對主盟人的美稱或尊稱，是很正確的。而在文獻中確有把嘉作爲君主的懿美之詞的。今舉一例：《左傳·哀公十六年》衛太子蒯聵自戚入衛，將衛侯輒逐出衛國，自立爲君。爲了得到周天子的認可，便派鄢武子（名肸）告於周王説：“蒯聵得罪於君父母，逋竄於晉。晉以王室之故，不棄兄弟，置諸河上，天誘其衷獲嗣守封焉。使下臣肸敢告執事。”王使單平公對曰：“肸以嘉命來告余一人，往謂叔父，余嘉乃成世，復爾祿次，敬之哉！方天之休，弗敬弗休，悔其可追。”周王的大臣單平公，對衛國的大臣肸説話還不直稱“衛侯之命”或“蒯聵之命”而稱“嘉命”。由此我們就不難理解盟書誓詞中的“嘉”字應當是懿美之稱，而不應是人名了。

（四）温縣盟誓遺址西南古城並不是趙國的中牟

温縣盟誓遺址，位於温縣東北 12.5 公里的沁河南岸，其西南緊靠一古城，部分城垣尚存，城墻南北長 1720—1780 米，東西寬 1471—1680 米。從調查和鑽探城墻上出土的包含物來看，其時代屬於東周時期。此古城我們在簡報中已指出，它應是春秋戰國時的州城。但馮文卻推斷爲趙國的中牟，是趙獻子建都之地，因此有必要再加以澄清。

酈道元《水經注》沁水條云：“又東過野王北，又東過州縣北”注云：“縣故州也。”野王即今之沁陽市。故州城即在沁陽東南 15 公里的沁河南，與盟誓遺地西南古城的位置是非常契合的。《括地志》武德縣條下云：“懷州，武德縣，本周司寇蘇忿生之州邑也。”懷州即今之沁陽市。今故州城内尚有小鎮，叫武德鎮。從上引可證温縣盟誓遺址西南的古城垣爲東周時的州城無疑。

州城在東周時期的沿革也是比較清楚的。前已指出，州邑在西周時屬蘇國的一個城邑。公元前712年，周桓王曾取蘇國十二邑給鄭國，以換取鄭國的鄔、劉、蒍、邘之田。這十二邑中就包括有州。大概這次交換，並沒有徹底執行。所以公元前675年，周王子頹作亂失敗後曾出奔温。公元前650年又有狄人滅温、蘇子奔衛之事。在公元前649年時，伊洛戎等聯合攻周，後晉惠公"平戎於周"。可能這時周王將州邑賜給晉惠公的大夫郤稱。公元前636年，晉惠公卒。晉文公重耳繼位爲晉君，惠公舊臣呂甥、郤芮等被殺。州城可能又回歸於周王管轄。公元前635年，晉文公爲周王平息王叔帶之亂，周王爲嘉獎晉侯的功績，賜給晉君南陽之地，其中也包括有州。《國語·晉語四》載其事較詳："二年（文公二年）春，公以二軍下，次於陽樊，右師取昭叔於温，殺之於隰城，左師迎王於鄭。王入於成周，遂定之於郟。王饗醴，命公胙侑。……賜公南陽陽樊、温、原、州、陘、絺、組、攢茅之田。"同年的冬天，晉侯以趙衰爲原大夫，狐溱爲温大夫。州可能歸狐氏所有。公元前621年，晉文公卒，由於擁立新君之事狐氏與趙氏意見相左。狐氏的續簡伯被殺，賈季奔狄。温、州可能均歸趙氏所有。公元前583年（成公八年），下宫之難，趙氏被滅族。此後州地可能即歸欒氏所有，所以《左傳·昭公三年》就説："初，州縣欒豹之邑也，及欒氏亡（在前550年），范宣子、趙文子、韓宣子皆欲之。文子曰：'温，吾縣也'（州原屬温），二宣子曰：'自郤稱以別，三傳矣，晉之別縣不唯州，誰獲治之？'文子病之，乃舍之。"趙文子因爲兩宣子的反對没有將州弄到手，但兩宣子也未敢取州，但韓宣子卻在州的問題上施了一個計謀。請晉侯將州賜給了原爲他的臣宰，後爲鄭國大夫的伯石。《左傳·昭公三年》是這樣説的："夏四月，鄭伯如晉，公孫段相，甚敬而卑，禮無違者。晉侯嘉焉，授之以策曰：'子豐（公孫段之父）有勞於晉國，余聞而弗忘，賜女州田，以胙乃舊勳。'……豐氏（指子豐）故主韓氏，伯石（公孫段）之獲州也，韓宣子爲之請之，爲其復取之之故。"果然四年之後，豐氏將州還給了韓宣子。"宣子受之，以告晉侯，晉侯以與宣子。"從此州爲韓氏所有。并且宣子徙居於此，將州經營爲韓氏的大本營。這是公元前535年的事。

韓宣子於魯昭公二十八年卒（前513）。其子韓不信繼位爲君，稱簡子。據《史記·韓世家》説："貞子徙居平陽。"但韓氏可能並没有舍棄州。因爲據《戰國策·韓策一》："三晉已破智氏，將分其地，段規謂韓王曰：'分地必取成皋。'韓王曰：'成皋，石溜之地也，寡人無所用之。'段規曰：'不然，臣聞一里之厚，而動千里之權者，地利也。萬人之衆，而破三軍者，不意也。王用臣言，則韓必取鄭矣。'韓王曰：'善。'果取成皋。至韓之取鄭也，果從成皋始。"成皋即古邢丘。北距古州城僅10公里。三晉滅智氏在魯悼公十四年（前452），韓之滅鄭，在公元前375年。可見州城在此期間一直爲韓所有。另外《竹書紀年》記載有梁惠王三年（前368）"鄭城邢丘"之事，此云鄭即爲韓，韓滅鄭後，又稱鄭。可證此時州仍屬韓。戰國中期以後，由於戰争頻繁，州城處於韓魏交界處，故州城時而屬韓，時而屬魏。《戰國策·齊策五》云："昔者……楚人救趙而伐魏，戰於州西，出梁門，軍舍於林中，馬飲於大河。"這是韓文侯六年（前301）的事，大概不久，州城就復歸韓所有，直至韓亡。《戰國策·韓策一》蘇秦説韓王曰："韓，北有鞏、洛、成皋之固。"把成皋説成是韓的北疆。《戰國策·秦策三》范雎説秦王采用他的遠交近攻政策時也説："舉兵而攻滎陽，則成皋之路不通，北斬太行之道，則上黨之兵不下，一舉而攻滎陽，則其國斷而爲三。韓、魏見必亡，焉得不聽，韓聽而霸事可成也。"

從以上州城的沿革看，自春秋晚期以迄戰國末世，州城基本上都爲韓氏所有。戰國時衹有短暫的時間屬魏。與趙的關係是不大的。所以趙之中牟不可能是州城。

那麽，趙之中牟在什麽地方呢？舊説有三。一説是在河南的湯陰縣西，一説是在河北邯鄲、邢臺間。以上二者均與温縣州城無關。第三説是在河南中牟縣。馮文即沿用此説。此説源自《漢書·地理志》河南郡條“中牟……圃田澤在西。豫州藪，有莞叔邑，趙獻侯自耿徙此。”此説不確。歷代史家多有所匡正，臣瓚注文就説：“中牟在春秋之時是鄭之疆内也，及三卿分晉，則在魏之邦土也。趙界自漳水以北不及此。”唐司馬貞《史記·索隱》也説：“此趙中牟在河北，非鄭之中牟。”如果唐人之説還不足爲據的話，那麽我們看戰國時人是怎樣説的。《戰國策·齊策五》蘇秦説齊閔王曰：“……昔者，趙氏襲衛……衛君跣行，告溯於魏。魏王身被甲底劍，挑趙索戰。邯鄲之中騖，河山之間亂。衛得是藉也，亦收餘甲而北面，殘剛平，墮中牟之郭。”衆所周知，當時衛國在今河南衛輝、濮陽一帶，所以衛國才能憑藉魏國的參戰“亦收餘甲而北面。殘剛平，墮中牟之郭。”可見中牟是在衛國之北而不是在衛國之南。魏伐趙救衛是在趙敬侯四年，即公元前384年。前距趙獻侯遷中牟約40年，此時趙國還未遷都邯鄲。

《漢書》的錯誤，可能是將莞叔與管叔混同一人。莞與管古音雖相近，但管叔指的是周文王之子管叔鮮。鄭州市區有古城，就叫管城，爲管叔鮮的封地。故文獻記載滎陽有管叔冢而非莞叔冢。所以推斷趙之中牟在河南温縣是没有根據的。關於《古本竹書紀年》中有：“趙獻侯城泫氏。”也不能作爲州城就爲趙國所有的根據。因爲泫氏，漢稱泫氏縣，其地望是在今山西高平縣境。北距趙國的潞（今長治市）很近，而距温縣州城則約三百餘華里。怎能夠説明州城就爲趙所有呢？

綜前所述，把温縣和侯馬盟書推斷爲公元前424年趙嘉和趙浣争奪君位的遺留似乎是不能成立的。

二、温縣盟書的主盟人

温縣盟書的主盟人是誰，這是我們必須解决的問題。在1983年發表的簡報中我們從兩方面來推斷。一是從盟書出土地點的歷史沿革看，温縣武德鎮春秋時爲州地，大約在魯昭公七年（前535）之後不久，歸韓宣子所有，並建立爲韓國都邑。二是由於温縣盟書誓詞中有“十五年十二月乙未朔辛酉”的紀年，此“十五年”，根據曆朔推斷可能是晉定公十五年。此時韓氏宗主爲韓簡子，所以盟書的主盟人可能就是韓簡子。經過近年來的整理研究，我們的推斷已得到了進一步證實。

温縣盟書，建國前已有出土，但多已流失。僅在中國社會科學院考古所收藏有十多片，陳夢家先生曾對這批資料作了整理，發表在1966年《考古》第5期上。這十多片盟書除一片較完整外，其餘的殘缺過半，不易通讀。而較完整的一片，字跡也多泯滅脱落。1973年，張頷先生又對這批資料進行觀察並重新臨摹。但主盟人也未摹出。1980年發掘的温縣盟書，其中温縣T4坎6出土盟書上的盟詞，基本上與上述完整的一片相似。但盟詞也多泯滅不清。前後兩次出土盟書拼合起來大致可復原其盟詞全文。釋文如下（其不識者按原樣摹出）：

“自今以往□敢不閛其忠心，以奉事其主[illegible]以[illegible][illegible][illegible]則（賊）夫韓汮、韓河、韓[illegible]、韓[illegible]、趙朝、閔綽、郰政、麻[illegible]、及群則（賊）夫，家不厭者。丕顯晉公，適亟之，麻夷非是。”

在這篇盟詞中特别值得注意的是它指出了主盟人名叫“[illegible]”。打擊對象中有趙朝其人。趙朝的朝字，考古所藏的一片寫作“[illegible]”，T4

坎6中除有前述的一種寫法外，還有寫作“”“”“”和“”。從車從舟，當爲朝字無疑。寫作軺的，從車從召，召、朝一聲之轉，可能是音近而誤寫。趙朝《左傳》有其人，昭公二十八年（前514），晉六卿滅祁氏與羊舌氏，分其封邑爲十縣。各命其宗親爲大夫，其中有“趙朝爲平陽大夫”。

主盟人在T4坎6的盟詞中有幾種寫法，作“”、作“”、作“”或作“”“”“”，還有作“”的。此字不是化字，是顯而易見的，但也不是嘉字，所以此坎盟書應與趙嘉逐趙浣之事無關。從盟詞打擊對象看，八人中韓氏占了前列4人，其餘爲趙氏1人、閔氏1人、郵氏1人、麻氏1人，所以此坎盟書當與韓氏關聯更大些。“”字左旁從“立”，但右旁所從不易判斷，我們初步認爲可能是“夋”字。金文中《不𡢁毁》的“夋”字作“”。《中山王方壺》“夋”字作“”。篆書“夋”字作“”，均與此近似，從“立”從“夋”即“竣”字。

主盟人在溫縣T4坎6中無姓氏。但在溫縣T4坎5中誓詞均稱作竣，T4坎5盟書多殘損，盟詞也多難以通讀，但多片拼合起來，大致可以復原其盟詞全文，釋文如下（不識之字，按原樣摹出）：

“□自今以往，敢不其忠心，以事而主及其嗇夫左右。索力爲一，以固事而主，而尚敢復通與郾戍、郾瘵出人爲聖□晉公大冢，□亟覘之，□□□□。”

“敢不焉其忠心”與溫縣盟書T1坎1“敢不焉其忠心。”句法全同，此“”可能與“”的意思相同。“嗇夫”即農夫。《説文》嗇部：“嗇，愛濇也，从來从㐭，來者㐭而臧之，故田夫謂之嗇夫。”春秋戰國時，在國君或大夫左右設有嗇夫的官職。有人嗇夫、吏嗇夫。人嗇夫任教，吏嗇夫任事。《戰國策·魏策四》云："周最善齊，翟强善楚。二子者欲傷張儀於魏。張儀聞之，因使其人爲見者嗇夫。聞見者因無敢傷張子。"所以誓詞中的嗇夫，當是韓竣左右經常奏事引見的近臣。

"索力爲一，以固事而主"。索，繩索之意。即大家齊心合力，擰成一股繩，以鞏固韓氏的主君地位。

從此坎盟詞看，主盟人爲韓竣，韓字多寫作"[illegible]"，爲韓字無疑。由此可確證温縣盟書中坎 5、坎 6 的主盟人爲韓氏。韓竣爲誰，我們衹能從韓氏統治州城時的君主中去找。

前邊已經指出，州原屬於周王朝的畿内之地。周襄王十八年（前 634）將此地賜給晋文公，從此晋國勢力方到達這一帶。之後晋君將州賜給其大夫郤稱爲采邑，以後幾經易手，直到韓宣子時，方歸韓氏所有，其時約在公元前 535 年。此後經簡子、貞子（或稱平子）、莊子、康子、景子、武子和列侯七世。約在公元前 387 年以後，或屬魏，或屬韓，最後屬秦。在韓宣子至韓列侯的七世中，宣子名起，簡子名不信，貞子名須，莊子名庚，康子名虎，武子名章，景子名虔，列侯名取。從字形看，此七人均與盟書中的"[illegible]"字不類。但是如像我們前邊所考釋的"[illegible]"字爲竣字的話，則從音意方面看均與"信"相通。竣從立、夋聲，夋在金文中通允。允《説文》訓爲"仁人也，故爲信。"所以夋也就是信的意思。夋、信，一聲之轉，其義又同。韓不信又名韓不佞。"佞"與信爲同義字。《爾雅·釋詁》云："佞人似信。"韓不信、韓不佞的"不"字應當作丕字解。在金文和盟書中的"丕"和"不"字寫法相同，如"丕顯晋公""敢不闬其腹心"等的"丕"和"不"字均寫作"[illegible]"或"[illegible]"，丕信即大信之意。盟書中將丕字省略寫作韓竣也是可能的。

韓不信又名伯音，所處的時代爲春秋晚期，據《左傳》記載韓不信爲韓起之孫，韓起即韓宣子。宣子於魯昭公二十八年（前 514）

卒，但無明確記載誰來繼承宣子爵位。韓不信見於《左傳》僅有三次，所參與的重大事件有兩起。一是建築周王城，一是與趙、魏等四家把范、中行氏逐出晉國。韓不信首次見於《左傳》是魯昭公三十二年（前510）。“秋八月，王使富辛與石張如晉，請城成周。……魏獻子曰:‘善’，使伯音對曰:‘天子有命，敢不奉承。以奔告於諸侯，遲速衰序。於是焉在。’冬十一月，晉魏舒、韓不信如京師，合諸侯之大夫於狄泉，尋盟，且令城成周。”第二次是魯定公元年（前509）“王正月辛巳，……將以城成周，……是行也，魏獻子屬役於韓簡子及原壽過。”第三次是魯定公十三年（前497）“韓簡子與中行文子相惡，魏襄子亦與范昭子相惡。故五子謀，將逐荀寅，而以梁嬰父代之，逐范吉射，而以范皋夷代之……冬十一月，荀躒、韓不信、魏曼多奉公以伐范氏、中行氏。弗克。”以後終春秋之世，未見再有記載。

關於韓簡子與趙鞅、荀躒、魏曼多共滅范、中行氏之事。《左傳》與《史記》趙世家、晉世家所載大致相同。衹是《史記》將荀躒寫作荀櫟，魏曼多寫作魏哆或魏侈。韓不信又叫韓不佞。但與韓世家所載卻大有不同。韓世家是將此事記在韓宣子之世，並把簡子置於貞子之後。

《史記·韓世家》云:“晉頃公十二年，韓宣子與趙、魏共分祁氏、羊舌氏十縣。晉定公十五年，宣子與趙簡子侵伐范、中行氏。宣子卒，子貞子代立。貞子徙居平陽。貞子卒，子簡子代。”

此處，可能是《史記·韓世家》有誤。據《左傳》載宣子之父是韓獻子。獻子於魯襄公七年（前566）告老辭職，由其子韓宣子繼任，宣子此時當在成年。假定宣子此時二十五歲，則四卿伐范、中行氏在魯定公十三年（前497），這時已是69年以後了，倘若這時宣子活着的話，他已是94歲的老人，這在當時人生七十古來稀的時代，似乎是不可能的。《史記·韓世家》的“宣子”可能是簡子之誤。

三、盟書的曆朔問題

侯馬盟書誓詞中有“十又一月甲寅朏，乙丑”的紀年，温縣盟書誓詞中有“十五年十二月乙未朔，辛酉”的紀年。張頷先生在《侯馬盟書曆朔考》中將“十又一月甲寅朏，乙丑”推定爲晉定公十六年十一月十三日，這無疑是正確的。温縣盟書的“十五年十二月乙未朔，辛酉”，我們推定爲晉定公十五年十二月二十七日，即公元前497年1月16日。按夏曆則爲公元前498年12月27日，與《史記·十二諸侯年表》中記載此年爲魯定公之十二年、晉定公之十四年相差一年。

馮文在指出上述疑點後，提出：“侯馬盟書與温縣盟書同是《趙世家》所記趙嘉與趙浣争奪趙氏宗主鬥争的遺物。其年代分别屬於晉幽公十五年的十一月和十二月，相當於公元前425年的12月和公元前424年的2月。”如果像馮文推斷那樣，則在曆朔上也有許多不好解釋的問題。第一，侯馬盟書紀年“十一月甲寅”後邊的一個字，寫作“[illegible]”。這和温縣盟書紀年“十二月乙未朔”的朔字，寫作“[illegible]”“[illegible]”或“[illegible]”是大不相同的。張頷先生已考證“[illegible]”爲朏字。是一個月的初二或初三。戚桂宴先生亦同意此説（戚桂宴：《侯馬石簡史探》，《山西大學學報》1982年第1期），不知馮文根據什麽把“[illegible]”釋爲朔。

第二，馮文將温縣盟書的紀年和侯馬盟書的紀年放在一年之内相鄰的兩個月之中，但十一月甲寅與十二月乙未相差41天，馮文的解釋是在古代有閏旬的曆法，也就是説一年中有一個月是40天或41天。大家都知道，我國的朔、望、朏這些名詞是有特定含義的。《説文》云："朔，月一日始蘇也。朏，月未盛之明也。"如果有閏旬，甲寅朔是初一，41 天之後的乙未怎麼能又是一個朔日或朏日呢？

第三，一個太陽回歸年約是 365.25 天，一個月約是 29.53 天，所以大致每三年有一個閏月才能合朔，如果每年都有一個"閏月"，那麼每三年中要有二年的每月初一不是新月的月相。那麼怎能叫朔日呢？

第四，據《春秋朔閏表》（張瑜：《中國先秦史曆表·春秋朔閏表》，齊魯出版社，1987 年 6 月），公元前 425 年 12 月，周曆爲辛酉朔，魯曆爲壬戌朔，夏曆爲庚申朔，無甲申朔。公元前 424 年 2 月，周曆爲庚寅朔，魯曆爲辛卯朔，夏曆爲乙丑朔，也無乙未朔，均與曆表相差甚遠。

我們説温縣盟書"十五年十二月乙未朔，辛酉"爲晉定公十五年十二月二十七日，除了簡報所説的理由外，尚有如下的考慮：東周時期有關曆朔的文獻記載是很多的，但也有許多錯誤和抵牾之處。例如《史記》"十二諸侯年表"和"六國年表"的中間就相差一年。在以後的編年史家，有的把周敬王在位年數延長一年，有的則將周元王即位時間提早了一年，這其中的原因無人能説得清楚。不管怎樣的原因，春秋戰國之際的紀年有一年之差。而盟書的兩個紀年資料是當時人所記，尤其是温縣盟書中許多誓詞都是那樣寫着，應當是準確無誤的曆朔實録。其與年表相差的一年也可能是後人記載錯誤所造成的。

其次，温縣盟書的十五年十二月的紀年我們定爲公元前 498 年，亦與《史記·趙世家》相合。據《史記·趙世家》載"晉頃公十二年，六卿以法誅公族祁氏、羊舌氏，分其邑爲十縣，六卿各令其族爲之大夫。"這一事件，在《左傳》《史記》六國年表、周本紀、晉世家、魏世家、韓世家等記載中都是相同的。因此可以説是可靠的。

晉頃公十二年爲周敬王之六年，魯昭公之二十八年，公元前 514 年。《趙世家》又説“後十三年，魯賊臣陽虎來奔，趙簡子受賂，厚遇之。”公元前 514 年後 13 年，爲公元前 501 年，這一年爲周敬王之十九年，魯定公之九年。《趙世家》又云：“後二年，晉定公之十四年，范、中行作亂，明年春……趙鞅捕午，囚之晉陽。”前 501 年的後二年即前 499 年，此年爲晉定公之十四年，周敬王二十一年，魯定公十一年。明年春，即次年春，爲公元前 498 年，晉定公之十五年，魯定公之十二年。與温縣盟書紀年“十五年十二月乙未朔”的曆朔干支正相符合。

《左傳》《史記·晉世家》之所以將晉定公十五年記在魯定公十三年，周敬王之二十三年，可能與晉厲公被殺後晉悼公即位紀年錯誤有關。

據《左傳》載成公十七年（前 574）“閏月乙卯晦，欒書、中行偃殺胥童”。成公十八年（前 573）：“王正月庚申，晉欒書、中行偃使程滑弑厲公，葬之於翼東門之外，以車一乘。使荀罃、士魴逆周子於京師而立之。”此處明寫王正月，可證此紀年爲周曆。

魯用周曆、建子，冬至所在月爲正月。晉用夏曆、建寅，冬至後兩個月爲正月。其間有兩個月之差，故魯成公十八年正月，在晉曆則爲十七年十一月。故欒書、中行偃弑厲公、立悼公，在魯爲魯成公十八年年初，在晉則爲魯成公十七年的年末，亦即晉厲公八年末，故晉悼公元年應列在魯成公十八年（前 573）。《史記·晉世家》記載此事較《左傳》更爲詳細，不妨再引如下以作分析。

晉厲公八年“閏月乙卯，厲公游匠驪氏，欒書、中行偃以其黨襲捕厲公，囚之。殺胥童，而使人迎公子周於周而立之，是爲悼公。”

“悼公元年正月庚申，欒書、中行偃弑厲公，葬之以一乘車。厲公囚六日死，死十日庚午。智罃迎公子周來，至絳。刑雞與大夫盟而立之，是爲悼公。辛巳，朝武宫，二月乙酉，即位。”

從上引資料看，“閏月乙卯”與《左傳》記載的成公十七年閏月乙卯晦，欒書殺胥童同。“悼公元年庚申”與《左傳》記載的成公十八年正月王正月庚申，欒書使程滑弑厲公同。再從上引月朔干支看，與成公十七年、十八年的月朔干支也完全相符。據張瑜《中國先秦史曆表・春秋朔閏表》公元前574年，魯成公十七年閏十二月丙戌朔，乙卯爲30日，即晦日。公元前573年，魯成公十八年，正月丙辰朔，庚申爲初五，庚午爲十五。合晉厲公囚六日死，死十日庚午，智罃迎公子周來。可證晉悼公元年應當是魯成公之十八年，即公元前573年。依此順延，至晉定公之十五年，正是魯定公之十二年，周敬王之二十二年，公元前498年。與温縣盟書曆朔正相符合。

四、温縣盟書與侯馬盟書的關係

温縣盟書，在建國前發現幾片的基礎上，張頷先生已與侯馬盟書作了比較，指出它們間的異同。如今在原來的地點又發現許多盟書坑、牲坑以及數以萬計的盟書片。因此有可能對兩地盟書的關係作一較全面的分析。

在兩者相同方面，張頷先生已經指出：在字句上相同者有“閛其腹心”“自今以往”“以事其主”“明亟閱之”“麻夷非是”“丕顯晉公大家”。在人物姓名方面相同者有趙氏、閔氏、郵氏、韓氏等。特别是郵政其人兩地均列爲被打擊對象之一。有些特殊字體其寫法也相同，如晉字作“[illegible]”，其字作“丌”，主字作“[illegible]”等。我們還應補充的是兩地盟誓遺址均處於河邊，侯馬盟誓遺址處於澮河北岸，温縣盟誓遺址處於沁河南岸。盟坎均呈長方形，分盟書坎、牲坎和玉幣坎三種，牲坎多放有羊而牛馬較少。盟書片多用石質作成，形制多呈圭狀，盟詞多寫於石圭正面，衹有個别正面寫不完者，才寫於背面。盟詞的格式也基本相同。如温縣盟書中 T4 坎 5 的盟詞，即與侯馬盟書中的納室類盟詞相似。尤其是在盟詞中還有許多特殊寫法的字也相同。如自字寫作“□”，今字寫作“□”，往字寫作“□”“□”，敢字寫作“□”“□”，事字寫作“□”，丕字寫作“□”，未字寫作“□”，非字寫作“□”，奉字寫作“□”，是字寫作“□”，亟字寫作“□”，夷字寫作“□”，長字寫作“□”，顯字寫作“□”，氏字寫作“□”等。其不同之處衹是侯馬盟書多作朱書，而温縣盟書則爲墨書。盟書片在形制上前者較爲繁雜，後者較爲單一。其參盟人和打擊對象也多不同。從以上所舉例子看，兩地盟書衹是大同小異，由此可以證明它們的關係是非常密切的。

從誓詞的内容上看，侯馬盟書的主盟人是趙孟，也就是《左傳》所載的趙鞅。温縣盟書的主盟人是韓竣，也就是《左傳》中的韓不信。温縣盟書中的紀年爲公元前 498 年，侯馬盟書的紀年是公元前 496 年，年代也極爲接近。兩地誓詞中的打擊對象均有郵政，爲同一人無疑。温縣盟書中的打擊對象還有趙朝、郰戌、郰瘥等。據《左傳》記載趙朝在公元前 514 年封爲平陽大夫，與趙鞅、韓不信爲同時代人。而趙朝雖與趙鞅同姓，但並不屬於一支，而是屬趙稷的一支。據《左傳·昭公二十八年》杜預注云：“朝，趙勝曾孫。”又據《左傳·定公十三年》載趙鞅：“使告邯鄲人曰：‘吾私有討於午也，二三子唯所欲立。’”條《正義》引《世族譜》云：“趙衰，趙夙之弟也，衰生盾，盾生朔，朔生成，成生鞅，其家爲趙氏。夙生穿，穿生勝，勝生午，其家爲耿氏。”趙朝爲趙勝曾孫，可知其與趙稷同屬一支。在趙鞅與趙稷的鬥争中，可能是站在趙稷的一邊。趙朝之所以没有列爲趙鞅的打擊對象，而是列爲韓不信的打擊對象，這可能跟趙朝封地在平陽有關。平陽在晉西南，即今臨汾市南，其地距韓不信的祖封地韓城很近。據《史記》載韓貞子就遷都於平陽，可能是在趙朝敗亡以後，平陽就歸韓氏所有。温縣盟書 T4 坎 6 中誓詞打擊對象僅有郥戌和郥瘝二人。郥即萇字。萇氏在趙鞅與范、中行氏的鬥争中，也是站在范、中行氏一邊的，萇氏中的萇弘，即因范、中行氏失敗而被殺。《左傳·哀公三年》云："夏五月……劉氏、范氏世爲婚姻。萇弘事劉文公，故周與范氏。趙鞅以爲討，六月癸卯，周人殺萇弘。"孔穎達疏引"《正義》曰：……萇弘知政，以因先事劉子，劉氏又與范氏親，即握國權，遂與范氏，故周人殺之以悦晉。萇戌、郥瘝爲萇弘族人，故韓不信列爲打擊對象。從以上内容看，侯馬盟書與温縣盟書均反映了春秋末葉晉國趙鞅與范、中行氏鬥争這一重大歷史事件。

根據侯馬和温縣兩地發現的盟書新資料，結合有關文獻記載，我們對晉國趙鞅與范、中行氏的鬥争可以作如下的設想：晉定公十五年、魯定公之十二年（前498）春，趙鞅殺趙午。八月范、中行氏伐趙鞅，趙鞅走保晉陽。十月荀櫟、韓不信、魏侈奉晉定公之命伐范、中行氏，不勝。范、中行氏反伐晉公，晉公擊之。十月十二日，范、中行氏敗走朝歌。應韓、魏的請求，十一月七日，趙鞅由晉陽復歸於晉國都城絳，與韓、魏會盟於晉定公之宫。但這場鬥争遠未結束，范、中行氏奔朝歌後，得到了齊、鄭、鮮於以及周王的支持，時時刻刻準備重返晉都。在晉國内部也引起了一次重大的分化與改組，在士大夫之間和氏族内部，都産生了支持與反對趙鞅的行動。所以在趙鞅返絳之後，韓、趙、魏三家都進行了一系列的争取友人、分化敵人和整頓内部的工作。對趙鞅來説争取知伯的支持，是他成敗的關鍵。知伯在這場鬥争中具有舉足輕重的地位，所以趙鞅不惜殺了自己最器重的謀士董安于，以取悦知伯，使知伯支持自己，即所謂"知伯從趙孟盟，而後趙氏定。"在此之後，韓、趙、魏三家，都各自在自己控制的地區，進行一系列整頓内部的工作。對於韓氏來説，其内部也産生了分化，韓汋、韓何、韓宲等就都站在了范、中行氏的一邊。韓不信在知伯從盟之後，即回到韓國的都邑州，進行一系列的盟誓。温縣T1坎1即韓不信於同年十二月二十七日進行盟誓的一次真實記録。兩地發現的盟書坑和盟書片都很多，侯馬有數千片，而温縣就有一萬餘片，可見盟誓次數和參與人數之衆多。在侯馬盟書中，趙鞅的打擊對象，開始是以趙尼爲首，後發展爲四氏五家，五氏七家，又發展到九氏二十一家。參盟人數不斷在擴大。韓不信的打擊對象則以韓汋爲首，還有韓何、韓舀、韓宲等。在這裏值得注意的是，兩家打擊對象除郵政一人外，其餘均不同。而他們最重要的敵人，范、中行氏都没有列爲首要打擊對象。我們認爲這可能跟侯馬與温縣盟書的盟誓級别較低有關。范、中行氏反叛晉君而爲全晉國的共同敵人。這可能在趙鞅返絳後，與韓、魏盟於晉定公之宫時已確定爲主要打擊對象。而趙、韓各自在自己的内部誓詞中則不必再列舉出來，衹要求參盟人忠於自己，打擊直接的對象就行了。

這場鬥争以趙、韓、魏徹底勝利而告終，給以後三家分晉打下了基礎。而侯馬、温縣盟書的發現給我們了解這場鬥争增添了新的資料，同時也糾正了一些文獻中的錯誤。

原載《汾河灣——丁村文化與晉文化考古學術研討會文集》，山西高校聯合出版社，1996年6月。

侯馬和温縣盟書的背景研究

〔美〕羅鳳鳴（Susan Weld）

本人研究工作的範圍是中國早期法律史。1979年《侯馬盟書》由張頷和陶正剛先生發表後[①]，我即被這批材料吸引，着手進行了研究。侯馬盟書和郝本性、趙世綱先生發現的温縣盟書給我們提出了有關法律演變的一些難題，其中最基本的是如何判定這些盟書的性質，它們是由宗主制定、施加於屬民的法律[②]？還是由兩方或多方共同達成、由邦國予以實施的契約[③]？是不關神明、如《論語》所講的禮？還是三禮（即《禮記》《周禮》和《儀禮》）中的禮儀[④]？

迄今發現的這兩批重要的盟書材料都出土在春秋時屬於晉國的地域之内。這或許純屬偶然，因爲史料記載當時不少諸侯都曾主持或參與會盟。但它們都出自晉地這一事實確實促使我們去設想，在晉國的政治、社會和文化結構中是否有助長盟誓行爲的因素，這些因素是否總體地或個别地反映在侯馬和温縣盟書之中。

本文旨在擇要地闡述本人博士論文對於盟書材料的研究，並嘗試回答以上提出的問題。我的論文從幾個角度探討了盟書的背景。

一、大範圍的地理、文化背景

這兩批盟書出土於汾河、澮河和黄河所形成的流域。據蘇秉琦先生認爲，這一地區是新石器時代以來晉文化的中心地域⑤。山脈所造成的地理屏障和各山區盆地在經濟上的相對自足有可能促使山西在古代出現數個强大獨立的中心而難以形成一種高度集中於一的局面。沿着太行山兩側的一個新石器時代文化連續體東達遼寧紅山文化地區，西至陝西渭河流域，它的文化因素中已經出現了不同程度的血祭和埋葬禮儀⑥。注意到這一現象有助於我們認識晉國盟書的文化背景。

二、較小範圍内的考古學背景

近半個世紀以來，考古工作者發現和勘測了一大批東周古城，其中即包括出土盟書的遺址⑦。這些古城中，晉國的城市，尤其是規模巨大的侯馬遺址給我們提供了有關盟誓社會背景的重要信息。各座城址在城建規模和工業發展程度上的差異意味着它們之間在政治和經濟上的等級關係。城墻的設置表明有軍事防禦的需要，而城墻内外遺存的區别暗示着城市規劃中對保護對象重要性的不同考慮，並同時證明了當時存在着專門的墓地和祭祀場所以及高度發達的鑄銅、製陶和石器工業。侯馬的古城址不止一座，彼此間也不是大城套小城的形式，這一現象可能反映了晉國政出多門的權力結構。在侯馬和其他地區發現的大型建築基址證明貴族階層擁有構造複雜的建築，而地窖式的房屋則反映了民衆生活的一個側面。墓葬規模從大而精緻（澮河對岸和城址以西）一直到小而簡陋（澮河對岸和城址周圍的居住遺址、作坊遺址），證實了城市人口的高度等級分化。人牲坑的存在表明社會中有一批人完全被用作貴族祭祀的工具。其他坑穴有的用於儲藏糧食、果物，有的是手工作坊及産品和工具的倉庫，其中就出土了著名的侯馬陶範。

三、法律和政治背景

侯馬盟書的盟辭中，許多都包括了這樣一條內容：

“敢不盡從嘉之盟，定公、平時之命，……，盧君其明亟視之，麻夷非是。”⑧

這一條款把盟辭的法律約束權歸結於“命”，而“命”也正是周王封建諸侯的儀典。《史記》述説晉國始封情况如下：

“成王與叔虞戲，削桐葉爲珪，以與叔虞，曰：以此封若。史佚因請擇日立叔虞。成王曰：吾與之戲耳。史佚曰：天子無戲言，言則史書之、禮成之、樂歌之。於是遂封叔虞於唐。”⑨

這則記載可能純屬傳説，但它强調了圭形在法律和禮儀上的意義，而許多盟書正是寫在圭形玉石片上的；同時，它也强調了王室始封的重要性。

四、歷史背景

侯馬和温縣盟書所屬時期，周王和諸侯的權力已大爲削弱。《左傳》昭公三年（前539）記載了晉叔向與齊晏嬰的一段對話，它反映了當時公族衰微的景象：

“叔向曰：晉之公族盡矣。肸聞之，公室將卑，其宗族枝葉先落，則公室從之。……”⑩

《史記》中的有關章節也描述了公族權力傾喪的現象。這種局面可由三句話來總結：政在家門，政歸私門，政將歸六卿⑪。邦國的實際統治權已從公室轉移到非經王室封建的宗族中去。盟誓的盟主可能意識到自己的地位並非合法，需要有合法的委任，所以他在前引盟辭中特意收入了授命這一內容。

政治權力從定於一元演變成六卿宗族互相競争的多元化結構，這一轉變有可能也反映在晉都新田的布局之中。歷年來侯馬已經發現了五座以上同時代的東周城址，其中包括大型的牛村、平望和臺神古城以及較小規模的呈王和馬莊古城[12]。晉都的多城結構可能因應着數個政治集團同時并存的局面，各自都力圖在秩序混亂的社會中保存自己。政治結構的分解和社會秩序的混亂可能轉而促進了盟誓法律機制的發展，用它作爲調節相互間利益衝突的工具。

五、周文化傳統的禮儀和思想背景

認識盟書性質的途徑之一是利用三禮（《周禮》《儀禮》和《禮記》）中有關“盟”的闡述。唐孔穎達在春秋疏中以史實爲依據收集、歸納了三禮的説法，我們可以由此入手探討盟誓的思想背景。

孔氏提出的第一個問題是盟誓的强迫性。他指出，春秋時期周禮衰亡：

“天子不信諸侯，諸侯自不相信，則盟以要之。”[13]

在這一段話中，孔氏采用了傳統的觀點，認爲盟誓是一種强迫機制，它的産生是出於在混亂中維持秩序的實際需要。《孟子》議論霸者依於力，不依於德：

“以力假仁者，霸。……以力服人者，非心服也；力不贍也。以德服人者，中心悦而誠服也。”[14]

在這一段話中，孟子以“心”或“中心”爲人性誠意和自覺意願的根源。

强迫性的問題是我們從法律史角度認識盟誓性質的一個關鍵。如果盟誓的作用主要是盟主單方面地把命施加於參盟人，那麽它就類似西方的奥斯丁（Austinian）法律，是“一種依靠於威協的命令”，與中央集權制國家的獨裁性法律傳統没有什麽區别。但是如果參盟人有權商定對毁盟的懲罰，則這種盟誓可以説是契約的初期形式。

儘管孔穎達在春秋疏的開頭有强迫性一説，禮書中的大部分論述卻表明盟誓基本上不是强迫工具。例如《周禮》“司盟”篇就把“盟”與“約”並舉，把它看作是調節諸侯間衝突的一種較爲平等的手段：

“司盟掌盟載之法，凡邦國有疑會同，則掌其盟約之載及其禮儀，北面詔明神。”[15]

禮書在闡述盟誓時，對“盟”的用法也有令人困惑的地方。“盟”既指參盟人對盟誓所定義務及毁盟懲罰措施進行承諾的儀式，又指鍼對於毁盟的詛咒以及邦國或執政家族用以懲罰、驅逐犯命者的詛咒。因此，“司盟”篇緊接着説：

“盟萬民之犯命者，詛其不信者，亦如之。凡民之有約劑者，其貳在司盟。有獄訟者則使之盟詛。凡盟詛，各以其地域之衆庶共其牲而致焉。既盟則爲司盟共祈酒脯。”[16]

司盟的職責包含了同一儀式的兩頭。他通過召唤神明來約定參盟人目前的意向和未來的行爲；並由神明來保證承諾得到實施、毁盟按詛咒内容得到懲罰。在此，我們看到司盟是處理糾紛的仲裁、落實協約的媒介。

三禮之中，《周禮》是比較特别的。它把社會的組織手段更多地描述成相對自由的契約和協議，而較少爲從上至下的强迫。但是，《周禮》已被認爲是西漢末的作品，有關先秦的説法不便置信[17]，這就給我們研究先秦的實際法律機制帶來了困難。好在 1986 年包山出土了年代爲公元前 4 世紀末葉的戰國竹簡，其中有一些獄訟中有盟詛，内容與上引“司盟”篇所叙頗爲相似[18]。

另一方面，《左傳》襄公九年（前 564）記載的鄭子駟與子展的一段對話有力地説明盟誓不應該被看作僅是一種强迫工具。對話中説道：

"……要盟無質，神弗臨也。"[19]

"無質"一詞的含義可以在出土盟書中得到澄清。從目前已發表的侯馬和温縣盟書來看，大多數盟辭都含有詛咒，參盟人發誓如其毁盟就由晉先君神明予以滅氏[20]。有一條盟辭的起首爲："自質于君所。"[21]這種措詞表明盟誓的約束力來自於參盟人把自身及其宗族"抵押於神明"這一舉動，以此對自己的行爲負責。子展和子駟的對話則説明衹有對真正自願的誓言神明才會佑以實行。

如前所述，孟子認爲人心才是真正的自覺行爲的根源。這一觀念也反映在侯馬和温縣盟書的盟辭中：

趠敢不閛其腹心以事其宔，……麻耋非是。"[22]

"興敢不憃憃焉中心事其宔，……"[23]

這些盟辭的擬定不管是不是出於孟子所痛惜的强迫，它們都力圖表達參盟人的意志、約束他們的打算和意向，而不是單純地控制他們的行爲。

但是盟誓遺址的其他綫索又使我們覺得盟主與參盟人之間的關係遠不是平等的。遺址中有些坑出土了大批内容相同、形制相仿但參盟人名字不同的盟書，這意味着控制這些盟誓内容的權力完全在盟主手中[24]。在現代法律的意義上，這種盟誓所代表的協議就是所謂的"從屬性契約"，就像貧民窟裏的房客，參盟人對約束自身的盟誓内容没有選擇的權力。

六、盟辭體例的分析

據分析，侯馬和温縣所出盟書幾乎都包括以下四個基本成份[25]：

（一）參盟人的名字，即盟誓約束的對象。

（二）有關參盟人及其下屬未來行爲的一系列規定。每一規定由"敢"字起首，"而"字順接，"者"字終結。

（三）召喚當地最有威力的神明，即晉國先君，來落實盟誓規定。

（四）詛，或自詛，作爲毁盟的後果。

七、結論

（一）參盟人的性質。盟誓的參與者既不是個人也不是邦國，而是“氏”或更小的宗族單位。詛是書面規定集體性懲罰的一個早期例子，它把詛咒施加於參盟人的整個氏族。當時，氏仍是晉國社會的法定組織單元。“麻夷非是”的詛咒與“滅族”“夷族”和“夷三族”等刑罰相呼應，這些刑罰在秦以後還一直是歷朝法典的一個組成部分。

（二）聯盟的性質。由盟誓而産生的社會契約不是封建性的，因爲它缺乏馬克·布勞契（Marc Bloch）定義的封建制度所必有的“相互間不平等的職責”。同時，它又尚未帶有集權性國家任命制度的特點。

（三）盟誓的禮儀性。《論語》中的孔子可能會駁斥這些血腥的儀式，但“盟”卻是古老意義上的“禮”。它最重視的是引得神明的關注、控制神明的反應，而神明中最有威力的自然是晉國的先君。同其他社會的早期法律機制一樣，盟誓中運用禮儀可以增强權威並使它合法。最近，西方的中國學者就禮儀行爲中外在實行與内在信仰之間何爲重要的問題頗有異議[26]。盟書所用的詞語表明外在規範化行爲不可能是盟誓的主旨：盟誓儀式的目的是“信”，是保證取得内心的誠意和忠心。

（四）盟誓在東周城市發展中的作用。春秋史料常常提到用盟來控制國人。國人據杜正勝教授認爲是城市居民中的低級貴族，往往是高級貴族的遠親[27]。盟書中記録的參盟人可能是屬於這種低級貴族，因此他們的名字不見經傳，使史學家頗感困難。

（五）天圓地方的結構。以正方向爲結構的權力思想表現在三個層次上：1. 晉國城市往往坐落在朝南的土坡上；2. 宫殿和宗廟的通道位於建築的南面；3. 每個盟誓坑在其北壁都有朝南的壁龕。這些尺寸不一的土龕就是權力所在的位置，諸侯在都市中朝南控制受封疆土，其先君神明在宗廟裏南向接收祭祀，而受召約定盟誓的神明則在盟誓坑中方向朝南的壁龕裏接收由犧牲轉達的祈祝。

（六）如同其他文化中的早期法律形式，盟誓的關鍵是建立起與神明的聯繫，以此確立人世間的職責、使它合法並得到實施。春秋末期晉室衰微，其他宗族因此各自忙於擴張勢力，途徑之一便是舉行盟誓，以此獲取並鞏固原來非其所有的政治權力和合法性。

儘管孔穎達有强迫性一説，我們不能把盟誓看作僅僅是當權者用以協迫弱者的工具。在某些方面，盟誓似乎類似公共或“社會”契約，目的是在政治崩潰、社會動蕩的情况下建立起一套調節宗族間關係的準則。從這方面看，每一篇侯馬和温縣盟書都建立了區分敵友、界定勢力範圍以及明確聯盟内部權力和禮儀職責的準則。東周史料告訴我們，當時判定一項盟誓是否公正的標準與現代私人契約法中的標準頗爲相似，即參盟人對盟約的接受是否出於自願和盟約本身是否公平正義。在“理想的”盟誓中，召唤神明、禮儀性歃血和當衆宣佈誓言出自内心等程序都是爲了保證達到以上的標準。但是，出土的盟書表明實際的盟誓行爲與理想實有偏離，就像其他許多人爲的機制一樣。

注釋：

① 山西省文物工作委員會編：《侯馬盟書》，文物出版社，北京，1976 年。

② 西方法理學家對“法律”的定義已有很多辯論。最近的定義可以分成兩大類：一類是强制性定義（如實證主義者 John Austin，約翰·奥斯丁，認爲法律是依靠於威協的命令系統）；另一類是非强制性定義（如 H. L. A. Hart，哈

特，認爲法律是一套準則）。哈特的論述可見氏著 The Concept of Law（《法律的概念》）（牛津大學出版社，牛津，1961 年），第 6—7 和 95 頁。對其他法律定義的匯總和分析，見於 Jack P. Gibbs（傑克 P. 吉布斯），“Definitions of Law and Empirical Questions”（《法律的定義和經驗問題》），Law and Society Review（《法律與社會評論》）1968 年第 2 期，第 429—446 頁。此外，還有第三類法律定義，在歷史上比以上兩類都更重要，其中心思想是道德是法律的中心和必要成份。用 St. Augustine（聖奥古斯丁）的話來説：“没有正義的國家不過是擴大了的匪幫。”（轉引自哈特，1961 年，第 151—152 頁。）

③ 在西方法律文獻中，契約有兩大含義。一，在政論家的理論中，它指政治團體成員之間原始的“社會合約”，用來決定社會的機制和成員之間的義務；二，在私人合同法的意義上，它指“由法律來約束的一項承諾或一系列承諾”。有關討論可見 Farnworth，E. Allan（法恩沃斯，E. 阿倫）所著，Contracts（《契約論》），第二版（利透、布郎出版公司：波士頓，1990 年），第 3 頁。

④ Jack Goody（傑克・古迪）對禮做了一個機能主義的定義：“禮是一個規範化行爲的範疇……其中手段和結果之間的關係並不是‘内在必然的’，不能用理性或非理性來判定它的性質。”根據這個定義，我們可以比較容易地把禮與法律和契約區分開來，因爲法律和契約都直接或非直接地依賴於理性地使用力量來取得某種特定行爲的結果。古迪還看到禮既可以是世俗的，如《論語》中的禮，也可以是宗教性的，如禮書中關於如何溝通、控制和照料神明及死者靈魂的禮儀。見氏著“Religion and Ritual：The Definitional Problem”（《宗教與禮儀：如何定義的問題》），British Journal of Sociology（《不列顛社會學刊》）1961 年第 12 期，第 159 頁。還可看 Howard J. Wechsler（霍華德 J. 威奇斯勒）應用古迪和其他學者的觀念討論中國唐朝禮制的著作，Offerings of Jade and Silk（《玉帛祭品》）（耶魯大學出版社：紐黑文，1985 年），第 9—36 頁。

⑤《談晉文化考古》，收入文物出版社編輯部編《文物與考古論集》（文物出版社：北京，1987），第 44—54 頁。

⑥ 黄展岳：《中國史前期人牲人殉遺存的考察》，《文物》1987 年第 11 期，第 48—50 頁。另看《文物》同期所刊卜工：《磁山祭祀遺址及相關問題》，第 43—47 頁。

⑦ 有關東周城市的論著已有幾種，如 Chang Kwang－chih（張光直），The

Archaeology of Ancient China（《中國古代考古》），第三次修訂版（耶魯大學出版社：紐黑文及倫敦，1977 年），第 321—350 頁；李學勤：《東周與秦代文明》（英文版，耶魯大學出版社：紐黑文及倫敦，1985 年），Paul Wheatley（鮑爾・惠特立），The Pivot of the Four Quarters（《四方中樞》）（阿爾丹出版社：芝加哥，1972 年），第 107—221 頁。Susan Weld（羅鳳鳴）所著 Covenant in Jin's Walled Cities：The Discoveries at Houma and Wenxian（《晉國城市的盟誓：侯馬和温縣的考古發現》）（博士論文，哈佛大學，1990 年）中，第四章收集和分析了近來中國學者對於晉國城址的研究。

⑧ 如見於盟書一五六：一（即第 156 號坑所出第 1 號盟書），《侯馬盟書》，第 35—37 頁。

⑨ 瀧川龜太郎編：《史記會注考證》（臺灣洪氏出版社重印本：臺北，1981 年），卷三十九，第 3—4 頁。

⑩ 阮元編：《十三經注疏》，八卷（藝文印書館重印本：臺北，1981 年），《左傳》，第 722—723 頁，即卷四十二，第 9b—12a 頁。

⑪《史記》卷三十九，第 88 頁和卷四十三，第 17 頁。

⑫ 有關報導有楊富斗：《侯馬西新發現一座古城遺址》，《文物參考資料》1957 年第 10 期，第 55—56 頁；山西省文物管理委員會：《山西省文管會侯馬工作站工作的總收獲》，《考古》1959 年第 5 期，第 222—228 頁；山西省考古研究所侯馬工作站：《山西侯馬呈王古城》，《文物》1988 年第 3 期，第 28—34 轉 40 頁等。其他規模較小的城址都標在侯馬工作站的遺址圖上；它們的年代也可以斷在新田時期。

⑬《左傳》，第 31 頁，即卷二，第 7b 頁。

⑭《孟子》，第 63 頁，即卷三下，第 1a 頁。

⑮《周禮》，第 541 頁，即卷三十六，第 6a 頁。

⑯《周禮》，第 541—542 頁，即卷三十六，第 6a—6b 頁。

⑰ 這一結論尤其見於 Bernbard Karlgren（高本漢），"Legends and Cults in Ancient China"（《中國古代傳説與崇拜》）和"The Authenticity of Ancient Chinese texts"（《中國古代文獻真僞考》），分别刊於 Bulletin of the Museum of Far Eastern Antiquities（《遠東古物博物館館刊》），1946 年第十八卷，第 199—365 頁和 1929 年第一卷，第 165—183 頁。另見氏著，"On the Authenticity and

Nature of the Tso chuan”（《左傳真僞與性質考》），Goteborgs Hogskitag Arsskrift《哥騰堡高等學校年刊》，1926 年第三百二十三卷，第 3—65 頁。

⑱ 湖北省荊沙鐵路考古隊編：《包山楚簡》（文物出版社：北京，1991 年）。另見 Susan Weld（羅鳳鳴），“Cases from the Provinces：Chu Legal Documents from Tomb No. 2 at Baoshan”（《地方獄訟：包山二號墓所出楚國法律文件》），收於 John Major（約翰·梅傑）和 Constance Cook（康絲坦思·庫克）編，Defining Chu：Images and Reality（《楚之定義：形象與實際》）（付印中）。

⑲《左傳》，第 529—530 頁，即卷三十，第 32b—33a 頁。

⑳ 見本文第六部分。

㉑ 如見於盟書一五六：二〇，《侯馬盟書》，第 37—39 頁。

㉒ 侯馬盟書一五六：一，《侯馬盟書》，第 35 頁。

㉓ 温縣盟書 T1K1 ：3797，河南省文物研究所：《河南温縣東周盟誓遺址一號坑發掘簡報》，《文物》1983 年第 3 期，第 78—79 轉 77 頁。

㉔ 如見於侯馬盟誓遺址第 3 號和第 92 號坑，《侯馬盟書》，第 199—204 頁和第 225—231 頁。分析此兩坑及他坑所出盟書的書法表明，並不是每個參盟人都能控制對本人誓言的記録。

㉕ 本人博士論文的第 5 章對這些體例有詳盡的分析。

㉖ 如見 James L. Watson（傑姆斯 L. 沃特生）和 Evelyn Rawski（衣弗林·勞斯基）編，Death Ritual in Late Imperial China（《中華帝國晚期的喪葬禮俗》）（加州大學出版社：柏克萊，1988 年）。

㉗《周代城邦》（聯經出版社：臺北，1979 年），《關於周代國家形態的蠡測："封建城邦"説芻議》（論文，宣讀於1986 年6 月21—27 日在美國弗吉尼亞州召開的“Ancient China and Social Science Generalizations，古代中國與社會科學的一般化結論”討論會），第 4—5 頁。

原載《汾河灣——丁村文化與晉文化考古學術研究討會文集》，山西高校聯合出版社，1996 年 6 月。

盟、詛之關係及其巫術因素

趙瑞民　胡　建　郭一峰

《禮記·曲禮下》鄭玄注云："聘禮今存，遇、會、誓、盟禮亡。"是漢末已不知盟禮的具體内容。孔穎達曾據《左傳》所載事例探尋盟禮的儀節，具見於《曲禮下》"正義"。侯馬盟書出土以後，陳夢家先生的《東周盟誓與出土載書》①一文有"《左傳》所見盟誓之制"一節，詳細討論《左傳》中散見的盟禮程序和儀節，較孔穎達更細致，更條理，但是没有更深入的探討。他同大多數學者一樣，都是把注意力集中在盟書的内容上，而對盟禮儀式所藴含的文化意義很少留意。本文擬在這方面做一點拾遺補闕的工作，探索盟禮中的巫術因素，以期對盟禮的文化内涵有所闡明。從這個角度考察盟禮，盟與詛的聯繫至爲重要，因而先就此問題加以討論，然後討論其巫術因素。

一、盟、詛關係考

《侯馬盟書》中的《詛辭探解》篇，已經指出盟和詛的關係很密切，並從盟與詛的區别和聯繫兩方面加以説明。關於盟、詛的區别，《侯馬盟書》用鄭玄和孔穎達之説，概括爲"盟辭是表示自從盟會後不許干什麽的誓約，而詛辭則是對已經犯過的罪行的譴責和詛咒”。關於盟、詛的關係，則是從古代文獻的記載中找出了“盟”和“詛”相互借用的例子，有本來是“盟”而稱爲“詛”的，也有本來是“詛”而稱爲“盟”的。

《詛辭探解》篇考論的是盟、詛之辭，亦即古代所謂載書的形式和内容，故對於盟、詛儀式上的異同未加深論。在這方面，還需要進一步補充説明。

鄭玄《周禮·詛祝》注認爲“大事曰盟，小事曰詛”，是從盟、詛所涉及事件的規模、影響而言，那麽大小的劃分以何爲界，就是一個問題，故鄭説實不明晰。孔疏雖未明確反駁鄭説，然解爲“盟者盟將來，春秋諸侯會，有盟無詛；詛者詛往過，不因會而爲之”，則較鄭説合理。孔説指出的兩點區别，一點是盟針對將來的行爲，詛針對以往的行爲；另一點是盟與會有關，詛與會無關，也就是説，盟衹是和參與的人有關，而詛正是針對未參與儀式的人，這兩點都是不錯的。但是我們認爲，並没有抓住本質。從根本上來説，盟和詛的目的不同。盟是締結政治盟約的行爲，無論古代的盟約多麽不合理、不平等，甚至强加於人，但總是經過締約各方認可，事後有義務遵守的，故盟的目的是爲了締約。而詛則是針對敵方、仇方的攻擊行爲，當然這種不依靠現實力量所進行的攻擊，衹有在相應的文化氛圍中才可以實施，春秋時已有人不相信這種打擊力量，但詛的目的就是要加害對方則是無疑的。古代文獻中所載的單純用詛的事例，如《詩經·何人斯》“出此三物，以詛爾斯”，《左傳·隱公十一年》“鄭伯使卒出豭，行出犬、雞，以詛射潁考叔者”，都很清楚地表現了這種目的。所以，分别而言，盟與詛的區别是很明顯的。

雖然盟與詛的目的迥異，但在古人的觀念中卻聯繫得非常緊密，故“詛盟”或“盟詛”往往連言，又有詛、盟相互代稱的例子。那麽二者何以會如此緊密地聯繫在一起？我們注意到，在以下幾個方面，詛與盟是相通的。

第一，盟與詛皆有載書。《周禮·詛祝》云："（詛祝）掌盟、詛之載辭，以叙國之信用，以質邦國之劑信。"盟的載辭《左傳》裏有不少記載，侯馬盟書的出土又提供了原始材料，而詛的載辭則有《詛楚文》和侯馬盟誓遺址第 105 坑出土的墨書詛辭爲證。這説明《周禮》的記載基本可信。由此而言，盟與詛的書寫形式都稱爲"載書"大致可信，在古人是把它們作爲一類性質的事務看待的，侯馬盟誓遺址中詛辭的坑位間於盟書諸坑之中，也説明了這一點。

第二，盟、詛的載書皆由祝撰寫。前引《周禮》説詛祝"掌盟、詛之載辭"，《左傳·哀公二十六年》載宋國大尹"使祝爲載書"，欲與六卿重新盟誓，惠棟《左傳補注》即引《周禮》詛祝所掌以釋此爲載書之祝，此即祝作盟書載辭之一證。《詛楚文》則云："有秦嗣王敢用吉玉宣璧，使其宗祝邵鼛布愍告於丕顯大神巫咸，以底楚王熊相之多罪。"稱其作詛書載辭者爲"宗祝"，此爲祝作詛書載辭之又一證。祝、詛祝、宗祝雖微有不同，其差異需要進一步研究，但都是《侯馬盟書》中習見的"巫覡祝史"之祝則没有疑義，所以我們説盟、詛載書皆由祝來撰寫。

第三，盟書中有一部分内容是詛辭。陳夢家先生曾指出："（《左傳》）僖公二十八年'王子虎盟諸侯於王庭，要言曰：皆獎王室，無相害也。有渝此盟，明神殛之，俾隊其師，無克胙國，及其玄孫，無有老幼。'同年'甯武子與衛人盟於宛濮，曰：……用昭乞盟於爾大神……。有渝此盟，以相及也，明神先君，是糾是殛。'又成公十二年'盟於宋西門之外曰：凡晉、楚無相加戎，好惡同之……。有渝此盟，明神殛之，俾隊其師，無克胙國'。凡此或間茲命、有渝此盟而明神殛之云云，是載書盟誓約辭以後對背盟的詛辭。"② 凡是完整的盟書都有詛辭，可是在史籍中大都被省略了。《侯馬盟書》的原始材料清楚地反映出這個特徵，而且詛辭是相當程式化的，“宗盟類”基本上都是“吾君其明亟視之，麻夷非是”；“委質類”基本上都是“吾君其明亟視之，麻夷非是”和“既質之後……則永亟視女，麻夷非是”兩段詛辭。盟書中均有詛辭的固定格式，很明顯是盟包含着詛的内容，這是兩者最根本的聯繫。古人盟誓的約束力，即在對背盟者的詛咒，這是由當時的思想水平决定的。而盟與詛在其他各方面的相通之處，也都是由此而産生。

第四，盟、詛皆用牲。《詩經·何人斯》：“出此三物，以詛爾斯”。毛傳：“三物，豕、犬、雞也。民不相信則盟詛之。君以豕，臣以犬，民以雞。”孔疏：“盟、詛雖大小爲異，皆殺牲歃血，告誓明神，後若背違，令神加其禍，使民畏而不敢犯。”此處注疏都由詛而兼及盟，説明漢唐學者認爲盟與詛在用牲上是一致的。《禮記·曲禮下》孔疏説：“盟牲所用，許慎據《韓詩》云：天子、諸侯以牛豕，大夫以犬，庶人以雞。”漢代經師多從禮制上着眼，説明盟、詛用牲的等級差異，而在這方面，盟、詛也是基本一致，衹是盟禮用牲多了用牛一項。考諸史實，詛所用牲如《左傳·隱公十一年》：“鄭伯使卒出豭，行出犬、雞，以詛射潁考叔者。”豕、犬、雞三物皆有；盟所用牲，據《左傳》載諸侯會盟例由盟主執牛耳，用牛比較普遍；然也有用豕的例子，如《左傳·哀公十五年》：衛伯姬“輿豭從之，迫孔悝於厠，彊盟之”；也有用雞的例子，《史記·晉世家》：“智罃迎公子周來，至降，刑雞，與大夫盟而立之，是爲悼公。”侯馬盟誓遺址出土的用牲骨骸，則以羊爲主，牛、馬次之，僅見一具雞的殘骸，且是在填土之中，犬、豕則未見[③]。由此可知，春秋時期盟、詛用牲絶不似經注家所説的那樣等級嚴明、整齊劃一，但也没有反映出盟與詛在用牲上的差異，可見漢唐經師把盟、詛用牲一律看待是有道理的。

第五，盟、詛有時表現爲一體兩節。我們這裏所謂的兩節，是指盟與詛前後接踵舉行，而一體是指兩種活動爲了同一個目的，圍繞同一個事件。《左傳》中有此類史實：

襄公十一年："季武子將作三軍……乃盟諸僖閎，詛諸五父之衢。"

定公五年："己丑，（陽虎）盟桓子於稷門之内。庚寅，大詛。"

定公六年："陽虎又盟公及三桓於周社，盟國人於亳社，詛於五父之衢。"

以上數例，是盟後又詛，接踵而行，詛顯係盟的後期活動或深化步驟，故杜預於襄公十一年"詛諸五父之衢"注云："詛，以禍福之言相要。"楊伯峻先生《春秋左傳注》更明確地説："詛，祭神使之加禍於不守盟誓者。"後兩例未注，依理可以類推。

但是，對於這樣的史實，如果我們把盟和詛理解爲各自獨立的儀式，則在事理上顯得有些背謬。因爲盟書中已有詛辭，即是對不守盟誓者的詛咒，盟禮儀式中殺牲告於神明，即有此内容，如果再舉行詛的儀式，殺牲祭神，詛咒不守盟誓者，顯然是重復的舉動，古人也不至於這般無謂地浪費人力、物力。所以我們認爲《左傳》中盟後用詛的史實隱含着漢唐經師未曾揭示的東西。

爲發此覆，我們仔細研究了上述三例，發現這三條材料記載的盟和詛，大都有非常具體的舉行地點，衹有定公六年"大詛"没有地點，是個例外。我們先來看盟的地點，襄公十一年"盟諸僖閎"，杜注爲"僖宮之門"，孔疏説是"僖公之廟門也"，僖公之廟是魯國宗廟之一，按《周禮·小宗伯》"掌建國之神位，左社稷，右宗廟"及鄭注，宗廟在國都之内；定公五年"盟桓子於稷門之内"，稷門，杜注云"魯南城門"，即魯國都城的南門；定公六年"盟公及三桓於周社，盟國人於亳社”，據閔公二年杜注，“兩社，周社、亳社。兩社之間，朝廷執政所在”。兩社在國都内自無疑問。這幾次盟的地點，都在都城之内。再看襄公十一年和定公六年兩次詛的地點，都在“五父之衢”，杜注云：“五父衢，道名，在魯國東南。”楊伯峻先生《春秋左傳注》引《山東通志》説：“五父之衢在曲阜縣東南五里。”也就是説，與盟的地點不同，詛是在都城之外舉行的。盟在城内，詛在城外，詛的地點距都城東南五里。一個有意思的巧合是，侯馬盟誓遺址“相距牛村古城遺址約五華里，位於古城遺址的東南郊”[④]，方向與距離竟是如此一致。對這種巧合再作進一步的推測還缺乏根據，但它引導我們進一步思考，古人會在都城内，特別是在宗廟、社稷等重要的場合掘坎埋牲及盟書嗎？前引三條材料記載盟的地點都指的是一處建築，讓我們想到盟是在室内舉行，而詛則在郊外。因此我們可以設想，一體兩節式的盟、詛，很有可能盟指的是結盟的實質性活動，《左傳·宣公十五年》載：“華元夜入楚師，登子反之床，起之，……子反懼，與之盟而告王。”即是此類，而詛則指的是殺牲、掘坎埋藏犧牲和盟書這些活動。實際上詛的活動也是盟禮的一部分，但如果確切地記載盟誓活動的全過程，把兩個地點的活動區别言之，則把室内的經過稱爲盟，郊外的活動稱爲詛。這樣來看，就更容易理解古人將盟、詛互相代稱的現象。

通過以上對史實的討論，我們可以比較確切地説，盟禮的大部分程序屬於詛的内容。盟禮的舉行，從總體上説是標誌着契約已經締結，而盟禮的許多細節，如殺牲告神、掘坎埋牲及盟書等，卻是防止背盟的内容，主要意向是要神明加禍於不守盟誓者，此即詛的内容，故盟、詛有着天然的聯繫，盟禮中即包含了詛。明乎此，盟禮中的巫術因素就較爲彰顯了。下面我們便討論這一問題。

二、盟禮中的巫術因素

詛在盟誓的儀式中佔有很大比重，此即盟禮中的巫術因素。詛就是一種巫術。漢武帝時期著名的“巫蠱之禍”，陷入此案的人都有“祝詛”的罪名。如“巫蠱之禍”的首當其衝者丞相公孫賀及其子敬聲，爲朱安世所告，“告敬聲與陽石公主私通，及使人巫祭祠詛上，且上甘泉當馳道埋偶人，祝詛有惡言。下有司按驗賀，窮治所犯，遂父子死獄中，家族。”⑤《漢書・戾太子傳》叙“巫蠱之禍”形成的緣由，説：“是時，上春秋高，意多所惡，以爲左右皆爲蠱道祝詛，窮治其事。”行使蠱道的巫術是爲了“祝詛”，祝即咒字，與詛同義，可知漢代流行的這種巫術是以手段而聞名，實際上是一種詛術。

不過，春秋時期盟禮中包含的詛，與巫蠱之詛不同，主要是方法不一樣。巫蠱所行的蠱道，是企圖通過破壞或毁掉仇敵的偶像來傷害或消滅仇敵，起源很早，流佈很廣，綿延很長，弗雷澤（J・G. Frazer）説：“數千年前的古代印度、巴比倫、埃及以及希臘、羅馬的巫師們都深知這一習俗，今天澳大利亞、非洲和蘇格蘭的狡詐的、心懷歹意的人仍然采用這種做法。”⑥盟禮之詛，雖然也是要借助神秘的力量，加害於不守盟誓者，但這種力量不是來自於法術，而是祈靈於神明。《左傳・哀公十二年》載子貢之言曰：“盟所以周信也，故心以制之，玉帛以奉之，言以結之，明神以要之。”在當時人的觀念裏，盟誓的約束力主要依靠神明監臨，如若背盟，就會“明神殛之”。所以盟誓時一定要“北面詔明神⑦，此即《左傳・襄公九年》公孫舍之所説的，“昭大神要言焉”。那時人在盟誓中昭告的神明多種多様，《左傳・襄公十一年》亳之盟的載書祈告的神明有“司慎、司盟，名山、名川，群神、群祀，先王、先公，七姓十二國之祖”，則凡神靈均在祈告之例；而侯馬盟書中所告神明僅是晉國先君，似較專一，看來當時對此也是各行其是。對背盟者的詛咒，全賴神明之力，這是春秋時人的一個基本觀念。

蠱道之詛，依賴的是人的法術，頗似《國語·楚語》中觀射父所説的“九黎亂德”時的情景，“家爲巫史”，“民神同位”，是比較原始的巫術；盟禮之詛，托庇神明，依賴的是超人間的力量，是“絶地天通”以後的産物，脱離了原始的階段，應該説是較巫蠱更爲高級的巫術。這種巫術和政治行爲緊密地結合在一起，並作爲政治結盟的必要儀式，成爲春秋時期政治文化的一大景觀。《左傳》記載了許多次盟誓，給人的印象以政治方面居多。侯馬盟誓遺址的科學發掘，揭示出大面積的方坎遺跡以及埋藏的玉器、牲畜和盟書，聯繫《左傳》的記載，使我們可以全面地理解春秋時期這種政治文化的内涵，對其中的巫術因素有了直觀的了解。

雖説盟禮之詛是較高級的巫術，已經從巫覡施術而進至祈告神明，但盟禮中仍然有原始巫術的殘餘成分，盟禮用牲即是較明顯的一項。盟誓必昭告神明，用牲則易於令人誤會爲殺牲祭神，其實並非如此。文獻中並没有那樣的記載，但也没有説明用牲的意圖。我們發現，《漢書·西域傳下》載武帝《輪臺詔》提到，“重合侯得虜候者，言‘聞漢軍當來，匈奴使巫埋羊牛所出諸道及水上以詛軍。單于遺天子馬裘，常使巫祝之。縛馬者，詛軍事也。’”縛馬之詛説的是“匈奴縛馬前後足，置城下，馳言‘秦人，我匄若馬。’”匈奴在軍事方面用詛的方法值得我們注意。這幾種詛術中，尤其是在道路上和水中埋牛羊用來詛軍，和盟禮的用牲實質是一致的。匈奴的詛術使我們想起鄭莊公詛射潁考叔者的方法，祇不過《左傳》中没有埋牲這個細節，而匈奴埋牛羊與盟禮的“坎用牲”使我們找到了這種聯繫。掩埋牲畜用來施詛這一事實，使我們對盟禮中的詛術確認無疑。

需要説明的是，匈奴詛軍的巫術同巫蠱一樣，尚爲較原始的方式，他們的巫師把牛羊埋在漢軍經過的通道上，以達到加禍於漢軍的目的，這就是弗雷澤所謂的“交感巫術”之一種。他曾提到澳大利亞東南地區的土人認爲，衹要把石頭、玻璃之類的鋒利的碎片放入一個人的脚印中，就可以使那個人跛足。匈奴詛軍的巫術與此相類，衹不過是用在了軍國大事上。盟禮中的用牲已經是演變後的產物，成爲盟誓禮儀中的固定程式，以至没有人提及其真正的用意。再者，盟誓之詛鍼對的是背盟者，結盟之時用詛是防患於未然，亦即孔穎達説的“盟者盟將來”，施詛時並没有確定的具體被詛對象，故埋牲的地點也與被詛者没有聯繫，衹能是把牲畜與盟書埋在一起，這也是淹没了用牲是施詛手段的一個原因。

也正是由於盟禮之詛的被詛者不確定，參與結盟的人都是可能遭詛的對象，所以盟禮中還有一個儀式特别值得注意，那就是“歃血”。盟誓儀式上歃血，所歃之血即盟禮用牲的牲血，也就是説，所有參盟的人都要與埋牲的牲血直接接觸。參盟之人與埋牲之血的這一接觸，就爲所埋牲畜和參盟的人建立起了聯繫。那麽，我們有理由認爲，歃血的儀式即是參盟者自願表示如背盟即受詛的方式。但這是一種推測，我們還没有見到有關類似巫術的記載。可以肯定的一點是，歃血與盟誓活動中昭告神明並非一個觀念體系。因爲既然相信神明監臨，神明無所不在，無幽不燭，不守盟誓者便難逃懲罰，昭告神明是無需用牲血表示的。而歃血的方式，至爲明顯的是相信牲畜有靈魂，認爲牲畜之靈通過牲血監視着參盟者。這種迷信在世界上的其他地方也存在，“有些愛沙尼亞人不嘗鮮血，就是因爲他們相信血中含有動物的靈魂，人如飲血，那靈魂就會趁機鑽入人體；北美有些印第安人部落，由於宗教的嚴格戒條，絶對禁止吃喝任何動物的血，因爲其中含有該動物的生命和靈魂。猶太的獵人把他們獵殺的動物的血完全傾倒出來並用塵土蓋上，他們對這些血連嘗也不嘗一下，他們相信這個動物的靈魂或生命就在那血泊裏，或者實際上那血泊就是它的靈魂或生命”⑧。盟誓時特意要歃血，就是讓牲畜之靈進入參盟者的身體，以便隨時監視他是否守盟，如若背盟，即施禍殃。盟誓時所昭告的神明並没有牲畜之靈，説明那是各自屬於不同的觀念體系。歃血的形式保存在盟禮中，而它的觀念背景業已消亡，它不過是依靠文化傳統的力量得以保留，這就是泰勒（E·B·Tylor）所謂的“遺俗”（Survival）。

盟禮中的用牲和歃血都屬“遺俗”之例，而且在春秋時已有漸遭淘汰的跡象。人們認爲殺牲、歃血是信義不足的表現，不用這類儀式反而更顯得光明正大。如《孟子·告子下》説：“五霸，桓公爲盛。葵丘之會，諸侯束牲載書而不歃血。”束牲的意思，《穀梁傳·僖公九年》説得明白，就是“陳牲而不殺”。《穀梁傳·莊公二十七年》還説齊桓公“衣裳之會十有一，未嘗有歃血之盟也，信厚也。”《國語·齊語》説齊桓公“與諸侯飾牲爲載，以約誓於上下庶神”，韋昭注云：“飾牲，陳其牲。爲載書加於牲上而已，不歃血。”不殺牲、不歃血的盟會受到贊揚，説明春秋時人們已經開始厭棄那種比較野蠻的方式，而欣賞純粹依賴神明監臨的辦法。

以上是我們對盟禮中巫術因素的探討。我們認爲，春秋盟誓禮儀中的殺牲、歃血是原始巫術的“遺俗”，其實際意義是對不守盟誓者施詛。但在《左傳》等文獻中没有明確地提到這一點，可能是由於當時人們篤信神明，拋棄了原始巫術觀念的緣故。説明這一點，對了解春秋時期的社會習俗和思想發展水平不無助益。在探討晉文化中提及這個問題，也是想從更廣闊的文化背景來理解特定的地域文化及其豐富的文化内涵。不妥之處，敬請批評。

注釋：

①② 陳夢家：《東周盟誓與出土載書》，《考古》1966 年第 5 期。

③④ 陶正剛、王克林：《侯馬東周盟誓遺址》，《文物》1972 年第 4 期。

⑤《漢書》卷 66《公孫賀傳》。

⑥［英］詹・喬・弗雷澤：《金枝》，徐育新等譯，中國民間文藝出版社 1987 年版第 21—22 頁。

⑦《周禮・司盟》。

⑧《金枝》第 339 頁。

原載《汾河灣——丁村文化與晉文化考古學術研討會文集》，山西高校聯合出版社，1996 年 6 月。

論盟書書法藝術

張守中

一、盟書與書法藝術

古文字與書法藝術本不可分，歷來出土的各類古文字資料，包括甲骨文、金文、石刻篆文等，都是研究中國書法藝術的珍貴資料。晉國盟誓遺址發現盟書，距今已近30年，《侯馬盟書》報告發表已近20年，對於盟書，從歷史、考古、古文字學的角度專家們已有充分的研究，而從書法藝術方面，在國内外還衹有一些零星介紹，深入的研究、評論、宣傳還是不够的，廣大書法愛好者包括篆書愛好者對盟書藝術尚缺少認識，學習臨摹乃至再創造就更少涉及。當然這種現象的存在，也是有客觀原因的，其中文物、考古書籍專業性强，書價昂貴不便普及也是因素之一。其實，凡是看過盟書實物或是讀過盟書照片文字的人，都能意識到，從中國書法史研究方面來講，盟書是一批不可多得的重要資料，是古人創作書寫的一批藝術珍品，應該有更多的書法理論工作者，進行系統研究。侯馬盟書是晉文化發展到一定階段的必然產物，是中國古代書法藝術的一枝奇葩，是用於書法藝術再創造的一個重要源泉，通過認真的臨摹實踐和理論上的總結，必能開擴我們的視野，在篆書創作道路上進入新境界。

二、盟書的藝術特色

盟書的藝術特色，可歸納爲以下三點：

首先是時代早、數量大，是古人手書真跡。盟書出土在晉國遺址，是2400年前的遺物，它晚於甲骨文的時代，與金文時代大致相當。盟書出土的數量多達5000餘件，已發表的照片和摹本600餘件，30000餘字，其内容之豐富可見一斑。盟書與甲骨、金文不同，它最具特色的是古人手書真跡，是我國系統手寫成文最早的一批文字。它最直接地反映了春秋時代古人的書寫藝術。盟書文字參差錯落、章法自然，字體風格有的渾厚凝重，有的飄逸灑脱，運筆中彊烈表現了柔軟毛筆特有的彈性，行筆輕重有度，具有瀟灑秀勁而又不失古樸典雅的藝術特色。春秋時代，古人手書真跡究竟是怎樣的風格，我們本實難想象，而由於有大批盟書的出土，使這一問題迎刃而解。相信那些書寫甲骨文金文的大家，當初倘若見到盟書，也一定會把盟書體推廣介紹給書法藝術界，使之發揚光大吧！

其次，侯馬盟書是寫在石片上的朱書文字。山西省文物工作委員會編輯的《侯馬盟書》報告中已有明確介紹，香港中文大學饒宗頤教授在參觀晉國遺址時曾有“玉策盟書久不磨”的詩句，亦有所指。盟書文字在選材上，既不同於甲骨文、金文，也不同於帛書和簡牘。文字之所以用朱色寫在石片上，既有北方地域特點，也與盟誓的特殊需要有關。所用的石片，多爲泥質板岩，晉國地域多山，石料豐富，可以就地取材舉行盟誓。要殺牲取血，書寫誓辭，盟書文字用朱色礦物質作顔料，應是血書盟辭習俗的延續和改進。

第三，盟書文字形體古雅，變化繁多，盟書是秦統一以前的文字，屬大篆體系。從已發表的侯馬盟書字表來看，真可謂是琳琅滿目，洋洋大觀，一個“心”字寫法有5形，“永”字6形，“而”字

11形，“定”字14形，“鑿”字15形，“從”字16形，“德”字17形，“盡”字18形，“事”字21形，“者”字28形，“復”字54形，“敢”字92形，“嘉”字竟達110形。盟書文字形體變化繁多的特點不單爲古文字研究提供了重要資料，而且爲今天的書法藝術創作也提供了十分豐富的營養，這是頗爲可貴的。

三、關於盟書筆法

盟書筆法有以下三個特點：

（一）運筆出鋒

盟書文字運筆處處鋒芒外露，遠不同於金文、小篆的藏鋒筆法。以往論及篆書多强調圓勁、渾厚和藏鋒，這於書寫鐘鼎及秦篆當無可非議，就今天而論，如果我們籠統談篆書筆法，言必以圓勁、渾厚、藏鋒爲標準，那恐怕就是以偏蓋全，有失古人法度了。東周時代，古人手寫篆書運筆出鋒，當普遍如此，盟書絶不是僅有的孤例。金文及石刻篆文與盟書筆法不同，説明在古代鑄刻與手寫的區别，這本是情理之中的事，如同今天的印刷體與手寫體有别是一個道理。中國文字和中國書法藝術的發展史，通過各地出土文物藴含的豐富内容，已逐漸使我們對這一問題，看得十分清楚。

（二）科斗筆法

盟書文字的用筆，有起筆重收筆輕的特點，由此使我們想到古稱周代有科斗文之説，也稱科斗篆。係因頭粗尾細形似蝌蚪而得名。依筆者之見，盟書文字應是典型科斗文，不過需要訂正的是，作爲每個字的整體形象，很難説他是怎樣的頭粗尾細，確切地説，頭粗尾細應指的是筆法而不是字形，故我們不妨把盟書的這種起筆重收筆輕，頭粗尾細的筆法，稱爲科斗筆法。

（三）回勾筆意

盟書的横畫以及向左右的斜筆，常出現有收筆自然回勾的筆意，這種筆意，應是毛筆手寫熟練快速所自然形成的，在盟書中十分多見，在東周時代，其他國家的手寫文字亦頗多見，具有一定的時代風格，值得注意。

四、盟書體的繼承和發揚

盟書的法書藝術並不是孤立存在的，它有自身的發展、演變、交融和延續過程。從已經公佈的考古資料來看，温縣盟書的書藝風格與侯馬盟書最相類似。南方的楚簡也頗有與盟書相近的字形和筆法，這當然不是偶然現象。盟書中有的字體寫得相當規範、修長、筆畫纖細挺拔，這也使我們想到戰國《中山王方壺》銘以及後世幣文“貨布”“大布黄千”的懸針書體，不難看出它們在書藝風格上的内在聯繫。另外，篆書石刻《吳・天發神讖碑》，那種起筆重、收筆輕、運筆露鋒的特點，顯然與盟書筆法不無繼承關係。

學習書法應溯本求源，學習篆字可以臨寫盟書，熟練掌握盟書筆體，可以用於今天的書法藝術創作，在理論和實踐兩方面探索，將有利於對盟書藝術的繼承和發揚。

《中國書法》1994 年第 1 期介紹了該刊 1993 年 8 月邀請在京部分古文字學家的座談記要，其中强調了古文字學界與書法藝術界交流溝通的重要性，筆者今借晉文化研討會之機，撰此小文，闡明侯馬盟書在書法藝術中的重要地位。

原載《汾河灣——丁村文化與晉文化考古學術研討會文集》，山西高校聯合出版社，1996 年 6 月。

釋斨申唐説質誓

——讀《侯馬盟書》“自質于君所”獻疑

孫常叙

一、問題的提出

在《侯馬盟書》（以下簡稱《盟書》）中，有些載書習語是比較常見的。除當時執筆急就，偶有挩字外，虛詞使用也或有出入，可是語意及其呼應關係不變。文字也或有異同，而同音假借的作用及其效應不變。作爲載書習語，它們的基本成分及其結構不變。這種語言文字依存關係，對考釋載書有很大作用。例如下列兩組“斨”字習語：

第一組

盦章自斨于君所，所敢……。既斨之遂，而敢不……。（一五六：二〇）

絠自斨君所，所敢……。既斨之遂，所敢不……。（一五六：一九）

㥯自斨君所，敢……。既斨遂，而所敢不……。（一九四：一一）

□□□□□□……既斨之遂，而［ ］……。

（一八五：三）

第二組

瘥自今吕生，敢不逖从此明斦之言。（六七：一）

□自今台生敢不從此明斦之言。（六七：二〇）

□自今吕𡉚敢不𢔨从此明斦之言。（六七：三）

□自今台造敢不𢔨从　此明斦之言。（六七：二一）

這兩組習語有一個共同現象："既斦之後"或作"既忎之後"，"明斦之言"或作"明忎之言"，"斦"等於"忎"。在同一言語，同一語句中的同詞異字，這一事實有助於我們對"斦"的識辨。

在《盟書》出版之前，學者對"斦"字已經作了考釋。

郭沫若就"自斦于君所"釋斦爲質。説"'質'字在古文獻中每與'盟'字聯帶使用，兹僅舉一例以爲證。《左傳》魯哀公二十年'趙孟曰：黄池之役，先主與吴王有質，曰：好惡同之。'下文趙孟家臣楚隆轉達這同一話言于吴王夫差，曰'黄池之役，君之先臣志父得承齊盟，曰：好惡同之。''質'與'盟'顯然爲同義語。杜預注'質，盟信也。'可見'盟'是就形式而言，'質'是就實質而言，雖有表裏深淺之異，其實是一回事。"①

唐蘭釋斦爲誓。他就"盦章自斦于君所"説，"這一類誓詞，首先説某人'自誓于君所'，斦字上从斦，是折字，折《説文》籀文作𣂚，金文《齊侯壺》：'𣂚于大司命'，讀如誓。𣂚省去二中，即爲斦。古鉩悊常作忎，可證。那麽貭是貭，不是質字。《廣韻》十五轄陟轄切下：'斷貨也'。在這裏應讀爲誓。這一類載書是自誓，不是共同的盟誓。"②

同一"斦"字，而有兩種認識：郭釋"質"而唐釋"誓"。

但是，我們必須知道：這兩家釋文都是就156坑出土載書作出來的。如《文物》1972年第3期第4頁郭文所説，他是就"見到三件原件和摹録（圖版叁、肆、伍）”立論的。按：該期圖版叁是一五六：二〇，肆是一五六：二二，伍是一五六：一九。同年《文物》第8期第33頁和注⑨，唐先生也説他所據的衹是“坑156出土的”載書和郭文圖版壹、叁和它的摹本。

而載書中與“質”同詞異文的“近”，是出現於坑67和坑185的。

這就是説，郭唐兩家都是在没有看到侯馬載書“質”“近”兩字同詞異文情況下作出判斷的。郭文没有考慮到“近”和“質”的關係和作用，是受到所見材料的局限。而唐文在没有看到“近”字的情況下，論到了“沂”“折”“逝”“悊”“貭”“質”，可以説是遠見卓識。

《盟書》在“質”字識别上同於郭説。在字的解釋上比郭説更詳細。

它把載書“自質于君所”，在釋“質”爲“質”的基礎上，釋爲“自質于君所”。解作把自己“委質”於新君[3]所居之處[4]。認爲這句話的“質”字有兩個意思：一個是“它的本義，是指盟誓時參盟人對鬼神所奉獻的各種信物”[5]；另一個是它“還包括把自己‘委質’於新君，自獻其身”[6]，而這個“‘委質’，就是把自己抵押給某個主人，表示一生永不背叛的意思。”[7]

這樣，既説“在盟誓時，奉獻禮物以取得信任，叫質，或贄”[8]，主張“委質”之“質”是“贄”[9]；又説“要同時把自身也抵押出去，作爲質”[10]，則又主張它是作爲“抵押”的人質之“質”。

《盟書》全面地記録了發掘、整理情況，如實地發表了侯馬載書的真實面貌，反映了出版前關於它的主要研究成果。精密详審，是一部很好的專著。我們從中學到很多東西，受到不少啟示。

正像跟老師受業一樣，在先生誘導下，有時也會引出一些問題。

如果没有把《盟書》“自質于君所”的注釋和《“委質”考》的主要觀點理解錯，我們會想到以下諸事：

（一）在質和委質的關係上

1. 質字所寫詞有没有委質之意？

2. 委質動賓詞組能不能簡縮爲質？

（二）在委質和“抵押”之意上

1. 委質是什麽？它有没有抵押之意？

2. 委質之質或寫作贄，“抵押”之質——也就是作爲人質之質，它爲什麽不能或寫爲贄？它們是一個詞還是兩個？

（三）在文字上

載書“自質于君所”和“明質之言”質字都寫作慭。而“明慭”兩字載書又寫作“明悊”。

悊古悊（哲）字。悊質古音不同部。載書以同詞異文明示其語音形式，何以必釋爲質？

二、“委質”和“自質”的探索

“自質”之質能不能等於委質？委質一事有没有抵押之意？這兩者是引出問題的疑點。兩者都和委質相關，於是問題又涉及什麽是委質。因此，在研究探索中，不得不把三者連結在一起來考慮。

（一）“委質爲臣”的委質是借質寫摯（或贄）的

“委質”一事，明、清以來學者已以不同程度作了比較明確的考釋[11]。《盟書》的《“委質”考》和《注釋》在提到“質”和“贄”的同時，又把這個“質”與“押抵”之“質”合而爲一。爲了便於討論這一新的提法和問題，不得不就個人管見，梳理一下前人的餘緒。

《國語・晉語九》：“委質爲臣，無有二心。”《管子・四稱》“昔者有道之臣，委質爲臣，不賓事左右。”《韓非子·有度》“賢者之爲人臣，北面委質，無有二心。”“委質”之“質”學者把它讀爲“贄”字（古代典籍“贄”或寫作“摯”）是有道理的。

從語音上看，“質”和“贄”古有同音假借的事實。

《國語·周語上》：“爲贄幣、瑞節以鎮之。”韋昭注“贄，六贄也。謂孤執皮帛，卿執羔，大夫執雁，士執雉，庶人執鶩，工商執雞。幣，六幣也。圭以馬，璋以皮，璧以帛，琮以錦，琥以繡，璜以黼也。”《左傳》襄公十四年：“贄幣不通，言語不達。”“贄幣”兩字與《周語》同。可是昭公三年“寡人願事君，朝夕不倦，將奉質幣以無失時。”昭公七年“寡君將承質幣而見於蜀。”則都用“質幣”來寫它。《孟子·滕文公下》：“出疆必載質”趙岐注“質，臣所執以見君者也。”焦循《孟子正義》曰：“《音義》出‘載質’云，張音贄，云‘義與贄同’……贄、摯、質三字通。”又《萬章下》：“庶人不傳質爲臣，不敢見於諸侯，禮也。”趙岐云“傳，執也。見君之質，執雉之屬也。”《正義》引《音義》云：“質，丁讀如贄。”孫奭疏説“傳質者，所執其物以見君也。如公執桓圭，……卿執羔，大夫執雁，士執雉，是所以爲贄也。”“質”和“摯”“贄”古音都是質部章母字，得同音通假。

從語義上看，《管子·揆度》“令諸侯之子將委質者，皆以雙虎之皮。”雙虎之皮是所委之贄，可見“委質”就是“委贄”。

從禮數上看，《周禮·大宗伯》“以禽作六摯，孤執皮帛，卿執羔，大夫執雁，士執雉，庶人執鶩，工商執雞。”鄭玄注“皮，虎豹皮。”這也可見《管子》“令諸侯之子將爲質者，皆以雙虎之皮”的“質”確是“摯”（也就是“贄”）的借字。

從禮節上看，新臣如《儀禮·士相見禮》所記：“始見於君執摯，至下，容彌蹙。……士大夫則奠摯，再拜稽首。君答壹拜。——若他邦之人，則使擯者還其摯，曰：'寡君使某還摯。' 賓對曰：'君不有其外臣。' 臣不敢辭，再拜稽首受。"其程序有三：一、執摯，二、奠摯，三、還摯。還摯之事衹對外臣，本邦之人則不還。

《詩·采蘋》："於以奠之？宗室牖下。"毛傳"奠，置也。"奠有置義。奠摯就是《吕氏春秋·審分覽·執一》"今置質爲臣，其主安重"的置質，也就是《荀子·大畧》"錯質之臣不息雞豚"的錯質。錯借作措，《説文》："措，置也。"置質、錯質就是奠摯，可見質是借以爲摯的。

奠摯之後，置而不還。從初見君之臣來説，則意味着把所執之"摯"委之於地而不取。——委之而退，是爲委質（贄、摯）。在這種形勢下，"奠摯"在一定程度上有"委質"之意。高誘注《吕覽》"置質爲臣"，説"置猶委也"；楊倞注《荀子》"錯質之臣"，説"錯，置也。質，讀爲贄。……置贄謂執贄而置於君。《士相見禮》曰：'士大夫奠贄於君，再拜稽首。'……或曰：'置質猶言委質也。'"

但是"若他邦之人，則使擯者還其摯"，奠而還之。在這種情況下，奠摯就不等於委質。

初見君，奠摯而不被退還，是爲委質。它表明：第一次見君，就被君明確地認可了君臣關係。於"委質"在"初見君"的條件下，遂成了被君確認爲臣的唯一的禮儀標識。"北面委質""委質爲臣"都是從開始爲臣説起的。

《戰國策·秦四》："昔者，趙氏亦嘗强矣。……天下之士相從謀曰：'吾將還其委質，而朝邯鄲之君乎？'""還其委質"，還他當年初見君時所委之質，而另朝邯鄲之君，從而斷絶當初已通過委質形式而確定的君臣關係。可見"委質爲臣"和"無有二心"，這種禮儀和道義的相應關係在先秦時代也並不是牢固的。

贄見禮，是各階層共用的。《禮記·曲禮下》："凡摯，天子鬯，諸侯圭，卿羔，大夫雁，士雉，庶人之摯匹，童子委摯而退。"孔疏云："'童子委摯而退'者，童子見先生或尋朋友，既未成人，不敢與主人相授受拜伉之儀，但奠委其摯於地而自退辟之。"可見"委質"（委贄、委摯）這個動賓詞組它本身的語義衹説明所"委"之物爲"贄"，而"贄"是執以相見的禮物，它自己並没有"爲臣"的意思。

《左傳》昭公元年"鄭徐吾犯之妹美。公孫楚聘之矣，公孫黑又强委禽焉。"《儀禮》"昏禮，下達納采，用雁。"雁是納采所用的贄物。"委禽"也就是"委贄"（委質）。這也反映"委質"一語，如果不在"始見君"的條件下，它本身並没有"爲臣"之意。

《左傳》僖公二十三年"策名委質，貳乃辟也。""委質"就是"始見于君"的奠委其摯，就是"委"其所摯的摯物。劉文淇《春秋左氏傳舊注疏證》把"策名委質"直改作"策名委贄"是有道理的。我們從"委質""委摯""委贄"的各方面依存關係，是可以肯定劉氏改字之意的。

從這些情况看來，"委質"之"質"自是贄見禮中贄見者所執的見面禮物。儘管可以同音假借寫成"質"字，但是它並没有"抵押"之意。

（二）"自質"之"質"没有"委質"之意

《經籍纂詁》一書，號稱"經典之統宗，詁訓之淵藪"，它"網羅前訓，徵引群書"，是"檢一字而諸訓皆存"的。按此書"質"字收古籍注六十八條，《補遺》二十一條，其中没有一條説"質"等於"委質"的。可見以"質"爲"委質"之事，是於古無徵的。同理，"贄"（二十六條，補遺五條），"摯"（十八條，補遺五條）兩字也都没訓解爲"委質"的。可見"自質"之質，無論是用本字或作借字，它所寫詞都是没有“委質”之意的。

載書“自質于君所”的“自質”是不是“自己委質”呢？也不是。因爲“委質”是一個動賓詞組。一旦失去它的動詞，光賸下一個賓語，那就衹有“質”字在和“自”互相依賴互相制約以顯示其寫詞記言作用，從而喪失了原有詞組結構，與“委質”不再發生關係。可見不僅“質”無“委質”之義，而且“委質”也不能縮寫为“質”。

（三）“自質”之質如訓“抵押”則與“委質”之質不是一詞

載書“自質于君所”的“自質”，在語言上，和“委質”是不同的。前者的動詞是“質”，而後者的動詞是“委”。——誰“質于君所”？被“質”者是自己。這是所謂“自質”。“于君所”所“委”者何？“委”的是“質”。詞義内容、語法功能、語言結構和所表達的語意都不相同。

如果説“自質于君所”在“這裏是説，要同時把自身也抵押出去，作爲質，奉獻於君所。”[12]那麽，這個“質”就是《説文》所説的“以物相贅”的“質”了。而“委質”之“質”，如《盟書》所引《國語》《左傳》注文所説，乃是“贄也”。[13]是贄見時“握持”之物。質自己和委“贄品”顯是兩個不同的事情。“自質”和“委質”的“質”雖然用的是同一字形，可是所寫的詞卻是兩個。如《盟書》所釋，則前者用本字，而後者爲假借。

在書面語言裏，同一句子的同一語序，一個字衹寫一個詞，而這一個詞衹能用一個詞義，與其他字所寫詞，直接間接，相互依賴相互制約而發生依存關係，以表達語意。如果釋龂爲質，説它在“自質于君所”句中，寫的是“委質”之質，而“委質”之質是借是以寫贄的，那麽，它就不可能同時又是另外一個詞——作“抵押”的人質之“質”（這個字絶不能或寫作贄）。在邏輯上，甲不能既是乙又不是乙。在同一時間同一關係下對同一對象所作的兩個矛盾判斷不能同時都真；但是，可以兩個都不對。

（四）“把自身也抵押出去，作爲質”的“自質”⑭在事理上是不可能的

如果説這個“質”有“抵押”的性質，實際上是把它又看作人質的“爲質”之“質”。

“必質其母以爲信”⑮，“唯不信，故質其子”⑯，這類質字是有抵押之義的。質以取信，被質者都不是用他向對方取信的主權者自己，而是他的親屬或重臣。《左傳》——

“子良出質”（宣一二）是爲鄭伯出質於楚

“華元爲質”（宣一五）是爲宋以質於楚

“公衡爲質”（成二）是爲魯以質於楚

“子駟爲質”（成一〇）是爲鄭以質於晉

“公孫黑爲質焉”（襄一五）是爲鄭質於宋

《侯馬盟書》是春秋晚期載書。而記春秋時事的《左傳》以人“爲質”的言語有三十餘條。其中没有一條是被質人自己出質自己的“自質”。

“爲質”之人，是他的主權者把他送交到對方，以其生命作擔保，保證實踐諾言的“抵押品”。

如果“自質于君所”的“自質”是“要把自身也抵押出去，作爲質”⑰，豈不是自己把自己交送對方，作爲抵押？這種自己給自己作擔保的“自質”等於没有擔保的擔保，豈不是失掉了作“質”的意義？

“委質爲臣”是“委質——爲臣”，通過委質禮儀而爲臣。爲臣也並不是以身作質。

把“自誓于君所”隸定爲“自質于君所”是可以的。但是把“自質”理解為“把自己也抵押出去，作爲質”，看來也是有困難的。

三、"䞣"應如唐蘭所釋——釋之爲"誓"

《盟書》嚴肅認真，作得很謹慎。但是，在"自䞣于君所"的"自質"考釋上，過多地注意了"自質"之質和"委質""爲質"[18]之質三者書寫形式的同一，從而放過了自己已經提到的"委質"之質或寫作贄，没有進一步就爲"爲質"之質何以不能或寫爲"贄"，明確它們之間的寫詞性質（本字、借字）和詞義所反映的客觀事物的本質差異。相反地，卻把兩個不同的詞、兩個不同的詞組（自質、委質）揉在一起，合二爲一，使讀者感到困惑。

那麼，載書的"自䞣"應該怎麼解釋呢？

（一）"䞣"從貝斱省聲，載書借爲"誓"字

侯馬出土載書，如本文開頭所舉——

"既䞣之逡"或作"既訢之逡"

"明䞣之言"或作"明訢之言"

"䞣"和"訢"都是从"𣂔"得聲的。同音替代，所以"既䞣"可以寫成"既訢"，"明䞣"可以寫成"明訢"。這兩個字既然都从"𣂔"得聲，則它們所寫詞的語音形式必然與"𣂔"同音。

"𣂔"是斱的簡化。除唐先生所説，"折，《説文》籀文作[illegible]，金文《齊侯壺》'斱于大司命'讀如誓。斱省去二中，即爲𣂔。古鉩悊常作[illegible]，可證"外，《中山王嚳鼎》"於虖哲哉"的"哲"寫作[illegible]，[illegible]即古文折字。[illegible]省[illegible]爲[illegible]。[illegible]與載書[illegible][illegible]的聲符同形。《説文》"哲或从心"作"[illegible]"。載書"訢"字與唐先生所舉古鉩"[illegible]"字同形，即從心斱聲的"[illegible]"字之省。

"折"字殷虚卜辭作[illegible]（京都三一三一），[illegible]（前四·八·六），《虢季子白盤》作[illegible]。《毛公厝鼎》省[illegible]爲[illegible]把"折"寫作[illegible]。《番生簋》和《井人妄鐘》都有"克哲氒德"的句子。前者用"誓"寫

“哲”，其字作[古文字]，聲符“折”字作[古文字]，即《毛公厝鼎》之[古文字]而反其“斤”；後者以從貝折省聲之“[古文字]”寫“哲”。[古文字]就是[古文字]的錯疊。

[古文字]和[古文字]都是從貝折聲的簡化。前者，省“[古文字]”而錯疊左半之[古文字]；後者，省[古文字]而留其中間之“[古文字]”。

古音，折及從折得聲之字，如哲、悊、悊、誓、[古文字]、䞇、[古文字]、貭等，都在月部。唐先生釋“䞇”爲“誓”在載書中已得到“䜋”字作證，用它來讀侯馬載書，“自䞇”爲“自誓”，“既䞇”或“既䜋”爲“既誓”，“明䞇”或“明䜋”爲“盟誓”都是文通字順，順理成章的。

侯馬載書一五六：二〇

盦章自䞇于君所，所敢……。既䞇之遂，而敢不……。

可讀爲

盦章自誓于君所，所敢……。既誓之後，而敢不……。

載書一五八：三

□□□□□□，……。既䜋之遂，而［　］……。

可讀爲

□□□□□□，……。既誓之遂，而［　］……。

載書六七：一

痣自今𠂤坒敢不逖從此明䞇之言。

載書六七：二一

□自今台造敢不䢒從此明䜋之言。

都可讀爲

厶自今以往，敢不逵從此盟誓之言。

（二）䞇亦或作質，形音與貭俱近，遂變而爲質

把古月部從貝[古文字]省聲的“䞇”字隸定爲古質部“質”字是有其語言文字歷史原因的。

從詞的發展來説，殷虚卜辭，以物相致，其字爲（卜五三〇）爲（續一·三七·二），或寫爲（佚二三二、甲一一六三）古音在支部。及至以（《乎簋》）爲姓氏之字，送致之詞遂音轉入脂，書寫時下加以別之，遂成（《居趙簋》）字。以物相贄，其物與所求正相當直，其事曰“質”，又并兩字以寫之，古音在質部，其字作，簡寫爲爲爲，是爲字[19]。

從詞的語音變化來説，《詩經》時代，古質部字所寫詞，已有和月部合韻的現象。例如：《邶風·旄邱》一章，節、日與葛相叶；《小雅·正月》八章結與厲、滅、威相叶，《雨無正》二章，戾與滅、勩相叶，《賓之初筵》一章逸與設相叶；《大雅·皇矣》二章，翳與栵相叶；《桑柔》五章，毖、恤與熱相叶；《瞻卬》一章，惠、疾、屆與厲、瘵相叶[20]。這種質月合韻現象，不止一篇。它是當時地方方音的反映。

在這種方音裏，有些質部字是和月部無別的。《説文》：“晢，昭晰，明也。从日折聲。《禮》曰：‘晰明行事。’”許慎引用的這句話，《儀禮·士冠禮》作“質明行事”。“質明”就是“晢明”。把月部“晢”寫成質部“質”，它表明當年鈔書人，在音感上是“質”“晢”無别的。在這種情况下，可以説“質明行事”是借“質”寫“晢”的。《楚辭·九章·惜誦》“令五帝以折中兮”，劉向《九歎·怨思》“北斗爲我質中兮”用其意。王逸注云“質，正也。”[21]洪興祖補注本這句辭寫作“北斗爲我折中兮”，注云“折一作質。折中，平也”。“折中”而寫作“質中”正是質月合韻音感無别的結果[22]。從這些現象看，《國語·齊語》“聰惠質仁”，韋氏解：“質，性也。”朱駿聲認爲它是“哲”的借字[23]，是有道理的。

從字的形體變化來説，古字簡化，或寫作（《弔孫氏戈》），

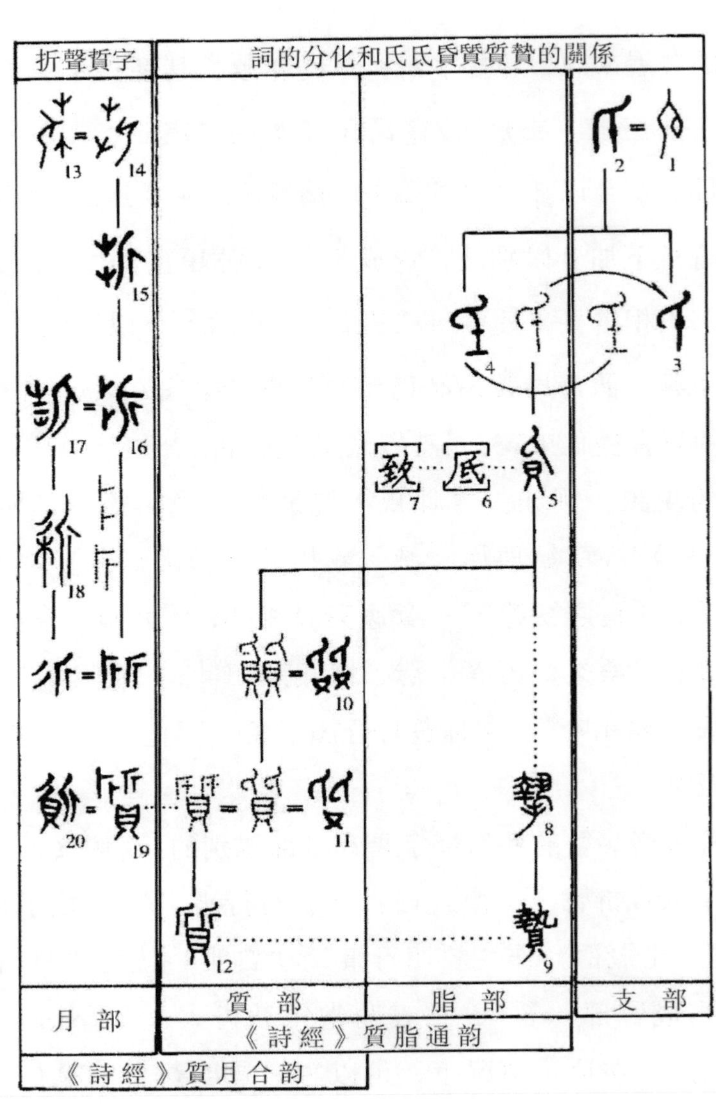

氏的分化和贒誓同音贒變爲質的示意圖

1. 乙五一三　2.《令鼎》　3.《克鼎》　4.《虢金氏孫盤》　5.《居趩簋》

6.《爾雅・釋言》"厎，致也"。　7.《説文》"致，送詣也"。

8.《説文》"摯，握持也"。

9.《周禮・大宰》注"各以其所貴爲摯"《釋文》本亦作贄

10. 11.《曶鼎》　12.《説文》"質，以物相贅"。　13. 前四・八・六

14. 京都三一三一　15.《兮甲盤》　16.《毛公厝鼎》

17.《洹子孟姜壺》　折借以寫誓　18.《中山王譽鼎》　折借以寫哲

19.《井人妄鐘》　貭借以寫哲　20."侯馬盟書"　貭借以寫誓

或寫作□（尖足布旂氏半）。其形與□的簡化爲□（《散盤》□字所從、爲□（《富奠之斷鐱》斷字所從者相同）。古□字簡化有兩系：一系是以簡□爲中心的，它把□字或簡爲□，或把□（左旁）錯疊爲□，從而出現從貝折聲的□字。一系是以簡□爲中心的，它把□或簡爲□，從而出現從貝折省聲的□字。□□兩字都是從貝折省聲的，是同一字由於簡化而發生的變體。

質部“⿱氏貝”，由於□變爲□，遂成爲□。

月部“⿱折貝”，由於□變爲□，遂成爲□。

質月合韻，方音同音；□□字近，變形同形，合二爲一，遂成爲□。又由於“折”或簡作“𣂚”，從貝折省聲之□，也相應地出現或體作⿰貝斤。

形聲字的形符，一般是用以標寫它所寫詞的詞義類屬的。據此可知：

□⿰貝斤或體，都是原質部以“以物相贅”爲義的⿱氏貝，在質月合韻，形音俱變的情况下，在原有的詞的書寫形式上，演化出來的後起形聲字。

這兩個形聲或體字，原是兩個詞的書寫形式，在質月合韻同音和□□簡化同形的條件下融合而生的産物。因而它可以用它合韻後的語音形式和融合後的書寫形式，適應合韻前兩韻有關之詞。例如□既可以適應原質部之□，又可以寫原月部之“哲”，（《井人妄鐘》“克哲氒德”以□爲哲。）同理，它的或體□字，既可以隸定爲“質”，也可以釋爲“哲”（“侯馬載書”□或作□，悊即悊，而悊爲哲之或體），也可以用以寫“誓”（《番生簋》“克哲氒德”哲字作□，借誓爲哲。）

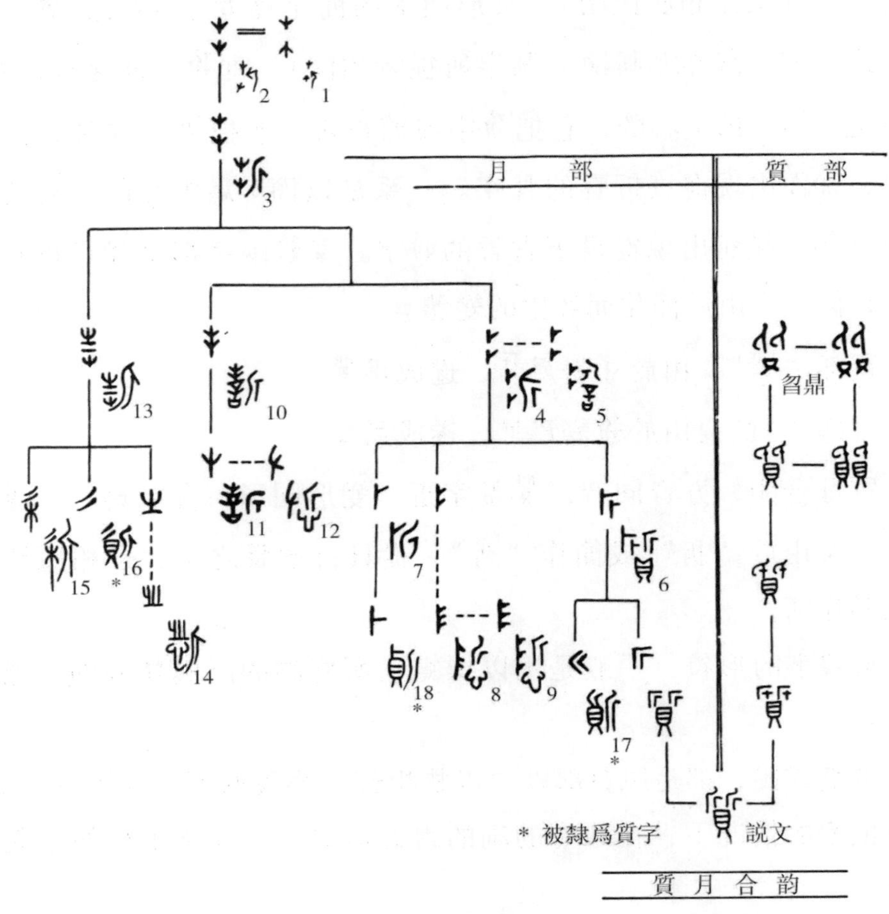

折及折作聲符字兩系簡化形變表

1. 京津二七三七　　2. 京都三一三一　　3.《兮甲盤》　　4.《毛公𢉩鼎》
5.《番生簋》以誓寫哲　　6.《井人妄鐘》以質寫哲　　7.《折觥》
8.《曾伯霥匡》
9.《師望鼎》　　10.《鬲比簋》　　11.《散盤》　　12.《克鼎》
13.《洹子孟姜壺》誓不从言　　14.《王孫鐘》　　15.《中山王響鼎》以折寫哲
16. "侯馬盟書"以質寫誓　　17.《秦詛楚文》以質爲誓　絳帖本
18. 同上　汝帖本

（三）先秦書面語言中以“質”（𧵒）寫“誓”的部分遺跡

質月合韻，贀與其或體𧵒字融而爲一，變而成質，致使它在字形上已失其“折”聲之跡。漢以後，遂以質韻之音讀“質”，以月韻之音讀“誓”，兩字又各歸其韻，各寫其詞。常用詞中，“質”“誓”有别，遂不知先秦書面語言有以“質”寫“誓”之事。於是先秦以“質”寫“誓”之文，在讀者眼中不再有假借關係。於是就“質”訓釋，失其文意。

先秦書篇不少這種遺跡。謹舉數例，試以“誓”讀“質”，可以驗證其事：

《左傳》僖公二十四年，“公子曰：‘所不與舅氏同心者，有如白水！’投其璧于河。”“所不與”兩句是誓辭。《國語·晉語四》“公子曰：‘所不與舅氏同心者，有如河水！’沈辟以質。”韋注“因沈璧以自誓爲信”。“沈璧以質”正是“沈璧以誓”。這個“質”字應是“𧵒”的隸定之誤。《晉語》這個“𧵒”字和侯馬載書一樣，也正是以“𧵒”（𧵒）爲“誓”的。

《晉語四》“吾先君武公與晉文侯戮力一心，股肱周室，夾輔平王，平王勞而德之，而賜之盟質曰：‘世相起也！’”《左傳》成公十三年，“晉侯使吕向絶秦，曰：‘昔逮我獻公及穆公相好，戮力同心，申之以盟誓。’”這三句話和《晉語》很相似。我們從“戮力一心”與“戮力同心”，“賜之盟質”和“申之以盟誓”的語意關係和“質”“誓”同音關係，可知“盟質”就是“盟誓”。

上述《晉語四》“而賜之盟質曰”這句話，學者多以“盟質”連讀。今以《左傳》僖公二十六年“昔周公、大公股肱周室，夾輔成王。成王勞之，而賜之盟，曰‘世世子孫無相害也！’”斠之，可知“而賜之盟”自是一句。“質曰”乃冒下文誓語。以侯馬載書來看《晉語》，則知這個“質曰”原文當是“𧵒曰”。“𧵒曰”即“誓曰”。“質”是“斦”的隸定。

《左傳》哀公二十年，“趙孟曰：黃池之役，先主與吳王有質，曰：‘好惡同之！’”杜注“質，盟信也。”《周禮·秋官·序官》“司盟”鄭氏注“盟，以約辭告神”。約辭即約信之辭。《曲禮下》“約信曰誓”。《左傳》文公十八年，“作誓命”杜注“誓，要信也”。要信即約信。“好惡同之”《左傳》數見。例如：成公十二年，“乙亥，盟於宋西門之外，曰：‘凡晉楚無相加戎，好惡同之！……’”哀公四年，“晉楚有盟，‘好惡同之！’”“好惡同之！”正是約信之辭，約辭而謂之“質”足見“質”正是“誓”。

“趙孟曰：‘黃池之役，先主與吳王有質。’”趙孟在本文是趙無恤（趙襄子），先主是趙襄子的父親趙簡子（趙鞅）。趙鞅也就是侯馬載書的“子趙孟”[24]。“有質”之質即侯馬載書“自斦”“既斦”“明斦”之斦的隸定，而用以寫“誓”。

《左傳》襄公九年冬，晉鄭戲之盟，“晉士莊子爲載書，曰：‘自今日既盟之後，鄭國而不唯晉命是聽，而或有異志者，有如此盟！’”要鄭照他擬定的誓辭宣誓（周金文把它叫作“則誓”）。鄭公子騑（子駟）不聽他們的要挾，上前宣讀自己的載書，説：“自今日既盟之後，鄭國而不唯有禮與彊可以庇民者從，而敢有異志者，亦如之！”没有按照晉人要求“則誓”。晉荀偃要鄭國“改載書！”在兩方相峙中，晉人意識到自己以“不德”而“要人以盟”是非禮的，也衹好“姑盟而退”。《周禮·秋官》“司盟”“凡邦國有疑會同，則掌其約之載”，盟是兩方或多方之事。因此盟誓之誓與單方面的誓不同，是必須共同一致才能成立。戲之盟没有兩方一致的誓辭，可以説是盟而無誓的。

了解這一事情之後，我們再看《左傳》襄公九年晉鄭同盟於戲之後，“楚子伐鄭，子駟將及楚平。子孔、子蟜曰：‘與大國盟，口血未乾而背之，可乎？’子駟、子展曰：‘吾盟固云，唯彊是從。’今楚師至，晉不我救，則楚彊矣。盟誓之言，豈敢背之？且要盟無質，神弗臨也。……明神不蠲要盟，背之可也。’”“要盟無質”的“質”杜預以“主”訓之，而服虔以“成”[25]解之。今以侯馬載書來看，這個“質”可能是“𥎦”字，用作“誓”。“無誓”指没有按照晉人在“要盟”時爲鄭人規定的載書“則誓”。没有兩方一致的共同誓言，所以“神弗臨也”。

《左傳》昭公十六年，“子産對曰：‘昔我先君桓公與商人皆出自周。……世有盟誓，以相信也。’曰：‘爾無我叛，我無彊賈，毋或匄奪。爾有利市寶賄，我勿與知。’恃此質誓，故能相保以至于今。今吾子以好來辱，而謂敝邑强奪商人，是教敝邑背盟誓也，毋乃不可乎！……”用同書哀公二十年“先主與吴王有質，曰‘好惡同之！’”來看，如前所説，這個“質”就是“誓”。《左傳》原文當是“恃此質（誓），故能相保以至于今。”讀者注“誓”於“質”下，遂成“質誓”。

《古文苑》第一卷，《秦惠文王詛楚文》：“㫺（昔）我先君穆（穆）公及楚成王，是（寔）繆（戮）力同心，兩邦[illegible]（若）[illegible]（壹）絆㠯㱉（婚）㚃（姻），袗㠯齊盟，曰：‘枼（葉）萬子孫，毋相爲不利！’親即（王作卬）不顯大神巫，咸而質焉。”“枼萬子孫，毋相爲不利！”語句與《左傳》僖公二十六年“成王勞之，而賜之盟，曰：‘世世子孫，無相害也！’載在盟府。”的載書誓辭語意相似。

《詛楚文》“質”《絳帖》本摹作[illegible]，《汝帖》本摹作[illegible][26]，[illegible]上所從之[illegible]，[illegible]上所從之[illegible]，都和《井人妄鐘》“克哲氒德”的[illegible]（哲）字聲符[illegible]有相同的演變之跡。它們都是在質月合韻的基礎上構成的“𧸇”字或體，是“𧸇”變爲“質”的前趨。其詞爲“以物相贅”的“質”（𧸇的變形字），其音同“折”，《詛楚文》借以爲

“誓”。“親即不顯大神巫咸而質焉”，[illegible]或[illegible]可隸寫爲“質”，而讀之爲“誓”。它的道理和侯馬載書以“𧵍”爲“誓”是一樣的。

注釋：

①《出土文物二三事》之二，《新出侯馬盟書釋文》，《文物》1972年第3期第5頁。

②《侯馬出土晉國趙嘉之盟載書新釋》，《文物》1972年第8期第33頁。

③、⑤、⑥、⑦ 並見《侯馬盟書》第72頁《“委質”考》。③見四段，⑤見三段，⑥見四段，⑦見一段。

④、⑧、⑩ 並見同書第38頁《注釋》。

⑨ 同書第38頁《注釋》，第72頁《委質考》第四段引《國語》《左傳》注。

⑪ 就《左傳》“策名委質”爲説的，如：顧炎武《左傳杜解補正》、惠棟《春秋左傳補注》、沈欽韓《春秋左氏傳補注》、劉文淇《春秋左氏傳舊注疏證》。劉書集其大成，於義爲長。從贄見説到委質的，如：楊寬《“贄見禮”新探》，見《中華文史論叢》（第五輯），文又收在《古史新探》。

⑫⑰《侯馬盟書》第38頁注釋。

⑬《侯馬盟書》第72頁第四段。

⑭《侯馬盟書》第38頁“自質于君所”注釋。

⑮《左傳》成公二年。

⑯《左傳》昭公二十年

⑱ 此語不見《盟書》，這裏是爲了便於説明作爲人質之質或“抵押”之意而用的。敘記。

⑲ 參看拙作《居趞簋銘文簡釋》和《曶鼎銘文通釋》。

⑳ 王力《詩經韻讀》第168、284、288、319、341、371、385、386頁。

㉑《楚辭章句》隆慶重雕宋本。

㉒ 質月合韻，兩漢時還有這種現象，見羅常培、周祖謨《漢魏晉南北朝韻部演變研究》第235、236頁

㉓《説文通訓定聲・履部》第 140 頁。

㉔《侯馬盟書》中《“子趙孟”考》。

㉕《春秋左傳正義》閔本監本作“成”，王應麟《困學紀聞》引作“誠”。

㉖ 容庚《古石刻零拾》一所録，《周詛楚文》中吳本《詛楚文》乃元人摹本，不足據。

原爲 1988 年 7 月中國古文字研究會第七屆年會論文。後收入《孫常敘古文字學論集》，東北師範大學出版社，1998 年 7 月。

侯馬、温縣盟書曆朔的再考察

李學勤

侯馬盟書是在1965年底發現的，距今已30餘年；温縣盟書的發掘出土在1979年，也已過去約20年了。温縣盟書舊稱“沁陽石墨”，在1940年前後曾零星出現，則是半個世紀以前的事[①]。但盟書的熱烈討論，是在70年代後半到80年代前半，温縣盟書的發掘簡報1983年刊佈[②]，已到討論的尾聲。可能是因爲大家都在等候温縣盟書全部發表的緣故，近年很少人再論述這些盟書。

最近檢尋春秋時期各種銘文中的曆日，想到這兩批盟書。正好去侯馬開會，返途應山西省考古研究所之邀，於太原停留，有機會再次觀察侯馬盟書記曆日的一件，從而寫此一篇，和大家重新商榷。

上面已經説過，就發現先後而言，温縣盟書其實是更早的，這裏便從温縣盟書談起。

河南省文物研究所郝本性、趙世綱先生在發掘簡報中對温縣盟書的内容有概要的分析，指出盟書有繁簡不同，“有許多盟辭首句有‘十五年十二月乙未朔，辛酉’的紀年。有的盟辭首句僅記‘辛酉’二字，當是前述紀年的省略。”他們將晉文公以後十七君的情況逐一考察，“其中超出十五年的計有景公、悼公、平公、定公、出公、哀公、幽公、烈公和孝公九君”，繼而依汪日楨《歷代長術輯要》等曆譜加以對照，指出“如果按王韜杜氏《長術》推算，晉定公十六年是魯定公十三年，這年正月初一是乙未日。如果頭一年閏十二月，换算成夏曆則該年當爲晉定公十五年十二月乙未朔，與盟書的記載正相符合。”

現在我們查1987年出版的張培瑜先生《中國先秦史曆表》，晉定公十五年即魯定公十二年確有閏月。看《春秋》經該年周正“十有一月丙寅朔，日有食之”，爲公元前498年9月22日之日環食[③]，知當時確置閏於歲末，完全合於盟書。

再由魯定公十二年上推，十二年《春秋》經在十一月前還有“冬十月癸亥”一條，張表十月丙申朔，癸亥爲二十八日。其前幾年不見詳細曆日。到定公九年經有“夏四月戊申”，該月張表丁亥朔，戊申爲二十二日。凡此都是相合的。

從魯定公十二年下推，十三年《左傳》“冬十一月”有“丁未”，張表庚寅朔，丁未十八日；又有“十二月辛未”，張表庚申朔，辛未十二日。十四年經“二月辛巳”，表己未朔，辛巳二十三日。

魯定公十五年經傳有“二月辛丑”“夏五月辛亥”及“壬申”，“秋七月壬申”，“八月庚辰朔日有食之”。最後一條，即公元前495年7月22日的日全食[④]。這些乍查張表均覺不合，是由於在上年二月至此年二月間有一閏月[⑤]。插入閏月後，依張表，二月癸未朔，五月癸丑朔，七月壬子朔，八月辛巳朔。魯國實施之曆與此實朔干支尚有微小差别。如五月辛亥朔（經文不記朔，或許再錯前一日），七月庚辰朔。

考慮到魯定公十五年五月爲辛亥朔，如果前述閏月是被置於十四年的話，十五年正月就是甲寅朔了。這一點關係到侯馬盟書曆日的推定，需要討論。

關於侯馬盟書的時代，曾有熱烈的争議，但主要是兩説，一爲張頷先生等盟書發掘整理者之説[⑥]，認爲盟書反映趙簡子時事，一爲唐蘭[⑦]、高明[⑧]兩先生之説，認爲反映趙桓子時事，現將這一段期間趙世系表解如下：

趙簡子鞅——伯魯——代成君周——獻侯浣
　　　　　├襄子毋恤
　　　　　└桓子嘉[⑨]

《史記·趙世家》稱，簡子廢伯魯而傳位襄子，“襄子爲伯魯之不立也，不肯立子，且必欲傳位與伯魯子代成君。成君先死，乃取代成君子浣立爲太子。襄子立三十三年卒，浣立，是爲獻侯。獻侯少，即位治中牟。襄子弟桓子逐獻侯，自立於代，一年卒。國人曰桓子立非襄子意，乃共殺其子而復迎立獻侯。”

侯馬盟書有1件，即一六：三，記有曆日，其文字可釋爲：

> 十又（有）一月甲寅朔乙丑，敢用一元（?）……［丕］顯皇君岦公［大］冢，余不敢惕（易）兹剌（烈），□……窸（念）定宫平陟（畤）之命，女（汝）嘉之□□大夫……大夫……之……臺……不帥從□書之言，……皇君［其明亟］覤（視）之，麻臺非［是］（昧夷彼視）。

特別要説明的是，“朔”字左旁不清，前釋爲“朏”，經與温縣盟書對照，知應爲“朔”字。

如很多學者所指出的，晉用夏正，夏正十一月即周正正月。因此這一曆日剛好與上述魯定公十五年正月甲寅朔一致。

堪稱偶然的是，《趙世家》趙桓子自立的一年，即周威烈王二年，晉幽公十四年，公元前424年，夏正十一月據張表爲乙卯朔，同甲寅僅差一日，也有可能符合。我們無法用曆朔排除兩説中的任何一個，衹能重新從盟書内容來考慮。

1992 年，在南京舉行的中國古文字研究會第九届學術討論會上，吉林大學吴振武教授提出《釋侯馬盟書和温縣盟書中的“岀公”》論文，説明“岀”字既不是“晉”，也不是“出”，而是從“山”“敬”省聲，當讀爲“頃”[⑩]。晉頃公乃定公之父，他在晉世系中没有其他的重要性，所以吴文説，既然兩批盟書都講到頃公，“那麽把這兩批盟書訂在晉定公時代是可信的。至少也應該把所有出現“岀公”字樣的盟書看成是晉定公時候的東西。因爲衹有在晉定公的時候説‘丕顯頃公大冢如何如何’才是最合理的。”

一六：三盟書“余不敢易兹烈，……念定宫平畤之命”的定宫及平畤，可能是指趙簡子率軍保送周敬王時所受賜命，定宫爲周定王廟，平畤係周邑，《侯馬盟書》已經説明了。

“汝嘉之□□大夫……”一句，“之”字訓爲“其”[⑫]。從這句話不難看出，“嘉”並不是這次大規模盟誓的最高人物，而是稱“余”的最高人物指令的對象。這句話雖已殘缺，意思大約是叫嘉率領諸大夫進行盟誓，是可以揣想的。

那個最高人物追念定宫及平畤之命，要嘉率衆大夫舉行盟誓，因而同出的其他人的誓辭都説不“敢不盡從嘉之盟，定宫平畤之命”。嘉是事實上的主盟者。另一種誓辭開首講“某某自誓于君所”，辭中一定説“没嘉之身及子孫，或（有）復入之于晉邦之中者”，也可看出嘉是誓者一方的首領。

有個别盟書，把“敢不盡從嘉之盟”寫成“敢不盡從子趙孟之盟”或“趙□之盟”，《侯馬盟書》已經指出。高明先生文又提到盟書一：四〇將“以事其主”寫作“以事嘉”。這表明嘉是代表子趙孟或趙氏一族的，不一定意味他就是趙孟本人。

這個嘉是誰呢？我認爲就是趙嘉，不過不是耄年逐獻侯自立時的趙嘉，而是年少時的趙嘉。

侯馬盟誓遺址坑一〇五出土墨書盟書，三件有摹本。一〇五：一、一〇五：二兩件文字可合勘寫釋如下：

無恤之𢝊子，所不虔奉［其］主，而敢……之……出内（入）于中行寅及𨛬□之所，……明……，卑（俾）不利于……，所敢行……詛蠱……利于……

誓辭開首説"某某無恤之𢝊子"，"𢝊"是從"𡙇"聲的字，疑讀爲捍衛之捍。無論如何，某某乃是無恤的下屬，無恤是他的主上。此處的無恤，當然即是趙毋恤，後來的襄子，其時年齡尚少，所以前述的嘉也應是簡子的另一個兒子，後來的桓子。

需要提到的是，趙簡子、襄子兩代的在位年是有些問題的。《史記·趙世家》把簡子之卒放在晉出公十七年，《六國年表》同，後者還明記簡子在位60年。這與《左傳》所載魯哀公二十年即晉定公三十七年"十一月，越圍吳，趙孟（襄子）降於喪食"相矛盾。梁玉繩《史記志疑》因此認爲司馬遷誤增簡子之年18年，應劃歸襄子，所以將《史記》"襄子立三十三年卒"改成了51年。這樣，桓子逐獻侯浣便太晚了。看侯馬盟書，襄子、桓子兄弟在當時不會太年輕，在簡子卒後很難再活50餘年。或者多出的18年，至少一大部分，應劃歸獻侯，桓子逐獻侯一事要提前十幾年。即使如此，襄子死時也已老邁，桓子也到耄年，以致自立一年便死去了。

考慮到這個問題，桓子逐獻侯之年的曆日就無法同盟書對應。

《侯馬盟書》載："坑一〇五緊密地雜處於出朱書文字盟書的坑位中間，……坑一〇五的坑口層位和方向，也和鄰近諸坑相同。這就説明了，坑一〇五出土墨書的盟書和其他許多朱書的盟書在掩埋的時間上差别不大。"⑬這一考古學的事實是不可忽略的。

總之，侯馬盟書一六：三的"十又一月甲寅朔乙丑"，如《侯馬盟書》作者所論，是在晉定公十七年，同温縣盟書祇相差兩年時間，無怪乎其字體文例非常相近似了。

（本文係“夏商周斷代工程”工作中的札記）

注釋：

① 陳夢家：《東周盟誓與出土載書》，《考古》1966 年第 5 期；張頷：《侯馬盟書叢考續》，注十，《古文字研究》（第一輯）。

② 河南省文物研究所：《河南温縣東周盟誓遺址一號坎發掘簡報》，《文物》1983 年第 3 期。

③ 楊伯峻：《春秋左傳注》，第 1585 頁，中華書局，1991 年。

④ 同③第 1600 頁。

⑤ 張培瑜：《中國先秦史曆表》，第 165 頁，齊魯書社，1987 年，表置閏於魯定公十五年。

⑥ 山西省文物工作委員會：《侯馬盟書》，文物出版社，1976 年。

⑦ 唐蘭：《侯馬出土晉國趙嘉之盟新釋》，《文物》1972 年第 8 期。

⑧ 高明：《侯馬載書盟主考》，《古文字研究》（第一輯），中華書局，1979 年。

⑨《史記·趙世家》，《世本》云“代成君子起，即襄子之子”“桓子名嘉，襄子之子”，與《史記》不同。

⑩ 吳振武：《説梁重釿布》，《中國錢幣》1991 年第 2 期，已提出這一見解。

⑪ 同⑥第 70 頁。

⑫ 裴學海：《古書虚字集釋》，第 721—724 頁，中華書局，1982 年。

⑬ 同⑥第 77 頁。

原載《華學》（第三輯），紫禁城出版社，1998 年 11 月。又收入李學勤《東周與秦代文明》，上海人民出版社，2007 年 11 月。

侯馬盟書的年代及相關問題

謝堯亭

侯馬盟書是侯馬晉國晚期都城遺址考古的重要發現之一，30 多年來中外學者從不同角度對盟書進行了深入研究，真歧并存，即使在盟書所載史實及其年代等重要問題上亦未能取得共識[①]。本文擬在前人研究的基礎上提出淺見，供研究者參考。

一、侯馬盟書的年代

《左傳》成公六年載晉都自故絳遷新田[②]，名絳，又稱新絳，考古發現與研究表明新絳都即在今侯馬。《史記・晉世家》載晉哀公四年趙、韓、魏三家分晉[③]，晉國至此實際上已徒有虚名。自遷都新絳（前 585）至三家分晉（前 453）的 132 年時間内，史載晉國内部鬥争十分激烈，晉景公時有“下宫之難”，晉厲公時有“車轅之役”，晉悼公“逐不臣者七人”，晉平公時逐滅欒氏及群賊，晉頃公時滅亡祁氏與羊舌氏，晉定公時范氏與中行氏爲亂。晉哀公時三家滅智氏分晉。這種鬥争是以卿大夫間的鬥争爲核心，他們對晉君的態度由始亂變爲終棄，鬥争的結果是剪滅公室最終瓜分晉國。卿大夫間的鬥争是很複雜的，史料衹給我們簡要勾勒了一個輪廓。從趙鞅與中行氏、范氏的鬥争到趙、智、韓、魏滅中行氏與范氏，再到趙與智、韓、魏之鬥争，發展到趙、韓、魏三家滅智氏，這場鬥争始終是以趙氏爲核心來展開，這與當時趙氏所處的政治地位關係密切④。

侯馬盟書所反映的歷史事件是不可分割的一件大事⑤，其主盟人有"子趙孟""某"和"嘉"三種稱謂，其中以嘉爲主盟人的盟書最爲豐富，以盟書辭例等分析，"嘉"是主盟人名無疑（詳後）。在K105 兩件盟書上出現"中行寅"，再結合盟書所打擊的敵對勢力以"趙尼"爲首，其次有先氏等總計九氏二十一家，其中涉及"中都"與"邯鄲"二地名，在《侯馬盟書》⑥其他類中有"永不盟于邯鄲"句。盟書中又屢見"以事其主"，當時"主"是對卿大夫的尊稱。可見侯馬盟書與史載趙鞅一係和范氏、中行氏一係之間的鬥争有密切關係。《左傳》定公十三年（前 497）"晉趙鞅謂邯鄲午曰……趙稷、涉賓以邯鄲叛……范氏、中行氏伐趙氏之宫，趙鞅奔晉陽……趙鞅入於絳，盟於公宫。"由此我們可以把侯馬盟書的年代上限確定在晉定公十五年（前 497）。

侯馬盟書屢載"而敢又志復……"，"而敢或復入之于晉邦之地者"句。據《左傳》成公十八年"凡去其國，國逆而立之曰入。復其位曰復歸。諸侯納之曰歸。以惡曰復入。"可見當時所打擊的敵對勢力首領已逃亡於"晉邦之地"以外。《左傳》哀公四年（前 491）"冬十一月，邯鄲降。荀寅奔鮮虞，趙稷奔臨。十二月，弦施逆之，遂墮臨。國夏伐晉，……會鮮虞，納荀寅於柏人。"次年"晉圍柏人，荀寅、士吉射奔齊。"可見侯馬盟書的年代上限可以推至公元前 490 年（晉定公二十二年）。

侯馬盟誓遺址位於侯馬晉國都城遺址的東部，根據目前的研究結果，侯馬盟書所在的盟誓遺址是在晉國宗廟遺址的南部約 1000

米處，屬於宗廟祭祀遺存的重要組成部分⑦。侯馬盟書所載的“嶅公大冢”應與其北方的晉國宗廟有關。又侯馬盟書載“既質（按或誓字）之後，而敢不巫覡祝史薦綐繹之于皇君之所”，“繹”爲祭名，據《禮記·祭義》“祀乎明堂，所以教諸侯之孝也。”明堂位於宗廟，“教諸侯之孝”也説明繹祭乃祭祀祖宗也。又《禮記·郊特牲》：“孔子曰：‘繹之於庫門内……失之矣’。”孔疏云：“繹之於庫門内者，繹祭之禮當於廟門外之西堂，今乃於庫門内。”可見盟書所言“皇君之所”爲晉君之宗廟無疑。以此亦可反證呈王路建築群爲晉國宗廟之所在。既然盟誓是在晉先君神靈的監護下進行的，昭告的明神是“皇君嶅公”“吾君”“皇君”，與“君之所”之“君”皆指晉先君。那麼盟書所反映的歷史事件應是晉國國家大事，至少是打着晉君的旗號，是在三家分晉以前，其年代下限不應晚於公元前 453 年。

中行寅最早見於記載的是公元前 513 年，《左傳》昭公二十九年“冬，晉趙鞅、荀寅帥師城汝濱”。時中行寅爲下卿。《左傳》哀公二十七年（前 468）“中行文子告成子曰：‘有自晉師告寅者，將爲輕車千乘，以壓齊師之門，則可盡也’。”可見《左傳》記中行寅的活動年代在公元前 513 年至公元前 468 年間共 45 年。從上引“有自晉師告寅者”文可知當時中行寅在“晉邦之地”猶存腹心，那麼侯馬盟書的時代完全可以晚到公元前 468 年，時趙鞅一係與范氏、中行氏一係的鬥争並未結束。

一〇五：二盟書載“入于中行寅及先☐之所”文，可見先氏與中行寅同是侯馬盟書主盟方的打擊對象，在打擊對象中先氏有八大家，是中行氏一係的主要力量之一，而侯馬盟書參盟人名中無一先姓，這説明當時的鬥争可能是要族滅先氏。由此可見史料所載之缺略。“中行寅”與“先”氏的共存關係進一步説明盟書所載史實與范氏、中行氏之亂有關。據《侯馬盟書》“晉國世卿士氏封于先，所以又稱先氏……所以先氏和范氏實爲同祖。……因此盟書中所記載的許多先氏家族就是當時范吉射的宗族。”通過對士氏、先氏與范氏關係的考察可知，士氏與范氏的祖源關係較近，士氏與先氏的祖源關係較遠，而先氏與范氏的祖源關係更遠。在《春秋》經傳中未發現先氏與范氏二姓共見於一人名者[⑧]。侯馬盟書中所出現的八家先氏當是中行寅、范吉射一係的主要勢力之一，未必是因其與范氏有親緣關係而被打擊，所打擊的先氏更不是范氏。

范氏、中行氏一係勢力之大，趙鞅一係與之鬥争之艱巨持久，透過史料可窺一斑。自公元前 497 年范氏、中行氏爲亂直到晉出公十七年[⑨]（前 458）趙、韓、魏、智四卿始分范氏、中行氏地，其間 39 年，所以公元前 458 年范氏、中行氏一係不僅被逐國外，其在晉國已無立錐之地，徹底被瓜分，失去了鬥争的能力，故侯馬盟書的年代下限可以推定在公元前 458 年。

根據《侯馬盟書》中發表的數量很少的盟書坑出土的填土陶片分析，K75 出土的一件鬲、K49 出土的四件鬲、一件盂，K85 出土的一件豆，K92 出土的一件盆都相當於《侯馬鑄銅遺址》[⑩]的中期或較早階段，通過將侯馬盟誓遺址與周圍祭祀遺存的比較研究可以推定盟書遺址的年代與煤灰製品廠遺存的年代較接近或略晚[⑪]，相當於《侯馬鑄銅遺址》的中期偏晚階段。

在上述討論的基礎上，我們可以把侯馬盟書的年代限定在公元前 490 年至公元前 458 年間，其間共 32 年時間[⑫]。

二“定宫平陟之命”與“不守二宫”的涵義

侯馬盟書中屢見“定宫平陟之命”和“不守二宫”文，《侯馬盟書》所謂“宗盟類一”有“審定宫平陟之命”，“宗盟類二、四、五”有“定宫平畤之命”及“不守二宫”，而“宗盟類三”及其他幾類則無之。

“定宫平畤之命”在侯馬盟書中又作“平畤定宫之命”（一：一九）、“定宫及平畤之命”（一：三二、二〇〇：三〇、二〇〇：七一、八五：二九、八五：三〇），唯一五六：七作“三宫之命”，餘均作“定宫平畤之命”。

關於“定宫平畤之命”的涵義，過去研究者或以爲定宫爲周定王的宗廟或晉定公廟，平畤爲地名或即周邑平疇，皆主賜命之所。從侯馬盟書的内容考察，一則周王的賜命不需要通過盟誓來確認或重申，二則趙孟或嘉是打着晉君的旗號盟誓和鬥争的，所以我認爲定宫平畤之命是晉君之命，即晉定公的命令。

據《左傳》定公十三年范氏、中行氏“遂伐公，國人助公，二子敗，從而伐之”。哀公二年“簡子誓曰‘……二三子順天明，從君命，經德義，除詬耻，在此行也……’。”同年“衛太子禱曰：‘……晉午在難，不能治亂，使鞅討之……’。”可見當時晉定公確實有君命。在《左傳》定公十三年“十二月辛未，趙鞅入於絳，盟於公宫”，其結盟的具體内容已不得而知，但結盟討伐范氏、中行氏之亂是可以肯定的，“定宫平畤之命”當然有可能是其中的一部分内容。《國語·晉語八》“豹也受命於君，以從諸侯之盟，爲社稷也。”當時趙孟或嘉亦正是受命於晉君而進行盟誓與討伐戰争。

在一六：三主盟人的一篇誓詞中有“審定宫平畤之命”文，《説文》云“審，悉也”，悉爲詳盡意。《國語·晉語七》“四年，諸侯會於鷄丘，於是乎布命、結援、修好、申盟而還。”侯馬盟書一六：三主盟人“審定宫平畤之命”，在許多結盟文書中都要把“盟定宫平畤之命”作爲一項主要内容，其中所指即爲“布命”。

“畤”字在盟書中有六種作法，分别隸定爲“畤”“陵”“陡”

“垗”“待”“峙”等。本形爲字書所無。今按“陟”即“阯”字。《説文》“止，下基也”。“阯，基也，址，阯或从土。”與盟書“陟”字有作“垗”（址）合。《漢書·郊祀志》“禪泰山下阯”，顔師古注“阯者，山之基足”。《左傳》宣公十一年“略基址”，注“址，城足”，“陟”字從阜或從土，亦有城足意。

“定宫平陟之命”中的“定宫平陟”即是命辭，意即平定城池宫殿，保衛都城，打擊范氏、中行氏等敵對勢力的侵擾，此命很可能是鍼對范、中行氏等伐晉公時下達的，後成爲盟誓的一項重要内容[13]，與“守二宫”“而敢又志復”敵人及“復入之于晉邦之地”者相呼應。聯繫到温縣盟書[14]“圭命”“圭命曰”“圭命之言曰”等可知其命辭内容相當具體，侯馬盟書的“定宫平陟之命”命辭等也一樣，盟誓時不大可能盟一些隱晦的内容，否則如何能起到盟誓的作用呢？相比之下，我認爲這樣理解比把定宫與平陟釋爲地點名詞合理些。

附帶提及《左傳》定公十三年、十四年數言“晉國有命，始禍者死”，這不可能是定宫平陟之命的内容，它很可能是晉國成文法的條文。因爲趙鞅與范、中行氏鬥争之前晉國已有此命，也没有必要在侯馬盟書中盟誓此命。

“不守二宫”在侯馬盟書中辭句作“而敢或敳改助及奂卑不守二宫者”，與上句“而敢不盡從嘉之盟定宫平陟之命”並列。有作“不之守二宫”（一：三一）、“不主二宫”（一：五九、七五：二、一〇六：二、一五六：三、一九八：二〇、二〇〇：六一）和“不二宫”（九八：六），其餘均作“不守二宫”。《禮記·祭義》“聖人以是爲未足也，築爲宫室，設爲宫祧，以别親疏遠邇，教民返古復始，不忘其所由生也。”所謂二宫當指晉國“宫室”與“宫祧”言，侯馬盟書所反映的趙孟或嘉的敵對勢力比較强大，所以要嚴加防範，把晉國都城保衛好。

三、侯馬盟書的主盟人

侯馬盟書的主盟人有三種稱謂，“子趙孟”“某”和“嘉”。其中“子趙孟”衹見於一：二二，“某”衹見於一：八六，“嘉”之稱在盟書中習見。“嘉”在侯馬盟書中有四種文例：“從嘉之盟”，“以事嘉”，“女嘉之”和“殁嘉之身”[15]。

“嘉”是主盟人的名字。《禮記·玉藻》“於大夫所，有公諱無私諱，凡祭不諱，廟中不諱，教學臨文不諱”。從温縣盟書材料看，參盟者盟書上直呼主盟人的姓名韓竣[16]，這説明當時進行盟誓不避諱直書主盟人的名字，侯馬盟書也没有必要諱稱或尊稱主盟人爲“嘉”。趙鞅與趙無恤稱趙孟，史有明文，而趙嘉在史料中記載不多，一：四〇、一：四一、一：四二三件盟書上有“以事嘉”文，與其他盟書“以事其主”異，由此可知“嘉”即是“其主”。關於趙嘉是襄子之子還是襄子之弟，《史記》與《世本》所記不同，據學者考證趙嘉是趙襄子無恤之子，其説可信[17]。從K1出土的盟書分析“嘉”與“趙孟”可能指一人即趙嘉。正如李學勤先生指出的那樣，嘉可能是代其父襄子在新田主盟打擊范、中行氏餘黨[18]。其時尚未發生與趙獻子浣争位事，這與前面分析的盟書年代範圍是吻合的。

温縣盟書打擊對象中有“趙朝”，如果此人即文獻記載中的趙朝，趙朝是趙勝曾孫，趙午是趙勝之子，那麼趙朝是趙午孫，儘管《左傳》記載其在公元前514年被封爲平陽大夫，顯然他被作爲打擊對象年代可以晚許多。

K1位於盟誓遺址埋書區的西北部，T5的南部，在《侯馬盟書試析》[19]一文中認爲K1是個特殊而重要的坑，它的存在一定有其必然的原因。K1盟辭屬於“宗盟類二”，關於主盟人的三種稱謂同時見於該坑，這種現象在盟誓遺址還没有同例發現。K1 可能是這批盟書坑中時間最早的單位，始盟時對主盟人的稱謂不一是可以理解的，而其後的盟誓則没有這種現象存在，均稱“從嘉之盟”，主盟人指明是“嘉”。

四、結語

通過前面的分析我認爲侯馬盟書 K1 是這批盟書坑中最早的一個單位。主盟人是趙嘉，也稱趙孟，他在新田主盟打擊邯鄲趙尼及中行寅、先氏等敵對勢力，盟辭中明確强調要“盟定宫平侫之命”並“守二宫”，所謂“定宫平侫”是晉君的命辭，即保衛都城之意，“守二宫”指的具體内容是守衛宫室和宫廟，與保衛都城打擊敵對勢力相一致。我們給侯馬盟書限定了一個年代範圍，即公元前 490 年至公元前 458 年，侯馬盟書的年代衹是其中的某一年或幾年，時間絶不會延續如此之長，由於材料的限制，謹慎起見，我們暫不把侯馬盟書的年代卡定在某年或某幾年。有關一六：三這件非常重要的記月材料在確定侯馬盟書的年代上無疑有一定意義，限於才學，本文不作討論，以俟高明。

注釋：

① 郭沫若：《侯馬盟書試探》，《文物》1966 年第 2 期。陳夢家：《東周盟誓與出土載書》，《考古》1966 年第 5 期。唐蘭：《侯馬出土晉國趙嘉之盟載書新釋》，《文物》1972 年第 8 期。李裕民：《我對侯馬盟書的看法》，《考古》1973 年第 3 期。《侯馬盟書》，文物出版社，1976 年。馮時：《侯馬盟書與温縣盟書》，《考古與文物》1987 年第 2 期。

②《左傳》成公六年“晉人謀去故降。……不如新田，土厚水深，居之不疾，有汾、澮以流其惡，且民從教，十世之利也。……夏四月丁丑，晉遷於新田”。

③《史記·晉世家》"哀公四年，趙襄子、韓康子、魏桓子共殺智伯，盡并其地。"《索隱》"如《紀年》之説，乃出公二十二年事。"

④《史記·晉世家》"趙名晉卿，實專晉權，奉邑侔於諸侯。"

⑤⑲ 謝堯亭:《侯馬盟書試析》,《山西省考古學會論文集》（二），山西人民出版社，1994 年。

⑥ 山西省文物工作委員會:《侯馬盟書》，文物出版社，1976 年。

⑦⑪ 山西省考古研究所侯馬工作站:《晉都新田》，山西人民出版社，1996 年 10 月。

⑧ 士皋夷也稱范皋夷。士鞅也稱范鞅。士會也稱范會。先蔑稱士伯，其餘先氏未見稱士氏者，更無稱范氏者。共祖隰叔，據《通誌·氏族略》"晉隰叔初封於先，故以爲氏。""隰叔奔晉爲士師，故爲士氏。"又據《元和姓纂》"曾孫士會食采於范，遂爲范氏。"

⑨《史記·晉世家》"出公十七年，智伯與趙、韓、魏共分范、中行地以爲邑"。《集解》"徐廣曰:'年表云出公立十八年。或云二十年。"

⑩山西省考古研究所:《侯馬鑄銅遺址》，文物出版社，1993 年。

⑫ 一六：三出土一件記月材料，李學勤先生在《東周與秦代文明》一書中認爲"K105 以外的盟書其年代可能在公元前 470 年左右"，或是。《侯馬盟書》中"皇君晉公""晉公大冢"與"晉邦之地"之"晉"字判然有别，前二者顯然不是"晉"字，也非異寫，這個字的確認直接關係到侯馬盟書的年代問題。吳振武先生認爲該字隸"嫯"，釋爲頃公之"頃"（吳振武:《釋侯馬盟書和温縣盟書中的"岦公"》中國古文字研究會第九屆學術討論會論文，1992 年），如果此釋不誤，則侯馬盟書的年代下限可確定在公元前 475 年。

⑬ 若"定宫"與"平畤"是二宫城名，則所謂的"守二宫"亦指此。

⑭ 河南省文物研究所:《河南温縣東周盟誓遺址一號坎發掘簡報》,《文物》1983 年第 3 期。

⑮《國語·晉語八》"自是歿平公無楚患"，"是以歿平公之身無内亂也"。《吕覽·期賢》"歿簡子之身"。

⑯ 趙世綱等:《論温縣盟書與侯馬盟書的年代及其相互關係》,《汾河

灣》，山西高校聯合出版社，1996 年 6 月。

⑰ 高明：《侯馬載書盟主考》，《古文字研究》（第一輯），1979 年。黄盛璋：《關於侯馬盟書的主要問題》，《中原文物》1981 年第 2 期。

⑱ 李學勤：《東周與秦代文明》，文物出版社，1984 年。

原載《山西省考古學會論文集》（三），山西古籍出版社，2000 年 11 月。

侯馬盟書盟主稱謂與相關禮制

王志平

侯馬盟書自出土後，對其盟主的研究已先後有文子趙武①、簡子②趙鞅、桓子趙嘉③、敬侯趙章④等多種説法。在發掘報告公佈之後，基本上衹剩下兩種意見，即張頷等先生的簡子趙鞅説與唐蘭、高明等先生的桓子趙嘉説。

最近李學勤先生著文討論侯馬、温縣二批盟書的曆朔⑤，其中有不少新穎的見解。李先生把侯馬盟書的時代定爲魯定公十五年（前495）。他認爲，盟書中的“嘉”是代表子趙孟或趙氏一族的，但“不一定意味他就是趙孟本人”；這個“嘉”就是趙嘉，“不過不是耄年逐獻侯自立時的趙嘉，而是年少時的趙嘉”⑥。實際上是把“嘉”與“子趙孟”視爲二人。這一説法值得重視。張頷先生等早就注意到，“在盟辭中對主盟人的稱謂有三種：一是‘嘉’，二是‘某’，三是‘子趙孟’”⑦。但是以前都把“嘉”與“子趙孟”視爲一人，這就産生了一系列矛盾。張頷先生等認爲“子趙孟”爲趙簡子鞅，與“嘉”爲一人，那麽“嘉”就不能視爲人名，因而他們提出，“‘嘉’就是參盟人對其主君的美稱和尊稱”⑧。但是，誠如唐蘭、高明先生所指出的那樣，“在第三類載書裏説‘没嘉之身及子孫’，‘嘉’是人名是十分清楚的”[9]。

而唐蘭、高明先生認爲“嘉”即趙桓子嘉，進而把趙嘉也視爲“子趙孟”[10]。但此説也有一些問題不易解釋。誠如張頷先生等指出的那樣，“趙桓子是趙無恤之弟，不能稱趙孟。子臣對君父的盟誓辭文中，也不會直接指斥趙桓子的名字‘嘉’。當時已是三家分晉之後，趙氏政治活動的重要地點轉移到了邯鄲、中牟和‘代’地。趙嘉與趙浣這次鬥争的時間也很短暫，僅一年多的時間，史籍中找不到有關舉行盟誓的綫索”。[11]高明先生雖曾著文彌縫，但其論辯仍難使人釋疑。

從盟書内容上看，“嘉”確非美稱和尊稱，應爲人名無疑。把“嘉”視爲趙嘉是很合理的。現在問題是“子趙孟”是誰。“子趙孟”不會是趙嘉，這一點應該肯定。按照李學勤先生對盟書時代的推定，與此前後大略相當的“趙孟”僅有簡子趙鞅。而桓子趙嘉則未見文獻中有“趙孟”之稱。

然而高明先生據《世本》認爲，桓子趙嘉是襄子趙無恤之子，“襄子共有五子，怎能肯定趙嘉不是庶長?”[12]對此不可不辨。《史記·趙世家》云:“襄子爲伯魯之不立也，不肯立子，且必欲傳位於伯魯子代成君。成君先死，乃取代成君子浣，立爲太子。(《索隱》:“代成君名周，伯魯之子。《系本》云:代成君子起，即襄子之子，不云伯魯，非也。”)襄子立三十三年卒，浣立，是爲獻侯。獻侯少，即位治中牟。襄子弟桓子逐獻侯自立於代，一年卒。”(《索隱》:“《系本》云:襄子子桓子，與此不同。”)梁玉繩《史記志疑》卷二十三《趙世家》於“襄子弟桓子”案云:“《索隱》於此及《魏世家》皆引《世本》云:‘襄子子桓子。’恐非。又桓子，《索隱》據《世本》名嘉。”

《趙世家》稱趙嘉爲襄子弟，而《世本》則以爲襄子子，我們應以何者爲是呢？我們認爲二者的説法都是正確的。這種矛盾可以從宗法角度來解釋。《世本》所説的“子”是宗法制中“爲人後者爲之子”的“子”，不是指實際的親屬關係。這在先秦時期很常見，我們先看一下當時的實際。《公羊傳·成公十五年》：“仲嬰齊者何？公孫嬰齊也。公孫嬰齊則曷謂之仲嬰齊？爲兄後也。爲兄後則曷謂之仲嬰齊？爲人後者爲之子也。則其稱仲氏何？孫以王父字爲氏也。然則嬰齊孰後也？後歸父也。……魯人徐傷歸父之無後也，於是使嬰齊後之。”

依《公羊》説，則公孫嬰齊繼其兄公孫歸父之後，則爲其兄公孫歸父之子，爲其父公子遂之孫[13]。可畫圖示意如下（阿拉伯數字爲世系）

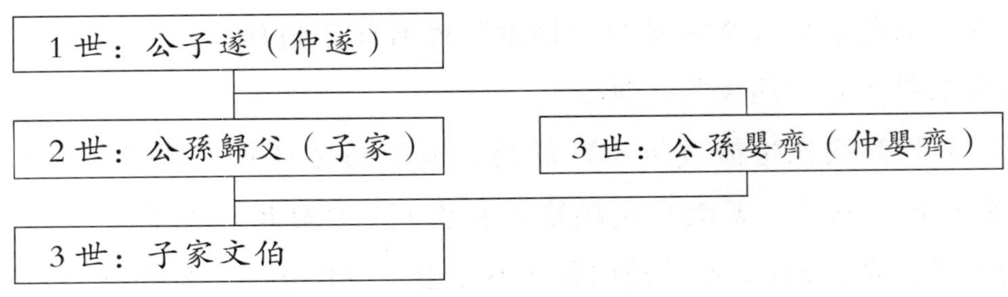

按照宗法制來説，“爲人後者爲之子”，則公孫嬰齊與子家文伯同爲公孫歸父之子。但這是指世系昭穆，不是指實際的親屬關係。

無獨有偶，可與此對照者，爲春秋時魯文公之“逆祀”。《春秋·文公二年》：“八月丁卯，大事大廟，躋僖公。”杜注：“躋，昇也。僖公，閔公庶兄，繼閔而立，廟坐宜次閔下，今昇在閔上，故書而譏之。”對此三傳解説略同。《左傳》云：“於是夏父弗忌爲宗伯，尊僖公。……君子以爲失禮。禮無不順。祀，國之大事也，而逆之，可謂禮乎？子雖齊聖，不先父食久矣。故禹不先鯀，湯不先契，文、武不先不窋。”是《左傳》即以僖公爲閔公之子。對此，《公羊傳》稱之爲“先禰而後祖”，是亦以僖公爲閔公之子。而《穀梁傳》曰：“躋，昇也。先親而後祖也，逆祀也。逆祀則是無昭穆也，無昭穆則是無祖也，無祖則無天也，故曰文無天。無天者是無天而行也。君子不以親親害尊尊，此《春秋》之義也。”則《穀梁》以爲亂昭穆。對此《國語・魯語上》解説頗詳：“夏父弗忌爲宗，蒸，將躋僖公。……（宗）有司曰：‘夫宗廟之有昭穆也，以次世之長幼而等胄之親疏也。夫祀，昭孝也，各致齊敬於其皇祖，昭孝之至也。故工史書世，宗祝書昭穆，猶恐其踰也。今將先明而後祖，自玄王以及主癸莫若湯，自稷以及王季莫若文、武。商周之蒸也，未嘗躋湯與文、武，爲不踰也。魯未若商周，而改其常，無乃不可乎？’”可見兄弟相繼爲君，亦等同父子，昭穆各異。楊伯峻《春秋左傳注》引曾廉説云：“天子諸侯由旁支入大統者，皆當定爲昭穆，雖諸父諸祖父亦然。蓋親親尊尊之義兩不相蒙。故服制天子絶旁期，無緣復叙親屬。”⑭甚是。

桓子趙嘉亦是如此。其爲襄子趙無恤之弟而繼襄子爲後，按照禮制，“爲人後者爲之子”，所以《世本》載趙嘉爲趙無恤之子，所言爲世系昭穆，不是實際的親緣關係。與此類似，《世本》把襄子趙無恤之侄孫獻侯浣（《世本》作“起”，與《趙世家》不同）也視爲襄子之子，亦是所謂的“爲人後者爲之子”。這都是指世系昭穆，並非指親屬血緣關係。不能因此就認爲桓子及獻侯亦與襄子之五子同伯仲了。

李學勤先生文中已繪有這一時期的趙世系圖，我們略加改動如下（阿拉伯數字爲世系）：

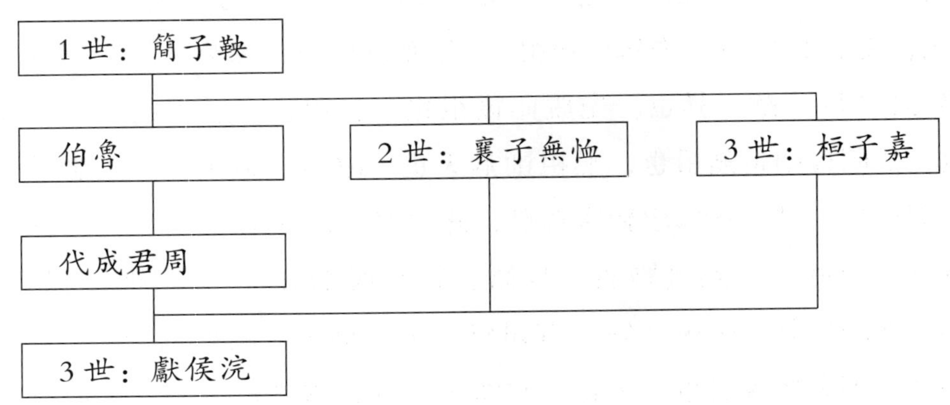

至此，我們已經不難明白，趙無恤明爲庶長，《白虎通義·姓名篇》云："嫡長稱伯，庶長稱孟。"趙嘉爲趙無恤之弟，並非庶長，故不得以"趙孟"稱之。所以能夠稱爲"子趙孟"的，實際上衹有兩個選擇，即趙簡子鞅與趙襄子無恤。但李學勤先生推定盟書的時代爲魯定公十五年（前495），則此時之宗子衹能是趙簡子鞅。趙鞅稱趙孟始見於《左傳·昭公二十九年》："其及趙氏，趙孟與焉。"而趙無恤稱趙孟則始見於《左傳·哀公二十年》（前475）："趙孟降於喪食。"杜注："趙孟，襄子無恤，時有父簡子之喪。"則與盟書時代相合之"趙孟"僅有趙鞅。與朱書盟書時代相當的墨書文字中有"中行寅"之名，其人正爲趙鞅之敵。凡此皆不能視爲偶然。誠如張頷等先生所説，《左傳·定公十四年》有"知伯從趙孟盟"之語，"這裏的知伯'從趙孟盟'，和侯馬盟書中的'從子趙孟之明（盟）'詞句如此相似，看來並不是出於巧合"[15]。誠然，這裏的"子趙孟"從各種情況推測衹能是簡子趙鞅。

郭政凱《侯馬盟書參盟人員的身份》一文已經指出："對主盟人趙嘉既不稱主，也不稱君，而是稱'汝嘉'，應爲比趙嘉地位高的人。"[16]但他認爲這個人是趙襄子則不確。李學勤先生指出，侯馬盟書一六：三有文字云："余不敢惕（易）兹剌（烈）。……女（汝）嘉之□□大夫"云云，可見"'嘉'並不是這次大規模盟誓的最高人物，而是稱'余'的最高人物指令的對象"；"那個最高人物追念定宫及平時之命，要嘉率衆大夫舉行盟誓，因而同出的其他人的盟誓都説不'敢不盡從嘉之盟，定公平時之命'。嘉是事實上的主盟者。"⑰那麽，這個最高人物也衹能是趙簡子鞅。趙鞅直斥趙嘉之名，這是所謂"父前子名，君前臣名"（《禮記·曲禮上》），趙簡子雖非君，但其家臣對其亦需諱名。衆大夫所謂的"從嘉之盟"，這個"嘉"衹能是指趙嘉而不可能指趙鞅。趙嘉爲家大夫中職位較高者，故可率衆大夫舉行盟誓，而同盟之衆大夫與趙嘉並爲家臣，不必諱趙嘉之名。《日知録》卷二十三《同輩稱名》云："古代生不諱名，同輩皆面呼其名。《書》周公若曰'君奭'；《禮記·曾子問篇》老聃曰'丘'；《檀弓篇》曾子曰'商'；《論語》微生畝謂孔子曰'丘'是也。"則同輩之衆大夫固可直呼趙嘉之名。

此外，盟書中一〇五：一、一〇五：二有墨書文字如下："……無卹之𢏚子，所不虔奉［其］主"云云，李學勤先生認爲，"𢏚"是"𠃨"聲的字，疑讀爲捍衛之捍。"無論如何，某某乃是無卹的下屬，無卹是他的主上"；此處之"無卹"，"當然即是趙毋卹，後來的襄子，其時年齡尚少"⑱。趙無卹確實有臣下。《史記·趙世家》云："晉出公十一年，知伯伐鄭。趙簡子疾，使太子毋卹將而圍鄭。知伯醉，以酒灌擊毋卹。毋卹群臣請死之，毋卹曰：'君所以置毋卹，爲能忍訽。'然亦慍知伯。"此與盟書相合。但有學者認爲盟書中的"無卹"未必是趙無卹。考與趙簡子大略同時者有兩無卹，一爲趙襄子無卹，另一爲見於《左傳·哀公二年》之"郵無卹"，杜注："郵無卹，王良也。"其爲簡子之御，身份地位與盟書不合，李學勤先生認爲此"無卹"即趙無卹，是很合適的。

張頷等先生曾經提出，盟書中的“某”（一：八六），“應是參盟人對於主盟人的諱稱。……《説文通訓定聲》某字條：‘臣諱君故曰某。’《左傳・桓公六年》‘終將諱之’疏：‘君父生存之時，臣子不得指斥其名也。’”[19]甚是。對此，戚桂宴先生認爲：“臨文尚且不諱，何况是立誓人向晉君作誓？‘某’字之不可能是諱稱，這是很明白的。”[20]我們認爲此“某”字當是對于趙簡子鞅的諱稱。類似者，如《尚書・金縢》：“惟爾元孫某。”《孔傳》：“元孫，武王。某，名。臣諱君，故曰某。”郭沫若《諱不始於周人辨》曾疑此《金縢》爲僞[21]，但蔣善國《尚書綜述》以爲《金縢》不僞[22]，而陳夢家《尚書通論》甚至認爲是西周時代的記録[23]，所以不得以此爲疑。侯馬盟書中的“某”亦應作此解，爲趙鞅之家臣對其之諱稱。此猶以“子趙孟”稱趙孟者。銅器銘文《趙孟庎壺》云：“禺（遇）邗王於黄池，爲趙孟庎（介）。”此爲魯哀公十三年（前482）事[24]，此“趙孟”即趙簡子鞅，而其介者諱稱其名，而尊之曰“趙孟”。《禮記・檀弓上》：“幼名，冠字，五十以伯仲，死謚，周道也。”稱“趙孟”者爲諱稱其名，此或“五十以伯仲”之例，應爲尊稱。文獻中之“趙孟”者，多史家追稱，非必謂其當時即如此稱呼。

那麽“子趙孟”應該如何分析呢？張頷等先生云：“‘子趙孟’的‘子’也是當時習慣的一種尊稱。《國語・越語》中稱范蠡爲‘子范子’，《吕覽・高義》中稱墨翟爲‘子墨子’，戰國時齊國銅器銘文中有‘子禾子’。”[25]

我們認爲這種“子某”者，非所謂“男子之通稱”。《公羊傳・宣公六年》：“子，大夫也。”何休注：“古者士大夫通曰子。”所以我們認爲“子某子”中二“子”含義不同。前一“子”爲指卿士大夫之“子”；後一“子”爲泛泛之尊稱。“子趙孟”亦當如此分析。“子”亦同於指稱卿大夫之“子”。而“趙孟”當爲“五十以伯仲”

之例，“孟”爲排行，亦可用爲字的省稱，以敬其人。則稱“子趙孟”者，猶稱“某”諱名之例，同樣是爲了尊敬趙鞅。

通過以上對於侯馬盟書盟主稱謂的分析，我們不難看出，“子趙孟”“某”是對趙簡子鞅的尊稱，而稱“嘉”則是徑稱庶子趙嘉之名，其與無恤當時並少。“子趙孟”“某”與“嘉”顯非一人。衹有從這一角度出發，有關的疑問才都能迎刃而解，煥然冰釋。

注釋：

① 李裕民：《我對侯馬盟書的看法》，《考古》1973 年第 3 期。

② 山西省文物工作委員會：《侯馬盟書·子趙孟考》，第 65—68 頁，文物出版社，1976 年。

③⑨⑩ 唐蘭：《侯馬出土晉國趙嘉之盟載書》，《文物》1972 年第 8 期；高明：《侯馬載書盟主考》，《古文字研究》（第一輯），中華書局，1979 年。

④ 郭沫若：《侯馬盟書試探》，《文物》1966 年第 2 期。

⑤⑥⑰⑱ 李學勤：《侯馬、温縣盟書曆朔的再考察》，《華學》（第三輯），紫禁城出版社，1998 年。

⑦⑧⑲㉕《侯馬盟書》，第 65 頁。

⑪《侯馬盟書》，第 68 頁。

⑫ 同③高明文，第 104 頁。

⑬ 依《公羊》説，似與理不合。故徐彦《疏》云：“今嬰齊後之者，若爲歸父之子，然故爲亂昭穆之序。言‘失父子之親’者，若後歸父則不爲仲遂之子，故云‘失父子之親’矣。”實際上，《公羊》爲異説。公孫歸父有後不容質疑。

⑭ 楊伯峻：《春秋左傳注》，第 523 頁，中華書局，1981 年。

⑮《侯馬盟書》，第 67 頁。

⑯ 郭政凱：《侯馬盟書參盟人員的身份》，《陝西師大學報》1989 年第 4 期。

⑳ 戚桂宴：《侯馬石簡史探》，《山西大學學報》1982 年第 1 期。

㉑ 郭沫若:《金文叢考·諱不始於周人辨》，日本東京文求堂，1932 年。

㉒ 蔣善國:《尚書綜述》，第 235—236 頁，上海古籍出版社，1988 年。

㉓ 陳夢家:《尚書通論》，第 112 頁，中華書局，1985 年。

㉔ 楊樹達:《積微居金文説》，第 170—171 頁，中華書局。1997 年。

原載《古文字研究》(第二十四輯)，中華書局，2002 年 7 月。

釋侯馬盟書和温縣盟書中的“茁公”

吴振武

在侯馬盟書（“納室類”）和温縣盟書（包括沁陽盟書）誓辭中，都有“丕顯（以下用△號代替）公大冢如何如何”這樣的話，侯馬盟書（“宗盟類一”）還出現過“丕顯皇君△公”等字樣。“△公”之△的釋讀，無疑是這兩批盟書釋讀中的一個關鍵，理由是不少研究者認爲它直接牽涉到盟書年代的判斷。本文主要就是考釋這個△字，同時也涉及戰國璽印中幾個相關的字。

在已發表的盟書中，“△公”之△總計出現40次（侯馬23見、温縣14見、沁陽3見），包括3個可以肯定有缺畫的殘字。它們的寫法大致可以歸納爲下列幾式：

A （22見，常例）

B （13見，常例）

C （4見，有疑問，或是變例）

D （1見，變例）

關於△字的釋讀，舊有釋“皇”、釋“幽”、釋“奚”（隸定）、釋“晉”、釋“出”五説。其中以釋“晉”和釋“出”兩説影響最大。我們認爲，舊説都是有問題的，必須重新考慮。

筆者認爲，△字應該分析爲從“山”從“敬”省，可隸定成“峇”或“嶅”。要證明△字下部從“山”並不困難，但要證明它的上部是“敬”的省體，則需費點功夫。我們認爲，下舉戰國璽印中的“敬”字（均出自《古璽匯編》）可以證明△字上部所從即“敬”字省體。

（1）[illegible]（常見，或不從“口”）

（2）[illegible]（常見，不從“攴”）

（3）[illegible]（“攴”旁有省略）

（4）[illegible]（“苟”旁下部省去）

事實上，衹寫半個“苟”的“敬”字在戰國璽印中已經出現過，下面幾方成語璽就是例子：

[illegible]“敬身”（《璽匯》3309，陽文）

[illegible]“龔（恭）敬”（《鐵雲藏印》初集，陽文）

[illegible]“王上之敬”（《璽匯》4903－4906，陽文）

可惜，這些簡省的“敬”字舊或不識，或誤釋（包括筆者在內）。

“敬”字在戰國璽印中還有下列兩種極少見的寫法：

[illegible]（《璽匯》4209－4211，同文璽）

[illegible]（同上4196）

如果不考慮D式△字是一種“借筆”寫法的話，那麼前者可以證明它就是一個簡省的“敬”字，在盟書中用作“峇”；而後者似乎可以説明，C式△字上部所從，實際上也是“敬”之省。

戰國單字璽中有一個寫作[illegible]形的字（《璽匯》5324，陽文），看上去應該跟盟書中的△是同一個字。《邾公釛鐘》上的[illegible]（敬）和前引璽文中的[illegible]（敬，《璽匯》0342）可以證明。

“峇（嶅）”顯然是一個從“敬”得聲的字。古代“敬”和

“頃”都是見係耕部字，典籍中有通假的例子。如見於《左傳》文公十八年、宣公八年中的魯宣公之母“敬嬴”，《公羊傳》和《穀梁傳》作“頃熊”（皆宣公八年）；見於《左傳》昭公十一年、哀公三年和《國語·魯語下》《孔子家語·思致》中的孔子弟子“南宫敬叔”，《説苑·雜言》作“南宫頃叔”。那麽，盟書中的“岦”很可能跟《睡虎地秦簡·爲吏之道》中的“頙”是同一個字的不同寫法。秦簡云：“彼邦之頙，下恒行巧而威故移。”整理小組讀“頙”爲“傾”，非常正確。從字形上看，“岦”和“頙”應相當於《説文》訓爲仄的“頃”字（段注：“頃者，山阜之仄也。”“山”“阜”作爲義符可通）。古書中當傾斜、傾覆講的“傾”字亦作“頃”，過去的《説文》學家多認爲“傾”“頃”二字是從“頃”字分化出來的，現代學者則把它們看作是同源詞。《逸周書·謚法解》：“敏以敬順曰傾。”孔注：“無所不敬順也。”謚號“傾”，典籍多作“頃”。可見，盟書中的“岦公”應讀作“頃公”，即指晉頃公（在位於前525—前512年）。

在戰國璽印文字中，“岦”字也用作偏旁。下揭燕私璽中有一個從“每”從“岦”的字：

[illegible]（《璽匯》3515，陰文）

舊釋爲“諺”，不可信。按照《説文》對“縶”“絨”“鹽”等字的分析，疑此字應分析爲從“晦”（畝）省“岦”聲。大概原先是專門用來表示頃畝之“頃”的，在璽文中則用作頃氏之“頃”。頃氏見於漢印。

關於侯馬盟書和温縣盟書的年代，過去學術界有過不少討論，争議較大。各家所訂侯馬盟書年代，最早的和最晚的可相差200年；所訂温縣盟書年代，也要相差70多年。筆者認爲，既然盟書中的“△公”應釋爲“岦（頃）公”，那麽把這兩批盟書訂在晉定公時代是可信的（晉定公在位於前511—前475年）。至少也應該把所有出現“𠀠公”字樣的盟書看成是晉定公時候的東西。因爲衹有在晉定公的時候説“丕顯頃公大冢如何如何”才是最合理的。事實上，侯馬盟書“詛咒類”已經透露出一點消息。

附記：

本文原是筆者同名論文的一個摘要，曾在1992年中國古文字研究會第九届學術討論會（南京）上宣讀。光陰荏苒，轉瞬八年過去，始終未得機會刊佈；而隨着個人研究興趣的轉移，原文似亦永無殺青之日。文中結論，宣讀前筆者曾直接寫入拙作《説梁重釿布》一文（《中國錢幣》1991年第2期，北京）；宣讀後則曾見李學勤先生在其著《侯馬、温縣盟書曆朔的再考察》一文中作過引述（《華學》第三輯，紫禁城出版社，1998年，北京）。今應《文集》編者之邀，將此摘要按原樣刊出，以慶祝李學勤先生從事學術活動五十周年。

原載《追尋中華古代文明的踪跡——李學勤先生學術活動五十年紀念文集》，復旦大學出版社，2002年8月。

侯馬、温縣盟書年代考

馮　時

關於侯馬盟書與温縣盟書的年代，學術界過去主要有兩種意見。關於侯馬盟書之内容，或認爲反映趙簡子時事，當晉定公時期[①]；或認爲反映趙桓子時事，當晉幽公時期[②]。兩者存數十年之懸隔。而對於温縣盟書之内容，學者認爲與韓簡子有關，時在晉定公十五年[③]。由於侯馬盟書與温縣盟書中出現的人物多有相同，盟書遣詞也基本一致，且同詔“[illegible]公大冢”神號，故兩批盟書的時代相近當無可疑。況盟書均有曆朔記録，這對判明盟書時代或有幫助。

温縣盟書於盟辭之首常書紀年，云：

十五年十二月乙未朔辛酉。

（WT1 坎 1 ：2182）

十五年十二月乙未朔。

（WT1 坎 1 ：1961）

十五年十二月乙未朔辛酉。

（WT1 坎 1 ：3802）

十五年十二月乙未朔辛酉。

（WT1 坎 1 ：4499）

紀年也有省略而僅記“辛酉”者。學者或指此“十五年”爲晉定公紀年。《史記·晉世家》：定公“十五年，趙鞅使邯鄲大夫午，不信，欲殺午，午與中行寅、范吉射親攻趙鞅，鞅走保晉陽。定公圍晉陽。荀櫟、韓不信、魏侈與范、中行爲仇，乃移兵伐范、中行。范、中行反，晉君擊之，敗范、中行。范、中行走朝歌，保之。韓、魏爲趙鞅謝晉君，乃赦趙鞅，復位。”《春秋經·定公十三年》《左傳》及《史記》趙、魏、韓三《世家》俱詳載此事。由此可知，此時韓簡子與趙簡子爲盟友而共攻范、中行二子。但從侯馬盟書與温縣盟書中參盟人物及打擊對象的身份分析，這兩批盟書恰好代表了敵對的雙方④。顯然，如果認爲侯馬盟書乃是趙簡子打擊趙稷及范、中行氏的盟誓遺物的話，那麼將温縣盟書視爲韓簡子的盟誓遺物則有困難。

我們曾經指出，温縣盟書在已發表的資料中，所涉及的13位參盟人竟有9位見於侯馬盟書，其中5位轉而成爲侯馬盟書的參盟人，而另4位則作爲侯馬盟書打擊的對象。事實上，即使我們不承認同時作爲温縣盟書參盟人及侯馬盟書打擊對象的同名人物實爲一人，另一些人物同時作爲兩次盟誓的參盟人物的現象如果不認爲是一種背盟行爲的結果，似乎也不好理解。因爲這些人物一旦作爲趙氏宗族而參加了趙鞅的盟誓，就不能同時再作爲韓氏宗族又參加韓簡子的盟誓。這些證據都使我們不得不將兩批盟書視爲彼此敵對的兩方的遺物，而這一結果與趙鞅打擊范、中行二子而與韓氏聯盟的史實又不能符合。

從温縣盟書所記曆日分析，晉定公十五年當魯定公十三年，即公元前497年。晉用夏正，查張培瑜《中國先秦史曆表·春秋朔閏表》，此年寅正正月甲午朔，十二月己未朔，王韜《春秋朔閏表》的步算結果也同，均與盟書曆朔不合。學者或以爲晉定公十五年當魯定公十二年，以合曆朔⑤。但文獻學證據似無法支持這種意見。

《左傳·定公九年》：

齊侯執陽虎，將東之。陽虎願東，乃囚諸西鄙。盡借邑人之車，鍥其軸，麻約而歸之。載葱靈，寢於其中而逃。追而得之，囚於齊，又以葱靈逃，奔宋，遂奔晉，適趙氏。

《春秋經·定公十年》：

夏，公會齊侯於夾谷。

《左傳·定公十年》：

夏，公會齊侯於祝其，實夾谷。孔子相。

《史記·魯周公世家》：

定公九年，魯伐陽虎，陽虎奔齊，已而奔晉趙氏。十年，定公與齊景公會於夾谷，孔子行相事。

《史記·晉世家》：

（晉）定公十一年，魯陽虎奔晉，趙鞅簡子舍之。十二年，孔子相魯。

《春秋經·定公十三年》：

秋，晉趙鞅入於晉陽以叛。冬，晉荀寅、士吉射入於朝歌以叛。晉趙鞅歸於晉。

《左傳·定公十三年》：

（趙鞅）遂殺午。趙稷、涉賓以邯鄲叛。夏六月，上軍司馬籍秦圍邯鄲。邯鄲午，荀寅之甥也，荀寅，范吉射之姻也，而相與睦，故不與圍邯鄲，將作亂。……秋七月，范氏、中行氏伐趙氏之宫，趙鞅奔晉陽，晉人圍之。范皋夷無寵於范吉射，而欲爲亂於范氏。梁嬰父嬖於知文子，文子欲以爲卿。韓簡子與中行文子相惡，魏襄子亦與范昭子相惡。……冬十一月，荀躒、韓不信、魏曼多奉公以伐范氏、中行氏，弗克。二子將伐公。……國人助公，二子敗，從而伐之。丁未，荀寅、士吉射奔朝歌。

《史記·晉世家》：

定公十五年，……午與中行寅、范吉射親攻趙鞅，鞅走保晉陽。……范、中行反，晉君擊之，敗范、中行。范、中行走朝歌，保之。

據魯公紀年與晉公紀年的對照，魯定公十三年當晉定公十五年，紀年明確，《史記·十二諸侯年表》所記亦然。晉定公十五年十二月時值年終，於魯曆已入魯定公十四年，故晉定公十五年無論如何不可能早至魯定公十二年。如此，則温縣盟書的紀年與晉定公十五年曆朔不合。

温縣盟書既不能歸於晉定公時期，我們則應考慮另一種意見，即認爲侯馬盟書與温縣盟書所反映的事實乃是趙桓子嘉逐獻侯趙浣之事[⑥]。顯然，兩批盟書所表現的彼此對立的人物如果視爲分别代表了趙嘉與趙浣兩種勢力應該可以成立。但是，如果將侯馬盟書的年代定在公元前 424 年[⑦]，或者如我們曾經討論的將侯馬、温縣兩批盟書的年代定在公元前 425 年[⑧]，則與晉世系及其時曆朔也不能合。這個矛盾似由晉、趙兩世系的錯誤所致。

司馬遷在《史記》中對於晉、趙兩世系的誤載早已盡人皆知，《史記》三家注及梁玉繩《史記志疑》已指出數點。有關趙桓子逐獻侯一事，《史記·趙世家》云："襄子爲伯魯之不立也，不肯立子，且必欲傳位與伯魯子代成君。成君先死，乃取代成君子浣立爲太子。襄子立三十三年卒，浣立，是爲獻侯。獻侯少即位，治中牟。襄子弟桓子逐獻侯，自立於代，一年卒。國人曰桓子立非襄子意，乃共殺其子而復迎立獻侯。"關於趙襄子紀年，《趙世家》《六國年表》皆以爲 33 年，但正如學者所指出的那樣，《史記》關於簡子與襄子兩代的在位時間是有問題的[9]。《趙世家》以晉出公十七年簡子卒，即周貞定王十一年（前458），《六國年表》以簡子在位60年，而《晉世家》又以晉出公十七年奔齊道死，《趙世家》則以襄子立四年出公奔齊道死，諸説彼此矛盾，其誤自明。

《史記·趙世家》："趙襄子元年，越圍吴。襄子降喪食，使楚隆問吴王。"張守節《正義》："《左傳》云哀公二十年，簡子死，襄子嗣立，以越圍吴故，降父之祭饌，而使楚隆慰問王，爲哀公十三年，簡子在黄池之役，與吴王質言曰：'好惡同之。'故減祭饌問吴王也。而《趙世家》及《六國年表》云此年晉定公卒，簡子除三年之喪，服期而已。按：簡子死及使吴年月皆誤，與《左傳》文不同。"《左傳·哀公二十年》："十一月，越圍吴，趙孟降於喪食。"杜預《集解》："趙孟，襄子無恤，時有父簡子之喪。"時當晉定公三十七年（前475），而非出公十七年。是年襄子繼卿位，如此則簡子在位時間較《六國年表》所記少18年。梁玉繩《史記志疑》卷九以此18年增益襄子，故認爲襄子在位總年爲以《趙世家》之33年增此18年，共51年。這個結論同樣不甚可靠。學者指出，從侯馬盟書看，襄子、桓子在當時都不會太年輕，於簡子死後很難再活50餘年。或者多出的18年，至少大部分應劃歸獻侯，故桓子逐獻侯一事要提前十幾年[10]。這一意見相當中肯。據《世本》，桓子爲襄子之子，但即使如此，司馬遷與梁玉繩之説所造成的簡子、襄子年壽的矛盾仍無法調和。

晉出公紀年於文獻也多有分歧。《史記·晉世家》以出公十七年奔齊道死。《六國年表》記出公立十八年。裴駰《集解》引徐廣曰："或云二十年。"《趙世家》："晉出公十七年，簡子卒，太子毋卹代立，是爲襄子。……襄子立四年，……出公奔齊，道死。"合此説。古本《竹書紀年》則云出公二十三年奔楚。《趙世家》所録簡子卒年及晉紀年均與《左傳》不合，故出公在位20年之説可不考慮。18年説或可能源於17年説而增定公卒年所致。而梁玉繩《史記志疑》卷二十三調合《晉世家》與古本《竹書紀年》，以出公在位23年，奔齊之後6年而卒，非死於十七年奔齊之時，可備一説。故23年説當有所本。《紀年》爲晉人筆墨，似可信從。

關於晉公世系，文獻也不能一定。《史記·晉世家》："出公奔齊，道死。故知伯乃立昭公曾孫爲晉君，是爲哀公。哀公大父雍，晉昭公少子也，號爲戴子。戴子生忌。忌善知伯，蚤死，故知伯欲盡并晉，未敢，乃立忌子驕爲君。"《趙世家》："知伯乃立昭公曾孫驕，是爲晉懿公。"知晉哀公即晉懿公，哀、懿自爲一人之謚，猶周之貞定王，《左傳正義》引《世本》或稱貞王，或稱定王[11]。《六國年表》分哀公、懿公爲二君，張守節《正義》："《表》云晉出公錯十八年，晉哀公忌二年，晉懿公驕立十七年而卒。《世本》云昭公生桓子雍，雍生忌，忌生懿公驕。《世家》云晉出公十七年，晉哀公驕十八年，而無懿公。"是《晉世家》之説略同於《世本》。司馬貞《索隱》："《趙世家》云驕爲懿公。又《年表》云出公十八年，次哀公忌二年，次懿公驕十七年。《紀年》又云出公二十三年奔楚，乃立昭公之孫，是爲敬公。"故據古本《竹書紀年》，知敬公實即昭公之孫忌，《史記》於出公與哀懿公之間奪去一代可明。依《紀年》，晉世系當爲晉出公二十三年，次爲昭公之孫晉敬公忌，次爲昭公曾孫晉哀懿公驕。司馬貞《史記索隱》引《紀年》："魏文侯初立在敬公十八年。"雷學淇、方詩銘等學者辨此"十八"當"六"字之訛[12]，可從。《晉世家》以昭公之孫忌早亡，故今暫定敬公在位六年。據此可排定諸公年表。

晉出公元年　公元前474年

晉敬公元年　公元前451年

晉哀懿公元年　公元前 445 年

侯馬盟書與温縣盟書時代相近的一個重要證據是兩次盟誓同詔“□公”神號。“□公”之“□”字的寫法與侯馬盟書的“晉”字不同，因此應爲某位晉公之謚，而不能是泛稱晉公。吳振武先生釋“□”字下從山，上爲敬字之省⑬，可謂精辟。我們認爲，如果將“□”字作爲一個獨體字而視爲敬字的省形，似乎也並非不存在這種可能，因爲敬字的主體“苟”作□、□，也常可省去下部而作□、□、□、□、□，與盟書“□”“□”的寫法全同。因此，兩批盟書中的“□公”似可認定爲晉敬公。“敬公大冢”爲盟誓所詔之神祇，故盟書的時代當在敬公之次世哀懿公世。

據《史記·晉世家》，晉哀公在位 18 年，故温縣盟書紀年“十五年”當爲晉哀懿公之十五年。查張培瑜《中國先秦史曆表·戰國朔閏表》，晉哀懿公十五年即公元前 431 年，該年寅正正月庚午朔，十二月乙未朔，與盟書曆朔正合。

侯馬盟書的年代與温縣盟書接近是可以肯定的。侯馬盟書一六：三一版記有曆朔，文云：“十又（有）一月甲寅朔乙丑。”與晉哀懿公十五年最接近的，同時又與侯馬盟書曆日相合的年份是晉哀懿公十七年（前 429），該年寅正正月戊子朔，十一月甲寅朔，曆朔吻合。

然而，由於侯馬盟書未録具體紀年，十一月合天曆朔是否還存在其他年份的可能性，這種考慮似乎並非多餘。我們曾經對比兩批盟書，並與文獻所載趙桓子逐獻侯之史實進行分析，認爲侯馬與温縣兩批盟書的次序應是侯馬盟書在前，温縣盟書在後，這樣才符合史實及盟書本身所反映的實際情況。

有鑒於此，我們認爲侯馬盟書的年代當在晉哀懿公十二年（前434），該年寅正正月戊午朔，十一月癸丑朔，魯曆甲寅朔，後天一日。寅正十一月實朔癸丑，合朔時刻$21^{h}08^{m}$，次日甲寅不可見月，故後天一日曆朔正合。

《史記·魏世家》:“魏文侯元年，秦靈公之元年也。與韓武子、趙桓子、周威王同時。”前論古本《竹書紀年》記魏文侯初立在晉敬公六年，“六年”後訛作“十八年”。如依此訛誤之年計，所謂“敬公十八年”適爲本文所推之晉哀懿公十二年（前434），也即趙桓子逐獻侯自立之年，與太史公之説及侯馬盟書年代均合。應該承認，《史記》紀年雖誤，但其中確留有信史之痕跡。

據《史記》所載，趙桓子逐獻侯之事發生在獻侯元年，據此則知晉哀懿公十二年當趙獻侯元年，哀懿公十一年（前435）當趙襄子卒年。是襄子於晉定公三十七年繼卿位，在位41年。若去掉簡子卒年，是爲40年。據《趙世家》，趙簡子於晉頃公九年在位（前517）。如此則簡子在位43年，襄子在位40年，年壽合理。

桓子逐獻侯已在年終，其即位一年而卒，時在晉哀懿公十四年（前432）。次年，獻侯爲國人所擁，共殺桓子之子而復位，其間當屬桓子之子的執政時間。文獻所録有關史實簡略，兩批盟書年代的確定，不僅可補正史料之缺誤，且恰與《史記·趙世家》所記符合。晉哀懿公十五年以後，趙爲獻侯紀年，故應以原誤爲襄子紀年的一部分分屬桓子、桓子之子和獻侯。兹將相關年事詳列如下：

	晉	趙
公元前435年	哀懿公十一年	襄子卒
前434年	十二年	獻侯立，桓子逐獻侯自立。
前433年	十三年	
前432年	十四年	桓子卒，桓子子立。
前431年	十五年	獻侯復位。

據《趙世家》所載，獻侯的復位是在桓子已死，桓子之子即位

之後，其距桓子逐獻侯已有一段時間，這與我們推定的侯馬、温縣兩批盟書時代相隔四年的情況符合。不僅如此，侯馬盟書如果可以認爲反映了趙桓子逐獻侯及其子被獻侯所殺之前的多次盟誓活動的話，則前後可有三年時間，顯然，這與侯馬盟書内容及盟書坑位往往存在相互打破的現象所反映的盟書應爲一個不短時間内持續盟誓的遺物的事實也相符合。

基於上述討論，我們認爲侯馬盟書爲趙桓子嘉之盟，時在晉哀懿公十二年（前434），且盟誓時間或有持續；温縣盟書爲趙獻侯浣之盟，時在晉哀懿公十五年（前431）。温縣盟書所出之地，應該就是侯馬盟書所稱的“趙化（浣）之所”。

注釋：

① a. 山西省文物工作委員會：《侯馬盟書》，文物出版社，1976年。

b. 長甘：《侯馬盟書叢考》，《文物》1974年第5期。

c. 張頷：《侯馬盟書叢考續》，見《古文字研究》（第一輯），中華書局，1979年。

②⑥⑦ a. 唐蘭：《侯馬出土晉國趙嘉之盟新釋》，《文物》1972年第8期。

b. 高明：《侯馬載書盟主考》，見《古文字研究》（第一輯），中華書局，1979年。

③ 河南省文物研究所：《河南温縣東周盟誓遺址一號坎發掘簡報》，《文物》1983年第3期。

④⑧ 馮時：《侯馬盟書與温縣盟書》，《考古與文物》1987年第2期。

⑤ a. 同③。

b. 平勢隆郎：《新編史記東周年表》，東京大學東洋文化研究所，1995年。

⑨⑩ a. 李學勤：《侯馬、温縣盟書曆朔的再考察》，見《華學》（第三輯），1998年。

b. 李學勤：《夏商周年代學札記》，遼寧大學出版社，1999 年。

⑪ 雷學淇：《竹書紀年義證》卷三二，修綆堂鉛印本。

⑫ a. 雷學淇：《考訂竹書紀年》，見《介庵經説》，亦囂囂齋刻本。

b. 方詩銘、王修齡：《古本竹書紀年輯證》，上海古籍出版社，1981 年。

⑬ a. 吳振武：《説梁重釿布》，《中國錢幣》1991 年第 2 期。

b. 吳振武：《釋侯馬盟書和温縣盟書中的"岦公"（摘要）》，中國古文字研究會第九届學術討論會論文（南京），1992 年。

原載《考古》2002 年第 8 期。

侯馬盟書的研究及價值意義

降大任

“侯馬盟書”是半個世紀以來中國十項重大考古成果之一，已成爲國寶級的文物。這批文物對研究中國先秦時期春秋戰國之交的歷史，特别是晉國末期的歷史增添了新鮮材料，具有重要的價值和意義。

一

侯馬盟書是在山西省文物工作委員會於1965—1966年發掘山西侯馬市晉國遺址（即晉都新田）時發現的。這個遺址包括有古城、墓葬、鑄銅、陶範等，後又發現有春秋末晉國的一處盟誓地址。從考古發掘的情况看，盟誓遺址分甲、乙兩區，甲區集中於遺址的西北部，盟書即出土於此，一稱“埋書區”；乙區面積大，較分散，多埋牛、羊等牲畜，未見盟書，稱爲“埋牲區”。經過科學勘驗，可以對古代盟誓時實行的“坎牲加書”禮制有較爲直觀的了解。埋盟的坎，大小、深淺不一。多數坎的北壁底部都有一小形壁龕，内放玉器（即幣）。從出土的跡象判斷，掩埋時先在壁龕内放玉幣，然後放入犧牲並加盟書。盟書是參盟者彼此取信的文獻，亦稱“載書”。

《周禮・秋官・司盟》稱“司盟掌盟載之法”，鄭注：“載，盟辭也。盟者書其辭於策，殺牲取血，坎其牲，加書於上而埋之，謂之載書。”盟書每式二份，一份“藏在周府，可覆視也”（《左傳・定公四年》），留作事後查考；一份埋入地下，或“載書在河”（《左傳・定公四年》），沉在河裏。侯馬出土之盟書，即屬埋在地下的那一種。這次出土的盟書數量很大，有5千多件，有文字可辨識的約650多件，與盟書一起出土的還有玉器、絲織物、陶器殘片等遺物（以上據《侯馬盟書》，文物出版社1976年版），通過對陶器殘片的科學測定，可推斷盟書產生於春秋晚期，與盟辭内容相比照，可了解主盟人活動的年代和有關史事。

盟辭内容不同，篇幅長短不一，字數最少的僅十餘字，長的多達220餘字，一般在30—50字到百餘字之間。盟辭初見時，研究者稱爲“朱書文字”。1966年郭沫若先生發表研究文章（見《文物》1966年第2期）認爲這是戰國初期的盟書文辭，學術界均認同爲“盟書”。不過，侯馬盟書並非首例發現。類似的文物，於1930—1942年曾在河南三次出土墨書的“沁陽盟書”，衹是當時不稱盟書，而稱石墨。由於沁陽盟書存世太少，且有散佚，未引起更多的研究者的注意。故而，真正的盟書研究是從侯馬盟書發現後開始的。從張頷先生發表《侯馬東周遺址發現晉國朱書文字》（《文物》1966年第2期）起，郭沫若等衆多學者相繼進行研究，發表論文，從而逐步揭示出它的重大歷史價值和意義，使這項研究成爲震動海内外的重要學術課題。

如前所述，盟書亦稱載書，是參盟者彼此取信的一種文獻。春秋戰國時期，諸侯卿大夫之間常常爲維護共同利益舉行盟誓活動，文獻稱“約信曰誓，莅牲曰盟”（《禮記・曲禮下》），可見誓與盟有區別。與盟有密切關係的還有詛。誓、盟、詛三者性質相近，功能有異。

關於誓，文獻記載可追溯到《尚書》中的《湯誓》《牧誓》兩篇誓辭，可證殷商時就有誓。今之發誓、起誓、誓言等由此而來。誓言是起誓者忠於某一人事的誠信表白，如《國語·晉語》中晉文公對其舅子犯發誓："所不與舅氏同心者，有如河水。"又如春秋末鐵之戰時趙鞅動員將士之誓："克敵者"云云（《左傳·哀公二年》）。

盟則較誓更爲鄭重，即在起誓時有"莅牲"，即殺牲祭祀，昭告神明，有一定的儀程，如前引《周禮·秋官·司盟》之盟載法。文獻誓盟連言，爲統稱，强調二者共有的誠信自約意義，衹是盟必有誓，誓未必有盟。後世如漢初劉邦與諸將"刑白馬而盟，曰：非劉氏而王者，天下共擊之。"是有盟有誓，既有儀程，又有誓言。

詛即詛咒，當源於原始巫術，文獻或稱詛祝，有時與盟連言爲詛盟。《尚書·吕刑》云："罔中於信，以覆詛盟。"《詩·何人斯》注："民不相信，則盟詛之。"疏："詛是盟之細，故連言之也。"但二者有區别，在《周禮·詛祝》中載有 8 種祝號，盟爲第一種，詛爲第二種。注："大事曰盟，小事曰詛。"疏："盟者盟將來，春秋諸侯會，有盟無詛；詛者詛往過，不因會而爲之。"意謂重大事件可舉盟，一般事件可用詛。盟是集體性的，詛則可以是個人行爲。盟是表示既盟之後不許干什麽的誓約，而詛則是對已發生的罪過的譴責和詛咒。在侯馬盟書中發現，既有朱書的盟辭，又有墨書的詛辭，可見二者既有密切關係，而又有所不同。考古發現有秦惠文王（前 337—前 307）的《詛楚文》是一篇著名的詛辭，但辭中有"詛盟"一詞，可見詛與盟可以相互借用，古人對之不嚴加區分。

此外，還有一種蠱，往往與詛相連繫。《漢書·外戚傳》有"巫蠱祠祭祝詛"之句，古人對蠱有多種解釋，不列舉，要之是對敵人加害的迷信手段，侯馬盟書墨書中出現有蠱字，説明蠱與詛是並用的精神武器。

侯馬盟書包含有誓、盟、詛、蠱等意義，可以從多方面研究。

據統計，魯隱公元至魯哀公二十七年（前722—前468）的254年中諸侯之盟有約200次之多，其中涉及晉國的有50餘次，至於私家宗室之盟更是不勝枚舉。足見，盟誓類活動在當時的政治生活及社會生活中何等頻繁和重要，由此亦可知，研究侯馬盟書對了解春秋末期的歷史具有何等重要的意義。

具體而言，侯馬盟書是在怎麽特定歷史背景中産生的，這就要通過參證盟書的文字内容與有關歷史材料相印證加以辨識與判斷。

經考證，可以得知侯馬盟書的主盟人是春秋末晉國的正卿（執政者）趙鞅（即趙孟、趙簡子）。史籍所載，趙鞅活動的春秋末期，是中國先秦時期社會大變革、大動蕩的時代。其時，不僅作爲天下共主的周天子徒擁虚位，而且各諸侯國的公室亦日形衰落，各國卿大夫争權鬥争激烈，陪臣執國命現象所在多有。這在曾爲五霸之一的晉國尤爲典型。侯馬盟書反映的歷史事件，就是趙鞅參與晉國内部由六卿内争至四卿並立的一場激烈政争，正是這場政争拉開了作爲標誌戰國時代開端的“三家分晉”這一重大事件的序幕。

春秋末期，晉公室之衰微跡象在晉平公時十分明顯，《左傳·昭公三年》（晉平公十九年，前539）載，晉國政治家叔向與齊國名相晏嬰一次宴會間的談話，叔向稱“雖吾公室，今亦季世也。戎馬不駕，卿無軍行，公乘無人，卒列無長。庶民罷敝而宫室滋侈，道殣相望而女富溢尤，民聞公命，如逃寇仇。欒、郤、胥、原、狐、續、慶、伯，降在皂隸。政在家門，民無所依。君日不悛，以樂慆憂。公室之卑，其何日之有！”又稱“晉之公族盡矣……公室將卑，其宗族枝葉先落，則公從之。”叔向指出，晉平公時公室已屬末世，軍隊敗壞，軍制紊亂，無人統帥管理，已失掉了戰鬥力，國人百姓不堪重負，而國内仍大興土木，修築宫室；餓死的人不絶於道路，而公室荒淫日甚，奢侈腐化。百姓聽到公室的政令，像逃避盗匪和仇人一樣。欒氏等八大家族地位下降如同奴隸，政出私門，民衆無所依歸，四處流亡，而國君不思悔改，自得其樂。公室的衰落已没有多少日子，公族的枝葉先落，公室也將隨之垮臺了。《史記・晉世家》亦載叔向之語云："晉，季世也。公厚賦爲臺池而不恤政，政在私門，其可久乎！"叔向的話得到晏嬰的認同，晏嬰預感"齊之政後卒歸田氏。"叔向則預感："晉之政將歸六卿。六卿侈矣，而吾君不能恤也。"（《史記・趙世家》）

晉國"六卿彊，公室卑"，在三年後（魯昭公六年，前536）被不幸而言中。20年後，周天子（敬王）以王子朝之亂逃奔於晉國，由晉定公支持下才回到國都成周（參《左傳・昭公二十二年》《史記・周本紀》《史記・趙世家》）。不久，公元前516年（晉頃公十二年）"韓宣子老，魏獻子爲國政。晉宗室祁氏、羊舌氏相惡，六卿誅之，盡取其邑爲十縣，六卿各令其子爲之大夫。獻子與趙簡子、中行文子、范獻子並爲晉卿。"（《史記・魏世家》，參《史記・晉世家》《史記・趙世家》《史記・韓世家》）。這裏所言六卿即趙氏、魏氏、韓氏、智氏與范氏、中行氏。

六卿中趙氏是頗具實力的一支勢力，其後來的宗主即趙鞅（趙孟、趙簡子），趙鞅還是晉國的正卿（執政者），也就是後來侯馬盟書上所書寫的盟主。

趙鞅是一位頗有雄心和手腕的人物，在六卿中很快便嶄露頭角。晉頃公十三年（魯昭公二十九年，前513）冬，"晉趙鞅、荀寅帥師城汝濱，遂賦晉國一鼓鐵，以鑄刑鼎，著范宣子所爲刑書焉。"（《左傳・昭公二十九年》）這個刑書當是我國歷史上最早頒佈的成文法。

孔子聽説此事感到這是晉國瀕於敗亡的徵兆，説：“晉其亡乎，失其度矣！……今棄是度也，而爲刑鼎，民在鼎矣，何以尊貴？貴何業之守？貴賤無序，何以爲國？”（同前）

趙鞅的政治作爲除了鑄刑鼎外，還曾作爲晉卿爲晉定公相參與同吴王夫差的“黄池之會”（見《左傳・哀公十三年》），但他的主要活動還是國内。趙鞅其人富有政治經驗，黄池之會後，他曾向鄭國賢臣子大叔（游吉）請教“揖讓周旋之禮”，懂得“禮，上下之紀、天地之經緯也，民之所以生”的原則。游吉死後，他表示要遵守游吉所言“無始亂，無怙富，無恃寵，無違同，無敖禮，無驕能，無復怒，無謀非德，無犯非義”的箴言（《左傳・定公四年》），以此規範自己的言行，認爲這樣就會獲得當時卿大夫的擁戴。但趙鞅並非固守禮制約束的謙謙君子，他還了解適應當時政治形勢變化看風使舵，使用詐計的重要性，對不利於自身專權的堅決排除，如他爲了“天下可圖”，殺掉賢人竇大夫，使孔子知之臨河而返（《史記・孔子世家》《説苑・權謀》）。可見其人精於權謀，政治上大有野心。當得知魯國國君被强族季氏逐出國門七年之久而客死他鄉的事件後，他請教晉國史官史墨（史黯）魯君客死的原因，史墨向他講述過“社稷無常奉，君臣無常位”，“三后之姓，於今爲庶”的道理（《左傳・昭公三十二年》），這對他從政采取適時而動，隨機應變策略以保存發展趙氏實力，便有很大的啓示。

趙鞅爲了鞏固趙氏實力，一項重大決策是任用家臣董安于和尹鐸修築晉陽城，使之成爲趙氏堅强的軍事保障和大本營。晉陽城的營建成爲後來聯絡韓、魏滅掉智氏終於三家分晉的可靠依託（參《國語・晉語》）。這充分顯示了趙鞅的長遠戰略眼光。其次是趙鞅實行以 240 步爲畝的田畝制（見《銀雀山漢簡・吴問》），較之范氏、中行氏實行的 160 步爲畝、韓氏實行的 200 步爲畝的畝制均要大許多，這就改變了以往“籍而不税”的舊制，且畝大而税輕，減輕民衆負擔，使“利歸於民”，也就赢得了民心。其三是趙鞅尊賢愛士。他曾向晉大夫壯馳兹詢問東方賢士爲誰（見《國語・晉語九》），又唯才是舉，任用魯國季氏之叛臣陽貨，使其“善事簡主，興主之强。”（參《左傳・定公九年》《韓非子・外儲説左下》）。他任用手下的少室周、牛談及士人周舍，皆爲幹才（見《國語・晉語九》《韓非子・外儲説左下》及《韓詩外傳》卷九），而對“長吾過而絀善”的姦佞之徒鸞繳則沉之於河嚴懲之（見《吕氏春秋・驕恣》）。對敢於對他批評進諫的燭之過、史墨，趙鞅尤表禮敬，采納其言（見《吕氏春秋・貴直》《國語・晉語九》）；賢士陽城胥渠得了重病，趙鞅殺其所愛之白騾取肝而療之，使之感激而奮勇殺敵（見《吕氏春秋・愛士》）。正是由於趙鞅有着素識機變的政治素質，故而在六卿内争中趙氏能由弱轉强，不斷壯大。

趙鞅經營晉陽後遇到的第一次内争發生在趙氏宗族内部。晉定公十二年（前500），趙鞅討伐衛國，獲得衛國進貢的500家，安置在邯鄲。三年後（晉定公十五年，前497），趙鞅要求邯鄲趙午交出這500家，移置於晉陽。邯鄲午的父兄認爲趙鞅的要求有損於同衛國的交往，不如攻齊國，待齊國報復時乘便遷此500家，尚有理由維持與衛國的和好。趙鞅知道後，大怒，“召午而囚諸晉陽”，並告知邯鄲趙氏：“趙午有罪，你們另立一個主子吧。”接着便殺了趙午。這當然激怒了邯鄲趙氏，趙午之子趙稷及家臣涉賓立即發動了叛亂。趙鞅即派遣上軍司馬籍秦率軍包圍了邯鄲。

趙氏發生内哄，范氏、中行氏因與邯鄲趙有親姻關係（趙午乃中行寅即荀寅之甥，范吉射又與荀寅爲姻親），不願出兵助兵圍邯鄲，反而圖謀反對趙鞅。趙鞅的家臣董安于提醒應有防備，趙鞅説“晉國有命，始禍者死，爲後可也。”（按：當是從先前游吉所教

"無始亂"之言）是年秋，范氏、中行氏果聯兵攻伐趙鞅在絳都的宫室，趙鞅抵擋不住，遂逃奔晉陽（以上參《左傳·定公十三年》）。事實上，趙氏内亂是趙鞅最先發難（殺趙午），未奉晉定公之命而行，故《春秋》書："趙鞅以晉陽叛。"

此時智氏、韓氏、魏氏均打算在趙氏内哄中削弱范氏、中行氏。韓魏早與范氏有矛盾，而范氏内部的范夷皋又企圖取代范吉射爲范氏宗主，智礫（智文子）則打算以嬖臣梁嬰父爲卿，欲逐荀寅（中行寅）而代之。智礫便對晉定公説"君命大臣，始禍者死，載書在河。今三臣（指范吉射、荀寅、趙鞅）始禍而獨逐鞅，刑已不鈞矣。請皆逐之。"於是荀礫、韓不信（韓簡子）、魏曼多以擁護晉定公的名義攻打范氏、中行氏。范氏、中行氏並不示弱，便聯合反攻定公，由於國人支持定公，二氏失敗，荀寅、范吉射皆逃奔朝歌（今河南淇縣）。不久，趙鞅因韓魏向定公的請求，又返回了絳都（今侯馬市西北），盟於公宫。次年，趙鞅與智礫又盟誓結好（以上參《左傳·定公十三、十四年》）。

鬥争發展的結果是，趙、魏、韓、智四家戰敗了范氏、中行氏，共同操縱了晉國政權。"趙名晉卿，實專晉權，奉邑侔於諸侯。"（《史記·趙世家》）接着趙、魏、韓又聯合消滅了智氏，於進入戰國時代（前476）後的公元前453年（晉哀公四年）三家分晉，結束了約有600年歷史的晉國。清人顧棟高在《春秋大事表》中説："趙鞅專地而結韓魏……三卿分晉之禍實始於此。"

趙鞅是趙國發展强盛時期的重要人物。作爲異姓卿的趙氏在曲沃武公"盡殺群公子"、晉獻公"盡逐群公子"，從而在大大削弱了宗法制的環境中，一面忠於公室，一面縱横捭闔，保存壯大自身，不斷兼并其他諸卿實力。在繼趙盾、趙武之後，趙鞅鑄刑鼎，改畝制，采取新地税和户税制，調節税率，又尊賢重士，實行按軍功賞禄，特别是在鐵之戰時，頒行“克敵者，上大夫受縣，下大夫受郡，士田十萬，庶人工商遂，人臣隸圉免”的政令，大大激發了國人等民衆忠於趙氏、奮勇殺敵的鬥志。在聯絡團結各種力量爲己所用的過程中，趙鞅不斷與同情者舉行盟誓（如與諸大夫盟於公宫，又與智礫單獨舉盟），增强内部的凝聚力。而侯馬盟書就是趙鞅主盟，與本集團内衆多本族與異姓舉行盟誓的確鑿實物證據。

從盟書内容反映出，盟誓成爲趙鞅壯大趙氏頻繁使用的必要手段，從而使趙氏最終成爲春秋末晉國實力最强的政治勢力。

二

對侯馬盟書文本内容的認識和了解，全賴於對其文字的正確識讀及内容的史學考證。侯馬盟書出土面世後，海内外學術界引起震動，衆多著名專家學者如郭沫若、唐蘭、陳夢家、朱德熙、張頜、李學勤、裘錫圭、高明、李裕民、黄盛璋及日本學者江村治樹、平勢隆郎等均發表了研究文章，可謂争論紛然、各有説辭。通過反復辯難，擺事實，講道理，真理愈辨愈明，見解漸歸一致，其中以張頷先生的考證貢獻尤多。張頷先生的考證文章，具有將考古學、歷史學與古文字學研究結合起來的特色，故而得出了真確結論。他最早於《文物》1966 年第 2 期上發表《侯馬東周遺址發現晉國朱書文字》一文，接着與同志合作編著《侯馬盟書》（文物出版社 1976 年版）一書，書中收入《侯馬盟書類例釋注》《侯馬盟書叢考》《侯馬盟書人名表》《侯馬盟書摹本》等系列文章，又於 1979 年《古文字研究》第一輯發表《侯馬盟書叢考續》系列文章，全面系統地考證釐清了侯馬盟書文字、内容與有關史實，揭示了盟書的科學内涵，爲春秋史特别是晉國史研究增添了新鮮材料和新的篇章，得到了學術界的基本認同。郭沫若先生贊許：“張頷同志和其他同志們的努力是大有貢獻的。”（《文物》1982 年第 11 期）。

盟書文字與西周早期銅器銘文在字形和風格變化很大，與同期的銘文都相類似。就其作爲東周晚期文字而言，既繼承殷商與西周文字的字形與風格，有晉國的區域性特徵。有的文字如行、此、歸、今等字，與甲骨文全同；有的如枼字，除甲骨文外在篆文和金文中卻少見或未見；有的字未著録於《説文》，還有的字在甲骨、金文、篆文中均未見過。

另一特點是發現當時人習慣帶“疒”旁的字作爲人名，及習慣以邑名作姓氏的字。這值得研究姓氏學的學者注意。

閲讀盟書，還可發現盟書上有截止目前所知，我國古代較早使用的原始標點符號，用“—”爲句標出現有 40 餘處。而且也是我國較早以毛筆書寫的朱書或墨書文字。再者，有 20 餘處在篇末有“麻夷非是”（“靡夷彼是”即滅絶其族）爲終結之句，當是盟書這類公文的慣用結束性句式；還有大部分使用中間斷句的符號。

從文字學角度考察，以往已知東周各國文字多異形，從盟書可知晉國一國之文字亦多異形混亂。據知劉向整理《戰國策》就發現簡册文字寫法混亂，如“以趙爲肖”，認爲是筆誤或脱落，而盟書中“以趙爲肖”者有 51 處之多，可見此“肖”爲當時“趙”的簡體，非誤脱所致。在文字結構上混亂狀況大體有偏旁增省、部位互换（上下左右移動）、義不相干而爲音假、隨意美化及信筆涂點這四種情況，這爲後來三家分晉後韓、趙、魏三國的文字混亂開了先例，不少一字多形的狀況被三家所繼承和發展，如貨幣文中的晉、宅、陽有多達 10 種左右的形體。這種文字發展中增繁混亂的現象，固然會妨礙當時文化交流與普及，但也反映出漢字本身發展環節中必不可免的一種規律性現象，古文字研究者尤當留意。

三

不僅從侯馬盟書本身的研究可以使今人獲得多種新知，若把盟書所體現的豐富内容，放到東周晉國晚期社會歷史的大背景中旁通融匯考察，可以使我們進一步理解其重大的歷史價值和意義。筆者以爲，至少可以從政治鬥争、經濟活動與思想意識形態三個大的方面，幫助我們深刻而生動地理解當時社會生活的本真面貌。

一是盟書反映了晉國末期上層政要在争權奪利、相互傾軋中鬥争的激烈性與殘酷性，突顯了“惡”的歷史作用，反映出當時“禮崩樂壞”的歷史趨勢，並由此折射出中華民族發展的艱難曲折歷程。通觀春秋戰國之交的歷史，晉國趙氏等六卿内争演化爲四卿並立直至三家分晉，在今天看來衹不過是歷史長河中的一個小小浪花，但就是在這一暫短歷史環節上，由於社會矛盾激化、社會動蕩，在政治鬥争領域就出現了波譎雲詭、變詐迭出的驚世場面。趙鞅作爲晉國的新興勢力代表之一，是一代梟雄。他爲趙氏崛起，擴張宗族勢力維護和鞏固自身權勢，可謂費盡心機，竭盡全力。爲了索要衛貢 500 家，他根本無視晉君受命就擅殺亦是趙姓支族的邯鄲午，激起邯鄲趙稷的武裝反抗，采用暴力成爲他唯一憑恃的手段，反映出其貴族權要的兇殘本性。爲了增强實力，他廣事結納，聯絡本宗，招降納叛。爲凝聚内部形成合力，他召集同宗與投靠他的異姓，反復“尋盟”（多次舉盟），以聚攏人心。在暴力高壓下，參盟者一個個膽戰心驚，向神明起誓，以包括本人在内的身家性命爲擔保，對趙鞅表示忠心；倘有違反盟誓者，就要全族被誅滅。他們還表示決不與敵方勾結，防範敵方復入晉國。盟誓中還可笑地詛咒敵方使之受禍害，以求精神上的强勢，平衡内心。在趙鞅（當然他的對手也一樣）之流的當權者看來同陣營之人的生命財産都等同鴻毛，下層百姓奴隸更視如草芥，故這些人的一切都應爲其政治權利的奪取做出犧牲和奉獻。這不僅在當時上有周天子，下有晉君的傳統權利下是大逆不道、專權擅政的事，亦説明“禮樂征伐自卿大夫出”，禮崩樂壞到何等程度，而且在我們看來完全是拿人不當人，毫無人道可言！難怪稍後的孟子慨嘆“争城之戰，殺人盈城，争地之戰，殺人盈野”，激憤地呼吁“善戰者服上刑。”從這裏也可以看出，孔子提倡“王道”“仁者愛人”等仁政思想，重新發現“人”的價值，是具有現實鍼對性而且是多麽有進步意義了。事實上，不管趙鞅及其同黨如何反復舉盟，信誓旦旦，但利益的血腥争奪是統治階級的本性使然，一到面臨權衡利害時，他們從私利出發就會背信棄義，反目成仇。趙氏等四卿消滅范氏、中行氏二家後，四卿内部再起紛争，拼殺得你死我活，不可開交，就是顯例。而中國社會的歷史進步，就是在這樣的腥風血雨、刀光劍影中實現的，社會文明發展，常以深重的灾難爲代價，這是我們今天重温歷史不可忘卻的。

政治是經濟的集中表現，政治鬥争服務於經濟利益，政治鬥争的勝利往往取决於經濟實力。趙鞅所在的晉國，平公時就“庶民罷敝而宫室滋侈，道殣相望而女富溢尤”，弄得“民聞公命，如逃寇仇”（《左傳·昭公三年》叔向語）晉公室由此大衰，三年後“六卿彊，公室卑”。頃公時“晉宗室祁氏、羊舌氏相惡，六卿彊，誅之，盡取其邑爲十縣，六卿各令其子爲大夫。”（《史記·魏世家》等），可見六卿對祁氏、羊舌氏的田邑在所必奪。趙鞅爲六卿之强族發起誅討邯鄲趙氏，導因便是索要衛貢500家。這500家同盟書“納室類”所言之室皆爲經濟計量單位，文獻或稱田、田邑、田里，統指勞動人手、土地、財産之總和，是卿大夫剥削收入所從出，戰時就可能化爲軍隊和裝備。是故，文獻多有上層鬥争中勝方對敗方“納其室”“分其室”“兼其室”的記載，而所謂貴族之家臣、邑宰，就是他們派遣管理、控制這些家室田邑的頭目。在盟書誓約中趙鞅强調同盟者不准私自納室，如知道其宗族兄弟有納室行爲不加拘捕或不上繳其室，就要受神明誅滅的制裁，這鮮明地見出趙鞅在政争中維護本族經濟利益，貪婪佔有、搜刮民衆財富的胃口之大，而這也正是爲確保其政争取勝的基本經濟實力。聯繫到趙鞅在决勝的鐵之戰時頒佈對“克敵者”賞賜財産等的誓言，可以明白地反映出，經濟利益的争奪貫穿了政争的始終。正是由於趙鞅采取了經濟賞賜和對民衆人身解放等的手段，才大大激勵了同盟者的鬥志，從而消滅范氏、中行氏，形成晉四卿（趙、魏、韓、智）並立的局面。盟書中所謂委質類内容，即參盟人將自身及其家族性命向盟主做抵押來表其忠誠，自然也包括其家族佔有的全部財産（如勞動人手、土地、財物），也就是用其全族身家性命和物質財富爲本錢參與趙鞅集團的鬥争。總之，從根本上説，經濟利益的多少、經濟實力的强弱往往决定着鬥争雙方的興亡，這是從侯馬盟書研究中可以洞若觀火的事實。

從侯馬盟書的内容也可以考察其産生時代的意識形態觀念上的變化。在春秋末，整個社會禮崩樂壞，動蕩不安，誠信缺失、道德滑坡，是孔子早就明言過的。孔子所謂“自古皆有死，民無信不立”“言而無信，不知其可”的告誡正鍼對其時“誠信”掃地，欺詐百出的現實狀況，帛書《老子》云：“故大道廢，安有仁義；智慧出，安有（大僞）；六親不和，安有孝慈；國家昏亂，安有貞臣。”在盟書詛辭中就載有一個叫“無恤”的人因“不虔奉”主君韓子，暗中與中行寅勾結而受到詛咒的事例，可見其時統治者内部毫無信義可言。正是由於道德淪喪，出現了大量背信棄義的言行，才需要盟誓之類來約束結盟之人，以凝聚人心，鞏固内部，古人云“世道交喪，盟詛滋彰，非可以經世軌訓”（《穀梁傳·隱公八年》），這就不難理解侯馬盟書何以出土有 5000 件之多，據統計參盟人有 152 人之衆這樣大的規模，且有許多“尋盟”（反復舉盟）的現象。很明顯，這種道德觀念上的淪落裂變，是社會大動蕩、大變革的反映。大量侯馬盟書就是這一時代劇烈變革的確鑿實證材料。

從盟書中反映參盟人表白誠信要請已故先君及神明鑒察，還説明其時尚存有遠古遺留的普遍性的鬼神觀念佔據人們的頭腦。不過在趙鞅的時代，鬼神觀念衹是一種敬畏的心理因素，是軟約束。盟書中强調參盟人要以身家性命擔保，才是最强有力的保證，是硬約束。這又説明鬼神觀念服務於現實利益的需要，這已同殷商時代動輒卜筮，凡事遵從神意的狀況大不同，是故產生有鄭國子產所言“國之興，聽於民；國之亡，聽於神”的信念。在趙鞅時代，鬼神觀念開始動摇，這與社會意識由“以德配天”向“重民輕天”觀念轉化的大趨勢相一致。從侯馬盟書現有材料分析，其中宗盟類的有 514 件、委質類的 75 件、納室類 58 件、詛咒類僅 4 件、卜筮類 3 件，鮮明地，人事方面的内容大大超過詛咒、卜筮這類與超現實鬼神觀念有關的東西，可見，“輕神重人”已成爲參盟人的主體意識，這反映了社會意識隨着經濟政治發展有了相應的進步。

另外，對侯馬盟書還可以從多層次、多角度深入研究。盟書提供了晉國末期規範的官方文獻盟書文體的寫法文本，是古代官方文體源流發展的一個環節，是古代文學、文體學研究的實物材料；還可以從文字學、書法藝術、曆法、社會學、風俗習慣等多側面進一步探討。侯馬盟書遺址面積很大，未發掘出土的資料一定還有很多，相信日後將會有更豐富的珍貴材料發現。進一步對之進行科學研究，便會對已有的成果有新的補充、豐富和完善，故而可以説對這裏大批珍貴文物的研究具有多方面的價值和意義，今日研究晉文化者倘捨此而不談，將是很大的缺憾。期其更新的創獲，尚有待於同行及後人。

不過，初版的《侯馬盟書》作爲早期的研究成果，存在的缺點也是明顯的。由於書成於文革“批林批孔”期間，在其首篇歷史背景分析中便有不少“上綱上綫”式批判性語句，屬於附加的“路綫鬥爭”之類的套話，這些均非出自張頷先生本意（且該書乃集體署名，張頷其時被剥奪了著作署名權），在被迫硬着頭皮插入這些文字時，張頷無奈地向指示者表示：就這樣子了，我的水平實在上不去了。在文革中，張頷被打入“牛棚”，被誣爲“黑綫人物”，反復遭受殘酷折磨、拷打，他的老伴逼得栽了水缸幾乎死去，中間幸有王冶秋先生來山西考察考古工作，經過疏通，才抽調他參與盟書材料的綜合整理工作，同時參與者有曾參加考古發掘的陶正剛同志和對標本文字進行臨摹並創製“字表”的張守中同志，張頷仍戴着“黑幫”帽子，如同監督勞動，可見其處境何等艱難。而這些文字在先生後來的文集中均全部删除了。這種政治高壓强行干預學術造成的謬誤，想讀者應能體諒與辨别的。

初版《侯馬盟書》發行於 1976 年，印數較少，引起的轟動主要在專家圈子裏，廣大讀者知之者有限。據知其時北京大學圖書館衹購藏了一册，有的教授難得借閲，很有意見。據悉臺灣有人出版過縮印本，當時知識産權保護無以實行，張頷先生亦無能力過問。至今，初版《侯馬盟書》已成了稀世之珍，據説在舊書市場有人見該書標價高達原價的 20 倍以上。近年韓國學者屢次來函求購亦未能如願。

在當前晉文化研討蓬勃開展之機，吁請學界與出版界進一步深入對盟書的研究，促進盟書修訂本的出版，以期對山西建設文化强省做出新貢獻。

原載《晉陽學刊》2004 年第 2 期。

侯馬盟書之内容與年代考略

朱鳳瀚

1965 年 12 月，山西侯馬晉都新田遺址東南部發現一處“盟誓遺址”，在這一遺址的西北部出土了一批盟書（即《周禮・秋官・司盟》鄭玄注所謂載書）。出盟書的小型竪坑有 40 個，密集分佈在東西長 12m、南北寬 11m（面積 $132m^2$）的一塊地中，所出盟書量總共達五千餘片。《侯馬盟書》一書發表了其中字跡尚可辨讀者 656 片（以下論述所引用盟書情況均本自此書）①。此批盟書對於了解春秋戰國之際卿大夫家族内部的家臣制度有一定裨益，惟欲利用這一資料，必得先明確此批盟書的類型、諸類間的相互關係、年代、史事背景以及參盟者之具體身份等問題，而這些問題至今學者間仍多有異議，故説明筆者對這些問題的看法，實是利用盟書作論述的前提與基礎，因作此考略附之於節末。

一、盟書諸類型及相互關係

《侯馬盟書》一書的編撰者將所著録的全部盟書按内容分爲六類。即：宗盟類、委質類、納室類、詛咒類、卜筮類、其他。

“宗盟類”之稱，是據將此類盟書的盟辭中“以事其宔”之宔讀爲“宗”而定的。宔字，確有一些學者釋爲“宗”[②]。但亦有學者指出應釋作“主”[③]，筆者傾向於後者。“宗”在此批盟書中出現時一律作宗（如所謂“納室類”中“而或聞宗人兄弟或内室者”之“宗”，又如九二：一二片參盟人名“宗丙”之“宗”），不作此形，而此形則無一例换作宗，可見二者的確不是同一字之異體。此外《汗簡》《古文四聲韻》中“主”字同於此形，中山王嚳器銘文中亦有此字，釋“主”亦均文通義順[④]。所以“以事其宔”應讀成“以事其主”，如是，則將此類盟書稱爲“宗盟類”即不妥了，故下文暫稱此類盟書爲 A 類（圖一：1）。

“委質類”之名稱，則是據將盟辭中“自貭于君所”之貭讀作“質”而定的。學者或讀此字作“誓”[⑤]，此種字釋較讀作“質”爲好，所謂“納室類”中有誓詞言“自今以往，敢不逵從此明貭之言”，“明貭之言”顯然應以讀作“盟誓之言”爲妥。所謂“委質類”實際上亦是一種自誓之言，其與以上 A 類之差别，是因爲參盟者身份不同（詳下文），在下文中暫稱此類盟書爲 B 類（圖一：2）。所謂“納室類”，下文稱 C 類（圖二：1），所謂“詛咒類”僅少數幾片，辭義不完整，但從殘辭看，稱“詛咒”亦不甚妥，下文稱爲 D 類（圖二：2）。

從盟書内容上看，A、B、C、D 四類盟書是主要的，下文討論亦衹涉及此四類，其各類情况大致如下：

1. A 類，《侯馬盟書》選入了 514 片，出於 37 個坑中，皆朱紅色書寫。是書編撰者又據其内容分爲六小類（以下用 A1—A6 表示）：

A1：僅一片（一六：三）記有曆朔。

A2：誅討對象僅趙化[⑥]一氏一人。

A3：誅討對象有二氏二人：趙（走尼）、史醜。

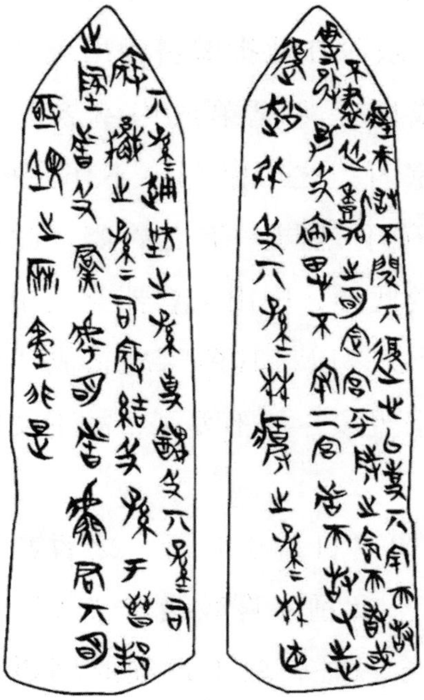

1

一九四：四

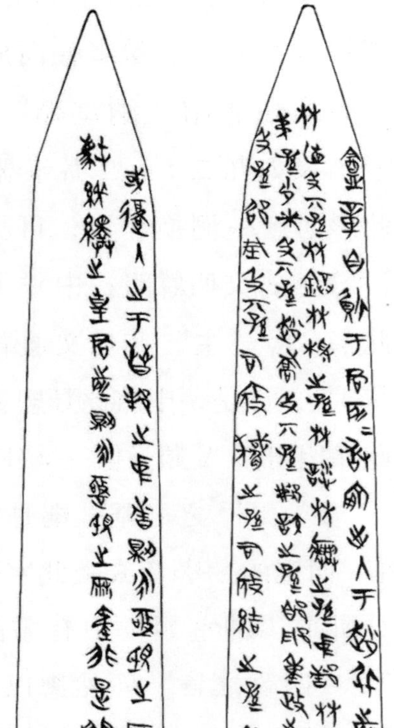

2

一五六：二〇

圖　一

1

六七：六

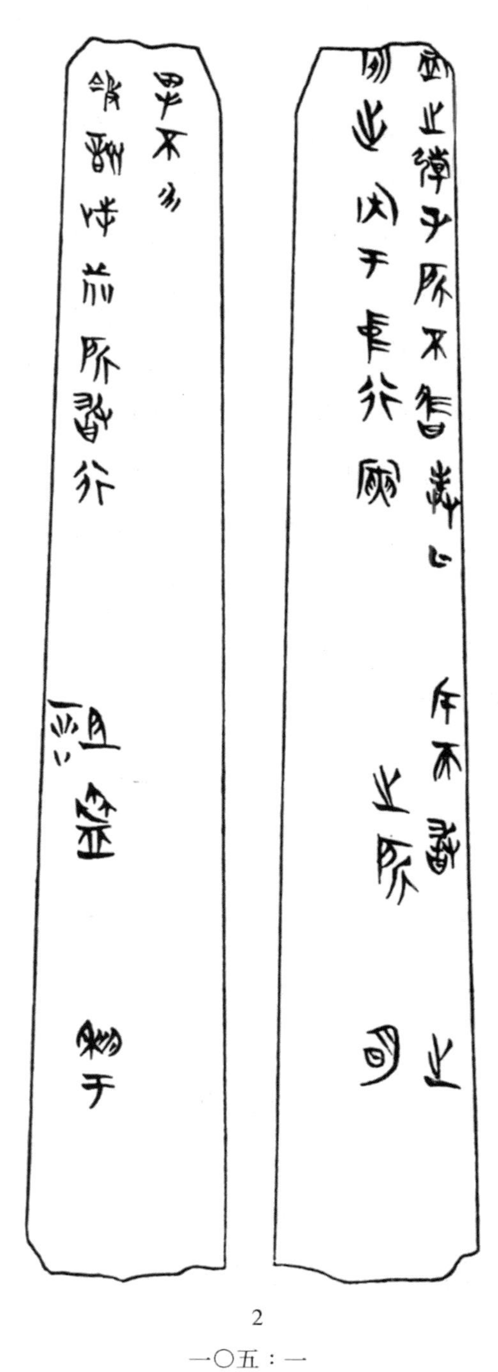

2

一〇五：一

圖　二

A4：誅討對象四氏五人：趙化、兟（先）痃、先直、䣙𨚕、史醜。

A5：誅討對象五氏七人：除以上五人外，有司寇䚄、司寇結。

A6：殘損，誅討對象不清。

2. B 類，選入 75 片，出於 18 個坑中，亦皆用朱紅色書寫。誅討對象除以上 A5 所列五氏外，又增加四氏，多達九氏 21 人。

3. C 類，選入 58 片，用朱紅色書寫，出於同一坑（坑 67）。

4. D 類，選入 3 片，用黑墨書寫，皆出坑 105。

以上諸類中，A2—A5 諸小類與 B 類雖有誅討對象多少之差別，但誅討對象中有共同者，如多有趙化、先氏、䣙𨚕、史醜。所以此兩類盟書所涉及的是同一政治事件。

C 類之參盟人，多見於以上 A、B 二類盟書，所以亦當與此政治事件有關。A 類諸小類與 B 類盟書多有同出一坑者，計有：

A1、A4：坑 16；

A3、A4：坑 49、162；

A2、B：坑 35；

A4、B：坑 3、75、79、88、91、93、96、179、探坑八②；

A5、B：坑 203；

A6、B：坑 86；

A4、A5、B：坑 194、195；

A4、A6、B：坑 156。

根據各坑内埋牲畜與書寫盟辭的玉片之順序，徵之於典籍所載盟誓儀式[⑦]，同坑的盟書應是同時一次埋入的。所以上述同坑内的盟書應是同時的。

由此看來，A、B 兩類盟書中誅討對象多寡的差異，似並不像有的學者所言，是“反映出這場鬥争的範圍越來越大，牽扯的方面越來越廣"[⑧]。據《左傳》所載，當時盟誓主要有兩種情況，一是諸侯間或卿大夫間爲某種需協力而行或需共同遵守的事項而盟，在此種情況下，盟辭内容由諸方議定。二是盟誓者有主次之分，即主盟者地位高於參盟者，如王室與諸侯，霸主國與小國，戰勝者與敗者，卿大夫與國人。在此種情況下，盟辭的内容則是由主盟者擬定的，"是主盟人要求參盟者必須履行的義務"[⑨]，參盟者首先要按主盟者的意向"讀書"（即讀盟辭），然後才埋盟書於坑中。所以，此種盟辭内容自然要根據參盟者具體情況之不同與主盟者對他們的具體要求不同而有所區别。此批盟書即屬於這第二種情況。誅討對象所以有差異，即應該是由參盟者和誅討對象關係之不同所決定，而並非是由於隨着時間發展，鬥争對象擴大之故。

據上述，同坑中有異類的盟書，就幾個參盟者人名可見者較多的坑來看（如坑3、156、194）同坑異類盟書中參盟者没有重名的，這種情況正説明盟誓時是根據參盟者身份不同，使用不同盟辭。

最後看一下地層關係，打破關係有以下幾組：

（1）坑85（出A4、其他）打破坑86（出A2、B）

（2）坑88（出A4、B）打破坑93（出A4、B）

（3）坑91（出A4、B）打破坑93（出A4、B）

（4）坑152（出A4）打破坑155與坑159（出A4）[⑩]

（5）坑155打破坑77（出A4）

（6）坑154（出A4）打破坑159（出A4）

由以上幾組打破關係可知，A4晚於A2、B。而且同屬於A4或B類的盟書埋入時間還有區别。坑86中與A2共存的B類，應是B類中埋入較早者。但據發掘記録A1、A3皆有與A4共存一坑者，A2、A4—6又皆有與B類共存一坑者，尤以A4與B類同出一坑者最多，可見此幾類盟書所屬時間範圍即B類及A4類盟書埋入時間，同屬

A4 與 B 類的盟書雖有埋入早晚區别，卻顯然不會相隔太久。

這裏還應提到出 D 類盟書的坑 105，該坑距坑 158、159 極近，“坑口層位和方向也和鄰近諸坑相同”[11]。説明此坑與其他諸坑時間亦是相近的。

綜上所言，侯馬出土的此批盟書是在一段不太長的時間内，先後爲同一重要的政治事件舉行盟誓儀式時埋入的。

二、盟書的年代與史事背景

坑 105 所出幾片 D 類盟書，辭殘，综合一〇五：一、一〇五：二兩片遺留下來的文字，可以將原辭恢復如下：

……[illegible]無卹之韓子所不虔奉□□主，而敢……之……俞（偷）出内于中行寅及先□之所……明……爲……卑不利于……所敢行……詛蠱……利于……

其全意雖不能知，然其是一種對家主表示忠誠的誓辭則大致可定。值得注意的是，辭中言及如不虔誠以奉其家主，而敢私下與中行寅及先某來往，或敢行詛蠱而不利於家主，皆當受到神之懲罰。中行寅即中行文子，辭中所出現的“無卹”有可能即與中行寅同時的趙簡子之子襄子毋卹。此類盟書當與春秋晚葉趙簡子與邯鄲趙氏、中行氏、范氏之争有關，盟誓人發誓不與中行寅及黨羽來往，屬於趙簡子家臣，而盟書既出在新田，則此盟誓當在晉定公十五年（前 497）十一月范、中行敗走朝歌，十二月趙簡子入新田後所舉行，故這一類盟書在此批盟書中年代最早。

其餘 A、B 兩類盟書中，A 類一般皆言“而敢不盡從嘉之明（盟）定宫平陟之命”，嘉是主盟者，但有一例（一：二二）中“嘉”作“子趙孟”，可見嘉屬趙氏，即趙嘉。B 類中盟誓者言“敢不顋嘉之身及子孫”，如有使政敵復入於晉邦者則遭神明之懲罰。是説終嘉之身及其子孫皆不背叛，可見 B 類主盟者亦是趙嘉。A、B 兩類盟書中被誅討者中皆有趙化（以及其他邯鄲氏、趙氏之人），可證此兩類盟書的史事背景相同，仍是趙氏與邯鄲趙氏之争。盟辭中的趙化應是邯鄲趙氏之後人。

下面討論一下 A、B 盟書的具體年代。晉定公二十一年（前 491）趙簡子拔邯鄲後，邯鄲趙氏之宗子趙稷（趙午子）逃到臨，同年又奔齊。晉定公二十二年（前 490），范氏、中行氏亦奔齊。盟書中言及不使趙化與其黨等政敵復入晉邦，則舉行盟誓時，邯鄲趙氏及其同黨皆已在晉邦之外，所以衹能是前 490 年後。趙襄子於前 454 年因受知、韓、魏三家合攻而奔保晉陽，趙氏勢力範圍自此後即偏於北方。此批盟書出土地新田及曲沃仍屬晉公室，但周圍地區已在韓、魏勢力控制下，故趙氏在新田主盟時間似不應晚於前 454 年。因此，盟書年代有可能即在前 490 年後至前 454 年這一段時間内。

年代雖大致如此，但關於主盟人趙嘉究竟是何人，至今學者意見分歧甚大。衆多説法中，筆者以爲有兩種意見可值得重視，一是嘉系對所嘉美之人的敬稱⑫，一是認爲嘉即趙襄子之子趙桓子（名嘉）⑬。從盟辭是趙嘉本人所擬定而要求參盟者宣讀這種情況看，主盟者稱名也不無可能⑭，惟如是趙桓子，在前 454 年前，衹能是趙氏子弟，非趙氏家主，似與盟辭中趙嘉地位不盡合。當然桓子本人是時已有一獨立家族，廣召家臣亦有可能。

據上所述，105 坑以外幾類盟書的年代當在前 490 年—前 454 年一段時間内，屬於春秋、戰國之際⑮。從盟辭内容看，趙嘉作爲主盟人，要其臣屬發誓不與已被驅逐出晉邦的趙氏及其黨羽同流，不使這些政敵復入晉邦，則趙化當是趙稷宗親，或即其後人，是趙氏與邯鄲氏之鬥争延續多年未止。

三、參盟者的不同身份

上文已提到，A、B類盟書中所見參盟者的身份有所不同，則他們與主盟者（即趙嘉）間的相互關係當然亦即不同，對此，需作具體分析。

A類中，參盟人名多衹著單字，不著其氏（圖三：1）。有的雖是雙字，但顯然亦衹是名（或字），未著氏，如歸父（一：一五）、直父（二〇〇：一）、一釿（八五：一三）、妾與（一九八：一〇）等，《左傳》中亦有雙字爲名者，如郵無恤、郧犁來、樂朱鉏、蕩意諸等（參見楊伯峻《春秋左傳詞典》）。有的學者提出"這些不書姓氏的從盟人，絶大多數皆爲趙姓（按：應説是趙氏）"[16]持此種意見的學者如此説，是與將"以事其主"之"主"讀爲"宗"有關的。但是否如此，尚難肯定。西周金文中人名僅著單字之例甚多，如《卯簋》銘（《三代》9.37.2）中，卯是榮季家臣，非榮氏同宗，亦衹稱卯，不著其氏；又如《散氏盤》銘（《三代》17.20.21）中，矢、散二氏的有司中，即有相當一部分名字是没有著氏名的。此種情況有的是省去氏名（往往是自稱），如《卯簋》中的卯。盟書雖是主盟者決定盟誓之辭，但仍是自誓的形式，故亦可以省去氏。當然亦不排除有的是因出身較低微而不具有氏[17]。

但在參盟者中，亦有氏、名俱書的，如邯鄲固（二〇〇：三，圖三：2）、侯趚（二〇〇：二五）、石似（一九四：一）、史勘（八五：一二）、焦竪（二〇〇：三九）等，其中邯鄲氏即邯鄲趙氏。侯、石、史皆氏名，如此異氏的參盟人存在，亦證明"以事其主"不能讀成"以事其宗"。參盟者中亦有與盟者同氏者，如趙鄗（一：六五）。

這些參盟者絶大多數發誓要"剖其心腹，以事其主"，主即指主

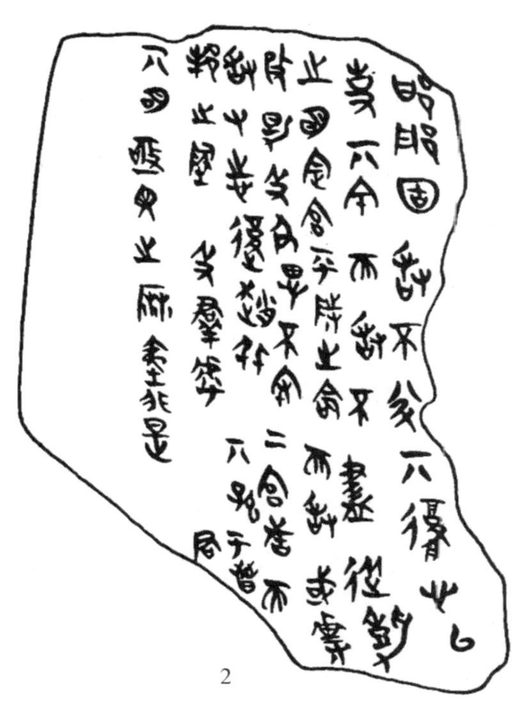

2

二〇〇：三

1

一：五一

圖　三

盟者趙嘉（圖四），所以他們皆應屬於趙嘉之家臣。

值得注意的是，在 A2 類中，有三個參盟者：史歐兟（一：四〇）、仁柳俋（一：四一）、[illegible]（一：四二），不言“以事其主”，而言“以事嘉”。而且此三人書寫盟辭的石片形狀異於其他石片，皆爲長弓形，因此，這三人與主盟者的關係當不同於稱“主”者。但他們在誓詞中仍講要“剖其心腹以事嘉”，地位與上述家臣近似。按當時的制度，欲爲家臣者則需要策名委質（《左傳》僖公二十三年），要經過一定的手續。所以，此三人很可能是新歸屬於趙嘉者，但尚未通過類似的手續，還没有正式取得家臣的身份，故不得稱趙嘉爲“主”。

A 類諸小類的參盟者人名中，有一部分重復出現，初步統計，A 類參盟者人名可見者是 132 名，重出 25 名，占全部參盟人名數的約 19％。這顯然不像有的學者所認爲的那樣是重名，而是表明同一個參盟者可以反復參加盟誓。

再看 B 類，參盟者名亦多單字，少數爲雙字名。此類盟書即使與 A 類同出一坑，參盟者人名亦多不相重合。這類盟辭的特點是：雖表示要忠於趙嘉終身直至子孫，皆不背叛，但無一稱趙嘉爲“主”者；誅討對象最多；在盟辭中特別説明“既誓之後而敢不巫覡祝史獻，涚繹之皇君之所，則永殛硯之，麻夷非是。”獻，即薦，薦牲亦即發誓後殺牲置於坎内，既言薦牲於皇君之所，此盟誓地點當即皇君之所。涚繹即説釋[18]。由巫史之類將誓言説釋於皇君之所。

由此觀之，B 類參盟者並非趙嘉舊有家臣，而是原與趙嘉政敵有較多聯繫者，現重新投靠趙嘉，成爲其政治黨羽。故而要通過自誓的形式，具體地表示要與誅討對象一一劃清界限，向嘉表示恭順與忠誠。這種參盟者與趙嘉亦未必有人身依附關係，盟辭中的誅討對象列舉的如此細備，盟誓秩序説明得如此繁贅，正説明主盟者對他

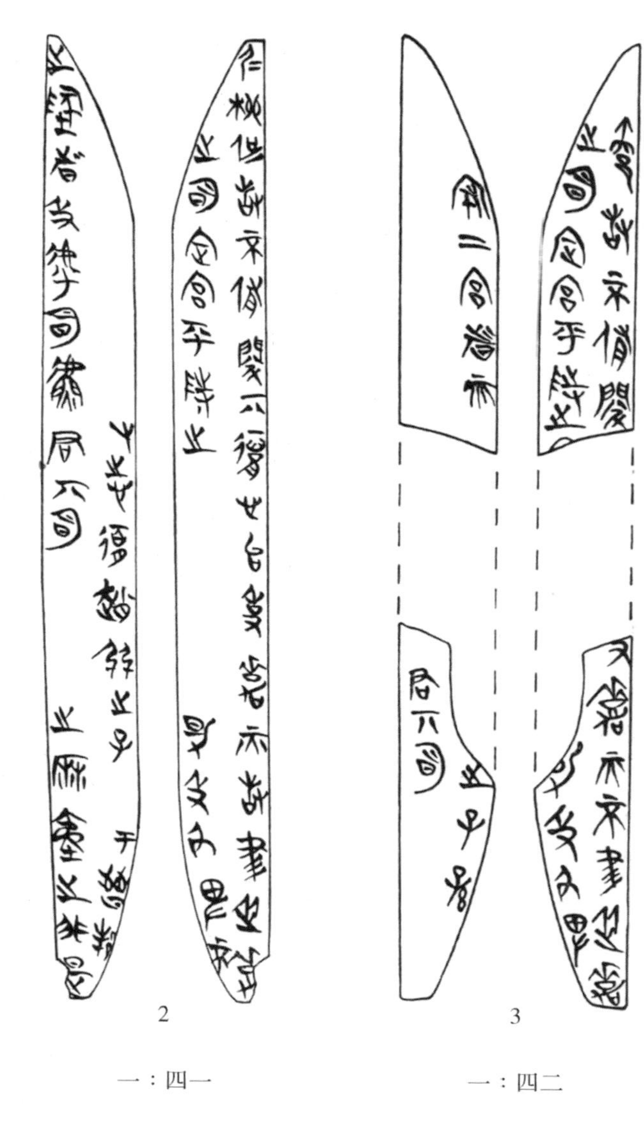

1 一：四〇

2 一：四一

3 一：四二

圖　四

們的不信任。

B 類中有四個參盟者名，重見於 A 類中，即豎（見於 A2）、樂（見於 A2）、果（見於 A2）、絢（見於 A4）。如同名者是一個人，則有可能是由於此四個 B 類參盟者身份有所改變，即經過策名委質，正式成爲趙嘉之家臣，故可采用 A 類家臣盟辭。

坑 67 所出 C 類有關納室的盟書，參盟者人名可知者 24 名，重見於 A 類者 5 人，即文（見於 A2）、樂（見於 A2）、産（見於 A2、A4）、沽（見於 A4）、瘜（見於 A4）。其中樂又見於 B 類。由 A 類盟書的盟辭可知，此 5 人均言要“剖其腹心，以事其主”，故皆是趙嘉家臣。

綜上所析，A、B 類盟書所見參盟者身份有三種：（1）趙嘉家臣，奉其爲主；（2）身份近於家臣，但可能尚未策名委質爲臣者，故不稱嘉爲主；（3）原係趙嘉政敵之屬，現轉而投靠趙嘉爲其黨羽者。

注釋：

①⑧⑪ 山西省文物工作委員會：《侯馬盟書》，文物出版社，1976 年 12 月。

② A. 陳夢家：《東周盟誓與出土載書》，《考古》1965 年 5 月。

B. 唐蘭：《侯馬出土晉國趙嘉之盟書新釋》，《文物》1972 年第 8 期。

③ A. 黄盛璋：《關於侯馬盟書的主要問題》，《中原文物》1981 年第 2 期。

B. 李學勤：《東周與秦代文明》，文物出版社，1984 年 6 月。

④ 見張守中《中山王嚳器文字編》，中華書局，1981 年 5 月。

⑤ 同上注②B 文、注③A 文。

⑥ 字原篆作[篆字]，此暫從郭沫若釋“化”。見郭氏《新出侯馬盟書釋文》（《文物》1972 年第 3 期）。

⑦ 參見上注②A文。

⑨⑭ 高明：《侯馬載書盟主考》，《古文字研究》（第一輯）。

⑩ 坑155被坑152打破，見《侯馬盟書》17頁“侯馬盟誓遺址坑位分佈圖局部”與第409頁表中M152及下欄“備註”。該書第410頁表中M155下欄“備註”内遺漏此。

⑫ 張政烺：《哀成叔鼎釋文》，《古文字研究》（第九輯）。

⑬ 桓子與襄子關係，典籍舊有襄子子，襄子弟二説。此從前一説。盟書中又稱嘉爲“趙孟”，是嘉當爲襄子庶長子。關於此點可參見上注⑨文。

⑮ 李學勤《東周與秦代文明》一書認爲“從第16坑的曆朔看，當在公元前470年前後”。

⑯ 張頷：《“侯馬盟書”叢考》，《文物》1975年第5期。

⑰ 參見李學勤《考古發現與古代姓氏制度》，《考古》1987年第3期。

⑱ 見上注②B文。

原載《商周家族形態研究》（增訂本），天津古籍出版社，2004年7月。

侯馬盟書數術内容探論

劉國忠

1965—1966 年，爲配合侯馬發電廠的建設，山西省文物考古工作者調查發掘了侯馬市秦村西北的一處遺址，在一個東西長約 70 米、南北寬約 55 米的範圍之内發現了 400 多個祭祀坑。在對其中的 326 個祭祀坑進行清理的過程中，考古人員發現了 5000 多件盟書標本，其中可認讀的有 600 多件。書寫盟書的玉石片以圭形爲主，另外尚有璋形、璜形、環形、圓形或不規則形。玉石片上的文字爲毛筆所寫，字跡多爲朱色，部分爲黑色。玉石片上的文字多少不一，少者 10 餘字，多者達 220 多字，這個重要發現及其中的部分材料公佈後，引起了學者們的極大關注，郭沫若、陳夢家、張頷等先生分别撰文，討論這些盟書的内容、性質和年代。1973 年，在國家文物局的指導下，山西省有關部門還專門成立了侯馬盟書整理小組，由張頷、張守中、陶正剛等先生負責整理這批珍貴材料，經過幾位學者的辛勤工作，1976 年文物出版社出版了《侯馬盟書》的整理報告，從而方便了學者們對這批材料的全面研究。總起來説，在侯馬盟書出土後的 40 多年中，學者們對這批材料一直有濃厚的興趣，研究成果不斷涌現，盟書中的許多問題隨着學者們的深入研究已經日益清晰，這些研究成果極大地豐富了我們對於先秦歷史文化的認識。

有關這批數以千計的盟書的分類情況，考古工作者曾經指出，如果按其内容，大體上可分爲六類，即宗盟類、委質類、納室類、詛咒類、卜筮類及其他共6種。對於其中的第5類即卜筮類，以往學者的討論情況尚不多見，本文想就此談一些粗淺的看法。

關於卜筮類盟書的情况，《侯馬盟書》一書介紹説："這是盟誓中有關卜筮的一些記録，不是正式的盟書；發現了三件，是寫在圭形或璧形玉片上的。"這三件盟書分别出自17號、303號及340號坑，值得注意的是，這三個坑均非在通常出土盟書的"埋書區"，而是位於埋葬犧牲的"埋牲區"[①]，顯得十分特殊。這三件盟書的出土位置均爲壁龕，坑中所埋牲均爲牛[②]。

第17號坑書寫盟書内容的玉爲玉環，厚0.8毫米，邊徑123毫米，孔徑55毫米，質地爲透閃岩，值得注意的是在本件盟書上尚有絲織物的痕跡，這也是侯馬出土盟書中所見唯一一例有絲織物痕跡的玉石。《侯馬盟書》的《侯馬盟誓遺址出土的其他文物》部分對此有具體的介紹："坑17出土的玉環，上面還保留有一塊絲織物的痕跡，紋縷纖密精緻，估計就是盟誓祭祀中所使用的'帛'的遺跡。"絲織物痕跡照片見該書《侯馬盟誓遺址出土的其他文物》中的圖30。

在這件玉環上寫有一些文字，有些已經磨泐不可識讀，可以清楚看到的字主要是羊羲……筭……。

《侯馬盟書類例釋注·卜筮類釋注》對此注釋説：

羊羲——羊，即騂字，俗作騂，音星（xīng）。羲，即犧字的省體。騂犧，即祭祀時所用的紅色的牛。《禮記·郊特牲》："牲用騂，尚赤也。"《詩·閟宫》："享以騂犧。"注："騂，赤。犧，純也。……其牲用赤牛純色。"

筭——筮字的繁體，音試（shì）。古代用蓍草占卦叫做筮。

這兩條注釋無疑是非常正確的，而其中的“筮”字告訴我們，這件盟書顯然與數術活動有關。17 號坑中所掩埋的犧牲是一頭牛，雖然我們現在已無法確知牛的顏色，但盟書中的“騂犧”應當就是指被埋在此坑中的牛。

第 303 號坑所出玉的器型爲“不成形玉片”，長 152 毫米，寬 81 毫米，厚 0.4 毫米，質地爲透閃岩，坑中所埋牲爲牛，據《侯馬盟誓遺址竪坑情况表》的《備註》所言，“牛牲似活埋”。

這件盟書上亦寫有幾個字的銘文：癸二全五卜以吉筮□□

《侯馬盟書類例釋注・卜筮類釋注》對此注釋説：

卜以吉筮□□——卜，古代用龜占卦，以，即已。卜已吉，是説用龜占的結果吉利。吉和凶，是我國古代迷信活動中常用的概念。下面筮字起頭的三字，應該是説明用蓍占卦的結果。《左傳・僖公四年》：“卜之不吉，筮之吉。”盟書上的這條記載是我國古代卜法和筮法並用的一條較原始的記録。

按：“卜以吉”的“以”字，實際上也可理解爲“而”，用爲連屬之詞。“以”讀爲“而”，其例甚多，可參王引之《經傳釋詞》所論，此不贅述。

“二”字後面一字，《侯馬盟書》没有釋讀，現在看來，這個字應該是“百”字[3]，河北平山中山王墓出土的鐵足大鼎有“方數百里”之句，同句話亦見於《中山王圓壺》，其中圓壺上的“百”字寫作“全”，與侯馬盟書此字的寫法非常相似。關於“全”字爲“百”，朱德熙先生與裘錫圭先生曾有一個詳細的考證：

根據字形，這個字似乎衹能是“全”或“金”，但圓壺銘第 29 行“方數全里”一句，鼎銘 49 至 50 行作“方數百里”，可見全是“百”字。我們不知道“百”字爲什麽這樣寫，但全之爲“百”是無可懷疑的。平山出土的許多記重量的銅器銘文裏，

“百”字都這樣寫。《兆域圖》的“百”字寫作[illegible]，亦與全形近。此外全字又見於戰國吉語印中（以下略）。

朱、裘二位先生所論十分精當，中山王壺中此字的識讀，亦使侯馬盟書中的“仝”字得到了認識。該字雖然因磨泐有所殘缺，但仍可看出與中山王壺的“百”字基本一致，我們知道，中山國的文字與三晉地區文字有非常密切的關係。“中山銘刻文字，據目前盡可能掌握的七國文字比較，與之最爲接近的就是三晉，而和秦、楚、齊、燕等國文字相差皆較大，中山文字雖然並不能説每一字完全等於三晉文字，它多少還有自己的特點，但作爲文字的體系考察，它屬於三晉、東周即中原文字系統，可以看作這個系統的一個分支”。因此，中山王圓壺中的“百”字與侯馬盟書的“百”字寫法接近，亦爲情理之中的事情。

“癸二百五”應當是原有的器物上的編號，其編號方法是用天干加上數字。在器物上所記編號采用天干加數字的做法，亦見於其他考古出土的文物中，例如秦始皇兵馬俑一號坑所出的兵器也多有編號，據報導，一號坑俑所出兵器“編號的方法有兩種：一種是純爲數字，如三、五、六、八、十六、三十、六二、八十七等；二是在數字前冠以天干或地支，如戊六、子五九、子壬五、子乙六等”。“二百五”這一數字編號，可以證明所編號的玉石數目相當可觀。

第340號坑所出玉的器型爲戈形，長246毫米，寬59毫米，厚0.4毫米，質地爲透閃岩，出土位置爲壁龕，坑中所埋牲爲牛，《侯馬盟誓遺址竪坑情况表》的《備註》稱：“坑東西兩壁有五對脚窩。”

這件戈形盟書除李裕民先生做過一些討論之外，其他未見有更多的學者進行探討。盟書内容殘泐磨滅，僅可辨別數字：“以是……[illegible]……用先疒……筮……。”

這裏的□字應該是人名，即侯馬盟書中所記載的人物趙瓜。此人曾被學者們釋爲趙尼、趙北或趙弧等，其名習見於侯馬盟書，盟書三：二中該字的寫法即與此件盟書相似；先疒可能就是先瘥，該字下面的“克”殘泐，這種情況在侯馬盟書中也常見，如盟書的三：五、一六：六、三一六：一〇等也是這種情形，侯馬盟書中這二人常被並列，稱“趙瓜及其子孫、先瘥之子孫”。本件盟書中的“先疒”的“先”寫作□，還可以印證侯馬盟書中寫作“兟”的字確爲“先”字，這一點亦有十分重要的意義。

如果這一推測正確的話，那麼很顯然這件盟書中的内容肯定與趙弧和先瘥有關。根據侯馬盟書中這兩人都是被詛咒的情況，這件盟書很可能也有這方面的含義。而盟書後面的“筮”字則表明在詛咒的同時，還進行過占筮活動，上述這三件盟書，雖然其内容不能通讀，但顯然都與卜筮活動有關，它們的意義至少可以體現在三個方面：第一是説明了盟誓活動中卜筮儀式的存在；第二是體現了卜與筮共用的傳統；第三則是可以與《左傳》中趙鞅的卜筮活動相印證。

關於先秦時期的盟誓活動，古籍中有不少記載，侯馬盟書出土後，學者們曾做過很多的討論，使相關的活動過程已經比較清楚④，但我們從現存的典籍中並没有看到在盟誓活動中進行有關卜筮儀式的記載，因此這幾片卜筮類的盟書就顯得異常珍貴。它們證明，在舉行盟誓活動時，有時還會采取一些卜筮方面的行爲，這當然與當時盛行“卜以決疑”的做法有關。因此，這些卜筮類盟書可以幫助我們更全面地認識先秦時期的盟誓活動。

卜與筮，爲兩種不同的數術活動，但在進行占測行動時，常常是二者互相配合使用，所以古籍中有“凡國之大事，先筮而後卜”“故一人有事於四方，若卜筮，罔不是孚”“卜筮偕止”“筮短龜長”

等語。卜法我們現在已經不得其詳，但根據學者們對商周時期的甲骨文以至戰國時期占卜竹簡的研究，從商代以至春秋戰國時的卜法都有非常密切的關係。“商周甲骨卜辭以至戰國時期的竹簡卜辭實際是一脈相承的，在細節上雖有出入，卻屬於同一卜法系統”。至於筮，在春秋時期主要是用《周易》來占筮，這從《左傳》中的大量記載亦可得以反映。卜筮二法相配合使用的方法在當時十分普遍，侯馬盟書中第303號坑所出盟書“卜以吉筮□□”的記載，反映了當時卜與筮兩種方法的並用，是古代卜法和筮法並用的一條較早的實物證據。這一點在前面所引的《侯馬盟書》一書的注釋中已經作了說明。

侯馬盟書中的卜筮活動，還可以與史籍所載的趙鞅的相關活動相對照。侯馬盟書的時代與所反映的歷史事件，現在絕大部分學者都已同意與春秋後期晉國重卿趙鞅（趙簡子）的史實有關。而《左傳》中本來就記載了趙鞅的數術活動，而且也是卜筮並用。據《左傳》哀公九年載，趙鞅曾經占卜救鄭之事，同時由史趙、史墨、史龜占卜，而且還用《周易》進行占筮，並根據這些卜筮結果最後決定了所要采取的應對措施。從《左傳》的這條記載來看，趙鞅本人是相當熱衷於卜筮活動的，侯馬盟書中有卜筮活動的內容與盟書，正好能够跟《左傳》中趙鞅本人的數術活動相對應，也是一件饒有趣味的事情。

（本文的寫作是在李學勤先生的指導下完成的，並承王澤文與陳穎飛提供相關材料，謹對先生及王、陳二位的幫助致以衷心的感謝。）

注釋：

①《侯馬盟書》言："盟誓遺址可劃分爲甲、乙兩個區域，甲區集中在西北部。這裏的坑一般都較小，而且密集，有相互打破的情況。盟書幾乎全部是在這個區域裏出土的。包括的範圍，大致是東起坑106和坑16，西至坑67和坑71；北起坑35，南至坑201；東西長12米，南北寬11米，面積約132平方米左右。出土盟書的坑共有40個，與盟書相伴出土的犧牲，主要是羊（共有30個），偶爾也有牛、馬。還有6個坑，衹出盟書，没有犧牲。我們稱這片出土盟書的區域爲'埋書區'。乙區坑位較分散，面積大，重叠打破情況少，埋葬的犧牲有羊、牛、馬；没有通常所見的盟書，衹在坑17、坑303、坑340發現寫有卜筮辭的玉幣（注：現歸入侯馬盟書卜筮類），坑中犧牲均爲牛。這個區域我們稱之爲'埋牲區'。"見該書第18頁。

② 另外，據田建文先生《侯馬盟誓遺址發現與研究》一文（"晉文化暨侯馬盟書出土40周年研討會"論文）介紹，近年在侯馬虒祁遺址的祭祀坑中亦發現有卜筮類的墨書題記，不過有關資料尚未公佈。

③ 朱德熙先生與李家浩先生則認爲此字是"全"字，整句話讀爲"癸二全五"。朱先生還引用李家浩先生的意見來解釋此句："李家浩同志認爲'癸二全五'就是筮的記録，'癸'和'全'都是卦名，分别相當於《周易》'睽'卦和'屯'卦。'二'和'五'指的是爻的位次。"朱先生認爲"這種解釋看起來相當合理。"見朱先生《説"屯（純）、鎮（衠）"》一文，收入《朱德熙文集》：第5卷，北京：商務印書館，1999年，第178頁。

④ 如陳夢家：《東周盟誓與出土載書》，《考古》1966年第5期；唐蘭：《侯馬出土晉國趙嘉之盟載書新釋》，《文物》1972年第8期等衆多文章中都對盟誓活動有不少討論。

原載《清華大學學報》（哲學社會科學版），2006年第4期。

趙鞅（趙簡子）與侯馬盟書

降大任

1965—1966 年侯馬考古發掘出土的侯馬盟書，是 1949 年以來中國考古發現的十大成果之一。經張頷先生考證研究，得知侯馬盟書的主盟人是春秋末期晉國政壇的重要人物趙鞅，即趙孟、趙簡子，盟書的文字内容已基本識讀清楚。《侯馬盟書》的研究成果爲今天研究春秋末晉國的歷史增加了新鮮内容，豐富了已知文獻記載的史料，同時，也使我們能對趙鞅其人有進一步真確的認識和評價。本文擬結合盟書研究成果，對趙鞅主盟事件及有關晉國晚期的政治鬥争背景與過程，作一考察，以有益於晉國史的探討。不當之處，尚希同行專家指正。現在已知，侯馬盟書的主盟人是春秋末晉國的正卿（執政者）趙鞅（即趙孟、趙簡子）。史籍記載，趙鞅活動的春秋末期，是中國先秦時期社會大動蕩、大變革的時代。其時，不僅作爲天下共主的周天子徒擁虚位，而且各諸侯國公室亦日形衰落，各國卿大夫争權鬥争激烈，陪臣執國命現象所在多有。這在曾爲五霸之一的晉國尤爲典型。侯馬盟書反映的歷史事件，就是趙鞅參與晉國内部由六卿内争至四卿並立的一場激烈政争，正是這場政争拉開了作爲標誌戰國時代開端的“三家分晉”這一重大事件的序幕。

春秋末期，晉公室之衰微跡象在晉平公時十分明顯，《左傳·昭公三年》（晉平公十九年，前539）載晉國政治家叔向與齊國名相晏嬰一次宴會間的談話，叔向稱“雖吾公室，今亦季世也。戎馬不駕，卿無軍行，公乘無人，卒列無長。庶民罷敝而宫室滋侈，道殣相望而女富溢尤，民聞公命，如逃寇仇。欒、郤、胥、原、狐、續、慶、伯，降在皂隸。政在家門，民無所依。君日不悛，以樂慆憂。公室之卑，其何日之有！”又稱“晉之公族盡矣……公室將卑，其宗族枝葉先落，則公從之。”叔向指出，晉平公時公室已屬末世，軍隊敗壞，軍制紊亂，無人統帥管理，已失掉了戰鬥力，國人百姓不堪重負，而國内仍大興土木，修築宫室；餓死的人不絶於道路，而公室荒淫日甚，榮華富貴。百姓聽到公室的政令，像逃避寇匪和讎人一樣。欒氏等八大家族地位下降如同奴隸，政出私門，民衆無所依歸，四處流亡，而國君不思悔改，自得其樂。公室的衰落已没有多少日子，公族的枝葉先落，公室也將隨之垮臺了。《史記·晉世家》亦載叔向之語云：“晉，季世也。公厚賦爲臺池而不恤政，政在私門，其可久乎！”叔向的話得到晏嬰的認同，晏嬰預感“齊之政後卒歸田氏。”叔向預感：“晉之政將歸六卿。六卿侈矣，而吾君不能恤也。”①

晉國“六卿彊，公室卑”，在三年後（魯昭公六年，前536）被不幸而言中。20年後，周天子（敬王）以王子朝之亂逃奔於晉國，由晉定公支持下才回到國都成周②。不久，公元前516年（晉頃公十二年）“韓宣子老，魏獻子爲國政。晉宗室祁氏、羊舌氏相惡，六卿誅之，盡取其邑爲十縣，六卿各令其子爲之大夫。獻子與趙簡子、中行文子、范獻子並爲晉卿。”③這裏所言六卿即趙氏、魏氏、韓氏、智氏與范氏、中行氏。

六卿中趙氏是頗有實力的一支勢力，其後來的宗主即趙鞅（趙孟、趙簡子)，趙鞅還是晉國的正卿（執政者)，也就是後來“侯馬盟書”上所書寫的盟主。

趙鞅是一位頗有雄心和手腕的人物，在六卿中很快便嶄露頭角。晉頃公十三年（魯昭公二十九年，前513）冬，“晉趙鞅、荀寅帥師城汝濱，遂賦晉國一鼓鐵，以鑄刑鼎，著范宣子所爲刑書焉。”這個刑書當是我國歷史上最早頒佈的成文法。孔子聽説此事感到這是晉國瀕於敗亡的徵兆，説：“晉其亡乎，失其度矣！……今棄是度也，而爲刑鼎，民在鼎矣，何以尊貴？貴何業之守？貴賤無序，何以爲國？”④

趙鞅的政治作爲除了鑄刑鼎外，還曾作爲晉卿爲晉定公相參與同吳王夫差的“黄池之會”⑤，但他的主要活動還是國内。趙鞅其人富有政治經驗，黄池之會後，他曾向鄭國賢臣子大叔（游吉）請教“揖讓周旋之禮”，懂得“禮，上下之紀、天地之經緯也，民之所以生”的原則。游吉死後，他表示要遵守游吉所言“無始亂，無怙富，無恃寵，無違同，無敖禮，無驕能，無復怒，無謀非德，無犯非義”的箴言⑥，以此規範自己的言行，認爲這樣就能獲得卿大夫的擁戴。但趙鞅並非固守禮制約束的守舊派，他還了解適應當時政治形勢變化看風使舵，使用詐計的重要性。對不利於自己專權的堅决誅除，如他爲了“天下可圖”，殺掉賢人竇鳴犢，使孔子知之臨河而返⑦。可見其人精於權謀，政治上大有野心。當得知魯國國君被强族季氏逐出國門七年之久而客死他鄉的事件後，他請教晉國史官史墨（史黯）魯君客死的原因，史墨曾向他講述過“社稷無常奉，君臣無常位”，“三后之姓，於今爲庶”的道理⑧，這對他從政以保存發展趙氏實力，采取適時而動，隨機應變策略便有很大的啓示。

趙鞅爲了鞏固趙氏實力，一項重大决策是任用家臣董安于和尹鐸修築晉陽城，使之成爲趙氏堅强的軍事保障和大本營。晉陽城的營建成爲後來聯絡韓、魏滅掉智氏終於三家分晉的可靠依託[9]。這充分顯示了趙鞅的長遠戰略眼光。其次是趙鞅實行以240步爲畝的田畝制[10]，較之范氏中行氏實行的160步爲畝、韓氏實行的200步爲畝的畝制均要大許多，這就改變了以往"籍而不税"的舊税制，且畝大而税輕，減輕民衆負擔，使"利歸於民"，也就贏得了民心。其三是趙鞅尊賢愛士。他曾向晉大夫壯馳兹詢問東方賢士爲誰[11]，又唯才是舉，任用魯國季氏之叛臣陽貨，使其"善事簡主，興主之彊。"[12]他任用手下的少室周、牛談及士人周舍，皆爲幹才，而對"長吾過而絀善"的姦佞之徒鸞徼則沉之於河嚴懲之（見《吕氏春秋·驕恣》）。對敢於對他批評進諫的燭之過、史墨，趙鞅尤表禮敬，采納其言[13]；賢士陽城胥渠得了重病，趙鞅殺其所愛之白騾取肝而療之，使之感激而奮勇殺敵[14]。正是由於趙鞅有這樣良好的政治素質，故而在六卿内争中趙氏能由弱轉强，不斷壯大。

趙鞅經營晉陽後遇到的第一次内争發生在趙氏宗族内部。晉定公十二年（前500），趙鞅討伐衛國，獲得衛國進貢的500家，安置在邯鄲。三年後（晉定公十五年，前497），趙鞅要求邯鄲趙午交出這500家，移置於晉陽。邯鄲午的父兄認爲趙鞅的要求有損於同衛國的交往，不如攻齊國，待齊國報復時乘便遷此500家，尚有理由維持與衛國的和好。趙鞅知道後，大怒，"召午而囚諸晉陽"，並告知邯鄲趙氏："趙午有罪，你們另立一個主子吧。"接着便殺了趙午。這當然激怒了邯鄲趙氏，趙午之子趙稷及家臣涉賓立即發動了叛亂。趙鞅即派遣上軍司馬籍秦率軍包圍了邯鄲。

趙氏發生内哄，范氏、中行氏因與邯鄲趙有親姻關係（趙午乃中行寅即荀寅之甥，范吉射又與荀寅爲姻親），不願出兵助兵圍邯鄲，反而圖謀反對趙鞅。趙鞅的家臣董安于提醒趙鞅對之應有防備，趙鞅説"晉國有命，始禍者死，爲後可也。"（按，當是從先前游吉所教"無始亂"之箴言）是年秋，范氏、中行氏果聯兵攻伐趙鞅在絳都的宫室，趙鞅抵擋不住，遂逃奔晉陽[15]。事實上，趙氏内亂是趙鞅最先發難（殺趙午），未奉晉定公之命而行，故《春秋》書："趙鞅以晉陽叛。"

此時智氏、韓氏、魏氏均打算在趙氏内哄中削弱范氏中行氏。韓魏早與范氏有矛盾，而范氏内部的范夷皋又企圖取代范吉射爲范氏宗主，智躒（智文子）則打算以嬖臣梁嬰父爲卿，欲逐荀寅（中行寅）而代之。智躒便對晉定公説"君命大臣，始禍者死，載書在河。今三臣（指范吉射、荀寅、趙鞅）始禍而獨逐鞅，刑已不鈞矣。請皆逐之。"於是荀躒、韓不信（韓簡子）、魏曼多以擁護晉定公的名義攻打范氏、中行氏。范氏、中行氏並不示弱，便聯合反攻定公，由於國人支持定公，二氏失敗，荀寅、范吉射皆逃奔朝歌（今河南淇縣）。不久，趙鞅因韓魏向定公的請求，又返回了絳都（今侯馬市西北），盟於公宫。次年，趙鞅與智躒又盟誓結好[16]。

鬥争發展的結果是，趙、魏、韓、智四家戰敗了范氏、中行氏，共同操縱了晉國政權。"趙名晉卿，實專晉權，奉邑侔於諸侯。"[17]接着趙、魏、韓又聯合消滅了智氏，於進入戰國時代（前476）後的公元前453年（晉哀公四年）三家分晉，結束了約有600年歷史的晉國。清人顧楝高在《春秋大事表》中説："趙鞅專地而結韓魏……三卿分晉之禍實始於此。"

趙鞅是趙國發展强盛時期的重要人物。作爲異姓卿的趙氏在曲沃武公"盡殺群公子"、晉獻公"盡逐群公子"，從而大大削弱了宗法制的環境中，一面忠於公室，一面縱横捭闔，保存壯大自身，不斷兼并其他諸卿實力。在繼趙盾、趙武之後，趙鞅鑄刑鼎，改畝制，采取新地税和户税制，調節税率，又尊賢重士，實行按軍功賞禄，特别是在鐵之戰時，頒行"克敵者，上大夫受縣，下大夫受郡，士田十萬，庶人工商遂，人臣隸圉免”的政令，大大激發了國人等民衆忠於趙氏、奮勇殺敵的鬥志。在聯絡團結各種力量爲已所用的過程中，趙鞅不斷與同情者舉行盟誓（如與諸大夫盟於公宫，又與智躒單獨舉盟），增强内部的凝聚力。而所謂“侯馬盟書”就是趙鞅主盟，與衆多本族與異姓舉行盟誓的確鑿實物證據。

從盟書内容反映出盟誓成爲趙孟壯大趙氏頻繁使用的必要手段，從而使趙氏最終成爲春秋末晉國實力最强的政治勢力。這裏不妨舉侯馬盟書中的一則盟辭爲例證明，辭云：

> 某敢不判其腹心以事其宗，而敢不盡從嘉之明定宫、平時之命，而敢或皏改助及奂，卑不守二宫者，而敢又志復趙尼及其子孫兟痣之孫、兟直及其子孫，趞鋥之子孫、史醜及其子孫……于晉邦之地者，及群虖明者，吾君其明亟視之，麻夷非是。

此辭意是説，（人名）豈敢不赤膽忠心地事奉宗廟的祭祀；豈敢不全心全意遵從與趙鞅盟誓於定宫、平時的命令；豈敢改變忠誠信義，離心離德，使親廟與祖廟失守而喪失權位；豈敢懷有異心，使敵人趙稷等及其子孫復歸於晉國，以及私下群聚結盟；請吾君與神明鑒察之，有違此盟，便殄滅其氏族。（以上文字考證見另文）

可以看出，這個趙鞅之黨羽，是以其全族的身家性命爲擔保，在盟誓中向主君和神明保證效忠於趙鞅的。從侯馬盟書全部資料先後次序中反映出，獻身於新主君趙鞅的（即所謂“自質于君所”）參盟者多達 152 人，而被誅討的敵人除五氏七家外，又增至包括先氏等四氏十四家，多達九氏二十一家，可見矛盾衝突由趙氏内部擴大到内外交叉的更大範圍。從史籍中可以印證，當時齊侯、衛侯以及周天子等均牽涉卷入其中，可見社會影響何等廣泛。

若把盟書所體現的豐富内容，放到東周晉國晚期社會歷史的大背景中旁通融匯考察，可以使我們進一步理解其重大的歷史價值和意義。筆者以爲，至少可以對盟書反映的趙鞅奪權活動全過程，從政治鬥争、經濟活動與思想意識形態三個大的方面來分析，以有助於我們深刻而生動地理解當時社會生活的本真面貌。

一是盟書反映了晉國末期上層政要在争權奪利。相互傾軋中鬥争的激烈性與殘酷性，突顯了“惡”的歷史作用，反映出當時“禮崩樂壞”的歷史趨勢，並由此折射出中華民族發展的艱難曲折歷程。通觀春秋戰國之交的歷史，晉國趙氏等六卿内争演化爲四卿并立直至三家分晉，在今天看來衹不過是歷史長河中的一個小小浪花，但就是在這一暫短歷史環節上，由於社會矛盾激化、社會動蕩，在政治鬥争領域就出現了波譎雲詭、變詐迭出的驚世場面。趙鞅作爲晉國的新興勢力代表之一，是一代梟雄。他爲趙氏崛起，擴張宗族勢力維護和鞏固自身權勢，可謂費盡心機，竭盡全力。爲了索要衛貢500家，他根本無視晉君受命就擅殺亦是趙姓支族的邯鄲午，激起邯鄲趙稷的武裝反抗，采用暴力成爲他唯一憑恃的手段，反映出其貴族權要的兇殘本性。爲了增强實力，他廣事結納，聯絡本宗，招降納叛。爲凝聚内部形成合力，他召集同宗與投靠他的異姓，反復“尋盟”（多次舉盟），以聚攏人心。在暴力高壓下，參盟者一個個膽戰心驚，向神明起誓，以包括本人在内的身家性命爲擔保，對趙鞅表示忠心；倘有違反盟誓者，就要全族誅滅。他們還表示决不與敵方勾結，防範敵方復入晉國。盟誓中還可笑地詛咒敵方使之受禍害，以求精神上的强勢，平衡内心。在趙鞅（當然他的對手也一樣）之流的當權者看來同陣營之人的生命財産都等同鴻毛，下層百姓奴隸更視爲草芥，故這些人的一切都應爲其政治權利的奪取做出犧牲和奉獻。這不僅在當時上有周天子，下有晉君的傳統權利下是大逆不道、專權擅政的事，亦説明“禮樂征伐自卿大夫出”，禮崩樂壞到何等程度，而且在我們看來完全是拿人不當人，毫無人道可言！難怪稍後的孟子慨嘆“争城之戰，殺人盈城，争地之戰，殺人盈野”，激憤地呼吁“善戰者服上刑。”從這裏也可以看出，孔子提倡“王道”“仁者愛人”等仁政思想，重新發現“人”的價值，是具有現實鍼對性而且是多麽有進步意義了。事實上，不管趙鞅及其同黨如何反復舉盟，信誓旦旦，但利益的血腥争奪是統治階級的本性使然，一到面臨利害權衡時，他們從私利出發就會背信棄義，反目成仇。趙氏等四卿消滅范氏、中行氏二家後，四卿内部再起紛争，拼殺得你死我活，不可開交，就是顯例。而中國社會的歷史進步，就是在這樣的腥風血雨、刀光劍影中實現的，中國先民以所經歷的深重灾難爲社會文明發展付出了何等巨大的代價，這是我們今天重温歷史不可忘卻的。

政治是經濟的集中表現，政治鬥争服務於經濟利益，政治鬥争的勝利往往取决於經濟實力。趙鞅所在的晉國，平公時就“庶民罷敝而宫室滋侈，道殣相望而女富溢尤”，弄得“民聞公命，如逃寇仇”⑱晉公室由此大衰，三年後“六卿彊，公室卑”。頃公時“晉宗室祁氏、羊舌氏相惡，六卿彊，誅之，盡取其邑爲十縣，六卿各令其子爲大夫。”⑲可見六卿對祁氏、羊舌氏的田邑在所必奪。趙鞅爲六卿之强族發起誅討邯鄲趙氏，導因便是索要衛貢500家。這500家同盟書“納室類”所言之室皆爲經濟計量單位，文獻或稱田、田邑、田里，是指勞動人手、土地、財産之總和，是卿大夫剥削收入所從出，戰時就轉化爲軍隊和裝備。是故，文獻多有上層鬥争中勝方對敗方，“納其室”“分其室”“兼其室”的記載，而所謂貴族之家臣、邑宰，就是他們派遣管理、控制這些家室田邑的頭目。在盟書誓約中趙鞅强調同盟者不准私自納室，如其知道他的宗族兄弟有納室行爲不加拘捕或不上繳其室，就要受神明誅滅的制裁，這鮮明地見出趙鞅在政爭中維護本族經濟利益，貪婪佔有、搜刮民衆財富的胃口之大，而這也正是爲確保其政爭取勝的基本經濟實力。聯繫到趙鞅在決勝的鐵之戰時頒佈對“克敵者”賞賜財産等的誓言，可以明白地反映出，經濟利益的争奪貫穿了政爭的始終。正是由於趙鞅采取了經濟賞賜和對民衆人身解放等的手段，才大大激勵了同盟者的鬥志，從而消滅范氏、中行氏，形成晉四卿趙、魏、韓、智並立的局面。盟書中所謂委質類内容，即參盟人將自身及其家族性命向盟主做抵押來表其忠誠，自然也包括其家族佔有的全部財産（如勞動人手、土地、財物），也就是用其全族身家性命和物質財富爲本錢參與趙鞅集團的鬥争。總之，從根本上説，經濟利益的多少、經濟實力的强弱往往决定着鬥争雙方的興亡，這是從侯馬盟書研究中可以洞若觀火的事實。

從侯馬盟書的内容也可以考察其産生時代的意識形態觀念上的變化。在春秋末，整個社會禮崩樂壞，動蕩不安，誠信缺失。道德滑坡，是孔子早就明言過的。孔子所謂“自古皆有死，民無信不立”“言而無信，不知其可”的告誡正説明其時“誠信”掃地，欺詐百出的現實狀況，帛書《老子》云：“大道廢，安有仁義；智慧出，安有（大僞）；六親不和，安有孝慈；國家昏亂，安有貞臣。”在盟書詛辭中就載有一個叫“無恤”的人因“不虔奉”主君韓子，暗中與中行寅勾結而受到詛咒的事例，可見其時統治者内部毫無信義可言。正是由於道德淪喪，出現了大量背信棄義的言行，才需要盟誓之類來約束結盟之人，以凝聚人心，鞏固内部，古人云“世道交喪，盟詛滋彰，非可以經世軌訓”[20]，這就不難理解侯馬盟書何以出土有5000件之多，據統計參盟人有152人之衆這樣大的規模，且有許多“尋盟”（反復舉盟）的現象。很明顯，這種道德觀念上的淪落裂變，是社會大動蕩、大變革的反映。大量侯馬盟書就是這一時代劇烈變革的確鑿實證材料。

從盟書中反映參盟人表白誠信要請已故先君及神明鑒察，還説明其時尚存有遠古遺留的普遍性的鬼神觀念佔據人們的頭腦。不過在趙鞅的時代，鬼神觀念衹是一種敬畏的心理因素，是軟約束。盟書中强調參盟人要以身家性命擔保，才是最强有力的保證，是硬約束。這又説明鬼神觀念服務於現實利益的需要，這已同殷商時代動輒卜筮，凡事遵從神意的狀況大不同，是故産生有鄭國子産所言“國之興，聽於民；國之亡，聽於神”的理念。在趙鞅時代，鬼神觀念開始動摇，這與社會意識由“以德配天”向“重民輕天”觀念轉化的大趨勢相一致。從侯馬盟書現有材料分析，其中宗盟類的有514件、委質類的75件，納室類58件，詛咒類僅4件、卜筮類3件，鮮明地見出人事方面的内容大大超過詛咒、卜筮這類與超現實鬼神觀念有關的東西，可見，“輕神重人”已成爲參盟人的主體意識，這反映了社會意識隨着經濟政治發展有了相應的進步。

注釋：

①《史記・趙世家》。

② 參《左傳・昭公二十二年》《史記・周本紀》《史記・趙世家》。

③《史記・韓世家》，參《史記・晉世家》《史記・趙世家》《史記・韓世家》。

④《左傳・昭公二十九年》。

⑤《左傳・哀公十三年》。

⑥《左傳・定公四年》。

⑦《史記・孔子世家》《説苑・權謀》。

⑧《左傳・昭公三十二年》。

⑨《國語・晉語》。

⑩《銀雀山漢簡・吴問》。

⑪《國語·晉語九》。

⑫《左傳·定公九年》《韓非子·外儲説下》《韓詩外傳》卷九。

⑬《吕氏春秋·驕恣》《吕氏春秋·貴直》《國語·晉語九》。

⑭《吕氏春秋·愛士》。

⑮ 參《左傳·定公十三年》。

⑯ 參《左傳·定公十三、十四年》。

⑰《史記·趙世家》。

⑱《左傳·昭公三年》叔向語。

⑲《史記·魏世家》。

⑳《穀梁傳·隱公八年》。

原載《晉陽文化研究》第二輯（下），山西古籍出版社，2007年5月。

張頷先生的侯馬盟書研究

降大任

侯馬盟書是半個世紀以來中國十大考古成果之一，已成爲國寶級的文物。這批文物對研究中國先秦時期春秋戰國之交的歷史，特别是晉國末期及“三家分晉”的歷史增添了新鮮材料，具有重要的價值和意義。而在盟書研究的海内外著名學者專家中，以山西學者、學界大家張頷先生的研究成果最爲突出，且具權威性。張頷先生一生淡泊名利、孜孜益進，多年寢饋於盟書研究而厚積薄發，他實事求是、言必有據的治學精神感昭後輩學人，其研究成果凝結着他的智慧和心血。

自從盟書發現以來，在海内外學術界引起轟動，研究者蜂起。但是對侯馬盟書攻關並非易事。顯而易見，對侯馬盟書文本内容的認識和了解，全賴於對其文字的正確識讀及内容的史學考證。侯馬盟書出土面世後，衆多著名專家學者如郭沫若、唐蘭、陳夢家、朱德熙、張頷、李學勤、裘錫圭、高明、李裕民、黄盛璋及日本學者江村治樹、平勢隆郎等均發表了研究文章，可謂争論紛然、各有説辭。通過反復辯難，擺事實，講道理，真理愈辨愈明，見解漸歸一致，其中以張頷先生的考證貢獻尤多。張頷先生的考證文章，具有將考古學、歷史學與古文字學研究結合起來的特色，故而得出了真確結論。他最早於《文物》1966年第2期上發表《侯馬東周遺址發現晉國朱書文字》一文，接着與同志合作編著《侯馬盟書》（文物出版社1976年版）一書，書中收入《侯馬盟書類例釋注》《侯馬盟書叢考》《侯馬盟書人名表》《侯馬盟書摹本》等系列文章，又於1979年《古文字研究》第一輯發表《侯馬盟書叢考續》系列文章，全面系統地考證釐清了侯馬盟書文字、内容與有關史實，揭示出盟書的科學内涵，爲春秋史特别是晉國史研究增添了新鮮材料和新的篇章，得到了學術界的基本認同。這裏主要對張頷先生成果逐一概要介紹，以便一般讀者了解，有進一步研究興趣的讀者可閱讀張頷先生的原文。

1. 張頷先生不僅是1965年侯馬盟書遺址考古發掘的考察者、整理者，而且是有關盟書報告文字的第一位撰稿者、發表者。其文《侯馬東周遺址發現晉國朱書文字》，與郭沫若的《侯馬盟書試探》一文同時發表於《文物》1966年第2期。在這篇報告中，張頷簡要介紹了盟書的發掘出土情況，着重論及通過識字、聯句、篇章綴合後對盟書内容的考證，基本隸定了文字形體，並初步確定盟書與晉國公室執政者趙鞅有關，並認爲盟書遺址當在晉國宗廟之“上宫”，而盟書中“定宫”一詞與晉國晚期“新田”關係密切。衹是對盟書文字的釋讀尚有不盡準確之處，如對文中“麻夷非是”這一反復出現的結語，尚覺“其義難解”。而郭沫若的《試探》一文則認爲盟書是戰國初期的遺物。後來的深入研究表明，郭氏的斷代是錯的，張頷認定盟書與趙鞅有關則是獨具慧眼的。

不久，文革開始，張頷初打入“牛棚”，7年中受到非人道的多次批鬥，備受迫害、折磨和拷打，研究工作被迫打斷。到1973年經王冶秋先生解救，重新投入研究。1974年夏張頷完成了盟書文字的考釋注解與有關歷史考證。以“長甘”筆名於《文物》1975年第5期發表《侯馬盟書注釋四種》的系列文章，收入他與同事編撰的《侯馬盟書》（文物出版社1976年版）時，又並在原文基礎上增加了《曆朔考》《詛辭探解》兩部分，成爲書中一個重要章節。接着，張頷又在《古文字研究》1979年第一輯發表《侯馬盟書叢考續》系列文章，爲其盟書研究劃上了完滿的階段性句號。

2. 在《侯馬盟書類例釋注》中，張頷先生對出土每一件有字跡的玉簡石簡，逐一細心過目，在考訂盟書文字的基礎上，全面把握其内涵，通過綜合整理研究，對盟書内容進行了科學的六大分類，特拈出“類例釋注”一辭爲標題，即分類、舉例、釋文、注解，全面揭示出盟書的内在歷史價值和科學意義。這六大類是宗盟類、委質類、納室類、卜筮類、詛咒類、其他類。六類盟書皆出土於不同坑位。

宗盟類文字最多，其中清晰可辨者514篇。盟辭中凡有“事宗祀”（以事其宗）與“守清廟”（守二宫）即宗廟之親廟和祖廟之辭者屬此。此類盟辭反映參盟人要遵守幾條誓約，一是竭誠事其宗祀；二是絶對遵從主盟人趙鞅之盟誓之言；三是不敢涣漫於宗廟之守；四是對逃亡出國之敵對勢力，絶不讓其返國。

委質類盟辭有75篇，凡篇首書某人“自質于君所”者屬此類。此類盟辭反映參盟者是從敵對陣營分化出來，表示自願把自身“質于君所”（委質）；二是必須與舊主君斷絶關係，不再出入舊主君之所；三是不再同逃亡出國的敵對勢力勾結而使其返回晉國；四是參與盟誓委質後，必須使家祝、家史到晉國皇君宗廟舉行再祭祀；五是倘以後路遇敵對勢力之人，必須殺掉。

納室類盟辭58篇，皆表示參盟人不敢私自“納室”，且聽到本族兄弟有納室行爲而不拘捕之、不繳上去，則願受神明誅滅的制裁。

所謂“納室”之室，是當時卿大夫控制的經濟剥削單位，包括一定數量的土地、財産、勞動人手。此類盟辭反映的是參盟人對主盟人經濟利益的維護和保障義務。以上文字皆朱書。

卜筮類盟辭較少，僅發現3件，係墨書。其中一件爲圓瑗形、兩件爲長圭形，可識文字14個。内容是盟誓占卜用牲的記載，不是正式盟書，但有重要價值。1983年張頷考證其文字有卜、筮字，無卜辭、筮辭。其第二件上有“卜已吉，筮□□”連續短語，頗可印證晉國卜筮之禮數，説明當時卜先於筮，證明典籍所謂“筮短龜長”是準確的。並與《左傳·僖公四年》所載晉獻公納驪姬時卜筮事相印證，相合如契。

詛咒類盟辭，原辭不全，係墨書。内容是對敵對人物的詛辭，有“詛蠱”字樣。可辨認的文字中出現了“中行寅”的人名，正是《左傳》所載趙鞅鬥争的敵人。

其他類盟辭，出土石片很少且殘碎，辭句支離，其中有“邯鄲”“晉邦”等字樣，有助於盟書涉及的地址考信。以不便歸入上述各類，暫歸爲此類。

以上六大類的科學分類，爲進一步對盟書的研究提供了前提條件。

3. 在上述科學分類基礎上，張頷進一步進行了一系列專題考證，總題爲《侯馬盟書叢考》。《叢考》中有《子趙孟考》專文，考證確認了侯馬盟書的主盟人就是晉國晚期的主要執政者（正卿）趙鞅，解決了盟書研究的關鍵性問題。在盟辭中對主盟人稱嘉、稱某、稱子趙孟。三稱皆指稱一人。張頷指出，稱“嘉”這個字，是一種“美善”之稱，稱“某”這個字是當時的諱稱，子趙孟的“子”字是當時的習慣的尊稱。這些均是對趙孟的稱呼。而在春秋戰國時史籍記載稱趙孟者有5人，均係趙氏宗族行輩中的長者，其本名一是趙盾、二是趙武、三是趙鞅、四是趙無恤、五可能是趙成侯趙種。那麽，盟書之主盟人趙孟是5人中的誰呢？張頷舉出盟書中反映的主盟人所必具的7個條件，由此考訂5人中的唯有趙鞅符合這7個條件，故主盟人非趙鞅莫屬。倘再以盟書中的“詛辭”類文字中出現的“中行寅”人名，參之《左傳》有關趙鞅與中行寅爲敵對兩方鬥争的確切史料，則更可印證盟書之主盟人趙孟即是趙鞅。

4.《叢考》中的《宗盟考》主要考證解决這樣一些問題。

一是説明所謂“宗盟”，即指同姓同宗在一起舉行盟誓，如《左傳·隱公十一年》有“周之宗盟，異姓爲後”的記載。從《宗盟類》盟辭中可知趙鞅不但是主盟人，而且還是趙氏世襲的宗主（身份爲嫡長子）。趙鞅所屬晉陽系統，鞅之高祖爲趙盾；與趙鞅敵對的則屬邯鄲系統，其高祖爲趙穿之父（譜無其名）。從盟書可知，參盟人多數衹書名不書姓氏，因其皆姓趙氏之故。少數有姓者如史、輔、竺等屬異姓，皆係以趙鞅爲主君者，是趙鞅之家臣、邑宰之類人物。

二是考定盟辭中所書“定宫”，當係周定王之宗廟，這是趙鞅所受周敬王之命爲晉政卿的所在。而盟辭中“平陓”即平時，亦可能是周敬王在趙鞅保送回周邑後接受敬王賜命的另一處重要地方。

三是初步斷定盟辭中的趙尼，即是與趙鞅敵對的邯鄲趙午之子趙稷，在個别盟辭中趙尼又被貶稱爲趙狂。

四是考定趙鞅打擊的對象以邯鄲趙氏爲主外，人數最多的是先氏及其親屬。先氏之先人是士氏，以封於先，因稱先氏（如先蔑在《左傳》中又稱士伯）。又其先人士會食邑於范，又稱范氏。《左傳》載趙鞅之政敵范吉射人即先氏後裔。

5.《叢考》中的《委質考》，首先説明“委質”即參盟人將自身抵押給主君趙鞅，表示永不背叛之意。考證文章指出，對這類參盟人，盟辭中没有涉及“以事其宗”“守二宫”的義務，可見他們非趙氏之族，都有其人委質後遵守不許“出入于趙氏之所”的誓約，説明他們原與敵方有關係，是由敵對勢力轉向投奔新主人趙鞅的人物，故而盟辭中有到“皇君之所”進行“繹祭”（再祭）的規定。這裏的“皇君之所”是祭祀“皇君晉公”之所，即晉國君侯的亡靈所在，與“宗盟類”所言“自質于君所”即趙鞅之住所不是一回事。（而所謂“質”，是指參盟人在盟誓中對鬼神奉獻的各種信物，如璧之類。同時更包括參盟人自身即本人亦如信物一樣，完全獻身於新主人）。從這裏可看出這些委質的人是原來趙氏陣營的（宗盟類盟辭所書則大都係趙鞅陣營固有的成員），故而盟辭規定他們不得暗中與趙尼之流往來，並與先氏及其親屬斷絶關係，若路遇之則要將其堅決殺掉。這説明趙尼政争失敗，其所屬宗黨、宗臣、邑宰們紛紛投靠了趙鞅，由此亦可知，趙鞅打擊的對象何以由一氏一家逐步擴大到盟辭中的九氏二十一家的原由。

6.《叢考》中的《内（同納）室考》一文，着重對“内室”這一約文意義進行考證。如前所述，納室之室的特定含義是指當時卿大夫的剥削單位。考證揭示出趙尼之流被逐出晉國後，其家室財産爲新主君奪去，而盟書中規定趙鞅爲首的勢力不許其他貴族染指其利。如他們私自納室，或知其“宗人兄弟”納室而不拘捕（執）並送繳上去，就要遭神明的誅滅。這反映出趙鞅發起的這場政治鬥争包含有鮮明的經濟利益之争，這是否與當時限制貴族奴役民衆，抑制殘暴剥削，有利於解放生産力的社會潮流使然，是值得進一步研究的。

7.《叢考》中的《曆朔考》一文，主要是考訂宗盟類盟書中一條盟辭所載“十一月一月甲寅，乙丑敢用一元□告于丕顯晉公”的辭句所標出的時間，以推定其時在公元紀年何時。這條盟辭意思是，在十一月甲寅這一天，見到新月，又在乙丑這一天，用牛牲向晉公亡靈祝告。張頷指出古籍律曆文獻中往往假借爲霸或魄，是指每月初三，但這一説法是概言之，並不精確。據晚清王韜《春秋曆學三種》中《春秋朔閏表》記述魯定公十三年至魯哀公六年（前497—前489）這八年中的月朔情況，唯有魯定公十五年（前495）正月癸丑朔最爲相當，而此年正月初二即甲寅，與盟書所載“甲寅”適相吻合。張頷注意到了春秋時曆法比較混亂的史實，但根據當時晉國奉行夏曆的傳統（啓以夏政），與魯國所奉周曆相較，即夏曆十一月爲周曆（即魯曆）正月，而盟書所云“十又一月甲寅”，在魯曆則正是“正月甲寅”。這與王韜《春秋朔閏表》所載時間序列亦完全一致。由此可推定這件盟辭記録的時間爲晉定公十六年（前495）十一月十三日，而證以史籍，這一時段正是趙鞅與范氏、中行氏激烈鬥争的時期。此外，文章還説明了盟書以“朏”紀月與古籍與銅器銘文用“朔”“哉生魄”“哉生明”“旁死霸”等詞句不同的可能性原因。

這篇文章涉及了古曆法的知識，非專家不易知。但文章極重要，因爲它對考訂盟書産生的歷史年代密切相關，對確認當時的歷史事實具有關鍵作用。

8.《叢考》中《詛辭探解》一文主要對盟書中“詛咒類”盟辭加以考證，指出詛辭是對某人犯過的罪行加以譴責，企圖以此加禍於敵人的辭句。文章列舉先秦文獻有關盟與詛以及蠱的事例，説明被盟詛者在當時皆有直斥其姓名的習慣，而這條盟辭直斥“□無卹”“中行寅”“先□”，當是趙鞅的政敵；而另一“韓子”之稱則是尊稱，是趙鞅的同盟者韓不信（韓簡子）。其中“中行寅”即荀寅即明見於《左傳》與《論衡·解除》。《論衡》載中行寅在當時“不恤庶難，斬艾百姓”，受到民衆痛恨，故而趙鞅伐而勝之，有着受到民衆擁護的社會基礎。此文還推測參盟人中可能有趙鞅的家臣虎會，被打擊的可能有趙鞅的叛臣佛肸，但未作深考，爲進一步研究提供了綫索。

9. 繼《叢考》之後，張頷又作《叢考續》，凡5篇。《叢考續》之首篇《趙尼考》，係考訂趙鞅之政敵爲趙尼即趙稷的專文。對趙尼之“尼”原文，學者有隸定爲化、北、并（屏）等多種字形的。張頷對上述諸字字形的各種古文字寫法加以詳細排比考校，指出諸字結構與盟書“尼”字不類，應確認原文爲“尼”字。這個考證，落實了盟書是趙鞅與趙稷政争時的産物這一史實。

10. 《叢考續》中《丕顯晉公》一文中，張頷通過對“晉”字在沁陽盟書、先秦貨幣文字及盟書各篇中不同寫法變化的脈絡加以仔細的排比對照，確認其中“吾”字即“晉”字，而不是“晉出公”的“出”字，且從晉出公的活動時間看，他也不屬於趙鞅與趙稷政争的時間段内。這樣就鎖定了盟書確係趙鞅爲主盟的文件。

11. 在《叢考續》中《晉邦之中試解》一文，張頷考定“晉邦之中”即“邦中”指晉之國都，與《墨子·尚賢》所載“國中”及《周禮·天官·太宰》所云：“邦中”是一個意思，確切地説“邦中”當指晉國中晚期的都城“絳——新田”之地望。清乾隆間曲沃縣知縣張坊對當時還是曲沃縣一個鎮的侯馬加以考證，他依據當地有祁村、平公橋梁和汾澮交匯之地名與地勢，結合地方史材料，首先提出侯馬即晉都新田，但衹限於推論。但自侯馬盟書出土，進一步研究，完全可證實張坊看法是正確的，可確知侯馬東周遺址是晉都新田遺址無疑。盟辭中有防止趙尼等“復入于晉邦之中”之辭，《左傳·定公十四年》等文獻載范氏、中行氏等叛亂或逃亡者確有多次襲擊晉國、重入晉邦的軍事行動，故盟書特别强調參盟者要共同防範敵方“復入”之舉。

由於有學者認爲盟書反映的是晉幽公十四年（前424）趙桓子嘉

逐趙獻侯的事件，這一事件發生地在“代”和“中牟”。所以考定“晉邦之中”即是晉都新田，可以糾正這一誤解，因爲發生在代與中牟的趙桓子之事與新田無涉。

12.《叢考續》中《侯馬盟書和沁陽盟書的關係》一文，對照兩種盟書文字異同，除了文字學上的辨識意義外，此文指出，沁陽當是侯馬盟書所涉晉都新田與趙鞅多次進攻的朝歌戚城之間的一條通道，兩盟書均有“晉公大冢”的地點，説明晉國卿大夫舉盟並不一定衹在新田的晉國先君宗廟。這與後來趙桓子嘉事件發生於代與中牟，而不必至新田有聯繫。

13.《叢考續》的最後一篇《侯馬盟書文字體例》一文，着重論述有關盟書的文字體例等問題。文章指出，盟書的出土使我們可以親見先秦晉國官方文獻的文字書寫體例的文本樣式，還可以從史籍考知，盟書在當時稱作“載書”，每篇一式兩份，副本藏於掌管盟書的官府，叫做“盟府”存檔；正本告於鬼神後埋入地下（或沉於河中）（《周禮·司盟》）。侯馬盟書即係埋入地下的一批正本。盟書的辭文出於“詛祝”人之手，用官方書體，與當時民衆所書有别。

盟書文字與西周早期銅器銘文在字形和風格變化很大，與同期的銘文都相類似。就其作爲東周晚期文字而言，既繼承殷商與西周文字的字形與風格，又體現晉國的區域性特徵。有的文字如行、此、歸、今等字，與甲骨文全同；有的如“枼”字，除甲骨文外在篆文和金文中卻少見或未見；有的字未著録於《説文》，還有的字在甲骨、金文、篆文中均未見過。

另一特點是發現當時人習慣帶“疒”旁的字作爲人名，及習慣以邑名作姓氏的字。這值得研究姓氏學的學者注意。

閲讀盟書，還可發現盟書上有截止目前所知，我國古代最早使用的原始標點符號，用“⌞”爲句標出現有40餘處，盟書也是我國早期以毛筆書寫的朱書或墨書文字。再者，有20餘處在篇末有“麻夷非是”（“靡夷彼是”即滅絶其族）爲終結之句，當是盟書這類公文的慣用結束性句式；還有大部分使用中間斷句的符號。

從文字學角度考察，以往已知東周各國文字多異形，從盟書可知晉國一國之文字亦多異形混亂。據知劉向整理《戰國策》就發現簡册文字寫法混亂，如“以趙爲肖”，認爲是筆誤或脱落，而盟書中“以趙爲肖”者有51處之多，可見此“肖”爲當時“趙”的簡體，非誤脱所致。在文字結構上混亂狀況大體有偏旁增省、部位互换（上下左右移動）、義不相干而爲音假、隨意美化及信筆塗點這四種情況，這爲後來三家分晉後韓、趙、魏三國的文字混亂開了先例，不少一字多形的狀況被三家所繼承和發展，如貨幣文中的晉、宅、陽有多達10種左右的形體。這種文字發展中增繁混亂的現象，固然會妨礙當時文化交流與普及，但也反映出漢字本身發展環節中必不可免的一種規律性現象，古文字研究者尤當留意。

以上即張頷先生研究盟書主要成果的簡要述論。這些成果多爲學術界公認，也有爲進一步研究提示綫索者。取得這些成果是多年博涉積學、潛心探研的創見和發明，張頷先生並没有專門科班與大學文憑的資本，全靠自幼不懈地刻苦自學，僅就這一點而言，能獲得如此突出的成績，實在是值得欽佩的。張頷先生成爲海内外聞名的學界大家是來之不易，且當之無愧的（以上參《張頷學術文集》，中華書局1995年版）。

綜合考察張頷先生對侯馬盟書研究的成果，可以了解張頷治學有以下三個特點：

1. 考古學、古文字學與歷史學相結合，融爲一體。自從王國維先生宣道史學研究應以地下出土的新材料與紙上材料相印證的“二重證據法”以來，史學研究打開了新局面，此二重證據法亦爲史家公認爲正確原則。張頷先生的盟書研究貫徹了這一方法，他不僅有親事考古發掘的經驗，掌握了大量第一手資料，並運用“標型學”對出土的每一片玉石簡詳細觀察記録，而且對出土坑位、方向、深高及種種隨葬品了然於心，而且博引文獻、對照史著材料深入分析比較，使考古學與歷史學研究相得益彰，而且運用自幼究心的古文字學研究辨識盟辭，作爲溝通出土材料與文獻材料的津梁，故而在盟書研究中多所創獲。讀過《侯馬盟書》的人都會感到該書“標型學”的六大類科學整理，使時間有差異、大小不一的盟書材料找到了内容上的内在聯繫，綱目分明而可信度高，同時爲後人的利用和進一步研究提供了極大方便。先生的叢考及叢考續的各種結論亦不僅使讀者和研究者對盟書年代（前495）有可靠把握，而且對深入探討春秋末期社會變革史獲得新鮮認識。《侯馬盟書》一書所附“竪坑情況表”“人名表”“侯馬盟書字表”及有關文獻摘編等，均以直觀形象的方式給人以縱横會通、互爲表裏的查考之便，而這項研究非有精博的學術素養、精細的治學眼光和謹嚴的科學態度不能辦。可以説，張頷的盟書研究具有社會科學研究工作的典型性意義，爲後人做出了榜樣。王宇信先生《考古報告<侯馬盟書>的特色》（見《考古》1980年第1期）一文特别指出，張頷先生等對盟書的整理研究成果，其價值已大大超過了一般考古成果報告。

2. “立”字當頭，以立爲主。以往學術研究倡導“破字當頭，立在其中”，意欲提倡創新，但運用稍有不當，便易破之有餘，立而不穩，甚至衹破不立，適得其反。這種教訓是深刻的。張頷的研究特色反是，是“立”字當頭，以立爲主。學術界對新材料的考辨和認識，觀點不一是常見現象，不足爲怪，但僅以“破”爲標的勢必勞而無功，勞而有害。衹有致力於立，爲立而破才是治學正途，故張頷的研究工作決不糾纏與不同觀點的枝節紛争，專注於實事求是的史學探討與印證，衹要工夫扎實、信以傳信、證據確鑿、邏輯嚴密，結論自然可以取信於人，謬誤與不妥的觀點也就必然相形見絀，不攻自破，是所謂不怕不識貨，就怕貨比貨。有比較才有鑒别，有鑒别才顯真理，這恰恰體現了充分信任科學，尊重讀者鑒别力的誠信態度。這是值得我們借鑒的和傚法的。

3. 博收約取與深厚的歷史感。博收約取是指做學問要有廣博的知識儲備，在研究中圍繞同問題有關的學問取其精要，爲我所用，來解决疑難。張頷的盟書研究旁涉的分支學科是多門類的。除了熟知先秦史籍提供的重大政治事件和歷史人物之外，涉及的知識範圍包括有先秦的宗廟陵寢制度、委質慣例、經濟制度、曆朔制度、古代巫術、姓氏學、稱謂學、音韻學、城邦制度等等。要知道張頷先生自幼孤貧並未受過高等院校的專門教育，完全靠自學成才，要掌握上述大量知識，全憑長期不懈的勤勞努力。但在積累學養的過程中，他没有泛濫旁騖，而總是廣泛學習，吸取精華，以備一時之需。一旦面臨决疑破難的問題，便能左右逢源、學以致用。這種融會貫通的敏鋭識力，實可令人敬服。而這種學識的發揮，端賴長期治學中形成的深厚歷史感。所謂歷史感，即對研究物件要從其自身的歷史發展過程中把握其實質，弄清其發展變化的來龍去脈，而不是單純進行孤立的比照考察。比如在考證盟書中趙尼的“尼”字，晉公的“晉”字，張頷考察或列表顯示這兩字的字形、結構的種種歷史性變異，從而總結規律，做出判斷，這樣得出的結論就是牢不可破，令人折服的。對於全部盟書的價值評估，更是通過對先秦晉國末期歷史的縱横考察中加以論證的。這完全符合辯證的唯物史觀的歷史與邏輯相一致的科學原則。

當然，治學不能閉門造車、孤芳自賞，尤須吸收先賢與同行專家的有價值成果，擇善而從。張頷對此頗有自知之明，他在自己的研究中心也虚心采納好的見解，如“盟書”稱謂的確定取自郭沫若，對“趙尼”人名的考證認同唐蘭，對“麻夷非是”一語的理解最終首肯裘錫圭，對摹寫文字則稱贊張守中等等。不拒細流，黄河乃成其大；不棄壤土，泰山乃成其高。張頷先生正是這樣完成其驚世之作的。日本東京大學名譽教授、著名學者松丸道雄在他寫給慶賀張頷先生八十壽辰的信中，高度評價：“由於 1978 年日中兩國恢復國交，中國學術界的消息漸漸開始流傳到我國，先生的令名立刻就以代表中國古文字學界的研究者聞名到我國，受到日本古文字學者的注目，普遍著稱於我國的學術界……環視斯學，幾乎無人能完成如此全面的研究。”張頷先生的學術貢獻爲國争光有如此者。

不過，初版的《侯馬盟書》存在的缺點也是明顯的。由於書成於文革“批林批孔”其間，在其首篇歷史背景分析中便有不少“上綱上綫”式批判性語句，屬於附加的“路綫鬥争”之類的套語，這些均非出自張頷先生本意（且該書乃以單位名義署名，張頷其時被剥奪了著作署名權），在被迫的硬着頭皮插入這些文字時，張頷無奈地向指示者表示：就這樣子了，我的水準實在上不去了。在文革中，張頷被打入“牛棚”，被誣爲“黑綫人物”，反復遭受殘酷折磨、拷打，他的老伴逼得栽了水缸幾乎死去，中間幸有王冶秋先生來山西考察考古工作，經過疏通，才抽調他參與盟書材料的綜合整理工作（同時參與者有曾參加考古發掘的陶正剛同志和對標本文字進行臨摹的張守中同志），但仍戴着“黑幫”帽子，如同監督勞動。可見其處境何等艱難。而這些文字在先生後來的文集中均全部删除了。這種政治高壓强行干預學術造成的謬誤，想讀者應能體諒與辨别的。

初版《侯馬盟書》發行於 1976 年，印數較少，引起的轟動主要在專家圈子裏，廣大讀者知之者有限。據知其時北京大學圖書館衹購藏了一册，有的教授難得借閱，很有意見。據悉臺灣有人出版過縮印本，當時知識産權保護無以實行，張頷先生亦無能力過問。至今，初版《侯馬盟書》已成了稀世之珍，據説在舊書市場有人見該書標價高達原價的20倍以上。近年韓國學者屢次來函求購亦未能如願。當前，正值山西發展文化産業，山西人民出版社願意重新出版此書，奈張頷先生年事已高，病體不支，不能另起爐竈，更爲新稿，祗好重新增訂舊稿，匯爲一書，並囑筆者作文概述介紹盟書研究的有關情況，以應學術界和廣大讀者所需，爰就淺見所及論述如上，錯誤不當之處均由筆者負責，希望聽到嚴正的批評指正。

原以常樂的名義發表於《晉陽文化研究》第二輯（下），山西古籍出版社，2007年5月。

侯馬、温縣盟書中"明殛視之"的句法分析

董 珊

1965 年在山西侯馬發現侯馬盟書，1979 年在河南温縣又出土温縣盟書。目前對這兩批盟書的釋讀仍存在不少疑難問題。這裏打算分析盟書中常見語"明殛視之"的句法結構，以求得這句話的準確解讀。

一

侯馬盟書的常見語"丕顯晉公大冢明亟覛之""永亟覛之"，在温縣盟書作"讁亟覛汝""永亟覛汝"。其中"亟"字的偏旁或有增减，但都應該讀爲"殛"，訓爲"罰"[①]。"覛"字原从"氏""視"，是個雙聲字[②]。以下若没有特别必要，我們就將"亟""覛"直接寫作"殛""視"。

爲了展開討論，這裏先把盟書幾種格式摘録在下面，也把相關諸句中幾種比較重要的異文或省略形式都摘録或標注出來[③]。

侯馬盟書：

［1］……丕顯晉公大冢明殛視之，麻夷非是。（六七：六）

［2］……吾君其明殛視之，麻[④]夷[⑤]非是。（一九四：四等）。

［3］……吾君其明殛視之，麻夷非是，……；既質之後，……，則永殛視之，麻夷非是；……，吾[⑥]君其視[⑦]之。（三：二一、一五六：一九、一五六：二〇、一五六：二一等）

［4］……吾君其永殛視之。（一五六：二二）

［5］……吾君其明殛視之。（一五六：二四、一八五：一）

［6］……吾君其視之，麻夷非氏。（二〇〇：二、一五六：二六）

温縣盟書：

［7］……丕顯晉公大冢諦殛視汝之。（《新出簡帛研究》圖版五 WT1 坎 1 ：3417、圖版九 WT1 坎 14 ：636 等），麻（亡）夷非是。（圖版四、圖版五、圖版六等）

［8］……晉公大冢其永[⑧]殛視汝，俾毋有胄後。（圖版十五・1，WT4 坎 5 ：11）

［9］……丕顯晉公大冢早諦視之，麻夷非是。（圖版十，WT1 坎 14 ：867）

［10］……晉公大冢[⑨]視汝，俾毋有胄後。（圖版十六・2，WT4 坎 5 ：13）

學者曾對此語有種種解釋，但都没能將字義和語句結構講清楚，都不能令人滿意。我們知道，給錯誤的説法歸謬很麻煩，比找出正確的解釋還要難。因此，這裏不打算一一列舉和反駁舊説[⑩]。

二

值得在這裏分析的一種錯誤看法，是郭沫若最早提出來的。郭沫若曾將侯馬盟書“明殛視之”跟《左傳》中盟誓辭的詛咒部分出現的“明神殛之”等語句相比較[⑪]：

（1）有渝此盟，明神殛之，俾隊其師，無克祚國，及而玄

孫，無有老幼。(《左傳・僖公二十八年》，類似語句又見成公十二年)

(2) 或間兹命，司慎司盟，名山名川，群神群祀，先王先公，七姓十二國之祖，明神殛之，俾失其民，隊命亡氏，踣其國家。(《左傳・襄公十一年》)

(3) 有渝此盟，以相及也，明神先君，是糾是殛。(《左傳・僖公二十八年》)

從句法結構來看，《左傳》"明神殛之""明神先君是糾是殛"的結構都是"主 + 謂 + 賓"，"殛"是謂語動詞，訓爲"罰"，代詞"之"或"是"作"殛"的賓語。

2007 年出土了兩件《琱生簋》，銘文的最後一句話"公則明亟(殛)"跟上舉《左傳》例句的句法結構相同[12]。因爲《琱生簋》的有關銘文還没有解釋清楚，所以我們在此花些筆墨來做些解釋。

《琱生簋》銘的最後一句是：

[11] 其又（有）敢亂兹命，曰女（汝）事召人，公則明亟（殛）。

這句話是詛祝之辭。"其"是表示假設、將然語氣的助詞；"又(有)"是不定代詞，與《左傳》"有渝此盟""或間兹命"的"有""或"相當。此短句謂：若有人敢於壞亂（君氏的）這個命令。"曰女（汝）事召人"的"曰"可與下列銘文比較：

[12]（王）乃曰武公曰：……，公親曰多友曰：……(《多友鼎》,《集成》02835)

[13] 王令膳夫豖曰趞睽曰："余既錫大乃里。"睽賓豖璋、帛束，睽令豖曰天子："余弗敢吝。"(《十二年大鼎》,《集成》04298、04299)

可見，"曰……曰……"應該理解爲"告訴某人説……"，單獨的“曰”字也可以表示這個意思，其後面既可以加引語作直接賓語，又可以加聽者作爲間接賓語，因此“曰”可以看作是個加雙賓語的謂語動詞。“曰汝事召人”是結構“曰＋直接賓語＋間接賓語”，“曰天子余弗敢吝”是“曰＋間接賓語＋直接賓語”，二者結構相近，衹是受事賓語的位置不同。“曰汝事召人”就是“把你（壞亂這命令）的事佈告召氏族人”的意思。

“公”即召公的人鬼，當是對召氏公族歷代祖先的集合稱謂，並非專指某位召公。“則”，就。“亟”讀爲“殛”，“明殛”，“明”訓爲“大”“顯”，“殛”字古訓爲“誅”或“罰”，《書·多方》“乃有不用我降爾命，我乃其大罰殛之”、《康誥》“爽惟天其罰殛我”皆是“罰”與“殛”同義連用。“公則明殛”即“召公就大大地明顯地懲罰（他）”的意思。《子華子·晏子》篇中談到壅蔽賢人則天致罰，謂之“隱戮”：“違天而黷明，神則殛之，雖大必折，雖炎必撲，荒落而類，圮敗而族，夫是之謂隱戮。”“隱戮”似可與“明殛”詞義相對。

根據上面的解釋，《琱生簋》銘文的詛祝之辭可以看作一個假設複句，即：若有人敢於壞亂（君氏的）這個命令，（就）把你（壞亂這命令）的事佈告召氏族人，召公就大大地明顯地懲罰（你）。“亟（殛）”的受事賓語承上“又（有）”字省略，與“女（汝）事”之“汝”所指相同。

最近看到一件西周銅簋銘文云：“中（仲）譲父作尊簋，用從德公，其或貿易，則盟（明）諲（殛）。”[13]簋銘是説，如果有貿易改换宗主的行爲（即不從德公），就接受大罰。也可與《琱生簋》銘文參證。

三

《琱生簋》銘公佈以後，有學者即援引《左傳》和盟書中的語句去解釋《琱生簋》銘的“公則明亟（殛）”[14]。我認爲，盟書與《左傳》所見的那些詛辭的語句結構根本不相同。下面來分析盟書的“明殛視之”等語句。

首先，盟書句例中的主要謂語動詞是“視”。“明殛視之”“永殛視之”“諦殛視汝”“早諦視之”諸句中，其不變者爲“視”，例句［3］、［6］、［10］中又可以把“明殛”等詞省略掉，衹作“視之”或“視汝”，可見，此句的謂語動詞應該是“視”。而《琱生簋》銘和《左傳》那些例句中的主要謂語動詞是“亟（殛）”，根本就没有能與“視”相當的詞，所以彼此不能比較。

我認爲此句中“視”的詞義，應當是古漢語中表示“以事物示人”意義的“視”，傳世文獻或寫作“示”[15]。這個用法的“視（示）”是需要接雙賓語的動詞，例如：

（4）於乎小子，未知臧否，匪手攜之，言示之事。（《詩·大雅·抑》）[16]

（5）袒而示之背。（《左傳·莊公八年》）

（6）楚子使師縉示之俘馘。（《左傳·僖公二十二年》）

（7）盧蒲癸、王何卜攻慶氏，示子之兆。（《左傳·襄公二十八年》）

（8）示之壁。（《左傳·哀公十七年》）

（9）夫田子將有大事，而我示之知微，我必危矣。（《韓非子·説林上第二十二》）

（10）人之好我，示我周行。（《詩·小雅·鹿鳴》）[17]

（11）佛時仔肩，示我顯德行。（《詩·周頌·敬之》）[18]

（12）（張良）因説漢王燒絶棧道，以備諸侯盜兵，亦視項羽無東意。（《漢書·高帝紀上》）

（13）得音孔昭，視民不恌。（《詩·小雅·鹿鳴》）[19]

（14）幼子常視無誑。（《禮記·曲禮上》）[20]

根據動詞“視/示”可加雙賓語的特點，位於盟書“視”後的人稱代詞“之”或“汝”無疑是“視”的間接賓語，同時也可以判斷盟書諸句謂語動詞“視”的直接賓語即位於“視”前面的“明殛”“謫殛”“永殛”“早謫”諸詞。該句結構應分析爲：

主語＋直接賓語＋視（示）＋間接賓語

丕顯晉公大冢/吾君＋明殛/謫殛/永殛/早謫＋視（示）＋之/汝

現在來解釋“視（示）”的這幾種直接賓語的詞義。“明殛”意思是“大的、明顯的懲罰”，已見前述；“永”訓爲“長”“久”，“永殛”謂長久之懲罰；温縣盟書“謫”訓爲“責”，與“殛”義近連用，“謫殛”就是責罰。“早謫”一詞的意思應是及時的懲罰。這幾個詞在盟書中都是名詞性成分，作賓語，與《琱生簋》銘文“公則明亟（殛）”的“亟（殛）”是謂語動詞不同。盟書句直譯即：“大冢（或吾君）以大罰示他（你）。”“視（示）”的詞義是“降示”或“加示”，有比較强的自上（“大冢”或“吾君”）降加於下（“之”或“汝”）的意味。

盟書常見位於“明殛視之”或“視之”後面的“麻（亡）夷非（彼）是（氏）”意思是：滅亡他的氏族[21]；“卑（俾）毋（無）又（有）胄後”意思是：使（他）没有後代（可以祭祀他）[22]。這兩個短句都是説明懲罰的具體内容，可以看作句子的補語。

四

根據我上述的理解，盟書“明殛視之”的直接賓語“明殛”既可以無語法標記前置，又可以省略。這兩個特殊之處，需要進一步解釋。

先來説省略“明殛”的情況。侯馬盟書常見先後多次盟詛的文例，上舉侯馬盟書例句［3］結尾處的“吾君其永殛視之”或省作

“吾君其視之”，明顯是承上文省略了直接賓語“明殛”。温縣盟書“晉公大冢視汝，俾毋有胄後”句所在的那篇盟書之中雖然没有多重盟詛，但當時使用格式相同的盟書數以千計，在這個更大的語境下，作爲直接賓語“謫殛”偶爾可以省略，也是很自然的事情。我們也看到，作爲補充説明成分的“麻（亡）夷非（彼）是（氏）”也有被省略的情況，道理相同。古書中動詞爲“示”的雙賓語句，在特定語境下也有承上省略直接賓語的例子：

（15）仲與公御萊書觀於公，公與之環，使牛入示之。入，不示。（《左傳·昭公四年》）

“示之”後省略“環”，省略之後的形式與盟書“吾君其視之”“晉公大冢視汝”省略“殛”類似。從省略方式來看，上舉盟書諸句例的謂語動詞也衹能是“視（示）”。所以，雖然衹有少數盟書省略“明殛”，也可以説明我們對“視（示）”字雙賓語句的判斷是正確的。

關於直接賓語“明殛”的無標記前置問題，因爲在文獻中找不到與盟書同樣語序的例子，所以這裏想通過句式變换的方式來作些比較分析[23]。

我們知道，一般所見正常語序的雙賓語句式可以記爲：主語＋謂語＋間接賓語＋直接賓語。這裏就先變换爲正常語序來看：

1. 主＋謂＋間賓＋直賓：丕顯晉公大冢視（示）之明殛

這與上舉（4）至（12）例句結構相同。

一般雙賓語句式可以變换爲用介詞來引導直接賓語，或者將“介詞＋直接賓語”結構的位置提至謂語之前。古書中所見“示”字句中表示支配的介詞通常是“以”，介詞結構“以＋直接賓語”可以位於動詞“示”之前或之後。下面列出其句式及相應的變换構擬句：

2. 主＋謂＋間賓＋以＋直賓：丕顯晉公大冢視（示）之以明殛

3. 主＋以＋直賓＋謂＋間賓：丕顯晉公大冢以明殛視（示）之

先秦古書中不乏類似句式：

（16）示之以整，使謀而來。（《左傳·宣公十四年》）

（17）先之以敬讓，而民不争；導之以禮樂，而民和睦；示之以好惡，而民知禁。（《孝經·三才章第七》）

（18）天不言，以行與事示之而已矣。（《孟子·萬章上》）

（19）故聖人以禮示之。（《禮記·禮運》）

（20）國之利器，不可以示人。（《老子》）

（21）嘗試與來，以予示之。（《莊子·應帝王》，《釋文》"示之，本亦作視"）

（22）視諸衿鞶。（《儀禮·士昏禮》）[24]

一般認爲，"以＋直賓"結構無論前置或後置，都是爲了强調"以"所引導的直接賓語。盟書例句的直接賓語"殛"或"謫"被前置至動詞"視"之前，也應該有强調的作用。

上舉（18）至（21）四個例句，是有標記的直接賓語前置，語法標記就是表示支配的介詞"以"。從語法發展史來看，有語法標記的類型，一般都比無標記類型出現得要晚。我認爲，從語序類型上説，"明殛視之"的類型要比我們構擬的"以明殛視之"更原始。這是因爲，盟詛早在遠古時代就應該是很重要的社會活動，這種强調式的詛辭出現的時間也應該相當的早，且這種結構一旦成爲詛辭的一種格式，能够相當穩定地被延用下來。侯馬、温縣盟書等所見這種直接賓語無標記前置的詛辭句法，很可能就是早期盟誓詛辭的遺留[25]。

二〇〇六年十一月二十六日初稿

二〇〇八年一月十五日改寫

注釋：

①《書·洪範》“鯀則殛死”，江聲《集注音疏》“殛止是誅罰，非殺也”；黃生《義府》“流放竄殛”條“殛是誅罰之意，非死刑也。”又可參看段玉裁《説文解字注》“殛”字條下。並請參看唐鈺明：《重論“麻夷非是”》第三部分，《廣州師院學報》1989 年第 2 期；又載《著名中年語言學家自選集·唐鈺明卷》，安徽教育出版社，2002 年 4 月，第 101—110 頁。

② 關於古文字中“視”字的釋讀，請看裘錫圭先生：《甲骨文中的見與視》，臺灣師範大學國文系、中研院史語所編：《甲骨文發現一百周年學術研討會論文集》，臺北：文史哲出版社，1998 年 5 月。

③ 侯馬盟書句例均據《侯馬盟書》（文物出版社 1976 年）圖版作釋文。温縣盟書見《新出簡帛研究》（文物出版社 2004 年）圖版四至圖版十八。盟書數量巨大，格式基本相同，在同樣語法位置上的字常有一些增減偏旁的異文。爲避免繁瑣，我們以下的録文，盡量使用寬式釋文。

④ 或作“亡”，見 150 頁六七：四、151 頁六七：二〇。

⑤ 第 148 頁一八五：三此處無“夷”字。

⑥ 第 141 頁及第 267 頁，一五六：二〇，省略“吾”字。

⑦ 第 148 頁，一八五：二作“[illegible]”，摹本作“[illegible]”。“[illegible]”字可能不是“視”字，或本來也不是以所從右旁（即“視”）爲聲符的字，但因其包含了“視”旁，在此可以看作是作爲“視”字來用的。參看李家浩：《從戰國“忠信”印談古文字中的異讀現象》，《北京大學學報》（哲社版）1987 年第 2 期。僅從字形來説，此字有可能是“瞻視”的“瞻”字。

⑧ 此字與温縣盟書常見之“謫”字寫法不同，仔細分辨當是“永”字。

⑨“家”爲行末，“視”爲下一行之首，此件盟書基本完整，據行款看，“家”下不能容納兩個字，因此“家”“視”二字當連讀。

⑩ 參看注①唐鈺明：《重論“麻夷非是”》第三部分。

⑪ 郭沫若：《侯馬盟書試探》《新出侯馬盟書釋文》，收入《郭沫若全集·考古編第十卷》（《考古論集》），科學出版社，1992 年，第 137 頁、155 頁。

⑫ 寶鷄市考古隊、扶風縣博物館：《陝西省扶風縣新發現的一批西周青銅器》，《考古與文物》2007 年第 4 期，第 3—12 頁。

⑬ 見"中華青銅器俱樂部"網站，2007/4/14，http：//www. bronzes. cn/bbs8/dv_ rss. asp？ s = xhtml&boardid = 2&id = 36544

⑭ 袁金平：《新見西周〈琱生尊〉銘文考釋》（先秦史研究室網站，2006 年 12 月 9 日）；徐義華：《新出土〈五年琱生尊〉及琱生器銘試釋》，《中國史研究》2007 年第 5 期。

⑮ 參王力：《古漢語自動詞和使動詞的配對》［視：視（示）］條，《中華文史論叢》（第六輯），1965 年；又載《王力語言學論文集》，商務印書館，2000 年，第 472 頁。

⑯ 鄭玄《箋》："親示（小子）以其事之是非。"

⑰"示我周行"，毛《傳》、鄭《箋》解釋不同。毛《傳》："周，至；行，道"，《毛詩正義》引王肅述毛《傳》云："示我以至美之道"。鄭《箋》則讀"示"爲"寘"，"周行"爲"周之位列"，句意謂"人有以德善我者，我則置之於周之位列，言己維賢是用"，《正義》闡鄭，謂即"置之於官。"此從毛《傳》。

⑱ 鄭玄《箋》："輔佛是任，示道我以顯明之德行。"

⑲ 鄭玄《箋》："視，古示字也。"孔穎達《正義》："古之字以目視人、以物示人同作'視'字，後世而作字異，目視物與示旁見，示人物作單示字，由是經、傳之中視與示字多相雜亂。此云'視民不恌'，謂以先王之德音示下民，當作小示字，而作視字，是其與古今字異義殊，故鄭辨之：'視，古示字也。'言古作'示'字，正作此'視'。辨古字之異於今也。《禮記》云：'幼子常視無誑'，注云：'視，今之示字也。'言古'視'字之義，正與今之'示'字同。言今之字異於古也。《士昏禮》曰：'視諸衿鞶'注云：'示之以衿鞶者，皆托戒使識之也，視乃正字，今文作示，俗誤行之。'"

⑳ 此句的正常語序爲"常視幼子無誑"，間接賓語"幼子"前置。

㉑ 朱德熙、裘錫圭二位先生指出，《公羊傳·襄公二十七年》"〈昧〉（眛）雉彼視"和侯馬盟書"麻夷非是"都是"滅彼氏族"的意思，這個觀點

已經得到學界贊同，見《戰國文字研究（六種）》之一“侯馬載書‘麻夷非是’解”，《考古學報》1972 年第 2 期；又載《朱德熙文集（五）》，商務印書館 1999 年，第 31 頁。

㉒“毋有胄後”的解釋見郝本性《河南温縣東周盟誓遺址發掘與整理情況》一文中引魏克斌説，見艾蘭、邢文編：《新出簡帛研究》，文物出版社，2004 年，第 77 頁。

㉓ 參唐鈺明：《古漢語語法研究中的“變换”問題》，《中國語文》1995 年第 3 期；又載《著名中年語言學家自選集·唐鈺明卷》。

㉔ 鄭玄《注》：“示之以衿鞶。”

㉕ 我也曾設想“以明殛（永殛、讁殛）示之”句出現較早，“明殛（永殛、讁殛）示之”是省略“以”而來的。但這種看法無從驗證。

原載《古文字研究》（第二十七輯），中華書局，2008 年 9 月。

《侯馬盟書·字表》補正

〔韓〕姜允玉

侯馬盟書是1965年底在山西省侯馬晉國遺址出土的一批具有很高價值的古文字資料。這批盟書出土後，經過許多學者的努力探研，在文字考釋上取得了很大的成就。有關這方面的研究成果，已集中反映在1976年文物出版社出版的《侯馬盟書》一書中。而且書中所附的《侯馬盟書·字表》（以下簡稱《字表》）共收録381單字、1274異體字、46存疑字、102殘字皆按盟書編號順次編成。不過《字表》釋字不够精細，有時把兩個不同字合而爲一，各項字形的統計有不準確的地方，這對研究字形的人來説，無疑是一種障礙。舉例來説，盟書被誅討人“比隥”一名之“隥”字在盟書中寫作“隥”“登”“阱”等形，《字表》把三種字形都在“隥”字下歸納而不作“隥”“登”“阱”三條來處理。

我們在前輩學者研究的基礎上，對《字表》中釋文或分類有錯誤的字再作補充或訂正（以下依《字表》順序作探討）。不妥之處，請讀者批評指正。

1. 丕

盟書中“不”字和“丕”字寫法完全相同，衹是用法不同；有的出現在“敢”字之下，有的出現在“顯”字之上。《字表》把前者定爲“不”，把後者定爲“丕”。《侯馬盟書》把“不”“丕”分爲二字，是根據用法的不同而非根據字形的不同。盟書也有一個字形作二字用的情形，但《盟書》並没有因這些字的不同用法而把它們分爲二字，在體例上似乎並不一致。例如“白”在盟書中衹作“伯”字用（例如“伯父”），應隸作“伯”；而“内”有時作“入”字用（例如“出入”），有時作“納”字用（例如“納室”），應分别隸作“入”和“納”。但這些字在《字表》的字頭中衹有“白”而無“伯”，有“入、内”而無“納”。若“不”“丕”依用法（字義）不同而分條處理的話，以上這些字都應該分條處理，以求跟“不”“丕”的做法一致。因爲衹有一致的處理方法，才容易反映出盟書文字之間共同的特質外貌。

2. 采

《説文》有“采”字，俗字作“穗”。楷書用“穗”後“采”字廢，因此本字字頭出現今字“穗”。《字表》也有以今字作字頭的，例如將“㠯”字字頭寫作“以”，把“墬”字字頭寫作“地”。我們認爲，爲清楚方便的原因，編制古文字字表時以通行的今字作字頭是無可厚非的。不過，在字表中采用今字應該注意前後一致，而一些在古代有分别的字形，以及字源不明顯的字，仍需保留原來的寫法。例如：“于”不可隸爲“於”；後者如“尚”“卑”不宜作“倘”“俾”。如果各種古文字字表都以態度一致的“今字原則”作字頭，不但方便檢閲，而且也方便利用不同的字表來比較不同類的古文字字形。此外，《字表》在本字下還收有“悉”字字形，顯然以“悉”“采”爲一字，但未説明原因；何琳儀《戰國文字通論》也把二者作一字處理，認爲“悉”字的“心”旁是無義偏旁（197 頁）。由於盟書“心”旁確有無義偏旁之例（嘉：），我們認爲何説合理。

3. 頸

段玉裁指出，“今……‘頸’廢而‘没’專行”，因此此字頭以今字原則可隸作“没”。

《説文·頁部》有“頸”字謂：“内頭水中也。”段玉裁《注》：“内者，入也。……與水部之‘没’義同而别。今則……‘頸’廢而‘没’專行矣。”唐蘭提出“頸”讀爲没，並《小爾雅·廣言》：“没，終也。”一義作解，認爲“没身”等於“終身”，並謂：“誓詞説終嘉之身及子孫。”[①]“頸”字盟書又作“顋”用例，和“叟”一樣，各八例。何琳儀認爲這是“又、支”形符互作（《通論》207頁）。

4. 婚

盟書此字最繁的構形作“[illegible]”，《侯馬盟書》隸爲“婚”，謂：借用爲聞字。但未説明所據。容庚《金文篇》收此字作“聞”，並謂：“聞，《説文》古文从昏作䎽，古文《尚書》作‘䎽’，與婚通。”（同上，772頁，“聞”字）龍宇純分析此字左旁象戴雀弁之形，疑爲“婚”之本字，人形下所从“女”爲“止”之誤，其右旁爲“耳”，同意容庚把此字釋爲“聞”字，並以此字爲“聞”之本字。在漢人注釋中，習以“知”訓“聞”，並舉《吕氏春秋·重言》“謀未而聞於國”，高誘《注》：“聞，知也。”等例爲證（釋“聞”）。我們認爲漢人這個解釋是合用的。盟書“聞”字作“䎽”，與《説文》古文聞字作“䎽”應是方位位置的變化。盟書“䎽”字主要有兩式字形，一式繁寫，如上所引，一式省去“雀弁”下的兩點，應是簡省形式。前者九例，後者四例，簡省的未成主流。

5. 朏

此字原片頗模糊，僅出現在“十又一月甲寅朏乙丑”一句中。

《説文·月部》有此字，云："朏，月未盛之明也。"《侯馬盟書》釋作"新月初見的月相。"作爲月相的"朏"最早見於《書·召誥》"越若來三月，惟丙午朏。"《漢書·律曆志下》曾引此句，以爲即周公攝政五年三月之"三日丙午"，並引《月采》篇曰："三日曰朏。"後人因以朏爲初三日，可見朏作爲月相紀時這種方法是相當古老的。在古文獻中，以朏紀時這種方法不多見。雖然金文有朏字，但都没有作月相用的（《金文詁林》第4304頁）。此字在盟書中衹一見。如果和性質與時代都相近的温縣盟書比較，這紀時的形式作"十五年十二月乙未朔"，其中朔字字形結構很像盟書的"朏"字，因此本篇的朏字無論從時代特色成文例看，都是可疑的。不管怎樣，盟書"十又一月甲寅朏"屬春秋以來常見的"（年）、月、干支、朔日"紀時形式。春秋以來，這種先干支後朔日的紀時形式，和金文的慣例先月相後干支，例如《公貿鼎》"隹（唯）十又一月初吉壬午"，有所不同，盟書"十又一月甲寅朏"的紀時形式，應該屬於前者[2]。

6. 帥

"帥"字盟書"帥從"中出現，意同達。盟書也有作"敢不達從此盟質之言"的句子。《説文·辵部》："達，先道也。"段玉裁《注》謂："道，今之'導'字：達，經典假'率'字爲之。漢以後"達"字不用，衹用"率"字。"鄭玄認爲："率，循也。"楊伯峻也認爲"帥同率，循也。"因此"帥從"就是依從或遵遁的意思。"帥從"在器銘中作"帥用"，如《井人妄鐘》："妄敢不弗帥用文且（祖）皇考穆穆秉德。"陳初生《金文常用字典》以爲此"帥用"猶"帥由"，"遵遁"之意。古文獻作"率由"，"率從"或"帥從"看，盟書的"帥從""率從"是相通的。同時，以納室類"敢不達從此盟質之言"和本句"……不帥從韋書之言"比較，可知本句

"不"字上應有一"敢"字。從文句的意義看，"帥從"既然等於"逹從"，那麽"帥從韋書之言"和"逹從此盟質之言"的意思應是相近的。盟書中作"帥從"的衹有本篇一次，而作"逹（率）從"的卻有27次，都見於納室類盟書。從金文中"帶領"意義的"帥"與"率、逹"都有通用的情況看（見《金文常用字典》157，758，1079頁）"帥"字形式的流行時間頗長，至少經歷了從"率"到"逹"的發展階段，因此比逹的形式古老。但在侯馬盟書中，"帥"的優勢已被"逹（率）"凌越了。若依詞義原則，此字應與逹字合爲一條收入字表中，字頭以今字原則作"率"。

7. 梲

唐蘭、湯餘惠指出，《楚王酓朏鼎》有上從"木"下從"足（疋）"字，就是省略"木"旁的"楚"字[③]，所以盟書"梲"字釋爲"楚"是没有問題的。盟書"梲"字把"木"旁放在"疋"旁之左而不放在其上，可視爲省略後偏旁游移的現象。盟書文字把兩個相同的偏旁省爲一個偏旁的做法並不止於"梲"字，"苐"也是把"艸"省爲"屮"的，但《字表》仍把此字字頭隸作"苐"；依照同様道理，《字表》應該把此字字頭隸作"楚"。"楚"字有從"林"省爲從"木"，除了上引金文、盟書之外，戰國漢初竹簡和帛書也有這種寫法，而且繁簡寫法都有。例如："□"（《望山竹簡》）、"□"（《銀雀山竹簡》）、"□"（《江陵竹簡》）、"□"（《馬王堆帛書》）。這不但説明"从木从疋"的"楚"字由春秋後沿用到漢初，而且帛書中繁簡兩體并存的現象更能證明"梲"就是"楚"字。

8. 惌

盟書原作"□"，《汗簡》卷三、《説文》"怨"字古文、《三體石經·無逸》《古孝經》都有"怨"字，和此字字形相同[④]。因此本字可釋作"怨"，無須釋爲"惌"。"惌"字在盟書中見於"而皋衆人窓死□”句中，作“怨”字解原句可通；《侯馬盟書》注釋部分以“窓”字借用爲“冤”，不必的。

9. 悔

盟書原作[illegible]，上從每，下從心，按字形隸作“悔”是不錯的；但該字出現在“而敢[illegible]復趙尼……”句中，釋“悔”義則就全句不通，釋“謀”義則文從字順。此外，《中山王譽器》中“謀”字作“從心母聲”，“母”聲與“每”音近，而古文字中言旁與心旁經常互用，與此“悔”字字形相近，今據此定本字爲“謀”字。

10. 瑤

此字與312號“𩮾”字字書不見，在盟書中都是人名。由於“𩮾”字偏旁多於三個，因此“瑤”字有可能爲“𩮾”之簡省。如此，就“瑤”“𩮾”可認爲一字。《曾侯乙墓》編者指出，盟書“瑤”字即曾侯乙墓編號57號竹簡及天星觀一號墓竹簡之“琝”字，《侯馬盟書》釋作“瑤”屬於摹錯的，並據《王子嬰次盧》銘文的嬰字從“貝”從“晏”，認爲戰國古璽“𩮾”字與此“瑥”字皆當釋“瓔”，因爲“嬰”“晏”古音相近⑤。他們在討論竹簡“琝”字時雖然没有提盟書的“𩮾”字，但“瑤”字爲“琝”字摹錯的話，“𩮾”字也應爲“𩮾”字的摹錯；“瑤”“𩮾”爲一字的結論基本上是一致的。

11. 剛

《字表》（同上，323頁）“剛”字條下收“伿、弫、𢐭”三個字形，第一字形見於人名“仁柳伿”，第二字形見於人名“剛”及“剛梁”，第三字形也見於人名“剛梁”。我們認爲“弫”字應釋爲“侃”，“弫”“弶”“𢐭”三個字形是一字的變體。從古籍中衹有“疆（彊）梁”而没有“剛梁”看，“伿”“𢐭”二字合爲一條，同釋爲“彊”。此外，“伿”字也應該獨立分析作爲“侃”字一條。

12. 井

這個字是參盟人名，和159號的“城”字作爲被誅人名（郘城）用法相同；在盟書中這個字又可以寫作“坓”或“陞”，《字表》把前一字形釋爲“城”，後一字形釋爲“陞”[⑥]，我們認爲這是不對的。參照盟書文字的變化，“井”“坓”“型”可視爲一字繁簡不同的寫法，吳振武據《六書統》定“坓”爲古文“型”[⑦]。我們認爲這個意見是不錯的，因此井和坓可合爲一字，隸爲“坓”或“型”。

13. 晉

《字表》“晉”字條下收録“从日从臸”[⑧]之“晉”字字形和“□”字字形。前者出現“晉邦之地”之中，後者出現在“丕顯□公大冢”之中[⑨]；前者應爲“晉”字，後者未識。有人釋爲幽字，有人釋爲晉字，有人釋爲出字，這三種釋法至今仍有問題。釋幽字在字形上不合；釋晉字與宗盟類二“晉邦之地”的各種晉字寫法不同；且金文也有“晉公”一詞，晉字寫法與這篇字形有異，晉公在金文中乃生稱，與盟書作先君之稱也有别。可見□字釋晉是不合的。釋出字則與委質類“偷出入”的各個出字寫法不同，其情況和釋晉字爲不合頗類似。因此，如果□釋晉字不對的話，釋爲出字也不合理。目前釋此字之證據不足，不應遽下結論。由於二字在盟書中絶不混用，因此不宜把二字合而爲一。“□”字應析出，入於存疑字表中。

14. 寍

《説文·宀部》有此字，云：“安也。从宀，心在皿上。”《玉篇·宀部》亦有此字，云：“奴庭切。安也；今作‘寧’。”（《朱本玉篇》208頁）可見“寍”今字作“寧”。依今字原則，本條隸作“寧”。

注釋：

① 唐蘭：《侯馬出土晉國趙嘉之盟載書新釋》，《文物》1972 年第 8 期，第 33 頁。

② 張培瑜：《中國先秦史曆表》："……春秋時代，曆法肯定是以朔日爲月首了。中國曆法是在西周後期廢朏用朔的。廢朏用朔作月首，這是曆法上的一個進步。"

③ 唐蘭：《侯馬出土晉國趙嘉之盟載書新釋》，第 113 頁；湯餘惠：《略論戰國文字形體研究中的幾個問題》，《古文字研究》（第十五輯），中華書局，1986 年，第 10 頁。

④ 黄錫全：《汗簡注釋》，武漢大學出版社，1990 年，第 282 頁。

⑤⑦ 湖北省博物館：《曾侯乙墓》，文物出版社，1987 年，第 517 頁。

⑥ 山西省文物工作委員會：《侯馬盟書》，文物出版社，1976 年，第 321 頁。

⑧ 段玉裁：《説文解字注》，上海古籍出版社，1981 年，第 303 頁。

⑨ 在侯馬盟書中，"晉"字繁簡之形相差很大，例如、、、、，其省形與"出"字易混。

原載《古文字研究》（第二十七輯），中華書局，2008 年 9 月。

侯馬盟書“内室”商榷

趙世剛

侯馬盟誓遺址 K67，出土一批盟書，其内容與其他坎内盟辭不同，有“納室”的約文。《侯馬盟書》作者認爲：“‘納’是奪取之意，‘室’是奴隸單位。是以趙鞅爲首的新興地主階級反對納室……具有限制奴隸制剥削的意義。”又説：“納室類盟書的内容生動地反映了新興地主階級的代表人物趙鞅，采取了抑制奴隸制剥削，打擊奴隸主舊貴族勢力的專政手段。反對納室，有利於争取廣大奴隸群衆力量，進行革命戰争……”[①]從以上看，這篇盟辭，似乎成了趙鞅向舊奴隸主宣戰的誓言。然而，筆者認爲“納室”的真義並不是這樣。

“納室”類盟書，在“報告”中發表的計 72 片，大多數爲殘片或缺文，以六七：六、六七：一最爲完整。盟辭除參盟人每片各異外，其餘基本相同，今録六七：六盟辭如下：

> □自今以往，敢不率從此盟質之言。尚敢或内室者，而或聞宗人兄弟或内室而弗執弗獻，丕顯晉公大冢，明亟視之，麻夷非是。

認爲“室”是一種奴隸單位，最初是楊榮國提出來的[②]。在青銅器中，有許多周王賞賜其卿大夫“臣”多少家的銘文，楊榮國據此認爲“家”是一個奴隸單位，進而認爲“室”也是一個奴隸單位，或者是一個更大的奴隸單位。但是在青銅器銘文中的“臣”字並不一定是指奴隸的，在青銅器銘文中“臣”字多寫作人眼之形，有監視管理者之含義，與奴隸不同，有的青銅器銘文中非常明確地將“臣”和“隸”分别使用，如：《令簋》：“賞令臣十家、隸十人。”家是臣的單位，奴隸是以個人爲單位的。

楊榮國舉出春秋晚期魯國“季孫、叔孫、孟孫三家”，“三分公室”和“四分公室”都是解放奴隸的壯舉。他説：“像魯國的孟孫，把從公室所得來的奴隸，一部分仍然以奴隸身份去從事生産，但另一部分則使之解放爲自由民……尤其季孫更加荒唐，公室裏所得的奴隸，他全部予以解放。”③

那麽，魯三家從公室所分得的是否就是奴隸呢？首先我們來看《左傳》是怎麽説的。《左傳·襄公十一年》：“季武子將作三軍，告叔孫穆子曰：‘請爲三軍，各征其軍’，……正月作三軍，三分公室而各有其一。三子各毁其乘。季氏使其乘之人，以其役邑入者，無徵，不入者，倍徵。孟氏使半爲臣，若子若弟。叔孫氏使盡爲臣，不然，不舍。”

這是一次國君主與卿大夫争奪武裝的事件，原魯國僅有二軍，皆屬魯侯，有事的話，三卿輪流統帥征戰。季氏借口建立三軍，三卿各分其一軍，並各徵其軍人之役邑的賦税。在徵税上三卿各不相同，季氏是凡聽從我指揮服役者不徵税，不聽者雙倍的徵税。孟氏是衹取其軍人子弟的一半徵税。這裏看不出有解放奴隸的影子。所以在昭公五年三家“四分公室”時，是“皆盡徵之而貢於公”，即三家把魯國的軍隊及賦税全都瓜分净盡，再由三家隨時貢獻而已，所以這個室不應是奴隸單位。《侯馬盟書》作者也説：“室是春秋時代奴隸主佔有財産的單位，包括奴隸、土地、財産，所有私屬人員、武裝力量以及各種收入。”④既然奴隸是所謂室中的一項，那就不能把“室”稱作奴隸單位，且奴隸是貴族的敵對階級。而武裝力量是貴族爲鎮壓奴隸的反抗而建立的。所謂“室”同時包括兩者，就更不能把室稱之爲奴隸單位了。

春秋時，室的規格是相當高的，如《左傳·襄公二十二年》：“鄭公孫黑肱有疾，歸邑於公。召室老宗人，立段，而使黜官薄祭。”像這樣立嗣的大事，要召集室老商量，如果室是奴隸單位的話，公孫黑肱能向他們商量嗎！

“室”，還應當如《説文解字注》所説：“室，實也，从宀至聲，室屋，皆从至所止也。”段注引《釋名》曰：“室，實也，人物滿實其中也，引伸之則凡所居，皆曰實。”

對於“内”，《侯馬盟書》釋作“納”是可以的，但古代“納”的含義很多，但是僅據《國語·晉語》中晉國殺郤犨、郤至、郤錡以後“納其室以分夫人，注：‘納，取也’”一例，進而引申爲奪取的意思，是不確切的。晉靈公殺三郤，是因爲其奢侈專權，觸及晉君及其他卿大夫的權利，是以晉公族叔向事後評論説：“夫郤昭子（郤至），其富半公室，其家半三軍、恃其富寵，以泰（奢泰）於國……夫八郤，五大夫三卿，其寵大矣，一朝而滅，莫之哀也。”⑤是以在殺三郤之後，取其財産收歸公有，不能説是奪取。

“内”字，在中國古代文獻中，多作進入、接納、藏匿解。

《説文》：“内；入也，從門入，自外而入也。”段注：“《周禮》注云，職内主人也，内府主良貨賄藏在内者，然則職内之内是本義，内府之内是引申之義。”

《尚書·舜典》：“夙夜出納朕命。”“納”即進入之義。

《左傳·昭公六年》：“宋寺人柳有寵，太子佐惡之，華合比曰

‘我殺之。’柳聞之，乃坎用牲埋書而告公曰：‘合比將納七人之族，既盟於北郭矣。’公視之，有焉、遂逐華合比，合比奔衛。”

《史記·十二諸侯年表》平王二十三年：“潘父殺昭侯，納成師，不克，昭侯子立，是爲孝侯。”

《史記·晉世家》：“晉大臣，潘父殺其君昭侯而迎曲沃桓叔，桓叔欲入晉，晉人發兵攻桓叔，桓叔敗還歸曲沃，晉人共立昭侯子平爲君，是爲孝侯。”

《十二諸侯年表》説：“納，成師不克”，《晉世家》説：“而迎曲沃桓叔。”由此可見，納，有接納歡迎的意思。

《詩經·豳風·七月》：“二之日鑿冰冲冲，三之日納於凌陰。”箋云：“古者，日在北陸而藏於西陸，朝覿而出之祭司，寒而藏之，獻羔而啓之。”“凌陰”，古代的冰室。

《左傳·襄公三十一年》：襄公死，“叔仲帶竊其拱璧，以與御人，納諸其懷。而從取之。由是得罪。”

上引兩條，清楚地表明“納於凌陰”，即藏於凌陰，“納諸其懷”，即藏之於懷中。“納”即藏匿之意。特别晉國的欒盈事件，范宣子逐欒盈，欒盈奔楚又奔齊。齊侯於魯襄公二十三年助欒盈暗中復入晉，藏之於曲沃，亦稱“納之於曲沃”。《左傳》載其事是這樣説的：“晉將嫁女於吴，齊侯使析歸父媵之，以藩載欒盈，納諸曲沃，欒盈夜見胥午而告之。”欒盈偷偷潛入曲沃後，引起晉國極大震動，幾乎顛覆了晉國范宣子的政權。此事件與趙簡子逐范、中行氏事件何其相似，衹是後者更爲複雜，延續時間更長而已。欒盈在曲沃糾集黨徒進軍晉國都城新絳，范宣子與晉君出逃於固宫，才躲過一場劫難。約 60 年後於公元前 497 年，趙鞅因衛貢問題，殺了旁支宗族趙午，趙午之子趙稷和舅族荀寅以及荀寅的姻親范吉射（均爲晉六卿之一）結成聯盟，領兵進攻趙鞅，趙鞅一度失敗，逃歸他的封邑晉陽，不久趙鞅得到韓、魏二卿的幫助，返回晉都新絳。又得到了晉君和知伯（六卿之一）的支持，擊敗范、中行氏，范、中行氏敗走朝歌，第二年，范、中行氏得到齊、魯和狄人的幫肚，偷襲晉國，曾一度進入晉都新絳。公元前 494 年，范、中行氏又得到了鄭、衛、周、鮮于的幫助伐晉，破晉之棘蒲。趙鞅與范、中行氏之争，一直持續了八年，才將范、中行氏徹底擊敗，但二人並没死，而是逃到齊國避難去了。所以在侯馬盟書的約文中，不管是在宗盟類還是委質類，都有“而敢復入××于晉邦之地者”的誓言，“納室”類盟書也是如此。“納”應作藏匿解，“室”就是家室、居處之所。前者的誓言是敵人在境外，你要有意將敵人引進來的話就要受到神靈的懲罸；後者的誓言是敵人已經進來，你要敢把敵人藏到你家裹，或者聽説你的親友宗人有藏到家中而不舉報者，就要受到神靈的懲罸。

“納室”類大概是一次尋盟的約文。故盟辭一開始就説：“自今以往，敢不率從此盟質之言”，蓋指以前曾經盟誓過的内容。在“納室”類中有參盟人名的買、樂、蒐、盜、瘪、迵六人中有五人都參與過宗盟類的盟誓。如買（一九四：七）、樂（一：一〇四）、蒐（八五：一〇）、盜（九二：四）、瘪（八五：二四），衹有迵，未見參與其他類盟誓。亦可證“納室”類可能是尋盟。

“納室”類所在的 K67 打破了 K66，表明“納室”類時代較其他坎爲晚。可能納室類盟書是在公元前 496 年范、中行氏襲晉之後，趙鞅與其國人進行盟誓的遺存。

注釋：

① 山西省文物工作委員會：《侯馬盟書·侯馬盟書叢考·納室考》，文物出版社，1976 年。

②③ 楊榮國：《中國古代思想史》，生活·讀書·新知三聯書店，1954 年。

④ 山西省文物工作委員會：《侯馬盟書·侯馬盟書叢考》，文物出版社，1976 年。

⑤《國語·晉語八》，上海古籍出版社，1978 年。

原載《鹿鳴集——李濟先生發掘西陰遺址八十周年·山西省考古研究所侯馬工作站五十周年紀念文集》，科學出版社，2009 年 12 月。

釋“宗主”“宗盟”

——兼論“侯馬盟書”所反映的春秋末年社會結構的演變

趙瑞民　郎保利

“侯馬盟書”是一批非常珍貴的原始文獻，内容很豐富，有許多未發之覆。今就最近思索所得，略論其中所反映的春秋戰國之際社會組織結構的演變。

一、宗主考釋

《侯馬盟書》書中把出土盟書分爲數類，最主要的一類即“宗盟類”。“宗盟類”的核心問題是對“宗”字的考釋。因釋讀該字爲“宗”，故此類盟書稱爲“宗盟類”。張頷先生認爲：“‘以事其宗’的‘宗’字，均指宗廟而言。《説文》：‘宗，尊祖廟也。’《國語·晉語》：‘夫曲沃，君之宗也。’韋昭注：‘曲沃，桓叔之封，先君宗廟在焉。’《儀禮·士昏禮》：‘承我宗事。’鄭玄注：‘宗事，宗廟之事。’‘事’即祭祀的意思。《公羊傳·文公二年》：‘大事於大廟。’疏：‘知此言大者，是大祭明矣。’”①關於其性質，則是“同姓同宗的人在一起舉行盟誓，叫做‘宗盟’。但《左傳·隱公十一年》卻有：‘周之宗盟，異姓爲後’的記載。由於出現了‘異姓’參加宗盟，從賈逵開始，對‘宗盟’的解釋就有了不同的説法。本文取服虔宗盟即‘同宗之盟’的説法。《左傳・哀公十四年》:‘子我盟諸陳於陳宗。’疏:‘《正義》曰：陳宗，陳氏宗主，謂陳成子也。盡集陳氏宗族就成子家盟也。’這便是宗盟的一個例子。”②

是後黄盛璋先生發表文章認爲，《侯馬盟書》所釋“宗盟類”盟書中“以事其宗”的“宗”字，應釋爲“主”。因爲涉及的古文字不好處理，此處就不再引述原文，僅轉述大意。按照黄先生的研究，最主要的一點是，“宗盟類”與“納室類”都有“宗”字，“宗盟類”盟書可辨識的有五百多篇，“納室類”也有五十八篇，根據摹本考察，“宗”字是兩個形態，“宗盟類”是一個寫法，“納室類”是又一種寫法，兩類盟書無一例外，不見一個混用。因而他認爲，“内室類”中該字應釋讀爲“宗”，“宗盟類”此字則應釋讀爲“主”。此外，還有幾條輔助的理由：①“宗盟類”的盟書都有一個主盟人，多稱爲“嘉”，或稱爲“子趙孟”及“某”，從盟人“以事其宗”，釋爲“以事其主”，於理爲當；②盟書有“敢不剖其腹心以事嘉”的句例，可證“以事嘉”即“以事其主”，而不是“以事其宗”；③“以事其宗”的“宗”字實即《説文》中“宔”字，即宗廟中的祐宔，在經典中則均用“主”字，是“主”與“宔”互通③。此外還有别的論證，恕不臚列。黄盛璋先生的觀點，在温縣盟書的發掘簡報中被采納④，也得到謝堯亭先生的支持⑤。

我們認爲該字應釋爲“宗主”，是合文。因爲其字形經黄盛璋先生辨析，的確不是“宗”字，“納室類”的“宗人”之“宗”，與“宗盟類”的“以事其宗”之“宗”判然分明，改釋的理據很充分。但我們不能完全同意黄盛璋先生的觀點，是因爲此字之形態與“宗”字相近，而與“主”字渺不相涉，即或釋爲“宔”，也覺勉强。按段玉裁的解釋，“丶”和“主”是古今字，而宔爲形聲字⑥。由此而言，“主”字出現較晚，“宔”字則一定更晚，而且是用來專指宗廟祏宔的。黄先生已經在文章中提到，《文物》1979 年第1 期發表的河北平山戰國中山墓葬出土的中山王三銅器有和盟書“以事其宗”之“宗”字形相同的字，《簡報》和朱德熙、裘錫圭二位先生的文章都讀爲“宗”，而釋其義爲主。十數年以後，高明先生編古文字教材，也還是沿用這個辦法⑦。可見，多數學者的意見都着眼於從字形上考定，故以釋“宗”爲宜。

我們釋爲“宗主”的合文，首先是接受了黄盛璋先生的觀點，在盟書中既然有“宗”字，那麼此字即不應再釋爲“宗”，而應該另行考慮。其次，從字形上分析，該字上爲“宀”，下爲“丅”或“亍”，“丅”與“亍”均古文字之“示”字⑧，與“宀”相配合，即是“宗”字。然而該字在其下的一豎中間，加有一“丶”，“丶”即“主”字，故應是“宗主”的合文。

我們知道古文字中的合文，大多有合文的符號，但也有部分合文没有這個符號，“宗主”即是没有標記符號的合文。在侯馬盟書這批資料中，就有相同的例子。在“其他類”一篇中有“至于”的合文，僅出現一次，没有合文符號。另外“之所”和“邯鄲”的合文，則大多有合文符號，少數没有符號⑨。“宗主”出現次數很多，均無符號，是比較特殊的。

我們考慮，此字初爲合文，專門用指宗族首領，即宗法制所稱之“宗子”，是由嫡長子繼承制所指定的人選。盟書的用法，是其本義。使用既久，則超出專指的範圍，如中山王銅器銘文上的用法，已是後起之義，不涉及宗族的領袖。因此字後代未再沿用，是故其存在於一個時期的演變軌跡晦暗不彰。

“宗主”之稱，《左傳》中有記載。《襄公二十七年》（爲便於閲讀，括注楊伯峻注釋）：“齊崔杼生成及彊而寡，（《小爾雅·廣義》：

‘凡無夫無妻通謂之寡。’《墨子·辭過篇》云:‘宫無拘女,故天下無寡夫。’此寡與鰥同義。)娶東郭姜,(東郭氏,姜姓。亦見二十五年《傳》。)生明。東郭姜以孤入,(孤爲其前夫之子。)曰棠无咎,(杜《注》:‘无咎,棠公之子。’)與東郭偃相崔氏。(杜《注》:‘東郭偃,姜之弟。’)崔成有疾而廢之,而立明。成請老於崔,(崔,今山東濟陽縣東而稍北三十五里。)崔子許之,偃與无咎弗予,曰:‘崔,宗邑也,必在宗主。’(杜《注》:‘宗邑,宗廟所在。宗主謂崔明。’)”[⑩]這一争執,引發大亂,崔氏因此滅族。這裏説的“宗主”,杜預注釋指明是崔明,没有錯。但當時崔氏的宗主實爲崔杼,已經立崔明爲繼承人,則崔明從道理上講也是宗主,不過,真正做宗主應是在崔杼死後。東郭偃和棠无咎不許崔成住在崔邑,講的是宗主必須住在宗廟所在之邑,崔明將來要住,所以不能把崔邑封給崔成。

前引《侯馬盟書》就提到了《左傳·哀公十四年》:“子我盟諸陳於陳宗。”疏:“《正義》曰:陳宗,陳氏宗主,謂陳成子也。盡集陳氏宗族就成子家盟也。”唐代孔穎達也是把宗族首領稱爲宗主,説陳成子是陳氏的宗主。

盟書中所指宗主毫無疑問是趙氏宗主。關於此點,《侯馬盟書》已經講得很清楚,兹引述如下:“宗主的身份是世襲的。《左傳·宣公二年》:‘趙盾請以括爲公族’,‘使屏季(趙括)以其故族爲公族大夫’。疏:‘使屏季承其父(趙衰)後爲趙氏宗主,但晉人以盾之忠,更使其子朔承盾後耳。’自此以後,趙武、趙成、趙鞅一直繼承下來,世代爲趙氏宗主。”[⑪]在侯馬盟書中,宗主又是主盟人,即是參盟之人所要發誓效忠的對象。

二、宗盟考辨

“以事其宗”應該釋讀爲“以事其宗主”,那麽,此類盟書是否還應稱爲“宗盟類”呢?這其實並不是一個因果關係,對於“宗盟”

的認識，還要從史料和史實來討論。

先看《左傳·隱公十一年》：“周之宗盟，異姓爲後。”解《左傳》者，自來就有争論。争論的情况，在劉文淇《春秋左氏傳舊注疏證》中臚叙較詳細：《注》：“賈云，宗，尊也。服云，謂同宗之盟。孫毓云，宗伯屬官，掌作盟詛之載辭，故曰宗盟。（本疏）”《疏證》：“杜《注》不釋宗盟，但云盟、載書皆先同姓。《正義》引賈、服、孫三説，而駁賈、孫説。其駁賈説云：盟之尊卑，自有定法，不得言尊盟也。其駁孫云：《周禮》同（司）盟之官，乃是司寇之屬，非宗伯也。惟服之言，得其旨矣。沈欽韓云：《大行人》春見曰宗。鄭云，宗，尊也。欲其尊王同盟，亦是尊王之事。宗、尊古字通。《字林》：宗，尊也，亦主也。宗盟亦謂主盟。賈義是也。按：沈以宗盟爲主盟，足申賈説。《儀禮·喪服傳》云：“大宗者，尊之統也。”《白虎通·宗族篇》：“宗者，尊也。爲先祖主者，宗人之所尊也，則宗盟以同姓爲重，舉其重者曰宗盟。服説亦非不可通。”《曲禮》‘諸侯西面而朝’《疏》：就爵同之中，先受同姓之朝。周之盟會，亦先同姓也，故定四年祝佗稱踐土之盟，載書云，晉重、魯申、蔡甲午、鄭捷、齊潘、宋王臣。鄭雖小國，而在齊上。故《隱公十一年傳》云：“周之宗盟，異姓爲後。若其餘盟，分國大小爲次。”故襄公二十七年宋之盟，晉、楚稱先，楚人先歃，是也。此亦盟先同姓之證也。孫氏以宗盟爲掌於宗伯，未免望文生義。《正義》云：“孫毓難服云，同宗之盟，則無異姓，何謂先後？若通共同盟，則何稱於宗？斯不然矣。天子之盟諸侯，分（令）其同獎之（王）室，未聞離逖異姓，獨與同宗盟者也。但周人貴親，先叙同姓，以其篤於宗族，是故謂之宗盟。魯人之爲此言，見其重宗之義。執其宗盟之文，即云無與異姓，然則公與族燕，則異姓爲賓，復言族燕不得有異姓也？孟軻所云説《詩》者不以辭害義，此之謂也。其説得之。"⑫

所謂孔穎達《正義》贊成服虔之説，其實孔氏也没有詳加證明，而是把"同宗之盟"引申爲"王官之伯降臨諸侯以王命而盟者"，實即提出了又一種解釋："異姓爲後者，謂王官之伯降臨諸侯以王命而盟者耳。其春秋之世狎主齊盟者，則不復先姬姓也。……其王官之伯臨諸侯之盟，雖群後咸在，常先同姓，故此言宗盟耳。取重宗之事以喻己也。取譬之事，聊舉一邊。'寡人若朝於薛，不敢與諸任齒'。朝於彼國，自可下主國之宗，諸侯聚盟，不肯先盟主之宗也。"⑬這樣理解，所謂"宗盟"，是説有周王之命的盟會則以姬姓爲先，其餘的盟會則以盟主的同姓爲先。

楊伯峻先生在其名著《春秋左傳注》中也提出一種新觀點，説："宗盟爲並列結構。《周禮·大宗伯》：'以賓禮親邦伯，春見曰朝，夏見曰宗，秋見曰覲，冬見曰遇，時見曰會，殷見曰同。是宗亦會同之名。《尚書·禹貢》'江漢朝宗於海'，朝、宗亦以同義詞並列爲一詞。則宗盟者，猶言會盟也。前人皆未得其義。"⑭按照楊先生的解釋，則"宗盟"徹底被解構了，宗與盟根本就指的是兩回事。

在一篇小文中這樣大段引證，實在是不得已，但不如此則不能徹底了解關於"宗盟"的争訟。從以上引證中，我們至少可以了解兩點：

第一，漢唐時期學者直至當今學人，對"宗盟"的認識一直没有一致的看法，也没有相對集中的意見。特别是我們看到清代研究《左傳》最負盛名的學者劉文淇的觀點，實際上是依違之論，兩可之言。

第二，"宗盟"之事，在歷史上是否存在，尚没有肯定的答案。差不多有兩千年，其間學者争論辯難，均不能得其要領，蓋在於無人能舉出相應的史實，如果用事實説話，則争論自然消弭於無形。

由第二點來看，“宗盟”之謂“同宗之盟”，或曰“同姓同宗的人在一起舉行盟誓”，竟很難找出史實的根據。

此又不然。若説没有“同宗之盟”，那麽《侯馬盟書》所舉的“《左傳・哀公十四年》:‘子我盟諸陳於陳宗。’疏:‘《正義》曰：陳宗，陳氏宗主，謂陳成子也。盡集陳氏宗族就成子家盟也。’這便是宗盟的一個例子”不是明證嗎？還有考古發現的侯馬盟書、温縣盟書，不都是顯而易見的史實嗎？

侯馬盟書和温縣盟書古人當然看不到，可置不論。仔細閲讀《左傳・哀公十四年》的記載，可以發現前人不舉此證的道理。傳云：“齊簡公之在魯也，闞止有寵焉。及即位，使爲政。陳成子憚之，驟顧諸朝。諸御鞅言於公曰：‘陳、闞不可並也，君其擇焉。’子我夕，陳逆殺人，逢之，遂執以入。陳氏方睦，使疾，而遺之潘沐，備酒肉焉，饗守囚者，醉而殺之，而逃。子我盟諸陳於陳宗。”⑮與陳氏舉行盟誓的主動方是子我，據杜預的注釋：“闞止，子我也。”⑯正是由於“陳、闞不可並”的闞氏要求，才有了這次盟誓。闞止要與陳氏盟誓的動機，杜預注釋有推測，云：“失陳逆，懼其反爲患，故盟之。”⑰雖然是與“諸陳”盟誓，但這不是一次“同宗之盟”，還是很明顯的。前人不引此爲證，也就不難理解了。

討論至此，我們可以明白無誤地説，“同宗之盟”在侯馬盟書和温縣盟書發現之前，一直没有史實的證明。故又可以據此推論，在周文化傳統中，宗族内部的盟誓並不常見，更没有形成慣例，因而在典籍中找不到相關的記載。

那麽，侯馬盟書和温縣盟書的發現，不是恰好證明了嗎？我們認爲，考古發現的盟書都是春秋末年的遺物，反映的是這個特殊時期的歷史現象，此時宗族内部之人加上一部分外族的人舉行盟誓，以便加强團結，在行動中保持一致。春秋末年禮崩樂壞，不合傳統的事出現得多，實際上是社會本身正在發生變化，這就是我們要在下面討論的問題。

三、盟書所反映的春秋末年社會組織結構的演變

周代是宗法制社會，宗族在社會構成中起到非常重要的支撑作用。周人設計的社會政治圖式，血緣關係與政治體制合二而一，宗族是其最基本的結構框架，集家庭、社會、政治多種功能於一身，而最基本的聯繫紐帶是血緣關係，這正如王國維所云，周人之制度，“皆由尊尊、親親二義出。然尊尊、親親、賢賢，此三者治天下之通義也。周人以尊尊、親親二義，上治祖禰，下治子孫，旁治昆弟；以賢賢之義治官”[18]。王國維所説的祖禰、子孫、昆弟，即是按父系來計算的血緣親屬，也是宗族最基本的構成要素。

以血緣關係爲聯繫紐帶的社會組織，是很原始的組織形態，早在文明社會出現之前就已經存在。這種組織的内部團結，是依靠血緣的自然性質，依靠古老的習慣認同，當然也依靠聚族而居的地緣關係，以及財産方面的利益分享。因此，宗族之内没有結盟的記載，應該是合乎情理的。

宗族是氏族的新形式，亦即在文明時代仍舊保存下來的氏族。這種組織由於它的原始性質，傳統的力量格外强大。侯外廬先生把保留氏族社會的國家形態稱爲“早熟的文明小孩”，説：“灌溉和熱帶等自然環境是亞細亞古代‘早熟’的自然條件。氏族公社的保留以及轉化成爲土地所有者氏族王侯（古稱‘公族’），是它的‘維新’路徑，土地國有而没有私有地域化的所有形態，是它的因襲的傳習，征服了周圍部落的俘虜，是它的家族奴隸勞動力的源泉。”[19]還特别指出，東方和西方在文明發生時期的差異，“一個多少着重在傳習的力量，一個是分期變革的”[20]。在這裏引述侯外廬先生的觀點，

意在説明，宗族的凝聚力主要是在其悠久的歷史和久遠的傳統，在傳統瓦解之前，並不需要結盟要約等形式來維係其存在。典籍中没有關於“同宗之盟”事實的記載，卻在考古發現中出現，也許是説明當時人在觀念上還不願意接受這樣的事實。

我們再來看《左傳》中對於當時社會結構的描述：“故天子建國，諸侯立家，卿置側室，大夫有貳宗，士有隸子弟，庶人、工、商，各有分親，皆有等衰。”[21]這種對金字塔式結構的直綫描述，各個層次都是以宗族爲依託，用血緣紐帶繫連的。童書業先生曾有極好的疏釋，説明其間貫穿的宗族關係，兹引述如下：“此述古代貴族、庶人等之‘宗法制’及貴族之‘封建’制也。‘天子建國’即天子建諸侯，‘諸侯立家’即諸侯立卿大夫，‘卿置側室’即卿立下級之卿或大夫（文十二年‘趙有側室曰穿’，杜注：‘側室，枝子也。’‘秦獲穿也，獲一卿矣’，則晉國是時最大卿族趙氏之‘側室’已爲卿，此卿自爲下級之卿。卿自亦可分‘側室’爲大夫。如魯之公父氏、子服氏等）。‘大夫有貳宗’，即大夫立下級大夫或‘屬大夫’（杜注：‘適（嫡）子爲小宗，次者爲貳宗，以相輔貳也。’案‘小’當爲‘大’，適（嫡）子爲大宗，非小宗也。或曰，‘貳宗即小宗，蓋以貳於大宗言之。’呂祖謙曰：‘别子爲祖，如魯桓公生四子：莊公既立爲君，則慶父、叔牙、季友爲别子。繼别爲宗，如公孫敖繼慶父，是爲大宗。繼禰者爲小宗，如季武立悼子，悼子之兄曰公彌。悼子既爲大宗，則繼公彌者爲小宗。’考季氏之别族有公父氏，《魯語》：‘季康子問於公父文伯之母’，韋注：‘文伯，魯大夫季悼子之孫，公父穆伯之子公父歜也。’公父氏亦爲大夫。《魯語》：‘敬姜謂文伯，“爾又在下位”。’韋注：‘下位，大夫也。’此爲卿之别族之大夫也。《魯語》又載‘公父文伯飲南宫敬叔酒’，韋注：‘敬叔，魯大夫孟僖子之子，懿子之弟南宫説也。’是南宫氏蓋亦别族之大夫也。

此外晉之知氏，魯之子服氏，亦皆别族而爲卿及大夫也。是等雖皆卿之别族，亦可明‘大夫有貳宗’之義。大夫與卿在他國可以有昇降，卿即大夫中之領袖，多爲掌軍行者也。蓋‘大夫有貳宗’與‘卿置側室’相同。‘正室’‘側室’猶‘大宗’‘貳宗’。‘貳宗’，似爲‘小宗’中地位之較高者。一般‘小宗’蓋祇爲‘屬大夫’‘家宰’或士也。襄二十九年:‘季武子取卞，使公冶問。’杜注:‘公冶，季氏屬大夫。’《魯語》:‘季武子取卞，使季冶逆。’韋注:‘季冶，魯大夫季氏之族子冶也。’則公冶爲季氏之族，而爲季氏‘屬大夫。’屬大夫亦有家臣而隸於大宗，且受邑於大宗。襄二十九年:‘公冶致其邑於季氏而終不入焉，……及疾，聚其臣曰：我死，……且無使季氏葬我。’可證。《檀弓》:‘陳子車死於衛，其妻與其家大夫謀。’‘家大夫’，觀《檀弓》下文實即‘宰’，其地位蓋與‘屬大夫’相近，而全屬於大夫，不獨立。‘屬大夫’猶有獨立性，昭七年:‘孟僖子……召其大夫’。杜注:‘僖子屬大夫也。’是蓋‘家大夫’之類，未必即‘屬大夫’。‘屬大夫’似多爲本族之支庶。‘士有隸子弟’，杜注:‘士卑，自以其子弟爲僕隸也。’士之等級似甚多，凡非大夫而爲貴族者，皆可稱‘士’。‘士’亦可有‘氏’與‘族’，如襄十年:‘初，子駟與尉止有争，……初子駟爲田洫，司氏、堵氏、侯氏、子師氏皆喪田焉，故五族聚群不逞之人、因公子之徒以作亂。’‘書曰盜，言無大夫焉。’是高級之‘士’也。孔子亦‘士’，然‘貧且賤’矣。‘士’也者，蓋本部落時代氏族貴族下之親兵武士，其後轉化爲低級貴族，仍爲武士，而君大夫之疏族亦爲‘士’。蓋‘士’一般無家臣，故以子弟爲僕隸，亦即臣之類。然‘隸子弟’之‘隸’，抑或爲親族隸屬之義。”㉒士以下未作解釋。

權力、土地、人民等均以親族關係來分配，是宗法社會團結宗族的利器。以政治、經濟等各種利益强化氏族的傳統，故能維持較長時期，而不必借助於其他手段。

春秋末年，周王室的權威衰落已久，各諸侯國内公室的權威也日漸式微，大家彊宗輩出，各種戰争與政争頻頻發生，傳統受到挑戰，利益格局也在不斷調整，影響到社會深層結構，則宗族的凝聚力發生了問題，需要通過盟誓來團結宗人。

當然，宗人的忠誠出現問題，還與宗族内部的鬥争有直接關係。宗族的内亂和分裂，是導致出現"同宗之盟"的表面原因。侯馬盟書中趙孟主持的盟誓，就是要打擊同爲趙氏的趙尼。宗族解體的發生，總是要借助具體的形式，表現爲各種複雜的方式，但其深刻的原因當仍在於經濟、政治的傳統權益難以爲繼。

根據《侯馬盟書》的研究，"宗盟類的盟書中，凡參盟人一般祇書名而不書姓氏。可以認爲，不書姓氏的參盟人，絶大多數爲趙姓。但事實上也有少數異姓從盟的，……顯然參加宗盟的那些異姓都是以主盟人爲主君，而且是屬於主盟人的家臣、邑宰一類人物。當時這類人物不但可以參加宗盟，如果立了大功，甚至還可以配享在主君的宗廟裏，例如趙鞅的家臣董安于死後，即'配祀'於趙鞅的宗廟（事見《左傳・定公十四年》）。由於當時鬥争形勢錯綜複雜，卿大夫的家臣、邑宰們另擇主君投靠的情況也很多，所以，從趙鞅而參加晉陽趙氏宗盟的，中間也有邯鄲趙氏系統的人，如邯鄲固即是一例（二〇〇：三）。"[23]宗族之内而需要盟誓，反映的是宗族凝聚力的消解；異姓而可以配享宗廟，反映的是宗族可以容納異姓，宗族的性質在悄然發生改變。可見，此時之宗廟正在演變爲政治共同體的象徵，而不再是它本來意義上的氏族共同體的象徵。

我們認爲，侯馬盟書的内容因多是同宗人結盟而反映了宗族解體的事實，而宗族的解體則是當時社會結構的一個重要變化，宗法制的周人傳統在戰亂頻仍中逐漸走向消亡。當然這個過程是緩慢的，宗族的解體並不是在一個早晨突然分崩離析，盟書還是要强調效忠“宗主”，還提到“宗人兄弟”，説明這個時期宗族的外殼還在，衹是它的本質發生了變化。這種變化，正是春秋末年社會結構演變的重要表徵。

注釋：

① 山西省文物工作委員會：《侯馬盟書》第 69 頁，文物出版社，1976 年。（以下引《侯馬盟書》均爲此版本。）

②《侯馬盟書》第 68 頁。

③ 黄盛璋：《關於侯馬盟書的主要問題》，《中原文物》1981 年第 2 期。

④ 河南省文物研究所：《河南温縣東周盟誓遺址一號坎發掘簡報》，《文物》1983 年第 3 期。

⑤ 謝堯亭：《侯馬盟書試析》，《山西省考古學會論文集》（二），山西人民出版社，1994 年。

⑥ 段玉裁：《説文解字注》第 215、342 頁，上海古籍出版社，1981 年。

⑦ 高明：《中國古文字學通論》第 412 頁，北京大學出版社，1996 年。

⑧ 參見高明：《古文字類編》第 174 頁，中華書局，1980 年。

⑨《侯馬盟書》第 290、355 頁。

⑩ 楊伯峻：《春秋左傳注》第 1136—1137 頁，中華書局，1981 年。

⑪㉓《侯馬盟書》第 69 頁。

⑫ 劉文淇：《春秋左氏傳舊注疏證》第 55 頁，科學出版社，1959 年。

⑬《十三經注疏》第 1735、1736 頁，中華書局，1980 年。

⑭《春秋左傳注》第 72 頁。

⑮《春秋左傳注》第 1682—1683 頁。

⑯⑰《十三經注疏》第 2173 頁。

⑱ 王國維：《殷周制度論》，《觀堂集林》卷十，第 472 頁，中華書局，1959 年。

⑲ 侯外廬、趙紀彬、杜國庠：《中國思想通史》第一卷，第 9 頁，人民出

版社，1957 年。

⑳ 侯外廬、趙紀彬、杜國庠：《中國思想通史》第一卷，第 7 頁，人民出版社，1957 年。

㉑《春秋左傳注》第 94 頁。

㉒ 童書業：《春秋左傳研究》第 119—120 頁，上海人民出版社，1980 年。

原載《鹿鳴集——李濟先生發掘西陰遺址八十周年·山西省考古研究所侯馬工作站五十周年紀念文集》，科學出版社，2009 年 12 月。

侯馬與温縣盟書中的“岳公”

〔美〕魏克彬

在侯馬與温縣盟書中常見有“X 公”（“X”表示需要考釋的字，下同），係指被召唤來監督參盟人的神。“X 公”的寫法較多，學者對該字曾提出幾種考釋，雖尚未取得共識，但大都認爲應是晉國的一位或多位先公。在温縣盟書整理過程中，我們發現有四片盟書在 X 字的位置用了另一個字。筆者認爲這個字是“獄”，這裏應讀爲“岳”，且常見的 X 字應釋爲“岳”，進而認爲“岳公”不是晉國的先公而是一位山神。

一、侯馬盟書與温縣盟書所召唤的神的幾種稱謂

侯馬盟書於 1965 年在山西侯馬被發現，是晉國卿大夫趙氏家族進行盟誓的遺物；温縣盟書於 1980—1981 年在河南温縣被發現，是晉國卿大夫韓氏家族進行盟誓的遺物，一般認爲這兩批盟書的年代爲公元前 5 世紀。根據内容的不同，侯馬盟書與温縣盟書可以分成幾類，但基本都屬於參盟人對盟主的效忠宣誓，反映了當時晉國卿大夫之間及其氏族内部的衝突[①]。

羅鳳鳴將盟書的基本格式歸納爲四個組成部分[②]：

Ⅰ. 參盟人的名字（有時還包括其他内容，如盟誓的有效日期）

Ⅱ. 對參盟人未來行爲的規定

Ⅲ. 對監督盟誓的神的召唤

Ⅳ. 自詛，即毁盟的後果（要受到的被所召唤之神執行的懲罰）

下舉一例（據以上基本格式分爲四部分）：

温縣盟書 WT1 坎 1 ：3802[③]

Ⅰ. 十五年十二月乙未朔辛酉。自今以往，喬

Ⅱ. A. 敢不□焉中心事其主

Ⅱ. B. 而敢與賊爲徒者

Ⅲ. 丕顯 X 公大冢

Ⅳ. 諦極視汝，靡夷彼氏。

要考釋的 X 字出現在第三部分，即“丕顯 X 公大冢”。温縣盟書幾乎每一類盟誓在這部分都用同樣的稱呼，僅有略微的變化，如表一。“丕顯 X 公大冢”的例子有的省去“丕顯”。WT1 坎 3 中的盟書片既少又殘，大多字跡不清，但似乎不用“X 公”而用“吾君”。侯馬盟書裏“吾君”（或者“吾”作“君”）比“X 公”更普遍，如表二。

表一

稱呼	温縣盟誓類别及坎號[④]
丕顯 X 公大冢	第一類（WT1 坎 1、WT1 坎 14、WT4 坎 9）；第七類（WT5 坎 1）
X 公大冢	第一類（WT4 坎 10、WT5 坎 21）；第三類（WT1 坎 17）；第四類（WT4 坎 5）；第六類（WT4 坎 11）；第七類（WT5 坎 14）
丕顯 X 公	第五類（WT4 坎 6、WT4 坎 2）
皇君 X 公	第二類（WT1 坎 2）
吾君（?）	WT1 坎 3

表二

稱呼	侯馬盟誓類别
吾君	宗盟類；委質類
丕顯X公大冢	納室類
[illegible][5]	其他（僅八五：三五片）

此外侯馬盟書一六：三片（宗盟類一）有“丕顯皇君X公”，但這片的格式與内容都很特别，“丕顯皇君X公”更像受祭祀的對象：

> 十又一月甲寅朔、乙丑，敢用一元□□丕顯皇君X公□□余不敢□□□□□□定宫平時之命汝嘉之□□大夫□大夫□□□□□□之□□□□□□以□□□□□不帥從□書之言皇君□□□□視之麻夷□……（一六：三）

最後一段中似乎包含有所召唤之神的一句，用了“皇君”2字，應是指誓辭前文已經提過的“丕顯皇君X公”。其他盟書中祇有温縣盟書第二類（WT1坎2）用“皇君X公”來指稱被召唤的神。

如上所述，侯馬與温縣盟書中被召唤之神最長的名稱是“丕顯X公大冢”。其中“丕顯”是定語，盟書裏或可省去。“大冢”在這裏的意思則一直没有很合理的解釋。傳世文獻中“冢”主要指“山”和“墳墓”。《侯馬盟書》將“冢”解釋爲“太廟”，恐怕不妥[6]。温縣WT1坎2、WT4坎6與WT4坎2盟書都省略“大冢”。那麽，這句裏不能省的關鍵就是“X公”。

“X公”的稱呼引起了很多研究者的關注，大部分人認爲這個被稱爲“公”的神指晉國（或周）的一位或多位先君。而且，如爲一位先君同時又能斷定其身份，就可進而解决這兩批盟書的年代問題。這類考釋包括吴振武把“X公”考釋爲“頃公”（前525—前512），正符合衆多學者把侯馬盟書盟主定爲趙鞅（趙簡子），温縣盟書盟主定爲韓不信的看法[7]。對 X 字的考釋，現常被引用的除“頃”之外還有更早提出的“晉”，即晉國的多位先公。但也有人提出過别的可能，江村治樹推測“X 公”也許是自然神，如《詛楚文》所奉獻的對象，並據 X 字從“山”提出該字指山，並指出“大冢”有“山”的意思[8]。

二、X 字在侯馬盟書與温縣盟書中的幾種寫法

此字由上下兩個偏旁構成，下半没有疑問應該釋爲“山”，考釋的難題在於其上半偏旁。下面按其上半偏旁寫法的不同舉出一些字例：

A. 上半偏旁由四筆組成，中間兩筆交叉，四筆交接處構成橢圓等形的空間。

A. 1. 中間兩筆交叉成彎曲狀，同時其下端相接；兩側斜筆和中間兩筆相接的位置無規律。

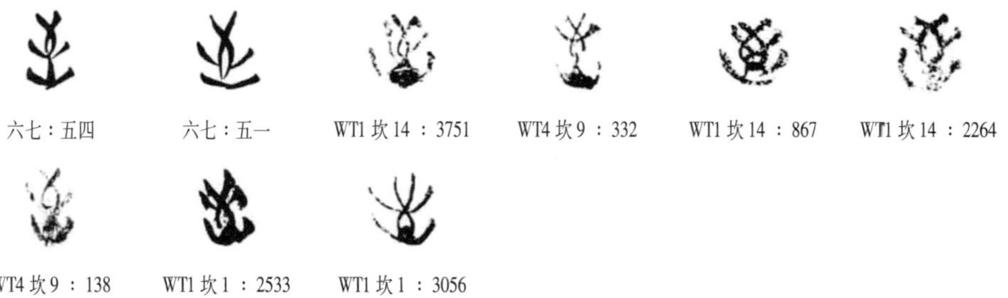

六七：五四　六七：五一　WT1 坎 14 ：3751　WT4 坎 9 ：332　WT1 坎 14 ：867　WT1 坎 14 ：2264

WT4 坎 9 ：138　WT1 坎 1 ：2533　WT1 坎 1 ：3056

A. 2. 中間兩筆較直，交叉後不再相接。

六七：三二　WT1 坎 1 ：1927　WT1 坎 1 ：501　WT1 坎 1 ：626　WT1 坎 1 ：312　WT1 坎 1 ：4544

A. 3. 中間兩筆交叉後與兩側斜筆再交叉，兩側斜筆下段也相互交叉。

WT1 坎1 ：3232

WT1 坎1 ：3586

A. 4. 與 A. 1 同，但上半偏旁的下端另加一横筆。

WT1 坎17 ：54

B. 上半偏旁由四筆組成，中間兩筆不交叉。

B. 1. 四筆都在下端相接。

六七：四

一六：三

WT1 坎2 ：159

WT1 坎14 ：2298

WT1 坎14 ：1740

WT1 坎1 ：3214

B. 2. 中間跟兩側的筆畫平行，且其下端不一定相接。

WT1 坎1 ：34

WT1 坎1 ：2475

WT1 坎1 ：1980

WT1 坎1 ：3190

WT1 坎1 ：3532

WT1 坎1 ：2510

B. 3. 兩側的筆畫縮短，不一定與中間兩筆相接。

WT1 坎1 ：15

WT1 坎1 ：92

WT1 坎1 ：1811

WT1 坎1 ：2255

WT1 坎1 ：3037

WT1 坎17 ：100

B. 4. 中間兩筆内凹，上端外傾。

WT4 坎10 ：8

WT1 坎2 ：139

C. 上半偏旁由五筆組成，中間有一竪筆，兩側各有兩道平行的斜筆。

C. 1.

WT1 坎1 : 3412

WT1 坎1 : 172

WT1 坎1 : 18

WT4 坎9 : 423

WT5 坎21 : 3

WT1 坎1 : 3215

C. 2. 與 C. 1 同，但上半偏旁的下端另加一横筆。

WT1 坎2 : 61

D. 上半偏旁由三筆組成，中間有一竪筆，兩側各有一斜筆，三道筆畫在下端相接。

六七：一

六七：二九

WT1 坎1 : 1964

WT1 坎1 : 314

WT1 坎14 : 572

WT1 坎1 : 57

E. 其他

六七：四九

WT1 坎14 : 550

WT1 坎14 : 545

WT5 坎14 : 30

WT4 坎9 : 598

WT1 坎1 : 2258

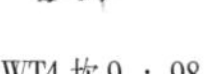
WT4 坎9 : 98

WT1 坎1 : 3202

WT5 坎21 : 28

WT1 坎17 : 122

以上幾種寫法中 A、B 最常見。過去對這個字的隸定主要依據侯馬盟書，或也參考温縣盟書已發表或展示過的少數例子，隸定爲："烎""吾""出""岦""舌"[9]。温縣盟書的整理工作提供了許多該字未見過的寫法，如 A. 3、A. 4、B. 4、C. 1、C. 2、E 等，但這些字形的上半顯然是同一個偏旁的變體，並未新提供能解決該字的意義或讀音的不同偏旁。而且，由於這些變體又往往跟其他偏旁類似，反而把事情複雜化了[10]。

三、“岳”“獄”考釋

在我們拍攝過的4000多片温縣盟書中，有四片在X字的位置用了一個不同的字。此四片均出自WT1坎14，根據文字的書寫風格可以斷定是同一人書寫的，四片都用“丕顯某公大冢”的説法（封三：1—3）。該字四個例子如下：

WT1坎14：3730

WT1坎14：3731

WT1坎14：3749

WT1坎14：615

此字上部有對稱的偏旁，與《説文》“㹜”接近，區别僅在於《説文》“㹜”的兩個“犬”均朝左。侯馬與温縣盟書參盟人人名中有“犬”和從“犬”的字，如：

WT1坎1：2250

二〇〇：四〇

二〇〇：五八

WT1坎1：4313

温縣盟書還有從“犬”的“猒”字：

WT4坎6：209

WT4坎6：216

WT4坎6：250

WT4坎6：315

另外侯馬盟書有從“犬”的“獻”字：

六七：四

六七：一六

六七：二一

六七：二

其他古文字資料有如下的“犬”字[11]：

戰國，晉：《貨系》109 　　秦：《十鐘》3.34

可見，上舉温縣盟書WT1坎14：3749代替X的字上半右旁的“犬”與盟書的“犬”字和“犬”旁接近。温縣盟書這4個字的“犬”旁另外幾個例子略有變化而成，其右上方表示犬喙的一筆又與表示犬身和犬尾的筆畫連成一筆。上舉侯馬盟書“獻”字六七：二一、六七：二兩例“犬”旁的寫法與此接近，而晉國貨幣文字之例就如此。較早古文字裏反寫的偏旁發展到小篆中被類化變爲普通的正寫偏旁，是很常見的。那麼，此字上半左右對稱的“犬”没有問題，即《説文》的“㹜”字。該字下半接近於《説文》中的“言”或“音”。“㹜”部的字有“獄”，除了上部不對稱，與温縣盟書的這個字完全一致[12]。“獄”有幾個跟法律有關的意義，“獄”字金文中的字形與温縣盟書非常接近，可以證明温縣盟書該字應定爲“獄”。以“獄”爲諧聲偏旁的字有“嶽”，而值得特别注意的是，“嶽”字常被“岳”字代替。《説文》“嶽”字的“古文”即“岳”字，其字形顯然跟侯馬與温縣盟書的X字多少有點相似。筆者認爲X字就是“岳”。

到目前爲止，古文字資料裏還没有可以被確認爲“岳”字的例子。不過傳抄古文中卻有幾例：

《汗簡》：

《華嶽碑》 　　《華嶽碑》

《古文四聲韻》：

《古尚書》　《華嶽碑》　《籀韻》　《崔希裕纂古》

這些例子的下半没有什麼變化，都可確認爲“山”。而其上半的寫法則不穩定。不過其中有跟 X 字相似的寫法：B. 2 形的字，與《汗簡》所收《華嶽碑》一字非常接近。另外 B. 1 形的字，與《古文四聲韻·籀韻》的一字形也較接近。這兩例與前述温縣盟書以“獄”字代替 X 字的例子結合起來，可以確定 X 字就是“岳”。

下面我們談談其他出土古文字的有關字例，以及過去對該字的“頃”和“晉”兩種考釋。

吴振武在考釋 X 字時，提出其上半偏旁與晉國璽文“敬”字的“苟”旁上面部分相似[13]。璽文裏的例子有[14]：

5006　5028

我們來比較一下温縣盟書 A 形的幾個例子：

WT1 坎 14 ：3751　WT1 坎 14 ：2264　WT1 坎 1 ：312　WT1 坎 1 ：501

根據這樣的例子，吴先生把該字上半偏旁解釋爲“敬”字的省略，將它分析爲“從山，敬省聲”，讀爲音近的“頃”。根據本文提出的温縣盟書用“獄”字的四例，應可斷定 X 字所代表的不是“頃”，即其上半不是“敬”字的省略。那麼“苟”旁上面部分與 X 字 A 形上半相同恐怕衹是出於偶然：兩部分原來不同，但在演變的過程中變成了同一形。具體來説，這兩個部分應該都是受到了倒寫的“矢”

形（即“卒”）的影響而産生了相同的變化。侯馬盟書“卒”作，見“晉”字，（一五六：一）、見於“室”字，（六七：一）等形，可以看出它跟“敬”字“苟”旁上端的和X字形A形上半的寫法一致。“敬”字比較早的例子有：

《盂鼎》 《大保簋》 《弔趞父卣》 《師虎簋》 《師克盨》 《秦公鎛》

《楚季苟盤》 《中山王嚳鼎》

最早的例子作“苟”，應是從如下甲骨文演變而來：

後2·36·6　前8·7·1

顯然“苟”原來並不從“卒”，而晉國“敬”字是從（《師虎簋》）、（《師克盨》）這種“苟”形發展而來的變體[15]。筆者推測“岳”字上半偏旁更早的字形也接近於“卒”形，導致晉國很多書寫者直接用“卒”旁。

正因侯馬與温縣盟書“岳”字A形上半偏旁作“卒”，有學者把該字隸定爲“𣅀”，釋爲“晉”的異體，把“X公”釋爲“晉公”[16]。此説與本文介紹的X字作“獄”的四例無法相合。其實把X字釋爲“晉”，本來就有問題[17]。“晉”從一個“卒”旁是可以的，晉國的貨幣文字有其例[18]。早期的“晉”字下半從“日”，但晉國文字的例子有從“口”的變體。把侯馬盟書X字下半的“山”看作“口”的變體不是没有可能，“口”寫成“山”是古文字裏較常見的現象。不過這樣幾百個X字中就應該存在從“口”或“日”的例子，但事實上卻一個都没有。而且,把該字看作“晉”的異體其更主要的問題還在於侯馬盟書已有“晉”字,如“晉邦之地”[19]的“晉”字,没有一例作X,而侯馬與温縣盟書幾百個X字也没有一例作“晉”。

總之,根據温縣盟書用“獄”代替X字的四例以及傳鈔古文“岳”和X字字形接近的例子,我們可以確定X字應就是“岳”。用“獄”代替“岳”是假借用法,應該是“嶽”字的前身。漢代的古文資料已有“嶽”字,是從“獄”得聲、用來代替“岳”的後起形聲字。此也説明從古音方面來講,温縣盟書以“獄”表示“岳”没有問題。

四、“岳”字在侯馬與温縣盟書中的意思

如前所述，對神的稱呼最完整的格式是“丕顯岳公大冢”。“岳”“獄”均不能假借爲晉國國君或周王的謚號。而將“岳”和“獄”讀爲“岳”，即高山，則完全講得通。這裏召唤的應是一位山神。這樣講，“大冢”很自然就是“大山”。《史記·封禪書》:“自華以西，名山七，名川四……而四大冢鴻、岐、吴、岳皆有嘗禾。”《索隱》曰:“案謂四山爲大冢也，又《爾雅》云‘山頂曰冢’……”《詩經·小雅·十月之交》“山冢崒崩”鄭玄箋:“山頂曰冢。”《釋名·釋山》云:“山頂曰冢；冢，腫也，言腫起也。”“冢”用來表示“墳墓”，原指有封土的陵墓，正如孫詒讓《周禮·正義》所云:“冢，本義爲山頂。山頂必高起；凡丘墓封土高起爲壠，與山頂相似，故亦通謂之冢也。”盟書的“冢”係用其本義，即“山”，“大冢”即“大山”。“岳公大冢”，“岳公”指一位山神，而它所在或所代表的山，亦即“大冢”。晉國的範圍是被高山圍遶的一系列盆地。侯馬即其中一個，温縣則離太行山南端不遠[20]。

戰國時期包山楚簡裏常見對山祭祀的記載，如:“與禱五山，各

一牂”“峗山一玦”“高丘、下丘，各一全豢”等[21]。另外，1993 年陝西華陰縣華山下出土的公元前 4 世紀末的秦駰玉版，記載了秦惠文王病中對華山祈求保佑和早日康復，其對山神祭祀的内容非常豐富[22]，是戰國時期對山的崇拜的一個非常重要的證據。傳世文獻裏也常提到對山的崇拜，如《詩經・大雅・崧高》:“崧高維嶽，駿極于天。維嶽降神，生甫及申。”《國語・魯語下》:“仲尼曰：‘山川之靈，足以紀綱天下者，其守爲神。’”《國語・楚語下》:“天子徧祀群神品物，諸侯祀天地、三辰及其土之山川，卿、大夫祀其禮，士、庶人不過其祖。”《周禮・春官・大宗伯》:“大宗伯之職：……以血祭祭社稷、五祀、五嶽，以貍（埋）沈祭山、林、川、澤……”侯馬與温縣盟書的“岳公大冢”是這一現象的一個新發現的例子：

請求山神來監督盟誓非常自然，如《左傳》襄公十一年:“……乃盟。載書曰：‘凡我同盟，毋藴年，毋壅利，毋保姦，毋留慝；救灾患，恤禍亂，同好惡，獎王室。或間茲命，司慎、司盟，名山、名川，群神、群祀，先王、先公，七姓、十二國之祖，明神殛之，俾失其民，隊（墜）命亡氏，踣其國家。’”這裏引用的盟詞所召喚的神包括“名山”，應是山神監督盟誓的例證。

雖然傳世文獻中未見被稱爲“岳公”的神，但有學者認爲可以證明侯馬地區原有名叫“岳”的山。屈萬里在 1960 年發表的《嶽義稽古》一文中主張:“在先秦典籍中所見的單獨的岳字，除了里名的岳、和荒唐難信的《山海經》中之岳而外，衹是兩座山的名字——霍山和岍山。而霍山叫做岳較早，岍山叫做岳則較晚。”[23]霍山也叫太岳山，位置在侯馬以北約 100 公里。《國語・齊語》記載齊桓公把用來祭祀的肉（即“胙”）帶去晉都絳:“南城於周，反胙於絳。嶽濱諸侯莫敢不來服，而大朝諸侯於陽穀。”屈萬里指出:“《國語》此節，是説齊桓公西征的功績；所舉的地方，多在晉的西南部一帶，……而太岳卻正在晉國的西南部，所以這裏所謂‘嶽濱’之岳，必然是太岳無疑。”㉔屈萬里還引用《管子·小匡》記載同一件事作“成周反胙於隆嶽，荆州諸侯莫不來服”，謂：“絳是靠近太岳的地方；所以《管子》裏所謂‘隆嶽’，仍是指的太岳。”㉕也就是説，《國語》提到晉都説“絳”，而《管子》指同處用“嶽”，説明晉都附近有一座岳山，屈氏認爲就是今天的太岳山（即霍山）。這些例子説明晉國很可能有名爲“岳”的山，也許就是今天的霍山（太岳山）。

五、“岳公”之“公”的解釋

還有必要討論“岳公”的“公”字。被稱爲“公”不一定指某國的先君。給自然神冠上爵號、官名、尊稱等是對自然物人格化的表現，體現出用人間社會的結構和制度，比如宗法和爵位，來組織所信仰的自然神的世界㉖。甲骨文、金文與更晚的出土和傳世文獻中都有反映這種現象的資料。艾蘭指出在商代“上帝位於天上。在天上，帝有一個由五位‘臣’組成的宫廷，他命‘令’各種自然現象。因此，上帝是天上僅有的一位統治者，正像國王是人世的統治者一樣。”㉗春秋時期齊國的《洹子孟姜壺》銘文反映了類似的情況：“齊侯拜嘉命，於上天子用璧玉備，於大巫司誓，於大司命用璧、兩壺、八鼎，於南宫子用璧二備、玉二笥、鼓鐘。”㉘銘文説明齊國人用人間的官僚制度來組織他們所信仰的神㉙。這方面的資料漢代很多，譬如馬王堆漢墓“避兵圖”用圖畫來描繪自然神的等級制度，包括太一、雷公、雨師等神。在傳世文獻中河神常冠有“伯”的作“河伯”。公元前 4 世紀的《穆天子傳》已有其例：“戊寅，天子西征，鶩行，至於陽紆之山，河伯無夷之所都居，是惟河宗氏。”這些例子都説明古人以當時人間社會和政治的框架來組織他們所信仰的神。因而我們常會見到自然神冠上爵號、官名等現象。雖然傳世文獻中未見被稱爲“岳公”的神，但卻有把“公”字和稱爲“岳”的山聯繫起來的例子，《禮記・王制》:“天子祭天下名山大川：五嶽視三公，四瀆視諸侯。諸侯祭名山大川在其地者。”這裏的“五嶽視三公”指在自然神的等級制度裏“五嶽”山神的地位相當於人間最高的官銜，即所謂的“三公”。《尚書大傳・夏傳・禹貢》中有類似的話:“五嶽視三公，四瀆視諸侯，其餘山川視伯，小者視子男。”這裏更明確地以人間的爵位制度來劃分自然神，把“五嶽”看作“公”。

通過以上的討論不難看出,“岳公”應是晉國崇拜的一個山神,山的名字叫“岳”,而“公”表示這位神在晉國自然神的制度中的位置。

“岳公”前面常用“丕顯”作定語，而出土文獻中“丕顯”除了在金文裏修飾祖先之外，還可以修飾别的神，如《詛楚文》云“丕顯大神巫咸”。除了常見的“［丕顯］岳公大冢”外，温縣第二類盟書（WT1 坎 2）有“皇君岳公”，而侯馬盟書一六：三片（宗盟類一）有“丕顯皇君岳公”。根據金文裏類似的用詞習慣，這裏的“皇君”和“岳公”應指同一對象。金文中類似的例子有“丕顯皇考宫公”，“皇考”即“宫公”（《師望鼎》[30]）。“皇君”是尊稱，其可以指稱的對象範圍很廣，包括在世的周王君侯、賞賜者、官長和去世的先公及夫人等[31]。那麽，用“皇君”來稱呼自然神應該没有問題。總之，把“丕顯岳公大冢”看作對晉國山神的稱呼，從文字、用詞及當時社會信仰和祭祀的習俗幾個方面看都是可以的。

六、餘論

本文開頭已經指出，侯馬盟書大多數例子用“吾君”而非“岳公”，相反温縣盟書幾乎都用“岳公”不作“吾君”。限於篇幅這個問題不能詳細討論，不過筆者推測“吾君”應指晉國的先公。侯馬盟書大多用“吾君”，而温縣盟書則作“岳公”，這也許與侯馬盟書的盟誓地點在晉都新田而温縣盟書在離國都較遠的邊遠地區有關。

附記：

筆者多年來有幸參與河南省文物考古研究所的温縣盟書整理工作，在此衷心感謝河南省文物考古研究所孫新民所長以及郝本性、趙世綱等先生的大力支持。在寫作本文時，曾得到裘錫圭、陳劍等師友的教正，特此致謝。

攝影：王蔚波

温縣盟書

1. WT1 坎 14 ：3731

2. WT1 坎 14 ：3749

3. WT1 坎 14 ：615

注釋：

① 山西省文物工作委員會《侯馬盟書》，文物出版社，1976 年；河南省文物研究所《河南温縣東周盟誓遺址一號坎發掘簡報》，《文物》1983 年第 3 期。

② 羅鳳鳴（Susan R. Weld）《侯馬和温縣盟書的背景研究》，第 162—167 頁，中國考古學會等編《汾河灣：丁村文化與晉文化考古學術研討會文集》，山西高校聯合出版社，1996 年。

③ 同①《河南温縣東周盟誓遺址一號坎發掘簡報》，第 85 頁，圖版 7。

④ 這些類别是筆者暫定的。

⑤ 八五：三五爲一殘片，内容和《宗盟類》相似，但不完全相同。其背面的文字是:“□之命[illegible]其明亟視之麻□”。根據[illegible]這個字的位置來看，它有可能是被召唤的神的名稱。這個字應該如何解讀，尚待考釋。

⑥《侯馬盟書》第 40 頁引《左傳》閔公二年“大子奉冢祀社稷之粢盛”，説“宗廟亦稱冢祀”。案“冢祀”應是在宗廟舉行的祭祀，但這不等於“冢祀”就是“宗廟”的别稱。這裏的“冢”字舊注和辭書一般釋爲“大”，如杜預注:“冢，大也。”

⑦⑬ 吴振武《釋侯馬盟書和温縣盟書中的“岀公”》，中國古文字研究會第九屆學術討論會論文，南京，1992 年 11 月。另見吴振武《關於温縣盟書中的“岀公”》，第 206—207 頁，《新出簡帛研究・第二屆新出簡帛國際學術研討會文集》，文物出版社，2004 年。

⑧ 江村治樹《侯馬盟書考》，第 65—102 頁，《内田吟風博士頌壽紀念》，東洋史論集，1978 年。

⑨“羑”説見陳夢家《東周盟誓與出土載書》，《考古》1966 年第 5 期；“晉”説見唐蘭《侯馬出土晉國趙嘉之盟載書新釋》，《文物》1972 年第 8 期；此説另見張頷《“侯馬盟書”叢考續》，第 91—109 頁，《張頷學術文集》，中華書局，1995 年；“出”説見高明《侯馬載書盟主考》，《古文字研究》（第一輯），第 103—115 頁，中華書局，1979 年；“岀”説見吴振武《釋侯馬盟書和温縣盟書中的“岀公”》，中國古文字研究會第九屆學術討論會論文，南京，

1992 年 11 月。"舌" 説見李家浩《黝鐘銘文考釋》，第 64—81 頁，《著名中年語言學家自選集 · 李家浩卷》，安徽教育出版社，2002 年。

⑩ 如 C 例跟侯馬與温縣盟書的 "奉" 字上半所從的 "丰" 形很接近。

⑪ 季旭升《説文新證》，藝文印書館，2004 年。

⑫ 古文字中的 "言" 和 "音" 常互用，如侯馬盟書的 "誸" 字（《侯馬盟書》第 41 頁）。所以温縣盟書此字的下旁似乎作 "音" 而《説文解字》的 "獄" 字從 "言" 這一點，並不成爲問題。

⑭ 何琳儀《戰國古文字典》，第 781—784 頁，中華書局，1998 年。

⑮ 楚文字裏 "敬" 字的發展不同。楚金文 "敬" 字作[illegible]（春秋晚期《楚季苟盤》），而因爲 "苟" 旁上面部分接近於 "羊"，所以後來就直接寫作 "羊" 形（郭店《緇衣》第 20 簡、《成之聞之》第 8 簡）。

⑯ "吾" 説見唐蘭《侯馬出土晉國趙嘉之盟載書新釋》，《文物》1972 年第 8 期；此説另見張頷《"侯馬盟書" 叢考續》，第 91—109 頁，《張頷學術文集》，中華書局，1995 年。

⑰ "出" 説見高明《侯馬載書盟主考》，《古文字研究》（第一輯），第 103—115 頁，中華書局，1979 年。

⑱ 李圃主編《古文字詁林》第六册，第 388—393 頁，上海教育出版社，2003 年。

⑲ 山西省文物工作委員會《侯馬盟書》，第 324 頁，文物出版社，1976 年。

⑳ 馬保春《晉國歷史地理研究》，文物出版社，2007 年，第 30—35 頁。

㉑ 湖北省荆沙鐵路考古隊《包山楚墓》，文物出版社，1991 年。釋文見陳偉《包山楚簡初探》，武漢大學出版社，1996 年。

㉒ 参見李學勤《秦玉牘索隱》，《故宫博物院院刊》2000 年第 2 期。

㉓ 屈萬里《岳義稽古》，《清華學報》2. 1（1960 年）。

㉔ 同㉓，第 57 頁。

㉕ 同㉓，第 60 頁。

㉖ Kenneth E. Brashier，"The Spirit Lord of Baishi Mountain：Feeding the Deities or Heeding the yinyang", Early China 26—27 (2001—2002)。

㉗ 艾蘭（Sarah Allan），"上帝、天、與天命的來源"講座，中國社會科學院歷史研究所，2007 年 10 月 15 日。

㉘ 中國社會科學院考古研究所《殷周金文集成》，第 15 册第 9729 號，中華書局，1984 年。

㉙ 張二國《兩周時期諸神的權能》，《宗教》（人大復印報刊資料）2002 年第 5 期。原載《海南師範學院學報》2002 年第 3 期。

㉚ 中國社會科學院考古研究所《殷周金文集成》，第 5 册第 2812 號，中華書局，1984 年。

㉛ 張再興《"文""皇"考辨》，《語言文字學》（人大複印報刊資料）2008 年第 5 期。原載《中國文字研究》2007 年第 2 期。

原載《文物》2010 年第 10 期。

盟書法書傳承隨想

張守中

中國的書法藝術底蘊豐厚，研究中國書法史越不過侯馬盟書。中國早期的漢字是甲骨文和金文，甲骨文、金文是刀刻和鑄造，而少有墨書。盟書的特點是毛筆手書，且批量巨大，是目前時代最早、數量最多的毛筆手書文獻，這是值得認真研究和大書特書的一件事。侯馬盟書發現於1965年，是幸運的發現。而更加幸運的是侯馬盟書的整理靠着山西自己的力量，未出10年《侯馬盟書》編輯完成，由文物出版社出版，向國内外發行。《侯馬盟書》圖文並茂，又配有摹本和字表，全方位、多視角向學術界提供了資料，在“文革”10年動亂的困難時期尤其不易。相比之下，溫縣盟書則沒有這般幸運。溫縣盟書發現於1979年，發掘工作在1980年至1982年進行，出土石圭總數5000餘件，而30年過去，溫縣盟書報告尚未問世，所以我以為侯馬盟書的發現和《侯馬盟書》報告的高速度完成，都是件十分幸運的事。

1996年召開的丁村文化與晉文化考古學術研討會，我曾提交《論盟書法書藝術》一篇小文，待論文集成書時，編輯同志改為《論盟書書法藝術》。“法書”一詞與“書法”有不同的含義，辭源有

"法書"條目，文物出版社出版有《中國法書全集》。"法書"有典範、楷模的含義，我以為盟書是中國早期用毛筆書寫的書法藝術經典之作，稱之為"法書"當之無愧。談及盟書法書藝術的傳承，使我想到甲骨文書藝的傳承。1899 年，王懿榮首先發現了甲骨文，他不僅是清廷的顯官，而且是金石學家，精通書法，可是在 1900 年的"庚子之亂"中以身殉國，他未來得及研究甲骨文，而劉鶚繼承了王的事業，於 1903 年出版了《鐵雲藏龜》，繼而有一批學者研究甲骨學，其中着力最深的有羅振玉，他還是將甲骨文法書藝術繼承推廣的代表人物，他親自實踐把甲骨文書藝推而廣之。羅振玉卒於 1940 年，在他生前即影響帶動了一批年輕學者書寫甲骨文，新中國成立後在安陽等地已多次舉辦過甲骨文書藝交流盛會。甲骨文的發現距今 110 多年，甲骨文書藝的傳承亦隨之展開。侯馬盟書的發現晚于甲骨文 60 餘年，盟書書藝的認知與推廣比之甲骨文似乎慢了半拍，這或許與當今的社會發展進程有關。當下的社會已進入電子時代，作家的寫作已經廣泛使用了電腦，作家和書法家已經分離成為不同的兩個行業，如今的歷史學家、古文字學家著文立說已不用毛筆，更不必說政府公務員的辦公，用毛筆的能有幾人？而中國書法藝術的主流，依然是對漢字的書寫和對毛筆的運用，時代的這種發展變化不能不使我們深思。

建設美麗的中國要有科學的發展觀，學習普及書法藝術也有其自身規律。中國的書法藝術分為篆、隸、草、行、楷五體，其中篆書、草書的學習與傳承，較之其他三種書體多一層難度，即是認字。盟書文字屬篆書體系，故學習研究侯馬盟書藝術，首先要認識篆字。在過去，研究中國的古文字學稱之為小學，中國的第一部字書是漢代許慎的《說文解字》，其中有部首 540 部，學習篆書應該先學習臨寫《說文》部首，由淺入深，循序漸進。學習任何一門技藝都需刻苦，急於求成往往半途而廢。古人學習書法的生動事例有很多，以清代鄧石如為例，他在江寧梅氏家中苦學8年，每日清晨研墨一池，當晚用盡，5年篆書成，3年隸書成。鄧石如是一代布衣書法大家，他的書法成就得到後世認可。我們今天的學習環境和生活條件，不可謂不優於200多年前的鄧石如，而我們學習書法藝術所下的功夫怕遠不如古人。現在中國的國力增强，中國傳統文化的傳播得到世界各國的關注，孔子學院遍及各大洲，外國人學漢語的人大大增多，關注中國毛筆字的人也多起來，但是中國的國粹像京劇、書法之類，外國人怕衹能觸及皮毛。中國的傳統文化，首先還是要由中國人自己來繼承和發揚。最近幾年國家也特別重視中小學的書法教育，我們今天來討論侯馬盟書藝術，這就是在播撒種子。相信在不久的將來，盟書法書藝術學習實踐的人會漸漸多起來，出眾的藝術作品會有所顯露，侯馬盟書法書藝術的發揚光大指日可待，跂予望之。

癸巳新正望日

原載《方北集》，河北美術出版社，2014年6月。

侯馬載書盟主新考

張世超

一、舊事重提

侯馬載書於1965年12月在山西侯馬出土，迄今已有半個多世紀了。考古學、文物學及古文字學綜合研究證明，載書出土地是春秋戰國間晉國一次大規模盟誓的遺址，而這批載書就是這次盟誓的遺物[①]。經學界努力，盟書的文字已基本可以通讀，盟書的性質及當事人物的範圍，也已取得一致的看法。學界尚存在分歧的地方是此次盟誓的主盟人是誰，也就是説，這批盟書文字的具體年代爲何時。

關於盟主，學界有敬侯趙章[②]、桓子趙嘉[③]、文子趙武[④]、簡子趙鞅[⑤]、晉定公[⑥]等説法。晉君主盟之説因與盟書所記内容相牾，現已無人采信。在趙氏宗族之長中，趙章、趙武時代均無盟書所記事件踪跡，亦不可信。今較有説服力者唯簡子趙鞅、桓子趙嘉二説，所在時代均有權力争奪之事件，前者發生於晉定公十五年，即公元前497年；後者發生於趙桓子元年，晉幽公十四年，即公元前424年，二説相差73年。本文擬在此基礎上繼續進行討論。

二、關於所謂"趙尼"

盟書中有一個被整理者釋爲"趙尼"的人，是主盟人的主要政敵之一，如一五六：一片：

而敢又（有）志復趙尼及其子孫……于晉邦之地者，及群虖（呼）明（盟）者，盧（吾）君其明亟視之，麻夷非是（滅夷彼氏）。

被釋作"尼"的字作如下之形：

[illegible]（一九五：一）、[illegible]（一七九：五）、[illegible]（一六：三〇）、[illegible]（一：四一）、[illegible]（二〇〇：三）[⑦]。

由於字形變化較多，學界的考釋意見也頗不一致。除釋"尼"者外，還有釋"化"[⑧]、釋"北"[⑨]、釋"弧"若"佤"[⑩]之説。

此字並非同形相背之二"人"形，釋"北"於字形上無法通過。據《説文》，"化"字所從之"匕"爲倒"人"形，這一點可以得到古文字材料的證明：

[illegible]（《郭店簡·老甲》6）、[illegible]（《貨系》456）、[illegible]（《中山王方壺》"訛"字所從）、[illegible]（《漢印》）

無論是六國文字還是秦漢文字，"化"字所從之"匕"皆爲倒"人"形，與盟書此字有着明顯的區別。高明先生主張釋"化"，舉貨幣文字[illegible]、[illegible]、[illegible]等形類比。所舉諸字形見於齊國刀幣，實爲"刀"字，即"刀"字異體[⑪]。

釋"尼"之説於字形上没有像釋"北""化"説那樣明顯的問題，其缺點在於：其一，迄今爲止，我們並未見到確切的戰國"尼"字字形與之相比較，學界所舉的零星的有關"尼"字的字形材料都是據《説文》篆文推定的。其二，如果這是個"尼"字，"趙尼"爲何人，也有問題。張頷先生力主釋"尼"，認爲"趙尼"即"趙稷”。“尼”“稷”在音義方面都存在着密切的關係。我們將他的論證摘一段於下：

首先從字義方面來看，“稷”有“黏”義。《説文》“稷，齋也……”段注“程氏瑶田九穀考曰：稷，齋大名也。粘者爲秫……”《説文》“秫，稷之黏者”。我們知道昵、暱、厀爲同一字之異寫，均爲粘和親近之義。《説文》“厀，黏也，从黍日聲。春秋傳曰：不義不厀”。段注：“今左傳作暱，昵或暱字，日近也。《考工記·弓人》：‘凡昵之類不能方’，故書昵或作樴，杜子春云：‘樴讀爲不義不昵之昵，或爲䵒，䵒，黏也。’按許所據左傳作厀爲長，厀與暱音義皆相近。”賈公彦對《考工記·弓人》這段話的解釋爲“昵爲親近不相捨離……”之意[12]。

這段論述在意義訓釋上存在很多問題。其實，即使秫是粘的，也不能説“秫有粘義”，因“稷之黏者”爲“秫”而推導出“稷有黏義”“稷有昵義”則更不着邊際了。

張頷先生還論證了“尼”“稷”的語音關係[13]，結論也不太可信據。

這個所謂“尼”字，字形上有個十分明顯的特徵：左右二旁不對稱。一般多見者爲左旁長大，右旁短小，這一點，張頷先生已經正確地指出了。我們據《侯馬盟書》一書公佈的材料對所見字形進行了重新的統計，在所見256例中，左右不對稱者227例，其中包括右旁下部短小者6例（一：九八、二〇〇：二、三：二、九二：二〇、一五三：一、一九八：四）、右旁長大，左旁短小者7例（一：一〇五、一六：一五、一六：二八、九二：六、一七九：七、一九八：一、七五：八）；左右對稱者僅29例，其中還包括二旁之飾點左高右低者多例。這種情況證明，在當年人們的心目中，此字的左右兩旁是不對稱的。這一認識使釋“弧”若“佤”之説也遇到了字形分析上的困難。

近年來新發現的戰國文字材料，給這一字形的考證帶來了轉機。《上博》（七）《武王踐阼》篇中有如下一段話：

> 爲名（銘）於箬（席）之四耑（端）曰："安樂必戒"。右耑（端）曰："毋行可悬（悔）"。箬（席）後左耑（端）曰："民之反，亦不可［不］志。"

"反"下一字構形獨特，今本《大戴禮·武王踐阼》相應之字作"側"，整理者陳佩芬先生釋文將此字隸定爲"宿"，以括號標出"側"。注曰："'宿'同'昃'，讀爲'側'。"[14]然此字隸爲"宿"是不正確的，今將其形示之於下：

復旦大學出土文獻與古文字研究中心研究生讀書會注釋曰："字從'宀'，從'人'，從'匕'，未知當釋爲何字。"[15]關於此字，學界還有一些不同的説法。蘇建洲先生認爲字形下部爲"色"字變體，衹是將"色"字左右偏旁互換而已，因而將整字隸定爲"笣"，讀爲"側"[16]。程燕認爲該字從"宀"，"北"聲，隸定爲"宨"，讀爲"側"[17]。劉信芳認爲此字應釋爲"昃"，讀爲"側"，上部爲"人"形（不應釋爲"宀"），下"人"形偏於左側，而右下是"日"形，與上"人"形有共筆，且缺右邊一竪筆，估計書寫有訛[18]。林文華疑此字乃從"人"從"免"之"俛"，讀爲"俯"。"俯"通"覆"，"反覆"猶言"反側"，乃反復無常之意[19]。侯乃峰認爲此字即相當於《説文》之"仄"字，衹是下部使用"變體會意"的構形法另外造出一個聲符而已[20]。胡長春則將此字徑釋爲"作"，讀爲"側"[21]。

諸家之釋，皆未有當。我們認爲，這個字就是"反側"之"側"的古字。

“反側”一詞的原始意義指人睡覺時躺在床上翻來覆去。

《詩·周南·關雎》:“求之不得，寤寐思服，悠哉悠哉，輾轉反側。”

用的正是其原始義。

《文選》卷56陸倕《新刻漏銘》注引《尚書大傳》:“帝猶反側，晨興，辟四門，來仁賢。”《關雎》孔疏曰:“書傳曰:帝猶反側，晨興，則反側亦卧而不正也。”正因如此，《武王踐阼》篇記周武王將箴銘置於卧席之四周。《大戴禮·武王踐阼》:“席前左端之銘曰:安樂必敬……後左端之銘曰:一反一側，亦不可以忘。”意思是説在枕席寢卧之間時刻不忘戒懼。

現在再來説這個“”字，此字主體爲“宀”下所從之“”字，乃以會意之法所造之“側”本字。左側之“人”形象人睡眠時側卧形，右側小“人”形則示人翻身轉向另一方向之狀。以大“人”形爲正，則小“人”形爲側。構字之意與中山王鼎銘中的“(替)”相同。簡文字從“宀”，與“寤”“寐”“寢”“宿”諸字從“宀”同義。

“反側”由翻身又引申爲反復、變亂。

《周禮·夏官·匡人》:“匡人掌達法則，匡邦國而觀其慝，使無敢反側，以聽王命。”

《荀子·王制》:“故姦言、姦説、姦事、姦能、遁逃反側之民，職而教之，須而待之。”

《韓詩外傳》卷五:“反側之民，牧而試之，須而待之，安則畜，不安則棄。”

簡文《武王踐阼》:“箬(席)後左耑(端)曰:‘民之反側，亦不可[不]志。’”“反側”用其引申義，從這點看，簡本不及《大戴禮》本義長。

讓我們再回到侯馬盟書的話題上來，前文所説的那個左右兩旁不對稱的所謂“尼”字，應該就是這個□字“宀”下所從的“□”字，是“側”的本字。“趙側”就是史書上所記的，那個被趙鞅誅殺的趙午之子趙稷。古音“側”“稷”同屬職部，聲紐一在莊母，一在精母，屬於齒音旁紐，讀音極近。《史記·樗里子甘茂列傳》：“（秦）武王竟至周，而卒於周。其弟立，爲昭王。”《索隱》：“按：《趙世家》昭王名稷。《世本》名側也。”又《秦本紀》：“立異母弟，是爲昭襄王。”《索隱》曰：“名則，一名稷。”趙稷名“側”典籍作“稷”，與秦昭王名“側（則）”又作“稷”恰好相同。

如此，則侯馬載書之主盟人亦可確定了，就是趙稷之政敵，趙簡子鞅。

三、關於“嘉”字

在幾類不同盟書的關鍵地方都出現一個“嘉”字，如：

> 䞣敢不閛其腹心以事其宗，而敢不盡從嘉之明（盟）、定宫平畤之命……（一五六：一）
>
> 章頸（没）嘉之身及子孫，或復入之于晉邦之中者，則永亟𩑥（視）之（一五六：二〇）

唐蘭先生首創讀此“嘉”爲人名，主盟者爲桓子趙嘉之説[22]。高明先生亦力主此説[23]。盡管主趙鞅説的學者對趙嘉主盟的説法提出了不少的質疑，如趙嘉不宜稱“子趙孟”、桓子趙嘉與獻侯浣之間的鬥争時間很短，僅一年左右、三家分晉以後，“新田”已不在趙氏的勢力範圍之内，結盟遺址不應出現於“新田”（今侯馬一帶）等[24]，學界仍覺得將“嘉”視爲盟主是一種很直接的處理方法，難以否定。有鑒於此，李學勤先生提出一種折衷的意見，他認爲此次盟誓中還有一個最高的人物，是他指派“嘉”帶領衆大夫進行盟誓的，因此盟書中的“嘉”衹是個形式上的主盟者，是少年時的趙嘉，後來的桓子[25]。然而此説亦不能使人無疑：關乎個人性命與宗族存亡的盟誓，簡子何以不親自主盟？何況根據時間推算，假設少年趙嘉主盟時爲15歲，至其逐獻侯自立於代時已是88歲，年齡未免過大。

其實，張頷先生關於“嘉”不是人名的意見是很有道理的。一：二二片稱主盟者爲“子趙孟”是示尊兼示諱，一：八六片稱主盟者爲“某”則是明顯地示諱。《左傳·襄公二十五年》及《淮南子·精神訓》記載了齊崔杼弑莊公後以刀兵脅迫諸大夫盟誓的場面，周代之盟誓所表達的都是主盟、主誓者的意願。誓則由主誓者説誓詞，發誓人照樣重復，稱爲“則誓”[26]。盟則由主盟者擬定盟辭，書於載書，參盟人照載書誦讀。尤其是歃血之盟，多是關乎十分嚴重之大事，盟誓現場往往帶有殺氣，怎麼能想象參盟人直呼盟主之名呢！

對於上述意見，高明先生有所辯駁。他説：“所謂‘子臣對君父的盟誓辭文中不會直接指斥桓子的名字嘉’，則是由於對當時的盟誓制度有所誤解。舉行盟誓的誓辭，本是按照主盟人的意圖而事先由主盟人寫定的。”[27]在這個問題上，恐怕是高明先生誤解了。根據當時的制度，盟辭可能是由主盟人手下之官吏或參盟者自己書寫，儘管代表的是主盟人的意圖，但盟辭卻都是以盟誓人的口氣寫的。這一點，衹要讀一下盟書便很清楚了。

張頷先生主張“嘉”爲美稱，所引例證中有兩條較好：

《左傳·莊公廿五年》：“嘉之，故不名。”

《左傳·襄公四年》：“……敢不拜嘉。”注：“……晉以叔孫爲嘉賓……嘉叔孫，乃所以嘉魯君。”[28]

然而二例中之“嘉”字亦皆贊美之意，典籍中畢竟尚未見以“嘉”代稱人之例。

我們認爲，侯馬盟書中以“嘉”代稱主盟人，與一片特殊的盟辭有關。

十又一月甲寅朏乙丑，敢用一元［丕］顯皇君岳公，□余不敢惕（易）兹□□，審定宫平陭之命：女（汝）嘉之。（一六：三片）

此辭當爲此次盟誓活動之第一辭，整理者稱之爲“序篇”是很有道理的。綜合看盟書，可知主盟者用以約束參盟者的手段有二：一是盟誓，一是“定宫平陭之命”。盟誓見於具體的盟辭中，本片“序篇”是介紹“定宫平陭之命”的來歷的。張頷先生認爲“定宫”是周定王之宗廟，“定宫平陭之命”指的是周敬王在定王宗廟和平時對趙鞅的賜命，“公元前516年王子朝事件發生時，趙鞅曾用兵把逃亡在外的周敬王保送回去，從而獲得周天子的賜命嘉褒”[29]。甚確。周天子的賜命，應該就是在這次事件中發生的。

像“余嘉之”一類的説法是周天子嘉勉臣下的習慣用語。

《書·文侯之命》：“汝肇刑文武，用會紹乃辟，追孝於前文人。若汝予嘉。”是周襄王嘉勉晋文公。

《國語·吴語》：“周王答曰：‘苟，伯父令女來，明紹享余一人，若余嘉之。’”是周敬王嘉勉吴王夫差。

盟書中的“女（汝）嘉之”當即“汝余嘉之”之省。周王的褒獎嘉勉是盟主趙鞅號召、約束參盟者的重要資本。正因如此，參盟者爲了示尊、避諱，便順勢將主盟者趙鞅稱爲“嘉”了。盟書中的“嘉”可以譯爲“受到周天子嘉勉的人”。

四、范氏索隱

其實，支持盟主趙鞅説的還有一個堅實的證據，也已爲張頷先生所舉出。

一〇五：一和一〇五：二兩片上明確地列出了盟主之政敵“中行寅”，這顯然就是史書上所記載的那個與范氏共同伐趙鞅的“荀寅”“中行寅”。如果將盟書的時代定在趙嘉時，則同一中行寅不可能跨越 73 年參與兩次事件。如果以重名來解釋，則同一家族内在二三代人間也不應該出現重名現象。“中行寅”作爲判定侯馬盟書時代的證據，是無可質疑的。

這裏要説到的是另外一個家族，其名稱在盟書中作如下字形：

 一五六：二〇  八八：一  一九五：六  九二：二八  一〇五：二

爲行文方便起見，下文用“△”號代替此字。“委質類”盟書中多次提到這一家族，下面僅以一五六：二〇片爲例：

盦章自質（誓）于君所，所敢俞出入于趙側（稷）之所及子孫，△痥及其子乙、及其白（伯）父、叔父、弟子孫，△直及其子孫，△鑿、△梣之子孫，△詸[30]、△瘨之子孫，中都△强之子孫，△木之子孫，欻及新君弟子孫，隥及新君弟子孫，肖（趙）朱及其子孫，趙喬及其子孫，郙詨之子孫，邯那（鄲）重（鐘）政之子孫，閔（閵）舍之子孫，趞徎之子孫，史醜及其子孫，重（鐘）瘧及子孫，邵城及其子孫，司寇鸞之子孫，司寇結之子孫，及群虖（呼）明（盟）者，章頸（没）嘉之身，及子孫或復入（納）之于晉邦之中者，則永亟𥈖（視）之，麻臺非是（滅夷彼氏）。

從盟辭看，除始作俑者趙稷外，盟主所要打擊的最主要敵人是以“△”爲標志的家族，在這個大家族中，除以“△痥”爲代表的一個支族外，還有五個支族列於其後，而對於“△痥”這一支族，還詳細列出了“其子乙”“其伯父、叔父、弟”。與典籍記載相比，衹有范氏家族與之相當。史稱“范、中行”之亂，范氏家族在與趙

鞅對立的鬥争中，起着比其他各家族更重要的作用。范氏富有，晉大夫多願與之聯姻。

《國語·晉語九》："董叔將娶於范氏，叔向曰：'范氏富，盍已乎！'曰：'欲爲繫援焉。'"

范氏的勢力極大，受到晉君討伐時，齊、衛、魯、鮮虞、鄭國都曾出兵救范氏。

《左傳·哀公七年》："齊侯、衛侯會於乾侯，救范氏也。師及齊師、衛孔圉、鮮虞人伐晉，取棘蒲。"

《史記·十二諸侯年表》於次年記曰："趙鞅圍范、中行，鄭來救，我敗之。"

甚至連周天子都出面支持范氏。

《左傳·哀公三年》："劉氏、范氏世爲昏姻，萇弘事劉文公，故周與范氏。"

在這種情況下，趙鞅將范氏列爲主要的打擊對象，是再自然不過的事情了。

"△"字盟書整理者隸定爲"兟"，張頷先生讀之爲"先"，曰："《左傳·文公七年》：'士會在秦三年，不見士伯。'注：'士伯，先蔑。'士會食邑於范，又稱范氏，所以，先氏和范氏實爲同祖。史籍記載中，范氏是趙鞅的主要敵對家族之一。因此盟書中所記載的許多先氏家族就是當時范吉射的宗族。"[31]張頷先生對盟書釋讀總體方向的把握是正確的，衹是在字形分析和意義解讀上存在着不少問題。"△"字釋爲"兟"或"先"顯然不正確，將先氏等同於范氏則是混淆了中國古代姓、氏的層級關係。"戰國以前，'姓'和'氏'是有嚴格的區别的。'姓'和'氏'是表示血統的源和流的；'姓'是血統的標志，'氏'是區别同一血統的不同分支的；'姓'是同一血統的人所共有的，'氏'是某一家族所特有的。《國語·周語》：'姓者生也，以此爲祖令之相生，雖及百世而此姓不改；族者屬也，與其子孫共相連屬，其旁支別屬，則各自爲氏。'《通鑒·外紀》：'姓者，統其祖考之所自出；氏者，别其子孫之所自分。'這把三代時期的'姓''氏'關係説得很清楚。"[32]應當補充説明的是，姓下有氏别其支族，在宗法制度下，隨着大宗小宗的不斷蕃生分蘖，氏下又有氏别其支族。范氏、先氏俱出自士氏，然范氏不能等同於先氏，就像中行氏、智氏俱出自荀氏，中行氏不能等同於智氏一樣。

劉釗先生釋"△"爲"比"，以飾筆"—"發展爲"∨"解釋"△"與"比"字形之差别，以《汗簡》《古文四聲韻》所引"比"字或作□爲證，其字形分析論證較爲嚴密[33]。一些字形工具書從之，將"△"字列於"比"字之下[34]。其實，劉先生關於此字的考釋未必可信。

漢字發展至戰國時期，已經開始了符號化的進程，其表現之一就是字的形體不再像西周及其以前的漢字那樣可以翻轉，换句話説，就是字形的左右方向已經固定。即以"从""比"兩字而言，所從之二個類"人"之形"从"字向左，"比"字向右，不惟秦文字如此，六國文字也是如此。"△"字所從二"人"形從無向右者，據此，則"△"不得釋爲"比"。戰國楚地燕尾布銘文中有□字，學界釋爲"比"，李家浩先生讀爲"幣"[35]，可從。貨幣文字由於其獨特的應用環境，字形極其簡率詭訛，很多字正刻於范上而鑄出反字，如："九"作□，又作：□；"上"作□，又作□；"于"作□，又作□；"萬"作□，又作□；"氏"作□，又作□；"平"作□，又作□；"禾"作□，又作□；"市"作□，又作□；"坓"作□，又作□；"奇"作□，又作□；"易"作□，又作□；"陽"作□，又作□；"釿"作□，又作□[36]。這種情況，在其他種類的戰國文字裏是極少見到的。因此，不能以幣文字證明戰國文字中“比”字人形可以左向。《汗簡》收“比”字作，《古文四聲韻》收“比”字作，當爲“△”字而被宋人誤釋爲“比”者。

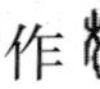

那麽，“△”究竟是個什麽字？

《三代》18·30·1 著録的《魚鼎匕》[37]，傳出土於山西渾源，銘曰：“下民無智（知），參蠢（蚩）蚘（尤）命（令）”，《上博》（五）《融師有成氏》：“蚩蚘（尤）作兵”，典籍中“蚩尤”之“尤”古文字材料作“蚘”，同樣的字還見於新蔡葛陵楚簡，我們將此字字形列在下面：

（《魚鼎匕》）（《融師有成氏》）（《葛陵簡》甲三 143）

按古文字的構形規律，此字應分析爲從“虫”，“”聲。“”字構形之意尚不清楚，但《説文》“尤”之篆文字形即來源於此字則是可以肯定的。侯馬盟書中的“△”或作（三：一九），與此爲同字。姓氏用字“△”從二“”與人名“堯”字作亦作[38]同義，故“△”字也應讀如“尤”。“△”字亦見於新蔡葛陵簡（零 472），學界已將其隸定爲“尨”。

循“尤”字的語音綫索求之，可知侯馬盟書中之“△”當讀爲“士”。

“尤”“士”古韻同屬之部，聲紐一在喉音匣母，一在齒音崇母，似乎稍遠，但從文字和文獻資料看，喉、齒音相通亦自有其例。例如從“尤”得聲的“就”爲從母字，從“就”得聲的“僦”爲精母字，“蹵”爲清母字，皆屬齒音。楚文字中有個被隸作“李”的字，鄭剛先生釋爲“李”[39]，此字實爲西周“犛”字之省，猶“耄”爲“耋”字之省[40]。在楚文字中衹是用如“李”。《清華簡·繫年》第一章第2簡有如下一段文字：

“卿麥（士）、者（諸）正、萬民弗刃（忍）於厥心。”

“卿麥”即“卿士”，“麥”讀爲“士”。“犛”“釐”或“麥”在典籍中一般作“釐”，古代人名謚號如“魯釐公”“釐負羈”“臧釐伯”等之“釐”字或作“僖”[41]。“僖”即爲古喉音曉母字，“士”可通“僖”，當亦可通“尤”。要之，雖然“尤”“士”二字直接相通之例證目前尚未見到，但喉音之“尤”轉爲齒音之“士”是可能的。

“士”爲范氏之上位族氏，古時稱人名冠以族氏，也可冠以上位姓氏，比如“中行寅”又稱“荀寅”，“范吉射”也可稱爲“士吉射”。因此，侯馬盟書中的“△某”即可讀爲“士某”。盟書中所列的以“△”爲標志的六個支族也就好理解了——它們是士氏分化出的六個族氏，范氏僅是其中之一。《古璽文編》附録四九所收録的那些“△”字應隸定爲“尪”，作爲族氏字也應讀爲“士”。

至於士氏家族的那個領頭人，盟書作“△痥”，或作“△欶”，當讀爲“克”，訓“肩”[42]，典籍中的“士（范）吉射”當爲其字，“射”讀爲“釋”[43]，名意肩任，字爲“吉釋”，名字反義相應。

注釋：

① 參山西省文物工作委員會編《侯馬盟書》，文物出版社，1976年，第1—24頁。

② 郭沫若：《侯馬盟書試探》，《文物》1966年第2期。

③ 唐蘭：《侯馬出土晉國趙嘉之盟載書新釋》，《文物》1972年第8期。

④ 李裕民：《我對侯馬盟書的看法》，《考古》1973年第3期。

⑤ 參山西省文物工作委員會編《侯馬盟書》，文物出版社，1976年，第65頁《子趙孟考》，後收入《張頷學術文集》，中華書局，1995年，第73頁。

⑥ 江村治樹：《侯馬盟書考》，《文物季刊》1996年第1期。

⑦ 參山西省文物工作委員會編《侯馬盟書》，文物出版社，1976 年，第 304 頁。

⑧ 郭沫若：《侯馬盟書試探》，《文物》1966 年第 2 期；高明《侯馬載書盟主考》，《古文字研究》（第一輯）。

⑨ 郭沫若：《出土文物二三事》，《文物》1973 年第 3 期；陳夢家《東周盟誓與出土載書》，《考古》1966 年第 5 期。

⑩ 由李學勤、裘錫圭、郝本性等提出，見上引高明文“附録”，《古文字研究》（第一輯），第 114 頁。後吳振武撰文申論此説，見其《釋平山戰國中山王墓器物銘文中的“鉱”和私庫》，《史學集刊》1982 年第 3 期。

⑪ 吳振武：《戰國貨幣銘文中的“刀”》。《古文字研究》（第十輯），中華書局，1983 年，第 308—310 頁。

⑫ 張頷：《“趙尼”考》，《張頷學術文集》，中華書局 1995 年，第 92—93 頁。引文中之缺字及標點失誤徑補正之。

⑬ 同上，第 93 頁。

⑭《上海博物館藏戰國楚竹書》（七），上海古籍出版社，2008 年，第 157 頁。

⑮ 見復旦大學出土文獻與古文字研究中心研究生讀書會《〈上博七·武王踐阼〉校讀》，《出土文獻與古文字研究》（第三輯），復旦大學出版社 2010 年，第 258 頁。

⑯ 蘇建洲：《〈上博七·武王踐阼〉簡 6“宧”字説》，復旦大學出土文獻與古文字研究中心網站（2008－12－31）. http：//www. gwz. fudan. edu. cn/SrcShow. asp？Src_ ID＝579。

⑰ 程燕：《上博七讀後記》，復旦大學出土文獻與古文字研究中心網站（2009－1－3），http：//www. gwz. fudan. edu. cn/SrcShow. asp？Src_ ID＝586。

⑱ 劉信芳：《竹書〈武王踐阼〉“反昃”試説》，復旦大學出土文獻與古文字研究中心網站（2009－1－1），http：//www. gwz. fudan. edu. cn/SrcShow. asp？Src_ ID＝589。

⑲ 林文華：《〈上博七·武王踐阼〉"民之反俛（覆）"解》，武漢大學簡帛研究中心網（2009－1－2）．http：//www. bsm. org. cn/show_ article. php? id＝933，按，古文字中"俛"不能讀爲"俯"，參看裘錫圭《文字學概要》，商務印書館1996年，第219、220頁。

⑳ 侯乃峰：《〈上博七·武王踐阼〉小札三則》，復旦大學出土文獻與古文字研究中心網站（2009－1－3），http：//www. gwz. fudan. edu. cn/SrcShow. asp? Src_ ID＝600。

㉑ 胡長春：《釋〈上博七·武王踐阼〉簡6之"作"字》，復旦大學出土文獻與古文字研究中心網站（2009－1－5），http：//www. gwz. fudan. edu. cn/SrcShow. asp? Src_ ID＝621。

㉒ 唐蘭：《侯馬出土晉國趙嘉之盟載書新釋》，《文物》1972年第8期。

㉓ 高明：《侯馬載書盟主考》，《古文字研究》（第一輯），中華書局，1979年，第103—115頁。

㉔ 張頷：《子趙孟考》，《張頷學術文集》，中華書局，1995年，第73—76頁。

㉕ 李學勤：《侯馬、温縣盟書曆朔的再考察》，《華學》（第三輯），1998年，第167頁。

㉖ 孫常叙：《則、法度量則、則誓三事試解》，《古文字研究》（第七輯），中華書局，1982年，第20—24頁。後收入《孫常叙古文字學論集》，東北師範大學出版社，1998年。

㉗ 高明：《侯馬載書盟主考》，《古文字研究》（第一輯），中華書局，1979年，第104—105頁。

㉘ 張頷：《子趙孟考》，《張頷學術文集》，中華書局，1995年，第73頁。

㉙ 張頷：《宗盟考》，《張頷學術文集》，中華書局，1995年，第79頁。

㉚ 此人名它片或作"悶"，乃從"心""澗"省聲之字，青川木木牘有"澗"字作"[illegible]"。此字當爲從"言"，從"心"，"澗"省聲。同爲此人名或作"訔"，從"言"，"侃"聲，皆一字之異體或同音通用之字。

㉛ 張頷：《"宗盟"考》，《張頷學術文集》，中華書局，1995年，第

80 頁。

㉜ 王鳳陽：《古辭辨》，吉林文史出版社，1993 年，第 349 頁。

㉝ 劉釗：《古文字考釋叢稿》，嶽麓書社 2005 年，第 157—159 頁；又《古文字構形學》，福建人民出版社，2006 年，第 317—318 頁。

㉞ 湯餘惠：《戰國文字編》，福建人民出版社 2005 年，第 570 頁；湯志彪《三晉文字編》，吉林大學博士學位論文，2009 年 12 月，第 526 頁。

㉟ 李家浩：《戰國貨幣文字中的“㡀”與“比”》，《中國語文》1980 年第 5 期。

㊱ 以上字形參看張頷《古幣文編》、商承祚等《先秦貨幣文編》、吳良寶《先秦貨幣文字編》。

㊲ 今著録於《集成》00980 號。

㊳ 張守中等：《郭店楚簡文字編》，文物出版社 2000 年，第 186 頁。又武漢大學簡帛研究中心網站，簡帛字形辭例檢索庫，http：//www. bsm - whu. org/zxcl/。

㊴ 鄭剛：《戰國文字中的“陵”和“李”》，中國古文字學會第七次年會論文，後收入《楚簡道家文獻辯證》，汕頭大學出版社，2004 年，第 61—75 頁。

㊵ 趙平安：《試釋包山簡中的“笆”》注 7，《簡帛研究》2002、2003 年，第 4 頁。

㊶ 高亨：《古文字通假會典》，齊魯書社，1989 年，第 22—23 頁。

㊷《説文》卷 7。

㊸“射”與“睪”聲之“斁”相通，而“斁”與“釋”同聲符相通。見《古文字通假會典》第 892 頁。又《璽匯》0859、1138、4062 有人名“斁之”，同書 1863、1873 作“釋之”。

原載《中國文字學報》（第五輯），商務印書館，2014 年 7 月。

侯馬盟書的發現與整理

張守中

侯馬晉國遺址是1961年國務院公佈的第一批全國重點文物保護單位之一。侯馬地處曲沃盆地的汾澮兩河之交，這裏土地肥沃，盛産麥棉，是晉國晚期都城新田故地。山西省文管會1956年在此設立侯馬文物工作站，配合侯馬市區建設，保護文物進行考古發掘。通過調查勘探，在同蒲路以西發現古遺跡十分豐富，有平望、臺神、牛村古城址，配合平陽機械廠建設發掘了鑄銅遺址，在澮河南岸的上馬村，發掘了一批東周墓葬。1965年，侯馬市擬建設一新電廠，經過城建和文物部門碰頭會商，廠址選在同蒲路以東澮河北岸秦村西側，這一帶地勢平坦，古文化層單一，然而事情發展卻出乎人們意料，在電廠施工中出土了全國罕見的大量盟書。侯馬電

侯馬晉國遺址在1961年被公布爲全國重點文物保護單位

廠工地的考古發掘工作由陶正剛同志負責，侯馬工作站多數業務人員都曾參與工作，不過在盟書出土之前，大家並未認知這裏是一處盟誓遺址。

一、盟書的發現

侯馬盟誓遺址的發掘，起於1965年11月，訖於1966年5月，是跨年度發掘。首批盟書標本發現於1965年12月中旬，這一天上午是隊長陶正剛在工地值守，曲沃縣農業中學的同學們在電廠參加勤工儉學勞動，在掘土中碰到一件件帶土的玉石片，上面隱約有朱書字跡，同學們感到很新奇，這個拿一片那個拿一片，出土的石片當即被分散了。陶正剛得知消息，立即察看了現場，隨即向老師、同學們宣傳保護文物的重要意義，使分散的石片及時收回，這就是編號爲第16坑的60件盟書標本。筆者首次見到盟書標本是在這一天的中午，準備到電廠工地換班接替陶正剛，我們在侯馬火車站南道口相遇，陶正剛把工地發現有字玉石片的經過告訴我，並從背包中取出用手帕包着的幾件標本讓我看，當時我倆都意識到這是一項重大考古發現。後來想想後怕，倘若盟書回收不及時，珍貴的60件盟書標本就有流失的可能。

1965年煤灰廠墓葬區發掘現場

侯馬發現朱書文字的消息迅速傳至太原和北京，文化部文物局謝辰生同志專程由北京趕來侯馬。山西省文工會副主任張頷正在平原四清工作隊，聽到消息後，請了七天假趕到侯馬。張頷察看了發掘工地和出土的玉片文字，用5天時間趕寫了一篇簡報，並囑筆者對標本文字作了臨摹。12月下旬，謝辰生帶着部分玉片朱書標本和簡報稿返回北京，這就是後來發表在《文物》月刊1966年第2期上的簡報《侯馬東周遺址發現晉國朱書文字》。

H14 盟書出土現場

探方——豎坑分布情況

二、郭老爲盟書定名

在侯馬盟書發現前夕，中科院院長郭沫若到山西永濟縣慰問中科院下鄉“四清”幹部，回程擬在侯馬考察。當時侯馬站已做好接待準備，但郭老因患感冒臨時改變行程，1965年11月30日上午在侯馬火車站稍停，直接去了太原，衹有隨同郭老出行的夏鼐、徐旭生、張政烺等先生考察了侯馬文物工作站。就在郭老離開山西不久，第一批侯馬盟書出土問世。讓我們感到驚喜的是，1966年《文物》第2期刊載張頷簡報的同期，也刊載了郭老的《侯馬盟書試探》。郭老文章開首寫道：“讀了張頷同志的《侯馬東周遺址發現晉國朱書文字》，同時也看到了好幾片玉片上的筆寫朱書，我認爲這些玉片上的朱書文，是戰國初期周安王十六年趙敬侯章時的盟書……”，郭老文章中對玉片上朱書文字作了進一步的解讀：“敢不盡從嘉之明”的“明”字應讀爲盟。侯馬盟書由此得名。隨後，《考古》1966 年第 5 期又發表了陳夢家先生的《東周盟誓與出土載書》，陳先生指出盟書古稱載書，1942 年河南沁陽修公路曾出土一批載書，今中科院考古所存有 11 件標本……郭老和陳夢家先生的文章指明古人盟誓與盟書的關係，這爲侯馬盟書的研究指出了方向。然而 1966 年夏“文革”風暴驟起，文物考古工作全面停頓，《文物》和《考古》雜誌從第 6 期起雙雙停辦，侯馬盟書出土的 5000 多件標本亦裝箱封存，工作站全體職工都被卷入“文革”的風浪之中。

三、王冶秋同志關注盟書

“文革”浩劫年復一年，侯馬盟書整理研究工作停頓多年。1972 年《文物》雜誌復刊，編輯部向山西約稿，山西省文工會部分業務人員才從鬥批改的學習班中調出，爲《文物》1972 年第 4 期山西專號撰稿。此次對盟書的開箱整理，發現 156 坑出土盟書新的盟辭類型，盟辭多達 220 字，内容豐富，實屬罕見，我們的心情十分興奮。文章由陶正剛、王克林執筆，題目爲《侯馬東周盟誓遺址》，盟書摹本依然由筆者來完成。盟書新資料傳到北京，郭老再次撰文《出土文物二三事》，對 156 坑新盟辭作了釋文，同時訂正了前文中的一些誤釋。郭老的文章刊在《文物》1972 年第 3 期。

1973 年，文化部文物局局长王冶秋（中）在侯馬考古工作站。左起羅哲文、郭值齋、王冶秋、王民選。

侯馬盟書新一批材料的公佈，再次引起學術界的關注，《文物》1972 年 8 期，刊載唐蘭先生的《侯馬出土晉國趙嘉之盟載書新釋》與朱德熙、裘錫圭的《關於侯馬盟書的幾點補釋》兩篇考釋文章。然而不無遺憾的是，《文物》山西專號組稿結束，侯馬盟書的整理工作再次陷入停頓狀態，對這種擠牙膏式的公佈資料，我們亦無可奈何。情況直到 1973 年 8 月文化部文物局局長王冶秋同志來山西視察方有了轉機。

時任國務院圖博口副組長的王冶秋同志到山西來，他先到大同檢查周總理陪同法國總統蓬皮杜參觀雲岡石窟的準備工作，然後繞道五臺再到太原。8 月 4 日下午和筆者同住一室的王傳勛同志隨車到五臺山接冶秋同志。得知這一情況，我在王傳勛出發前給冶秋同志寫了一封内容簡短的信，大意是説侯馬盟書出土已久，七箱標本均在太原，盼冶秋同志有空能過目，希望能對盟書整理工作給予支持。我囑托王傳勛將信交山西省文工會書記張興華面呈冶秋同志。

8 月 8 日，王冶秋同志在山西省文工會觀摩了盟書標本。次日，在領導安排下，我帶了幾册盟書摹本趕到太原迎澤賓館向冶秋同志作了匯報。這天上午，山西省領導邀冶秋同志在省圖書館會議室爲文物圖書館幹部作報告，冶秋同志在談到出土文物的整理與研究時，明確地提出要及時公佈考古發掘資料，不要積壓，更不要壟斷。關於侯馬盟書，他提出盡快整理出版，把資料公佈於衆，便於學術界共同研究。冶秋同志的一席話，對盟書整理工作是極大的推動，事後山西省有關領導及時召開會議，抽調人員成立侯馬盟書整理小組，經費方面給予大力支持，並限期完成編寫任務，此後侯馬盟書的整理編寫工作，有了一個相對穩定的良好環境。

四、整理小組鼎足而三

侯馬盟書整理小組成立，宣佈名單時本有 4 人，因負責照像工作的一人始終未到位，所以整理小組就衹有張頷、陶正剛、張守中三人。

整理小組没有任命組長，但三人工作非常協調，分工合作配合默契。三人都有强烈的責任心和使命感，不圖名利地埋頭苦干。張頷同志時年54歲，比我們年長，但精力旺盛，正是搞科研工作的最好時段。他在"文革"前任省文工會副主任，也是侯馬考古發掘委員會副主任，兼任侯馬考古隊隊長。"文革"期間被造反派衝擊，長期關牛棚强制勞動，曾自嘆："馬齒徒增五十四，地球白轉二千三"。這次成立盟書整理小組，一下子被解放出來，其投入工作的愉悦心情是不言而喻的。張頷同志曾長期自學歷史，鑽研古文字學，特别對晉國史和金文下過功夫。這次在盟書整理中他負責盟書文字的考釋和盟辭的解讀。陶正剛同志從天津南開大學歷史系畢業，1960年代初由中科院考古研究所調來山西，是侯馬盟誓遺址發掘的主持者，在此次盟書整理中，分工負責發掘報告的整理編寫，以及相關歷史文獻的查閲和摘編。筆者自20歲從事文物工作，是侯馬文物工作站籌建者之一，曾在中科院考古所進修考古測繪，並自學篆隸書法，此次在盟書整理組負責報告插圖和盟書臨摹工作。

《侯馬盟書》報告的三位整理者：張頷(中)、陶正剛(左)、張守中(右)合影。

王冶秋局長8月上旬離開太原回北京前，對出版侯馬盟書期望很高，曾要求期限一年完成任務。盟書整理小組開展工作起步的時間是在1973年8月下旬，三人雖然盡心盡力，但由於盟書出土數量大，内容豐富，研究工作本身需要有一個熟悉材料的認識過程，一年期限本來就十分緊張，而整理工作處在“文革”期間，1974 年全國掀起“批林批孔”的高潮，我們還要參加各類大小不同的批判會。最終盟書整理小組苦戰兩年零四個月才完成書稿編寫任務，《侯馬盟書》於 1976 年 12 月出版問世，彼時“文革”已宣告結束，《侯馬盟書》出版的消息刊發在《人民日報》《光明日報》《山西日報》，作爲該書的作者，我們興奮的心情難以言表。

五、盟書臨摹的苦甘

盟書臨摹最初的摹本比不上後來的摹本精確，早先的摹本以不寫錯字爲底綫，當時的編輯對摹本也不甚苛求。等到編寫《侯馬盟書》正式報告時，筆者自己對摹本的準確性已經有意識地在提高，臨摹方法已有所改進，使用了二次臨摹法。所謂二次臨摹，即先在白紙上繪出盟書原大圖形，以鉛筆寫出文字草稿，然後對照實物用毛筆寫出摹本第一稿，鉛筆草稿着重控制行距字距，毛筆上墨着重寫出文字的氣韻風格。第二次臨摹時以第一稿作底本，上面鋪以透明描圖紙，仍然要對照實物，看準原作章法及文字風格逐筆逐字臨摹，寫出摹本正品。盟書文字筆畫細小，出土日久，潮氣散盡，朱書筆跡多有褪色，觀察原物時需要强光照射，並以試管滴注清水於字面，以復原文字的清晰度，采用放大鏡輔助觀察。摹寫時不能心急，不能求速，静心操作，準確下筆，方能保證摹本質量。盟書出土 5000 餘件，我們選擇代表性的 656 件標本臨摹 3 萬餘字，費時一年。摹本送到北京，出版社責任編輯經過審核發現了問題，提出摹本與照片文字不相吻合，要求返工。當時的情況是，盟書的照像工作遲於臨摹工作，且在北京進行，作爲盟書的臨摹者我手頭本没有原大的盟書照片，現在提出摹本返工讓我無奈，但平心而論，責任

二〇〇：三九

一五六：二〇

一六：一

盟書摹本

編輯提出的意見是很對的，爲了書的質量摹本衹得返工。這一次，再重摹有了高清晰度的原大照片，摹寫起來順暢許多，不單速度快，質量也有提昇，可謂事半功倍，返工活做的值得。事後回顧摹本返工，最終受益的還是我自己，前輩學者唐蘭、商承祚先生看到盟書摹本嘖嘖稱是。兩年時間我先後摹寫盟書 8 萬餘字，從書法學習的角度看，是可遇不可求的機緣，臨摹侯馬盟書使我受益良多。

盟書的研究工作需要集思廣議，今天對盟書的認識水平來自多位前輩學者的引導。郭沫若、王冶秋、唐蘭、商承祚、陳夢家、張政烺、孫常叙、朱德熙等多位先生已經仙逝，他們曾對侯馬盟書的出土高度關注，或親自撰文參加討論。當初倘若没有王冶秋局長親自過問，在“文革”的混亂年代《侯馬盟書》也難以問世。

今天我們要懷念前輩們的支持和幫助。而《侯馬盟書》的出版，衹是對盟書開展研究的第一步，兩千多年前晉國古人的盟誓文字内容，不是一下子能被今人所能搞清楚的。2005 年秋在侯馬召開晉文化暨侯馬盟書出土 40 周年研討會，全國各地學者發表論文近 30 篇，再一次對盟書的時代、主盟人、盟書分類以及對盟書中一些關鍵字的識讀，展開熱烈的討論。學術界的争鳴乃是推動盟書研究工作的動力。對盟書的正確認識，需要時間來逐漸消化，同時也需要有相關的新材料來參照對比，温縣盟書發現於 1979 年，它與侯馬盟書時代、國别相近，且出土數量豐富。我們期待温縣盟書材料的早日公佈。侯馬盟書本身的研究工作，任重而道遠。

原以“侯馬盟書的故事”爲題收入《方北集》，河北美術出版社，2014 年 6 月。後又發表於《中國文化遺産》2015 年第 4 期。略有修改。

侯馬、温縣盟書年代及相關問題綜論

湯志彪

一、侯馬盟書的年代問題

1965年12月，考古工作者在侯馬東周古城組東南發現了二百多個東周時期的祭祀坑，在一些坑内發現了大量有字石簡、玉塊和玉片。數量多達五千餘件，其中可認讀的有六百餘件，是完整而又系統的盟辭①。對此，學者們作了大量的研究，而侯馬盟書的年代問題一直是學術界争論的一個焦點。目前，學術界主要有"春秋晚期説"②和"戰國説"③兩種意見。

張頷先生在《侯馬盟書叢考》一文中，根據史書對春秋晚期晉國各方勢力的争權鬥争，尤其是對趙氏宗族内部的派系鬥争的記載，認爲盟書中的"子趙孟"即趙簡子趙鞅，盟書反映的是趙簡子與趙午之間鬥争的歷史事件。並將其年代定在周敬王二十四年即公元前496年之後④。《侯馬盟書》則根據盟書一六：三所記的"十又一月甲寅朏，乙丑"的話，把年代定在晉定公十六年，即公元前495年⑤。

主張"戰國説"的學者認爲，盟書中的"嘉"是趙嘉，是主盟人，即史書中的趙桓子；盟書中的"尼"⑥即趙獻子。其曆日當屬於戰國時期。

李學勤先生提出了春秋戰國兩種年代的説法。他認爲侯馬盟書第 16 坑的年代當在晉定公十七年，而其他盟書的年代則在公元前 470 年前後[7]。朱鳳瀚先生則把盟書年代定在公元前 490 年後至公元前 454 年之間[8]。

對於“戰國説”，主張“春秋晚期説”的學者給予了反駁。其理由歸納起來主要有以下幾點：

（1）自襄子北遷之後，趙氏勢力範圍已在中牟、代、邯鄲一帶，不在盟書出土地晉故都新田。當時新田及曲沃屬晉公室，而其周圍地區已爲韓、魏所控制。（2）無法確定盟書中的“嘉”“章”等人是否就是趙桓子嘉和趙敬侯“章”，盟書亦與武公無關。（3）所謂的“趙尼”“趙化”乃釋讀之誤，與趙獻子浣和趙稷無涉。（4）從盟辭中的“邯鄲”“中行寅”“韓子”等詞來看，侯馬盟書與趙鞅有關。（5）同出的兩件玉戈及祭祀坑填土中的陶器的時代屬於春秋時期，可作旁證。

以往很多學者引用侯馬盟書中的“□”字證明春秋晚期説或者戰國説。

對於“□”字，過去有“晉”[9]、“出”[10]、“頃”[11]、“敬”[12]幾種釋法。但均與字形存在較大出入。最近，魏克彬先生把這個字改釋爲“嶽”，認爲“嶽公”不是公元前六世紀到三家分晉時任何一位晉國先公或周先君謚號。而可能是今天的太嶽山（霍山）[13]。

現在看來，在没有更多的材料公佈之前，將“□”釋作“嶽”字最爲可信。尤其是魏克彬先生所引的傳抄古文中的“嶽”字，分别作“□”（《汗簡·華嶽碑》）、“□”（《古文四聲韻·華嶽碑》）形，也是將“□”釋爲“嶽”的積極證據。因此，以“□”字爲根據無法證明春秋晚期説或者戰國説。

其實“春秋説”最直接的證據來自盟辭本身。《侯馬盟書》一〇五：一有“出内（入）于中行寅……之所”的話，而一〇五：二也有“……□出内（入）于中行寅及邶（比）……之所”這樣的句子。“中行寅”是晉定公時人。顯然，此時“中行寅”尚在晉，所以晉人均可較爲容易的“偷出入于”“中行寅之所”。有學者指出，侯馬各類“盟書雖有埋入早晚區别，卻顯然不會相隔太久”，而且坑105與“其他諸坑時間亦是相近的”⑭。這對“春秋晚期説”是最爲有利的。

還有一點需要説明的是，侯馬盟書雖然是趙氏組織的盟誓，但名義上應該還是晉國主辦的，畢竟趙氏還僅是晉國卿大夫之一。所以盟辭中要求參盟人不讓敵人再次進入“晉邦之中”而非“趙地之中”⑮。這就是説，當時主盟人和與盟者均是以“晉國人”的身份而不是以“趙國人”或“趙邦人”的身份參加盟誓的。這是時人對自己身份的認同：他們的共主是晉國君主。所以，“春秋晚期説”當可信從。

史書中的一些記載可以幫助我們理解這點。

《史記·趙世家》：“晉定公十八年，趙簡子圍范、中行於朝歌，中行文子奔邯鄲。”這個事件在《左傳》記作“晉人圍朝歌”。顯然，在時人看來，雖然“趙”“魏”“韓”及“知氏”已經在晉國專權，但其共主依然是晉君，並把“趙圍邯鄲”記作是晉國或者説是晉君所爲。

下列歷史事件同樣給我們啟示。《史記·晉世家》：“（晉）出公十七年，知伯與趙、韓、魏共分范、中行地以爲邑。出公怒，告齊、魯，欲以伐四卿。四卿恐，遂反攻出公。出公奔齊，道死。”在當時的情況下，出公衹能出奔外國——齊國。但到了公元前386年，在趙國作亂的“朝”衹需出奔到另外一個國家——魏國，就能活命。《史記·趙世家》：“（趙）敬侯元年，武公子朝作亂，不克，出奔魏。”趙敬侯元年是公元前386年，但是趙魏韓已經是諸侯，各有疆界，所以説武公子朝奔魏即可，趙國已經無法對他構成威脅。

綜上，我們認爲，侯馬盟書的年代當在公元前 490 年到公元前 475 年之間。

二、温縣盟書的年代問題

1980 年 3 月至 1982 年 6 月，考古人員在河南温縣東周盟誓遺址發現土坑（坎）124 個，有十六坑出土書寫盟辭的石片，共發掘出了萬餘片盟書，由於數量太多，所以衹發表了一號坎的材料[16]。

温縣盟書年代的問題也存在“春秋晚期”[17]和“戰國”[18]兩種意見。

整理者指出，出土這批盟書的坑有互相打破的現象，證明這批盟書不是在同一個時間埋入地下的。但盟書形制和盟辭用語大體相似，所以年代相距不致太遠。根據“十五年十二月乙未朔，辛酉”的紀年推算，“温縣一號坎所出盟書的紀年大體可以定在晉定公十五年十二月二十七日。依照董作賓《中國年曆總譜》换算則爲公元前 497 年 1 月 16 日”。盟書的盟主則是韓簡子[19]。

“戰國説”的學者也根據曆法，推算出温縣盟書年代在公元前 431 年[20]。

我們認爲，温縣盟書的年代當在春秋晚期。

首先，從盟書内容和體例上看，温縣盟書和侯馬盟書有許多相似之處。馮時先生曾指出：“在已發表的温縣盟書資料中共出現十三個人名，其中九個見於侯馬盟書，即宋、午、黑、趠、可、弬、興、喬、猒（醜）。”[21]可見，“温縣盟書與侯馬盟書的年代相近”[22]。目前，上述觀點已是學術界的共識。因此，割裂侯馬和温縣盟書的關係，獨立看待任何一批盟書都是不恰當的。侯馬盟書的年代既然是春秋晚期，那麽，温縣盟書的年代亦當與之相近。

其次，從遣詞造句來看，温縣盟書中常見的“麻（靡）夷非（彼）是（氏）”與《公羊傳·襄公二十七年》的“昧雉彼視”意思是一樣的，都是滅彼族氏的意思[23]。此外，温縣以及侯馬盟書均有“明殛是（視）之”或者“永殛是（視）之”這樣的話，這與春秋時期的盟會誓詞極其相似。《左傳·僖公二十八年》：“有渝此盟，明神殛之，俾隊其師，無克祚國，及而玄孫，無有老幼。”[24]《左傳·襄公十一年》：“或間茲命，……，明神殛之，俾失其民，隊命亡氏，踣其國家。”[25]均是其例子。

上引《左傳》之例，無論從語法上，還是用詞上，都與盟書類似。這似乎也可爲兩批盟書在時代的斷定上作一個旁證和參考。

因此，温縣盟書的年代當在春秋晚期，韓簡子不信正是春秋晚期時韓氏的主政者。可見，從時代上來看，把温縣盟書的主盟者定爲韓簡子是合適的。

第三，從用字情況來看，温縣盟書有“奉事丌（其）宔（主）竣”之語，這裏的“竣”據學者考證即韓簡子不信[26]。新公佈的材料，也能爲這個説法提供支援（詳下文）。

三、主盟者問題

主盟者問題與年代問題是密切相關的。

下面先探討侯馬盟書的主盟者問題。

關於侯馬盟書主盟者的意見分爲“國君説”和“卿大夫説”兩種。主張“國君説”的，又可分爲兩種情況：第一是趙國國君“趙敬侯章説”[27]；第二是晉國國君説，即“晉景公説”[28]、“晉敬公説”或“晉幽公説”[29]及“晉定公説”[30]。

至於“卿大夫説”也存在分歧，主要有“趙鞅説”[31]和“趙桓子嘉説”[32]。

現在看來，侯馬和温縣盟書的年代是確定的，那麽，“趙敬侯章説”“晉敬公説”“晉幽公説”“趙桓子嘉説”及“晉景公説”都是不能成立的。

至於“晉定公説”也是不對的。

提出“晉定公説”的江村治樹先生認爲：第一，侯馬盟書盟誓之所可能是晉國郊祭的場所，卿大夫在此祭祀的可能性很小。第二，據《左傳》，大夫盟誓通常在大夫宗廟或者社舉行，而不在國有的祭祀場舉行。所以侯馬盟書主盟者是“晉定公”[33]。我們認爲，這個看法是錯誤的。第一，侯馬盟書盟誓之所是否就是晉國郊祭場所，尚需更多材料證明，就連江村氏本人也承認自己的觀點僅僅是“推測”罷了[34]。至於第二個理由，他在文章中也指出，先秦有大夫在國有的祭祀場舉行盟誓的例子[35]。所以，他的第二個理由亦不可靠。

對江村先生觀點最不利的是侯馬盟書的盟辭内容。在侯馬盟書中，出現有“吾君其明殛視之，麻（摩）夷非（彼）是（氏）”這樣的話。“吾君”[36]當理解爲“我的君主”。如果盟書是晉國國君之物，那身爲國君的自己尚要“吾君”來懲罰背盟者，讓人費解。

下面來看“趙鞅説”。對這一説法最不利的，是趙簡子名“鞅”不名“嘉”[37]，所以盟書無法與典籍對應。李學勤先生則提出一個折中的看法。他認爲，盟誓中還有一個最高的人物，是他指派“嘉”帶領衆大夫進行盟誓，因此盟書中的“嘉”是事實上的主盟者，是少年時的趙嘉，後來的桓子；而盟書中的“無恤”，則是趙襄子無恤[38]。這個觀點也並非没有疑問的。最起碼需要解釋趙鞅本人爲何不參與盟誓以及爲什麽主持盟誓的不是太子無恤這兩個問題。

侯馬盟書的主盟者問題紛繁複雜，我們衹能期待更多材料的出土。但有一點是可以肯定的，即其主人是趙氏，而非晉國國君。

至於温縣盟書的盟主問題，學術界也存在分歧。

温縣盟書發掘者認爲，温縣盟書主盟者是韓氏宗主，很可能是韓簡子不信[39]。不少學者從之[40]，但也有學者持不同意見的。馮時先生就把温縣盟書定爲趙獻侯之物[41]。

據上文分析，温縣盟書的年代當在春秋晚期。故其盟主是韓簡子的可能性還是很大的。温縣盟書的盟辭也能證明這一點。温縣盟書有“奉事丌（其）宔（主）竣”之語，這裏的“竣”據學者考證即韓簡子不信[42]。

衆所周知，侯馬和温縣盟書關係密切，兩批盟書的歷史大背景相同，年代相近。侯馬盟書中的“中行寅”是春秋晚期人。據《晉世家》《趙世家》，與“中行寅”同時的韓氏主政者乃韓簡子。可見，温縣盟書的盟主可能即韓簡子不信。

新出土材料可爲佐證。

《新出簡帛研究》[43]“温縣盟書”WT4 坎 6 ：211 有人名作“□”形，此字所處的位置，應是盟書中的盟主位置。此爲何字，原書無説，現稍作補充説明。

按，此字左部所從是“立”字，無需贅言。右部所從乃“申”字。此字與春秋晚期“申”字（《殷周金文集成·敬事天王鐘》[44]）寫法相近。《侯馬盟書》[45]一六：二四有從“水”從“申”的字，右部所從的“申”旁，亦與我們要討論的字所從相近。古文字每以“立”代“土”旁。如古文字“坤”“坡”“均”“堂”等字[46]，既有從“土”的形體，也有從“立”的形體，例不備舉。故“□”當即“坤”字。

我們懷疑，《新出簡帛研究》“温縣盟書”中的“坤”即“温縣盟書”盟主“竣”。從辭例來看，《新出簡帛研究》WT4 坎 6 ：211 開頭言：“自今以往，爲人敢不閛中（忠）心以奉事丌（其）宔（主）坤”，而目前所見，其他“温縣盟書”均言：“敢不閛亓（其）中（忠）心以奉事丌（其）宔（主）竣”，“坤”與“竣”所處位置相當，應該就是同一個人名的不同寫法。

從讀音上來看，上古音“坤”“竣”均是文部字，當可通。典籍“坤”“川”相通例子習見[47]，而“竣”與從“川”聲的“馴”字可通[48]。因此，“坤”可能就是“竣”的假借字。也就是説，“坤”和“竣”是同一個人。

從“申”字的尚保持較早的文字寫法來看，“温縣盟書”確是春秋晚期物。這又可爲“温縣盟書”的“春秋晚期説”提供一個旁證。

綜上所述，温縣盟書的盟主當是韓簡子不信，其年代應是春秋晚期。饒有趣味的是，在歷史文獻中，韓簡子繼位記載簡單，似乎很順利。但是從盟書盟辭中我們可以得知，當時韓簡子當政，也是經過激烈的鬥争的，這似可補歷史文獻方面的不足與缺失。

四、晉國的置閏問題

在討論温縣盟書年代問題的時候，不少學者提到先秦晉國置閏這個問題。爲此，我們略作探討。

温縣盟書整理者指出，出土這批盟書的坑有互相打破的現象，證明這批盟書不是在同一時間埋入地下的。但盟書形制和盟辭用語大體相似，所以年代相距不致太遠。根據“十五年十二月乙未朔，辛酉”的紀年，整理者推測温縣盟書的年代爲公元前 497 年 1 月 16 日[49]。同時指出，夏曆的置閏方法，目前尚不清楚。但是周曆置閏，據《左傳》記載是在歲終。依照前人對曆法的分析，他們認爲：“可能夏曆與周曆一樣，大多是年終置閏。也就是説，夏曆定公十五年置閏在十二月是可能的。”李學勤先生也贊同歲末置閏這一説法[50]。當然，整理者也承認，春秋曆法有混亂現象，情況比較複雜，這個問題有待以後進一步研究[51]。可見，對於這個結論，整理者還是不敢斷定的。

我們懷疑先秦時期，晉國的夏曆可能如温縣盟書發掘簡報所言，是在年末置閏的。

《史記・晉世家》："（晉）厲公多外嬖姬，歸，欲盡去群大夫而立諸姬兄弟。……八年，厲公獵，與姬飲，郤至殺豕奉進，宦者奪之。郤至射殺宦者。公怒，曰：'季子欺予！'將誅三郤，未發也。郤錡欲攻公，曰：'我雖死，公亦病矣。'郤至曰：'信不反君，智不害民，勇不作亂。失此三者，誰與我？我死耳！'十二月壬午，公令胥童以兵八百人襲攻殺三郤。胥童因以劫欒書、中行偃於朝，曰：'不殺二子，患必及公。'公曰：'一旦殺三卿，寡人不忍益也。'對曰：'人將忍君。'公弗聽，謝欒書等以誅郤氏罪：'大夫復位。'二子頓首曰：'幸甚幸甚！'公使胥童爲卿。閏月乙卯，厲公遊匠驪氏，欒書、中行偃以其黨襲捕厲公，囚之，殺胥童，而使人迎公子周于周而立之，是爲悼公。"這裏明確記載十二月之後存在"閏月乙卯"的曆朔。

李學勤先生根據張培瑜的《中國先秦史曆表》所推算的曆法，也認爲當時確實置閏於歲末的。

另外，楊伯峻先生也認爲夏曆歲末置閏。《左傳・成公十八年》："十八年春王正月庚申，晉欒書、中行偃使程滑弒厲公。"楊伯峻《注》："《晉語六》《吕氏春秋・驕恣篇》《淮南子・人間訓》皆謂欒書、荀偃幽囚晉厲於匠驪氏，三月而殺之。以《左傳》考之，晉厲公十七年十二月被執，中曆閏月，十八年正月被殺，正歷時三月。"[52]據此，晉國在歲末置閏是可能的。

結　論

從目前所見的考古學、古文字學和歷史文獻學等材料來看，侯馬盟書和温縣盟書的年代均當定在春秋晚期，而當時的晉國是歲末置閏的。

附記：

文章草成後，蒙馮勝君師審閲。審查人黄銘崇先生也多有指正，一并致謝。

注釋：

① 張頷：《侯馬東周遺址發現晉國朱書文字》，《文物》1966 年第 2 期。

② 長甘（張頷）：《侯馬盟書叢考》，《文物》，1975 年第 5 期。李裕民：《我對侯馬盟書的看法》，《考古》，1973 年第 3 期。黄盛璋：《關於侯馬盟書的主要問題》，《中原文物》1981 年第 2 期。馮時：《侯馬盟書與温縣盟書》，《考古與文物》1987 年第 2 期。周鳳五：《侯馬盟書年代問題重探》，《中國文字》（新十九期）第 111—135 頁，1994 年。程峰：《侯馬盟書與温縣盟書》，《殷都學刊》2002 年第 4 期。趙世綱、趙莉：《温縣盟書的曆朔研究》，艾蘭、邢文主編：《新出簡帛研究》第 203—204 頁，文物出版社，2004 年。山西省文物工作委員會等：《侯馬盟書（增訂本）》第 73—76 頁，山西古籍出版社，2006 年。

③ 郭沫若：《侯馬盟書試探》，《文物》1966 年第 2 期。陳夢家：《東周盟誓與出土載書》，《考古》1966 年第 5 期。唐蘭：《侯馬出土晉國趙嘉之盟載書新釋》，《文物》1972 年第 8 期。高明：《侯馬載書盟主考》，《古文字研究》（第一輯）第 103—115 頁，中華書局，1979 年。馮時：《侯馬、温縣盟書年代考》，《考古》2002 年第 8 期。

④ 長甘（張頷）：《侯馬盟書叢考》，《文物》1975 年第 5 期。

⑤ 山西省文物工作委員會：《侯馬盟書》第 74—77 頁，文物出版社 1976 年。山西省文物工作委員會等：《侯馬盟書（增訂本）》第 76 頁，山西古籍出版社，2006 年。

⑥ 所謂的“尼”乃“弧”字誤釋，詳下文。

⑦ 李學勤：《東周與秦代文明》第 34—35 頁、第 316 頁，上海人民出版

社，2007 年。李學勤：《侯馬、温縣盟書曆朔的再考察》，《華學》（第三輯）第 165—168 頁，1998 年。

⑧ 朱鳳瀚：《商周家族形態研究（增訂本）》第 506 頁，天津古籍出版社，2004 年。

⑨ 唐蘭：《侯馬出土晉國趙嘉之盟載書新釋》，《文物》1972 年第 8 期。參看：《"侯馬盟書"注釋四種》，《文物》1975 年第 5 期。山西省文物工作委員會：《侯馬盟書》第 40 頁，文物出版社，1976 年。張頷：《侯馬盟書叢考續》，《古文字研究》（第一輯）第 78—103 頁，中華書局，1979 年。河南省文物研究所：《河南温縣東周盟誓遺址一號坎發掘簡報》，《文物》1983 年第 3 期。

⑩ 高明：《侯馬載書盟主考》，《古文字研究》（第一輯）第 103—115 頁，中華書局，1979 年。

⑪ 吳振武：《釋侯馬盟書和温縣盟書中的"岀公"》，《中國古文字研究會第九屆學術研討會論文集》，1992 年，南京大學。吳振武：《關於温縣盟書中的"岀公"》，艾蘭、邢文主編：《新出簡帛研究》第 206 頁，文物出版社，2004 年。

⑫⑳ 馮時：《侯馬、温縣盟書年代考》，《考古》2002 年第 8 期。

⑬⑮ 魏克彬：《侯馬和温縣盟書中的"岳公"》，《文物》2010 年第 10 期。

⑭ 朱鳳瀚：《商周家族形態研究（增訂本）》第 505 頁，天津古籍出版社，2004 年。

⑯⑲㊴㊾㊿51 河南省文物研究所：《河南温縣東周盟誓遺址一號坎發掘簡報》，《文物》1983 年第 3 期。

⑰ 河南省文物研究所：《河南温縣東周盟誓遺址一號坎發掘簡報》，《文物》1983 年第 3 期。周鳳五：《侯馬盟書年代問題重探》，《中國文字》（新十九期）第 126 頁，1994 年。趙世綱、趙莉：《温縣盟書的曆朔研究》，艾蘭、邢文主編：《新出簡帛研究》第 201—202 頁，文物出版社，2004 年。

⑱ 白光琦：《温縣盟書的年份》，《史學月刊》1984 年第 4 期。馮時：《侯馬盟書與温縣盟書》，《考古與文物》1987 年第 2 期。馮時：《侯馬、温縣盟書

年代考》，《考古》2002 年第 8 期。

㉑ 馮時：《侯馬盟書與温縣盟書》，《考古與文物》1987 年第 2 期。

㉒ 周鳳五：《侯馬盟書年代問題重探》，《中國文字》（新十九期）第 126 頁，1994 年。

㉓ 朱德熙、裘錫圭：《戰國文字研究（六種）》，《考古學報》1972 年第 1 期。又載入《朱德熙文集》第五卷 31 頁，商務印書館，1999 年。

㉔ 楊伯峻：《春秋左傳注（修訂本）》第 466—467 頁，中華書局，1990 年。

㉕ 楊伯峻：《春秋左傳注（修訂本）》第 989—990 頁，中華書局，1990 年。

㉖ 趙世綱、羅桃香：《論温縣盟書與侯馬盟書的年代及其相互關係》，《汾河灣：丁村文化與晉文化考古學術研討會文集》第 157 頁，山西高校聯合出版社，1996 年。趙世綱、趙莉：《温縣盟書的曆朔研究》，艾蘭、邢文主編：《新出簡帛研究》第 199—201 頁，文物出版社，2004 年。

㉗ 郭沫若：《侯馬盟書試探》，《文物》1966 年第 2 期。

㉘ 李裕民：《我對侯馬盟書的看法》，《考古》1973 年第 3 期。

㉙ 陳夢家：《東周盟誓與出土載書》，《考古》1966 年第 5 期。

㉚ 江村治樹：《侯馬盟書考》，《文物季刊》1996 年第 1 期。江村治樹：《侯馬古城群和盟誓遺址的關係》，《汾河灣：丁村文化與晉文化考古學術研討會文集》第 148 頁，山西高校聯合出版社，1996 年。

㉛ 長甘（張頷）：《侯馬盟書叢考》，《文物》1975 年第 5 期。山西省文物工作委員會：《侯馬盟書》第 68 頁，文物出版社，1976 年。趙世綱、羅桃香：《論温縣盟書與侯馬盟書的年代及其相互關係》，《汾河灣：丁村文化與晉文化考古學術研討會文集》第 152—161 頁，山西高校聯合出版社，1996 年。

㉜ 唐蘭：《侯馬出土晉國趙嘉之盟載書新釋》，《文物》1972 年第 8 期。高明：《侯馬載書盟主考》，《古文字研究》（第一輯）第 103—108 頁，中華書局，1979 年。馮時：《侯馬盟書與温縣盟書》，《考古與文物》1987 年第 2 期。馮時：《侯馬、温縣盟書年代考》，《考古》2002 年第 8 期。朱鳳瀚：《商周家

族形態研究》第 507 頁，天津古籍出版社，2004 年。

㉝ 江村治樹：《侯馬盟書考》，《文物季刊》1996 年第 1 期。江村治樹：《侯馬古城群和盟誓遺址的關係》，《汾河灣：丁村文化與晉文化考古學術研討會文集》第 147—148 頁，山西高校聯合出版社，1996 年。

㉞ 江村治樹：《侯馬古城群和盟誓遺址的關係》，《汾河灣：丁村文化與晉文化考古學術研討會文集》第 150 頁，山西高校聯合出版社，1996 年。

㉟ 江村治樹：《侯馬盟書考》，《文物季刊》1996 年第 1 期。

㊱ 對於"吾君"是在世之君還是先君，學術界尚存争論。参看魏克彬：《侯馬和温縣盟書中的"岳公"》，《紀念中國古文字研究會成立三十周年國際學術研討會會議論文集》第 65 頁注釋 53，2008 年，吉林長春。我們傾向於前者。先秦典籍中，"吾君"一般指在世之君，且均是第三人稱單數代稱而非複數代稱。至於"先君説"，晉國先君衆多，盟書的"吾君"，在文意上無法概括所有晉國的"先君"，更無法指代某位"先君"，另外，先秦典籍凡是提到逝世之君主，均言"先君"。可見，"先君説"不可信。

㊲ 黄盛璋：《關於侯馬盟書的主要問題》，《中原文物》1981 年第 2 期。

㊳ 李學勤：《侯馬、温縣盟書曆朔的再考察》，《華學》（第三輯）第 167 頁，1998 年。

㊵ 趙世綱、羅桃香：《論温縣盟書與侯馬盟書的年代及其相互關係》，《汾河灣：丁村文化與晉文化考古學術研討會文集》第 156—158 頁，山西高校聯合出版社，1996 年。程峰：《侯馬盟書與温縣盟書》，《殷都學刊》2002 年第 4 期。趙世綱、趙莉：《温縣盟書的曆朔研究》，艾蘭、邢文主編：《新出簡帛研究》第 199—201 頁，文物出版社，2004 年。王星光：《温縣盟書》，《檔案管理》2005 年第 3 期。

㊶ 馮時：《侯馬盟書與温縣盟書》，《考古與文物》1987 年第 2 期。馮時：《侯馬、温縣盟書年代考》，《考古》2002 年第 8 期。

㊷ 趙世綱、羅桃香：《論温縣盟書與侯馬盟書的年代及其相互關係》，《汾河灣：丁村文化與晉文化考古學術研討會文集》第 157 頁，山西高校聯合出版社，1996 年。趙世綱、趙莉：《温縣盟書的曆朔研究》，艾蘭、邢文主編：《新

出簡帛研究》199—201頁，文物出版社，2004年。湯志彪：《温縣盟書字詞釋讀札記》，《古文字研究》（第二十九輯）第468—473頁，中華書局，2012年。

㊸ 艾蘭、邢文：《新出簡帛研究》，文物出版社，2004年。

㊹ 中國社會科學院考古研究所：《殷周金文集成》，中華書局，1987—1994年。

㊺ 山西省文物工作委員會：《侯馬盟書》第315頁，文物出版社，1976年。

㊻ 參看《戰國文字編》878頁"坤"字；879頁"坡"字；第879—880頁"均"字；第882頁"堂"字。湯余惠主編：《戰國文字編》，福建人民出版社，2001年。

㊼ 高亨、董治安：《古字通假會典》第85頁，齊魯書社，1989年。

㊽ 高亨、董治安：《古字通假會典》第135頁，齊魯書社，1989年。

㊿ 李學勤：《侯馬、温縣盟書曆朔的再考察》，《華學》（第三輯）第165頁，1998年。

52 楊伯峻：《春秋左傳注（修訂本）》第906頁，中華書局，1990年。

原載《中國文字》（新四十期），2014年7月。

侯馬盟書“盟主”辨正

——兼論北、尼、化、狐四字的區分

曹定雲

一、侯馬盟書的發現

1965 年，山西省文物工作委員會在侯馬秦村以西的晉國都城遺址内，發現一處盟誓遺址。該遺址位於晉國都城遺址的東南部，長約 70 米，寬約 55 米，面積約 3800 平方米。分“埋書區”和“埋牲區”兩部分，“埋書區”集中在西北部。共發現豎坑 400 餘個，已發掘 326 個。這些遺存均與盟誓活動有關。坑内出盟書 5000 餘件，文字可辨認者約 600 餘件①。

豎坑絶大多數爲長方形，最大的長 1.6 米，寬 0.6 米；最小的長 0.5 米，寬 0.25 米，深在 0.4—5.7 米之間，正南北方向。坑内有璧、璋類玉器，牛、馬、羊類家畜骨骼等。

盟書寫在玉石片上，石片的形狀有圭、璋、璜和不規則形。盟書文字多數爲毛筆朱書，少數爲墨書。盟誓内容是表示要盡心以事其主，不背叛，不奪他人家屬資產，不與敵對勢力來往等②。

盟書又稱“載書”。《周禮·司盟》：“掌盟載之法”注：“載，盟誓也，盟者書其辭於策，殺牲取血，坎其牲，加書於上而埋之，謂之載書。”侯馬盟書是用毛筆將盟辭書寫在玉石片上，字跡多數爲朱紅色，少數爲黑色。盟書字體近於春秋晚期銅器銘文。它的發現，對於研究中國古代盟誓制度、古文字與晉國歷史有非常重要的意義。

已出土盟書約 5000 餘件，其中形體基本完整、字跡比較清楚的有 656 件。每件至少 10 餘字，最多有 200 餘字。按其内容分爲五類：

（一）宗盟類：有 514 件，分别出在 34 個坑中。其中心内容是，每個與盟人都要誠心效忠盟主，一致誅討已被驅逐在外的敵對勢力，並不准他們返回晉地。這類盟誓是主盟人爲鞏固自己内部宗族團結，包括一部分異姓家臣、邑宰在内的團結，以求一致對付敵對勢力而舉行的盟誓。它又可以按誅討對象之多寡分爲一氏一家、二氏二家、四氏五家、五氏七家等幾種。

（二）委質類：有 75 件，分别出在 18 個坎中。這是主盟人對敵對勢力采取分化政策，使之從敵營過來的人而立的一種誓約。其中心内容是，每個與盟人表示願意與舊主斷絶關係，不與逃亡出國的舊勢力勾結，制止其重返晉國的活動。詞類盟誓誅討對象多於第㈠類，達九氏二十一家。

（三）納室類：有 58 件，集中出在一個坎中。其中心内容是禁止納室，即與主盟人盟誓後，向盟主保證不再擴充奴隸、土地、財產等，同時也反對和聲討宗族中其他人的納室行爲，否則甘願受其誅滅制裁。

（四）詛咒類：有 13 件，集中在一個坎中，墨書，字跡比較模糊，是對某些罪行加以譴責的詛咒文。

（五）卜筮類：共 3 件，墨書，分别存放在 3 個坎的壁坎内，不是正式盟書，而是盟誓卜牲時使用龜卜與筮占文辭的記録。

此外，還有其他一些盟書因殘辭而不明全貌與含義。

盟書是由山西省文物工作委員會發掘並進行整理。主要整理者是張頷、陶正剛、張守中三位先生，摹本是張守中先生一人承擔的。他們的工作認真而仔細，尤其是張頷先生，雖然年事已高，仍盡心盡力，寫出一篇又一篇論文[③]，爲侯馬盟書研究作出了重要貢獻。

二、對“盟主”趙孟的意見分歧

關於侯馬盟書的“主盟者”，盟辭中明確稱“趙孟”。但“趙孟”不是確稱，故學界對“趙孟”其人有着完全不同的看法：

（一）張頷、陶正剛、張守中等先生認爲：主盟者趙孟是晉國世卿趙鞅，即趙簡子；敵對者的名字應釋爲“趙尼”，即“趙稷”。晉定公十五年（前497），趙鞅殺趙稷之父趙午，趙稷“以邯鄲叛”，展開激烈的權力争奪[④]。此種觀點，本文稱之爲“趙鞅説”。

（二）唐蘭、高明先生認爲：主盟者趙孟是桓子趙嘉，敵對者應釋爲“趙化”，即獻侯趙浣。晉幽公十四年（前424），趙桓子驅逐獻侯而自立，爲此展開了殘酷的權力鬥争[⑤]。此種觀點，本文稱之爲“趙嘉説”。

（三）郭沫若先生認爲：主盟者是趙晉侯章，敵對者應釋爲“趙北”，即武公之子朔（《史記》作朝）。晉孝公七年（前386），即趙敬侯章元年，趙朔爲争位作亂，失敗後出奔[⑥]。此種觀點，本文稱之爲“敬侯説”。

（四）李裕民先生認爲：這批盟書是晉景公三至四年（前597—前596），晉景公十五至十九年（前585—前581），晉國先後族滅趙氏和先氏。景公十五年遷都新田，要求臣僚盟誓表忠，決不支持趙氏[⑦]。

上述四説中，有影響力的是第㈠、㈡説。第㈢説時間太靠後，且與盟誓中的“嘉”很難“附合”；第㈣説又太靠前，且主盟者趙孟非晉國宗族，與歷史内容不符。因此，本文着重介紹第㈠説與第㈡説。

1.“趙鞅”説的主要觀點與考證

張頷等先生認爲，侯馬盟書的主盟者趙孟，是晉國世卿趙鞅。他們的主要觀點與考證歸納如下⑧：

（1）由於參盟人稱晉國先公爲“皇君晉公”（按：晉字有不同考證），其國屬必然爲晉國。作爲主盟人“趙孟”的身份，必然是晉國卿、大夫以上的人物。

（2）“孟”不是人名，而是對長輩的專稱，《説文》：“孟，長也。”兄弟姊妹長者皆稱孟。盟書中主盟人“趙孟”，應當是趙氏宗族同輩中的長者。

（3）在春秋、戰國時期的歷史記載中，晉國有五人被稱作“趙孟”，他們是：趙盾（趙衰之子）、趙武、趙鞅（趙簡子）、趙無恤、趙成侯趙種。此五人中，“趙鞅”最符合主盟人“趙孟”的條件。

（4）盟書中有“敢不盡從嘉之明（盟）”，但“嘉”不是人名，是參盟人對主盟人的一種“稱謂”。當時，不但卿、大夫對國君不能直呼其名；而且卿、大夫的家臣、邑宰對卿、大夫也不能直呼其名。《爾雅·釋詁》釋“嘉”爲善。疏：“嘉者，美之善也。”由此推斷，“嘉”就是參盟人對其主君的美稱和尊稱。

（5）盟書中的敵對者應釋爲“趙尼”，認爲“趙尼”即“趙稷”，“尼”與“稷”在字義上有密切的聯繫，“稷”有“黏義”。《説文》：“稷，齋也，……”段注：“程氏瑤田九穀考曰，稷齋大名也。粘者爲秫，……”。《説文》：“秫，稷之粘者。”我們知道昵、暱、和爲同一字之異寫，均爲粘和親近之義。”據此推斷，“趙尼”即爲“趙稷”。這正是“趙鞅”的敵對者，與歷史事實相符。

（6）由於盟書中有“晉邦之地”“晉邦之中”之辭，故推斷盟誓地點在晉國晚期都城新田。事情的發生應當是在“三家分晉”之前；“三家分晉”之後，趙氏的活動中心已轉到了邯鄲、中牟和代地，與“在晉邦中”不合。

以上是“趙鞅”説的主要觀點與考證。推論“有根有據”，自成一家之言，在學界有相當的影響力。

2. “趙嘉説”的主要觀點與考證

“趙嘉説”首先是由唐蘭先生提出的，他在《侯馬出土晉國趙嘉之盟載書新釋》一文中，提出主盟人是“嘉”⑨，後高明先生在《侯馬載書盟主考》中，支持唐蘭先生的看法，並作了進一步論證⑩。現將他們的觀點與考證綜合歸納如下：

（1）盟書中的主盟者趙孟應當是“趙嘉”，因爲在宗盟類、委質類、納室類三類盟書中都有“嘉”這個人名。在“宗盟類”載書中，可以看到“嘉”與大夫們的盟誓；而在“委質類”盟誓中，所有與盟者都有“從嘉之盟”；在“納室類”盟誓中，有“顋（没）嘉之身及子孫”之語。因此唐蘭先生認爲：“嘉是人名是十分清楚的。但過去都没有把它看作人名，所以忽略過去了。”“嘉”即“趙嘉”，亦即“趙桓子”。他就是“主盟者”。並引用《史記・趙世家》：“襄子立，三十三年卒，浣立，是爲獻侯。獻侯少，即位，治中牟。襄子弟桓子逐獻侯自立於代。”認爲盟書記載與歷史事件相吻合。

（2）盟書中“趙孟”之“孟”雖非具體人名，但也不是“趙鞅説”中所指的“兄弟姊妹中的年長者”，而應是《白虎通・姓名篇》所云：“嫡長稱伯，庶長稱孟”。關於桓子的世次，文獻有簡子之子（襄子之弟）和襄子之子兩説。上文所舉《史記・趙世家》云：“襄子弟桓子逐獻侯，自立於代”。《索隱》曰：“《世本》云：‘襄子子桓子……’”《六國年表》趙桓子元年。《索隱》：“桓子嘉襄子弟也，元年卒。”高明先生認爲：“從他們相繼涖政的時間分析，當以《世本》“襄子子桓子”之説爲是。由於桓子在兄弟中“排行”情況不明，也並不排除他爲“庶長”之可能。所以，“趙嘉”（桓子）稱

“趙孟”是不能排除的。

（3）盟書中的被驅逐的對象（敵對者），高明先生釋爲“趙化”。他説：“化和尼，一從人符，一從尸符。這兩個符本來在古文字中就很難區分，但在侯馬載書中，‘化’字似兩種形體兼而有之，但實際是從人符。它同《齊刀幣》之[illegible]（《東亞錢志》六·一三）即《墨刀幣》之[illegible]（《東亞錢志》六·一五）、《安陽刀幣》之[illegible]（《東亞錢幣》六·一九）極相近。它們的偏傍皆從人，同是化字。根據《史記·趙世家》記載，被桓子驅逐出境是獻侯趙浣。而“化”與“浣”是相通的，浣、化古爲同音字，浣爲匣紐寒部字，化爲曉紐歌部字。曉、匣雙聲，歌、寒對轉，浣和化乃雙聲疊韻，古相通假。《韓詩外傳》卷三：“文公曰……湛我以道，説我以仁，變化我行。”《説苑·復思篇》引此文其“變化我行”作“暴浣我行。”是其例證[11]。故“趙化”就是“趙浣”，與歷史相吻合。

（4）在“納室類”盟書中，最後都有“丕顯[illegible]公大冢”一詞，對“[illegible]”字，張頜等先生釋爲“晉”，讀爲“丕顯晉公大冢”；而高明先生則從李家浩之説[12]，釋爲“出”，讀爲“丕顯出公大冢”。“晉公”是泛指，並無確定的“先公人選”；而“出公”是確指，即“晉出公”，他於公元前 474 年即位，至公元前 457 年去世。故高明先生認爲，“出”字之解決，爲侯馬盟書的時代劃出了一道明確的界綫：它一定是發生在“晉出公去世”之後。

以上是盟主“趙嘉説”的主要觀點，其考證與推論也都是“有根有據”，且與“趙鞅”説存在着明顯的區别。

三、侯馬盟書“盟主”辨正

侯馬盟書中的“盟主”究竟是誰？“趙鞅説”與“趙嘉説”有着完全不同的看法：“趙鞅説”認爲：盟主是趙鞅（趙簡子），被逐者是趙尼（趙稷），事件是晉定公十五年（前497），趙鞅殺趙稷之父趙午，趙稷“以邯鄲叛”，從而展開了激烈的權力争奪。“趙嘉説”則認爲：盟主是桓子趙嘉（趙桓子），被逐者是獻侯趙浣，事件是晉幽公十四年（前424），趙桓子驅逐獻侯而自立，爲此展開了殘酷的權力鬥争。這兩種觀點都各自進行了論證。那麽，誰的論證更準確而充分呢？本文認爲：“趙嘉説”的觀點更準確而充分，其理由如下：

（一）侯馬盟書之“盟主”肯定是“趙嘉”，而不是“趙鞅”。這是因爲，正如唐蘭、高明先生所言，在三類（宗盟、委質、納室）盟書中，都有“嘉”這個“人名”，尤其是“納室類”盟誓中有“顛（没）嘉之身及子孫”之語，那“嘉”就决不會是“美”稱，人們不可能“自己美稱自己”。所以，“嘉”是“主盟者”應確定無疑。張頷等先生提出“趙孟”是“趙鞅”，是一種“推論”：是在“五個‘趙孟’中選其一”，認爲趙鞅最符合條件，但並没有文字上或其他方面提出過硬證據。故“趙鞅説”並不可靠。

（二）如前所述，不能排除“趙嘉”稱“趙孟”的可能。“趙嘉”是具體的人名，“趙孟”是對“盟主”的尊稱。而且，“趙嘉”（桓子）並非是“襄子弟桓子”（此屬《史記》誤記），而應是《世本》所云“襄子子桓子”。桓子在兄弟中的排行次第没有明確記載，不排除他爲“庶長”之可能。所以，不能以“趙孟”之稱來排除“趙嘉”是“盟主”。

根據以上兩點，基本可以認定：侯馬盟書之盟主應是趙嘉，而不是趙鞅。

四、侯馬盟書“敵對者”辨正

侯馬盟書中的“敵對者”其字作“[illegible]、[illegible]”等形。對於該字的隸定有“北”“尼”“化”“弧”四種不同的考釋。“北”爲趙朔，

"尼"爲趙稷，"化"爲趙浣，"弧"有説是趙浣，也有説不知是何人。为此，本文将此四字列表整理如下：

1. 表一：古文字中北、尼、化、狐四字形體表

	北	尼	化	狐
甲骨文	《合》8783 《合》14295	《合》13505	《合》6068 《合》650	《合》28317 《屯》86
金文	《吳方彝》 《趞鼎》 《邶子鼎》		《中子化盤》	《命瓜君壺》
戰國文字	《陶彙》3·38 《貨系》2817 《壐彙》3096 《大夫北鏃》 《陶彙》5·175 《貨系》2731	《二十年戈》 《泥陽矛》	《陶彙》3·87	《壐彙》3986 《隨縣》5 《新鄭》16

注：表中"合"指《甲骨文合集》，"屯"指《小屯南地甲骨》。

根據上表，我們可以對古文字中的北、尼、化、狐四字之結構"特徵"作出總結，以便爲它們的區分創造條件。

（1）不論是甲骨文、金文或戰國文字，其"北"字均是兩人背向：頭向相同，而面向及上肢所指方向相反；其下身（下肢）無任何筆劃。

（2）古文字中，目前尚未找到單獨的"尼"字，但有"尼"之偏傍的字，即"秜"與"泥"。其偏傍"尼"，均是兩人背向，一前一後，前人之"尻"疊于後人之"背"上。特徵十分明顯。

（3）不論是甲骨文、金文或戰國文字，其"化"字均是兩人頭向相反（即一上一下），上肢所指也是一上一下，方向相反。

（4）目前甲骨、金文中，尚未見到真正的“弧”字，何琳儀《戰國古文字典》中所列的“弧”字，恰恰是本文要討論的侯馬盟書，不能作爲“依據”⑬。由於没有“弧”字，本文暫用“狐”字替代。“狐”在甲骨文中是一個形聲字，從“犭”從“亡”；在金文中是一個“假借字”，因發音相近，用“瓜”代“狐”；在戰國文字中，亦爲形聲字，從“犭”從“瓜”。而“瓜”字的特徵十分明顯：它一定是形體中部有一個“肚子”或一大的“圓點”，其位置多在筆劃中部，其根源是由“瓜”字而來。

以上四字之區分，爲我們正確隸釋侯馬盟書中的“敵對者”名字創造了條件。

2. 侯馬盟書中“敵對者”人名辨

侯馬盟書中“敵對者”人名之字形，張頷先生作了排比與分類⑭。其結果是，共分爲六類140例。我根據張先生的統計與分類，列表整理如下：

表二：侯馬盟書“敵對者”名字字形表

	北字形	化字形	弜字形	比字形	弛字形	尼字形
字形	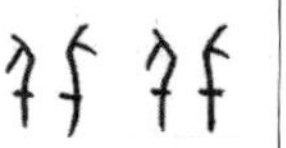	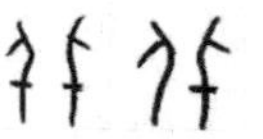	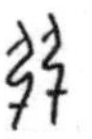		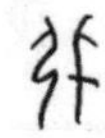	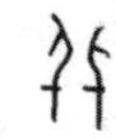
數量	7例	18例	4例	5例	10例	196例

張先生說：“排比的結果：如‘北’字形即、者七例；如‘化’字形即者十八例；如‘弜’字形即者四例；如‘比’字形即者五例；如‘弛’字形即者十例；如‘尼’字形即者一百九十六例。從以上各種寫法的統計數字中看，如‘尼’形者是普遍規律。正因爲如此，我最後傾向隸定爲‘尼’字。”⑮

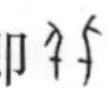

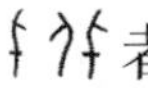

張先生的分類及對各類字形的隸定，都值得商榷。既然有六種

類型，爲什麽不釋爲六個字，而要選其一種（第六種）而釋爲“尼”呢？難道就是因爲它數量多嗎？這恐怕難以服人。從根本上講，這“六種”字形實質上都是同一個“字”，“外形”的區分没有實際意義。我們綜觀這六類字形，雖然“兩人”組合排列上有一些變化，但有兩點是不變的：⑴ 兩人頭向一致，都向上，且“肩”與“肩”基本齊平；⑵ 兩人的下肢（除個别字外），都有一横劃。這些特徵，應引起我們特别的重視。

張先生將該字形中的“北”類看作“北”是不妥的，因爲該字下部“兩人”都有横劃，與古文字中的“北”字並不相類。將該字形中的“尼”類釋爲“尼”也是欠妥的：⑴ 古文字中的“尼”字，一定是一人之“尻”疊於另一人的“背”上，第六類字形中兩人雖然有點落差，但基本上是“齊平”的，没有“尼”的形態；⑵ 最重要的是，兩人的下肢大多都有一横劃，這是古文字中的“尼”字没有的。故將該字釋爲“尼”同樣缺乏根據。

那麽，該字是否可以釋爲“弧”呢？同樣不可。“弧”與“狐”之右邊的“聲符”是一樣的，可以用“狐”字比較之。甲骨文中的“狐”字，是從“犭”從“亡”的形聲字（見表一），與侯馬盟書無法比較。金文中的“狐”字，出自《命狐君壺》，其形是“瓜”的獨體象形字。郭沫若云：“命瓜當即令狐。《左傳》文七年：‘晉敗秦師於令狐’”⑯。在這裏，“狐”是“瓜”的假借字，同樣與侯馬盟書之字無法比較。至於戰國時期的“狐”字，其構成是形聲字，左傍從“犭”，右傍聲符從“瓜”，其特徵是在筆劃中部有一“大肚子”或一個大的“圓點”。而這個“特徵”，恰恰是侯馬盟書之字所没有的。戰國文字中的“狐”字是“形聲字”，而侯馬盟書中的“[illegible]”是會意字，是兩人相依，一上一下，頭向相反。它與“狐”字字性不同，構成也不一樣，同樣没有可比之處。因此，將侯馬盟書中的“𡰪”隸釋爲“弧”是没有根據的。當年高明先生發表論文時，在文章後面的《附録》中，提到了某些先生認爲可將該字釋爲“弧”，但没有論證；高明先生當時也衹是認爲“有可能”而“附之”，供讀者參考，不是“定論”。

那麽，該字形究竟是什麽字呢？我們必須從古文字中的“化”字談起。古文字中的“化”字，從甲骨文、金文到戰國文字，基本上都是兩人反向而依：頭向相反（一上一下），背靠背。由於是這種字形，在字的結構上，必然是一人的“手臂”在上面，而另一人的“手臂”在下面。所以，“化”字在字形上，上面和下面都會出現“斜劃”或“横劃”（不是兩邊同時出現），這是“北”字和“尼”字所没有的。“北”字與“尼”字的“筆劃”都是出在字形的上部。到了戰國時期，晉國的書寫者已不明“化”字的原始結構與意義，爲了“美觀”，將該字的“上部”與“下部”作了相同的處理：上部皆作“人”（𠂉），且不管方向，背向同向都行；下部則都多一横劃。這就是侯馬盟書中“化”字的來由。由此可見，侯馬盟書中該字形（下部有横劃），是源於古文字中的“化”字，而與“北”字和“尼”字無關，更與“弧”字無關。

通過以上論證可以認定：侯馬盟書中的“敵對者”應是“趙化”，“化”“浣”相通，“趙化”即“趙浣”，並且與桓子（趙嘉）逐獻侯（趙浣）之歷史事實高度吻合。如若釋爲“弧”，仍指“赵浣”[17]，但“弧”與“浣”並無“通假”的例證，故將“趙弧”解釋爲“趙浣”非常勉强；至於不認爲是“趙浣”者，則“趙弧”其人就無法考究了[18]。因此，高明先生正文中的意見是正確的：此人就是“趙化”，也就是文獻中的“趙浣”，“通假”有根有據，不容置疑；《附録》中釋“弧”之説不可取。

五、對“不（丕）顯□公大塚”的思考

侯馬盟書中，常見“不（丕）顯□公大塚”一辭。該辭中的“□”字，張頷等先生開始釋爲“晉”，後李家浩、高明先生釋爲“出”[19]。我開始也曾認爲，釋“出”優於釋“晉”。但釋“出”同樣難以解決盟書中的問題，因爲温縣盟書中也出現了“不（丕）顯□公大塚”一辭。“出公大塚”不可能在侯馬盟書和温縣盟書同時出現。其他的晉之“先公”也不可能會有兩個“大塚”。在查看了温縣盟書材料之後，我認爲魏克彬先生將該字釋爲“岳”是有道理的[20]。甲骨文中有“岳”字，其形作□、□、□形；《説文解字》中，“獄”字之古文作□；明張自烈所撰《正字通》所收“嶽”字篆文作□，同甲骨文十分接近。

將該字釋爲“岳”的障礙不在於該字字形，而在於該字後面所跟的“大塚”辭義。“不（丕）顯□公大塚”一辭，很容易誘導人們認爲：這是某位先公的墳墓。我查過“塚”字，幾乎都跟“先祖”墳墓（塚）有關。因此，要突破這一關，其難度是相當大：將“岳”視爲“山神”（自然神），但“神”是長生不老，没有“塚”的。如今“岳”後有“塚”，讓人產生了新的“糾結”。如果將“岳”視爲晉之“先公”（不是自然神），那問題又回到了原點：晉之“先公”中，有哪一位“先公”會有兩個“塚”呢？以情理度之，“出公”的可能性最大：因爲，他死于奔齊或奔楚的道上，開始葬於道傍，後可能又回遷于晉。當然，這完全是一種“推斷”，並無旁證。所以，侯馬盟書與温縣盟書中的這個“□”字，始終是一種“糾結”：無論釋爲何字，都很難兩全齊美。今權衡利弊，本文還是以釋“岳”（自然神）爲好。因爲，古代“盟誓”，其昭號者既有“先祖”，也

有山川、河流之“神”。而且，最高級别的“昭號”者往往不是“先祖”，而是“山河”。所謂“山盟海誓”，就是由此而來。侯馬盟書與温縣盟書中的“岳”神，不一定非指特定的“山”，衹要是附近的大山就行。這樣，温縣盟書與侯馬盟書出現這個字，就可以得到合理的解釋。

六、餘論

侯馬盟書的“主盟者”是趙嘉（桓子），“敵對者”是趙化（獻侯趙浣）。盟書反映是晉幽公十四年（前424），趙桓子驅逐獻侯而自立，爲此展開了殘酷的權力鬥争的歷史事實。這些“趙嘉説”的主要觀點，基本可以被確認。其他之説，因文字不符，或因時間不對而被否定。儘管如此，盟書中還有一些問題，需要作一些特别的説明，以解讀者之疑。

第一、關於“新田”問題。侯馬盟書的盟誓地點是在“晉邦之地”“晉邦之中”，無疑是指晉之新都——新田。這也是“趙鞅説”重要根據之一。他們認爲：“三家分晉”之後，趙氏的政治活動中心已不在“新田”，而是在邯鄲、中牟和代地。盟書既然明載在“新田”，那“盟主”就不會是“趙嘉”（桓子）。

此説初聽起來有一定道理，但仔細琢磨卻不然：“主盟者”及其家族是晉之世卿，也曾在“新田”爲“官”，那裏自然會有他們的“根基”；而且，“盟誓”之類的事情，最好是秘密進行，避開邯鄲、中牟與代地，而到新田，正合其意。而且，“三家分晉”是在公元前403年（周威烈王二十三年，晉烈公十七年），周威烈王正式册命趙籍、魏斯、韓虔爲諸侯。趙桓子逐獻侯趙浣，是在公元前424年，距三家分晉尚有二十餘年。此時，晉室公族仍然是晉國土地上名義上的最高統者。作爲“下屬”的趙氏宗族，爲解决内部的“宗主”

之争，在晉國都城新田舉行“盟誓”，是可以理解的。

第二、關於“中行寅”問題。盟書中有一策是詛“中行寅”的。此策出於105坑，是一個專門出“詛咒類”盟書的坑。該坑盟書字體爲墨書，與其他“毛筆朱書”的盟書有别，且字體風格亦不相同。“中行寅”即荀寅，與趙午有姻親關係。公元前492年（晉定公二十年），趙鞅圍朝歌時，荀寅則奔邯鄲，與趙稷結成聯盟。所以，在這條盟辭中，“中行寅”是被詛咒對象。“中行寅”與“趙鞅”是同時代人，這也正是盟主“趙鞅説”的重要根據之一。但105坑這條材料是個例（僅此一例），不足以對侯馬盟書中大量的“趙嘉”材料構成“衝擊”。侯馬盟書出自很多坎（坑），共發現400個，已發掘326個[21]。第105坑同其他的坑很可能存在着時間上的差别，不可能是同一時期的，更不可能是同一個人的。有關這些情况，可以繼續進行研究，以探求事實真象。

文章不妥之處，敬請方家指正！

二〇一五年九月三十日於北京華威里寓

十一月二十二日修訂

注釋：

① 山西省文物工作委員會：《侯馬盟書》，文物出版社，1976年。

② 中國社會科學院考古研究所：《中國考古學·兩周卷》第234頁，中國社會科學出版社，2004年12月。

③ 張頷先生先後發表的文章有：1966年在《文物》月刊第2期發表《侯馬東周遺址發現晉國朱書文字》；1974年以“長甘”筆名在《文物》月刊第5期發表《侯馬盟書叢考》，並用“侯馬文物工作站”的名義發表《侯馬盟書類例釋注》；1976年，在與陶正剛、張守中編纂《侯馬盟書》時，又補寫了《曆朔考》和《詛辭探解》，連同《“子趙孟”考》《“宗盟”考》《“委質”考》

《“納室”考》共計六篇；其後又寫出了《“趙尼”考》《丕顯晉公》《侯馬盟書與沁陽盟書的關係》《侯馬盟書文字體例》等五篇，載于《侯馬盟書叢考續》上。

④⑧ 山西省文物工作委員會：《侯馬盟書》，見《侯馬盟書叢考》《“子趙孟”考》，文物出版社，1976 年。

⑤ 唐蘭：《侯馬出土晉國趙嘉之盟載書新釋》，《文物》1972 年第 8 期。又高明：《侯馬載書盟主考》，《古文字研究》（第一輯），第 106 頁。

⑥ 郭沫若：《侯馬盟書試探》，《文物》，1966 年第 2 期。

⑦ 李裕民：《我對侯馬盟書的看法》，《考古》1973 年第 3 期，第 185 頁。

⑨ 唐蘭：《侯馬出土晉國趙嘉之載書新釋》，《文物》1972 年第 8 期，第 34 頁。

⑩ 高明：《侯馬載書盟主考》，《古文字研究》（第一輯），第 104 頁。

⑪ 同上，見第 108 頁。

⑫ 同⑩。高先生原話：“李家浩同志説此字當釋爲出字，卻是極其精闢的見解。”見第 109 頁。

⑬ 何琳儀：《戰國古文字典》，第 481 頁，中華書局，1998 年 9 月。

⑭⑮ 張頷：《侯馬盟書叢考續》，《古文字研究》（第一輯），第 79 頁。

⑯ 郭沫若：《兩周金文辭大系圖録考釋·嗣子壺》，第 239 頁。

⑰ 馮時：《侯馬盟書與温縣盟書》，《考古與文物》，1987 年第 2 期。

⑱ 湯志彪：《盟書字詞新識綜論》，載《侯馬盟書發現 50 周年學術研討會論文集》（未刊稿），2015 年 10 月。

⑲ 轉引高明先生原話：“李家浩同志説此字當釋爲出字，卻是極其精闢的見解。”

⑳ 魏克彬：《侯馬和温縣盟書中的“岳公”》，《紀念中國古文字研究會成立三十周年國際學術研討會論文集》，第 53—55 頁，2008 年，長春。

㉑ 山西省文物工作委員會：《侯馬盟書》，文物出版社，1976 年。

原爲“侯馬盟書發現五十周年學術研討會”論文，2015 年 10 月，侯馬。

"上宫"還是"二宫"

田建文

1965 年 12 月中旬，山西侯馬新田路南側的侯馬發電廠考古發掘中，在玉石片上發現朱書文字。時任山西文物工作委員會副主任的張頷先生立刻趕到現場，12 月 25 日寫成了《侯馬東周遺址發現晉國朱書文字》的文章，介紹坑 16（《侯馬盟書》中坑采用 K）出土的 60 片朱書文字情况並作了初步考釋，發表在 1966 年第 2 期的《文物》月刊上[①]。圖一是綴合臨摹成全篇的摹本，圖二是張先生的釋文，其中"不守上宫"，他有十分精彩的考證。"'上宫'當即指所祭祀的宗廟而言。晉國之宗廟見於文獻者有'武宫''下宫'，還有一個'固宫'則不一定是宗廟。'武宫'爲晉武公的宗廟，地點在當時的曲沃，晉文公和晉成公即位時都曾朝於武宫，説明晉國在景公遷新田之前所朝祭的宗廟爲'武宫'。趙氏滅族史稱'下宫之難'，此事發生在晉景公十七年（前 583）晉國遷都新田之後，'下宫之難'諸家未及，從文義察之，趙氏滅族之事可能發生在'下宫'，而'下宫'與祭文中之'上宫'正相對，故'下宫'亦當爲晉國之宗廟。"

同期發表郭沫若先生 1966 年 2 月 4 日完成的《侯馬盟書試

探》[2]，沿用“不守上宮”。但緊接着的1966年《考古》第5期刊登了著名古文字學家、考古學家陳夢家先生的《東周盟誓與出土載書》[3]，變爲“不守二宮”了，指出“春秋晚期的《蔡侯盤》銘，上下二字與今隸相同，載書（陳先生稱侯馬盟書爲“載書”）‘二’字不能是‘上’字。‘二宮’或指晉武、文之宗廟。”1976年12月出版的張頷、陶正剛、張守中三人整理小組編寫的《侯馬盟書》[4]，也改成了“不守二宮”，認爲“當指親廟中的宗廟與祖廟”。直到1993年4月我在《新田模式—侯馬晉國都城遺址研究》[5]說：“不如解釋

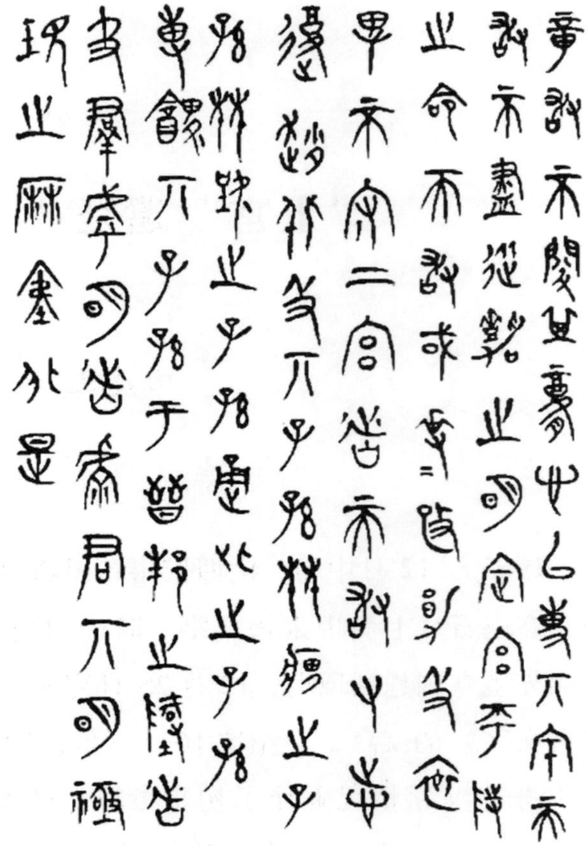

圖一　朱書文字復原圖

“章敢不閛其腹心以事其室，天（不）敢盡从嘉之明，定宮平陟之命，天（不）敢不□□改□及衰卑不守上宮者天（不）敢忘腹。趙□及其子孫、□莊之子孫、□□之子孫、通□之子孫、專□其子孫于晉邦之□者，□群虖明者，盧君其明極。□之麻夷非是。”

圖二　朱書文字釋文

爲‘公宫’與‘固宫’貼切妥當。”理由是，“盟書反映的是趙簡子與邯鄲趙稷、范氏、中行氏的鬥争情况。事情的經過是，范氏、中行氏之宫迫使趙簡子北走晉陽，而荀躒、韓不信、魏曼多與范氏、中行氏不睦而鼓動晉定公伐范氏、中行氏，事不成，范氏、中行氏反而伐晉定公，幸有國人相助，晉定公才獲勝，把范氏、中行氏趕出了絳並要逐出晉國，並召回在晉陽城的趙簡子。其過程與欒盈攻絳一樣。趙簡子後來成了伐范氏、中行氏的領導，盟書中的‘宗盟’‘内室’‘委質’各類都顯示出尋趙嘉（即趙簡子）的遵從，而趙簡子在一定程度上仍打着晉公的幌子，擔負着保衛晉公及晉都的重任。儘管如此，公元前496年，趙簡子兵圍朝歌，范氏就命析成鮒（士鮒）和小王桃甲率鮮虞兵乘機攻絳，幸好守備森嚴未被攻陷。可見雙方一度勢均力敵，所以盟書中多有阻止敵人‘復入于晉邦之中（地）’的誓詞。總之，欒盈攻絳時范宣子等把晉公由公宫奉入‘固宫’，范氏、中行氏作亂時亦以‘公宫’‘固宫’爲目標，‘不守二宫’實指此。”

事過多年，今年4月16日成立的“侯馬盟書文化研究會”，在此前後多次翻閲張先生《文物》月刊上的文章，“上宫”一詞一次次映入了我的眼簾，思考他的“上宫”與“下宫”的關係等，思緒如潮，一發不可收拾，遂有此文。

一

陳先生將“上宫”改爲“二宫”，是否正確？

“上”與“二”由於二者結構相似的緣故，確實容易混淆，但還是能夠區分出來的。我將《侯馬盟書》中張先生先釋爲“上”後遵從陳先生之意改爲“二”者，和容庚先生《金文編》中的“上”[⑥]、“二”做成圖三相比較[⑦]，從中可以看出，《金文編》中“上”“下”

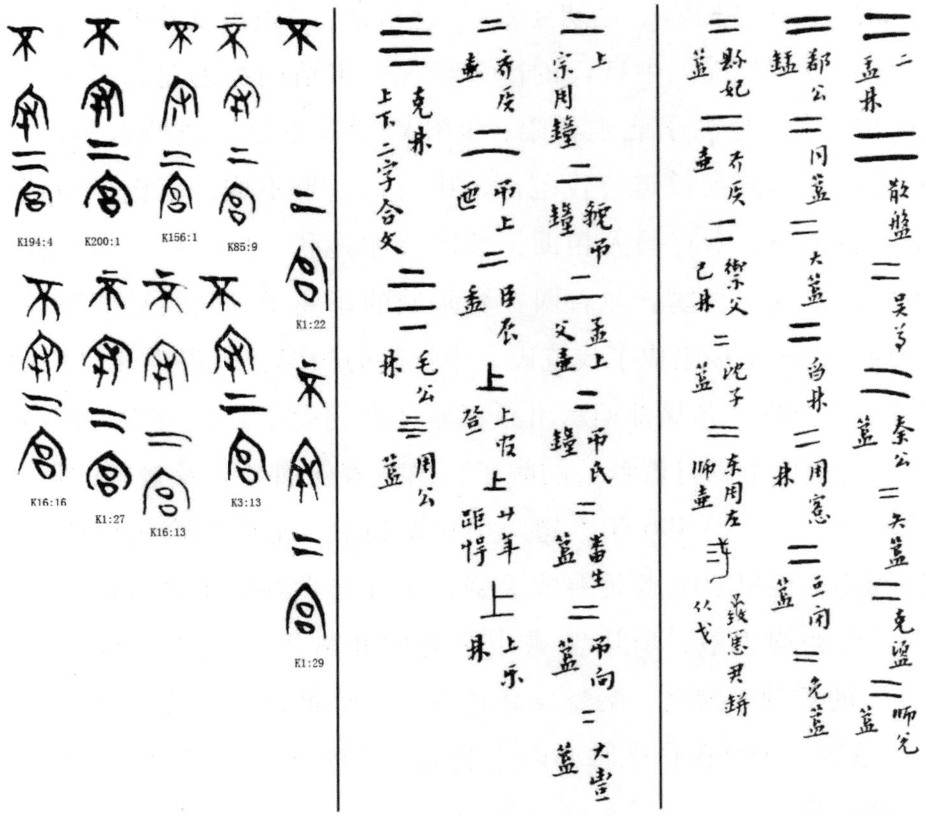

《侯馬盟書》　　"上"（《金文編》）　　"二"（《金文編》）

圖三　"上"與"二"比較圖

二字合文者有《克鼎》《毛公鼎》《周公鼎》三例，可知一長横表示地平綫，以此爲基準，在上的物體用一短横表示，組成"上"；反過來在下的物體用一短横表示，組成"下"。從《金文編》所録的《宗周鐘》《虢叔鐘》等十例兩横組成"上"字來看，上横與下横同樣長的有《叔氏鐘》等四例，其餘上横短於下横；"二"在《金文編》中十九例全部都是上横與下横同樣長，與侯馬盟書時間幾乎相同的温縣盟書，發表兩件"十五年十二月"盟書（原報告圖一三、一五，本文圖四），"二"也是上横與下横同樣長，足見"二"的寫法毫無例外上横與下横同樣長。

但在侯馬盟書就不一樣了，誠然大部分上横與下横同樣長，但也有少量上横短於下横者，如一：二二、三：一三、八五：八、二〇〇：一等，還有像一六：一三這種下横短於上横者，可見侯馬盟書的作者們寫字比較隨便，從《侯馬東周遺址發現晉國朱書文字》（圖一），也就是陳先生生前所能看到的唯一摹本，恰恰是上横短於下横者，所以説他把張頷先生先釋的“上宫”改爲“二宫”，是不合適的。

還要提起令人痛心的一件事，陳先生的《東周盟誓與出土載書》發表後不久的9月3日，因遭到文化大革命的迫害自縊身亡，這才是十年文化大革命的頭一年。不然，相信他在1976年《侯馬盟書》出版後，還會思考是“上宫”還是“二宫”、當年修改的是不是合理等問題的。

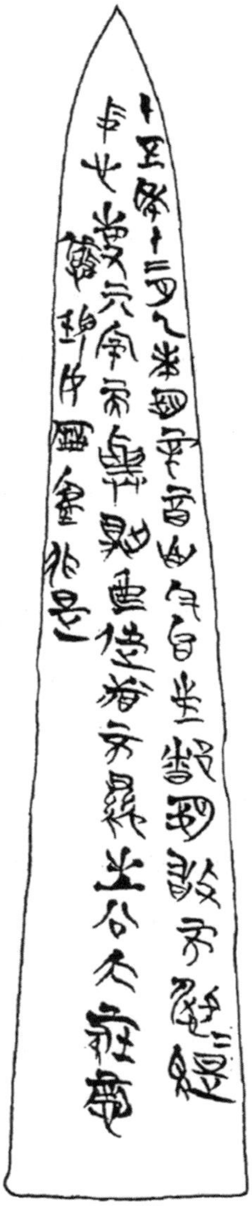

WT1坎1：2182 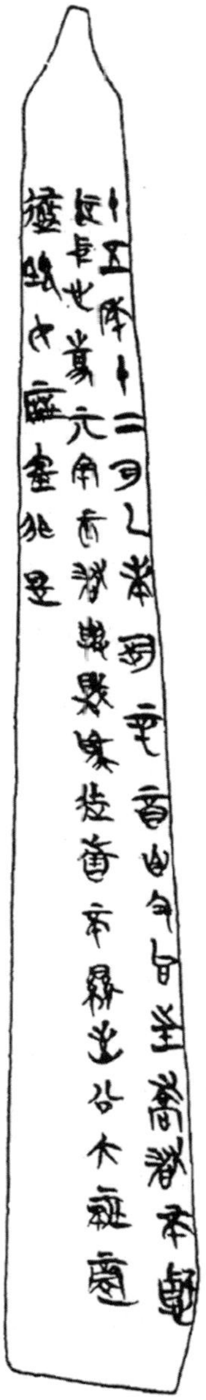　　WT1坎1：3802

圖四　温縣盟書中的“二”

二

張先生在《侯馬盟書》中，將“二宫”理解爲“宗廟與祖廟”，也有可商之處。

晉都新田見於文獻記載中，有“宫”六座。

1. 公宫。《左傳·成公八年》（前583）“晉趙莊姬爲趙嬰之亡故，譖之於晉侯，曰：‘原、屏將爲亂。’欒、郤爲徵。六月，晉討趙同、趙括。武從姬氏畜於公宫。”又《國語·晉語》“昔先主文子少釁於難，從姬氏於公宫……及景子長於公宫，未及教訓，而嗣立矣。”又《左傳·定公十三年》（前497）“十二月辛未，趙鞅入於絳，盟於公宫。”

2. 下宫。《史記·趙世家》“（屠岸）賈不請而擅與諸將攻趙氏於下宫，殺趙朔、趙同、趙括、趙嬰齊，皆滅其族。趙朔妻成公姊，有遺腹，走公宫匿。”

3. 固宫。《左傳·襄公二十三年》（前550）“四月，欒盈帥曲沃之甲，因魏獻子，以晝入絳……或告曰：‘欒氏至矣’。（范）宣子懼。桓子曰：‘奉君以走固宫，必無害也……’。公有姻喪，王鮒使宣子墨縗冒絰，二婦人輦以如公，奉公以如固宫。”

4. 襄公之宫。《國語·晉語》“居三年，欒盈晝入，爲賊於絳，范宣子以公入於襄公之宫。”

5. 虒祁宫。《左傳·昭公八年》（前534）“於是晉侯方築虒祁之宫。叔向曰：‘……是宫也成，諸侯必叛。’”

《左傳·昭公十三年》（前529）“晉成虒祁，諸侯朝而歸者，皆有貳心。”

6. 趙氏之宫。《左傳·定公十三年》（前497）“秋七月，范氏、中行氏伐趙氏之宫，趙鞅奔晉陽，晉人圍之……韓、魏以趙氏爲請。

十二月辛未，趙鞅入於絳，盟於公宫。”

其實，3、4 講的是同一件事，則知固宫又名襄公之宫，實則五座。關於這五座“宫”，過去我指出[⑧]，“公宫”爲平望古城内的宫殿臺基，呈王、北塢、馬莊三座小城分屬趙氏、范氏、中行氏，“侯馬盟書地點距呈王古城較近，趙嘉即趙簡子作爲主盟人在此盟誓，呈王古城可能爲“趙氏之宫”，2008 年又考證出臺神古城西北角的中間大兩側小的三座宫殿臺基爲虒祁宫[⑨]。所以，“不守上宫”不一定非得指宗廟，也可以指宫殿，正如前引張先生“還有一個‘固宫’則不一定是宗廟”。

解决“固宫”這個問題，先來看一場激戰。晉國遷都新田 35 年後的公元前 550 年，晉平公要嫁女到吳國，齊莊公借送媵妾的機會，偷偷地把欒盈及隨從送進欒氏的封邑今聞喜東北的古曲沃。接着在光天化日之下率領曲沃兵將襲擊晉國都城絳，見《左傳・襄公二十三年》“欒王鮒待坐於范宣子。或告曰：‘欒氏至矣！’宣子懼。桓子曰：‘奉君以走固宫，必無害也……’公有姻喪，王鮒使宣子墨縗冒絰，二婦人輦以如公，奉公以如固宫。”孔疏“《晉語》云‘范宣子以公入於襄公之宫’。蓋襄公有别宫牢固，故謂之固宫。”接着《左傳・襄公二十三年》（前 550）“范鞅逆魏舒，則成列既乘，將逆欒氏矣，趨進曰：‘欒氏帥賊以入，鞅之父與二三子在君所矣，使鞅逆吾子，鞅請驂乘。’……范氏之徒在臺後，欒氏乘公門，宣子謂鞅曰：‘矢及君屋死之。’鞅用劍以帥卒，欒氏退……欒盈奔曲沃，晉人圍之。”

這件事是晉平公從“君所”到了“固宫”，從而避過了一場災難。“固宫”肯定不在“曲沃”，因爲曲沃是欒盈的根據地；也不在遷都絳（新田）的“故絳”，因爲事情過於緊急，來不及做準備。衹能發生在晉都絳之内。“君所”不僅有臺，在臺附近或臺上還有“君屋”，現在看來衹有平望古城内的宫殿臺基的“公宫”才具備這個條件，因爲欒盈是白天襲擊“絳”的。而牛村古城外城套着内城（圖五）[10]，夯土臺基座落於内城西北，外有内外兩道夯土城牆環繞，還不堅固？故名“固宫”。至於固宫爲何又名“襄公之宫”，不得而知，衹能存疑了。

晉都新田的五座宫殿臺基，至此徹底解决。

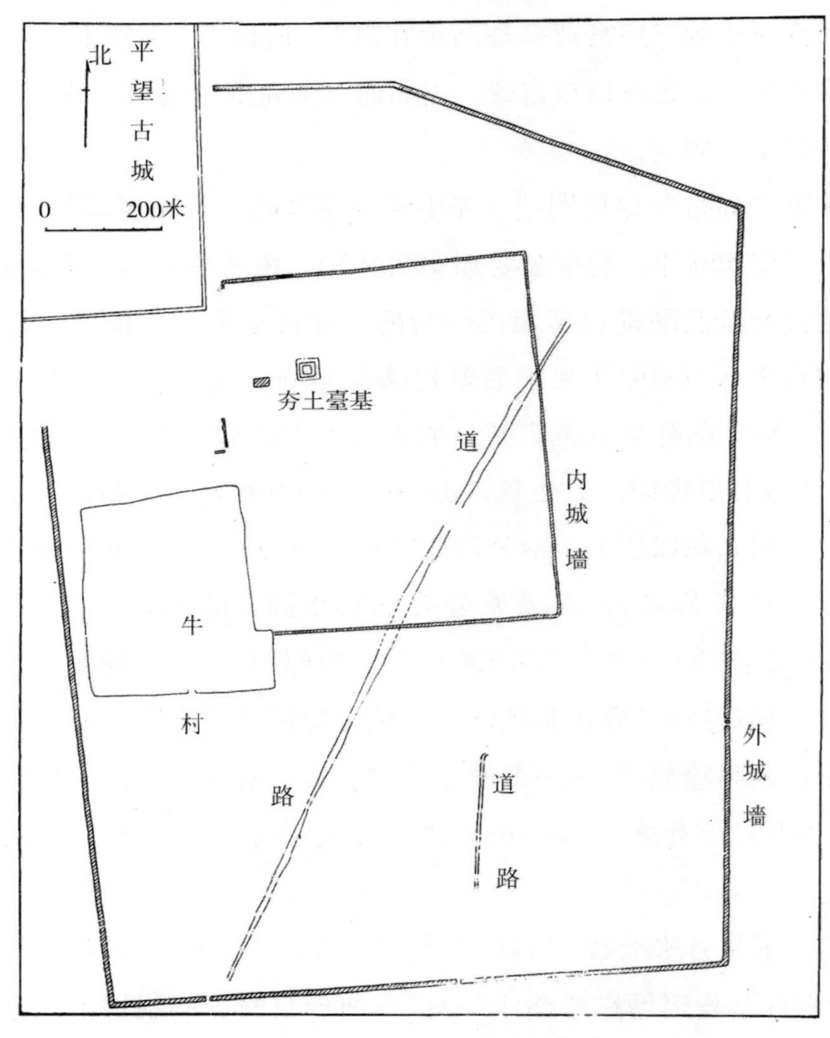

圖五　牛村古城宫殿臺基

三

有了以上兩部分的鋪墊，我們再來回顧一下趙氏與范氏、中行氏之戰的公元前497年。當其時，趙鞅已在“絳”内營建了“趙氏之宫”，七月“范氏、中行氏伐趙氏之宫”，他便出奔晉陽了，一直到十二月才又返回“絳”的。當時的晉國公室還不至於徹底癱瘓，晉定公還曾經發號施令，《左傳·定公十三年》“冬十一月，荀躒、韓不信、魏曼多奉公以伐范氏、中行氏，弗克。二子將伐公……國人助公，二子敗，從而伐之。”接着，“丁未，荀寅、士吉射奔朝歌。韓、魏以趙氏爲請。十二月辛未，趙鞅入於絳，盟於公宫。”《史記·趙世家》也記録了此事，過程基本相同。

趙鞅此時位居六卿之首就是中軍將，亦即“正卿”，趙鞅既然與晉定公“盟於公宫”，就要求趙鞅忠於晉國公室，聽從晉定公之命，直到前482年晉定公與吳王夫差會盟於今河南封丘西南的黄池，兩位國君争執誰先歃血，《史記·晉世家》之説“三十年，定公與吳王夫差會黄池，争長，趙鞅時從，卒長吳。”生動再現了趙鞅輔佐晉定公這一事實。張頷先生考訂的侯馬盟書年代爲晉定公十六年十一月十三日[11]，是年爲公元前495年，正好在公元前497年到公元前482年之間，所以“不守上宫”是當時“不守公宫”的又一稱呼。

前引《左傳·襄公二十三年》的“二婦人輦以如公，奉公以如固宫”，應該理解爲平時“二婦人輦以如公夫人們”，迫不得已晉平公才在白天來到此處的，同時也説明這個“固宫”是晉公的夫人們和婦人的常居之處。

晉公頒佈政令的宫殿爲“公宫”，當時又稱爲“上宫”；而六卿們的“絳”中根據地稱爲“某氏之宫”，由“下宫之難”或“下宫之役”得知，當時也稱爲“下宫”。“上宫“和”下宫”可能是晉都新田時期的一個特點。但“下宫之難”或“下宫之役”的“下宫”，不一定就是呈王古城，因爲這座城“時間約相當於公元前500—前400年之間”[12]，是晚於“下宫之難”或“下宫之役”才建造的。

由宗盟類盟辭强調“事其主”[13]“守上宫”“從嘉之盟定宫平陟之命”等分析，侯馬盟書中趙鞅主持的盟誓是晉國國家行爲；還有委質類[14]，“就是把自己抵押給某個人，表示一生永不背叛的意思”；“自質于君所”，它的本義，是指盟誓時參盟人對鬼神所奉獻的各種信物……但是，在盟書中，不僅僅是這個意思，還包括把自己“委質”給新君，自獻其身，表示永不叛離的意思。内室類[15]，“盟書中的‘内室’，就是把别人的‘室’奪取過來并入自己的家室範圍，以擴充這種剥削單位的行爲。”等等，説明趙鞅作爲晉國僅次於晉公的“正卿”，對晉國人的管理還是全方位的，從人員組織到職責分配等，也就是説侯馬盟書反映的不僅僅是趙氏一家的事情。

從晉平公開始的六卿争權伴隨而來的是晉公步步衰落，經歷了一百多年，可分早、中、晚三期。晉平公（前557—前532）、晉昭公（前531—前526）、晉頃公（前525—前512），六卿争是争權，都還維持和維護晉公的統一領導，就是到了晉定公（前511—前475）時，在一定程度上尚能左右晉國時局，如前引“荀躒、韓不信、魏曼多奉公以伐范氏、中行氏”“二子將伐公……國人助公”“趙鞅入於絳，盟於公宫”等，六卿還處於和平争權時期。

《史記·晉世家》記載了六卿争權中、晚期的事件。晉出公十七年（前474—前452）“知伯與趙、韓、魏共分范、中行地以爲邑。出公怒，告齊、魯，欲以伐四卿。四卿恐，遂反攻出公。出公奔齊，道死。故知伯乃立昭公曾孫驕爲晉君，是爲哀公”。晉國由六卿變爲四卿，晉出公還可以也敢發怒，但到晉哀公（前451—前434）時“當是時，晉國政皆決知伯，晉哀公不得有所制”“哀公四年，趙襄子、韓康子、魏桓子共殺知伯，盡并其地”，晉國由四卿變爲三卿，這是六卿争權的中期。到了晉幽公（前433—前416）時，就變爲“晉畏（衰），反朝韓、趙、魏之君。獨有絳、曲沃，皆入三晉”，在晉烈公（前415—前389）時的公元前403年，“烈公十九年，周威烈王賜趙、韓、魏皆命爲諸侯”，這是六卿争權的晚期，三卿與晉公平起平坐，隨後“三家分晉”。

侯馬盟書是晉國六卿争權過程中的實物資料，但衹是早期。我以爲，確立“不守上宫”，分出晉國六卿争權過程中的早、中、晚三期來，才能充分認識侯馬盟書的重要價值。

二〇一四年六月二十二日初稿

二〇一五年十一月二十日改定

附記：

侯馬是個小城市，也由於專業限制自已對於古文字接觸很少，而我大學老師高明編著的《古文字類編》也没有仔細讀過。近日查上海古籍出版社2008年8月出版高明、塗白奎編著的《古文字類編》（增訂本），“上”“二”都没有收録侯馬盟書中這兩個字的形體。高明先生在1980年《古文字類編》“序”中指明“《古文字表》（即《古文字類編》的前身）僅收已認識的字，不收待問字，《古文字類編》仍根據這一原則，將《字表》擴展爲三編”，2008年的增訂本依然如故，看來這兩個字在他們的眼中是“待問字”了。

二〇一五年八月一日

注釋

① 張頷《侯馬東周遺址發現晉國朱書文字》，《文物》1966年第2期。文中説“章（23號）爲祭祀人名”，按説是1976年出版《侯馬盟書》的一六：

二三，但後者一六：三七才是“章”。

② 郭沫若《侯馬盟書試探》，《文物》1966 年第 2 期。

③ 陳夢家《東周盟誓與出土載書》第 275 頁，1966 年《考古》第 5 期。

④ 山西文物工作委員會《侯馬盟書》，文物出版社，1976 年 12 月。

⑤⑧ 田建文《新田模式—侯馬晉國都城遺址研究》，《山西省考古學會論文集》（二），山西人民出版社，1994 年 4 月。

⑥容庚《金文編》共五冊，國立中央研究院歷史語言研究所專刊之一，商務印書館發行，1939 年版。“上”自《金文編》1，（一・三），“二”自《金文編》4，（十三・九）。

⑦ 河南省文物研究所《河南温縣東周盟誓遺址一號坎發掘簡報》，《文物》1983 年第 3 期。

⑨ 田建文等《春秋晉國“虒祁宫”》，《山西日報》2008 年 10 月 21 日 C3。

⑩ 山西省考古研究所侯馬工作站《晉都新田》之《新田晉都古城》第 88 頁“圖二 牛村古城平面圖”，山西人民出版社，1996 年 10 月。

⑪ 同④，第 76 頁。

⑫ 山西省考古研究所侯馬工作站《晉都新田》，第二章《城址》第 19 頁，山西人民出版社，1996 年 10 月。

⑬ 謝堯亭《侯馬盟書的年代及相關問題》，《山西省考古學會論文集》（三），山西古籍出版社，2000 年 11 月。

⑭⑮《侯馬盟書》“侯馬盟書叢考”，出處同④。

原爲“侯馬盟書發現五十周年學術研討會”論文，2015 年 10 月，侯馬。

盟書字詞新識綜論

湯志彪

侯馬盟書自公佈以來，討論者衆多，其年代和歷史史實尤爲引起學者關注，而其古文字字詞方面，亦多有新論。隨着新材料的不斷公佈，以及時間的推移，過去有些觀點需要重新審視。下面就幾個問題稍微做一點綜論，以糾正于方家。

盟書用字特點以及字詞的釋讀情況。

一、用字特點

張頷先生歸納出侯馬盟書的四個用字特點①：

（一）“邊旁隨意增損”。

（二）“部位游移，繁簡雜側”。

（三）“義不相干，濫爲音假”。

（四）“隨意美化，信筆涂點”。

張守中先生曾作過舉要性的統計，比如“心”字有5形，“永”字有6形，“而”字有11形，“定”字有14形，“鑿”字有15形，“從”字有16形，“德”字有17形，“盡”字有18形，“事”字有21形，“者”字有28形，“復”字有54形，“敢”字有92形，“嘉”

字多達 110 形[②]。

温縣盟書也有類似的情況。如“态”字，就有“□”“□”“□”等形，“賊”字也有“□”“□”“戝”等異體。跟侯馬盟書比較起來，温縣盟書文字筆畫增損、偏旁變動不居的現象同樣嚴重，通假的例子也隨處可見，如大量用“則”假借爲“賊”。把字形美化，在温縣盟書中也表現得特別突出。如“中”字，就有“□”“□”“□”“□”等多種形體，跟侯馬盟書相比，温縣盟書的這些“中”字更體現出隨意增損與變化的特點。可見，這兩批盟書的“‘文字異形’現象相當嚴重”[③]。

二、文字釋讀舉要

對盟書文字的釋讀，尤其是一些關鍵字的釋讀都有一個發展過程，下面我們揀選典型例子略作概括。

（1）“岳（嶽）”字

在侯馬盟書中，討論最多，争議最大是“不（丕）顯□公”中的“□”字，此字亦見於温縣盟書。對於這個字，以往有“晉”[④]、“出”[⑤]、“頃”[⑥]、“敬”[⑦]幾種釋法。

侯馬盟書的“晉”字作“□”“□”“□”“□”等形，“出”字一般作“□”“□”“□”“□”等形，與“□”字區别明顯，可見，不管把“□”字釋作“晉”還是“出”在字形上均存在較大的問題[⑧]。

2008 年，在中國古文字研究會成立 30 周年年會上，魏克彬先生把這個字改釋爲“岳”。

魏克彬先生指出，在未發表的温縣盟書中，有三片盟書處在“岦”字位置的那個字的寫法，與其他“岦”字的寫法完全不同。該字（下文用▲表示）上部有一對對稱的偏旁，與《説文》的“㹜”字最爲接近。衹是《説文》的“㹜”字兩個“犬”旁都朝左而不對稱。▲字下部近於《説文》的“言”或“音”字。《説文》“㹜”部有“獄”字，除上部不對稱外，與温縣盟書的▲字完全一致。金文中的“獄”字作“□”（《集成》4293《六年召伯虎簋》）、“□”（《集成》4340《蔡簋》）、“□”（《集成》4469《𤔲盨》）等形，與▲字極近。可見，▲字就是“獄”字，在盟書中假作“嶽”。據傳抄古文中的“岳”字寫法，可確定“岦”即“岳”字⑨。

由此可知，“岦公”就不會是公元前六世紀到三家分晉時任何一位晉國先公或周先君謚號⑩。

據屈萬里的《岳義稽古》一文對“岳”字的解釋，結合文獻記載古人對山的崇拜和對山河的祭祀這些事實，魏克彬先生認爲“岦（岳）公”是指某座山，是人格化的自然神，“大冢”也是指“山”。而當時晉國的“岳”，可能就是今天的太岳山（霍山）。那麼，這兩批盟書中的“岳”自然也是指太岳山⑪。

現在看來，在没有更多的材料公佈之前，將“岦”釋作“岳”字最爲可信。尤其是魏克彬先生所引的傳抄古文中的“岳”字，分别作“□”（《汗簡·華嶽碑》）、“□”（《古文四聲韻·華嶽碑》）形，與盟書中的“岦（岳）”字形體相近，也是將“岦”釋爲“岳”的積極證據。

（2）“弧”字

在侯馬盟書的政敵中，有一個人名作“趙△”或“肖（趙）△”。△字形較多，主要作：“□”“□”“□”“□”“□”“□”“□”等，對此字的釋讀可謂衆説紛紜。張頷先生曾作過總結，指出計有“化”“北”“尼”“弜”“并（屏）”等多種説法⑫。高明先生在《侯馬盟書盟主考》一文的正文中，把“□”字釋作“化”。但在附録裏，根據李學勤、裘錫圭、郝本性三位先生的意見，把此字改釋爲“弧”或“佤”[13]。吴振武先生作過肯定性的引述，並舉戰國璽印、兵器及漢印中的“狐”字爲例作了論證[14]。從字形來看，把“□”釋作“弧”最爲可信。當然，這個“趙弧”究竟是史書中的哪個人物，尚需更多材料證明。

（3）“朏”字

侯馬盟書一六：三句首有“十又一月甲寅朏，乙丑”的話。對於“甲寅”下的那個字，《侯馬盟書》認爲是“朏”字[15]。

李學勤先生在《東周與秦代文明》一書的第三章中也認爲此字是“朏”字[16]，但在該書最後一章及《侯馬、温縣盟書曆朔的再考察》一文中卻改釋作“朔”[17]。

從字形分析的角度看，把這個字釋作“朏”似更可信。我們將在“歸字説明”部分略作解釋。

（4）“弁”字

侯馬盟書有“□”字，形體多變，有“□”“□”“□”“□”“□”等形，其辭例作“□改”，偶有作“改□”的。陳夢家先生釋作“差”，認爲即《説文》“差”字籀文[18]。唐蘭先生釋作“叀”，認爲即《説文》的“㝵”字，而“㝵”字實際是“叀”之誤，盟書中的“叀改”是“顛覆和變改”的意思[19]。郭沫若先生釋作“祁”，把此字下面的兩横看作是重文符號，讀作“祁祁”，解釋爲“徐徐或遲遲”[20]。《侯馬盟書》當作不識字處理[21]。李家浩先生根據楚簡文字“笲”字及傳抄古文“變”字的寫法，把這個字釋作“弁”或“敆”，讀作“變”[22]。曾志雄先生把此字隸作“㪵”，認爲“㪵”字可直接釋作“變”，它跟“變”字並非通假關係。後因爲各種原因“㪵”廢而“變”存[23]。

上述數種意見中，釋作“差”“叀”“祁”等均與字形不合。至於此字是否可直接釋作“變”字，尚需更充足的證據。從形、音、義三方面來考慮，李家浩先生的意見最爲合理，目前已爲學術界所公認。把這個字讀作“變”，非常有助於對盟書的釋讀和文意的理解，也極大地推動了對侯馬盟書文字的研究。

（5）“宔”字

“宔”字一般作“□”“□”“□”等形，也有偶作“□”形的，其辭例是“以事其□”。張頷先生釋作“室”，認爲“以事其□”是指祭祀其宗廟世室之義[24]。郭沫若先生釋作“宗”[25]。此後學術界多從此説[26]。後來，黄盛璋先生把這個字改釋爲“主（宔）”。他認爲，首先，“以事其宗”在盟書中講不通，故“□”不能是宗廟，而應該是“主”字。其次，據中山器以及傳抄古文中的“主（宔）”字的寫法，“□”字確是“主（宔）”。另外，侯馬盟書明確的“宗”字从“示”，而“主（宔）”字下從“□”“□”，兩字區别明顯[27]。現在看來，把此字釋作“主（宔）”正確可從。

（6）明亟�（視）之

侯馬盟書常見“明亟覎（視）之”一語，或作“永亟覎（視）之”，在温縣盟書中則作“啻（諦）亟覎（視）之”“帝（諦）惡（極）覎（視）女（汝）”等。下面以侯馬盟書中的“明亟覎（視）之”爲例進行闡述。

學術界通常把“明亟覎（視）之”中的“亟”讀作“殛”，“覎”讀作“視”，均可信。但是對其解釋則存在分歧。陶正剛、王克林先生把“殛”訓作“誅”，認爲“明亟覎（視）之”是“誅滅和監視”的意思[28]。山西省文物工作委員會侯馬工作站人員認爲，“明亟覎（視）之”就是“神明鑒察之意”[29]。《侯馬盟書》從之[30]。這些解釋均有未安之處。唐鈺明先生曾作過詳細的分析。他認爲，第一種解釋，“誅滅”和“監視”既不是遞進關係，也不是互補關係，無法放到同一語境之中。因爲“誅滅”之後是無需再“監視”的。而第二種解釋，則拋開了“亟”字，顯然也不妥當。要解釋這句話的關鍵是正確理解“殛”字。典籍中“殛”字既有“誅”的意思，也有“懲罰”之義。而侯馬盟書中的“殛”字當理解成“懲罰”的意思。故“明亟覞（視）之”或“永亟覞（視）之”，説的是先君神靈對背盟者的“懲罰”[31]。

最近，董珊先生重新梳理了這個問題。他認爲，這句話的直接賓語是“明殛”，謂語動詞是“視”，在此訓作“示”，兩批盟書中的“視（示）”的詞義是“降示”或“加示”，有比較强的自上（“大冢”或“吾君”）降加於下（“之”或“汝”）的意味。侯馬盟書中的“明殛”意思是“大的、明顯的懲罰”；“永殛”是長久懲罰之意；温縣盟書中的“啻”即“謫”字，訓爲“責”，與“殛”義近連用，“謫殛”就是責罰。盟書這句話翻譯成現代漢語就是：“大冢（或吾君）以大罰示他（你）。”[32]

唐鈺明和董珊先生的意見，有助於對文意的理解。至於董珊先生把“啻”釋作“謫”字，訓爲“責”的説法，我們將在“歸字説明”部分略作分析。

（7）麻夷非是

侯馬和温縣盟書屢見“麻夷非是”一語，有時又作“麻夷非氏”，其中的“麻”“夷”等字異體甚多，此處祇用通式文字釋寫。

陳夢家先生認爲“麻夷”即“滅”的意思。《方言》十三曰：“摩，滅也”，《廣雅·釋詁》曰“夷，滅也”。“我是”即“我氏”[33]。朱德熙、裘錫圭先生指出，陳夢家先生除把“非”錯釋作“我”之外，其他意見都是可信的。侯馬盟書中的“麻夷非是”也即《公羊傳》中的“昧雉彼視”，“都是滅彼族氏的意思”[34]。《侯馬盟書》認爲是“誅滅的意思”[35]。戚桂宴先生把這句話讀作“無夷非是”，認爲“無夷”是河伯之名，這句話的意思是：河伯給予渝盟行爲以制裁[36]。李裕民先生則對上述諸家意見均予以了否定，認爲“麻夷非是”是“麻夷之非是”之省，“麻”“夷”“非”都是殺、滅的意思，“是”讀作“氏”。整句話的意思就是，既要制裁背盟者本人，還要制裁其子孫或族氏[37]。

戚桂宴先生的觀點，李裕民先生已作了反駁。但是李裕民先生的觀點亦不可信。首先，“非”並無制裁、殺伐或者滅亡的意思。其次，在侯馬盟書裹，“麻夷之非是”一語衹見於一：六一、一：七三、一：四〇、一：四一這幾片盟書中，從未見於目前所公佈的温縣盟書中。可見他所認爲的“麻夷非是”當是“麻夷之非是”之省是不可靠的。同時，此處的“之”並不能像李裕民先生那樣理解成“背盟者”，而應該理解成“非（彼）氏”的代詞，是“非（彼）氏”的同位語。而《侯馬盟書》的解釋又過於籠統。可見，陳夢家、朱德熙、裘錫圭諸先生的觀點還是可信從的。

（8）“獻”字

“侯馬盟書”習見“獻”字，一般作“ ”形。但六七：四五上的“獻”字則作“ ”形。“虍”變作了“羊”。對此，吴振武先生認爲，這似乎跟當時“獻”“鮮”經常通假有關。不管是有意還是無意，這一形體可能捏合了“獻”“鮮”二字。因爲盟書“獻”字所從的“鬲”旁在形體上與“魚”旁近似，而古文字有不少“鮮”字的“羊”旁寫在了“魚”旁之上的（原註：見《金文編》756頁）[38]。吴先生敏鋭地注意到了這種文字現象，有助於對文字構形的深入考察。

經過學者努力，盟書中很多字的釋讀有了定論，比如侯馬盟書的“兩”字、“過”字、“埜”字、“良”字等[39]。另外，至於盟書中常見的“質”字，以及人名“嘉”和姓氏“比”，都有學者作過很好的梳理，可參看[40]。

注釋：

① 張頷：《侯馬盟書叢考續》，《古文字研究》（第一輯），中華書局，1979年，第98—99頁。

② 張守中：《論盟書書法藝術》，《汾河灣——丁村文化與晉文化考古學術研討會文集》，山西高校聯合出版社，1996年，第175頁。

③ 何琳儀：《戰國文字通論》（訂補），江蘇教育出版社，2003年，第140頁。

④ 唐蘭：《侯馬出土晉國趙嘉之盟載書新釋》，《文物》1972年第8期。參看：《“侯馬盟書”注釋四種》，《文物》1975年第5期。山西省文物工作委員會：《侯馬盟書》，文物出版社，1976年，第40頁。張頷：《侯馬盟書叢考續》，《古文字研究》（第一輯），中華書局，1979年，第78—103頁。河南省文物研究所：《河南温縣東周盟誓遺址一號坎發掘簡報》，《文物》1983年第3期。

⑤ 高明：《侯馬載書盟主考》，《古文字研究》（第一輯），中華書局，1979年，第103—115頁。

⑥ 吴振武：《釋侯馬盟書和温縣盟書中的“岀公”》，中國古文字研究會第九届學術研討會論文集，1992年，南京大學。吴振武：《關於温縣盟書中的“岀公”》，艾蘭、邢文主編：《新出簡帛研究》，文物出版社，2004年，第206頁。

⑦ 馮時：《侯馬、温縣盟書年代考》，《考古》，2002年第8期。

⑧ 參看張頷：《侯馬盟書叢考續》，《古文字研究》（第一輯），中華書局，1979年，第78—103頁。高明：《侯馬載書盟主考》，《古文字研究》（第一輯），中華書局，1979年，第103—115頁。

⑨ 魏克彬：《侯馬和温縣盟書中的“岳公”》，《紀念中國古文字研究會成立三十周年國際學術研討會會議論文集》，第53—55頁，2008年，長春。

⑩ 魏克彬:《侯馬和温縣盟書中的"岳公"》,《紀念中國古文字研究會成立三十周年國際學術研討會會議論文集》,第 50 頁,2008 年,長春。

⑪ 魏克彬:《侯馬和温縣盟書中的"岳公"》,《紀念中國古文字研究會成立三十周年國際學術研討會會議論文集》,第 59—64 頁,2008 年,長春。

⑫ 張頷:《侯馬盟書叢考續》,《古文字研究》(第一輯),中華書局,1979 年,第 79 頁。

⑬ 高明:《侯馬載書盟主考》,《古文字研究》(第一輯),中華書局,1979 年,第 114 頁。但高明先生在附録裏把此字改釋作"弧(侎)"之後,依然把這個字通假作"浣"。顯然,他認爲盟書主要的政敵是趙獻侯浣。"弧"或"侎"跟"浣"通假在字音上是没有問題的,但是侯馬盟書的年代是不可能晚至趙獻侯時期的。可見,趙弧(侎)不會是趙獻侯浣。

⑭ 吴振武:《釋平山戰國中山王墓器物銘文中的"鈲"和私庫》,《史學集刊》1982 年第 3 期。

⑮ 山西省文物工作委員會:《侯馬盟書》,文物出版社,1976 年,第 1 頁。山西省文物工作委員會,張頷,陶正剛,張守中:《侯馬盟書》(增訂本),山西古籍出版社,2006 年,第 73—76 頁。

⑯ 李學勤:《東周與秦代文明》,上海人民出版社,2007 年,第 34—35 頁。

⑰ 李學勤:《東周與秦代文明》,上海人民出版社,2007 年,第 316 頁。李學勤:《侯馬、温縣盟書曆朔的再考察》,《華學》(第三輯),1998 年,第 165—168 頁。

⑱ 陳夢家:《東周盟誓與出土載書》,《考古》1966 年第 5 期。

⑲ 唐蘭:《侯馬出土晉國趙嘉之盟載書新釋》,《文物》1972 年第 8 期。

⑳ 郭沫若:《出土文物二三事》,人民出版社,1972 年。

㉑ 山西省文物工作委員會:《侯馬盟書》,文物出版社,1976 年,第 36 頁。

㉒ 李家浩:《釋"弁"》,《古文字研究》(第一輯),中華書局,1979 年,第 391—395 頁。

㉓ 曾志雄：《侯馬盟書“[illegible]”字的文字學内涵》，《第二屆國際中國古文字研討會論文集》，文學社有限公司出版，1993 年，第 379—391 頁。

㉔ 張頷：《侯馬東周遺址發現晉國朱書文字》，《文物》1965 年第 2 期。

㉕ 郭沫若：《侯馬盟書試探》，《文物》1965 年第 2 期。

㉖ 可參看：山西省文物工作委員會：《侯馬盟書》，文物出版社，1976 年，第 76 頁。陳夢家：《東周盟誓與出土載書》，《考古》1966 年第 5 期。唐蘭：《侯馬出土晉國趙嘉之盟載書新釋》，《文物》1972 年第 8 期。高明：《侯馬載書盟主考》，《古文字研究》（第一輯），中華書局，1979 年，第 103—115 頁。山西省文物工作委員會，張頷，陶正剛，張守中：《侯馬盟書》（增訂本），山西古籍出版社，2006 年，第 331 頁。

㉗ 黄盛璋：《關於侯馬盟書的主要問題》，《中原文物》1981 年第 2 期。黄盛璋：《中山國銘刻在古文字、語言上若干研究》，《古文字研究》（第七輯），中華書局，1982 年，第 83—84 頁。

㉘ 陶正剛、王克林：《侯馬東周盟誓遺址》，《文物》1972 年第 4 期。

㉙ 山西省文物工作委員會侯馬工作站：《“侯馬盟書”注釋四種》，《文物》1975 年第 5 期。

㉚ 山西省文物工作委員會：《侯馬盟書》，文物出版社，1976 年，第 36 頁。

㉛ 唐鈺明：《重論“麻夷非是”》，《廣州師院學報》，1989 年第 2 期。又載《著名中年語言學家自選集·唐鈺明卷》，安徽教育出版社，2002 年。本文引用後者。

㉜ 董珊：《侯馬、温縣盟書中的“明殛視之”的句法分析》，《古文字研究》（第二十七輯），中華書局，2008 年，第 356—362 頁。

㉝ 陳夢家：《東周盟誓與出土載書》，《考古》1966 年第 5 期。

㉞ 朱德熙、裘錫圭：《戰國文字研究（六種）》，《考古學報》1972 年第 1 期。又載入《朱德熙文集》第五卷，商務印書館，1999 年，第 31 頁。

㉟ 山西省文物工作委員會：《侯馬盟書》，文物出版社，1976 年，第 36 頁。山西省文物工作委員會，張頷，陶正剛，張守中：《侯馬盟書》（增訂

本），山西古籍出版社，2006 年，第 36 頁。

㊱ 戚桂宴：《“麻夷非是”解》，《考古》1979 年第 3 期。

㊲ 李裕民：《古字新考》，《古文字研究》（第十輯），中華書局，1983 年，第 109—121 頁。

㊳ 吳振武：《古璽姓氏考（複姓十五篇）》，《出土文獻研究》（第三輯），中華書局，1998 年，第 84 頁。張湧泉等：《漢語史學報專輯—姜亮夫、蔣禮鴻、郭在貽先生紀念文集》，上海教育出版社，2003 年，第 92 頁。

㊴ 吳振武：《讀侯馬盟書文字札記》，《中國語文研究》第 6 期，第 13—18 頁，1984 年。

㊵ 陳劍：《説慎》，李學勤、謝桂華主編：《簡帛研究二〇〇一》上册，廣西師範大學出版社，2001 年，第 207 頁；馮時：《侯馬盟書與温縣盟書》，《考古與文物》1987 年第 2 期；劉釗：《古文字構形學》，福建人民出版社，2006 年，第 318 頁；曾志雄：《侯馬盟書的人名問題（二）——人名字形問題初探》，《第三屆國際中國古文字學研討會論文集》，香港中文大學，1997 年，第 671—689 頁。

原爲“侯馬盟書發現五十周年學術研討會”論文，2015 年 10 月，侯馬。

侯馬盟書異體字研究淺論

陳英傑

一

古文字資料中的異體字研究，現在仍是一個比較薄弱的研究領域，研究方法和研究觀念都有待作出新的突破。異體字反映着文字發展的動態過程，這個發展過程受到文字因素（與形音義有關）和非文字因素（每個時代的審美風尚，個人的知識、文化、藝術素養和審美視角）的雙重影響，非文字因素對漢字發展所造成的影響是需要充分認識並作出科學估計的。而且，在不同的歷史時期，起主導作用的因素也會有所不同。

共時研究是異體字研究的一個重要方法，但共時的“時”應該有多長，是需要認真研究的。或把殷墟甲骨文或者西周金文當作一個共時的層面，這個“時”就顯得太長①，把這麽長的歷史時期的各種文字現象放到一個共時層面上進行觀察，就會有意無意地忽略或掩蓋一些重要的文字演變事實。對於文字構形系統的研究，文字發展階段的歷時劃分，在盡量保證科學的前提下，肯定是越細越好。而且，鍼對的材料不同，具体的研究方法也會有所差異。

異體字的一個重要特點就是，數個文字形體的記詞職能相同，文字構形均與詞義有某種聯繫（形、義相關），衹是形體寫法不同。這種不同其實包含兩個層面的内容，一種是書寫筆畫層面的差異，包括風格、大小、運筆、結體等，這種差異並没有改變字形的結構以及字形與詞義的聯繫；一種是形體結構的不同，這種不同包括構件的不同、構件組合方式的不同、形體與詞義聯繫方式的不同（如形聲之與會意的不同）。前者稱爲異寫字，後者稱爲異構字。把異寫字和異構字分開，是新時期異體字研究取得的一個重要進展②。

其中研究的難點在於異寫字之間的認同。以往的研究是静態的，而古文字資料給我們展示的是文字的動態面貌，當我們以動態的視角對文字進行觀察時，就面臨着各種異寫寫法之間到底是認同，還是别異的問題。我們的意見是，衹要是體現時代特點或地域特色的筆畫特徵，都應該别異，而非歸同。舉例來講，“鬲”字的和兩種寫法就不能看作異寫字。一方面，這兩種字形都有較高的使用頻率；另一方面，加點的字形和形存在字形演變上的母子關係，把和看作異寫字，會掩蓋古文字字形演化的一種重要現象。同樣，依據使用頻率，形衹能看作的異寫字，是一種訛形，可能由於筆劃書寫不到位，也可能是鑄範的問題。從西周晚期開始，“鬲”字的上部口沿部分和下部款足部分有了新的演變，一是寫作，上部横畫之上再加短横，多見於春秋時期，是一種時代特色；一是寫作，下部款足寫成“井”形，多見於山東諸國的青銅器，是一種地域特色。

很多情况下，一個字的各種異體寫法並不在一個層面上，需要按照文字演進脈絡分層次或分級研究，第一層級的異體類型的數量反映文字系統的規範狀况，第二、第三層級則反映文字演變的狀况。就《侯馬盟書》字表而言，比如“史”字列有四種寫法，兩個層級兩類異體：1）→；2）→，以有短横的二級異體爲常用字形，形79例，是最通行的寫法，類30例，類6例，類1例。從其使用頻率看，“口”中加横與否不是被關注的焦點。“見”字列有7種寫法，兩個層級兩類異體：1）→；2）。從字表提供的用例數據看，類11例，類10例，類9例。由於各類型用例都不多，難以判斷時人的傾向性。“守”字列有16種寫法，四個層級三類異體：1）→，前者還接近“宀”的正體寫法，後者則簡化爲，盟書中以簡化寫法爲常，類49例，類僅4例；2）、→、，3）→→，4）→→。、各有1例，屬於異變，不具文字學研究價值。

史、見、守字的異體層級圖（横向表示演變層級，豎向表示異體類型）：

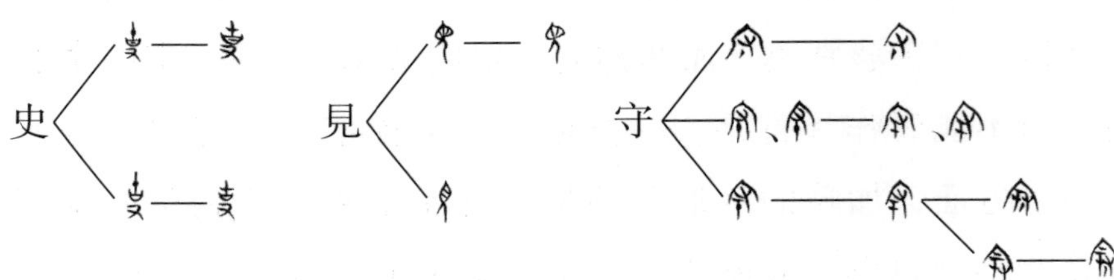

“守”字類形體145例，類49例，其他寫法均屬偶見。表面上其異體多達11種，但常用的衹有兩種。由上文分析可以看出，具體的每一個字，其異體情況的複雜程度差别很大，每個字規範的程度也參差不齊，要根據每個字的實際情況采用不同的分析方法。

又如“事”“其”。“事”表列21種寫法，類爲常用字形，次常用，和類寫法是晉系文字的獨有特徵，用例較之前二者略少一些。“其”字寫作簡體常見，類（包括、、、）169例，類1243例。

事　　其（、）

二

侯馬盟書的時代，有人認爲是春秋晚期，有人認爲是戰國早期，裘錫圭先生表述爲“春秋戰國間”[3]。盟書屬於晉國的官方文書，其文字大体是在同一時期、同一地域使用的字体[4]，地域單純，時代單純，可以作爲共時材料進行研究，而且其所用文字有一定的權威性。

古文字裏變“又”旁爲“寸”的風氣，到春秋戰國之際才開始流行，侯馬盟書中反映了這個現象[5]。如（地）之與，（寺）之與，（孚）之與，（卑）之與，之與，之與。文字演變中，習慣在豎筆上加點，點又變爲短横，如（史）之與，（入）之與，（守）之與，（守）之與，、（主）之與、，、（往）之與、，（皇）之與，（閔）之與，（并）之與，（德）之與。“口”形中或加一横，如之與，（喜）之與，之與，之與，（都）之與，（中）之與，（史）之與，（舍）之與，（事）之與，（者）之與，之與，之與，之與。但這些現象並不是適於所有文字，如司、君、晋、命、邵、亟、歆、弫、嘉等字所從的“口”旁無加横者；史、事、及所從之“又”未見從“寸”者，攴、殳旁中的“又”一般也不寫作“寸”，如殺、寇、鑿，但“改”有一例從寸作[6]。變與不變的背後有什麽樣的深層因素在對此進行制約，是值得研究的。

“口”形中加一横的，大多衹是補白或裝飾作用，“口”在字形中一般不是獨立構件。點與横的變化，更多的還是從文字結構的均衡美觀角度考慮的。“又”變爲“寸”，不但構件化，在《説文》小篆系統中還是一個重要的部首。“寸”作爲一個獨立的字被使用，始見於《睡虎地秦簡》。我們懷疑它是從表示“寸”義的“尊”分化出來的。秦孝公十八年（前344）所作的商鞅方升銘：“大良造鞅爰積十六尊（寸）五分尊（寸）壹爲升”，“尊”寫作，用爲容積單位“立方寸”。睡簡中也有用“尊”爲“寸”的，不過是長度單位[7]。因此，“又”變爲“寸”，最初也與形音義無關，仍是受非文字因素作用而產生的。“寸”從“尊”字獨立出來後，到了《説文》小篆系統中被賦予構意理據，並成爲部首。

上述這些異寫寫法，應該認同，還是别異？這些寫法呈規律性系統出現，如果全部認同，就會掩蓋盟書文字系統的構形特點，應該加以别異，即區别爲異體寫法。因此，本文所説的異體字包括異構字和反映文字某種演變規律的異寫字，而不包括那些既没有别詞作用、也不體現文字演變規律或者是出於某種偶然原因形成的異寫形體。

三

《侯馬盟書字表》云：“盟書中的異體字，主要是由於增減筆畫或偏旁而造成的。字形由繁到簡，本來是合乎文字發展演變規律的。盟書文字中大量是簡體，表明已有力求簡化文字的趨向，但在當時，還不可能有一定的規範，同一個字就出現多種不同的簡體。同時，對繁體字也並没有加以整理，依然保留着；於是，有繁有簡，繁簡並存，字形更不統一。盟書中大部分字都有許多不同的字形，如‘嘉’字竟有一百多種寫法，‘敢’字有九十多種寫法。”“侯馬盟書的文字大體僅衹是在同一時期、同一地域所使用的字體，就出現如此衆多的異體字，整個春秋戰國時代在全國範圍内，‘文字異形’的現象顯然更要嚴重得多。”（參《侯馬盟書》第313、314頁）其所説的異體字，由於增減筆畫而造成的即是異寫字，由於增減偏旁而造成的則是異構字。研究一種文字系統的規範程度如何，不能衹看一個字的異體種類的多少，要透過每一種異體寫法的使用頻率來分析其對文字系統所產生的影響。使用頻率低的異體寫法要具體分析，它可能是承襲自前代文字系統，也可能預示着文字演變的未來趨向。這一點在以往的研究中没有得到應有的重視，缺乏堅實的材料基礎。侯馬盟書公佈的材料有限，對此項研究會造成一定的影響。比如“心”字，字表列了五種寫法：、、、、，其用例分别是：183 例、60 例、3 例、1 例、1 例，很明顯，是最通行的寫法，通行的寫法就是被當時所認可的規範寫法。是次常用形體。這二者之間屬於異寫關係，應當認同。前四種其實都是廣義的篆書形體，類形體雖然筆畫數量没有變化，但運筆發生不同，兩筆交叉顯然是提高了書寫速度。類形體筆畫減少爲三筆，而且代表了一種新的演變趨向——隸變，把斷筆連寫，曲筆拉直。、用例雖少，但對研究文字構形系統及其演變卻有重要的意義。字表把這些寫法提取出來，是非常有眼光的。這種規範也體現於偏旁中，如（志）、（惬）、（埅）等。

春秋戰國時代是中國歷史上處於社會大變動的時代，是一個繼往和開來相互激蕩的時代，不但政治格局在不斷調整，文字構形包括文字系統也處於不斷變動之中。春秋戰國時期，文字開始擴散到民間，使用文字的人越來越多，文字的應用範圍也越來越廣，文字形體發生了前所未有的劇烈變化[8]。春秋後期至戰國時期，人類的造字思維取得前所未有的新的突破，這個時期意類符[9]體系逐漸完成，形聲造字法發展成熟且爲人們所自覺利用，進入一個充分利用符號表音表意的能力，充分挖掘符號表音表意的能力的階段，象形表意字符不敷應用的矛盾基本解決，文字本身便從探索造字法階段，進入以改善文字符號爲主要任務的階段，即要求文字符號簡單、音義信息明確、符號化[10]。這個時期的文字系統必須在關照當時社會背景的基礎上進行討論。盟書用毛筆書寫，書法熟練，因此，研究其文字構形還必須要關注書法層面的書寫因素對漢字形體演變可能造成的影響。書法要求變動不一，文字的書寫綫條盡量避免呆板、單調。

"改"字字表列有12種寫法（圖一），其中形186例，是通行寫法。其異體衹有兩種：和，後者衹有一例。其他10種寫法都是的異寫字形，衹是書寫者在不同場合、不同時間書寫同一字形時，筆畫的書寫特點稍加變化而已。這些字形具有書法學的審美價值，而缺少文字學的研究意義。"者"字情況與之相似，規範程度都比較高，表列28種寫法（圖二），衹有兩種異體：、，區別在於"口"形中加横與否，其他各種形體都屬二者異寫寫法。前者使用頻率居於絶對優勢。

所謂"敢"字的92種寫法（圖三），其實異體衹有四類八種：、，、，、，、，其他都屬於這四類字形的異寫字。其中類最多，類次之，、又次之。把又旁寫在"口"（或"甘"）的上面，以及簡寫形體，均不多見。從"口"多於從"甘"者，從又多於從寸者，既從"口"又從"又"多於既從"甘"又從"寸"者。

"嘉"有114種寫法（圖四），可謂紛繁之至，而且基本都是作爲個例，没有哪種寫法佔絶對優勢，這是非常特殊的一個例子。《説文·壴部》小篆作，从壴、加聲。盟書中的114種寫法可以根據"加""壴"旁的書寫特徵，進一步區分爲以下類型（…表示演變鏈條的缺環）：

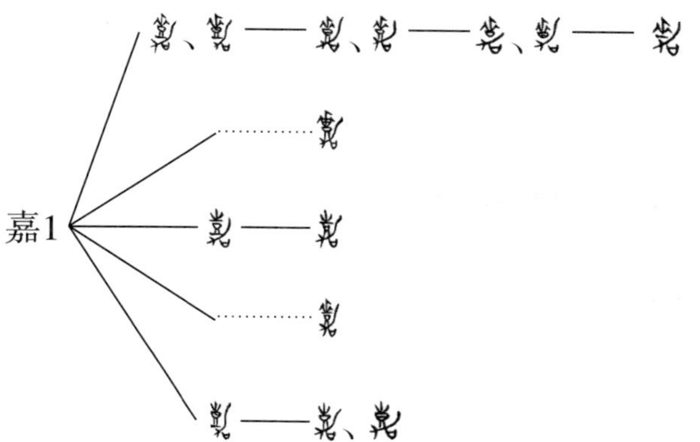
嘉1

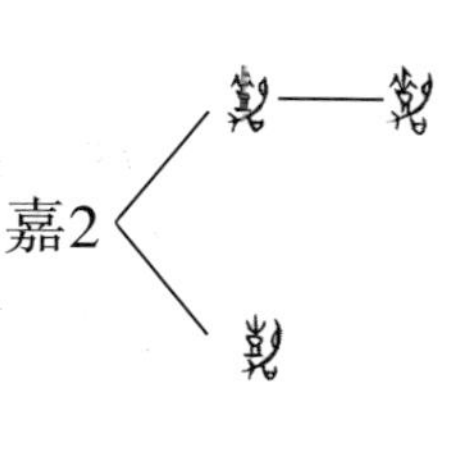
嘉2

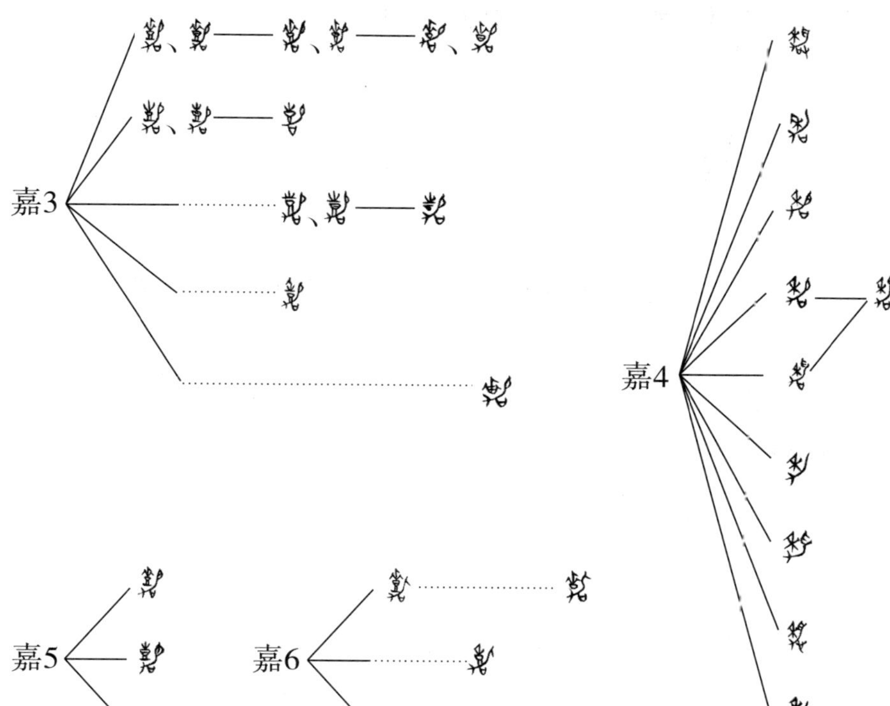
嘉3
嘉4
嘉5
嘉6

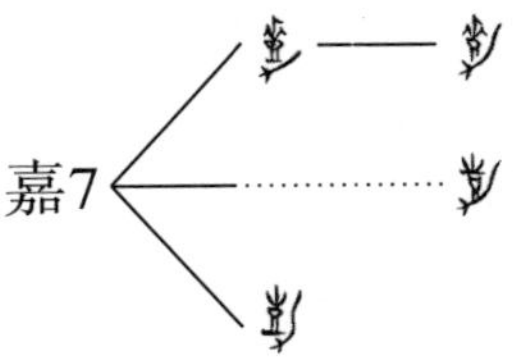
嘉7

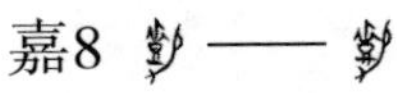
嘉8

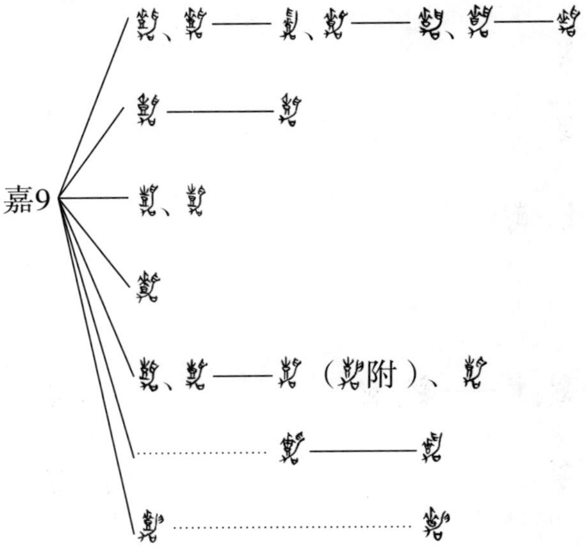
嘉9
附

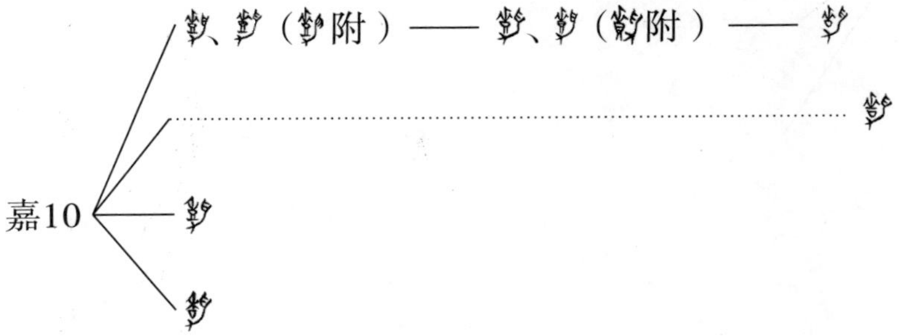
嘉10
附
附

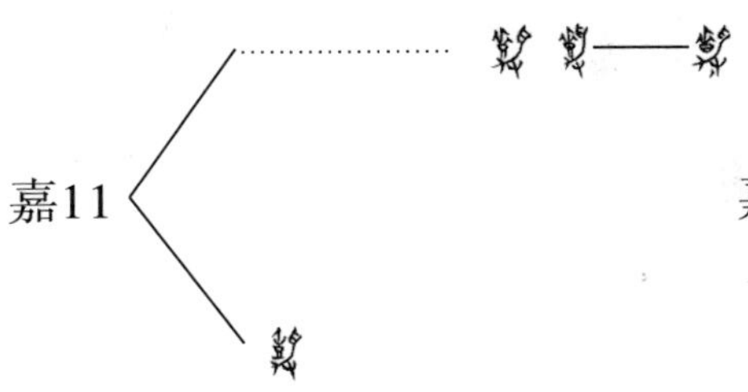
嘉11

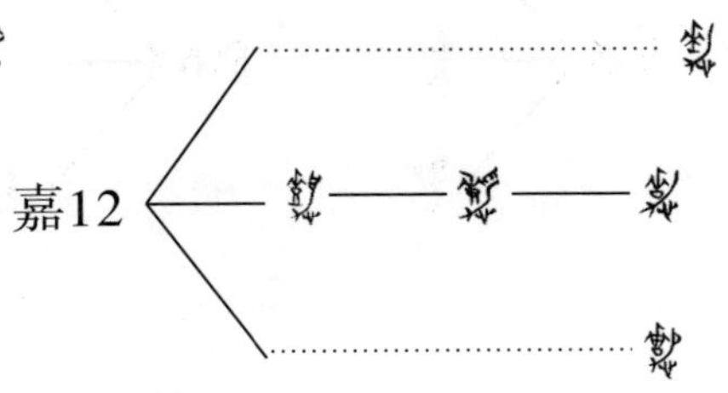
嘉12

嘉 13（其他）：、、、、、、、、、。這十種寫法無法排進上述 12 類演變序列中。嘉 4 從禾，由嘉 5、嘉 6、嘉 10 的寫法看，從禾的類型可能是由其他各類型省變而來，但其間缺乏演變銜接鏈條，因而單列爲一類。以上首先是主要依據“加”旁的寫法進行第一階段的字形類聚，然後根據“壴”旁再次區劃演變的多種形態。嘉 1、嘉 3、嘉 9、嘉 10 四類第一行所代表的類型演變呈序列分佈，規律性彊，其中“壴”旁寫法統一，演變同步。雖然“嘉”字寫法紛繁，每一種寫法都缺乏流行的能力，但呈現出一種系統性的演變特徵。“壴”旁的穩定性以及演變特徵的系統性説明，壴寫作、是通行寫法。

侯馬盟書的文字系統比較複雜，有繼承也有變化，有接近於同時金文正體的寫法，也有各種俗體寫法，有省簡，也有增繁。而且，每個字個體之間，複雜程度又很不相同，有的規範性彊，有的則寫法紛亂，變化不一。每個字的個體難以采用統一的方法進行分析，要鍼對每個字的具體情況制定研究方案。這也説明盟書文字構形系統的複雜性。通過上文的梳理，可以看出，異體字的各種寫法之間往往並不是處於同一個層面，分級研究是必要的，要區分出不同層次的形體演變序列。各種異寫寫法之間，衹要體現某種時地演變的規律，就要加以别異，但認同的標準是需要繼續探究的一個重要課題。不同的研究角度也會導致對各種異寫、異構寫法的認識分歧，本文主要是從文字學的視角來分析各種現象的，這當中過濾掉了一些非文字層面的内容（如書法、藝術的視角）。

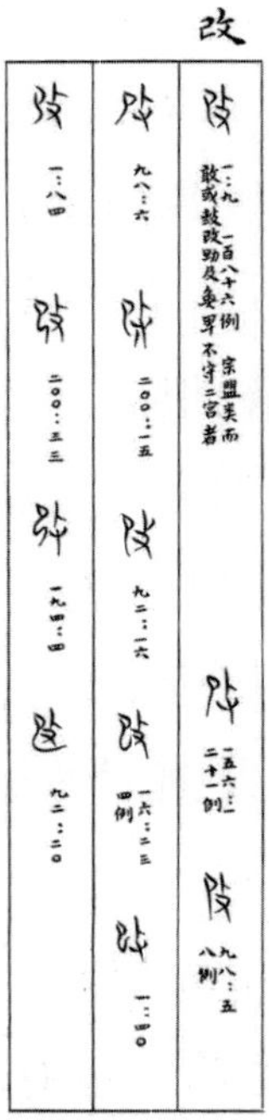

改

一：九 一百八十六例 宗盟類而敢或㪟改助及奐卑不守二宮者　一五六：二 二十二例　九八：五 八例
九八：六　二〇〇：一五　九二：一六　一六：三 四例　一：一〇〇
一：八四　二〇〇：三三　一九四：四　九二：一〇

圖　一

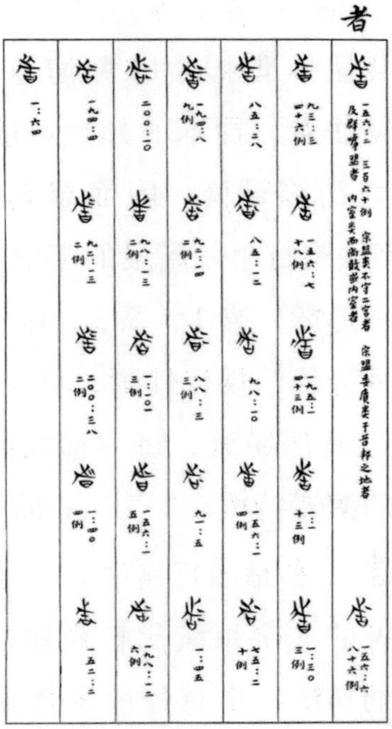

者

一五六：二 三百六十例 宗盟類不守二宮者 及群虖盟者 內室類而尚敢或內室者 宗盟委質類于晉邦之地者　一五六：六 八十六例
九三：三 四十六例　一五六：七 十八例　一九五：一 四十三例　一：二 十三例　一：三〇 三例
八五：二八　八五：一二　九八：一〇　一五六：一 四例　七五：二 十例
一九四：八 九例　九二：四 二例　八八：三 三例　九一：五　一：四五
二〇〇：一〇　九八：一三 二例　一：一〇一 三例　一五六：二 五例　一九八：一二 六例
一九四：四　九二：一三 二例　二〇〇：三八 二例　一：四〇 四例　一五二：二
一：六四

圖　二

敢

一五六：一 一百三十四例 宗盟類序篇敢用一元 余不敢惕然 宗盟類敢不閛其腹心 而敢不盡從嘉之盟 而敢或㪟改助及奐卑不守二宮者 而敢又志復趙尼及其子孫于晉邦之地者 委質類敢俞出入于趙尼之所 而敢不巫覡祝史 內室類敢不違從此盟質之言而尚敢或內室者 詛咒類而敢
一：二三 四十三例　一：二九 九例　八五：一 七例
九二：二四 四例　七九：五 八例　九二：一八 六例　九二：四一 二例　八五：六 二例
三：二四 十九例　一：二　三：一三 七十六例　一：七四 三十五例　六七：二二 五十四例
一：一五 八十九例　三：四 十六例　三五：三 十四例　一：六八　一五六：三 九例
九二：五 二例　一五六：一三　三：一五 九例　一：二〇 五例　一九八：六
八五：八　九八：二一 七例　一七九：五 六例　一九四：六　一：三一
三五：一〇　一：八四　一：一〇四 六例　三：一 四例　一六：五
八五：一〇　八五：一四　八五：一〇　九二：一八　一五六：八 四例
二〇〇：二九 四例　一：九三 二例　九二：二七 三例　三五：六　九二：一六 二例
九二：一六 二例　八五：二四 三例　八五：二〇　一五二：六　一七九：四
一：九 三十二例　三：六 十二例　一：四七 七例　三：八 十例　一：五四 九例
一：五三 三例　一：二一 八例　一五六：四 二例　三：六 十一例　三：六 三例
三五：九　一六：三六 五例　二〇三：八 三例　九二：二七 二例　九八：一 三例
一五六：二一　一九四：一一 二例　一五六：九　九二：二二 二例　三六：一 十三例
一六：一〇　七五：六　六七：二八　三：一四 五例　一七九：一一
八五：一二 二例　一：七八 八例　一：一四 四例　一：七八　一：九五 三例
一九四：五　一九四：一〇　八五：一八 三例　九二：一一　九二：一一
一五六：一九 三例　一：五九　九二：一二 三例　二〇三：四　九二：六
九二：六　一五二：一　一九八：一九

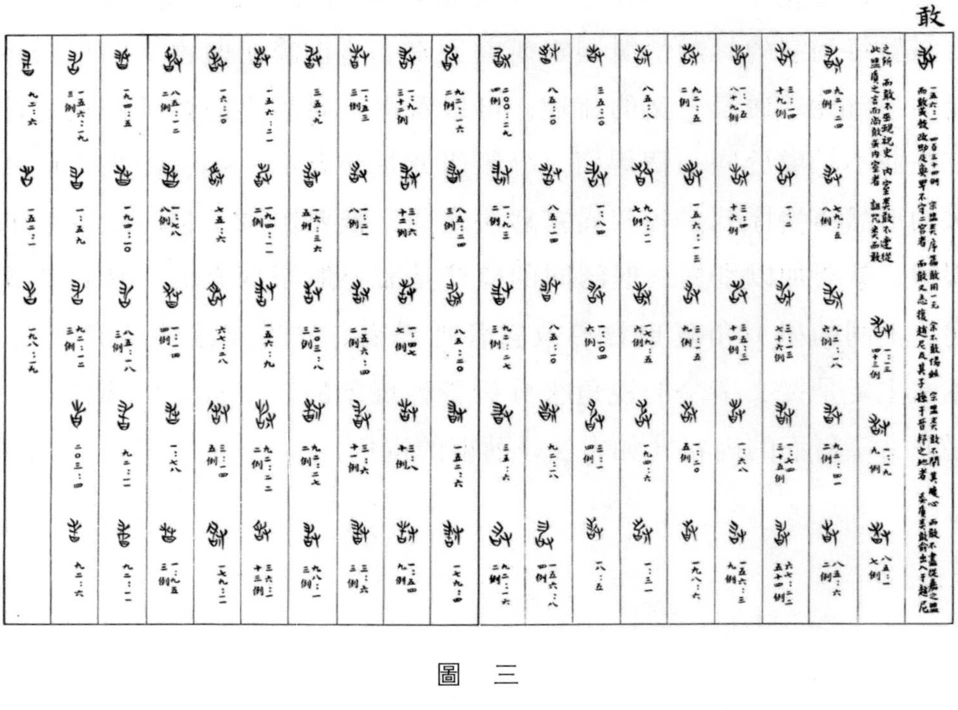

圖　三

圖　四

注釋：

① 據夏商周斷代工程專家組《夏商周斷代工程 1996—2000 年階段成果報告（簡本）》（世界圖書出版公司 2000 年 11 月），商後期有 255 年之長，西周則有 278 年。

② 參王寧《漢字構形學講座·第十講·異寫字與異構字》，《中國教育報》，1995 年 9 月 2 日“語言文字”版；《漢字構形學講座·第十講·漢字構形的共時相關關係》，上海教育出版社，2002 年 3 月，第 80—86 頁；《漢字構形學導論·第八章·漢字構形的共時認同關係》，商務印書館，2015 年 6 月，第 149—159 頁。

③ 裘錫圭《文字學概要》（修訂本），商務印書館，2013 年 7 月，第 51 頁。有不少學者認爲是晉定公（前 511—前 477）時代的東西。參李學勤《古文字學初階》，中華書局，1985 年 5 月，第 11 頁；《東周與秦代文明》，上海人民出版社，2007 年 11 月，第 32—37 頁、第 316 頁；《夏商周年代學札記·侯馬、温縣盟書曆朔的再考察》，遼寧大學出版社，1999 年 10 月，第 134—139 頁。

④ 張頷、陶正剛、張守中《侯馬盟書》，山西古籍出版社，2006 年 4 月，第 313—314 頁。本文盟書字形引自該書字表。

⑤ 裘錫圭《文字學概要》（修訂本）第 56 頁。

⑥ 以上所言僅就字表所收字形而言。盟書共有五千餘件，公佈了 656 件，不排除在其他未發表的材料中有符合上述演變規律的字形。

⑦ 參王輝《古文字通假字典》，中華書局，2008 年 2 月，第 673—674 頁。

⑧ 參裘錫圭《文字學概要》（修訂本）第 57—58 頁。

⑨ “意類符”指的是意符表意功能的泛化和類化。

⑩ 參陳英傑《張振林先生的一個重要學術思想和對金文研究的兩大貢獻》，《中國文字》（新三十二期），2006 年。

原爲“侯馬盟書發現五十周年學術研討會”論文，2015 年 10 月，侯馬。

〔附〕

侯馬盟書研究論著一覽

1. 張　頷：《侯馬東周遺址發現晉國朱書文字》，《文物》，1966年第2期；又收入《張頷學術文集》，中華書局，1995年3月。

2. 郭沫若：《侯馬盟書試探》，《文物》，1966年第2期。

3. 陳夢家：《東周盟誓與出土載書》，《考古》，1966年第5期。

4. 朱德熙、裘錫圭：《戰國文字研究（六種）（節選）——侯馬載書"麻夷非是"解》，《考古學報》，1972年第1期；又收入《朱德熙古文字論集》，中華書局，1995年2月。

5. 郭沫若：《出土文物二三事（節選）——新出侯馬盟書釋文》，《文物》，1972年第3期；又收入《出土文物二三事》，人民出版社，1972年8月。

6. 陶正剛、王克林：《侯馬東周盟誓遺址》，《文物》，1972年第4期。

7. 唐　蘭：《侯馬出土晉國趙嘉之盟載書新釋》，《文物》，1972年第8期。

8. 朱德熙、裘錫圭：《關於侯馬盟書的幾點補釋》，《文物》，1972年第8期；又收入《朱德熙古文字論集》，中華書局，1995年2月。

9. 郭沫若：《桃都、女媧、加陵（節選）——加陵》，《文物》，

1973 年第 1 期。

10. 李裕民：《我對侯馬盟書的看法》，《考古》，1973 年第 3 期。

11. 衛今、晉文：《“侯馬盟書”和春秋後期晉國的階級鬥争》，《文物》，1975 年第 5 期。

12. 山西省文物工作委員會：《“侯馬盟書”的發現、發掘與整理情況》，《文物》，1975 年第 5 期。

13. 張頷（長甘）：《“侯馬盟書”叢考》，《文物》，1975 年第 5 期；又收入《侯馬盟書》，文物出版社，1976 年 12 月；又《張頷學術文集》，中華書局，1995 年 3 月；又《侯馬盟書》（增訂本），山西古籍出版社，2006 年 4 月。

14. 山西省文物工作委員會侯馬工作站：《“侯馬盟書”注釋四種》，《文物》，1975 年第 5 期。後修改增補，以《“侯馬盟書”類例釋注》收入《侯馬盟書》，文物出版社，1976 年 12 月。

15. 山西省文物工作委員會：《侯馬盟書》，文物出版社，1976 年 12 月。

16. 彭静中：《古文字考釋二則》，《四川大學學報》，1979 年第 2 期。

17. 戚桂宴：《“麻亖非是”解》，《考古》，1979 年第 3 期。

18. 張　頷：《侯馬盟書叢考續》，《古文字研究》（第一輯），中華書局，1979 年 8 月；又收入《張頷學術文集》，中華書局，1995 年 3 月。

19. 高　明：《侯馬載書盟主考》，《古文字研究》（第一輯），中華書局，1979 年 8 月。

20. 李家浩：《釋“弁”》，《古文字研究》（第一輯），中華書局，1979 年 8 月。

21. 王宇信：《考古報告〈侯馬盟書〉的特色》，《考古》，1980

年第1期。

22. 李裕民：《侯馬盟書疑難字考》，《古文字研究》（第五輯），中華書局，1981年1月。

23. 黄盛璋：《關於侯馬盟書的主要問題》，《中原文物》，1981年第2期。

24. 戚桂宴：《侯馬石簡史探》，《山西大學學報》，1982年第1期。

25. 陳長安：《試探〈侯馬盟書〉的年代、事件和主盟人》，《中國古代史論叢》（第三輯），福建人民出版社，1982年10月。

26. 吳振武：《讀侯馬盟書文字札記》，《中國語文研究》，1984年第6期。

27. 李裕民：《我國古代盟誓制度的歷史見證——侯馬盟書》，《文史知識》，1986年第6期。

28. 馮　時：《侯馬盟書與温縣盟書》，《考古與文物》，1987年第2期。

29. 〔日〕平勢隆郎：《春秋晉國"侯馬盟書"字體通覽》，東京大學東洋文化研究所附屬東洋學文獻センター刊行委員會，1988年3月。

30. 張守中：《侯馬盟書的發現和整理側記》，《文物天地》，1988年第4期。

31. 唐鈺明：《重論"麻夷非是"》，《廣州師範學院學報》，1989年第2期。又收入《著名中年語言學家自選集·唐鈺明卷》，安徽教育出版社，2002年4月。

32. 郭政凱：《侯馬盟書參盟人員的身份》，《陝西師大學報》，1989年第4期。

33. 陳漢平：《侯馬盟書文字考釋》，《屠龍絶緒》，黑龍江教育出版社，1989 年 10 月。

34. 高　智：《侯馬盟書主要問題辨述》，《文物季刊》，1992 年第 1 期。

35. 曾志雄：《侯馬盟書研究》，香港中文大學博士學位論文，1993 年 7 月。

36. 曾志雄：《侯馬盟書“敳”字的文字學内涵》，《第二屆國際中國古文字學研討會論文集》，香港中文大學中國語言文字學系，1993 年 10 月。

37. 謝堯亭：《侯馬盟書試析》，《山西省考古學會論文集》（二），山西人民出版社，1994 年 4 月。

38. 周鳳五：《侯馬盟書主盟人考》，第一屆《左傳》國際學術研討會論文，香港大學，1994 年 6 月。

39. 周鳳五：《侯馬盟書年代問題重探》，《中國文字》（新十九期），藝文印書館，1994 年 9 月。

40. 張　頷：《“侯馬盟書”類例釋注》，《張頷學術文集》，中華書局，1995 年 3 月。

41. 李力：《東周盟書與春秋戰國法制的變化》，《法學研究》，1995 年第 4 期。

42. 張守中：《冶秋局長支持出版〈侯馬盟書〉》，《回憶王冶秋》，文物出版社，1995 年 10 月。

43. 〔日〕江村治樹：《侯馬盟書考》，《文物季刊》，1996 年第 1 期。

44. 〔日〕江村治樹：《侯馬古城群和盟誓遺址的關係》，《汾河灣——丁村文化與晉文化考古學術研討會文集》，山西高校聯合出版社，1996 年 6 月。

45. 趙世綱、羅桃香：《論温縣盟書與侯馬盟書的年代及其相互關係》,《汾河灣——丁村文化與晉文化考古學術研討會文集》,山西高校聯合出版社,1996 年 6 月。

46. 〔美〕羅鳳鳴:《侯馬和温縣盟書的背景研究》,《汾河灣——丁村文化與晉文化考古學術研討會文集》,山西高校聯合出版社,1996 年 6 月。

47. 趙瑞民、胡建、郭一峰:《盟、詛之關係及其巫術因素》,《汾河灣——丁村文化與晉文化考古學術研討會文集》,山西高校聯合出版社,1996 年 6 月。

48. 張守中:《論盟書書法藝術》,《汾河灣——丁村文化與晉文化考古學術研討會文集》,山西高校聯合出版社,1996 年 6 月。

49. 曾志雄:《侯馬盟書的人名問題(二)——人名字形問題初探》,《第三届國際中國古文字學研討會論文集》,香港中文大學中國研究、中國語言文字學系,1997 年 10 月。

50. 曾志雄:《侯馬盟書中的人名問題》,《容庚先生百年誕辰紀念文集》,廣東人民出版社,1998 年 4 月。

51. 孫常叙:《釋銜申唐説質誓——讀〈侯馬盟書〉"自質于君所"獻疑》,《孫常叙古文字學論集》,東北師範大學出版社,1998 年 7 月。

52. 李學勤:《侯馬、温縣盟書曆朔的再考察》,《華學》(第三輯),紫禁城出版社,1998 年 11 月;又收入《東周與秦代文明》,上海出版社,2007 年 11 月。

53. 一貫三:《〈侯馬盟書〉文字體態特點窺略》,《吉林大學古籍整理研究所建所十五周年紀念文集》,吉林大學出版社,1998 年 12 月。

54. 陶正剛:《侯馬盟書的發現與整理側記》,《陽光下的山西——山西考古發掘記事》,中國文史出版社,1999 年 9 月。

55. 陳永正：《上古漢語史上劃時代的標誌——春秋載書》，《古文字研究》（第二十輯），中華書局，2000 年 3 月。

56. 謝堯亭：《侯馬盟書的年代及相關問題》，《山西省考古學會論文集》（三），山西古籍出版社，2000 年 11 月。

57. 余聞榮：《論趙孟——侯馬載書盟主稱謂再討論》，《東南學術》，2001 年第 5 期。

58. 王志平：《侯馬盟書盟主稱謂與相關禮制》，《古文字研究》（第二十四輯），中華書局，2002 年 7 月。

59. 吴振武：《釋侯馬盟書和温縣盟書中的"岦公"》，《追尋中華古代文明的踪跡——李學勤先生學術活動五十年紀念文集》，復旦大學出版社，2002 年 8 月。

60. 馮　時：《侯馬、温縣盟書年代考》，《考古》，2002 年第 8 期。

61. 程　峰：《侯馬盟書與温縣盟書》，《殷都學刊》，2002 年第 4 期。

62. 降大任：《侯馬盟書的研究及價值意義》，《晉陽學刊》，2004 年第 2 期。

63. 朱鳳瀚：《侯馬盟書之内容與年代考略》，《商周家族形態研究》（增訂本），天津古籍出版社，2004 年 7 月。

64. 李明曉：《近十五年來戰國玉石文字研究綜述》，《勵耕學刊》（第二輯），學苑出版社，2005 年 10 月。

65. 山西省文物工作委員會張頷、陶正剛、張守中：《侯馬盟書》（增訂本），山西古籍出版社，2006 年 4 月

66. 劉國忠：《侯馬盟書數術内容探論》，《清華大學學報》（哲學社會科學版），2006 年第 4 期。

67. 楊秋梅：《晉文化暨侯馬盟書出土 40 周年研討會綜述》，

《中國史研究動態》，2006 年第 5 期。

68. 降大任：《趙鞅（趙簡子）與侯馬盟書》，《晉陽文化研究》（第二輯），山西古籍出版社，2007 年 5 月。

69. 降大任：《張頷先生的侯馬盟書研究》，《晉陽文化研究》（第二輯），山西古籍出版社，2007 年 5 月。

70. 趙瑞民、郎保利：《宗族和宗法制解體在〈侯馬盟書〉中的反映》，《晉陽學刊》，2007 年第 3 期。

71. 李艷紅：《〈侯馬盟書〉、〈温縣盟書〉與〈左傳〉盟誓語言比較研究》，《殷都學刊》，2007 年第 3 期。

72. 成文生：《也談侯馬盟書的價值》，《文史知識》，2007 年第 7 期。

73. 郝慧芳、郝雲昌：《秦公大墓石磬文字與石鼓文、侯馬盟書》，《中國文字研究》，2007 年第 2 期。

74. 張道升：《"侯馬盟書文字研究"開題報告》，《科技信息》，2008 年第 16 期。

75. 董芬芬：《從侯馬、温縣載書看春秋誓辭及誓約文化》，《文化遺産》，2008 年第 4 期。

76. 董　珊：《侯馬、温縣盟書中"明殛視之"的句法分析》，《古文字研究》（第二十七輯），中華書局，2008 年 9 月。

77. 〔韓〕姜允玉：《〈侯馬盟書·字表〉補正》，《古文字研究》（第二十七輯），中華書局，2008 年 9 月。

78. 張　鋒：《淺析侯馬盟書中假借通用字》，《三門峽職業技術學院學報》，2008 年第 4 期。

79. 張建强：《侯馬盟書研究綜述》，《湖北師範學院學報》，2008 年第 4 期。

80. 何　昆：《從〈侯馬盟書〉看〈左傳〉叙事方式的特點》，

《黑龍江史志》，2009 年第 12 期。

81. 趙世剛：《侯馬盟書“内室”商榷》，《鹿鳴集——李濟先生發掘西陰遺址八十周年、山西省考古研究所侯馬工作站五十周年紀念文集》，科學出版社，2009 年 12 月。

82. 趙瑞民、郎保利：《釋“宗主”“宗盟”——兼論“侯馬盟書”所反映的春秋末年社會結構的演變》，《鹿鳴集——李濟先生發掘西陰遺址八十周年、山西省考古研究所侯馬工作站五十周年紀念文集》，科學出版社，2009 年 12 月。

83. 秦曉華：《侯馬盟書文字異形研究》，《韶關學院學報》，2010 年第 4 期。

84. 張道升：《侯馬盟書研究綜述》，《社會科學論壇》，2010 年第 7 期。

85. 〔美〕魏克彬：《侯馬與温縣盟書中的“岳公”》，《文物》，2010 年第 10 期。

86. 張道升：《〈古文字詁林〉中所收侯馬盟書部分校補》，《池州學院學報》，2011 年第 2 期。

87. 董芬芬：《侯馬、温縣載書與東周“盟國人”儀式》，《甘肅社會科學》，2013 年第 2 期。

88. 張道升：《〈古文字譜系疏證〉中所收侯馬盟書部分校訂》，《鄭州師範教育》，2013 年第 4 期。

89. 田　煒：《釋侯馬盟書中的“助”》，“簡帛文獻與古代史”學術研討會暨第二屆出土文獻青年學者論壇論文，2013 年 10 月 19 日—20 日，上海。

90. 張道升：《讀侯馬盟書文字札記三則》，《江漢考古》，2013 年第 4 期。

91. 張道升：《〈侯馬盟書·字表〉校訂》，《興義民族師範學院學報》，2014 年第 1 期。

92. 李　嬋：《從侯馬盟書看出土文獻與傳世文獻的關係》，《山西財經大學學報》，2014 年第 S1 期。

93. 張守中：《盟書法書傳承隨想》，《方北集》，河北美術出版社，2014 年 6 月。

94. 湯志彪：《侯馬、溫縣盟書年代及相關問題綜論》，《中國文字》（新四十期），藝文印書館，2014 年 7 月。

95. 張世超：《侯馬載書盟主新考》，《中國文字學報》（第五輯），商務印書館，2014 年 7 月。

96. 田建文：《侯馬盟書五十年》，《山西檔案》，2015 年第 4 期。

97. 高青山：《侯馬盟書與公衆考古》，《山西檔案》，2015 年第 4 期。

98. 張守中：《侯馬盟書書法傳承與創新》，《山西檔案》，2015 年第 4 期。

99. 韓左軍：《侯馬盟書與書法》，《山西檔案》，2015 年第 4 期。

100. 王鵬、楊秋梅：《侯馬盟書與晉國趙氏的發展》，《山西檔案》，2015 年第 4 期。

101. 張守中：《侯馬盟書的發現與整理》，《中國文化遺産》，2015 年第 4 期。

102. 曹定雲：《侯馬盟書"盟主"辯正》，侯馬盟書發現 50 周年學術研討會論文。2015 年 10 月 23 日—24 日，侯馬。

103. 謝耀亭：《侯馬盟書"納室"考論》，侯馬盟書發現 50 周年學術研討會論文。2015 年 10 月 23 日—24 日，侯馬。

104. 田建文：《"上宫"還是"二宫"》，侯馬盟書發現 50 周年學術研討會論文。2015 年 10 月 23 日—24 日，侯馬。

105. 湯志彪：《盟書字詞新識綜論》，侯馬盟書發現 50 周年學術研討會論文。2015 年 10 月 23 日—24 日，侯馬。

106. 馮　峰：《論侯馬盟書中的“𣏟”氏》，侯馬盟書發現 50 周年學術研討會論文。2015 年 10 月 23 日—24 日，侯馬。

107. 劉　釗：《侯馬盟書“助”字再議》，侯馬盟書發現 50 周年學術研討會論文。2015 年 10 月 23 日—24 日，侯馬。

108. 黄益飛：《讀〈侯馬盟書〉札記三則》，侯馬盟書發現 50 周年學術研討會論文。2015 年 10 月 23 日—24 日，侯馬。

109. 姚國瑾：《古文書體與侯馬盟書》，侯馬盟書發現 50 周年學術研討會論文。2015 年 10 月 23 日—24 日，侯馬。

110. 陳英傑：《侯馬盟書異體字研究淺論》，侯馬盟書發現 50 周年學術研討會論文。2015 年 10 月 23 日—24 日，侯馬。

後記

本文集的出版是在三晉出版社社長、總編張繼红先生的提倡和大力支持下完成的，同時得到了張頷先生、張守中先生的關心與支持。張頷先生在年高多病的情况下能欣然爲本文集題寫書名，使我們非常感動。

我們斷斷續續用了近一年的時間，收集相關研究論文100餘篇，選取了其中具有代表性的文章63篇，以文章發表的早晚爲序，基本保持了文章原貌，爲求本文集在格式上的統一和美觀，我們對部分文章的版式作了適當調整，如圖版、注釋、附記等。對有些原文中的明顯錯誤進行了糾正，並對原文中的缺字、漏字也做了補充。個别文章所列之“參考文獻”，由於在注釋中已有體現，避免不必要的重復，我們作了删除，請作者諒解。由於早期發表的文章在《侯馬盟書》出版之前，辭例編號混亂，所以還對引用辭例或字形的編號依照《侯馬盟書》和《河南温縣東周盟誓遺址一號坎發掘簡報》中的編號作了盡可能地統一。對近四百個不清晰的圖版和字形作了重新扫描更換，並對文中之引文進行了核實。

爲了進一步推動“盟書”的深入研究，我們還在文集最後增附了“侯馬盟書研究論著一覽”，以便讀者查閱參考。

本文集在編輯過程中，相關論文的收集得到了三晉出版社张仲偉先生、山西大學謝堯亭先生、吉林大學吳振武先生、首都師範大學黄天樹先生、陳英傑先生、東北師範大學湯志彪先生、河北劉長虹先生的鼎力相助。文章的核校由賀方、劉亞麗、劉争義、王磊、郤佳鑫等同學協助完成。對以上諸位的辛勤付出，在此一並表示感謝！

高　智

二〇一六年中秋節於太原

圖書在版編目(CIP)數據

侯馬盟書研究論文集 / 高智主編. —太原：三晉出版社，2015.10

ISBN 978-7-5457-1254-4

Ⅰ. ①侯… Ⅱ. ①高… Ⅲ. ①侯馬盟書—文集 Ⅳ. ①K877.54-53

中國版本圖書館 CIP 數據核字(2015)第 248772 號

侯馬盟書研究論文集

主　　編： 高　智
責任編輯： 張仲偉
封面設計： 段宇傑

出 版 者： 山西出版傳媒集團·三晉出版社（原山西古籍出版社）
地　　址： 太原市建設南路 21 號
郵　　編： 030012
電　　話： 0351-4922268（發行中心）
0351-4956036（總編室）
0351-4922203（印製部）
網　　址： http://www.sjcbs.cn

經 銷 者： 新華書店
承 印 者： 山西臣功印刷包裝有限公司

開　　本： 787mm×1092mm　1/16
印　　張： 48.5
字　　數： 700 千字
版　　次： 2017 年 11 月　第 1 版
印　　次： 2017 年 11 月　第 1 次印刷
書　　號： ISBN　978-7-5457-1254-4
定　　價： 300.00 圓

ISBN 978-7-5457-1254-4
9 787545 712544 >